Oberpfälzer Weihnacht

Oberpfälzer Weihnacht

Erika Eichenseer
Adolf J. Eichenseer

Ein Hausbuch
vo Kathrein bis Drei Kine

mit Fotografien von Wilkin Spitta

Mittelbayerische Druckerei- und Verlagsgesellschaft mbH, Regensburg

Oberpfälzer Weihnacht
Ein Hausbuch

Copyright © by
Mittelbayerische Druckerei- und Verlagsgesellschaft mbH Regensburg

ISBN-Nr. 3-921114-40-3

Satz und Druck: MZ-Druck, Regensburg
Buchbinderische Verarbeitung: R. Oldenbourg, München
Farblithografien: Döss, Nürnberg

Fotos: Wilkin Spitta
Illustrationen und Werkzeichnungen: Alois Schaller
Umschlag-Gestaltung und Layout des Buches: Peter Loeffler
Verlagsbetreuung dieser Buchproduktion: Karl Horst Wendisch

Vorwort

Weihnachten: nach wie vor Ziel mannigfacher Wünsche und Träume, wehmütiger Rückblick in die eigene Jugend, Zeit der größten menschlichen Sehnsucht und gerade deswegen vielleicht in die Schußlinie der Kritik geraten, abgestempelt als Geschäftemacherei und nostalgischer Vergangenheitskult, dieses Weihnachten hat seinen Kern behalten, wenn auch der Sinn oft erstickt zu werden droht. Die vielfältigen Weihnachtsfeiern allerorts sind nicht nur Mode geworden, sondern sie sind auch Zeugnis für das Bedürfnis des Menschen, diese Tage herauszuheben aus dem Alltäglichen, ihnen den Glanz — vielleicht den Flitter — des Heiligen aufzudrücken und die Menschen froh zu stimmen. Dieses Frohwerden jedoch geht oft seltsame Wege, geht durch die Dunkelheit von Aberglauben und Bedrohnis bis hin zu dem Licht, das dahinter um so heller strahlt; es findet seinen gültigen Ausdruck im künstlerischen Meisterwerk ebenso wie in der naiv-kindlichen Darstellung, es reicht von dem diesseitigen Wunsch nach Schenken und Beschenktwerden bis hinein in die tiefste religiöse Bereitschaft, dem menschgewordenen Gott nahezukommen.

Um den verschiedensten Anforderungen gerecht zu werden, hat ein zeitgemäßes Weihnachtsbuch vielfältige Aufgaben zu erfüllen: Den Organisatoren von Gruppen, Vereinen und Institutionen soll es ein Helfer sein bei der Gestaltung von Advents- und Weihnachtsfeiern. Seinen vornehmlichen Platz aber soll es als typisches Hausbuch in den Familien einnehmen, wo es möglicherweise die materialistische Kälte vertreibt, Eltern und Kinder aufs neue zusammenführt bei gemeinsamem Tun und Sinn und Zauber der richtig verstandenen „Weihenacht" vermittelt.

Wir haben versucht, verschollenes bzw. schwer zugängliches Material aus der Oberpfalz wieder ans Licht zu bringen, neben der Vergangenheit aber auch die Gegenwart zu Wort kommen zu lassen. Dabei wollen wir einen Einblick in den Reichtum, die Vielschichtigkeit und Erlebniswelt der früheren Festtage gewähren, um überlieferte Bräuche lebendig zu erhalten oder gegebenenfalls mit neuem Leben zu erfüllen. Der heimatpflegerisch-erzieherische Aspekt, die Funktionstüchtigkeit und Praktizierbarkeit des Stoffes in unserer Gegenwart waren die wichtigsten Auswahlprinzipien für unser Buch, das aus einer jahrelangen Praxis für die Praxis entstanden ist. Schließlich will es nicht nur bilden, informieren und unterhalten, sondern auch zum Nachvollzug anregen.

Eine schier unerschöpfliche Fülle an Geschichten, Gedichten, Schilderungen, Legenden, Sagen, Märchen, Liedern, Bauernregeln, Spielen, Rezepten und praktischen Anleitungen wurde zusammengetragen, um jedermann, gleich welchen Personenkreises, welcher Altersstufe, welcher sozialen Schicht und welchen Bildungsgrades, entsprechendes Material zur Verfügung zu stellen. Mit Absicht beschränkten wir uns nicht nur auf Beiträge aus der Oberpfalz, sondern übernahmen auch solche aus den dicht angrenzenden Gebieten unserer stammesverwandten Nachbarn, aus dem Egerland, Böhmerwald, Sechsämterland, Bayerischen Wald und Gäuboden, sogar aus der nordbairisch sprechenden Iglau. Denn einerseits verbindet uns mit ihnen eine Jahrhunderte alte gemeinsame Volkskultur, die durch neuere politische Grenzen kaum eine Veränderung erfahren hat, andererseits soll wertvolles Volksgut gerade der Heimatvertriebenen vor der Vergessenheit bewahrt werden.

Der Inhalt des Buches umfaßt den gesamten Weihnachtsfestkreis von Kathrein (25. November) bis Dreikönig (6. Januar). Die einzelnen Kapitel richten sich jeweils nach dem im alten katholischen Kalender terminierten Fest, das in seiner lebensvollen, geistlich-weltlichen, oberpfälzischen Ausformung dargestellt wird. (Die durch die Liturgiekonstitution des II. Vatikanums bedingten Verlegungen von Festen, z. B. des Thomasfestes, konnten logischerweise hier keine Berücksichtigung finden.) Während der Aufbau in den kleineren Kapiteln durchaus leicht zu erkennen ist, bewirkt in den größeren die Vielfalt des dargestellten Stoffes vielleicht den Eindruck von Systemlosigkeit. Tatsächlich wurde jedoch jedes Kapitel nach demselben Schema angelegt: Auf die Legende oder das Evangelium folgen in der Regel Gebete, aussagekräftige alte Predigten, Brauchtumsbeschreibungen, Volkstümliches und abschließend Literarisches. Eine eigene Abteilung nach der Abhandlung des 6. Januar mit dem Titel „Zum Noochmacha" bringt Anregungen und Anleitungen zum Spielen, Basteln, Backen und zur Feiergestaltung.

Die Autoren der einzelnen Beiträge sind entweder alteingesessene Oberpfälzer oder solche, die seit Jahren in der Oberpfalz leben und wirken, oder die sich diesem Kulturraum seit langem verbunden fühlen.

So unterschiedlich wie die Herkunft der Autoren sind ihre Sprache und, soweit es sich um Dialektdichtung handelt, ihre Schreibweise. Um die Originalität und Eigenständigkeit des Ausdrucks und Schriftbildes nicht zu zerstören, wurden keine Änderungen vorgenommen, auch wenn das Lesen schwerfallen sollte. Im übrigen möchten wir empfehlen, alle Mundartbeiträge für den öffentlichen Vortrag in den ortsüblichen Dialekt zu übertragen.

Einen Versuch stellen die Legenden in einer gehobenen mittelbairischen Mundart dar. Die oft zu langen, zu romantischen oder zu nüchternen Legendenvorlagen wurden hier in eine Form gebracht, die in volkstümlicher Art das Leben der Heiligen sachlich richtig schildert, die sich jedoch so zum Vorlesen in der Familie oder bei Veranstaltungen besser eignet.

Leider konnten die Bilder aus technischen Gründen nicht immer in die Nähe dazu passender Texte gestellt werden. Diesen Umstand braucht man nicht zu beklagen, da die Abbildungen von vornherein weniger als Illustrationen gedacht waren denn als selbständige Zeugnisse künstlerischen und volkskünstlerischen Schaffens zum Thema Advent und Weihnachten in der Oberpfalz. Vom Wort unabhängig sollen sie zu Meditation und Andacht führen.

Die umfangreiche Sammeltätigkeit war nur zu bewältigen durch die Hilfe vieler engagierter Persönlichkeiten, denen wir hier ausdrücklich danken möchten:
Herrn Direktor Dr. Mai, Frau Dr. Möckershoff und Herrn Dr. Hubel (Bischöfliches Zentralarchiv Regensburg),
Herrn Direktor Dr. Pfeiffer und Herrn Dr. Loers (Museum der Stadt Regensburg),
Frau Direktor Dr. Urbanek und Herrn Riesinger (Staatliche Bibliothek Regensburg),
Herrn Wolf (Brauchtumsarchiv Bayerischer und Oberpfälzer Wald),
Herrn Dr. Hauschka (Regensburger Schriftstellergruppe),
vor allem jedem einzelnen der etwa hundert Text- und Bildautoren sowie den verschiedenen

Verlagen für die selbstlose Überlassung der Texte und Bilder wie für die freundliche Abdruckerlaubnis.

Unser Wunsch ist es, daß dieses Oberpfälzer Weihnachtsbuch in den Familien, Schulen und allen möglichen Gruppen und Institutionen mit derselben Freude und Liebe aufgenommen wird, mit der wir es zusammengetragen haben, daß es die Menschen in oder außerhalb der Oberpfalz durch die Fülle des Materials befähigt, Weihnachten wieder als christliches Fest mit erneuerter und vertiefter Sinngebung zu feiern, und daß es damit einen Beitrag leistet zur Festigung der gerade heute so gefährdeten Gemeinschaften und zur Verinnerlichung des einzelnen.

Regensburg,   Erika Eichenseer
an Kathrein 1978   Adolf J. Eichenseer

S.CATHARINA.

25.
NOVEMBER

Die heilige Katharina von Alexandrien

Kathrein stellt den Tanz ein

Katharinen-Legende

So, wia ma se a richtige Prinzessin vorstellt, so war's, de Katharina: jung und schee und gscheit. Und als Königstochter hat sa se aa net gfürcht vorm Kaiser, hat n zur Red gstellt wegn de eigsperrtn Christn und hat nimmer lockerlassn, bis er koa Widerred mehr gfundn hat.
Fuchzg Gelehrte ausm ganzn Land ham kemma müaßn, daß' mit da Katharina um d Wahrheit kämpfa!
Fuchzg Gelehrte gega oa Frau! — A undankbarer Auftrag für de Weisn vo überall her!
Und doch hat sie gsiegt. —
Sie oder d Wahrheit? —
Aus fuchzg eigschworne Heidn san drauf fuchzg Christn worn.
Verfolgt jetz vom Kaiser, bestärkt von der Christin — endns im Feuer.
Der Kaiser woaß net: is de Gott oder Teufl?
Er wills aufstelln als Göttin; laßts eisperrn und foltern.
Sei Oberst siecht Engel bei ihr in dem Gfängnis, und er und no zwoahundert Soldatn schwenkn zum Kreuz.
„Opfer de Götzn und leb!" keift am Kaiser sei Stimm voller Zorn, „oder stirb unter de eisernen Radl mit Messer und Sägn, zwoa vorwärts, zwoa zruck!" —
Unter der Kraft vom Gebet springt de Foltermaschin, reißt 4000 Leit mit in Tod.

Der Kaiser steht langsam alloa mit seim Zorn:
S Volk jubelt der standhaftn Jungfrau, alle hams gern.
Und sogar sei eigene Frau will n scheltn.
„Bist du am End aa oane von dene?" —
Jetz kann er sein Haß nimmer dahaltn. — Da Henker muaß her!
I bin da Herr!

Mit an Stoßgebet für alle in Todesnot geht die Katharina, an König Kortus sei oanzige Tochter, zum Block.
Milch rinnt statt Bluat.

Da Kaiser hat recht, aber gsiegt hat er net.

E. E.

Bauernregeln und Lostage

Wie der Tag zu Katharina wird der nächste Januar sein.

Katharinen-Winter, ein Plack-Winter.

Kathrein schaut da Schnäi zan Fenza ei. (Egerland)

Volksmund

Kathrein stellt Kuh und Tanz ein

Ein Blick in den Annoncenteil unserer bayerischen Tageszeitungen am 25. November unterrichtet den Leser schnell, daß an diesem Tag ähnlich viele Tanzveranstaltungen angekündigt werden wie in den letzten Tagen des Faschings. Dies kommt nicht von ungefähr; denn vor allem auf dem Lande halten sich die Tanzwütigen und die Veranstalter noch ziemlich strikte an das alte Sprichwort „Kathrein stellt (sperrt) den Tanz ein". Um diese alte Sitte zu bekräftigen, erlassen sogar manche Gemeinden ein ausdrückliches Tanzverbot während der Adventszeit nach dem Gesetz über den Schutz von Sonn- und Feiertagen. So verwundert es nicht, wenn es am Katharinentag abends in den Wirtsstuben und Tanzsälen zum letzten Mal im Jahr so richtig aufgeht, wenn vor der stillen Adventszeit die sommerliche Herrlichkeit, Tanz und Geselligkeit in vollen Zügen noch einmal genossen werden. Und die Burschen und Mädchen stimmen auch heute noch dem alten Spruch aus Tiefenbach bei Waldmünchen mit Überzeugung zu: „Kathrein hout jeda di sei. Wenn er dou koine hout, hout er no koine ghout." D. h. heute geht alles paarweise zum Tanz.

Der Kathreintanz, entweder genau am 25. November oder am davorliegenden Wochenende abgehalten, gewinnt seit einigen Jahren überall dort an Bedeutung, wo sich Volkstanz- oder Landjugendgruppen der Pflege des Volkstanzes widmen. Häufig werden dann sog. offene Tanzen durchgeführt, bei denen eine geschlossene Gruppe mit längerer Erfahrung jeweils einen Tanz vorführt und diesen den anwesenden Neulingen durch gemeinsames Üben anlernt. Erfreulicherweise zeigt heute die städtische und studentische Jugend großes Interesse an solchen Veranstaltungen, bei denen Fröhlichkeit und Ausgelassenheit nicht zu kurz kommen.

Kathrein war ein wichtiger Bauerntermin. An ihm beschloß man das bäuerliche Arbeitsjahr in der freien Natur, die Weidezeit war endgültig zu Ende. Deshalb hieß es in Riggau: „Kathrein stellt Kuh und Tanz ein", und in Treffelstein sagte man: „Kathrein stellt alle Hut ein". In manchen Orten der mittleren und nördlichen Oberpfalz ging der Imker nochmals zu seinen Bienen und besprengte die Bienenstöcke mit Weihwasser, um sie vor Krankheit zu schützen. Da die heilige Katharina, die einstmals gerädert wurde und auf vielen Oberpfälzer Altären mit einem zerbrochenen Rad dargestellt wird, auch als Patronin aller Gewerbe, die mit dem Rad zu tun haben, galt, begann man an ihrem Tag mit der Schafschur und mit dem Spinnen in den Rockenstuben.

An Kathrein bestand früher die letzte Möglichkeit vor Weihnachten zu heiraten. Konservativ eingestellte Brautpaare, insonderheit aus der bäuerlichen Bevölkerung, halten sich nach wie vor an diese alte Regel.

In Falkenstein, Breitenbrunn, Hohenfels, Kallmünz und Weiden findet am 25. November der Kathreinmarkt statt, der letzte Standmarkt des Jahres, der seit jeher als Christkindlmarkt gilt.

A.E.

St. Margret mit dem Wurm,
St. Barbara mit dem Turm,
St. Katharina mit dem Radl
san die drei heilign Madl.

Volksmund

Der Dudelsackpfeifer von Waldershof

Es war in jener Zeit, da man noch nicht von Eisenbahn und Automobil zu träumen wagte. Da ging der Hirte von Walbenreuth, der wie gewöhnlich auch diese Nacht den Burschen zum Tanz aufspielen sollte, nach Pfaffenreuth. Als der Viehhüter an dem südwestlich von Waldershof gelegenen Waldstück „Zeidlerwald" vorbeischritt, hörte er plötzlich hinter sich ein sonderbares Tappen und Schnaufen. Er schaute erschrocken um und gewahrte in der Dunkelheit einen Wolf. Zum Davonlaufen war es zu spät. Da griff in seiner Angst der Bursche zu seinem Dudelsack und dudelte dem Wolf etwas vor. Die ungewohnten Laute machten den Wolf stutzig und veranlaßten ihn stehenzubleiben. Da rannte nun der Hirtenknab so rasch er konnte davon.

Aber bald setzte ihm der hungrige Wolf nach. Der Hüter ließ nun wieder seinen Dudelsack ertönen, worauf das Tier abermals stehen blieb. Sofort nahm der Mann wieder Reißaus.

In dieser Weise, abwechselnd spielend und laufend, gelangte der Verfolgte bis in die Nähe des Rosenhammers. Ehe er diesen aber erreichte, bekam der Dudelsack durch die aufgeregte Bearbeitung ein Loch. Nun war die Not des gehetzten Alten aufs höchste gestiegen! Wäre er nicht auf den glücklichen Einfall gekommen, mit seinem Feuereisen und Feuerstein Funken zu schlagen, so hätte ihn sicherlich der Wolf angefallen und zerfleischt. Durch das schlagende Geräusch und das Feuer ließ sich das Raubtier neuerdings abhalten, und der erschöpfte Hirte rettete sich in das Hirtenhaus beim Rosenhammer.

Dort rastete er einige Zeit und ging dann in Begleitung seines bewaffneten Kollegen nach Pfaffenreuth.

Rasch verbreitete sich die Schreckenskunde von dem Wolfe in der Gegend. Der Hirte von Pfaffenreuth, der die „Fallmeisterei" versah, köderte den Wolf am nächsten Tag mit einem Pferdekopf in seinen Hof, schloß schnell die Tore und erschlug das gefürchtete Tier.

Mauritius Linder

Der Kartenspieler und die Wilde Jagd

In Harrenshofen bey Lengenfeld hatte der Knecht das Karten verschworen. Auf Kathrein aber ging er nach Deusmauer zum Tanze und ließ sich zum Spiele verführen, und verlor Alles, das Gewand vom Leibe, zuletzt den Rosenkranz. Fluchend und lästernd ging er heim. Aber das Wilde Goig kam über ihn und nahm ihn mit durch dick und dünn und über Wasser. Mit zerrissenem Gesichte kam er heim, er war bis in Bamberg. Seitdem spielt er nicht mehr. Velburg.   Franz X. Schönwerth

ENDE NOVEMBER

Winter

Kold is' worn

Bluomen und daz grüene gras

Bluomen und daz grüene gras
beidiu sint verswunden.
nu treit uns aber diu linde vür die sunne
nindert schat;
ê, dô sî geloubet was,
dô hiet man dâ vunden
vil maneger hande vreuden: dâne gêt nu
nindert phat,
dâ wir dô
ie sô vrô
bî ein ander wâren.
diu vreude het ein ende, dô diu zît begunde
swâren;
des trûret manic herze, des gemüete stuont ê
hô.

Die Blumen und auch das grüne Gras
sind verschwunden.
Nun spendet die Linde uns keinen Schatten
mehr gegen die Sonne.
Früher, als sie belaubt war,
hätte man unter ihr finden können
vielfältige Freuden. Da geht nun kein Pfad
mehr,
wo wir einst
stets so froh
beieinander waren.
Das Glück hatte ein Ende, als die Jahreszeit
trist wurde.
Darüber trauern viele Herzen, die zuvor froh-
gestimmt waren.   Neidhart von Reuental

Da Windda

Mid de letzdn Blaadln
wo da koldde Novembawind
grandde vo de laarn Beim owareißt
geht da Heabst fuat — —
und duat — — hint — —
klopft scho da Windda o.
Mid Newl und Reif
machdad Wiesn stooksteif
und de Grülln wo no
in da Sonn afziapt hod
gfreada schnöll ei. — —
A guada oldda Freint is dahi
und a andana kumma
dea mid Schnee und Eiszapfa glei
dees zuadegga wüll
wosa an Scheena und Freid
umbrocht hod.

Joachim Linke

Wintersonne

Die Wintersonne will leuchten
Und zwängt
Sich durch Nebelbezirke.
Sie will die Schwaden durchschneiden
Und widerscheint an den feuchten
Ästen der weinenden Weiden
Und hängt
Im Gezweig wie lauteres Goldgewirke.

Alfred Rottler

Lus wäi da Wind gäiht!

Lus nau wäia heind
wieda greint:
wäia gnaunxt
wäia maunzt
wäia lallt
wäia maalt
wäia lust
wäia schmust
wäia tratzt
wäia knatzt
wäia zupft
wäia hupft
wäia blaust
wäia paust
wäia staußt
wäia kracht . . .
wäia lacht!

Margret Hölle

Warum der Wind vom Meere herweht

Ein oberpfälzisches Märchen aus Tiefenbach

Bei der Erschaffung der Welt war der Wind schon persönlich auf der Welt und hatte auch eine Frau. Beide waren aber sehr dick, und der Mann hatte überdies einen Bart, so groß, daß er dreimal um den dicken Leib herumging. Ungeachtet dieser Dicke konnten sie durch jeden Spalt, jedes noch so kleine Loch mit großer Leichtigkeit hindurch. Doch müssen sie schon lange auf der Welt gewesen sein, da es zu ihrer Zeit schon Grafen, Fürsten und Könige gab.

Nun lebte auch ein Graf, der konnte den Wind nicht leiden und äußerte sich oft sehr beleidigend über denselben. Eines Tages ging er in seinem Walde spazieren, und wie er so ging, kam ihm ein altes, dickes Weib in den Weg. Als der Graf ihrer ansichtig wurde, fragte er sie: „Wer bist du? Woher kommst du? Wohin gehst du? Warum bist du so dick?" Das Weib erwiderte: „Ich bin die Windin, die du nicht leiden kannst." „Wo hast du deinen Mann?" fragte der Graf weiter. „Den sollst du gleich sehen!" war die Antwort. Dabei hub sie zu blasen an und führte den Grafen in einem Augenblick zu dem gläsernen Berg, wo sie ihn niedersetzte und warten hieß. Dann schloff sie zu einer Spalte des Berges hinein, und nicht lange, so kam ein ungeheuer dicker Mann heraus, mit einem Barte, der dreimal um den dicken Leib herumging. Dieser näherte sich dem Grafen und sprach zu ihm: „Kennst du jetzt den Wind, über den du so geschmäht hast?" und schlug ihn dann mit einer Rute, worauf der Graf sogleich in Stein verwandelt war. Doch sah und hörte er auch als Stein alles, was um ihn her vorging und in dem gläsernen Berge geschah. Jeden Tag sah er Leute aus allen Ständen ankommen und zu Stein werden. Er erfuhr auch, daß diese Steine zehn Jahre so stehen mußten und daß nach dieser Zeit die Vornehmen gebraten, die Geringeren gesotten werden, worüber er in große Angst geriet.

So waren zwei Jahre vergangen. Da gedachte er, daß heute sein Geburtstag sei, und daß seine treue Gattin, wenn sie um sein Los wüßte, gewiß alles aufbieten würde, ihn zu befreien. Kaum hatte er es gedacht, so kam ein sonderbarer Vogel, den er noch nie gesehen, setzte sich auf seinen Kopf und ließ aus dem Schnabel einen Ring, den Ehering seiner Gattin und ein Zettelchen fallen. Sogleich stand der Graf in seiner menschlichen Gestalt da und las, daß er sich sofort aufmachen und dem Vogel folgen solle, wohin er immer fliege. Der Vogel flog, und der Graf ging ihm nach und kam vor ein Schloß, das ganz voll Feuer war. Der Vogel flog mitten in das Feuer hinein, der Graf getraute sich nicht, ihm dahin zu folgen und blieb außen stehen. Nach einiger Zeit kam ein reichgeschmückter Fürst heraus, nahm den Grafen bei der Hand und führte ihn unversehrt mitten durch die Flammen in einen prächtigen Saal, in dem gleichfalls eine Menge steinerner Figuren standen. Da sagte der Fürst: „Weißt du, ich habe dich erlöst und aus der Gewalt des Windes gerettet, denn es wäre dir sonst ergangen wie allen anderen, die am gläsernen Berg versteinert stehen. Ich war wie du in Stein verwandelt, bin aber nun befreit durch den Feuergeist. Siehst du diese Gestalt von Stein", und damit deutete er auf eine Bildsäule hin, „es ist ein verwandelter König. Ihn wird der Wassergeist erlösen."

16

Kaum hatte er diese Worte vollendet, so kam ein Vogel geflogen, ein Zettelchen im Schnabel und setzte sich auf den Kopf des Steinbildes. Sogleich fing dieses sich zu rühren an, und bald stand der König vor den beiden da.

Auf dem Zettel aber stand geschrieben, daß jeder von den dreien einen Wunsch tun könne nach der Größe der drei Stücke, in die sie den Zettel zerreißen sollten. Da wünschte sich der Graf so dick zu werden als er wolle und der Fürst so weit zu sehen als er wolle und der König so hoch zu werden, daß es bis an die Sterne reiche.

Nun führte sie der Fürst, der so weit sehen konnte, durch einen unterirdischen Gang hinaus und bemerkte draußen im gläsernen Berge Scharen von Bewaffneten, an der Spitze den Wind, am Ende die Windin, und wie er in die Höhe schaute, erblickte er eine Unzahl bewaffneter Vögel. Da machte sich der König so lang als er es brauchte und holte die Vögel einen um den andern herunter, und die beiden andern erschlugen sie.

Der Fürst aber sah nun wieder, wie der Wind mit seinem Heere den gläsernen Berg verließ und gegen sie anzog. Und es war den dreien recht bang um ihr Leben, denn es fehlte nicht viel mehr auf elf Uhr nachts, und wenn es diese Stunde schlage, wußten sie, daß der Wind über sie Gewalt habe.

Da machte sich der dritte so dick als er es vermochte und tat den Mund weit auf, und der Wind und sein Heer und die Windin zogen alle in den Mund hinein. Wie die Windin eingezogen war, rief der, der so weit sah: „Den Mund zu!" und der Graf schloß den Mund und hatte nun Wind und Heer und Windin in seinem Leibe, so daß ihm ganz übel wurde. Der aber, der so weit sah, führte ihn an das Meer und hieß ihn niederknien und alles, was seinen Magen so sehr beschwerte, in das Meer speien. Und er tat so. Wind und Heer und Windin versanken im Meere. Seit dieser Zeit ist das Meer so unruhig, und es kommen alle Winde vom Meere her. A.u.

Bauernregeln

Novemberwind scheut Schaf und Rind.
Novemberdonner hat Kraft, daß er viel Getreide macht.
Baumblüt im späten Jahr noch nie ein gutes Zeichen war.
November trocken und klar, wenig Segen fürs nächste Jahr.
Wie der November so der darauffolgende Mai.
Friert im November das Wasser, ist der Januar um so nasser.
Dezember kalt mit Schnee, gibt Korn in jeder Höh'.
Entsteigt Rauch gefrorenen Flüssen, kann man auf lange Kälte schließen.
Dezember veränderlich und lind, der ganze Winter wie ein Kind.
Wie der Dezember pfeift, so tanzt der Juni.
Dezember warm, daß Gott erbarm. Volksmund

A weißa Schwana

A weißa Schwana
in schwoazn Agga
— wöi eing!

Graua Dooch
vulla Nöwl.
Baim ahne Blaala.

A Schdiggl weidda
a ooglouana Weiha.

Da weißa Schwana
in schwoazn Agga
— aloins.

                    Johanna Wald

Wens Nacht wiad

Staad is,
dea grod nu gsunga houd,
dea kloine Vogl
im Baam.

Niat alle,
wenns Nacht wiad,
hom a Dooch
iwan Kopf.

San wäi Zwüling,
da Schlouf und da Doud.

Wou is a Stimm,
däi zu da Zeid sagt:
Vagäih niat,
blei stäih?

Vulla Angst
huachst asse
in d'Nacht.   Herbert Zimmermann

kauderig II

wias bunzn greibt —
wias guttern gnacht —
wias schtuign gneibt
wias scheebern glacht

wias dittern schneibt —
wias zuntrer macht
bals schnipsln treibt
die ganze nacht

muaßt alle tag
dein zeitzn biang
sunst kannst den rechtn
blaab nia kriang . . . nia   Felix Hoerburger

Mehl statt Schnee

Ein Taglöhner, dem es sauer ward, sein täglich Stück Brod zu gewinnen, murrte oft über unseren Herrgott bey seiner strengen Arbeit, am meisten aber dann, wenn Schnee fiel und das Arbeiten noch mehr erschwerte; dieser sey doch zu gar nichts gut, und nicht einmal von Gott erschaffen worden, weil er weder im Paradiese noch in der Arche Noe war. Einmal war er wieder im Walde, um Holz zu fällen, als der Schnee in dicken Flocken niederfiel. Fluchend suchte er Schutz in einer Felsenhöhle. Kaum ruhte er hier einige Augenblicke, so stand ein Engel vor ihm und frug ihn, warum er gar so oft des Teufels gedächte, so selten aber Unsers Herrgottes. Da meynte der Taglöhner, Unser Herr denke auch an ihn nicht, und darum könne er nicht gut Freund mit ihm seyn. Der Engel frug nun, was denn Gott thun solle, damit er zufrieden wäre; und der thörichte Mensch wünschte, daß statt des Schnees Mehl vom Himmel falle. Und sofort fiel das Mehl in dicken Wolken herab, und die Leute kamen und sammelten es und hatten nun Brod genug und arbeiteten nicht mehr. Als aber dem Einen das Haus abbrannte und dem Anderen eine Mauer einfiel, und weder Zimmermann noch Maurer Hand oder Fuß rühren mochte, kam es dahin, daß die Leute wie bey Erschaffung der Welt in Höhlen wohnen und zuletzt von Wurzeln und Kräutern leben und nackt wie die ersten Aeltern gehen mußten. Die wilden Thiere vermehrten sich, und Hecken und Dörner, Gesträuche und Wald wucherten da empor, wo ehedem blühende Fluren und Wohnstätten waren. In diesem Elende erkannte nun auch der Taglöhner die Thorheit seines Wunsches und seinen Uebermuth, an der Weltordnung Gottes meistern zu wollen. Tief erschüttert sprang er von seinem Lager auf, um den Engel aufzusuchen, und — erwachte. Er trat hinaus vor die Höhle, und Schnee lag vor seinen Füßen. So warf er sich auf die Knie und dankte dem Herrn, der ihn in einem Traumgesichte belehrt hatte, und fortan war er mit seinem Schicksale zufrieden. Neuenhammer.

Franz X. Schönwerth

Die Saat im Schnee

Es war in den Franzosenkriegen. Die Fluren lagen im Schnee, die Scheunen und Ställe waren leer und die Herzen voller Angst vor dem streifenden Kriegsvolke.

Eines Abends saßen die Bauern von Jesau mit ernsten Gesichtern beisammen und ratschlagten, was zu tun sei. Ein Durchmarsch der Franzosen stand bevor, und was man von anderen Dörfern hörte, vergrößerte die Sorgen. Von überall hieß es: „Sie durchstöbern alle Verstecke und lassen den Bauern nicht einmal das Saatgut." So sannen die Männer beim flackernden Kienspanlichte hin und her, bald laut und bald stumm.

Da wußte ein alter Bauer guten Rat. „Ich führe morgen früh den Hafer aufs Feld und säe ihn in den Schnee." Die anderen schüttelten die Köpfe: „Tritt Tauwetter ein, dann quellen die Körner auf, und kommt darauf ein Frost, so ist der Samen hin!" Der Alte aber sagte:

„Freilich wohl! Wenn ihn die Franzosen nehmen, ist er auch weg. Drum vertrau ich ihn lieber der Güte Gottes an."

Und richtig! Am nächsten Morgen stand der Alte auf dem Felde und begann in Gottes Namen mit der Aussaat. Er schritt bedächtig den Acker hin und her und warf mit kältesteifen Fingern den Samen in den knöchelhohen Schnee. Als die Nachbarn es sahen, taten sie das gleiche. Sie zerrten die Säcke aus den Verstecken hervor und säten auch ihren Hafer in den Schnee. Tags darauf kamen die Franzosen wirklich, durchsuchten alles und schleppten fort, was sie fanden.

Der liebe Herrgott aber hatte ein Einsehen. Auf die Schneeschmelze folgten warme, frostfreie Tage, die Felder trockneten schnell, und die Jesauer konnten nun den in den Schnee gestreuten Hafer glücklich einackern und eineggen, während in den Nachbardörfern die Haferfelder brach liegen bleiben mußten. Anton Altrichter

Erloschenes Feuer

„Nun berichten Sie!" wurde die jüngste der Frauen gebeten, nachdem man auf die Vertreibung aus der Heimat zu sprechen gekommen war.

„Ich kann Ihnen davon nicht viel erzählen. Ich bin damals noch sehr klein gewesen, und ich habe den Fortzug aus unserem Hof verschlafen. In der Erinnerung blieben mir nur Farben, Gerüche, Klänge. Farben — das ist übertrieben. Eigentlich nur Weiß. Es war damals Winter, und die Winter bei uns im Gebirge sind groß und herrlich.

Es war ein Tag wie jeder in diesem Winter mit seiner trockenen, eiskalten Luft und mit Schnee, vielem hohen, blütenweißen, unberührten Schnee unter einer überschwenglichen Sonne. Der schöne Tag hatte die Mutter veranlaßt, die frisch überzogenen Betten auf der Stange vor dem Haus zu lüften. Sie waren schneeweiß in dem Weiß des Schnees rundum.

Der Vater und der große Bruder arbeiteten im Stall; sie fuhren auf Schubkarren dampfenden Mist in die Grube neben dem Stall, brachten Heu und fütterten die Kühe. Heu — von Geruch sollte nicht gesprochen werden, vielmehr von Duft, dem herb und süß würzigen Duft des Bergheues, zudem in der scharfen kalten Luft.

Es verlief alles wie an jedem anderen Abend vorher. Daß es der letzte in unserem Hof war, das erfuhr ich erst später. Die Eltern hatten alles ferngehalten, was das Kind beunruhigt hätte.

Die Mutter holte die Betten herein und richtete sie gleich zum Schlafengehen. Der Vater und der Bruder kamen aus dem Stall, wuschen sich, und wir aßen zu Abend, die übliche Brotsuppe mit Erdäpfeln. Während die Mutter das Geschirr reinigte, saßen wir auf der Bank um den großen Kachelofen. Nachdem die Mutter die Öllampe vor dem Glassturz mit dem Prager Jesulein angezündet hatte, setzte sie sich auf einen Stuhl neben dem Tisch und strickte. Licht wurde, wie auch sonst, vor dem Schlafengehen nicht gemacht. Die Öllampe brannte, und aus den Ritzen zwischen den eisernen Platten des Ofens fielen Lichtstreifen auf die Decke. Von draußen schimmerte der Glanz des verschneiten Hanges herein.

Düfte waren da, der harzige von den Fichtenbalken der Stube, der holzige vom Reisig, das im Ofen brannte; von dorther klang das Knistern des Feuers, von nebenan aus dem Stall dann und wann das Klirren einer Kette oder das mahlende Wiederkäuen einer Kuh, später das Brodeln des Wassers aus der Ofenwanne und das Zischen eines Tropfens, der vom Deckel auf die heiße Platte fiel.

Es war längst über meine übliche Zeit zum Schlafengehen hinaus. Das Aufbleiben war mir heute ohne Widerrede gestattet worden — nun war ich, an den Vater gelehnt, eingeschlummert, wachte zuweilen kurz auf, hörte dies, sah das und dämmerte sofort wieder ein. Müde war ich, ich hatte mich den Tag über in der kräftigen Schneeluft herumgetrieben. Vielleicht war ich einmal davon erwacht, daß etwas fehlte. Das Klappern der Stricknadeln war nicht mehr zu hören; die Mutter mochte an die Ferse gekommen sein, wo sie ohne Licht nicht mehr weiterkam. Ich schlief wieder ein, man schlief in den warmen, duftenden Stuben mit den Holzwänden wie in einem Baum. Ich sehnte mich danach, aber ich konnte mich nicht aufraffen, während ich das Schneeweiß der leuchtenden Betten sah, die nach Luft riechen, ich würde mich darin wohl fühlen wie ein Vogel unter seinen Federn.

Dann roch ich etwas, das vorher nicht hier gewesen war, doch auch das war nicht ungewöhnlich. Der Vater tat es an jedem Abend vor dem Schlafengehen. Er griff nach dem kleinen Blechtopf, der auf dem hölzernen Deckel der Ofenwanne stand, schöpfte Wasser und goß damit das Feuer im Ofen aus, damit ein aufkommender Nachtwind keine Funken aus dem Ofenloch wehe. Davon kam der Geruch nach feuchter Asche. Als die Mutter das Öllämpchen gelöscht hatte, war richtig Nacht in der Stube, tiefe, stille, weiche Nacht, die mich in einen tiefen, weichen Schlaf holte.

Das andere hat mir die Mutter später erzählt.

Als der Lastkraftwagen unhörbar im Schnee kam, um uns fortzuholen, schlief ich fest, und die Mutter hüllte mich in eine Decke und trug mich hinaus . . .

Es bleibt etwas zu erklären. Daß der Vater noch am Abend den Stall ausgemistet und die Kühe gefüttert hatte, das ist nichts, was erklärt werden müßte. Aber daß die Mutter an diesem Tag die Betten frisch überzogen und gelüftet hatte, in denen wir nicht mehr schlafen sollten!

Nach dem Tod meiner Eltern fand ich in ihren Papieren ein Blatt, das auf der einen Seite in tschechischer Sprache, auf der anderen in einer schlechten deutschen Übersetzung unter dem Titel „Aufmerksammachung" Befehle und Verbote für die, welche ausgesiedelt wurden, enthielt. Ein Befehl lautete, daß in der Wohnung, die verlassen wird, die Betten frisch überzogen sein müßten, in jedem Bett eine Zudecke und zwei Kopfkissen; geschähe das nicht, drohe diese, jene Bestrafung.

Als ich jüngst in einem alten Gedicht den Vers fand: „Nun löschen das Feuer des Hauses wir aus", fiel mir die letzte Erinnerung an Zuhause ein, die mir am deutlichsten geblieben: die Erinnerung an den Geruch feuchter Asche.   Josef Mühlberger

Kold is' worn

Kold is' worn.
Blattl san gestern no gfahrn
aufm See.
Heit stehngans staad, gstarrat
mitten im glasigen Eis.

D Fisch rührn si no,
gfrein si am Lebn,
kemman erst später ins Eis,
glotzn di glasig im Supermarkt o.

Kold is' worn.

De old Kath kennt si dahoam nimmer aus:
Kuchl zateilt vo da Schrankwand,
Kinder knockan vorm Fernseh,
brauchan koa Großmuadda mehr.

I woaß net, daß' gor so kold is —

Da Böhmische Wind hot doch frühas
mehr gwaht,
is durche durchs Gwand.
Heit geht de Kältn durchn Pelzmantl durch!
San de Fisch schuld?
Oder de Schrankwand?

Rühr ma uns no
oder glotz ma scho glasig
aus da gstarratn Kuchl
oder vom Pelzmantl raus?

Kold is' worn.

Erika Eichenseer

Erfrierende Sonne

Erkalte nicht, Erde! Erwärme die Zeit!
Es frieren schon alle die Sterne.
Entschlafen ist längst in der Einsamkeit
Ein Herz zwischen Feuer und Ferne.
Entblätterte Nacht schläft auf weißem Gebreit.
Es hat auf den Sternen geschneit.

Erkältet ist alles, der Klang und die Zeit.
Ein Hund scharrt nach Knochen der Träume.
Erbarmungslos starben an Heiserkeit
Ein Sang und die Sagen der Bäume.
Es karrt nur ein Schlitten durchs endlose Weit.
Es hat auf der Erde geschneit.

Errötend verglimmt schon das letzteste Scheit.
Erstarrung erlöst auch das Glühen.
Ein Schneewind verebbt, und kein Hauch ist gefeit.
Ein Glanz läßt noch Eisblumen blühen.
Erstarrt ist das Flimmern, erfroren die Zeit.
Es hat auf der Sonne geschneit.

Erich Ludwig Biberger

Der Einsame

Was Einsamkeit ist, fragst du,
und denkst den Stern
im tiefen Blau einer Winternacht,
der einsam verzuckt,
ein kaltes Licht.
Und doch: Unendlich einsamer ist der
Einsame;
in steinernen Gewölben sitzt er und sinnt,
und zu Kristall war das Ding,
das sie Seele nennen,
in seiner Brust.
Unendlich lacht er dem Tod;
denn er stirbt nicht.
Nur einmal, wenn er der Heimat denkt,
dann weint er,
und die Mauern erschauern um ihn;
denn die Erde bebet
im innersten Kern.

Erwin Eisinger

Dezember

Die Tage leiden an Asthma,
die Nächte sind bärenstark.

Himmel und Hölle verstecken sich
vor der grauen Nebelhexe.

Faul lungert der Frost in der Erde;
das Wachstum hält er in Banden.

In der Losnacht pokern die Geister
um Bethlehems hellen Stern.

Rupert Schützbach

Winterimpressionen

Burgruine. Verlorenheit.
Schneereigen. Krähenchoral.
Schwarzer Fluß
im Nebeltal.
Dunkle Wälder
tief verschneit.

Felsenriffe. Zeit in Fäden.
Sturmzerfetzter Wolkensee.
Wacholderbüsche
schwarz im Schnee.
Alte Mühle
raucht in die Zeit.

Schneelicht.
Klare Sterne.
Glockenschlag
leis von Ferne.
Stille
weit und breit.

Winterland
im Jura.

Franz Xaver Staudigl

Hopfengarten im Winter

Winter. Es bleiben Gerüste.
        Die Rippen des Hopfenwals.
                Dürr. Was zusammenhält.
Alles Grüne von Händchen und Fähnchen verstoben. Der
        Lindwurm an Fruchtbarkeit
                Abgehäutet,
                        Fortgetrimmt.

Ein klapperndes Schwarz auf Weiß. In Mulden gelagert.
                Schräg, eins am andern, ein
        Überschneidungssystem, ein
                Grätenverspann, ausgekrochen aus
Unübersichtlichem, Überschwang, aus Kurzlebigkeit, — aus
        Biologie, über und über verwuchert einst.
                Ein nüchtern länger Bleibendes
                Versteckt in
        Dichterm, Vollerm, man sagt: Lebendi-
                germ —, so und nicht anders war die Form
                        Bezeichnet,
                        Neugierig
                                Sehn wirs jetzt.

So und nicht anders. Da verschiebt kein Trieb die Konturen viel,
        Ändert nicht viel am Umriss,
                Heute auf morgen, wenn
        Das Geripp es nicht vorgibt. Da
                Sitzen die Rippen fest. Da
        Bleiben die Schenkel steif. Da
                Ist keine Wandlung. Da
                Gibts keine Wallung. Da
        Sehen wir, wo wir sind:
In einem Linien-Panoptikum,
        Wo du, Betrachter, entscheidest, ja, wo du
                Selber entscheiden musst, was du wissen willst.
                Wissen willst, siehst du Skelette, die
                        Nicht mehr ‚Bier‘ eindeutig meinen, nicht mehr
                        Geschnatter in Hopfenzeit,
                                Oder Gemeinderatreden,
                                        Oder ein Elementchen im
                Weltweiten Wirtschaftsverbund der Bräuer,
                                        Oder den
                                                Kellerbauch:
Wissen willst, dies entgrätend, vor Fläche, weiss
        — Der weisse Hopfengarten —
Entgrätend grünen Bestand der Sonnen-Protzerei,
        — Der weisse Hopfengarten —
Nicht mehr Biologie und Wachstum, Saftverschleiss
        — Der weisse Hopfengarten —

Wucherndes Gespräch nicht, Theorie
— Der weisse Hopfengarten —
Wissen willst, wo die Fakten, dürr
— Der weisse Hopfengarten —
Das Gestäng, das stand und weitersteht
— Der weisse Hopfengarten —
Das Gestäng, das morgen wieder mit Ornament
Anderer Pflanzung, wiederum Grüngeranks,
Als Gestäng, wie gestern,
Als Geripp, wie heut,
Stecken bleibt
Und
Stehen bleibt
Und
Die Form bestimmt.
Pflanzung wechselt,
Käfig bleibt,
Sehe jeder, wie ers treibt,
Der quarrt,
Der knarrt,
Dürr,
Im Wind,
Der steht,
Steif,
Fest,
Wandert,
So scheints,
Über Land, — da
Überzieht
Der Bestand, letzter Bestand
Ordnungshalber
Das Land,

Hinter ihm Weiss,
Da verliert sich das Mass,
Die Länge, die Breite, da wird alles eins,
Nur die Schrift vor dem Weiss
Sagt von etwas in einem
Messbaren Reich,
Reduziert auf
Geometrie, und mit seiner
Spinnenbein-eckigen, hingeflattert-ge-
flochtenen, netzverspannten,
Nun nicht mehr feuchten,
Schwarzen und weissen
Neuesten Euphorie.

Walter Höllerer

Die nach der Nordseite des Lebens

Treiben Schneeflocken vor den Fensterscheiben. Die Welt wird wieder eingeschneit, daß sie weihnachtsselig werden kann. In der Nacht pfeift der Sturm um das Haus, rüttelt an den Fensterläden. Es ist gruselig schön, im Geborgenen auf den Sturm zu hören. Dann wieder glänzen Sterne durch die Fenster. Und am Morgen sind diese märchenüberhaucht: Eisblumen, Eisfedern, Eissterne!
Aber manchmal denke ich, daß die Welt ganz anders aussieht, wenn man sie nicht aus Geborgenheit heraus betrachtet. Daß die Sterne grausam und kalt scheinen, wenn der Frost an die Fensterscheiben greift, daß man friert, wenn der Sturm durch die Fugen und Ritzen pfeift und daß man nicht an Engelsflügel denkt, wenn der Schnee über die Dächer wirbelt.

Berta Rathsam

Der Teufel im Forsthaus

Förster Rübsam, ein rüstiger Fünfziger, ging einsam auf der ungeschützten Landstraße. Die Schneelandschaft lag gespenstisch weiß vor ihm. Der riesige Nachthimmel hing schwer darüber. Er war nach dem Mittagessen mit dem Bus nach Regensburg gefahren, um sich im „Bischofshof" mit Kollegen zu treffen. Förster Rübsam schritt schneller aus. Die alte Burgl hatte sich am Nachmittag um die Kinder gekümmert. Der Anderl, ihr Mann, war früher Waldarbeiter gewesen. Er trank gern eines über den Durst. Beide hatten vor Jahren einen harmlosen Streit gehabt. Die Burgl war eine gute Haut. Zum Weihnachtsfest wollte er dem ungleichen Paar einen Hasen schenken.

Der Förster sah zur Milchstraße hinauf. Millionen Sterne flimmerten. Die Dezembernacht war schneidend kalt. Der körnige Schnee krachte unter seinen Tritten. Die Telegraphendrähte sangen geheimnisvoll. Ein Pferdewagen kam hinter ihm. Er hörte ein Pferd prusten und schnauben. Es war das Fuhrwerk des Einödbauern.

Der Sepp hielt mit vernehmlichem „Brr!", und der Förster stieg auf. Sepp bewegte die Zügel, und die Fahrt ging weiter. Der Weg führte steil bergan. Beide schwiegen, als würde dadurch dem Pferd das Ziehen leichter. Der Wagen fuhr bald so langsam, als schliefe die brave Liesl im Gehen. Nur ein Vogel redete im Schlaf. Ein Bächlein gluckerte. Der weiße Spitz trottete hinterdrein. Manchmal trippelte er an der Seite des Wagens. Man konnte ihn kaum vom Schnee unterscheiden.

Im Forsthaus, das schwarz wie ein Dämon an der Straße hockte, waren um diese Zeit der zehnjährige Rudi und das vierjährige Evchen allein. Die alte Burgl hatte sie beim Weggehen getröstet, der Vater werde bald heimkommen. Evchen drückte die Puppe fester an sich. Rudi war in eine spannende Haberfeldtreibergeschichte vertieft. Auf dem Sofa lag der Dackel und blickte gutmütig drein. Der Vater hatte auch den Vogelbauer ins Zimmer gestellt.

„Wann kommt Vati?" wollte Evchen wissen. Plötzlich stand ein fremder Mann mit einer Maske vor dem Gesicht in der Tür. Das war bestimmt ein Räuberhauptmann.

Evchen fing zu weinen an. Rudi aber war nicht so schnell ins Bockshorn zu jagen. Zuerst dachte er an einen Scherz des Vaters. Aber Vati hätte sich sicher nur mit Ruß beschmiert. Der unheimliche Mann rührte sich nicht vom Fleck und musterte mit unruhigen Augen das Zimmer. Rudi wurde immer blasser. Er stand langsam auf und ließ das Honigbrot fallen.

„Was wollen Sie?" fragte er eingeschüchtert. Eine Baßstimme brummte: „I bin der Deifl. Ihr brauchts euch net firchtn vor mir. I tua euch nix."

Rudi, der noch nie einen echten Teufel gesehen hatte, schöpfte neuen Mut. „Du stinkst ja nach Schmei?" Der Teufel ließ einen kurzen Lacher durch die gelben Zähne und sagte scheinheilig: „Ja, i schnupf gern. Hör was i dir sag! Der Oberdeifl hat euern Vadder g'holt. I hab den Auftrag, i soll eahm's Geld ausm Schreibkommod bringa, dann laßtn der Oberdeifl wieder aus."

Der Teufel schwieg und beobachtete die Wirkung seiner List. Der Dackel rollte sich aus der Decke und fing zu bellen an. Der Teufel hätte gern ein bißchen schweifwedeln mögen. Aber er hatte nirgends einen Kuhschwanz aufgetrieben. Rudi wollte vor Evchen nicht als Hasenfuß dastehen. Er öffnete eifrig die Tür zum Arbeitszimmer des Vaters. Sein Finger deutete geradeaus. „Da ist der Schreibtisch. Such selber. Du kannst das Geld sicher riechen."

Aber der Teufel war nicht zum Scherzen aufgelegt. Er fand den Schlüssel nicht und fluchte.

Rudi lachte aus vollem Hals. „Warum machst du denn nicht Hokuspokus, damit die Schubladn aufgeht?" Der Teufel schnauzte ihn an: „Sag mir lieaba, wo der Malefizschlüssel steckt?" Rudi zuckte die Achseln.

Im Hausflur schlug eine Tür zu. Der Teufel zuckte zusammen. Rudi wunderte sich, daß der Teufel ängstlich luste. Jetzt regte sich nichts mehr. Der Dackel trippelte neugierig näher zum Teufel hin. Rudi schob ihn weg, um ihn vor einem Fußtritt zu bewahren. Plötzlich sprang Rudi hinter den Schrank. Dort lehnte ein Gewehr. In plötzlicher Eingebung, daß er ja auf den Teufel schießen dürfe, nahm er es blitzschnell an sich und legte an. Der Teufel, zu Tode erschrocken, wollte auf Rudi zuspringen. Aber der riß das Gewehr noch fester an die rechte Backe und rief: „Ich schieß dich tot, wenn du dich rührst!"

Der Teufel ließ in ohnmächtiger Wut die Hände sinken und winselte: „Mach koa Dummheit, Bua, der Oberdeifl muaß do für des Geld a andre Seel kaffa." Rudi fuchtelte mit dem Gewehr. „Ich mag aber nicht."

Jetzt war es mit der Geduld des Teufels zu Ende. „Wennst jetzt koa Vernunft onimmst, nimm i dei Schwesterl mit." Sekundenlang herrschte angstvolle Stille. Evchen, das aufgehört hatte zu weinen, fing zu plärren an.

Rudi ließ einen Augenblick lang das Gewehr sinken. Der Teufel machte einen Ruck. Rudi preßte die Waffe wieder an die heiße Backe und rief: „Evi, geh aufs Sofa!" Evchen kletterte gehorsam auf das Möbel. Das Gewehr wurde immer schwerer. Deshalb ging Rudi jetzt aufs Ganze. „Druck dich jetzt auf der Stelle, sonst leg ich dich um."

Das Hirn des Teufels arbeitete verzweifelt. Wars nicht am besten, sich die Larve vom Gesicht zu reißen, in schallendes Gelächter auszubrechen und den Kindern weiszumachen, es wäre alles nur ein dummer Scherz gewesen. Er hat ja keinen Schwanz und keine Hörner, dachte Rudi. Der Teufel setzte zum Sprung an. Plötzlich krachte ein Schuß. Ein ächzender Schrei kam aus der Brust des Getroffenen. Er verdrehte die Augen. Rudi war über den furchtbaren Knall so erschrocken, daß er das Gewehr fallen ließ. Der Teufel sank wie ein Kohlensack zu Boden. Rudi hatte ihn mitten ins Herz getroffen. Nicht einmal einen Fluch hatte er ausgestoßen.

Rudi rieb sich lachend die taubgewordenen Ohren und jauchzte: „Ich hab den Teufel erschossen!" Evchen schlug die Patschhändchen zusammen. Rudi ging um die Leiche herum und betrachtete sie von allen Seiten. „Vati wird Augen machen, der Herr Lehrer und der Herr Pfarrer!" rief er übermütig. Alle Kinder werden mich beneiden, dachte er. „Aber es gibt ja noch mehr Teufel", meinte er zuletzt fast traurig. Erst als der Dackel jämmerlich zu winseln anfing, wurde auch den Kindern etwas unheimlich.

Da bellte im Hausflur der Spitz. Rudi und Evchen nahmen sich ängstlich an den Händen und schauten neugierig zur Haustür. Fürchteten sie, es könnte wieder ein Fremder und nicht der Vater sein!

Der Förster nahm Evchen auf den Arm und küßte den Blondkopf, während Rudi seine Arme um Vaters Leib steckte. „Vati!" Er hob den Zeigefinger zur Tür, fast schüchtern. Der Vater ließ Evchen herabgleiten und öffnete mit einem Ruck die Tür. Da lag ein Mann mit einer Larve im Halbdunkel. Blut sickerte aus seinem Mantel. Sekundenlang stockte dem Förster der Atem. Er hob das Gewehr auf. „Entsetzlich!" stöhnte er fassungslos.

Der Förster bückte sich und hob die Larve ein wenig hoch. Er prallte zurück: „Der Anderl!" Das hatte er nicht erwartet. Er hatte eher an den Kratochwil vom Sägewerk gedacht. Er schloß Rudi wie verzweifelt in die Arme.

„Vati, freust dich denn nicht, daß er tot ist? Er wollte dein Geld wegnehmen. Er hat gesagt, du bist in der Hölle. Aber ich hab ihm den Schwindel nicht geglaubt, Vati!"

„Den Teufel hast erschossen, das hast du zuwege gebracht", flüsterte der Förster mit erstickter Stimme. „Der Schmied in unserm Lesebuch hat den Teufel mit der Zange gepackt und mit dem Hammer so lang draufghaut, bis er dünn war wie ein Goldblattl", plapperte Rudi drauflos. Evchens rote Bäckchen glühten. Sie sollten den Toten ruhig für den Teufel halten, überlegte der Förster. Es war alles wie ein böser Traum. Er riß sich den Kragen auf. Wäre Anderl ein wildfremder Landstreicher gewesen, hätte er ihn vielleicht hinterm Haus vergraben, um keine Scherereien zu haben. Aber Rudi hätte ihn verraten, ohne daß er es wollte. Nein, es gab keinen anderen Ausweg. Er mußte der Tatsache klar ins Auge sehen. Einen Augenblick lang wurde ihm schwarz vor den Augen. Er hielt sich an der Türklinke fest. „Ich bring euch schnell ins Bett. Ich laß nur den Teufel vergraben." Er versperrte das Zimmer mit dem Toten.

Evchen schlief schon im Auskleiden ein. Rudi war noch hellwach. „Gell Vati, der Teufel bekommt kein Kreuz aufs Grab?" „Nein!" beschwichtigte ihn der Vater. Er beruhigte noch den aufgeregt wedelnden Spitz und verließ das Forsthaus, um zu Fuß zum Sepp hinüberzulaufen. Entschlossen stülpte er die Ohrenschützer über. Der Sepp war schon daheim auf dem elterlichen Hof. Der Förster rüttelte heftig am Gatter und rief in das Bellen des Hofhundes hinein: „Sepp! Der Anderl ist tot. Ein Unglücksfall. Du mußt mich unbedingt zur Gendarmerie fahren."

Eugen Deinlein

Heut gehn ma aaf d' Höh

1. Heut gehn ma aaf d' Höh aa - fi Schli - dn - rei - tn, ja
Schli - dn - rei - tn, ja Schli - dn - rei - tn, da
saus' ma gschwind o - ba ü - ber d'Schin - der - lei - tn, ho - la
ria - tei, di ria - tei, di - o!

2. Und wenn's da oan draht übers Hugerl oba,
|: übers Hugerl oba, :|
bei da Reibn schmeißts di gern übern Schlidn oba,
hola riatei . . .

3. Da reißt's di hint ume und d' Haxn aaf d' Höh,
|: und d' Haxn aaf d' Höh, :|
und steckt di glei eine mit'n Kopf tiaf in Schnee.

4. Aber mach dir nix draus, denn du kummst wieda raus,
|: du kummst wieda raus, :|
nacha sitzt wieda aafe und paßt halt guat auf!

Maria als neue Eva
Deckenfresko von Otto Gebhard, 1752;
über der Orgelempore der ehemaligen
Benediktinerklosterkirche Frauenzell,
Landkreis Regensburg

Heilige Katharina
Klosterarbeit, 18. Jahrhundert; ehemalige
Benediktinerklosterkirche Frauenzell,
Landkreis Regensburg

Heilige Barbara
Holzfigur von Christian Jorhan d. Ä., 1771;
Stadtpfarrkirche Kötzting, Lkr. Cham

*Martyrium
der heiligen Katharina
Tafelbild, bayerisch
um 1490;
Museum der
Stadt Regensburg*

· 5300 BAYRISCH UM 1490 · MARTER DER HL. KATHARINA ·

Schlittenfahrt im Jura
Öl auf Leinwand von
Sigmund Spitzner sen.,
Parsberg, 1942;
Privatbesitz Parsberg

Adventskranz
Aquarell von Otto Baumann,
Regensburg, 1969;
Privatbesitz Regensburg

*Titelbild aus dem handgeschriebenen Gebet-
buch des Joseph Silvester Englbrech aus
Wernersreuth, Ende 18. Jahrhundert;
Bischöfliches Zentral-Archiv Regensburg*

*Heiliger Andreas
Spitzenbild, 18. Jahrhundert;
Museum der Stadt Regensburg*

*Heilige Katharina
Spitzenbild, 2. Hälfte 18. Jahrhundert;
Museum der Stadt Regensburg*

Martyrium der heiligen Barbara Miniatur auf Pergament, 2. Hälfte 18. Jahrhundert; Museum der Stadt Regensburg

Die heiligen Catharina und Barbara Andachtsbildchen, Miniatur auf Pergament, 1. Hälfte 19. Jahrhundert; Museum der Stadt Regensburg

Heiliger Nikolaus Holzfigur, letztes Viertel 15. Jahrhundert; Wallfahrtskirche Steinbühl, Landkreis Cham

Ex voto Votivtafel mit den Heiligen Maria, Nikolaus und Walburga, 1787; Pfarrkirche Wondreb, Landkreis Tirschenreuth

Heiliger Nikolaus Türfüllung eines bemalten Egerländer Bauernschrankes, 1803; Museum der Stadt Regensburg (s. nächste Seite)

39

ENDE NOVEMBER

Advent

Es is die Liachterzeit
gar nimma weit

Der Mensch im Advent

Wir Menschen leben in der Erwartung des Kommenden, des morgigen Tages, der Ereignisse und Geschehnisse, die auf uns zukommen, der Begegnung mit Menschen. Wir können betroffen und nicht betroffen sein, und doch erhoffen wir Menschen eine Änderung unserer eigenen Lebensverhältnisse, der Zustände unserer Zeit.

Als Christ allerdings warten wir nicht auf Ereignisse und Geschehnisse und erwarten uns davon nicht das Heil der Welt. Wir warten auf das Kommen des Einen, des Sohnes Gottes. Für den Menschen, der in Erwartung dieses Kommenden lebt, tritt eine Änderung ein. Es ist weniger seine Umgebung, die eine andere geworden ist, als er selbst. Ich sehe als ein solch wartender und hoffender Mensch im Zeichen des Advents Christi meine Welt anders, meine Welt, in der ich lebe und arbeite, in der ich feiere und mich freue, in der ich aber auch leide. Ich begegne dem Menschen mit neuen Augen, ich sehe den Menschen mit neuen Augen, die Frau, den Mann, die Kinder und die Menschen, die mir draußen im Alltag auf den Straßen und an der Arbeitsstätte begegnen. In diesem Hoffen habe ich erfahren, daß nicht ich als Mensch mein Leben und meine Zeit neu gestalten kann, denn dazu fehlt mir die Kraft und der Mut oft, sondern die Verheißung des kommenden Gottessohnes hat mich zu einem neuen Menschen gemacht. Deshalb sehen wir die Welt anders. Das trifft in ganz besonderer Weise für die Gestaltung unserer sozialen Verhältnisse zu. Als ein Mensch, der von dieser Erwartung jenes Ereignisses lebt, kann ich an dem Leid, an der Not, an dem Elend unseres Lebens nicht vorbeigehen. Ich kann nicht als Zuschauer, gleichsam als Unbeteiligter, in dieser Zeit das Leben dieser Welt an mir vorüberziehen lassen. Ein Mensch, der Christus erwartet, nimmt den mit, der zu denen gehört, die am Rande stehen. In unseren Augen der Gescheiterte, der Elende, wobei es nicht um die Frage geht, wieviel Schuld bei jenem, wieviel bei mir selbst liegt, auf Grund deren er sich in der Situation befindet, sondern es geht darum, die Hand auszustrecken, hinzulangen, den Menschen mitzunehmen. In unserer Zeit scheinen wir dies einigen wenigen zu überlassen, die dafür bezahlt werden. Sicher muß es auch jene Menschen geben, die das als ihren Beruf ausüben, aber noch mehr werden jene benötigt, die da und dort, wo sie gehen oder stehen, diese Menschen aufgreifen und sie nicht allein lassen — ob es ein Alkoholiker ist, ein Mensch im Rollstuhl, einer, der mit seiner Einsamkeit nicht fertig wird. Sie alle leben von der Hoffnung, daß es einen Menschen geben wird, der nicht an ihnen vorübergeht. So ist dieses unser Tun in der Zeit des Advents ein Spiegelbild des möglichen Handelns an uns Menschen selbst und hinterläßt durch unser Tun Fußspuren Gottes im Blick auf das Geschehen von Weihnachten. Dann merken wir selbst, daß unsere Hoffnung nicht leer ist, unsere Erwartung nicht enttäuscht wurde und wir Menschen geworden sind, die um Christi Willen in dieser Zeit ein klein wenig Liebe, Freude und Dankbarkeit leben, so daß andere Menschen mitgenommen werden und selbst dieses neue Leben erfahren, auf das sie bisher vergeblich gehofft haben. Dann leben wir von der Erwartung des Kommenden und wissen, daß unsere Hoffnung nicht enttäuscht wird.

Max Seufferlein

Adventliche Bilder

(zum Bild Seite 33)

Was erwarten wir von ihnen, und wo kann man ihnen begegnen? Von einem „adventlichen Bild" erwarten wir doch wohl, daß es einen weiten, zusammenführenden Brückenbogen schlagen müßte zwischen dem Unheil und dem Heil, von dem Unheil der ersten Sünde über die ganze alte Menscheitsgeschichte hinweg bis hin zu dem Heil der Heilandsgeburt.

Häufig sind sie nicht, die adventlichen Bilder, aber sie lassen sich durchaus finden, auch in unserer Oberpfalz. Eines der vielleicht schönsten und verhaltensten hat Otto Gebhard für die Orgelempore von Frauenzell gemalt. Am rechten Bildrand sind die Stammeltern an den Baum ihrer Sünde geschmiedet, hoffnungsvoll blicken sie auf Maria, die ihrerseits zum Himmel aufschaut, von wo Gottvater mittels der Geisttaube seinen Gnadenstrahl auf Maria hinabschickt, sein menschgewordenes Wort: Verbum steht auf dem Leib der werdenden Gottesmutter geschrieben, und Engel bringen bereits seinen Namen herbei: IHS. Neben Marias Füßen wartet schon der Rundbau der Kirche darauf, dem menschgewordenen Wort Heimstatt zu werden . . .

Josef Menath

Advent

O, diese Dämmerstunden im Advent,
wenn blutig-rot der Tag zur Nacht verbrennt,
ein letztes Glimmen in den Zweigen hängt,
vom Zwielicht grauer Schatten bald verdrängt.

Dann sinkt der Nebel über Baum und Strauch,
umhüllt die Gräser mit des Rauhreifs Hauch.
Ein morscher Ast knackt unter deinem Tritt.
Der Häher schreit und flieht vor deinem Schritt.

Da starrt die Einsamkeit aus jedem Spalt,
das sonst Vertraute wirkt nun fremd und kalt.
Verlorenheit greift aus dem kahlen Baum.
Ein jähes Sehen fällt aus leerem Raum,

senkt in die Seele sich mit wundem Schmerz,
legt brennend sich aufs frosterstarrte Herz
und schreit nach Licht, das einst das Licht gebar,
vom Anfang her in Ihm beschlossen war,

das heller leuchtet als der hellste Stern,
das Ziel und Ursprung, allen Wesens Kern,
das Anfang, Ende und die Mitte ist:
Verlaß uns nicht, o komm, Herr Jesus Christ!

Marianne Junghans

Dämmerung

Alle Wünsche sind zur Ruh' gebracht,
die den langen Tag so sehr beluden;
komm nun, Stunde zwischen Tag und Nacht,
leise will das letzte Licht vergluten.

Einmal wiegte dich die Mutter ein,
kannst du dessen dich auch nicht entsinnen;
laß die regen Hände müßig sein
und die Stille durch die Finger rinnen.

Florian Seidl

Die Rorate-Ämter

„Rorate, caeli, desuper, et nubes pluant iustum" war der beschwörende Anfang des Introitus zum Meßopfer der Engelämter alle Tage im Advent. Die Übersetzung davon „Tauet Himmel, den Gerechten" singen wir heute noch als eines der schönsten Adventlieder, und es ist immer noch das große Sehnen der vorchristlichen Menschheit zu verspüren, durch jenes gnadenvolle Tor der Erlösung zu gehen, das bis dahin verschlossen war.

In den Kirchen der bäuerlich-dörflichen Gemeinden hatte aber das Rorate-Amt, das Engelamt, einen besonderen Glanz. Bilder von ungeheurem Stimmungsgehalt reihen sich auf: Durch brechend kalte Winternächte bahnen sich die frommen Menschen mit Fackeln oder Windlichtern den Weg, kommen nach langer, beschwerlicher Wanderung in der Kirche an, und der Schein der vielen Kerzen um das ausgesetzte Allerheiligste, die Kette von Wachsstocklichtlein auf jeder Bankreihe und die davon ausgehende äußere und innere Wärme, die jubelnde Orgel und die Gemeinschaft der Gleichgesinnten schlägt wohltuend über ihnen zusammen. Ehrlich gemeint ist jetzt der Rorate-Ruf in der bangen Nacht, zu wirklichkeitsnah manchmal ist der Schrei nach Verheißung. Das Mysterium der Verkündigung, oft liebevoll dargestellt in geschnitzten Altären, in Glasfenstern oder auf kleinen Andachtsbildern, wird Wirklichkeit — bald wird es heißen: Christ, der Retter ist da!
Und in dem Bewußtsein, daß bei Gott alles möglich ist, auch die Errettung aus einem Leben voll Entbehrung und Unterdrückung, machen sie sich wieder auf den Heimweg.
Heute gibt es das Engelamt nicht mehr; offenbar hat der Himmel den Rorate-Ruf gehört und erhört, und aus den Wolken kamen Wohlstand und Freiheit. Die Volksfrömmigkeit droht unterzugehen in Motorenlärm und allzu leicht erfüllbaren Wünschen.
Doch die Not hat sich nur in eine andere Ecke gesetzt, schreit jetzt aus geschundenen Kinderseelen, aus alleingelassenen alten Menschen, peinigt Länder mit Haß und rast als politisches Raubtier über friedliche Landstriche.
Rorate caeli! Tauet, Himmel, den Frieden des Herrn über alle Völker und Lande!　　E. E.

Die Advents-Ämter der Dominikanerinnen

Das Dominikanerinnenkloster Heilig Kreuz in Regensburg ist nicht nur das älteste und einzige Frauenkloster Deutschlands, das ununterbrochen seit fast 750 Jahren an derselben Stelle besteht, sondern es ist auch der Ort, wo in der Abgeschiedenheit des strengen Ordens noch uraltes Brauchtum lebt und mit Freude weitergetragen wird.

So halten die Heilig-Kreuz-Schwestern heute noch einen Brauch in hohen Ehren, den ihnen ein Buch von 1687 beschreibt und zur Übung im Advent empfiehlt. Versuche in jüngster Zeit, diesen Brauch abzuschaffen, stießen auf den Widerstand aller Schwestern, und so versammelt sich nach wie vor jeden 1. Adventsonntag der ganze Konvent (= die Klostergemeinschaft), um die „Adventsämter" zu ziehen. Das Los kann die Schwestern ernennen zu einer „Zuckerbackerin oder Kammermagd, zur Geheimschreiberin oder Haußmeisterin, zur Wäscherin, Speißmeisterin, Seidenstickerin, zur Hüterin des geheimen Kämmerleins oder demütigen Zwergin, zur Obristen Hoffrau oder Außkehrerin".

Für die demütige Zwergin steht z. B. als „Dienstanweisung" folgendes in dem Buch:

„Es pflegen die Königinnen in den Pallästen Zwerginnen zu halten / mit denen Sie sich erlustigen. Diejenige / welche eine Zwergin bey der Mutter Gottes seyn wird / muß allen ihren Sinn auf diß setzen / daß sie mit Geistlichen Erfindungen der Demuth deroselben ein Ergötzlichkeit mache; sie muß sich auch für ein Zwergin in der Tugend bey Vergleichung mit allen anderen Creaturen achten / dann je mehr sie sich demüthigen wird in selbst eigner Erkantnuß / wird sie desto mehr von der Göttlichen Gnad erhöhet werden."

Die insgesamt 20 Ämter bilden den „Hofstaat der Himmelskönigin", und was die Trägerin eines jeden Amtes zu tun hat, steht genau beschrieben in dem Buch, des „dem Closter Hl. Creuz in die gemein" gewidmet ist und den Titel trägt:

Der verachte Welt — Pracht
oder
Tugendreiches Leben
der
durchlauchtigsten Österreichischen Infantin
Sch: Margaretha vom Creutz
Barfüsserinn deß Ordens der Heil. Clara in dem
Kön. Stifft und Kloster zu Madritt.
Verlegt in Augsburg 1687.

So weit reicht also diese Tradition zurück, und heute noch wird jedes dieser Ämter mit Freude und Demut angenommen und mit großer Liebe ausgeführt als Vorbereitung auf die Geburt des göttlichen Kindes.

Sr. Aquinata Gropper O. P.

Adventskranz und Christbaum

Wer weiß schon noch, daß Adventskranz und Christbaum oder Christkindlbaum, wie er in der nördlichen Oberpfalz heißt, auf den uralten mittwinterlichen Brauch zurückgehen, wintergrüne Zweige an Weihnachten, dem früheren Neujahrstag, in der Stube aufzuhängen, um auf diese Weise Gesundheit, Wachstum und Fruchtbarkeit in Haus, Stall und Feld zu sichern, andererseits den bösen Geistern zu wehren? Dem gleichen unheilvertreibenden Zweck dienten auch brennende Lichter und Räucherungen, die in den Rauchnächten vorgenommen wurden und denen wir heute in Form von Kerzen und Sternwerfern begegnen. Aus der Verschmelzung mit dem Wintergrün haben sich schließlich der Adventskranz und der Weihnachtsbaum entwickelt.

Beim relativ jungen Adventskranz treten zum Wintergrün und Licht zwei weitere Elemente hinzu: der Kranz als eine weltweit verbreitete kultische und weltliche Schmuckform und das Zählen von Tagen und Wochen, das ja auch im Adventskalender für Kinder noch weiterlebt. Die Vorbereitungszeit des Advents symbolhaft mit einem Kranz und vier Kerzen darzustellen, die nacheinander an jedem Adventssonntag entzündet werden, lag daher nahe.

Erst seit dem Ersten Weltkrieg hat sich der Adventskranz, vom protestantischen Norden Deutschlands kommend, auch in unserem Raum eingebürgert. Der Schule und Kirche, die in der letzten Zeit den Kranz sogar weiht, verdankt dieser neue Brauch seine rasche Verbreitung.

Heute so gut wie bei allen christlichen Familien in der ganzen Welt heimisch, stellt der Christbaum einen recht jungen Brauch dar. Über den Christbaum in seiner heutigen Form finden sich vor dem 17. Jahrhundert überhaupt keine Zeugnisse. Seine allgemeine Verbreitung in Deutschland erfuhr er erst im Laufe des 19. Jahrhunderts; erst um die Jahrhundertwende wird er auch in der Oberpfalz ein überall beliebter Brauch. Noch 1863 berichtete Eduard Fentsch, daß in den protestantischen Bezirken ein mit Lebkuchen und Spielzeug behangenes und mit brennenden Wachslichterchen bestecktes Tannenbäumlein am Vorabend des Weihnachtsfestes aufgestellt werde. Das Plattland der katholischen Oberpfalz jedoch kenne bis dahin diese Sitte nicht. Hier werde nach wie vor der Barbarabaum, ein am Tage der heiligen Barbara abgeschnittenes Weichsel- oder Kastanienreis, das im Wasser aufbewahrt und zur Blüte gebracht werde, an diesem Abende mit etlichem Zuckerzeug und „Leckerln" behangen, „den Kindern zu Nutz und Lust." A. E.

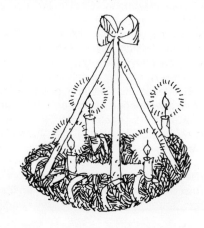

Neues Brauchtum im Advent

Trotz des allgemeinen Rückgangs regional-spezifischen Brauchtums ist erfreulicher-weise das Entstehen, das Aufkommen neuer Bräuche und Sitten sowohl im familiären Bereich als auch in größeren Gemeinschaften und Gesellschaften unübersehbar. Diese jungen Bräuche, zu denen beispielsweise der Muttertag, Vatertag, Valentinstag, Martiniritt etc. gehören, zeichnen sich im Gegensatz zu den alten durch folgende Eigenschaften aus: Sie entstehen irgendwo und verbreiten sich durch die wesentlich schneller arbeitenden Massenkommunikationsmittel sehr rasch, machen aber an den Grenzen der einzelnen Regionen nicht halt und erhalten dadurch geradezu nationalen oder gar europäischen Charakter. Regionale oder örtliche Eigenheiten können sich erst im Laufe der Jahre entwickeln. Häufig werden diese Bräuche nicht in den Familien, sondern eher in Vereinen oder anderen organisierten Gruppen wirksam. Bei einzelnen, neu entstandenen Bräuchen kann eine gewisse kommerzielle Absicht nicht geleugnet werden.

In vielen Orten auch der Oberpfalz ist das Abhalten von Advents- und Weihnachtssingen üblich geworden (vgl. S. 49). Chöre, Kapellen, Volksgesangs- und Volksmusikgruppen geben in der Adventszeit ihre inzwischen traditionellen Konzerte, die sich meist eines sehr großen Zuspruchs erfreuen.

Adventskalender sind bei Kindern allgemein sehr beliebt. Mit Spannung werden Tag für Tag die mit den Zahlen 1—24 versehenen Kästchen geöffnet, von den besonders Neugierigen manchesmal alle auf einmal.

Der Adventskranz (vgl. S. 46) erhält immer mehr eine christliche Deutung und wird sogar mancherorts in der Kirche vom Priester geweiht. Herbergsuchen und Frauentragen (vgl. S. 122) stellen Neuerungen (= Innovationen) aus den Jahren 1934, 1953 und 1962 dar.

Um das Schreckhafte an der adventlichen Brauchfigur des Nikolaus zu nehmen, kleiden ihn da und dort Kinder in der Kirche ein, wo sie auch Lebkuchen am Vorabend des Nikolaustages erhalten. Wohl aus Amerika kommend, bürgert sich der nun zum Weihnachtsmann umfunktionierte Heilige Nikolaus als Werbeträger in den großen Kaufhäusern ein, in denen mittlerweile das Abspielen von Weihnachtsmusik und die besondere Weihnachtsdekoration während der ganzen Adventszeit ebenfalls brauchmäßig sind.

Der beleuchtete Christbaum für alle, oft bereits am ersten Adventssonntag aufgestellt, fehlt kaum auf einem Markt- oder Dorfplatz. Viele Gartenbesitzer in Stadt und Land stecken auf einen ihrer Nadelbäume elektrische Kerzen auf und lassen sie manchmal während der vollen vier Adventswochen, ja bis Lichtmeß brennen. — Wichtige Geschäftsstraßen und Marktplätze schwimmen geradezu im Licht während dieser vorweihnachtlichen Zeit. Grüne Girlanden mit Tausenden von Elektrobirnen überspannen die Häuserschluchten und sorgen dadurch für eine besonders fröhliche Stimmung. Der Marktplatz von Schwandorf, aber auch anderer Städte wie Weiden, Cham, Neumarkt, Amberg, Regensburg usw. wirken in dieser Lichterpracht sehr festlich und sogar heimelig, fast wie Wohnzimmer. An jedem Adventssonntag erklingen dann die weihnachtlichen Weisen, die bei eisiger Kälte von Chören und Kapellen vorgetragen werden. Besonders stimmungsvoll wirkt der bereits traditionelle Regensburger Christkindlmarkt (vgl. S. 544).

Christstollen zu backen oder Weihnachtskarten zu verschicken, ist heute jedermann geläufig. Wer denkt schon daran, daß es sich hier ebenso um neueres Brauchtum handelt?

Am Tag des Heiligen Abends werden gerne die Friedhöfe besucht, kleine Tannenbäumchen auf die Gräber gestellt. Die ganze Nacht hindurch dürfen die Lichter brennen, um auf diese Weise die enge Verbundenheit mit den Toten zu bekunden, eine symbolische Handlung, die aus dem alten christlichen Glauben an die Gemeinschaft der Lebenden und Toten entspringt. Mancherorts beleuchten Menschen, die Verwandte in der DDR haben, ihre Fenster mit einem Lichterkranz und dokumentieren damit, daß sie „drüben" jemand haben, an den sie in der Weihnachtszeit besonders stark denken, mit dem sie beisammensein möchten.

Kaum ein Verein, Betrieb, Krankenhaus, Altenheim etc. verzichtet auf die gemeinsame Advents-, Vorweihnachts- oder Weihnachtsfeier, die alle in der Adventszeit abgehalten und mit mehr oder weniger Geschmack durchgeführt werden. Oft mündet eine solche Vereins- oder Betriebsfeier nach einem kürzeren besinnlichen Teil, bei dem der Nikolaus oder sogar das Christkind in Person auftreten, in einen sog. inoffiziellen, lustigen Teil, an dessen Ende der Tanz oder die beliebten, meist sehr temperamentvoll verlaufenden, lauten Christbaumversteigerungen stehen. Auf letztere legt vor allem der Vereinskassier größten Wert, da die an den Christbaumzweigen hängenden, von edlen Spendern gestifteten Gegenstände bei der Versteigerung

einigen Gewinn für den Verein abwerfen. Die guten Ansätze für stilvolle Advents- und Weihnachtsfeiern aber, deren Mittelpunkt nicht das Geschäft und das Vergnügen, sondern der christliche Gedanke und die familiäre Feier sind, verdienen volle Anerkennung. Zum gemütvollen Erlebnis gestalten der Gerwig-Kreis, Waldsassen, und andere Waldvereine im Steinwald, Oberpfälzer und Bayerischen Wald ihre Waldweihnacht, bei der im Wald ein Gottesdienst abgehalten wird. Von Jahr zu Jahr strömen immer mehr Leute von weit und breit mit Kerzen, Fackeln und Laternen zu dieser seltenen liturgischen Feier in der winterlichen Natur.

Seit ca. 25 Jahren üblich ist beim Schützenverein Falkenstein der Brauch des Weihnachtsschießens jeweils am Dienstag vor dem Heiligen Abend. Jedes Mitglied bringt ein Geschenkpäckchen, das mit einer Nummer versehen ist, zum Vereinslokal. Dort wird der Christbaum mit Glaskugeln behängt, die einen Durchmesser von mindestens 3 bis 5 cm haben müssen, um einen Zettel mit einer Zahl aufnehmen und als Zielscheibe dienen zu können. Jeder Schütze darf nun auf eine Glaskugel schießen. Trifft er, erhält er den Zettel und gewinnt das mit der entsprechenden Zahl beschriftete Päckchen. Mir ist dieser Brauch nur in Falkenstein bekannt.

Eine Fülle neuer Sitten und Bräuche kennzeichnet wider Erwarten auch unsere Zeit und unsere Mitmenschen, die man häufig als herzlos, materialistisch, egoistisch bezeichnet. Solange es aber Gemeinschaften — natürliche oder organisierte — gibt, so lange wird Brauchtum weiterleben, sich wandeln oder neues entstehen anstelle des sinnentleerten und abgestorbenen.   A. E.

Adventsingen

Mit Recht klagen viele Menschen über das nun seit der Aufklärung anhaltende, durch die beiden Weltkriege besonders geförderte und nicht zuletzt durch die Liturgiereform des II. Vatikanischen Konzils beschleunigte Aussterben alter kirchlicher und weltlicher Bräuche, auch von Advents- und Weihnachtsbräuchen. Denn zweifelsohne gehen hier Werte zugrunde, die mit zum Charakteristischsten unserer spezifisch christlich geprägten bayerischen Kultur gehörten, die unseren im Glauben fest verwurzelten Vorfahren unendlich viel bedeuteten. Und dort, wo Bräuche noch nicht gänzlich erloschen sind, leiden sie z. T. unter einer erschreckenden Sinnentleerung und entwickeln sich, bedingt durch unsere gegenwärtige materialistische Lebens- und Betrachtungsweise, zu hohlen Formen, die man zwar nachvollzieht, deren ursprüngliche Bedeutung aber oft aus weltanschaulichen Gründen abgelehnt oder zumindest umgedeutet wird. So gesehen, vegetiert heute in manchen Kreisen das Advents- und Weihnachtsbrauchtum glanzlos dahin und bedarf daher dringend einer neuen Vertiefung, einer neuen Sinngebung und zwar aus dem Geiste der christlich fundierten Tradition für uns Menschen von heute und morgen.

Speziell Singen und Musizieren haben früher in der Advents- und Weihnachtszeit in den Kirchen wie in den Heimen eine überragende Rolle gespielt. Leider ist diese Lebensäußerung heutzutage auf ein Minimum zusammengeschrumpft. In welchen Familien wird heute überhaupt noch gesungen, wo besteht das Repertoire aus mehreren Liedern?

Was wäre jedoch früher die Advents- und Weihnachtszeit ohne diese Musik gewesen, ohne die vielen innigen Lieder, die die Verkündigung, den Gang über das Gebirge, die Herbergssuche und das heilige Geschehen in Bethlehem beschrieben, bejubelten, ausschmückten und sogar in dramatische Szenen verwandelten? Während des ganzen Kirchen- und Kalenderjahres wurde nicht so viel gesungen wie in dieser Zeit. Gerade die Bayern und Österreicher verfügten über eine schier unglaubliche Fülle an Liedern, die größtenteils im 18. und 19. Jahrhundert von unbekannten frommen und begabten Lehrern, Mesnern und Pfarrern geschaffen worden waren.

Das ganze herrliche Liedgut war vom Untergang bedroht, und es wäre heute sicherlich gänzlich der Vergessenheit anheimgefallen, hätten nicht verantwortungsbewußte Männer und Frauen in Österreich und Bayern bereits im 19. Jahrhundert begonnen, die Volkslieder im allgemeinen und die geistlichen Lieder im besonderen zu sammeln und wieder unter das Volk zu bringen.

Daß sich heute die geistlichen Volkslieder nach einer jahrhundertelangen Vertreibung ihren angestammten Platz in den Kirchen in Bayern wieder erkämpft haben, ist zweifelsohne das hohe Verdienst von Annette Thoma (1886 – 1974) und ihrem Umkreis. Ja, nicht genug damit, diese Lieder dürfen nicht nur wieder gesungen werden, es haben sich trotz des sonstigen Brauchverfalls neue brauchtümliche Formen im Zusammenhang mit Advents- und Weihnachtssingen gebildet, die sich nun seit über 30 Jahren entwickelten, behaupteten und sich einer immer größeren

Beliebtheit bei allen Bevölkerungsschichten erfreuen.

Zwar heißt es, der Kiem Pauli (1882–1960) habe zu Weihnachten 1946 in der Universität München mit einigen Gesangsgruppen das erste Adventsingen gehalten. Als der eigentliche Gründer gilt jedoch Tobi Reiser (1907–1975), der verdienstvolle Wiedererwecker alpenländischer Volksmusik, der zu Weihnachten 1946 das Gebot der Stunde erkannte und einem nach den schweren Kriegsjahren geradezu ausgehungerten Publikum das erste Salzburger Adventsingen bot, das sich heute zu einer Riesenveranstaltung ausgewachsen hat, inzwischen von mindestens 600 000 Menschen miterlebt wurde und in Österreich und Bayern ungezählte Nachahmungen erfuhr. Fast in jedem größeren Ort des süddeutschen Raumes werden heute vom ersten Adventsonntag bis kurz vor Weihnachten Adventsingen durchgeführt, in Kirchen wie in Konzertsälen.

Eine Erweiterung wegen der großen Nachfrage des Volkes, das auch der Volksmusik gegenüber eine gewisse Konsumhaltung einnimmt, statt selbst aktiv zu singen und zu musizieren, fanden auch in der Oberpfalz diese Adventsingen durch Weihnachtssingen, Christkindlsingen und neuerdings Dreikönigssingen. Sie alle sind inzwischen zu neuen, bzw. im Falle des Sternsingens zu wiederbelebten, bereitwilligst aufgenommenen Bräuchen geworden, über deren Existenz man sich nur freuen kann.

Freilich, eine ungeahnte Gefahr droht bereits heute diesem jungen Brauchtum: Trotz seiner christlichen Herkunft, trotz seiner geistlichen Substanz wird es manchmal zu sehr verweltlicht und entbehrt dann seines eigentlichen Sinnes, wenn es nur im nostalgischen Kleid eines Konzerts mit unterhaltsamen Programmpunkten durchgeführt wird. Ein solches Adventsingen entwickelt sich fast zur Blasphemie, wird es als Weiheakt, als eine Art Pseudo-Gottesdienst „zelebriert" ohne Gott, ohne den Neugeborenen, um den sich der Inhalt dieser Lieder dreht.

Advents-, Weihnachts- und Dreikönigssingen gehören in einen kirchlichen Raum, Sternsingen vor die Türen der Häuser und Wohnungen, nicht in den Konzertsaal, wo man sich für relativ hohe Eintrittspreise Stimmung „vermitteln" läßt. Hier werden die andächtigen, von naiver Gläubigkeit und Vorstellungskraft unserer Vorfahren kündenden Lieder zur kommerzialisierten Folklore herabgewürdigt. Advents- und Weihnachtslieder müssen daher wieder in die liturgische Feier integriert werden, die Laien und Priester gemeinsam planen und durchführen. Zwischentexte in Form von Lesungen der einschlägigen Bibelstellen, Meditationen, Kurzpredigt und Gebete könnten sich organisch mit den gut ausgewählten Liedern und Musikstücken zu einer Einheit verbinden. Dann wird diese Musik wieder zur „musica sacra", zur heiligen Musik, die ihren besten Platz im Gottesraum hat, die sich unterordnet und nicht mehr sein will als eine tief empfundene menschliche Äußerung „ad majorem Dei gloriam" (= zur größeren Ehre Gottes) und zur Erbauung und Freude unserer Mitmenschen.   A. E.

's Herrgottlnöst

Noch einer belebt in Bayern die winterlichen Adventtage: der Herrgottskrämer aus Neukirchen vom heiligen Blut.

Es war schon tiefe Nachtstunde, da arbeitete er sich mit seiner „Kraxn" keuchend und schwitzend durch das Schneetreiben. Der einödige Häuslmann am Bergabhange dort war, wie schon manches andere Mal so auch heut, sein Quartier, auf das er mächtig ausgreifend losstieg. Er hatte endlich die Hausschwelle vor sich, stieß die Schneeballen mit Wucht von seinen Fersen und trat in die bekannte Stube mit einem festen „Gelobt sei Jesus Christus!"

„In Ewigkeit!" scholl's kräftig zurück. Das Ehepaar war noch auf; der Häuslmann machte Späne, das Häuslweib spann Hemden. Ihr einziges dreijähriges Bübl aber, der Hansgörgerl, lag im Bodenstüblein schon in den Federn. „Leg ab, Kraxenmann, und mach dich kommod bei uns!" hieß es freundschaftlich. Das geschah natürlich. Die Kraxn kam auf den Stubenboden, die drei aber setzten sich nun erst recht zusammen, um eine feste lange Stunde durchzuplaudern; so ein Herrgottskrämer kommt ja in viele Gegenden und Häuser und kann und mag allerlei erzählen. Aber zuletzt kam das Sandmannl mit Macht über den müden Kraxenträger und warf ihm die Augen voll: er brachte keins mehr auf und der Kopf wackelte ihm zum Herunterfallen. „Ins Bett!" sagte der Häuslmann und trug ein paar Schütt Stroh herein; darauf lag, ruhte und schlief der Herrgottskrämer ganz herrlich in der warm geheizten Stube.

Der Morgen schlug die Nacht aus dem Felde, und das Bübl, das gestern noch selbst aus den Federn heraus den späten Gast erlauscht und dem auch der Vater beim Bettgange noch vom Kraxenmann gesagt hatte, war aus Neugierde der erste in der Stube. Die Augen lauschend weit auf und den linken Zeigefinger nach Kinderart im Mund öffnete er mit der rechten Hand behutsam die Tür: siehe, der Kraxenmann lag regungslos auf dem Stroh und schlief und schnarchte. Aber er hatte auch noch, weiß Gott in welch einem unwirschen Traum, mit seinen Ellenbogen die Kraxn umgestoßen und deren ganzen Inhalt, tausend lauter kleine Stubenherrgottln, ins Stroh ausgeschüttet.

Die sah das Bübl herumliegen, rannte spornstreichs die Bodenstiege hinauf zum Bett des Vaters, zerrte ihn am Arm und raunte ihm auf den Zehen stehend ins Ohr hinein: „Du Voda, in da Stubn unten is a ganz Nöst voll junge Herrgottln!"

Der Häuslmann, aus seinem schönsten Morgentraum gerüttelt, mußte sonst nichts gehört haben als das „Nöst voll Junge", dachte an weiß Gott welche Raubvögel, nahm sein Bübl beim Kopf und schärfte ihm flüsternd ein: „Stad, Bua, stad und ja koan Larm, daß man 'n Altn a kriagn!"

Josef Schlicht

Ein Meisterstück

Um die Jahrhundertwende hat sich dies zugetragen, erzählt man sich in Amberg, und die Schelme sollen Studenten gewesen sein, welche um die Adventszeit in der Stadt auftauchten, selbstgefertigte Anschläge verbreiteten und Theaterkarten zu einem wie es hieß „ergreifenden Heimatspiel vom Leben der heiligen Familie" vertrieben. Und weiter, so erfuhr man auch noch, der Erlös fließe einer Kasse für notleidende Studenten zu, was wohl seine Richtigkeit gehabt haben mochte. Kurz und gut, die Werber verstanden sich vortrefflich auf's Handwerk und brachten auf ihr biederes Gesicht hin und durch ihr liebenswürdiges Auftreten, hübsche Kerle waren sie auch, an die dreihundert Karten los, vornehmlich bei angesehenen Beamten und Bürgern, so daß sich das Gastspiel gewißlich lohnte, denn es gingen über 150 Mark ein, womit sich die „Schauspieler", es waren ihrer nur dreie und — wie man bald merken wird — waschechte Pfalzer obendrein, in der damaligen Zeit flotte Weihnachtsferien leisten konnten.

Der Tag der Aufführung, ein Sonntag, man sagt der „silberne", brachte den ersten Schnee, so viel Schnee, daß es die Treppe zum Saal hinauf gewaltig stapfte, als er sich zu füllen begann. Jugend und Alter erschien, und eine gewisse Spannung war nicht zu verkennen. Um 20 Uhr, pünktlich, als wär's mit der Stoppuhr gemessen, bimmelte ein feines Glöckchen; der Vorhang hob sich, und das Spiel begann:

Szenerie:

Eine oberbaierische Bauernstube mit Fenster und Wandschränkchen, Kreuz, Schüsselrahmen und einem Maßkrug am Nagel, alles auf Leinwand gemalt, sichtlich Theaterrequisit eines Gebirgstrachtenvereins. Davor rechts auf einem eisernen Klappstuhl Maria mit Brille und Strickzeug. Links im Vordergrund ein niederer Hackstock. Joseph kniet darauf, hält ein schmales Brett fest und schneidet mit einer kleinen Baumsäge ein Stück ab.

Joseph:
Hört auf zu sägen und wischt sich mit einem gelben, weißgetüpfelten Taschentuch Stirne und Nacken sowie die wirren Haare und den langen, schwarzen Bart, der mit einem Gummibändchen hinter den Ohren befestigt ist.
Hoaß is's heint — und Durst ho(b) i(ch). I(ch) mächt vagöih, voa(r) la(u)ta Hitz!

Maria:
Zöich doch dein' Spenza(r) a(u)s und mach da's bequem.
(Die Rolle mimt ein junger Mann, der mit Fistelstimme spricht.)

Joseph:
Kümmert sich nicht um den guten Rat und sägt weiter, um sich nach einer Weile wieder den Schweiß abzutrocknen. Dann zu Maria:
Waou is denn da(r) Baou(b)?

Maria:
Ha, i(ch) woiß's niat. Wia(r)d halt dra(u)ß a(u)f da Gass' oda(r) drü(b)m ban Nachba(r)n.

Joseph:

Hört zu sägen auf und meint:

I(ch) mau(ß) do(ch) amal schaua, waou da(r)
Baou(b) blei(b)t, daß ea(r) in nix ei(ni)kummt.
Nimmt Brett und Sägl und geht ab.

Maria:

Seufzend:

Ach as is(t) a Kreuz. Da Baou(b) niat daou —
und da(r) Alt' kummt a(ch) nimma.
Waou wear(d)'n s' denn sa (sein)?
Steht auch auf und geht mit dem Strickzeug
davon.

Hinter der Bühne ertönt, mehr gebrummt als
gesungen, eine zweistimmige Melodie, fast
klingt sie wie der alte Nachtwächtersang:
„Hört, ihr Herren, und laßt euch sagen . . .!"
Das Summen wird leiser . . . immer leiser . . .
Dann Stille.

Stille und Betroffenheit auch im Saale, Toten-
stille sogar. Doch allmählich regt sich ein Flüstern; es wird unruhig, dann Gemurmel. Einzelne Stimmen werden laut, alsdann Rufe:
„Gemeinheit, Schwindel, Fopperei, Polizei!"
Vorne in der ersten Stuhlreihe erhebt sich ein
langer, hagerer Herr und steigt zur Bühne
hinauf, schreitet über die verlassenen Bretter
und verschwindet nach hinten, wo die „unhei-
lige Familie" verschwunden, kehrt aber bald
mit lächelndem Munde wieder zurück und
verkündet vorne an der Rampe:

　　„Das Spiel ist aus,
　　wir gehen wieder froh nach Haus!"

Nun brach's los. Ein toller Wirbel, Schimpfen,
Lästern, aber auch Gelächter, das sich dann
doch noch durchsetzte, als ein Mann, ein

geistlicher Herr sogar, der das Herz auf dem
rechten Fleck hatte und Tränen des Ergöt-
zens im Auge, in die Menge ruft: „Warum
denn so aufregen; wir sind alle hereingefal-
len, aber es hat keinem weh getan. Verstehen
wir doch einen Spaß, einen klassischen Stu-
denten- und Schelmenstreich! Wenn's mir
nachginge, bekämen die Brüder noch einen
Preis, einen 1. Preis sogar, denn dies war ein
Meisterstück!"
Sprach's — und dabei blieb's bis auf den
Preis, denn wer hätte ihn in Empfang nehmen
sollen; die drei Erzgauner waren schon längst
über alle Berge und das Geld dazu, die fette
„Theaterkasse".

　　　　　　　　　　　　　　Anton Wurzer

As Winterfenza

Die alt Marianna in da Gaß war immer die äjerscht, all Gaouha. Am End deanthalm, waal holt an altn Menschn leichter fröist wöi an gunga. Und suara graouß Kunststückl war dös natürli gaoua niat, da äjerscht saa in suaran kloin Dörfla mit dean paar Haislan. Sei's wöi der well, die alt Marianna haout die Winterfenza scha oi, wenn annere nu die Roum am Föld ghat hom. Und dös war schäi! Warum? Tja, döi alta Frau haout, ob sie 's gwißt haout oder niat spült kao Rolln, uns Kinnern as Zeichn gebm für a Freid, döi waouma wahrscheinli heintzatoch koin Menschn beschreibm koa, der waous niat sua oder sua ähnli selwer dalebt haout. Döi Freid war all Gaoua daou, aa nu, wöima scha graouß warn.

Nix Graoußartigs war dös, im Gottswilln, naa! Koi elektrische Kerzn, Girlandn, Stern, waoun bal raout, bal blaou, bal gel leichtn, koi Niklas, an halm Meter graouß oder nu gräißer! Naa, die Marianna haout mitara weng Muas hintern Winterfenza, mit fimf Schäiflan, drei Hirtnan, döi waou sie sua higricht haout, daß sie alle zon Fenzakreiz aaffigschaut hom, genau zo dean Engl oan Silwerfaadla, mit dean paar ermlichn Figirlan und sechs oder siem Flöingschwaamalan in Muas haout die Marianna für die Kinner von ganzn Dörfla die Adventsfreid bracht. As Fenza vo da Marianna war nieder wöi ihr ganz Haisl, und suagaoua die Klänstn hom eischaua kinna, wenns mit ihrn Hulzschouhngan vo da Schöll viragheichslt sen.

„Die Marianna haout die Winterfenza droa!" haouts ghoißn, und dös ist ims Herz immikrochn, Leit, ich koas enks niat song wöi. Vo dean Aungblieck oa ist ma fröih annersch aafgstandn und znachts annersch ins Bett ganga, die Aung warn annersch und da Gang, waal ma gwißt haout: Öitza kinnt bal as Christkinnl!

Otto Schemm

30.
NOVEMBER

Der heilige Andreas

Heiliger Andreas, i bitt di

Andreas-Legende

„Gebts uns den Andreas wieder und schlagts den Landpfleger Ägeas tot, den Schuftn, den undankbarn!
Wer hat denn sei Frau gheilt von der unheilbaren Krankheit?
Wer hat seim Diener den Teufl austriebn?
Wer hat den Totn, den s Meer rausgschmissn hat, wieder lebendig gmacht?
Und daß der Andreas, unser Heiliger da drobn an dem ungampertn Kreuz, no vierzg Leut dazua auferweckt hat, de im Meer umkumma san, wias den neuen Erlöser gsuacht ham, des derf wohl aa nimmer wahr sei?
Gebts n uns wieder! Binds n los, den heiligen Mo, sonst hol ma uns den Ägeas!"

Da Andreas hat scho a weng glacht in seim Schmerz über des hitzige Volk, und vom Kreuz aus hat er s beruhigt, hat eahna no zwoa Tag erzählt von seim Herrn.
Ganz hoamlich aber hat er Gott bitt', daß er für eahm drobn leiden derf — und sterbn.
Und da Herrgott hats ghört, des Gebet, hat a Wolkn von himmlischem Liacht gschickt als Trennwand zwischn de Leit und dem Heiligen, zwischn Leben und Tod, zwischn Mensch und Gott.

Hats neamand net gsehgn, hats neamand net ghört, wia da Andreas ganz staad in des Liacht neigstiegn ist.

Des Liacht gaabs no heit!   E. E.

Bauernregeln und Lostage

So schau in der Andreasnacht, was für Gesicht das Wetter macht: So wie es ausschaut, glaub's fürwahr, bringt's gutes oder schlechtes Jahr.

Andresischnäi tout an Körnan (an Sauma) wäih. (Egerland)

St. Andreas macht das Eis, St. Georg (23. 4.) bricht das Eis.   Volksmund

Redensarten

Wer am Andreastag stirbt, kommt „von Mund auf" in den Himmel.

Die sechseckigen Schneeflocken heißen Andreaskreuze, weil Andreas an einem X-Kreuz den Martertod starb.   Volksmund

Heiliger Andreas,
i bitt di

Erste Losnacht

Schloß Kathrein Tor und Tanzboden ab, so mußten die jungen Leute keineswegs auf kleinere Vergnügungen im Advent verzichten. Um Andreas begannen nämlich die Sitzweilen, Rockaroasn und Hutzaabende, jene abendlichen Zusammenkünfte in der breiträumigen Stube des Nachbarn, wo man nicht nur arbeitete (spann, strickte, schnitzte etc.), sondern sich auch durch Kurzweil die Zeit vertrieb.

Mangels Bildung, vielleicht aber auch guter Beleuchtung war man ja in früheren Zeiten im allgemeinen wesentlich ängstlicher und abergläubischer als heute. Was man sich nicht erklären konnte, wurde als Werk guter oder böser Geister gedeutet. So sah man sich vor allem im Winter den zerstörerischen Naturkräften und den überall auflauernden Unholden, Hexen, Druden und insbesondere der Wilden Jagd in den sog. Rauhnächten schonungslos ausgesetzt. Das drohende Unheil vermochte man nur mittels magischer Handlungen abzuwenden. Andererseits gewährten die sog. Losnächte, die oft mit Rauhnächten zusammenfielen, vielerlei Möglichkeiten, mit dieser Geisterwelt vom Abendläuten bis zum Hahnenkrähen am nächsten Morgen in Verbindung zu treten, sie sich zunutze zu machen. Die Herkunft des Begriffes Los ist bis heute noch nicht eindeutig geklärt. Da in den Los-

nächten, die in der Regel am Vorabend der Feste von Andreas, Barbara, Nikolaus, Ambrosius, Lucia, Thomas, Christtag, Heilig Drei König und an Silvester liegen, das Orakel befragt wurde durch allerlei brauchtümliche Verhaltensweisen, so könnte ein gewisser Zusammenhang mit dem vorchristlichen Runenwerfen, mit dem Loswerfen, bestehen. Das einfache Volk jedenfalls interpretierte den Begriff in seiner ihm verständlichen Weise als Lus –, Horchnacht.

Die erste Losnacht und mancherorts zugleich erste Rauhnacht traf auf den Andreastag, den „Danersntag". In dieser Nacht bemühten die heiratslustigen Mädchen den Heiligen persönlich, den „Herzliebsten" erscheinen zu lassen.

In Thansüß gab es im 19. Jahrhundert eine Semmelstiftung. Weißbrot galt ja noch bis in unsere jüngste Gegenwart als eine Spezialität auf dem flachen Land. Wie 1836 berichtet wird, erhielt am Andreastag, später am 1. Adventsonntag, jedes aus dem Ort stammende und dort zur Volksschule gehende Kind vom Besitzer des Kohlhofes Semmeln um drei Pfennige. Die Stifterinnen, zwei ledig gebliebene Schwestern, hatten durch Feuer ihren Hof verloren. Dem Käufer der Hofstelle machten sie die Auflage, jährlich am Andreastag, vermutlich am Tag des Brandes, für fünf Gulden Semmeln backen zu lassen und unter die Thansüßer Kinder auszuteilen. Anfang und Ende dieses Brauches ließen sich leider nicht mehr datieren.

Mit zunehmender Bildung der Bevölkerung verschwanden und verschwinden die mit magischen Vorstellungen verbundenen Bräuche. Spärliche Reste lassen sich nur noch da und dort feststellen.

A. E.

O heiliger Andree

1. O hei - li - ger An - dree, tua mi er - hörn!

Schick ma des Joahr an Mo, sunst muaß i sterbn, hot's gsagt, sterbn!

2. A Scheene, a Saubane findt bald an Buam;
   a Wilde, a Gschegade muaß recht lang luagn.

3. A Scheene, a Saubane kriagt bald an Mo;
   a Wilde, a Roumade (= Schmutzige) muaß a Weil schaun.

4. Heiliger Andree, erhör meine Bitt!
   Schick ma des Joahr an Mo! Des waar mei Glück!

Liebes-Orakel

Es liegt in der Natur des Menschen, daß er gerne beruhiget seyn möchte über sein zukünftiges Geschick; es versteht sich daher von selbst, daß auch die Mädchen über die Hauptaufgabe ihres Lebens, einen Mann zu bekommen, eine Frage an das Schicksal stellen. Mädchen haben immer viel zu fragen, wo ein anderer sich genügsam abspeisen läßt, und so sehen wir denn in den vielen desfallsigen Orakeln einen Reichtum inquisitorischen Scharfsinnes ausgelegt, der in Erstaunen setzt.

Sie wissen auch, daß eine Frage, zur Unzeit gestellt, selten zur Genüge beantwortet wird, und haben daher gewisse Zeiten hierfür bestimmt, welche, weil nur einmal im Jahre kommend, um so gewissenhafter benützt werden. Daß es hiebey geheimnißvoll zugehen müsse, versteht sich am Rande, und so werden wir denn ganz natürlich auf die geheimnißvollsten Zeiten des Jahres, die Raunnächte, vorzugsweise angewiesen. Von diesen sind es dann wieder drey, welche besonders in Gnade stehen, nämlich die Andreas-, Thomas- und Weihnacht.

In einer dieser Raunnächte geht nun um Velburg die Dirn hinaus an einen Holzbirnbaum, in der zwölften Stunde, zieht die Schuhe aus und wirft sie auf den Baum; zwölfmal darf sie werfen: bleibt innerhalb dieser Zahl der Schuh hängen, so bleibt auch an ihr in diesem Jahre ein Mann hängen. Sooft aber nach der Zwölfzahl der Schuh niederfällt, so viele Jahre muß sie noch Jungfrau bleiben. Doch ist das große Glück, daß der Schuh auf den ersten Wurf bleibt, ein großes Unglück: ein solcher Wurf deutet auf Tod in diesem Jahre.

Neugierig, ob der Zukünftige jung oder alt sey, geht sie auf dem Heimwege an einem Stall vorüber, in welchem eine Schweinsmutter mit ihren Ferkeln haust; je nachdem bey ihrem Hintreten die Alte oder die Jungen zuerst Laut geben, ist der Bräutigam alt oder jung.

Um Falkenstein geht die Dirn unter Gebetläuten an einen Baum und schüttelt ihn; bewegt sich die erschütterte Luft dahin, wo der Geliebte wohnt, heiratet sie ihn in diesem Jahre.

Bei Waldmünchen wirft sie am Thomas-Abende nach Gebetläuten oder um Mitternacht einen Prügel auf einen Baum, gewöhnlich einen Apfelbaum, und spricht dabei:

Hunderl, ball, ball,
Ball üba nein Mal (Meilen),
Ball übas Land,
Wau mein feins Liab wahnd.

Wo nun ein Hund zu bellen beginnt, heiratet sie hin. Gleiches Verfahren gilt auch in der Walburgisnacht. Da auf dem Lande alles während der Nacht ruhig ist, hört man leicht das Bellen der Hunde.

Dagegen gehen die Dirnen um Waldthurn abends in den Garten und sprechen:

Vor mir Tag,
Hinter mir Nacht,
Daß mich Niemand sehen mag.

Dann schauen sie sich nach einem glatten Stäbchen um und werfen es in die Äste des Apfelbaumes.

Bleibt es hängen, kommt der Freyer noch in diesem Jahre, und das gleichzeitige Bellen der Hunde zeigt die Richtung an, wo er herkommt.

Wieder um Treffelstein wird ein Schuh um Mitternacht über den Apfelbaum im Garten geworfen, und zwar dreymal, wobey der Spruch ähnlich lautet:

Schöygerl I wirf di,
Wirf die übarn Bam,
Hundarl ball,
Ball übas Land,
Sag wau mein feins Liab wahnd.

An demselben Thomas-Abende stellen sie sich zu Hambach während des Gebetläutens unter die Hausthüre und essen einen Apfel; bleiben sie ungesehen und unberedet, so geht das Bild des Zukünftigen vorüber.

Zu Ebnat stehen sie unter der Dachrinne. — Zu Kößlarn aber schält sie einen Apfel vom Butzen bis zum Stiele, ohne daß die Schale zerreißen darf; im Bette wirft sie nun dieselbe kopfüber hinaus, so bilden die Streifen der Schale den Anfangsbuchstaben des Namens des Zukünftigen.

Um Kötzting kauft man ein Hörnl oder Weckl und ißt die Mitte davon, am Neujahr-Abende aber die beyden Spitzen. Vor Tags geht man durchs Thor. Wer dann zuerst unter dem Thore herkommt, den heiratet man, sey er wie er wolle.

Aus Lehmtaig macht man Kügelchen und knetet kleine Zettel hinein, auf jedem der Name eines anderen Mannes, den man gern sieht. Dann wirft man sie in den Wassertrog. Die Kugel, welche zuerst zergeht, enthält den Namen des Freyers: je nachdem dieses Zerplatzen schnell oder langsam vor sich geht, muß sie kurz oder lang warten. Waldthurn.

Dieselbe Art des Befragens findet sich zu Gefrees mit kleinen Abweichungen. Das Mädchen stellt in der Thomas-Nacht unberedet ein Schaff Wasser in die Stube und wirft die Zettelchen, auf welche sie die Namen ihrer männlichen Bekannten geschrieben, zusammengedreht hinein. Dann läßt sie ein kleines Brettchen mit einem brennenden Lichtchen im Wasser schwimmen; das Zetterl, bey welchem es zuerst ankommt, enthält den rechten Namen.

In der Mitternachtsstunde des Andreas-Abends deckt das Mädchen um Amberg den Tisch mit weißem Tuche, wo möglich von ihr gesponnen, und stellt zwey Gläser, eines mit Wasser, das andere mit Wein, drauf hin; sie selber steht im Ecke. Dann kommt der Zukünftige; ist er reich, nimmt er den Wein, ist er arm, trinkt er Wasser; stirbt er, ehe er sie heiratet, so erscheint er im Leichentuche, stürzt die Gläser um und stellt eine Sanduhr dafür hin.

Zu Spalt stellen die Mädchen eine Schüssel voll Wasser vors Fenster; die Figuren, welche sich am Morgen beym Gefrieren gebildet haben, deuten auf den Stand des künftigen Freyers.

Auch das Schuhwerfen in der Stube wird theilweise als Liebesorakel benützt; die Dirne setzt sich auf den Boden, den Rücken gegen die Thüre und schleudert den Schuh vom rechten Fuße über die rechte Schulter rückwärts. Steht des Schuhes Schnabel gegen die Thüre, wird das Mädchen in diesem Jahre als Braut zur selben Thüre hinausgeführt.

Am weitest verbreiteten ist aber das Bettbrett-Treten; jedes Mädchen in jedem Dorfe kennt es, oder hat doch davon gehört.

Das Mädchen steht am Andreas- oder Thomas-Abende um eilf Uhr Nachts auf, zieht sich aus, kämmt die Haare rückwärts und kehrt das Zimmer hinter sich, das Gesicht gegen das Fenster, mit einem ganz neuen Besen, den sie zum Kehricht in den Winkel stellt.

Dann zieht sie ein Kopfbrett unter dem Bett hervor, lehnt es gegen die Bettlade etwas schräge, stellt einen Fuß darauf und sagt folgenden Spruch:

> Bettbred, I tritt di,
> Laß mir erschein
> Den Herzliebsten mein!

Um Mitternacht geht dann das Bild des Zukünftigen durch das Zimmer. Amberg.

Einige behaupten, es sey der Geliebte leibhaftig, andere dagegen meynen, es sey der Teufel in jenes Gestalt. Für die erste Meynung gebe ich eine Sage als Beleg.

Bey seinem Erscheinen legte der Geliebte einen Dolch auf den Tisch. Das Mädchen voll Angst barg ihn in ihrem Kasten. Wirklich ward sie Braut des Erschienenen und lebte ganz glücklich in dieser Ehe. Nach mehreren Jahren bedurfte man einer Kiste; man stürzte nun jenen Kasten, und es fiel der verborgene Dolch heraus. Der Gatte erkannte ihn sogleich für den seinigen, frug seine Frau, wie sie dazu gekommen, und als sie es ihm gestanden, ward er rasend über der Erinnerung an das, was er bey seinem Vorrufen alles erduldet, und erstach mit demselben Dolche erst seine Frau, dann sich. Amberg.

Der Geliebte, welcher in dieser Weise gerufen wird, soll nämlich fürchterlich viel zu leiden haben. — Zu Tiefenbach erschien aber der Böse in Gestalt eines Jägers mit dem Gaisfuße.

Gewöhnlich ist die Art der Befragung aber eine leichtere. Das Mädchen legt abends einen Spiegel unter das Kopfkissen und legt sich nach dem Treten nieder. Um Mitternacht steht sie auf und schaut im Spiegel das Bild des Geliebten. Waldthurn.

Ohne Spiegel sehen sie ihn auch im Traume. Amberg.

Zu Treffelstein wirft man um Mitternacht das Bett heraus, legt zwey Bettbretter kreuzweis auf den Boden und stellt sich mit beyden Füßen darauf, den Spruch hersagend.

Einem Dirnlein bekam das Treten nicht gut. Denn der Knecht, der ein Aug auf sie hatte, hielt sich versteckt unter dem Bette, und als die Maid um eilf Uhr aufstand, ein Licht auf dem Tische anzündete, um denselben mit geweihter Kreide einen Kreis zog, das Brett in den Kreis brachte und sich nackt auf dasselbe stellte, und eben den zweyten Reim vollendet hatte, holte er aus und schlug sie mit dem Waschbläu auf den Hintern, dazu rufend: „Und I bin da Deifl und britsch di!" worauf sie vor Schrecken todt niederfiel; eine Sage, die überall erzählt wird, und bis Gefrees reicht. Tiefenbach.

Statt des Bettbrettes dient auch der Strohsack, oder ein Schämmerl aus neunerley Holz gemacht, auf welches man sich stellt, und dabey folgende Reime spricht:

> Fußschammerl, I tritt di,
> Heiliger Thomas, I bitt di,
> Laß mir erschein
> Den Herzliebsten mein,
> Wie er leibt und lebt,
> Und mit mir zum Altar geht.
> Waldmünchen.

Sehr gebräuchlich ist auch das Horchen an oder in den Höllhäfen. Die Dirn steckt um Mitternacht nackt den Kopf in den Hafen und horcht; aus dem warmen Wasser kommt dann die Antwort, was ihr für ein Mann wird. — Doch ist dieses Orakel oft zweydeutig. Denn eine Dirn hatte gehorcht und dabei starkes Blasen vernommen. Als die Mutter nun aus der Metten heim kam, rief sie ihr freudig entgegen: „Mutter, ich bekomm einen

Thürmer!" Derweil erhielt sie einen Hirten zum Manne. Velburg.

Gleich den Männern gehen auch die Mädchen auf den Kreuzweg während der Metten; sie ziehen dort das Hemd aus und werfen es hin. Jedoch nur eine ist die Glückliche und erhält das Hemd von demjenigen, den sie haben muß, wieder zugeworfen.

Dieses Wagstück ist gefährlich; denn eine bekam ein Messer zugeworfen, und wie sie darnach langte, ward sie in den Arm geschnitten. Hätte sie gesprochen, wäre sie erstochen worden, so aber bekam sie den Mann, der das Messer warf. Bärnau.

Man sieht auch während der Metten in den Ofen ohne Licht, so zeigt sich der zukünftige Mann.

Eine Frau munterte ihr Dienstmädchen auf, in den Ofen zu schauen; sie that es, war aber sehr erschrocken, als ihr Herr heraussah. Nach acht Tagen starb die sonst gesunde Frau, und der Mann hielt um die Hand des Mädchens binnen kurzem an. Amberg.

Um diese Orakel aber mit Erfolg befragen zu können, muß man sich eigens hiezu vorbereiten. Neun Tage zuvor darf man sich nicht waschen, in keine Kirche gehen, kein Kreuz machen, kein Weihwasser nehmen, nicht beten: denn es ist der Teufel, welcher die erbetene Antwort ertheilt, und der thut nichts umsonst.

Merkwürdig erscheint, daß die Apostel Andreas und Thomas mit dem Geschäfte betraut sind, den Mädchen Männer zuzubringen. Nördlich am Böhmerwalde genießt der heilige Andreas, südlich der heilige Thomas mehr Vertrauen. Es ist augenscheinlich, daß beyde an die Stelle heidnischer Götter getreten sind.

Zu Bärnau gilt der heilige Andreas als Patron der Mädchen, wenn sie zu einem Mann kommen wollen. Da bat ein Mädchen, welches übrig geblieben war, gar sehr in der Kirche um einen Mann, nur dürfe er kein Rothkopf seyn. Der Meßner, der schon lange ein Auge darauf hatte, aber wenig Hoffnung wegen seiner rothen Haare, rief hinter dem Altare hervor: „Es ist kein anderer mehr übrig," und so war sie es auch zufrieden. Diese Sage geht in jedem Dorfe.

Es ist unzweifelhaft der rothhaarige Thor, der im Heidentum die Ehe in seinem Schutze hatte, und dieses um so mehr, als das Volk dem Thomas den Hammer in die Hand gibt. Somit würde für den heiligen Andreas Freyr als Gott der Ehe verbleiben; die Worte Freyr und Andreas stehen in Zusammenhang. Das Schwein ist sein heiliges Thier, daher das Befragen der Schweinsmutter.

Nun auch etwas von neugierigen Männern. Während der Christmetten muß der Mann Kohlen aus dem Ofen nehmen und bis Neujahr bey sich tragen. Auf dem Gange zur Kirche an diesem Tage sieht er diejenige, welche er zur Frau bekömmt; es ist das erste Mädchen, welches ihm begegnet. Neustadt.

Andere Anzeichen auf Verehelichung sind folgende: Wenn ein Mädchen am Antlaßtage eine Fahne trägt, kommt es drey Jahre früher zu einem Mann. Waldthurn. — Wer unverdanks vierblätterigen Klee findet, heiratet in selbigem Jahre. Schäferei. — Desgleichen wer im Frühlinge das erstemal zwey Bachstelzen neben einander sieht. Waldthurn. — Um zu erfahren, wo man hin heiratet, reißt man an einem beliebigen Tage einen Wegwart mit drey Wurzeln aus. Wo die größte davon hinschaut, da heiratet man hin. Velburg.

Franz X. Schönwerth

Die Rauhnächte

Um sich selbst und das Vieh gegen alles Vermeinen und Beschreien, gegen alle bösartigen Einwirkungen der Hexen, Druden, mißwilligen Menschen, der Wilden Jagd usw. zu schützen, gab es nur eine Möglichkeit für unsere Vorfahren: Sie mußten Haus und Stall in einer der verhängnisreichen Rauhnächte ausräuchern. In diesen Nächten hatten nämlich die Geister, deren Ursprung mit Sicherheit im Glauben unserer vorchristlichen Ahnen zu suchen ist, eine besondere Gewalt. Schon die Germanen glaubten an Toten- und Dämonenumzüge während des Mittwinterfestes, also unseres heutigen Weihnachtsfestes.

Die Bezeichnung Rauhnächte, dieser Zwölfnächte von Thomas bis Neujahr oder andernorts von der Christnacht bis Dreikönig, leitet Johann Andreas Schmeller, der wohl bedeutendste bayerische Sprachwissenschaftler (übrigens ein Sohn der Stadt Tirschenreuth) ab von „die Wohnstuben, Ställe etc. ausrauchen, in denselben unter gewissen Gebeten und Ceremonien Weihrauch anzünden", weshalb man auch von Rauchnächten spricht. Die Ableitung von Raunen halte ich für wenig überzeugend.

Zum Ausräuchern verwendete früher der Priester, später der Bauer außer dem Weihrauch das Blumenbüschel, das zu Maria Kräuterweih (15. 8.) die kirchliche Weihe erhalten hatte. Den Rest streute man dem Vieh unter das Futter. Nach Eduard Fentsch gab man den Tieren als Schutz gegen die Dämonen das am Dreikönigstag geweihte Gelekker, geweihtes Brot und Salz sowie Kreide vom heiligen Dreikönigstag und Grodelkraut

vom Antlaßtag (Fronleichnam). In der Gegend von Tännesberg kannte man noch 1911 ein „Gleck" aus geweihtem Dreikönigssalz und Wasser. Man vermengte beides zu einem dikken Brei in einem Schüsselchen und trocknete ihn, so daß eine feste, runde Salzform entstand. Mittels eines Fadens hängte man die weiße Scheibe in den Herrgottswinkel unmittelbar vor das Kruzifix und bewahrte sie dort das ganze Jahr über auf. Von diesem Gleck bekam das Vieh, mit Ausnahme der Schweine, in der Thomas-, Christ- und Dreikönigsnacht jeweils ein Stück, damit es nicht verhext werde. Eindrucksvoll bildeten hier christlicher Glaube und Relikte heidnischer Vorstellungswelt eine harmonische Einheit.

In den Rauhnächten sollte man auch keinen Stall ausmisten und kein Fleisch essen, sonst wären Vieh und Mensch erkrankt. So gab es z. B. in der Neumarkter Gegend am Lucia- und Thomastag sowie am Tag des Heiligen Abends zu Mittag und Abend Rohrnudeln (Ofaknedln oder Hofamo) mit Hutzelbrühe, also ein ausgesprochenes Fastenessen.

In der Christnacht, der neben der Thomas- und Dreikönigsnacht schlimmsten Rauhnacht, konnte man auf den Kreuzwegen dem „Nachtgload", der Wilden Jagd, begegnen. Böse Geister konnte man auch durch Lärmen, wie Peitschenknallen, Schießen und Krachen vertreiben, was wir in den Bräuchen des Christkindlanschießens und des Neujahranschießens heute noch antreffen. Andernorts versuchte man, die Unholden gütig zu stimmen. Wenn man eine ertragreiche Obsternte erwarten wollte, mußte man im Stiftland der Schnabelspecht, im Egerland dem Zempa oder Zempara in der Christnacht „das Essen tragen", d. h. man mußte an die Obstbäume

Reste des Fastenessens vom heiligen Abend (Hutzelbrüh, Nudeln und Fisch) bringen. (s. S. 98).

Auch das Wetter des nächsten Jahres konnte vorausgesagt werden. Wie die Witterung an den verschiedenen zwölf Rauhnächten war, so sollte sie in den entsprechenden zwölf Monaten werden. Es gab aber auch ein anderes, weit verbreitetes Mittel zur Wetterbestimmung: Am heiligen Abend schnitt man eine Zwiebel auseinander, entnahm ihr zwölf Zwiebelfleischschalen und füllte sie mit Salz. Dann stellte man sie an einem passenden, nicht zu trockenen oder feuchten Platz in der Reihe auf. Der Christtag galt für den Januar, der Stephanitag für den Februar usw. Jeden Tag beobachtete man den Zustand des Zwiebelschälchens und seines Inhalts. War z. B. am 2. Tag das Salz feucht, so war dies ein Zeichen dafür, daß der Februar auch feucht würde. Das am 8. Tag nach dem heiligen Abend untersuchte 8. Schüsselchen zeigte das Wetter im August an. War das Salz trocken, sollte auch dieser Monat trockenes Wetter haben.

Von dem Brauchtum der verschiedenen Räucherungen, des Orakelfragens, des Essentragens, des Lärmens an den Rauhnächten leben heute nur noch das Ausräuchern am Dreikönigstag sowie das Bleigießen und das Schießen in Form von Feuerwerken in der Silvesternacht. Am Dreikönigstag segnet heute noch oder wieder der gläubige katholische Familienvater das Haus und alle wichtigen Räume mit geweihtem Weihrauch und Dreikönigswasser. An die Türen schreibt er die Initialen der heiligen Drei Könige. Im Grunde versucht er mit dieser Handlung dasselbe wie seine Vorfahren, nämlich die bösen Geister, das Böse, Krankheit und Unglück fernzuhalten. Natürlich steckt in solchem Ritual ein gerüttelt Maß an magischem Denken. Aber welche Menschen kommen ganz ohne Magie aus?

A. E.

In de Rauhnächt

Wenn da Nöwö
seine graua Haua flaadat
gäihnga d'Menschn wäi de Väicha staada um.
Lusn nauch de Tritt vun Dooch.
Wern nu staada
vu der schwoazn Schwirzn
und seahn Gsichta wahn. . .
Fina in an Scherm
a Breckl Kirzn —
schnaafa af
wäi nouch an bäisn Draam.

Margret Hölle

Schlimme Folgen des Orakels

Zu Wondreb trat ein verliebtes Mädchen herzhaft das Brett und betete recht innig: „St. Thomas ich bitt' dich!" — Da fuhr einer, der davon wußte, mit der Gerte hervor und schlug derb auf sie los. Tags darauf vertraute sie der Freundin verschämt, es sei ein Schullehrer, denn er sei mit der Rute gekommen, auch scheine er ziemlich scharf zu sein.
Ein anderer in Tirschenreuth hielt einen Kübel frischen Wassers bereit und übergoß das Dirnlein, welches eben ihren Spruch an St. Andreas richtete. Zusammenfahrend rief sie aus: „Husch, husch! Das wird ein Fischer!"

Karl Winkler

Das feurige Männchen in der Petergasse

In der Petergassen, dou is im Advent am Stodl vom Schöller ein kleines Manndl glehnt. Und wenn sie sein ollemol furtgfohrn af Plon, dou seins mit der Laterne oder Schleißn (brennende Kienstange, die zum Leuchten dient) frühzeitig in Stodl gonger noch Futter. Dou hot das Manndl jedesmol a Schleißn gnummer und hot gleicht. Amol sogt das Manndl zu einem Kneit: „Frog mi mol, wos i wüll!" Jetzer hot der Kneit gfrogt: „Wos wüllst du?" Dou hot des Manndl gsogt, er soll zum Pfarrer gehn und ihn sogn, die hl. Messe soll für ihn aufgopfert werden. Des hobns a gmocht. Seit der Zeit is des Manndl nimmer kummer.   Ulrich Benzel

Das Horchengehen in der Rauhnacht

In einem stiftländischen Dorfe lebte einst ein Bauer, der gerne in den Rauhnächten horchen ging. Er wußte deshalb auch alles im Voraus, was im Dorfe während des kommenden Jahres sich ereignete, alle Todesfälle, alle Hochzeiten, alle Unglücksfälle usw. Das sah er alles lange voraus in den Stunden, wo er horchen ging. Es geschah dies in der Mitternachtsstunde vor dem Andreastag, zuweilen auch in der Thomas- oder Christnacht. Da ging er jedesmal auf einen Kreuzweg, wo sich Leichenzüge kreuzen, zog mit der Dreikönigskreide einen Kreis und trat dann vor 12 Uhr in den Kreis hinein. Dabei hatte er ein Kleid an, das in seiner Familie schon durch drei Generationen vererbt war.

Schlag 12 Uhr ging dann der Spuk los. Zuerst nahten sich Raubvögel mit feurigen Zungen, dann kamen ganze Fuder Heu, die auf den Kreis zu stürzen drohten, endlich eine Menge schießender Soldaten — alles das, um ihn zum Verlassen des Kreises zu bewegen. Endlich kam der „Schwarze" selbst in Gestalt eines Jägers, von dem er die Zukunft erfragte und auch hierüber Aufschluß erhielt gegen Verschreibung seines eigenen Lebens. Einmal bat er den Teufel, er möge ihm so viel Kräfte verleihen, daß er in jeder Rauferei während des Jahres Herr würde. Und er erhielt sie auch. Als seine Zeit aus war, fand man ihn eines Tages tot und kohlschwarz. —
                           Mauritius Linder

Die wilde Jagd

Als der böse Feind führt Wodan böse Geister und Hexen mit geisterhaften Tieren, Hunden und Katzen, durch die Lüfte, nicht mehr zum Kampf, zur Schlacht, sondern darum, weil er die Sitte nicht lassen kann. Höchstens gilt noch die Jagd den armen Geistern und Seelen, welche ihm nicht mehr verfallen, noch der Erlösung fähig sind, wie beispielsweise den Holzweibchen; höchstens will er an der Spitze reitender Scharen einen bevorstehenden Krieg den Völkern anzeigen, an dem er nicht teilnehmen darf; denn sein Reich ist um. Doch finden seine Scharen neuen Zuwachs in jenen Christen, welche über der Lust am Waidwerke ihres Gottes vergessen, welche als grausame Gebieter ihre wehrlosen Untertanen in Tod und Elend hetzen. Diese finden Aufnahme im wilden Heere oder werden gleich unmittelbar zum wilden Jäger.
Daher unterscheidet das Volk zwischen der wilden Jagd oder fliegenden Armee und dem wilden Jäger, der einzeln jagt.   Karl Winkler

Spuk

Es ist damals weder das erste noch das letzte Mal gewesen, daß der alte Weißensteiner den „Wilden Jäger" beschworen und einem das Gruseln beigebracht hat. War diese Geisterbeschwörung auch von besonderer Art, die er, wohlgeübt, mit seinen Ältesten, zwei Prügel-Mannsbildern trieb und auch treiben konnte. Diesmal ist's der Neuhauser, der ihm auf den Leim geht, von dem er übrigens noch was einzubringen hat, von einem Kuhhandel her, der nicht ganz sauber gewesen. Sowas spießt sich in einem Bauernschädel — und erst recht in einem solchen, wie ihn der Weißensteiner aufhatte.

So acht Tage vor Kathrein kommt also der Neuhauser spät am Abend von Vohenstrauß her die Galgendraht herauf, nimmer ganz nüchtern zwar, aber doch noch recht manierlich auf den Beinen, und muß am Weißensteiner Hof vorbei, weil's Sträßl da vorübergeht. Und da ihm die Zündhölzer ausgegangen, kehrte er beim Weißensteiner kurzentschlossen zu. Der Weißensteiner hat anfangs große Augen gemacht über den seltenen und späten Gast, schon vonwegen der Kalbin seinerzeit, ist aber dann recht zutunlich und läßt sich auch nichts merken, so daß aus dem Pfeifenanzünden mehr wird als gemeint. Noch ehe es die Geisterstunde von der Wanduhr schlägt, zwinkert der Weißensteiner seinen Buben, darauf sie Schluß machen und „Gute Nacht!" sagen. Sie gehen aber nicht ins Bett, wie man meinen sollte, sondern die Straße hinunter bis an den Waldrand, wo das Weiherlein davor liegt, ein winziger Gumpen bloß, von dem gesagt wird, er beherberge einen verwunschenen Jäger, der nächtens aus dem Wasser steigt und den einsamen Wanderern seinen feurigen Kopf vor die Füße rollt. An so etwas denkt der Neuhauser nicht. Aber der Weißensteiner meint, als er seinen Gast vor die Tür bringt: „Hoffentli fürchst di niat, wenn's umgöih sollt drunt'n am Weiherl!"

Da lacht der Neuhauser bloß und stolpert auf die Straß hinaus, heimzu durch die Finsternis, denkt nicht viel, brummelt nur vor sich hin wegen der verspielten Taler, die ihn wurmen, und stiefelt seinen Paß weiter. Doch da geht's vorne schon los; rechts beim Weiherl hebt ein Spektakel an, daß es ihm die Gänsehaut aufzieht. Als ob einer auf einem groben Blechhobel Knochen reibe und wie wenn eine alte Muttersau dazwischengrunze, so tuts. Dem Neuhauser gibts einen Ruck, und es überläuft ihn eiskalt. Die Knie schlottern ihm. Er will zwar, aber er kann nimmer weiter, keinen Schritt. Als wär er angespießt, so steht er und lust. Da, auf einmal lichtelt's im Weiherl, und gleich drauf pludert sich was auf wie ein feuriger Uhu und hüpft hin und her, über den Gumpen hinweg, über die Straße, ganz langsam jetzt, und ist plötzlich weg. Es mag wohl von dem brenzlichen Gestank gekommen sein, den's herüberweht, daß ihm der heilige Florian einfällt, den er anrufen will und um Hilfe schreien, schreien, was nur herausgeht, doch er kann nicht, denn es ist ihm, als wär der Schlund zugewachsen. Aber der Bann in den Beinen hat sich verzogen, so daß er imstande ist, wenigstens zu laufen — und das tut er jetzt, den Berg wieder hinauf, so gut er's vermag. Als wär der Leibhaftige schon hinter ihm her, mit dem Weichselstecken unentwegt hinter sich schlagend und fuchtelnd,

falls der Höllische nach ihm fassen wollte, rennt er wieder auf den Weißenstein zu. So kommt er schweißtriefend und käseweiß vor dem Hoftore an, wo der Weißensteiner schon auf der Lauer steht und nichts gesehen und gehört haben will, gar nichts, auch den Uhu nicht, und sich nur wundert, daß der Wilde Jäger jetzt schon wieder anfange, nachdem er doch in letzter Zeit Ruhe gegeben — und weiter, der Geängstigte möcht doch seine Worte sparen, denn, so meint der alte Fuchs, wo man dem Nächsten aus der Not helfen kann, tut man's, worauf er seinen Hut holt und eine kleine Mistgabel faßt, dem Verstörten ein sicheres Geleit zu geben. So gehen sie also jetzt zu zweien, der Neuhauser immer ein wenig hinterher, und es ist gut, daß er des Weißensteiners Gesicht nicht sehen kann, der gar ein bißchen spöttisch wird und meint: „Häiast, Hias (so hieß nämlich der Neuhauser), i moin allaweil, du haoust di g'irrt!"

„Ausg'schlossen, hell-löichti is 's üwan Wech pfludert!" flüstert dieser seinem Schutzgeist von hinten ins Ohr. In diesem Augenblick schreit der Uhu wieder, zweimal sogar, und jetzt von unten.

„Hurch, häiast d' as!" tuschelt der Neuhauser. Und richtig, an derselben Stelle wie vorhin geht's wieder los, noch fürchterlicher als zuvor.

Sie bleiben stehen, und dem Neuhauser geht ein Wind ab, daß man's weithin hört. Der Weißensteiner merkt jetzt, woran er ist und setzt jetzt ein: „Wennst wos af dein'm G'wissen haoust, kumm ma ahne Opfa niat vabei: Drei Tala füa die arma Sell'n! In Namen des Vatas, des Sahnes und des haling Geistes! Schick di!" Der Weißensteiner hat genau im Kopf behalten, was der andere noch im Zugbeutel bei sich trägt und seine Rechnung danach eingerichtet. Er zieht jetzt, dieweil der Wilde Jäger immer noch gröhlt, einen Fetzen Papier aus dem Spenzer.

„So", sagt er dann, „des Geld möin ma öitztat af d' Straouß doaleg'n."

Der Neuhauser tut einen schrecklichen Seufzer, man weiß nicht, aus Angst oder des guten Silbers wegen, blecht aber doch, denn: hilf was helfen mag! Und während der Weißensteiner einen Taler in seinem Sack verschwinden läßt, die beiden anderen in den Zeitungsfetzen wickelt und auf den Weg niederwirft, flackert das unheimliche Licht wieder auf. Da faßt der Neuhauser seinen Beschützer am Arm und läßt nimmer los jetzt. Der aber stellt sich nun in Positur, läßt den Spuk noch ein wenig tanzen, schlägt darauf ein mächtiges Zeichen in die Luft, mit der Linken natürlich, weil rechts nichts hilft, und schreit dann hinunter:

„Höllischer Höllteifl,
zöich ein dein feieringa Schweifl,
lösch Schwefl und Pech
und göih oara vom Wech!"

Da tuts auch schon einen Brüller wie von einem röhrenden Hirsch, worauf das Feurige ins Weiherl zischt — und aus ist's und alles mäuserlstad.

Der Weißensteiner denkt sich, es langt, muß ihm aber doch noch einen Deuter geben: „Ja, ja, Hias, su kummt's, wenn ma hint' und voarn niat sauwa is; owa öitzt woißt d'as — und taou d'as mürken, wennst wieda amal a Kalb'm . . ., vastäihst? Und naou kumm gaout ham!"

Sprach's und ließ den Schlotternden stehen und wandte sich wieder in den Wald, denn es wurde kühl jetzt, und er hatte ja auch geschwitzt, nicht nur der Neuhauser allein. Dort warteten schon seine beiden Sprößlinge und Spießgesellen mit den Gießeimern und Raspelhölzern, dem Werch und der Pechschnur, und jeder auch mit seinem Taler, dem wohlverdienten Geisterlohn.   Anton Wurzer

70

4.
DEZEMBER

Die heilige Barbara

Schütz mich,
Sankta Barbara

Barbara-Legende

De Barbara hat an recht an hantign Vater ghabt: reich und stolz und grausam.
S ganze Haus is voller Götzn gstandn: fürs Gschäft oana, fürs Weda oana, für d Gsundheit, fürs Geld.
Für alls hats so an goldna Gischpl gebn, und da Vater hat gmoant, de san für was guat.
Aber sei größter Schatz war sei Waberl, a gscheits Dirndl.
Und wia de so in de Jahr kumma is, und immer scheener worn ist, hat er s gar eigsperrt im Turm, daß' eahm ja koana nimmt.
Als wenn des wos helfat! —

Kummt er wieder mal hoam, findt er s Zeichn vom Kreuz in ihrm Turm. „Bist ganz narrisch? — Weg mit dem Schandfleck, sonst daschlogt die da Zorn vo de Götter — oder da mei!
Gheirat werd, aber glei! Daß a Ruah werd!"
„Naa, Vater!"
Und des „Naa" is so fest und so klar, daß er merkt, daß alls z spaat ist.
Wos er probiert, rührt net o:
net s Bittn, net s Schlagn, und net amal da Richter woaß mehr an Rat.

Jetz reißns ihr d Kleider vom Leib und zerfetzn ihrn Körper mit Scherbn.

Gwalt is stärker als Recht!

Am nächstn Tag siechst koa Spur.

Gott is no stärker!

Und de grausame Jagd geht vo vorn o: Sie schneidn ihr d Brust ab und treibns nackad durch d Stod und wolln ihr mit Gewalt ihr Unschuld raubn — vor alle Leut!
Doch sie bet' und vertraut.
Da treibts dem Vater s Bluat in de Augn — und er dasticht sei eigenes Kind.
Glei drauf daschlogtn da Blitz, und koana von seine Götter hilft eahm.

De heilige Jungfrau aber steigt zu de mächtign Nothelfer auf, hilft de Bergleut und de Soldaten, hilft bei Unweda und in der Todesnot.
Dir aa!   E. E.

Schütz mich, Sankta Barbara!

Die größten Verehrer der heiligen Barbara sind bekanntlich die Bergleute. Und so bezeichnen sie den Namenstag der Patronin, den 4. Dezember, seit Jahrhunderten als „ihren Tog". Ihr zu Ehren werden Anfang Dezember eigene Barbarafeiern mit Kirchenparade und Musik, Gottesdienst, festlicher Versammlung und Barbara-Mahl für die Belegschaft abgehalten, das bereits im frühen 17. Jahrhundert belegt ist. Auf den früher üblichen Barbara-Tanz verzichtet man heute jedoch in der Regel. Die Knappschaftsvereine in Amberg, Auerbach, Bodenwöhr, Sulzbach-Rosenberg und Wackersdorf bemühen sich um die Beibehaltung des über 100jährigen Brauchtums, das in der Zwischenzeit nur geringe Veränderungen erfahren hat.

Das Ruhrgebiet des Mittelalters, wie die Oberpfalz wegen ihres bedeutenden historischen Erzbaus und Verhüttungswesens genannt wird, stellt logischerweise eine traditionelle Hochburg der Barbara-Verehrung dar. Dafür zeugen nicht nur die beiden Barbara-Wallfahrtskirchen auf dem Eixelberg zwischen Wernberg und Pfreimd, sondern auch die Barbara-Fahne der Amberger Knappschaft vom Jahre 1830 sowie unzählige Darstellungen als Schutzpatronin der Bergleute, die ja auf ihren Schutz bei ihrer gefährlichen Arbeit besonders angewiesen waren.

Bei der bäuerlichen Bevölkerung war die heilige Barbara genauso hoch geachtet als eine

S. BARBARA

Heilige Barbara, du edle Braut

Heilige Barbara, du edle Braut,
Seele und Leib sind dir anvertraut.
O schütze mich in jeder Not,
bewahre mich vor jähem Tod!

Gebet um 1780

der heiligen drei Madln (s. S. 11) und der 14 Nothelfer sowie als Patronin für einen jähen Tod. Eine Vielzahl von Abbildungen in unseren Kirchen, speziell in den Dorfkirchen, beweist ihre große Beliebtheit.

Der bekannteste Brauch am Barbaratag ist das Schneiden der Barbara-Zweige. Vor allem Kirsch-, Schlehen- und Kastanienzweige werden geschnitten und ins Wasser gestellt, damit sie rechtzeitig zur Weihnachtszeit blühen. Das Schneiden der Barbara-Zweige hatte allerdings unter drei Voraussetzungen zu erfolgen: Es mußte in der Nacht vor dem Barbaratag vor Sonnenaufgang, „rücklings im Hemd" und ohne Ansprechen durch eine andere Person geschehen.

An Barbara war auch die zweite Losnacht. Vom baldigen Aufblühen der Zweige leiteten die Mädchen ihre bevorstehende Hochzeit ab. Um den Namen des Bräutigams zu erfahren, hängten sie sogar Zettelchen mit den Namen heiratsfähiger Burschen an verschiedene Zweige. Wessen Zweig am ehesten Blüten trug, sollte das Mädchen heiraten. In der Umgebung von Schönau befestigte man Zettel mit den Namen von Verwandten und Freunden an den Barbarazweigen und schloß je nach Aufblühen oder Verdorren auf Gesundheit, Krankheit oder gar Tod. Auch der Bauer erhoffte sich gute Ernte, wenn die Zweige bald in Blüte standen. Bis um 1900 wurden große Barbarazweige, sog. Barbarabäume, in den katholischen Gegenden der Oberpfalz anstelle des Christbaums verwendet (s. S. 46).

Da sich beim Abschneiden der Barbarazweige auch Mißbräuche einschlichen, mußte dieser Brauch in der Oberpfalz auch getadelt werden. So schreibt Dr. Schleis von Löwenfeld im „Churfürstlich gnädigst privilegierten oberpfälzischen statistischen Wochenblatt . . ." aus dem Jahr 1798: „Gleichwie nun hierdurch sehr oft nicht nur die schönsten Kernobstbäume, sondern auch die Anpflanzungen der Pappel- und Akazienbäume in unseren Gärten und an Straßen durch gewalttätiges Abreißen der Äste, durch Abschneiden der Kronen . . . junge Bäume verletzt, beschädigt oder ruiniert werden, so habe ich nicht unterlassen können, das Publikum besonders in den Städten, in welchen dergleichen Äste und Kronen am meisten zum Verkauf getragen werden auf den durch dergleichen Baumfrevel folgenden Schaden aufmerksam zu machen, damit die in der Oberpfalz zum besten des Staates neu aufblühende Obstkultur nicht aufs neue wieder möge erstickt werden."

Das Aufstellen von Barbarazweigen ist nach wie vor ein sehr beliebter Brauch. Neben den bisher bevorzugten Baum- und Strauchsorten liebt man heute besonders Forsythie und Japanische Kirsche. In ihrer neuen christlichen Symbolik sollen die blühenden Barbarazweige an das blühende Reis Jesse, an Jesus erinnern.

Gustl Motyka

Das Barbara-Glöcklein in Neumarkt

Eine Stunde lang läutet in Neumarkt in der Nacht zum Barbaratag, also zum 4. Dezember, das Barbara-Glöcklein vom Turm der Johanneskirche. Sein verlorener Klang stimmt in die Weihnachtszeit ein, doch so mancher alteingesessene Neumarkter Bürger erinnert sich noch an die uralte Legende, die sich daran knüpft:

Drei adelige Fräulein verirrten sich im Wald, als sie, vom Buchberg kommend, nach Neumarkt zurückkehren wollten. Die Nacht brach herein, und dichter Nebel verschlang die sonst bekannten Wege. Da es am Barbara-Tag war, verlobten sich die drei Fräulein zu der mächtigen Nothelferin, und gleich darauf hörten sie in der Ferne eine Glocke läuten, die ihnen den Weg nach Hause — nach Neumarkt — wies.

Zum Dank für die wundersame Errettung stifteten sie eine Glocke für die Johanneskirche, die seither Jahr für Jahr am 4. Dezember nach dem Gebetläuten ihre einsame Stimme erhebt.   Friedrich W. Engelhardt

Bauernregeln und Lostage

St. Barbara soll Blütenknospen zeigen.

Barbara nicht geheizt das Zimmer, ist's an Gregori (25. 5.) um so schlimmer.

Auf Barbara die Sonne weicht, auf Luzian (7. 1.) sie wieder herschleicht.

Volksmund

Barbarazweig

Wo war Licht genug,
Dich zu regen,
Wo war Wärme genug,
Dich zu hegen?
Aber Liebe, Liebe war, Liebe genug,
Daß in dunkelster Stund aus dir Blüte schlug.
Wo war Tauwind,
Knospen zu wiegen?
Vogellied,
Starren Art zu biegen?
Aber Liebe, Liebe hat nimmer gefehlt,
Hat in eisiger Mitternacht Zweige beseelt.

Hans Baumann

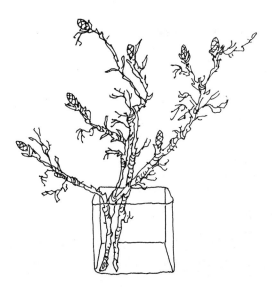

6.
DEZEMBER

Der heilige Nikolaus

O Herro Herro Nikolo

Nikolaus-Legende

Seine altn Eltern ham si scho lang damit abgfundn ghabt, daß' unfruchtbar san.
Und doch hams a Kind kriagt, no im hohn Alter.
Gib d Hoffnung net auf! — Gott woaß mehr als du!
Seiner Lebtag hätt si da Nikolaus — als Kind wia als Mo — scho am liabstn in da Wildnis ver-
krocha, wo er alloa Gott dienen hätt könna. Aber er war für was anders bestimmt: zum Leut-
führn wia sei Onkl, der Bischof Nikolaus, der n tauft und von dem er sein Namen kriagt hat.
Gott hat n net alloa und unerkannt bleibn lassn, den Mönch Nikolaus; net aufm Schiff nach
Ägypten, wo der Leibhaftige selber in de Wantn ghängt is.
„Paßts auf,“ sagt der Heilige, „paßts auf, a Weda kummt!“ Zerst hams as net glaubt, weil am
Himml koa oanzigs Wölkerl zum sehgn war.
Aber der Teifl braucht koane Wolkn für sei höllisches Werk! „Nikolaus, hilf! Sonst san ma alle
verlorn!“
Und der staade, heilige Mo bet den Teufl einfach weg von dem Schiff und de Leut.
Retter in Seenot!
Hoamlich wollt er drei Madl rettn, die der eigene Vater der Schand preisgebn hätt, wiar er auf d
Gant kumma is. Dreimal hat der Nikolaus an Batzn von seim eignen Vermögn ins Fenster glegt,
daß' a Heiratsguat ham. S dritte Mal hat n da Vater gsehgn. „Du warst des? — I dank dir von
Herzn!“
Drum geht heut no da Nikolaus rum und schenkt de bravn Kinder was: Äpfel, Nüß und Mandel-
kern. . .
Mit der Zeit is er so bekannt worn, daß eahm de Leut nach san: Nikolaus komm, hilf da, gib dort,
heil mei Muatta, mei Bruada is unschuldig eigsperrt, i hab mei ausgliehens Geld nimmer kriagt,
weck mei Kind von de Totn auf, — Nikolaus, — Nikolaus!
Aber dem bescheidenen Mönch is der Rumml scho z viel. In d Wüste möcht er, a Oasiedl wern.
Aber Gott pfeift n zruck: „Kehr um und geh in dei Kloster nach Sion, da brauchens di mehr!“
So geht er halt. Aus dem Betn und Fastn holt er sei Kraft.
In aller Herrgottsfrüah geht er scho in d Kirch, kniat an der Pfortn, bis's aufgeht.
„Wer bist du?“ fragt da a Stimm. „I bin bloß a Knecht, und Nikolaus is mei Nam'.“
„Du bist der auserkorene Bischof für uns! A Prophezeiung hats gsagt.“ „Naa! — Laßts mi alloa!“
„Bischof von Myra! Nimm dei Packl und trags, obs kloa is oder groß.“
Und er tragts. Hilft, heilt, tröst. Geht in Gfängnisse, wo de verfolgtn Christn schmachtn, möcht
selber leidn. Aber er derf net.
In der allergrößtn Hungersnot geht er zu de Schiffsleut, de an Weizn bringa fürn Kaiser:
„Gebts uns doch was in Gotts Nam! — Oa Sackl von jedm Schiff is scho gnua.“
Sie gebn's eahm. Und des Korn langt zwoa Jahr für allsamt; der Rest is de Aussaat fürs kom-
mende Jahr.
Oa kloans Sackl von am großn Schiff! — So billig waar d Barmherzigkeit!
So bescheiden er lebt, so stirbt er. Doch aus seim Sarg springen zwoa Quelln: am Fuaß oane
mit Wasser, am Kopf de mit heiligem Öl, de jahrhundertlang tropft.   E. E.

S. NICOLAUS.

Nikolausverehrung im Bistum Regensburg

In Altbayern, wozu ja auch, historisch gesehen, unsere Oberpfalz, der ehemalige Nordgau, zählt, geht die Verehrung des hl. Nikolaus bis in die mittelalterliche Zeit zurück. Sie spiegelt sich in zahlreichen Legenden wider, die sich um die Gestalt dieses Heiligen gewoben haben. Und auch in Altbayern hat man schon sehr frühzeitig, noch in frühmittelalterlicher Zeit, damit begonnen, dem hl. Nikolaus zu Ehren eine Kirche zu bauen, es ist dies die ehemalige Abteikirche St. Nicola in Passau, die im Jahre 1067 von Bischof Altmann errichtet worden ist als die erste St. Nikolauskirche im altbayerischen Raum. In der Erzdiözese München-Freising gibt es 80, in der Erzdiözese Regensburg sogar 83 Kirchen und Kapellen, die dem hl. Nikolaus geweiht sind. Das Bemerkenswerte davon ist, daß sämtliche Nikolaus-Pfarrkirchen in der Oberpfalz mit einer einzigen Ausnahme (Bärnau bei Tirschenreuth), schon in der ersten Hälfte des 14. Jahrhunderts Pfarrkirchen waren. Die älteste St. Nikolauskirche in der Oberpfalz ist wahrscheinlich das Kircherl droben auf dem Höggelstein zwischen Mähring und Neualbenreuth, im Stiftland, an der tschechischen Grenze, denn es wird in der Geschichte schon 1183 urkundlich genannt. Der heutige Bau stammt freilich erst aus dem Jahre 1894, denn die ältere St. Nikolauskirche auf dem Höggelstein, die das Kloster Waldsassen im Jahre 1690 an Stelle der gotischen Kirche errichtet hatte, wurde 1894 das Opfer eines Blitzstrahls. Das Dorf Höggelstein, das sich früher dort befand und das seit 1442 zum

Stift Waldsassen gehörte, wurde im Hussiten-
krieg zerstört, nur die alte St. Nikolauskirche
blieb erhalten, verfiel dann aber im 17. Jahrhundert. Zweimal im Jahr finden von Mähring
aus Prozessionen zu diesem Heiligtum statt,
das der Verehrung des hl. Nikolaus dient.
Auch der Nikolausberg bei Floß und der Kop-
pelberg bei Luhe im Naabtal tragen Nikolaus-
kirchen. Der hl. Nikolaus war nämlich auch
Schutzherr der Einsiedler. Ja, sogar die Rit-
terschaft in der Oberpfalz hat sich, soweit sie
nicht mit Raubritterei „in Anspruch genommen" war, dem hl. Nikolaus verschrieben und
ihm vielfach ihre Burg- und Schloßkapellen
geweiht, sie verehrte den hl. Nikolaus als
Schutzpatron ihrer Burgbauten. In dieser Beziehung war der hl. Nikolaus wirklich überan-
strengt, übermäßig in Anspruch genommen:
von den Schiffern, von den Bäckern und
Mehlhändlern (weil er einst durch sein Gebet
Brot und Mehl vermehren konnte), von den
Getreidehändlern und Handelsleuten (weil er
in den Zeiten der Hungersnot die Ankunft von
Getreideschiffen beschleunigen konnte), von
den Armen und Kranken, denen er Trost und
Hilfe verheißt durch seine Fürbitte. Sogar als
Heiratsvermittler wird der hl. Nikolaus manch-
mal beansprucht, besonders von jungen
Mädchen, die keine Eltern mehr haben, de-
nen verhilft er zu einem Hochzeiter, sagt der
Volksmund.   August Sieghardt

Der heilige Nikolaus als Gabenbringer

Neben dem Heiligen Abend ist heute der Nikolaustag am 6. Dezember wohl der schönste und ereignisreichste Tag im Jahr. Denn er
gehört den Kindern, die mit Spannung,
Freude, aber auch Furcht den Besuch dieses
Kinderbischofs am Vorabend erwarten. Leider geschieht immer noch im Namen des
Nothelfers Nikolaus bis in unsere Zeit viel Unsinn, dort wo der wilde Niklo, Krampus,
Knecht Ruprecht, Rauwuckl und Pelzmärtel
kettenrasselnd durch die oberpfälzischen
Gassen stürmen, in die Stuben eindringen
und überall Angst und Schrecken verbreiten.
Diese Schreckgestalten (s. S. 96 f.) gehören
einer uralten Brauchtumsschicht an und haben im Grunde mit der Gestalt des mildtäti-
gen, gütigen gabenbringenden Heiligen
nichts zu tun. In der Oberpfalz gibt es Gegenden, in denen selbst heute nur diese wilden
Figuren auftreten, aber auch solche, wo nur
der heilige Nikolaus kommt. Gottlob setzt
sich diese Form immer mehr durch. Manches
Mal erscheinen der brave Nikolaus und der
finstere Knecht Ruprecht gemeinsam, der auf
Sack und Rute und rasselnde Kette nie vergißt.
Der heilige Nikolaus trägt in der Regel Meß-
gewand, Rauchmantel, Mitra und Bischofs-
stab. Der lange, weiße Bart und das große
Buch mit goldenem Rücken dürfen nicht fehlen. Gibt es zwar nicht nur lobende Worte,
und müssen die Kinder oft unter Stottern ein
Gebet, das Jesukindlein oder Vaterunser,
aufsagen oder ein Lied singen, so endet sein
Besuch, der ausschließlich erzieherischen

Charakter hat, doch immer erfreulich. Aus dem Sack purzeln Äpfel, Nüß und Mandelkern, Feigen und Backzelten zur Belohnung für die guten Taten. Erleichtert und beglückt verabschieden die Kleinen den Nikolaus und versprechen Besserung.

Lange Zeit galt die Nikolauseinkehr als eigentliche Weihnachtsbescherung. Der Brauch, daß das Christkindl die Geschenke bringt, ist relativ jung.

Unseren Ur- oder Großeltern aber war selbst der Nikolaus als gabenbringender Bischof unbekannt. Sie hatten nur Angst vor den gräßlichen Schreckgestalten.

Wie kam nun St. Nikolaus dazu, ein vorweihnachtlicher Gabenspender zu werden? Zu Lebzeiten soll sich der Heilige durch seine Freigebigkeit und durch seine Wohltaten ausgezeichnet haben. Als einmal in seinem Lande eine große Hungersnot ausbrach und kein Getreide mehr vorhanden war, ließ er aus Früchten große Laibe backen und trug sie selber zu den armen Menschen. Unser Kletzenbrot oder Hutzelbrot soll an jenes Früchtebrot erinnern.

Einen schönen Brauch am Nikolaustag findet man noch in der Gegend von Tiefenbach. Ältere Leute erzählten mir, daß er um die Jahrhundertwende von einem Pfarrer dort eingeführt worden sei. Zur Erinnerung an die drei Jungfrauen, denen der Heilige der Legende nach die Aussteuer beschaffte, erhalten Mädchen drei goldene Nüsse.

Da heutzutage der heilige Nikolaus fast in jede Familie mit kleineren Kindern kommen soll, wird sowohl in den Städten als auch den Dörfern ein eigener Nikolausdienst organisiert. Verschiedene Vereine wie Kolpingsfamilien, die Landjugend, in der Stadt das Studentenwerk usw. übernehmen diesen Dienst und schicken ihre „Nikoläuse" dorthin, wo sie bestellt wurden.

Am 5. und 6. Dezember gehört der heilige Nikolaus als die meistbeschäftigte Brauchtumsfigur des ganzen Jahres zu Fuß, zu Fahrrad oder im Auto zum gewohnten Straßenbild überall in der Oberpfalz. Gustl Motyka

Bauernregel und Lostag

Regnet's an Sankt Nikolaus,
wird der Winter streng und graus.

Volksmund

Nikolo bumbum

1. Ni - ko - lo bum - bum, der Ni - ko - lo geht um!

Drau - ß'n is' so hu - scherl- kalt, der Ni - ko - lo, der kummt scho bald und

kehrt bei uns g'wiß ei', drum müaß' ma recht brav sei'!

2. Nikolo bumbum, der Nikolo geht um!
   Macht's eahm auf, er klopft scho o, mir grüaß' ma di, du heil'ger Mo!
   Geh eina glei ins Haus und laar dei Sackerl aus!

3. Nikolo bumbum . . .
   Sag'n ma dir a Sprücherl auf, a Liaderl sing ma aa no drauf.
   Laß fei koa Ruat'n da, du liaber Nikolo!

4. Nikolo bumbum . . .
   Äpfel, Birn und Mandelkern und Zuckerzöpfö eß' ma gern.
   Muaßt heut no so weit geh, mir dank' ma dir recht schö!

Es is die Liachtazeit gar nimma weit

1. Es is die Liach - ta - zeit gar nim - ma weit, die Kin - der -

schar wart scho voll Freud. Bald kummt da hei - li - ge

Bi - schof ins Haus, Sankt Ni - ko - laus, Sankt Ni - ko - laus.

2. Hörst scho vom Hausgang draußt seine schwar'n Tritt,
   hat a wohl net an Kramperl mit?
   Grüaß di God, Nikolaus, kumm nur herein,
   mir wolln ma ja brav allweil sein!

3. Er tragt a hohe Haubm und an schön' Stab,
   und hat im Sack viel süße Gab.
   Bet' ma und bring ma a Liedl eahm dar —
   kumm, Nikolaus, wieda aufs Jahr!

Die Nikolauskirche

Einst fuhr ein Bauer mit Holz von Neumugl am Nikolauskirchlein vorüber, blieb aber vor demselben mit seinem Gespann in Morast stecken. Nichts half ihm aus seiner fatalen Lage. Da kam ihm ein sonderbarer Gedanke. Er trat in die Kirche, nahm den aus Holz geschnitzten Kirchenpatron, lehnte ihn am hinteren Wagenrad an die Achse und rief, während er die Peitsche schwang: „Nikolaus schieb!" Und siehe, der Wagen ging vorwärts. Die Statue aber ließ der undankbare Fuhrmann am Wege liegen. Doch die Strafe folgte auf dem Fuße. Nach kurzer Zeit blieb der Wagen wieder stecken. Da half keine Peitsche und kein Scheltwort, das Gespann war nicht mehr von der Stelle zu bringen. Nun erwachte im Bauern das Gewissen, er ging hin, hob die Statue aus dem Schmutz, reinigte sie und trug sie behutsam wieder an ihren Platz in der Kirche. Zugleich verrichtete er ein inniges Gebet zu dem Schutzheiligen, und St. Nikolaus half abermals. Der Wagen kam los, und ohne weiteren Unfall kam der Bauer mit seinem Holz nach Mähring.

Mauritius Linder

Neun Eier für den Nikolaus

Ein Weib ging zur Sankt Nikolauskirche bei Mähring und wollte neun Eier opfern. Die Kirche war verschlossen. Sie wirft die Eier an die Mauer. Den anderen Tag liegen sie auf dem Altar, und die Löcher sieht man noch.
Handschriftlicher Zusatz von Schönwerths: Die 9 Löcher — in der Größe eines Eies jedes — sind wirklich noch zu sehen.

Karl Winkler

Die Augen des Nikolaus

Die Tage wurden nebeliger, und die Düsternis kam schon früh am Abend zu den Fenstern herein. Da saßen wir Kinder meistens in der warmen Stube und spielten, oder wir drückten, wenn es manchmal dunkler wurde, das Gesicht an die feuchten Fensterscheiben. Während sich der rote Schein der Ofenglut immer deutlicher am Boden abzeichnete, war draußen bald alles grau, selbst der große Waldberg am Horizont war nur mehr verschwommen und undeutlich zu sehen. Mit heimlichem Grausen dachte man jetzt an die freie Weite; denn da draußen, wo im Sommer das grüngoldene Licht im Laub der Bäume hing und der dunkelste Boden von hellen Tupfen überstreut lag, war jetzt alles zugemacht. Hinter den grauen Schleiern und undurchsichtigen Nebelwänden gingen die unheimlichsten Gestalten um. Nachts rasselten diese Unholde an den geschlossenen Fensterläden und schlugen, wenn auch vergeblich, an die versperrten Türen.
Nur einen ließ man herein, das war der Nikolaus; denn wenn auch er aus der Düsternis der Nächte kam, es hing ihm doch auch viel Schönes, ja sogar viel Erwünschtes an. Trug er den großen Sack doch nicht bloß deshalb auf der Schulter, um Kinder einzufangen und sie in die weglose Nacht, in den Wald oder an den Fluß hinauszutragen, er hatte den Sack ja auch gefüllt mit Äpfeln, Nüssen, Schokolade und allen möglichen Leckerbissen.

Wir hatten gerade zu Abend gegessen, als er am Nikolaustag plötzlich daherkam. Das Geschirr stand noch auf dem Tisch, und es war mir zumute, als hätten alle Teller geklirrt, während es draußen im Hausgang rasselte. Gleichzeitig hörte ich langsame, schwere Tritte; sie kamen immer näher; auf den Stufen, die zur Wohnstube emporführten, knarrten die Bretter, kurz darauf rauschte und wischte es an der Tür. Jetzt wird er hereinkommen! dachte ich. Da bewegte sich auch schon die Klinke, das Schloß schnappte, die Tür ging langsam auf. Ganz langsam ging sie auf, und eine vermummte Gestalt stand auf der Schwelle. Sie schien keine menschliche Stimme zu haben und sah aus wie ein Stück aus einer unheimlichen Welt, jener grauen und finstern Nebelwelt nämlich, die nun mitten in unsere warme Stube einbrach. Gott weiß, was diese Gestalt im Schilde führte! Wollte sie mich wohl gar auch erhaschen wie andere Kinder und mich hineinstecken in den finstern Sack?

Lautlos wich ich zurück, hinter einen Stuhl, wie hinter eine schützende Mauer.

Da bemerkte ich, wie zwei Augen aus der Vermummung auf mich zukamen, und während ich dies sah, blieb ich reglos stehen. Reglos blickte ich den Unhold an, so wie er auch mich ansah, und ich wußte in diesen Augenblicken wirklich nicht, was seine Augen bedeuten sollten.

War es Drohung, Unheil, war es der Blick aus einer anderen Welt, der mich traf, ja, was war es nur? Ich konnte mir nicht klar werden über diesen Blick, um so weniger, als mir diese Augen immer größer vorkamen. Sie schienen sich zu weiten und so stark und mächtig da zu sein, daß ich außer ihnen bald nichts anderes mehr zu sehen glaubte.

Gebannt stand ich da, so gebannt, daß ich auch dann noch immer an diese Augen dachte, als der Nikolaus, nachdem er seinen Sack ausgeschüttet hatte, längst wieder in das Dunkel der Nacht entschwunden war.

Ich achtete kaum recht auf die süßen Gaben, so sehr ging mir dieser Blick nach; auch während ich in derselben Nacht im Bett lag, kamen mir aus dem Dunkel immer wieder diese beiden Augen entgegen. Selbst als ich eingeschlafen war, sah ich die Augen noch im Traum, und sie schienen aus der grauen, finstern Weite der Nacht wie auf unheimlichen Nebeln heranzuschwimmen.

Mich packte eine schreckliche Angst vor ihnen, aber da hörte ich plötzlich eine Stimme. Die sagte: „Fürchte dich nicht! Ich bin es!" Im nächsten Augenblick aber erkannte ich die Augen meines Vaters, jene blauen Augen, die mich schon so oft lächelnd und gütig angesehen hatten . . .

Am Morgen, als ich beim Kaffee am Tisch saß, betrachtete ich den Vater so genau, daß es ihm auffiel. Er fragte mich, ob ich mit dem Nikolaus zufrieden gewesen wäre. „Ja", sagte ich, „das bist ja du gewesen. Freilich bist es du gewesen", bestärkte ich, „ich kenne dich ja wieder an den Augen."

Mein Vater lächelte und widersprach mir nicht; denn warum sollte ich nicht schon beizeiten ahnen lernen, daß uns aus den dunkelsten und schrecklichsten Dingen des Lebens gar oft die Augen einer, wenn auch nicht ergründlichen, so doch unendlichen Liebe ansehn.

Gottfried Kölwel

Im Sack des Nikolaus

Sankt Nikolaus hatte sich fertig gerichtet für seine Erdenfahrt. Da stürmte eine Horde kleiner, pausbackiger Engelknirpse mit kurz gestutzten Flügelchen auf ihn zu, umringte ihn und bettelte: „Heiliger Nikolaus, laß uns mit auf die Erde! Bloß zum Zuschauen!

„Was fällt euch ein," brummte da der Nikolaus, „ich hab mit den vielen Erdenkindern genug zu tun, da kann ich euch Federvolk nicht mehr brauchen. Und überhaupt, wer im Himmel ist, verlangt sich doch nicht hinaus!"

Ein kleiner Vorwitziger sagte: „Aber Herr Nikolaus, die großen Schutzengel fliegen ja auch hinaus!"

Da wurde aber der Nikolaus böse! „So, meinst du, du kleiner Naseweis, die fliegen zu ihrem Vergnügen? Die haben schwere Arbeit drunten auf der Erde mit ihren Menschenkindern und blieben wohl viel lieber heroben im schönen Himmel. Marsch!" sagte er dann noch, und die kleine Schar trollte sich mit hängenden Köpfchen.

Und Sankt Nikolaus legte sich noch ein wenig nieder, um sich zu stärken für seine mühsame Fahrt.

„Solch ein Verlangen," brummte er noch und schüttelte den Kopf; dann nickte er ein. —

Ganz leise auf den Zehenspitzen kam der kleine Naseweise von vorhin wieder geschlichen. Er hielt den Zeigefinger an die Nasenspitze, machte ein richtiges Schmollmäulchen und sagte: „Und ich geh doch mit."

Dann kletterte er auf den großen, schweren Sack, den Sankt Nikolaus sich hergerichtet hatte, und kroch oben hinein unter all die guten Sachen, Äpfel und Nüsse und Feigen und Kletzenbrotwecklein. —

Da wachte auch schon Sankt Nikolaus auf, nahm den Sack über die Schulter und marschierte zum Himmelstor hinaus.

„Gute Reise!" rief ihm Sankt Peter nach, und der kleine Knirps im Sack kicherte leise: „Danke, danke!" —

Recht gemütlich wurde die Reise für ihn nun gerade nicht. Besonders wenn der Nikolaus den schweren Sack von einer Schulter auf die andere schwang, gab es allerhand Püffe; aber jetzt konnte er nichts mehr ändern. Gegen Abend waren sie unten auf der Erde. Und nun gings los.

Der kleine Engel hatte sich während der Fahrt ein Ausguckloch in den Sack gebohrt, und es machte ihm nun viel Vergnügen zuzusehen, wie die Kinder sich vor dem heiligen Nikolaus fürchteten und ihr Verslein sagten und Liedlein sangen; wie sie beteten und wie sie bettelten, er solle ihnen verzeihen, sie wollten gewiß nicht mehr unartig sein.

Und überall teilte dann Sankt Nikolaus seine Gaben aus, und das Englein spürte es mit Behagen, wie die Last über ihm immer leichter wurde. — Aber zuletzt bekam es auf einmal Angst: Wie, wenn der Nikolaus die letzten Sachen aus dem Sack herausholte, dann mußte es ja ertappt werden. Und wie es sich jetzt besser rühren konnte, merkte es erst, daß seine Flüglein ganz verstaucht waren. Jetzt gefiel es ihm auf einmal nicht mehr auf der Erde.

„Wäre ich doch im Himmel geblieben!" seufzte es; aber jetzt war es zu spät. Und es sollte noch ärger kommen.

„Ihr seid gute Kinder, da will ich meinen Sack ganz ausleeren," hörte es Sankt Nikolaus sagen. Schon fühlte es, wie zwei gewaltige Hände die unteren Zipfel des Sackes pack-

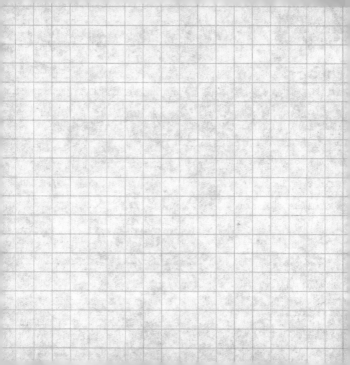

ten. Dann wurde der Sack gestürzt, und das Englein konnte sich gerade noch mit letzter Kraft an einem Knoten, der im Gewebe war, festhalten, sonst wäre es mit herausgebeutelt worden. Es war entsetzlich, wie Sankt Nikolaus den Sack schüttelte.

„Ich tue es gewiß nimmer," bettelte leise das Englein. Aber Sankt Nikolaus hörte es nicht. Dann wurde der Sack wieder aufgeschultert, und das Englein freute sich, daß es nun heimwärts ging. —

Aber da kehrte Sankt Nikolaus nochmal in einem Hause ein! Was will er denn? Er hat ja nichts mehr, dachte das Englein.

Da hörte es Sankt Nikolaus zornig sprechen zu einem bösen Buben, den er mitnehmen wolle — alles konnte es nicht verstehen, so schwach war es schon — dann wurde der Sack wieder aufgebunden, und ein schreiendes Menschenkind kam herein.

„Au!" rief das Engelchen, weil ihm der große Kopf bald das Näschen zerquetscht hätte.

Da hörte der Bub zu schreien auf.

„Ist da schon einer herin?" fragte er.

„Ja," flüsterte das Englein.

„Aa net gfolgt?" fragte der Bub weiter.

„Ja," sagte wieder sehr schuldbewußt das Englein.

„Wo kumma mir denn hi?"

Ganz kleinlaut antwortete das Englein: „Ich weiß es nicht."

Dann wurden sie aufgenommen, und es ging hinaus.

Aber es mußte auf finsteren Wegen gehen, denn kein Lichtschimmer drang zwischen den Fäden des Sackes durch.

„Du, jetzt werds unheimli!" fing der Bub wieder an.

„Ich glaube, es geht zu Ende", sagte das Englein, aber seine Stimme war fast unhörbar vor lauter Angst.

„Wenn er mi auslaßt, möcht i doch ein folgsamer Bua werden," sagte der andere.

Da wurde der Sack niedergesetzt, und Sankt Nikolaus machte zuerst verwunderte Augen, als da zwei Missetäter zum Vorschein kamen. Dann sagte er zu dem Knaben: „So, für diesmal sollst du mit dem Schrecken davonkommen. Geh heim und werde ein anderer!"

Ganz demütig und zerknirscht sagte der Junge: „Danke, Herr Nikolaus."

Dann wollte er gehen, da sah er, daß er vor der Türe seines Elternhauses stand.

„Und du", wandte Nikolaus sich an den kleinen Engel. Aber wie er das arme zerdrückte Etwas mit den schneeblassen Wänglein und den verschrockenen Augen zu seinen Füßen ansah, da redete er nicht weiter, sondern nahm den armen Sünder auf, wickelte ihn in seinen weiten Mantel und trug ihn wieder mit hinauf in den Himmel.

Rosemarie Menschick

Der Nikolaus bei den Hartl-Kindern

Es dunkelte in der Stube des Hartl-Häusls. Die Kinder saßen auf der Ofenbank. Anni legte ihr Strickzeug zusammen, mit dem sie sich eine gute Weile abgemüht hatte, und Schorschl kaute an einem Stück Brot. Die Mutter war schon fast den ganzen Tag fort, sie war in die Stadt gefahren, und sie kam erst mit dem Abendzug zurück, weil man in der Stadt überall so lang warten mußte. Es war den Kindern nichts Ungewöhnliches, daß sie allein im Häusl waren, aber heute, und jetzt, da es dämmerte, wurde ihnen doch etwas angst, denn es war der Abend, an dem der vorweihnachtliche Wundermann umging, der Nikolaus. Die Mutter hatte den Kindern gesagt, es käme kein Nikolaus zu ihnen, denn der Nikolaus habe nicht immer Zeit, alle Kinder aufzusuchen oder einen seiner Knechte zu schicken, aber sie dürften dafür in der Nacht ihre Schuhe vor die Tür stellen, dann lege der Nikolaus im Vorbeigehen etwas hinein, oder er schicke einen Weihnachtsengel, der dies tue. So sei's auch in ihren eigenen Kindertagen immer gewesen, hatte die Mutter gesagt. Und morgen durfte ja der Schorschl in das Nachbardorf in die Schule mitgehen mit der Anni, und dort kam dann der Nikolaus, der ganz echte, der heilige, mit einem Mantel, der von oben bis unten sehr golden glänze — so hatte es jedenfalls Anni im vergangenen Jahr gesehen! — mit einer Bischofsmütze und einem Stab von gleich wunderbarer Beschaffenheit und mit einem milden Gesicht hinter dem weißen, wallenden Bart. Was die Mutter gesagt und was sie selbst vom Nikolaus in der Schule wußte, das hatte die Anni dem Schorschl schon mehrmals erzählen müssen, und sie hatte sich's auch selber gerne ein paarmal erzählt. Aber es wurde doch immer finsterer und finsterer. Den Kaffee, den ihnen die Mutter zum Aufwärmen dagelassen hatte, hatten die Kinder schon getrunken, und die kalten Maultaschen von gestern hatten sie auch schon aufgegessen. So gab es gar nichts Rechtes mehr zu tun oder zu reden. Und draußen fiel die frühe Nacht ein.

Da erschrak Schorschl auf einmal, weil er aus der Stille vor dem Haus das Geklirr einer Kette zu hören glaubte — oder war es ein Klingeln, ein Läuten — oder beides zusammen? — und alle wundersamen Schauer, die in der Abendstunde des 5. Dezember bei solchen Geräuschen in Kinderherzen sich regen, durchbebten den Buben. Er rief die Schwester zurück, die recht tapfer sein wollte, weil sie doch schon groß war, und die ans Fenster eilte, um zu spähen und zu lauschen, und die sagte, es sei wohl bloß ein Wagen gewesen auf der Straße drüben. Aber sie folgte den ängstlichen Rufen des Bruders doch recht gern, denn man konnte nicht wissen ... und auf der Ofenbank, nahe der Lampe, fühlte man sich doch weit sicherer. Zudem: vernahm man jetzt nicht auch eine Stimme, eine tiefe Männerstimme? Und hörte sie sich nicht ganz anders an, als wenn sonst in der Dunkelheit jemand vorbeiging und redete? Es murmelte und raunte aus der Stimme, es rauschte fast aus der Nacht. Und nochmals hörte man das ferne Klirren. Der Wassertopf auf der Herdplatte sumste, und das geschäftige Pendel der Uhr tickte sehr laut hin und her. Wenn nur der Abendzug heute eher käme! Der große Zeiger der Uhr mußte noch einmal ganz rundum gehen, und dann war noch der weite Weg von der Station bis nach Hause.

Da wurden die ängstlichen Gedanken des Mädchens und die sehr verworrenen des Buben auf einmal unterbrochen. Es klopfte am Fenster. Ja, ganz deutlich hatten es die Kinder gehört, und ganz deutlich sahen sie auch jetzt vor den Scheiben eine Schattengestalt. Noch ehe sie der Schreck so recht packen konnte, hörten sie eine Männerstimme sagen: Kinder, machts auf, ich bin da! — und eben diese Stimme ließ keine Furcht aufkommen, denn das war ja — wie Anni gleich erkannte — die Stimme von Onkel Franz. Sie lief auf den Flur hinaus und Schorschl hinter ihr drein, und sie schob den Riegel der Haustür zurück. Aber der Mann, der jetzt über die Schwelle trat, war zum jähen Erstaunen der Kinder keineswegs der Onkel Franz. Ein verwittertes Gesicht, das unter einer dicken Lammpelzmütze steckte und das von einem wirren und dichten Bart umwuchert war, blickte auf sie hernieder, der Mann hatte hohe Stiefel an, einen derben Stock in der einen Hand, und in der anderen einen Sack. Der Nikolaus! rief der Schorschl und packte den Arm seiner Schwester so fest er nur konnte; aber er fürchtete sich nicht, obwohl es ein recht wilder Nikolaus war, wohl ein Knecht Ruprecht, denn das blasse Gesicht hinter dem struppigen Bart schaute so gut, so mild drein, wie sich's Schorschl nach Annis Beschreibungen beim echten heiligen Nikolaus vorgestellt hatte. Und überhaupt gab es kaum mehr etwas zu fürchten, weil der Mann, wenn er auch geheimnisvoll war, eben doch so wirklich dastand. Der Anna ging es ebenso. Der Nikolaus harrte eine ganze Weile wortlos unter der Tür und lächelte sehr seltsam. Dann trat er ein, und seine Stiefel tappten und sein Stock klappte über das Pflaster im Flur, und die Kinder folgten ihm wundererregt und herzklopfend in die Stube. Da fragte er sie zu allererst, wo denn die Mutter sei, und sie erzählten es. Dann fragte er sie, ob sie auch immer brav gewesen wären, und sie meinten, es hätte schon gerade gereicht, und sie bekräftigten ihre Worte durch hastig gestammelte, aber herzlich wohlgemeinte Gebete und schielten dabei auch schon begierig auf den Sack. Dahinein griff nun auch der Nikolaus, und es kamen zwei paradiesisch rotbackige Äpfel zum Vorschein und eine ganze Handvoll Backwerk, braune Ringel und helle Sterne. Der Nikolaus verlangte keinen Dank für die Gutsel, vielmehr fragte er die Kinder, indem er sie übers Haar strich, was sie sich denn vom Christkindl wünschten? — Daß der Vater wieder aus dem Krieg heimkommt und die Mutter dann nimmer weint! — Da drückte sie der Nikolaus fest an sich, und die Kinder sahen nicht, wie sein verwittertes Gesicht glänzte in Tränen der Freude. Dann ging er wieder, der Nikolaus, aber er schien es gar nicht eilig zu haben, ganz langsam ging er, immer wieder wandte er sich um, im Hausflur schaute er noch einmal nach allen Seiten, dann erst tappte er über die Schwelle in die Nacht hinaus, und als er verschwunden, schloß und verriegelte Anni die Tür.

So begab sich am 5. Dezember 1946 die Heimkehr des Georg Hartl aus der russischen Kriegsgefangenschaft, die Heimkehr aus dem so langen Fernsein, daß er seinen Kindern, die ihn nicht mehr kannten, als Wunderwesen erschienen war. Und wunderbar hatte ihn in seinen Kindern die Heimat begrüßt und hatte ihm aus ihren Blicken, Worten und Gebeten der trotz aller Verwüstung unverwüstete Glaube entgegengeleuchtet, so hell, daß die Finsternis, die hinter ihm lag, überstrahlt wurde.

Und jetzt mußte der Georg Hartl zur Bahnstation, um seine Frau zu erreichen. So müde, so elend und hungrig er war, schritt er schnell die Straße dahin. Eine Stunde später schritt er sie zurück an der Seite seines Weibes. Er erzählte, wie er von der Stadt aus mit einem Lastauto bis ganz in die Nähe des Dorfes hatte fahren können, erzählte alles, wie es sich begeben hatte mit den Kindern, berichtete auch von einer Frau, die ihm an der Grenzstation die Äpfel und das Backwerk geschenkt hatte als ersten Willkomm in der Heimat, und wie er gleich beschlossen hatte, diese Dinge als Mitbringsel für die Kinder aufzuheben. Er zeigte seiner Frau den Sack, der jahrelang all seine lumpige Habe gefaßt hatte, diesen armen, traurigen Gefangenensack, den die Liebesgabe und der Kinderglaube zum fröhlichen, reichen Nikolaussack verwandelt hatte. Dann besprach man, wie er heimlich ins Haus kommen könnte, wie er Mütze und Stiefel, Stock und Sack verstecken wolle, den Kindern ihr Wunder nicht zu rauben und es vollkommen zu machen, wenn er ihnen anderntags, befreit von seinem wirren Bart, am hellen Tag als Vater entgegentreten würde, den das Christkind heimgeleitet hatte, noch vor Weihnachten die Bitte erfüllend, die der Nikolaus überbracht.

Sigfrid Färber

Versöhnung am Nikolausabend

Jedes Jahr, wenn in den Kirchen das letzte Sonntagsevangelium des Kirchenjahres verlesen wird, beginnt für Englbert Kropp, seines Zeichens Inspektor bei der Bundespost, eine fieberhafte Tätigkeit. Sie hat nichts mit der Weissagung des Jüngsten Gerichtes zu tun, wenngleich die bösen Buben in etwa ähnliche Befürchtungen hegen, sobald Kropp bei ihnen in den Wohnungen auftaucht. Aber sie kennen ihn in der Verkleidung nicht, folglich fehlt ihnen auch der Sinn für den Zusammenhang zwischen seiner Tätigkeit und dem Inhalt des Evangeliums. Denn Englbert Kropp ist sozusagen der amtlich zugelassene Nikolaus in seiner Wohnsiedlung.

Er stellt mit einem Blick auf den Kalender fest, daß die Tage bis zum Nikolausabend nicht mehr so zahlreich sind, um auch nur einen davon ungenützt verstreichen zu lassen. Die Garnitur des Heiligen will überprüft, etwaige Schäden wollen ausgebessert werden. Und wenn er, großzügig wie immer, seine Einkäufe für den Gabensack abgeschlossen hat, die er alle übrigens aus seiner Tasche bezahlt, laufen auch schon die ersten mündlichen Bestellungen bei ihm ein. Ein Nikolaus von seiner Statur, stilgerecht ausgerüstet und seiner Rolle in allen Lebenslagen gewachsen, mögliche Überraschungen miteingerechnet, hat es nämlich schwer in diesen Tagen. Wenn er bei allen seinen kinderreichen Bekannten nicht in Terminschwierigkeiten geraten will, muß er seine Besuche auf mindestens drei Abende verteilen. Das hat ihm bisher noch nicht einmal der echte heilige Nikolaus übel genommen, geschweige denn die Gewerkschaft, die ja sonst nicht gerne eine Verlängerung der Arbeitszeit duldet.

Er kommt so gewiß wie der Verkehrsunfall bei einem rasenden Autofahrer. Sogar die Eltern sind jedesmal ergriffen, wenn er den Kindern den Spiegel ihrer kleinen und großen Sünden vorhält, und der Dank für sein würdiges, weißbärtiges Erscheinen beschwingt seinen Schritt zur nächsten Wohnung. Wenn auch die großmäuligen Buben nicht mehr an ihn glauben, so läuft ihnen doch immer wieder ein gelindes Gruseln über den Rücken. Aber das bewirkt nicht der Schrecken, sondern seine stattliche Erscheinung, der Blick seiner brillenbewehrten Augen, der sie für Minuten in seinen Bann zwingt und nicht losläßt.

Wieder einmal betritt er mit dumpfem Pochen einen Wohnblock. Die Eltern der zu besuchenden Kinder stecken ihm schnell das „Sündenregister" zu, das ja, alles in allem genommen, stets dasselbe ist wie im vergangenen Jahr und sich von Haus zu Haus kaum ändert, als eine Frau an ihn mit der Bitte herantritt, doch hernach auch auf einen Sprung nach ihren Kindern zu sehen. Sie seien erst vor einigen Tagen in den Block eingezogen und hätten von der Existenz des Nikolaus soeben erst erfahren. Und er, der „heilige" Nikolaus, wolle doch gewiß nicht haben, daß ausgerechnet die Kinder der Familie Kafunda keinen Nikolausbesuch gehabt hätten und also gegenüber den anderen Hauskindern benachteiligt wären.

Postinspektor Englbert Kropp, der Nikolaus, hört sich das bittende Anliegen der Frau an mit dem Bemerken, daß er sie wohl verstünde, daß sie aber bedenken müsse, daß sein Besuchsplan auf die Minute genau den vorbestellenden Eltern bekannt sei und er deshalb keine Einschiebung machen könne, so leid ihm dies tue. Da aber die Frau Kafunda nicht nachgibt, bietet er seinen Besuch am Ende seiner Tour, gegen zwanzig Uhr an. Der Frau ist es recht, und hocherfreut eilt sie die Treppe hinauf.

Im Haus ist ein aufgeregtes Flüstern und Eilen, ein Türenschlagen und ein Gänsehautkriegen allenthalben, und wenn der Nikolaus eine Wohnung unter dem kleinlauten Singen von Liedern verläßt, dann schnauft hier ein Kinderherz erleichtert auf, während sich ein Stockwerk höher das Blut staut oder ein Hals trocken wird. Aber es geht alles vorüber, auch ein Nikolausbesuch.

Irgendwie kommt ihm der Name Kafunda bekannt vor, als er ihn liest und auf die Wohnungsklingel drückt. Die Frau öffnet. Ihr Mann, ein Prothesenträger, humpelt ihm entgegen und bittet ihn ins Wohnzimmer. Englbert Kropp bleibt wie angewurzelt stehen. Er kennt diesen Mann! Er kennt diesen Mann ganz genau. Er kämpft einen fürchterlichen Kampf in seinem Inneren, einige Sekunden lang, und muß all seine Krraft zusammennehmen. Er stützt sich, plötzlich müde geworden, auf seinen Stab und bittet um einen Stuhl.

„Eine kleine Schwäche", murmelt er in seinen Bart, als ihm die Frau ein Glas Wasser reicht und der Schwerbeschädigte wortlos dabei steht. Englbert Kropp nimmt Bart und Brille ab und trinkt einen gierigen Schluck. Als er seinen Blick hebt, erbleicht der auf seinen Stock gestützte Kafunda und sucht nach einem Halt. Da hat sich Kropp schon wieder gefaßt und bietet Kafunda seinen Stuhl an.

„Das ist ein seltsames Wiedersehen!" stottert Kafunda, und seine Farbe wechselt in ein blasses Rot.

„Bei Gott!" sagt Kropp. „Und da sage einer, daß es keine Zufälle gibt!" In Kropp zieht wie hinter einem fernen Schleier nochmals sein Unglück vorüber, in das ihn dieser Mann, der arme Krüppel, wegen einer Nichtigkeit gestoßen hatte. Er sieht sich in der Sondergerichtsverhandlung, die sein Truppenteil eigens für ihn angesetzt hatte, weil er angeblich als Wachsoldat eines Kriegsgefangenenlagers seine Pflicht nicht erfüllt und so einigen alliierten Offizieren zur Flucht verholfen hatte. Er war einer Strafkompanie in Rußland zugeteilt worden, in harte Gefangenschaft geraten und nur dem Tod entronnen, weil ihm eine russische Krankenschwester gelegentlich Medikamente und Lebensmittel zugesteckt hatte. Noch war die Tat des Denunzianten nicht verjährt, noch würden sich die Gerichte für den Fall Kafunda, der vielleicht noch andere Verbrechen in jenem Gefangenenlager aufdecken würde, interessieren.

Kropp stand da und starrte die Frau an. Konnte er sie ins Unglück stoßen, so wie ihr Mann es mit ihm getan hatte? Sie tat ihm leid, und die Kinder, die auf ihn bangen Herzens warteten und mit piepsenden Stimmen hinter der Wohnzimmertüre ihr Nikolausliedlein sangen, bedrückten ihn. Er dachte an seine eigenen Kinder zu Hause, an all das Unglück in der Welt, das nur dadurch geschieht, immer wieder geschieht, weil jeder seine eigene kleinliche Vergeltung wünscht, um seinen Rachedurst zu befriedigen; er dachte an den heiligen Nikolaus, in dessen Habit er geschlüpft war, sicherlich auch unberechtigterweise; er dachte an die Güte des Heiligen den Kindern gegenüber, die doch irgendwie abfärben mußte, wenn man so viele Jahre schon als sein Stellvertreter auf Erden zu den Kindern wandelte. An all das dachte er. Und dann hatte er sich selbst besiegt.

Er bat Frau Kafunda, ins Wohnzimmer vorauszugehen, er selbst würde gleich nachkommen. Sie möge sich nur ein Weilchen gedulden, da er mit ihrem Manne ein Wort zu reden habe.

Mit einem dumpfen Schlag fiel der Krückstock Kafundas zu Boden, und der gebrochene Mann schlug die Hände vor sein Gesicht. Es schüttelte ihn. Der Mann, der einst so hartherzig gewesen war, weinte.

Kropp legte ihm die Hand auf die Schulter. „Beruhige dich, Kafunda, ich werde alles vergessen und vergeben. Du brauchst deiner Frau nichts zu sagen, wenn du es für gut befindest. Wenn sie dich aber fragen sollte, erfinde irgendeine harmlose Geschichte. Wir wollen die Sache von damals gut sein lassen! Und außerdem, wie ich sehe, hast du ja ohnehin deinen Teil vom Kriege zugemessen bekommen! Hier, nimm meine Hand und das Wort eines Mannes, der heute Nikolaus heißt und gut sein will, weiter nichts als gut!"

Und Kafunda nahm die Hand und drückte sie. In seinen Augen glitzerten Tränen.

Kropp aber setzte seine Brille auf, legte sich den Bart um und trat zu den Kindern ins Wohnzimmer. Er sagte sein Sprüchlein herunter, hörte sich aus bänglichen Kindermündern das Versprechen an, brav zu sein und zu bleiben, und wünschte es ihnen von Herzen, daß sie es auch halten könnten. Dann griff er in seinen Sack und holte alles heraus, was noch darinnen war an Nüssen und Mandarinen und Plätzchen. Die Rute nahm er wieder mit, obwohl er noch eine Anzahl zu Hause hatte. Dem kleinsten von den drei Kindern, einem etwa vierjährigen Blondschopf mit kecken Bubenaugen, streichelte er über die Wangen und drückte ihnen allen fest die Hände. Auch der Frau, die mit ernstem Gesicht an der Tür stand und nicht wußte, daß ihr Mann ein Denunziant gewesen war, drückte er die Hand, als er aus dem Zimmer trat.

Kafunda saß immer noch auf dem Stuhl und hatte das Gesicht mit den Händen bedeckt. Auch ihm strich er über den Kopf, und dann schnappte die Wohnungstüre ins Schloß.

Als er unten auf der spärlich beleuchteten Vorstadtstraße stand und ihm die ersten Schneeflocken in den Flachsbart wehten, war ihm ebenso leicht wie einer Schneeflocke zumute. Er war in seinem Herzen fröhlich und dankbar, daß er nicht nur Kindern Freude hatte bringen dürfen, auch wenn ihm diese Freude sehr schwergefallen war, weil er diese Versöhnung nie für möglich gehalten hatte.

Franz Xaver Judenmann

Nikolausbrot in Pleystein

In der Klosterkirche auf dem Kreuzberg zu Pleystein, in der ich Ministrant war, hing hinter der Sakristeitüre ein Leinensäckchen mit den sog. Nikolausbroten, die an Interessenten kostenlos abgegeben wurden. Dafür wurde aber meist ein Almosen gespendet. Die Nikolausbrote wurden nicht in Pleystein gebacken, sondern kamen, soviel ich weiß, aus dem Franziskanerkloster in Pfreimd. Sie bestanden aus einem Teig aus Roggenmehl und Wasser und wurden dann in einer Form

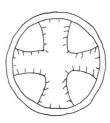

gebacken. Da man offensichtlich kein Triebmittel verwendete, waren sie steinhart und selbst für unsere jungen Zähne nicht zu zerbeißen. In der „ärgsten Rauhnacht" (vom 5. zum 6. Januar) mischte man den Haustieren die Brote unter das Futter und besprengte sie mit Dreikönigswasser.

Siegfried Poblotzki

Stutzbockerln
und Zuckerstückla

Brauchtumsgebäck in der Adventszeit

Für Kinder wie für Erwachsene verbindet sich auch heute noch die Erinnerung an das Jahres- und Lebensbrauchtum häufig mit Festessen, speziell mit Festgebäck von besonderer Bezeichnung und Gestalt.

Als charakteristisches Brauchtumsgebäck in der Advents- und Weihnachtszeit gelten die Lebkuchen, denen wir während des ganzen Jahres bei Volksfesten in der Form von verzierten Herzen begegnen, die verschiedensten Plätzchen und der Christstollen. Auf zwei Oberpfälzer Brauchtumsgebäcke soll aber an dieser Stelle gesondert eingegangen werden.

Die Bäcker in Waldmünchen backen am Vortag und am Tag des heiligen Nikolaus die sog. Stutzbockerl, Gebildbrote mit den eigenartigsten Formen wie Trompete, Horn, Schere, Schnecke, Hase, Strohsack usw.

Undefinierbare Gestalten bezeichnet man als Urtiere. Wie Bäckermeister Hans Bücherl versichert, hat er wegen der großen Nachfrage von morgens bis abends an beiden Tagen alle Hände voll zu tun, um genügend Stutzbockerl, deren Namen niemand erklären kann, herzustellen. Vornehmlich die Kinder bekommen dieses mit Zuckerguß bestrichene Hefegebäck in der Art von Zuckerhörnchen, das frisch gebacken ausgezeichnet schmeckt. Eine dreiköpfige Familie soll pro Tag im Schnitt 20 Stutzbockerl verzehren, die sich natürlich auch die Erwachsenen nicht entgehen lassen, zumal ein Stück nur 15 Pfennige kostet. Zentnerweise verkaufen an diesen beiden Tagen die Bäcker von Waldmünchen ihre Stutzbockerl.

In Sulzbach-Rosenberg wird ein anderes Brauchtumsgebäck während der Adventszeit gebacken, die Zuckerstückla, die nichts anderes sind als Wassermarzipan. Sie dienen vornehmlich als Schmuck des Christbaums. Hans Grünberger, ein Konditormeister aus Sulzbach, stellt sie nun seit 40 Jahren her. Er erinnert sich noch daran, daß in früheren Zeiten die Paten größere Stückl an ihre Patenkinder verschenkten, daß er zentnerweise Zuckerstückla produzieren mußte. Heute reicht ihm ein knapper Zentner. Der Teig des Wassermarzipans besteht aus 80 Prozent Zucker, Mehl und Wasser. In eigene Marzipanmodel gedrückt, erhalten die einzelnen Stückl eine profilierte Oberfläche. Grünbergers Marzipanmodel stammen größtenteils vom Christkindlmarkt in Nürnberg und sind jüngeren Datums. Früher besaß er ältere Model aus der Familientradition, die vom Konditor selbst geschnitzt wurden. Als Motive tauchen auf der gestiefelte Kater, Kaminkehrer, Hirte, Rose, Vogel, Kirche, Haus, Blütenzweig, Kirschen, Pilze, Christbaum usw. Die größeren Model stellten meist ein Pferd mit Reiter dar. Die erhabenen Stellen bemalt man abschließend mit Speisefarben.

Zum richtigen Sulzbacher Christbaum alter Prägung gehören bunte Kugeln und Kerzen, Äpfel, Nüsse und vor allem die farbigen Zuckerstückla, die nach dem Weihnachtsfest von den Kindern zu deren großer Freude aufgegessen werden dürfen.

Die Beziehung von Glaube und Brauch zu den beiden Gebildbrot-Typen ist bei der Be-

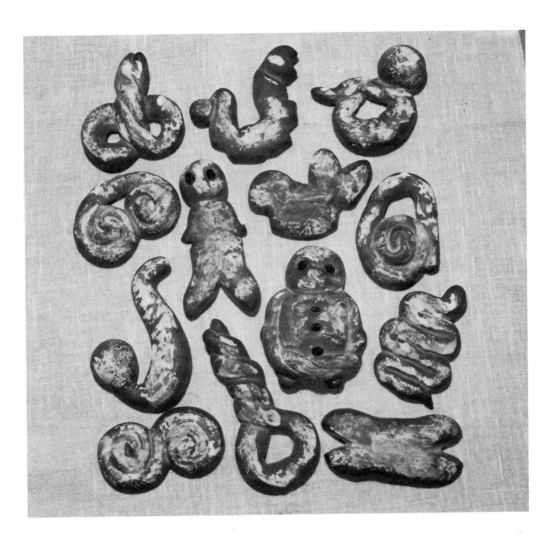

völkerung so gut wie vergessen. Gleichgültig, ob es sich bei diesen Brauchtumsgebäcken um Kultgegenstände, um Toten- oder Frucht-barkeitsopfer handelt, die Menschen halten daran fest, weil hier Brauch und Fest immer noch untrennbar verbunden sind.   A. E.

Schreckgestalten im Advent

Forscht man in der Oberpfalz bei der derzeit ältesten, aber auch noch bei der mittleren Generation nach alten, heute fast in Vergessenheit geratenen Bräuchen, so stößt man auf eine volksmäßige Glaubens- und Brauchtumsschicht, deren Wurzeln bis in die vorchristliche Zeit zurückreichen und die nur erklärt werden kann durch eine unglaublich reiche und phantastische mythische Vorstellungswelt unserer Vorfahren.

Diesem Volksglauben, gegen den sich selbst bis ins 20. Jahrhundert hinein christliche Lehre und Aufklärung als machtlos erwiesen, gehören auch jene mittwinterlichen Figuren des Oberpfälzer Adventbrauchtums an, die früher in diesem ganzen Gebiet bekannt waren, heute allerdings nur noch an vereinzelten Orten im Oberen Bayerischen Wald als brauchmäßige Schreckgestalten der Kinder auftreten: Der Nikolaus (Niklo) in seiner ambivalenten Bedeutung einer guten und bösen Figur im Zusammenhang mit Knecht Rupprecht, Lucier, die Habergoaß, Thammer mit'n Hammer und die Schnabelspecht. Die Verknüpfung von Heiligen und mancher dieser Gestalten kann als Versuch zur Christianisierung jener vermutlich aus dem heidnischen Toten- und Fruchtbarkeitskult herrührenden Bräuche oder als einfache Folge der Kalenderreform durch Papst Gregor VIII. im Jahre 1582 interpretiert werden. Jedenfalls sehen sich sowohl die Volkskunde als auch die Mythenforschung bis heute nicht in der Lage, einen plausiblen und vor allem historisch belegbaren Zusammenhang zwischen diesen Mythengestalten und den Heiligen Nikolaus, Lucia und Apostel Thomas herzustellen.

Am Vorabend des 6. 12. kommt also der Heilige Nikolaus, der „Niklo"; ihn begleitet aber ein polternder, kettenrasselnder Knecht Rupprecht oder Krampus, dessen bekannte Funktion es ist, die Kinder für alle Schandtaten des Jahres mit der Rute zu strafen oder sie gar in den mitgebrachten Sack zu stecken, sie fortzubringen und in einem Teich zu ertränken. Bei diesem Strafvollzug geht der Krampus nach wie vor keineswegs zimperlich vor, so daß er auch von den größeren Kindern noch ziemlich gefürchtet wird.

Andernorts, etwa in Geigant bei Waldmünchen, in Wetterfeld bei Roding und in der Falkensteiner Gegend streifen Scharen von 10 bis 15 „wilden Niklos" herum, angetan mit schwarzen oder roten Mänteln mit Pelzkrägen, Larve oder Strumpf über dem Gesicht, langen Bärten und Stecken, mit Stricken oder Viehketten gegürtet, lärmend durch die Straßen, scheuchen die Kinder und verbreiten überall, wo sie auftauchen, selbst in den Stuben, Angst und Schrecken. In der Falkensteiner Gegend, etwa in Premsthal bei Völling, verteilen diese Niklos faule Äpfel und Birnen oder schütten Runkelrübenschnitzel auf den Boden der Stube.

Noch mehr gefürchtet als die wilden Niklos, weil sie ja Leib und Leben der Kinder nicht bedrohen, ist die Lucier, dieses ehemalige Mittwinterweib — am 13. Dez. war der Tag der Wintersonnenwende mit der längsten Nacht des Jahres —, die am Vorabend der heiligen Lucia erscheint in zerlumpten Gewändern, mit einer gräßlichen Maske oder mit einem Strumpf überm Gesicht, ansonsten in gespenstisches Weiß oder Schwarz geklei-det. Sie trägt in der Hand drohend eine Si-chel, die sie mit einem Wetzstein oder einem anderen Metallgegenstand, manchmal sogar mit einem Schlachtmesser, dauernd wetzt. Im Arm hält sie eine „Ziesl" (Drahtkorb), in der sich Steine und Ziegel befinden. Manches Mal führt sie auch eine Schüssel bei sich für die Aufnahme von Blut und Gedärmen. Die in der Falkensteiner Gegend vor 10 Jahren noch aufgetretene Lucier hatte ein mit roter Farbe beschmiertes „brinnroutes" Gesicht und ebensolche Hände. Dadurch hatte diese Schreckgestalt ein noch blutrünstigeres Aus-sehen.

Die Lucier, der Bercht nicht unverwandt, wird meist von einem Burschen oder Mann darge-stellt. Sie besucht die unfolgsamen und bö-sen Kinder, denen das ganze Jahr über mit ihrem Besuch gedroht wird. Mit dem Wetzen der Sichel an den Fenstern kündigt sie sich an, stößt die Türe auf und trampelt in die Stube, wo sich die erschreckten Kleinen in die schützende Obhut der Mutter flüchten. Dabei spricht sie wiederholt mit lüsterner Stimme: „A Schüsserl voll Darm, a Mölterl (= Tongefäß fürs Melken) voll Bluat." In Premsthal bei Falkenstein ergänzte sie sogar den Spruch: „Bauch aafschnei(d)n und Ziagl-stoa nei." Die Androhung des Bauchauf-schneidens ist wesentliches Element dieses Brauches, auch dort, wo es Varianten in Aus-sehen oder Auftreten gibt.

Erst nach dem Versprechen zur Besserung verläßt die Lucier unter Aufsagen ihres Sprü-cherls und Wetzen der Sichel wieder die Stube.

Der Brauch befindet sich allgemein im Aus-sterben.

In der mittleren und westlichen Oberpfalz lebt die Luzi, wie sie dort heißt, meist nur noch in der Erinnerung der Alten.

Manchmal wurde die Luz im Oberen und Mitt-leren Bayerischen Wald von einer anderen Schreckgestalt, der Habergoaß, begleitet, of-fensichtlich um die an sich schon ausrei-chende Wirkung der Luciergestalt zu verstär-ken. An einer ungefähr zwei Meter langen Stange befestigten zwei Burschen oben eine furchterregende Ziegenmaske mit zwei Hör-nern und hervorstehenden Glotzaugen. Diese Stange und sich umhüllten sie mit grobem Leinen oder einem Pelz, so daß eine Einheit von Menschen und Maske entstand. Nur der gräßliche Kopf überragte alles. Zuerst zeigte sich diese Schreckfigur am Fenster, trat aber dann in die Stube, verneigte sich mit widerli-chem Gemecker und verschwand wieder in die dunkle Nacht. Andernorts jagte die Ha-bergoaß durch die Stube und verfolgte die schreienden, verängstigten Kinder. Beson-ders ausgelassene Burschen bewegten dabei die Stange mit dem Kopf auf und ab und brachten die Tapfersten zum Gruseln. Bis vor wenigen Jahren wurde dieser Brauch in ent-legenen Dörfern und Einöden des genannten Gebietes noch geübt, etwa in der Further Ge-gend.

Da die Habergoaß auch in den winterlichen Rockenstuben eine wichtige Rolle spielte, dürften zumindest funktionale Verbindungen zur Bercht bestehen, die in der Berchtnacht umzieht, die Spinnerinnen überprüft sowie Mägde und Kinder schreckt.

Ungehorsame Kinder können aber selbst nach dem Absolvieren der Lucier und der Ha-bergoaß noch lange nicht aufatmen. So macht nach Lucia in Hohenwarth bei Kötzting das „Mehlweibl" die Runde, um den Kindern Mehl in die Augen zu streuen. Daneben gab es in der Kötztinger Gegend die „Stadlhenn", von der man allerdings heute weder Aussehen noch Funktion mehr kennt.

Am Vorabend des Thomasfestes (21. 12.) taucht in der Chamer Gegend die männliche Schreckgestalt, der Thama mit'n Hamma auf, den das Volk auf den germanischen Gott Thor bzw. Donar wegen der ähnlich klingenden Namen und des beiden gemeinsamen Hammers zurückführt. Ein großer, kräftiger, ganz in Schwarz gekleideter Bursche mit Strumpf oder Larve vor dem Gesicht trägt eine Eisenkette um den Leib, manchmal auch eine blutbespritzte Metzgerschürze oder ein blutbeschmiertes Hosenbein, und eine Pudelmütze auf dem Kopfe. In der einen Hand hält er das Ende der Kette, in der anderen schwingt er furchterregend fortwährend einen schweren Schmiedehammer, mit dem er den unfolgsamen Buben droht, das Hirn einzuschlagen. Oft begnügt er sich jedoch heute mit Kettenrasseln und Hammerschlägen an Fenstern und Türen. In manchen Orten, z. B. in Arnschwang treten Lucier und Thama mit'n Hammer auf: die Wirkung ist dann doppelt stark. In der übrigen Oberpfalz kennt man ihn lediglich aus der Erzählung.

Als letzte Schreckgestalt im Advent trat früher am Heiligen Abend in den Bauerndörfern des Stiftlandes die sog. Specht auf, die im übrigen in der egerländischen Figur des „Zempara" ein männliches Gegenstück besitzt. Diese drohende Gestalt erscheint heute nicht mehr persönlich, sondern lebt nur noch in der Erinnerung der Älteren. Sie trug ein langes, weißes Gewand; vor der Nase war ein langer Spechtschnabel befestigt, übrigens genauso wie bei der Schnabelbercht. Wie die Luzier wetzte sie Sichel und Messer und jagte damit den Essensträger in die Flucht. Ihr mußte man nämlich am Heiligen Abend, wollte man auf guten Obstbau hoffen, das aus Überbleibseln des Fastenessens, aus Apfelstingeln, Hutzelbrühkernen, Bröseln von Hefestriezeln oder auch Gräten des Heilig-Abend-Karpfens bestehende Essen tragen. Im Egerland, wo der Zempa bzw. Zempara noch bis 1945 als leibhaftige Brauchfigur in Erscheinung trat, hieß dieser Vorgang „den Zempara föitern". Heiratslustige Mädchen im Stiftland wie im Egerland hatten allerdings beim Essentragen am Hl. Abend die Möglichkeit, über ihren Zukünftigen etwas zu erfahren. Aus der Richtung, woher in diesem Augenblick Hundegebell zu vernehmen war, sollte der Bräutigam kommen.

Mittwinterliche Gestalten aus dem vorchristlichen Brauchtum haben sich erstaunlicherweise über mehr als 1000 Jahre noch in letzten Restgebieten der Oberpfalz erhalten. Die ursprüngliche Bedeutung dieser indogermanisch-mythologischen Figuren ist jedoch heute nicht mehr bekannt. Zweifellos sanken sie ab zum Kinderbrauch, zum Kinderschreck, wo sie vor allem wegen ihres fragwürdigen erzieherischen Wertes geübt wurden und werden, wenn auch nur noch ganz vereinzelt. In wenigen Jahren werden die lichten Gestalten des christlichen Adventbrauchtums die finsteren restlos verdrängt haben.

A. E.

Der Rötzer Nikolo

Er ist gewöhnlich in eine Sauhaut eingewik-
kelt, und statt eines Hutes trägt er einen Sau-
kopf. Der große, schwarze Bart reicht ihm bis
zur Brust, die Hände sind mit Pelz bedeckt
gleich Löwentatzen, ebenso auch die Füße,
damit er einhertappt wie ein Bär. Die Hand
umfaßt einen starken Stock. Rollend mit seinen Ketten und Schellen tritt er in die Stube,
wo ihn die Kinder mit folgendem Spruch
empfangen:

O Herro, Herro Nikolo
han so völl schlimme Kinder do.
Host du wos, so setz die nida.
Host du nix, na gehst glei wida. Rötz

(Die guten Kinder erhalten dann von ihm Hasen mit Semmelbrot gebacken, die bösen
nimmt er mit und wirft sie in die Schwarzach).

Karl Winkler

Das Nikolausgehen

Schon lang ist's her. In der Spinnstube zu
Konnersreuth saßen vor Weihnachten die Mädeln beisammen und erzählten einander
grausige Geschichten.

Es war am 5. Dezember gegen 6 Uhr abends,
so erzählte eine derselben, da rüstete sich
der Sepp, mein Bruder, zum Nikolausgehen.
Mehrere Tage schon zuvor hatte er sich die
nötigen Kleider, Ketten und Pelze, auch
Nüsse, Äpfel und Hutzeln zusammengesucht.
„Heute sind es nicht weniger als zehn Burschen, die Nikolaus gehen"; so sagte er. „Vor
10 Uhr komme ich heute nicht nach Hause;
denn der Hansmichel will sich heute rächen
für die Schlappe, die er sich als verschmähter
Liebhaber an Kirchweih in Neudorf geholt hat,
und da müssen wir ihm etwas behilflich sein."
Nach zwei Stunden war aber mein Bruder
schon wieder zurück und erzählte mir auf
mein Drängen, was ihm und den anderen begegnet war. Sie waren ihrer zehn nach Neudorf gegangen, um ihren Plan auszuführen.
Zu diesem Zwecke mußten sie, weil alles
beim Bergbauer verschlossen war, über den
Hag steigen. Wie sie nun sämtliche den Hag
glücklich überstiegen hatten, gewahrten sie
zu ihrem Erstaunen, daß noch ein Elfter hin-
tennach kam. Im Augenblick war auch dieser
über dem Zaun. Da gewahrten sie aber, daß
dieser Pferdefüße hatte und einen widerli-
chen Gestank verbreitete. „Voran, Burschen", rief er mit dumpfer Stimme ihnen zu,
„ich werde euch bei eurem Tun behilflich
sein!", und schon war er ihnen bis in den Hof
vorausgeeilt. Die zehn Nikolause schauten
einander erschrocken an und suchten nur in
größter Eile zurückzukehren, was ihnen auch
gelang.

In der Sitzweile wurde es ruhig. Früher als
sonst suchten die Mädeln ihre Wohnungen
auf, voller Angst, sie könnten mit dem Bösen
ebenfalls zusammentreffen. Mauritius Linder

Einmal Nikolaus und nie wieder

Meinen dritten Geburtstag hatte ich vor einigen Wochen gefeiert, und heute abend sollte zu mir der Nikolaus kommen!

Für meinen Vater war es ja sonst eine Selbstverständlichkeit, jeden Abend zum Stammtisch in ein anderes Wirtshaus zu gehen, doch heute saß er zu Hause, rechts von mir auf dem alten Kanapee mit der geschwungenen Rückenlehne und den geschnitzten Rosen auf den Füßen, links hatte die Mutter ihren Platz eingenommen, und in der Mitte saß ich, fein säuberlich in ein Matrosenanzüglein hineingezwängt, wie es eben bei feierlichen Anlässen Brauch und Sitte war bei den Deutschen des kaiserlichen Reiches.

Das Kettengerassel wird mich zwar erschüttert haben, zum Erlebnis aber ist es nicht geworden.

Unvergeßlich jedoch prägte sich in meine Seele die Erscheinung des Nikolaus ein, der plötzlich vor mir stand, nur durch den Tisch von mir getrennt.

Die Kleidung des Niklo weiß ich nicht mehr, aber sein Gesicht, diese fürchterliche Fratze, diese Maske aus einem Stück Zeitung, deren weiße Farbe mich peinigte, deren schwarze Buchstaben vor mir tanzten, und diese drei großen, schwarzen, sehr tiefen Löcher bohrten sich in mich hinein. Einen Totenschädel hatte ich damals bestimmt noch nicht gesehen, doch dieses Nikolausgesicht glotzte mich an wie der leibhafte Tod selber. Aus dem untersten Loch der Larve kam die unvermeidliche Frage, ob ich brav gewesen sei. Dabei bewegte sich die Zeitung um das Mundloch im Rhythmus des Atmens, was mich völlig aus der Fassung brachte.

Als ich auch noch das Jesuskindlein beten sollte, brachte ich nur noch einige Wortfetzen hervor, um dann in einen Schreikrampf zu verfallen. Ob der Nikolaus schnell oder langsam das Zimmer verließ, weiß ich nicht. Von diesem Tag an habe ich gestottert, und es dauerte Jahre, bis ich wieder normal reden konnte. Als Kind jedenfalls habe ich weder einen schönen noch einen häßlichen Nikolaus mehr gesehen.

Meine Kinder und auch meine Enkel besuchte daheim kein Nikolaus mehr. Es reichte schon, wenn draußen die Kette rasselte. Die Geschenke freilich haben alle freudig in Empfang genommen, wenn sie die Mutter hereingeholt hatte.   Hans Hemrich

erkennungsdienst

de schwoarzn schua
vom nikolaus
hot unsa vatta
imma am sonntog dro

de roude nosn
vom nikolaus
hot unsa vatta
imma im fasching dro

und
mit de broadn hent
vom nikolaus
hot unsa vatta
ollawal fotzn hergem

Harald Grill

Eaziehung

Wennsd brav bist
kummds Christkindl
Wennsd bäis bist
kummd da Nikalas

Christine Blumschein

Da Nikalas
soll in zwanzg Minuddn
des nouchholn
wosd Eldan
inam Joa
vasamd hom

Christine Blumschein

arbatstalung

ols kind hob i gmoant:
da kaschbal
da niklo
und s christkindl
san deselbn,
wals olle de gleiche
stimm ghabt hamm

bei meine kinda
muaß des andas wern,
do soll d omaran kaschbal macha

Harald Grill

101

Der Niklas

Wenn jetzat die weihnachtsträchtige Zeit da is, dann merkt ma als Erwachsner, daß ma irgendwia ärmer wordn is. Als Kind hat ma früher alle Tag, wenn ma von der Schul hoamkomma is, neugierig d'Luft durch d'Nasn zogn. Da hat d'Muatter Platzln backn, die erstn. Und ma hat glei riachn müassn und wissn wolln, ob's a paar Ofenkrüppel z'ammbracht hat. So habn die Platzln ghoaßn, die an Fehler ghabt habn, die z'krumm warn oder z'weiß oder gar z'braun. Damals hat ma nämli no net einstelln könna, wiaviel Grad der Ofen zum Backn braucht, und da is doch öfters was danebnganga. Der Backg'ruch wieder hat oan wissn lassn, daß der heilige Nikolaus bald kommt, der bei uns bloß „der Niklas" ghoaßn hat.

Auf den z'wartn, des war so a bsonders Gfühl. Je näher der Niklastag kommen is, desto unsicherer war ma. In der heutign Ausdrucksweis hat uns also der Niklas „verunsichert".

Z'erst is er mit an Knecht Rupprecht im Kindergartn antanzt. Der Rupprecht hat allerweil an großn Besn mitghabt und a schwaare Keen — was hochdeutsch „Kette" hoaßt. Über der Schulter is a Sack ghängt, aus dem zwoa Kinderhaxln außergschlenkert san, ohne Schuah, aber mit weiß-blau gringelte Strümpf. Und die Ringelstrümpf siehg i heut no hi- und herbaumln.

Spater — wia mir aufklärt warn — samma, wenn's duster wordn is, durch d'Gassn zogn und habn alle Niklas mit Schneebäll beschmissn. Aber da is uns scho inwendig bewußt gwesn, daß ma a bißerl ärmer warn, weil des scho lang nimmer so schö gwesn is. Heut is ma no ärmer, weil's d' gar koan mehr siehgst auf der Gaß — die Niklas san jetzat motorisiert.

So is des halt an echte Erfahrung, die mir Menscherl machn. Je gscheiter und technisch besser daß mir werdn, desto ärmer werdn mir aa. Mir wartn nimmer zitternd da drauf, daß oaner kummt und uns sagt, ob mir brav oder bös gwesn san. Irgendoaner mit ara scheinbar jenseitign Autorität. Mir san ja soo gscheit und beurteiln uns selber, egoistisch, überheblich, so, wia mir uns sehng, als ob ma in aran Spiagel eineschaugn. Alls is guat, alls is recht, alls is brav, was mir gmacht habn! Und trotzdem bleibt inwendig a leiser Zweifel, den mir aber bekämpfn und möglichst kloa haltn. Mir streifn des kindliche Gemüt ab, fortschrittlich und erwachsn, wia mir san! Bloß: Ärmer san mir aa! Mir bringa des um, was ma modern „Selbstkritik" hoaßt, und mir werdn so unser eigner Niklas, der uns bloß Nüß bringt und koane Schläg!

Derweil taat's uns so guat, wenn ma bloß a kloans bißerl zittern müaßatn, wenn ma die seltsam menschliche Gfühlsmischung von a wengerl Erwartung und sehr viel mehra Angst no amal spüratn. So wia damals, wia uns der Schurz von der Muatter no vorkomma is wiar a Schild gegn was, des ma halt doch hinnehma hat müaßn und des uns wenigstens a Zeitlang bescheidner und braver gmacht hat! Des taat uns guat, so a Niklas, so a bißerl a Zittern, a kloans wengerl Angst vor irgendoaner Autorität aus'm Jenseits mit Weisheit und Strafgewalt.

Niklas, wo bist Du?

Aloys Balsamer

7.
DEZEMBER

Der heilige Ambrosius

Impn hörts, wos i enk sog

Ambrosius-Legende

„Ambrosius — Bischof!" hat a Kinderstimmerl hell gruafa, wia de Bischofswahl in Mailand beinah kriegerisch ausganga waar und der Oberste Richter Ambrosius den Streit schlichtn wollt zwischen Arianer und Christen.
„Ja! Da Ambrosius selber soll unser Bischof sei!" — Des ganze Volk war begeistert.
Arianer wia Christen.
Er net, denn er war ja net amal tauft und koa Priester!
Bloß a gläubiger, rechtschaffner Mensch war er, und sei Reden hat d Leut überzeugt.

So is er s halt worn.
Mit 34 Jahr war er scho Bischof!
Was er alls toa hat für de Christen, geht in koa Buach, und sei Glauben hat seine schlimmsten Feind überzeugt und bekehrt.

Wiar er in der Karfreitagsnacht 397 sei letzte Stund in de Händ von seim Herrn legt, ziagt sei Lebn in Bilder vorbei:

wiar a Bienenschwarm akrat auf seim Bettstadl haltmacht und von de Impn des Büabl koa oanzige sticht;
wiar er der Kaiserin Justinia — a machtgierigs Weibsbild — trotzt hat;
wia da Kaiser Theodosius an Mord von 7000 Menschn bereut und aa büaßt hat;
wiar a mit de eigsperrtn Christn ganz neue Liader glernt hat, daß eahna da Muat zu der Qual net ausganga is;
und wia des Taufwasser aus seiner Hand über den Kopf vom Augustinus gronna is — direkt nei in sei Herz! —

Des alls bringt er dem Gekreuzigten dar.
Dann hört sei Herz auf zum Schlagn.   E. E.

Impn, hörts, wos i enk sog

Das Attribut des großen Kirchenlehrers ist bekanntlich ein Bienenkorb, das Sinnbild der Gelehrsamkeit. Diese übertragene Bedeutung des „Bienenfleißes" wurde aber dem einfachen Volk mit seiner an sich gesunden lebenspraktischen Denkart nie richtig bewußt, so daß der heilige Ambrosius auch zum Patron der Bienenzüchter erkoren wurde.

Am Abend des Ambrosiustages tritt der Bienenvater an sein Impnhäusl, klopft daran und sagt folgendes Sprüchl:

> „Impn, hörts, wos i enk sog,
> heut is, hoaßts, der große Tog.
> Zum Ambrosi seiner Ehr
> bringts vui Wachs daher!"

Außer diesem im Böhmerwald und Bayerischen Wald bezeugten Brauch war kein weiterer in Erfahrung zu bringen.

Gustl Motyka

106

8.
DEZEMBER

Unbefleckte Empfängnis Mariens

Singt Ave Maria,
jungfräuliche Zier

Die „Unbefleckte Empfängnis" von Schorndorf

Vielleicht ist es so abwegig nicht, bei dem Fest, das die Christen am 8. Dezember feiern, zwischen Ereignis und Geheimnis zu unterscheiden. Um welches Ereignis es sich handelt, darüber gibt es unter den Gläubigen immer wieder Unsicherheit und Mißverständisse. Ein Blick in den Kalender macht es uns leicht, das Ereignis förmlich zu errechnen: denn genau in neun Monaten begehen wir ja, am 8. September, das Fest Mariä Geburt. Und diese Zwischenmonate umspannen eben die Zeit, die Maria im Leib ihrer Mutter Anna verbrachte. Somit begehen wir am 8. Dezember den Tag, da Maria in ihrer Mutter zu leben begann.

Bei gewöhnlichen Sterblichen wird dieses Tages, mit dem ihr Leben beginnt, nicht gedacht; bei Maria dagegen verband die Kirche mit diesem Ereignis ein Geheimnis: das Geheimnis ihrer Unbefleckheit, wie man es früher formulierte, das Geheimnis ihrer Auserwählung, wie man heute lieber sagen möchte. Von der ersten Sekunde ihres Lebens an eilt sie auf die große Stunde zu, Mutter des Herrn zu werden. Aus der Mitfreude an ihrer Erwählung heraus lassen es sich die Christen nicht nehmen, schon den allerersten Tag ihres Eintritts in diese Welt zu begehen. Daß sie ihn mitten im Advent feiern, macht die Ausschau auf Weihnachten noch dichter und lichter. Die andere Adventsgestalt, Johannes, ist mit seinem „Kehret um!" die herbere Komponente des Advents, die lichtere Komponente aber, das ist Maria, das Leben Mariens, das immer dichter auf das Weihnachtsgeschehen zuwächst. So verschmelzen Ereignis und Geheimnis dieses Tages zu einem Lobgesang, zum Magnifikat auf den Herrn, der „angesehen hat die Niedrigkeit seiner Magd . . ."

Nicht nur die einfachen Gläubigen haben ihre Schwierigkeiten mit diesem Fest. Wie sollten etwa Maler das Ereignis dieses Tages ins Bild bringen, den Lebensbeginn eines Menschen im Mutterleib bildhaft darstellen? Wir hätten volles Verständnis, wenn Künstler dabei resignierten und auf solche Darstellungen verzichteten, oder wenn sie sich einfach, wie vielfach geschehen, auf das Geheimnis des Festinhalts beschränkten: die Immaculata auf der Weltkugel, der Schlange den Kopf zertretend . . . Und doch: Im Barock fanden sie einen Weg, auch das Ereignis des Festes aufs Bild zu bannen, indem sie einfach alle Aussage in das Wort „Empfängnis" verlegten. Ein Akt des „Empfangens" ist das ja wirklich: mit den drei Elementen des Gebenden, des Empfangenden, der Gabe. Das Geschenk, das ist Maria, die Empfangenden, das sind die Eltern, und der Gebende, das ist Gott, der in diesem Moment das Kind aus dem Schoß der Ewigkeit heraufholt und an die Eltern verschenkt.

Das barocke Deckenfresko der Pfarrkirche von Schorndorf, das erst 1960 freigelegt wurde, verkündet mit verblüffender Schlichtheit das Ereignis des 8. Dezember: Um die Deckenluke herum gruppieren sich die Personen. Von oben kommt das Gottesgeschenk herabgeschwebt: Maria. Mit ausgebreiteten Armen, ganz Empfangende, erwartet rechts unten Sankt Anna ihre Himmelsgabe, links unten kniet voll freudiger Erwartung Joachim. Stellvertretend für den Geber-Gott, für den wegen der Deckenluke kein Platz bleibt, schickt der Heilige Geist seine Gnadenstrahlen hinab zum Schoß der Anna, aber auch schon hinüber zu Maria, deren Leib dazu ausersehen ist, bald Gefäß des Gottessohnes zu werden . . .

Josef Menath

Der Lobgesang Mariens

Meine Seele preist die Größe des Herrn, und mein Geist jubelt über Gott, meinen Retter. Denn auf die Niedrigkeit seiner Magd hat er geschaut. Siehe, von nun an preisen mich selig alle Geschlechter! Denn der Mächtige hat Großes an mir getan, und sein Name ist heilig. Er erbarmt sich von Geschlecht zu Geschlecht über alle, die ihn fürchten. Er vollbringt mit seinem Arm machtvolle Taten: er zerstreut, die im Herzen voll Hochmut sind; er stürzt die Mächtigen vom Thron und erhöht die Niedrigen. Die Hungernden beschenkt er mit seinen Gaben und läßt die Reichen leer ausgehen. Er nimmt sich seines Knechtes Israel an und denkt an sein Erbarmen, das er unseren Vätern verheißen hat, Abraham und seinen Nachkommen auf ewig.

Lukas 1,46 – 56

Unsere liebe Frau und die Bienen

Bienen darf man nicht umbringen U. L. Frau halber; denn als sie über das Gebirge ging, flogen sie immer um sie herum, ohne sie zu stechen. Seitdem haben sie die Gabe der Honigbereitung.

Karl Winkler

Von Unserer Lieben Frauen

Ein junger Ritter hatte die schöne Tochter eines Knechtes zum Weibe genommen und sich damit die Feindschaft aller Adeligen der Umgegend, besonders der Mütter zugezogen. Sie lehnten Alle erbittert die Einladung zur Feyer der Hochzeit ab und liessen das junge Ehepaar allein auf seiner Burg. Um so glücklicher aber lebten diese in ihrer friedlichen Einsamkeit. Als nun die Zeit nahte, wo die Frau entbinden sollte, sagte sie zum Gatten, der voll Kummer war, weil er nicht wußte, wo er für das Kind einen Pathen finden möchte: „Geh hinaus durch den Garten auf die Strasse und begrüsse den Ersten Beßten, der des Weges kommt, um den Liebesdienst, sollte es auch ein Knecht seyn." Da ging der Ritter hinunter in den Garten, und schon kam ihm eine schöne, würdevolle Frau entgegen, welche zu ihm sprach: „Ich kenne deinen Kummer, aber sey getrost, ich will Pathe seyn, und es soll dich nicht gereuen." So führte er die hohe Frau mit blauem Schleyer — es war die Muttergottes — hinauf in die Burg, und sie stand hilfreich und lindernd der Leidenden bey, als diese ein Mädchen zur Welt brachte. Das Kind wurde getauft und erhielt den Namen Marie; die Fremde aber entfernte sich darnach sogleich mit den Worten: „Geben werde ich für jetzt nichts: das Kind bedarf später meines Beystandes, und der soll ihm werden; ich muß jetzt eilen, nach Hause zu kommen."

Das Mädchen wuchs zur Freude der Aeltern und war sieben Jahre alt, als ihm die Mutter starb. Da nahm der Ritter, dem es zu einsam wurde, ein Fräulein der Nachbarschaft zur Ehe, so schön als stolz und herrisch. Damit begannen nun üble Tage für Marie. Sie wurde von der hochmütigen Stiefmutter verachtet und zu den niedrigsten Arbeiten verwendet. Dem Vater that es wohl wehe, aber er wagte nicht, Einsprache zu thun. Drey Jahre waren so hinübergegangen, und Marie fühlte sich von Tag zu Tag unglücklicher. Weinend über eine eben erlittene Mißhandlung ging sie in den Garten hinab und setzte sich in eine Ecke. Da stand U. L. Frau vor ihr und sagte: „Mein gutes Kind, ich bin deine Pathe und habe deiner Mutter versprochen, dir in der Noth zu helfen: komm mit mir, ich will für dich sorgen." Freudig bot ihr die Kleine die Hand, und sie gingen in den Wald. An einer hohen Felsenwand klopfte U. L. Frau dreymal an, und es öffnete sich das Thor zu einem schönen Palaste, in welchem zwölf prächtige Säle waren. Darin hingen an den Wänden Schnüre der kostbarsten Perlen, und an den Fenstern und auf Tischen blühten frische Rosen. Diese hatte Marie zu pflegen, damit sie nicht verwelkten: dafür durfte sie mit U. L. Frau am Tische speisen, der sich zu bestimmter Zeit von selber deckte. Glücklich lebte sie drey Jahre dahin, als U. L. Frau ihr die Schlüssel zu den Sälen einhändigte und den Auftrag ertheilte, nun auf einige Tage die alleinige Aufsicht im Palaste zu führen; doch wäre noch ein dreyzehntes Gemach, das nicht geöffnet werden dürfe. Damit trat U. L. Frau ihre Reise an und ließ das Kind allein. Marie aber war am Abende des dritten Tages so neugierig geworden, daß sie die Thüre des geheimen Zimmers öffnete. Da waren die Wände voll Kästen mit grossen, grossen Büchern, und am Tische sassen Gott Vater und der Sohn Gottes und schrieben in ein grosses Buch das Schicksal aller Menschen, die geboren werden und die Gaben, die sie erhalten auf den Weg des Lebens, und wie der Mensch in seinem Willen seine Bestimmung selber ändert und die Gaben anders verwendet, als wozu sie ihm ertheilt sind. — Am Morgen kam nun U. L. Frau von der Reise zurück und sprach zum Mädchen: „Du hast wider mein Gebot gehandelt; ich will dich dafür nicht strafen, aber behalten kann ich dich nun nicht mehr. Geh zu deinem Vater zurück, den Weg wirst du leicht finden; ich habe gesorgt, daß es dir am Leben nicht fehle." Damit nahm sie einen Kranz von Rosen und setzte ihn dem Mädchen auf das Haupt, und ein weisses Kleid zog sie ihr an und sendete sie damit fort. Bald gelangte Marie in den Schloßgarten. Da saß traurig der Vater: denn die Stiefmutter liebte Pracht und Gesellschaft und hatte den früheren Wohlstand tief heruntergebracht. Mit Freude begrüßte er die blühende Tochter, die er längst tod geglaubt hatte. Nicht so ward sie von der Stiefmutter empfangen. Diese war froh über das Verschwinden des verhaßten Mädchens und meynte nun, sie könne ihres Bleibens nicht in der Burg haben, weil von einer Magd geboren, und könne irgendwo als Dienstmagd ihr Brod gewinnen. Da weinte Marie und bat auf einige Zeit um Aufnahme, sie werde sich umsehen, ob sie nicht ein Unterkommen finde. Sie hatte ihre Ecke in der Küche und verrichtete alle niedrige Arbeit im Hause. So viel sie aber auch guten Willen bezeigte, konnte sie es doch nicht recht machen, und die bösen Stiefbrüder neckten und höhnten die Bauernmagd, und die böse Stiefmutter lachte dazu. Einmal machten es aber die Brüder gar zu arg: sie schlugen die Schwester so, daß sie blutete. Da ging sie hinaus in die Küche und weinte über ein

Waschbecken, und das Blut fiel tropfenweise hinein, und bey jedem Fall war es, als ob etwas klinge. Die Stiefmutter kam dazu, um sie zu zanken, daß sie sich nicht vertrage, und sah in der Schüssel etwas schimmern. Sie untersuchte und fand eine Menge der schönsten Perlen auf dem Boden. Nun war Freude in der Burg, denn man hatte wieder Mittel, in der früheren Weise zu leben. Die Perlen wurden theuer verkauft; ein festlicher Ball sollte die ehemaligen Freunde, welche seither sich nicht mehr sehen liessen, auf's Neue versammeln. Auch Marie sollte daran Theil nehmen. Als aber die Stiefmutter ihr dieses eröffnete, fing sie zu lachen an, und es fiel ihr eine Rose um die andere, frisch und blühend, obwohl es Winter war, aus dem Munde. Da merkte die Stiefmutter, daß hinter dem Mädchen etwas Mehr seyn müsse als sie bisher gedacht, und behandelte sie besser. Aber dieses dauerte nur so lange, als das Geld für die Perlen reichte, darnach begann die Gehässigkeit der Brüder und der Hohn der Mutter, das arme Kind zu quälen wie vorher, bis sie wieder Perlen weinte und Rosen lachte.

Im Hause aber war eine alte Magd, der ging es zu Herzen, daß Marie so viel zu leiden habe und tröstete sie einmal mit den Worten: „Mein liebes Kind, habe Geduld; in einem Jahr trete ich in das Hexenalter, da wird mir gegeben, Vieles zu wissen, da wollen wir uns berathen. Ich war deine Amme und gehe gerne mit dir, wohin du willst. Wenn du wieder weinst, so gib mir das Becken, in welches deine heissen Thränen fielen." Das Jahr ging um und die Alte ward wissend und sagte zu Marie: „Packe zusammen, wir verlassen diesen Ort und suchen eine Stätte des Friedens.

Wir besitzen so viel, daß es uns nicht fehlen kann."
So gingen sie am frühen Morgen durch den Garten hinaus und lange fort, bis sie in eine grosse Stadt kamen. Aber auch hier war ihres Bleibens nicht lange. Die schöne, züchtige Jungfrau zog aller Augen auf sich, und es kamen die edelsten Freyer, um ihre Hand zu werben. Sie aber fühlte sich zu keinem hingezogen und war betrübt, daß sie wehe thun mußte. Eben einmal war sie ihren traurigen Gedanken hingegeben, als U. L. Frau vor ihr stand und zu ihr sagte: „Mein gutes Kind, sey ruhig: du hast von mir die Gabe, irdischer Liebe fremd zu bleiben. Komm mit mir, ich überlasse dir meinen Palast; denn meine Zeit in dieser Gegend ist um, und ich ziehe weiter. Beherberge fortan Kranke und Arme, bis ich dich zu mir nehme." Da gingen alle drey fort, und U. L. Frau klopfte dreymal an die Felsenwand, und es stand der prächtige Palast vor ihren Augen. Marie zog ein und rief die Kranken und Armen der Umgegend zu sich und pflegte sie. So sie Kummer auf der Seele hatte oder ein Werk der Barmherzigkeit nicht zu üben vermochte, schloß sie sich in das verborgene Gemach ein, wo sie einst Gott Vater und Gott Sohn erblickt hatte und flehte da um Hilfe, und sie wurde niemals versagt. Sie blieb immer jung und schön; darum konnte man auch lange nicht glauben, daß sie tod sey, als U. L. Frau ihre Seele abgeholt hatte. Sie lag und liegt auf dem Bette als bleiche Jungfrau, rothe Rosen um die Schläfe, in weissem Kleide. Neuenhammer.

Franz X. Schönwerth

Unbefleckte Empfängnis
Silber getrieben, teilweise vergoldet, von
Goldschmied Johann Friedrich Bräuer,
Augsburg, 1753; Kongregationssaal des
Jesuitenkollegiums, jetzt St. Georg Amberg

Der Sieg über den Tod;
Maria mit dem Baum des Lebens
Deckenfresko von Johann Georg Merz, 1756?;
Pfarrkirche Schorndorf, Landkreis Cham

Mariä Verkündigung
Glasfenster um 1220/30; Dom zu
Regensburg, Triforium des südlichen
Querhauses

Mariä Verkündigung
Miniatur aus dem Legendar des
Dominikanerinnenklosters
Hl. Kreuz Regensburg,
1271/76; Keble-College Oxford

Mariä Heimsuchung
Altarblatt von Gottfried
Bernhard Götz, um 1760;
ehemalige
Salesianerinnenkirche, heute
Schulkirche Amberg

Heilige Lucia
Holzfigur um 1500;
Gottesackerkirche Beilngries,
jetzt Landkreis Eichstätt

Prager Jesulein
Bekleidete Holzpuppe mit Wachskopf und
-händen, nordöstliche Oberpfalz, Mitte
18. Jahrhundert; Pfarrhof Vohenstrauß,
Landkreis Neustadt a. d. Waldnaab

Mariä Heimsuchung
Holzrelief eines fränkischen Meisters
um 1515; Stadtpfarrkirche Vilseck,
Landkreis Amberg-Sulzbach

Heilige Ottilia mit den Büsten der Heiligen
Benedikt und Scholastika,
Hochaltar, 1735; Wallfahrtskirche Hellring
bei Paring, Landkreis Kelheim

Heiliger Thomas
Tafelbild von Johannes Krapp, 1611;
Friedhofkirche St. Helena Auerbach,
Landkreis Amberg-Sulzbach

Wurstsuppenfahrer
Ölbild von Sigmund Spitzner sen.,
Parsberg, 1945; Privatbesitz
Parsberg

Bild und Zeichen

Wohl kein Ereignis aus der christlichen Heilsgeschichte hat die Fantasie und schöpferische Kraft des Volkes so nachhaltig angeregt wie das Geheimnis der Geburt Jesu, von der Verkündigung Mariens bis hin zu den Heiligen Drei Königen. Was der bairische Volksmensch in seinem Drang zur bildlichen Darstellung und in seinem angeborenen Spiel- und Dramatisierungstrieb an Bildern, Figuren, Weihnachtsspielen, Liedern, Bräuchen usw. geschaffen hat, läßt sich in seiner Fülle kaum noch ermessen, da das meiste der sog. Aufklärung und der darauffolgenden Ernüchterung zum Opfer gefallen ist.

Hinter all dem Bemühen um bildliche Übersetzung schwer verständlicher Glaubensinhalte steckt ein elementares menschliches Bedürfnis, Außersinnliches und Übersinnliches sinnlich wahrnehmbar, erfahrbar zu vergegenwärtigen, was beim Dogma der Menschwerdung des Gottessohnes geradezu unumgänglich notwendig erscheint. Die katholische und in gesteigertem Maße die orthodoxe Kirche haben diesem Wunsch des Volkes stets entsprochen, freilich die katholische Kirche heute weniger als früher. Grundsätzlich gilt das Bildwerk für sinnenhafter und stofflicher als das Wort, es kann gesehen, betastet und „begriffen" werden. Schon in der frühen Kirche treffen wir daher auf Bilder und Zeichen, die ersten in den Katakomben. Ausdrücklich betont Gregor der Große, daß das Evangelium „per literas et picturas" (durch Worte und Bilder) verkündet werde, was durch alle Jahrhunderte hindurch bis in unsere Gegenwart durch Darstellungen von Szenen und Personen aus der Bibel oder der Heiligengeschichte an Kirchenfenstern, Innen- und Außenwänden, Portalen, Altären etc. berücksichtigt wurde. Die Bilder und Zeichen dienten aber, wie aus Aussagen seit dem 5. Jahrhundert immer wieder hervorgeht, nicht nur als Lehr- und Verkündigungsmittel für das in der Regel leseunkundige Volk, sondern wurden auch zur Andacht und Erbauung verwendet.

Das einfache Volk jedoch wollte diese religiösen Bilder und Zeichen nicht nur in den Kirchen sehen, vielmehr wollte es sie in allen Bereichen des persönlichen Lebens besitzen und dort ihre Wirksamkeit entfalten lassen. So mußten begabte Leute aus dem Volk zu Tausenden jene Zeugen einer tiefen Volksfrömmigkeit, jene wegen ihrer rührend naiven Ausdrucksweise heute so geschätzten Volkskunstgegenstände herstellen, die Kruzifixe, Figuren, Heiligenbilder, Hinterglasbilder, Votivtafeln, Marterln, Bildstöcke, Krippen, Fatschnkindln, Klosterarbeiten, Kreuzwegstationen, Wetter-, Weg- und Bergkreuze, Totenbretter, Andachtsbilder u. a. Damit statteten unsere Vorfahren ihren ganzen Siedlungs-, Wohn- und Arbeitsraum aus, in der Wohnstube wie auf der freien Flur, um einerseits Außersinnliches und Übersinnliches darzustellen, zu vergegenwärtigen, um zu inniger Andacht, zu Meditation und frommem Gebet anzuhalten, um andererseits den Segen Gottes und seiner Heiligen in der gesamten Umgebung zu garantieren und alles Böse abzuwenden.

Es bleibt zu wünschen, daß die in diesem Buch enthaltenen Abbildungen der hohen Kunst wie der Volkskunst dem Betrachter nicht nur Kunstgenuß sondern auch etwas von der geistig-religiösen Ausstrahlung der Originale vermitteln und daß sie ihn hinführen über die Verkündigung und Belehrung zu Meditation und Erbauung.

A. E.

Frauentragen in Amberg, Hohenfels und Pittersberg

Das „Frauentragen" soll die Herbergsuche von Maria und Josef versinnbildlichen. Diesen schönen, stillen Brauch kennt man vor allem aus Tirol und Salzburg, aber auch in der Oberpfalz ist er bereits für das 19. Jahrhundert belegt. Rudolf Hertinger, der „Kripperlprofessor" aus Amberg, berichtet von einem „Herbergtragen" vor nun über 100 Jahren in Amberg. Ein „unscheinbarer Stahlstich", der heute noch erhalten sei, wanderte damals durch die Familien. Anknüpfend an diese Tradition belebten Krippenfreunde dieser Stadt im Jahr 1934 diesen Brauch wieder. Seitdem tragen Jugendliche an den Adventabenden in einer kleinen Prozession einen geweihten Herbergschrein mit dreiseitiger Verglasung und drei Figuren von Familie zu Familie und stellen das Kästchen an den weißgedeckten, mit Lichtern und Blattgrün geschmückten Ehrenplatz, vor dem gemeinsam gebetet wird.

In Hohenfels bei Parsberg führte das Frauentragen der damalige Pfarrer Josef Vollath ein, der die Vorlage dazu dem Buch von Peter Eismann „Das gekrönte Jahr — ein Werkbuch zum Kirchenjahr", 1. Band: Weihnachtsfestkreis (1949) entnommen hatte. Seit 1953 lebt nun dieser junge Brauch, dessen Innovation (= Neueinführung) glücklicherweise datiert und dessen Urheber sogar exakt genannt werden können, in ungebrochener Tradition bis heute, wenngleich dieser Geistliche seit über 16 Jahren nicht mehr in dieser Gemeinde wirkt. Heute noch gehen die „Frauenträger" ohne jegliche Aufforderung zur rechten Zeit zu den Familien.

Vom ersten Adventsonntag bis zum Hl. Abend ziehen allabendlich drei bis vier sonntäglich gekleidete Mädchen von Haus zu Haus und bringen eine Marienstatue (ohne Kind!), die meist im Herrgottswinkel oder in einer besonders geschmückten Zimmerecke Aufstellung findet. Solange die Figur da ist, stehen das Haus oder die Wohnung im Zeichen des heiligen Besuches, d. h. es wird mehr als gewöhnlich gebetet, alle Familienmitglieder bereiten sich geistig auf Weihnachten vor. Denn in Ehrfurcht sollen Maria und mit ihr der Kommende, der Herr, den sie unter ihrem Herzen trägt, aufgenommen und begrüßt werden. Durch diesen sinnigen adventlichen Brauch wird die heute stark propagierte „Hauskirche in jeder Familie" ausgezeichnet verwirklicht. Erstaunlicherweise wünschen, nach Aussagen von Pfarrer Vollath, der nach seinem Weggang aus Hohenfels das Frauentragen auch in der Pfarrgemeinde Pittersberg bei Schwandorf im Jahre 1962 eingeführt hat, sogar Leute, die der Kirche teilweise nicht sehr nahestehen, den Besuch der Kinder im Advent. Als kleine Entlohnung erhalten diese kleine Geldspenden, die vom Pfarrer gesammelt und an die Missions-Dominikanerinnen des Klosters Strahlfeld bei Roding für die Missionsarbeit weitergeleitet werden.

Der Brauch verläuft folgendermaßen: Die Kinder fragen tags zuvor bei den Familien an, ob und zu welcher Uhrzeit sie kommen dürfen. Wird der Termin ihres Besuches angenommen, so erscheinen die Frauenträger mit der Statue oder einem Marienbild und den Kerzen und klopfen an die Türe. Nachdem diese geöffnet worden ist, sprechen sie zum Einlaß:

alle:	Wir kumma, wir fragnma, wir klopfma o,
	ob Christus, der Heiland zu Euch kumma ko.
1. Sprecher:	Unsre liebe Frau is wieder auf der Reisen!
	Wir mächtma ihr gern zur Herberg weisen;
	wir mächtma ihr erbitten a guats Quartier,
	a offenes Herz und a offene Tür!
	A offene Tür für Christ, unsern Herrn,
	der aus Maria geboren will wern!
2. Sprecher:	Liabe Leutln, tuats uns einalassn!
	Die Muatter Gottes steht drauß auf der Straßn,
	und Sankt Josef, der heilige Mo
	und fragn bei euch um a Herberg o.
3. Sprecher:	Tuats ihre Wanderschaft fleißig verehrn
	und das heilige Kommen von Christ, unserm Herrn!
alle:	Drum kumma, drum klopfma, drum fragnma o,
	ob Christus, der Heiland, zu euch kumma ko.

Die Frauenträger stellen die Marienstatue oder das Marienbild ab, zünden Kerzen an und singen eine Strophe des Adventliedes „Wir sagen euch an den lieben Advent". Dann beten sie den „Engel des Herrn" und das Abendgebet. Sie fragen, wann sie am nächsten Tag das Bild wieder abholen dürfen. Meist bleibt die Figur bis zum nächsten Abend bei einer Familie, wo sie tagsüber besonders verehrt wird in Form von Hausandachten und privaten Gebeten.

Bei der Abholung sprechen die Kinder:

alle:	Wir kumma wieder und klopfn und fragn,
	wir müassn unsere liebe Frau wieder weiter tragn.
1. Sprecher:	Wir müassn sie weiter weisen und führn
	und ihr a neues Obdach erspürn.
	Wir gehma mit ihr, wandern von Haus zu Haus,
	wir gehma mit ihr bis vor Bethlehem naus.
2. Sprecher:	Da drauß steht a Stall, koane Fenster san drin,
	s Dach volla Luckn, da gehma drauf hin.
	Da gehma drauf hin und da gehma hinein,
	und da soll unsere Wallfahrt zu Ende sein.

3. Sprecher: Seids net bös, daß unsere Liabe Frau wieder fortgeht von Euch!
S geht a Schritterl näher dem himmlischen Reich.
S geht a Schritterl näher auf Weihnachten hin,
allaweil a Schritterl näher. Des haltet im Sinn!
Und bets schön und gfreuts euch und denkts und wißts:
Bald kummt er ja selber, der Herr Jesus Christ!

alle: Drum kumma, drum klopfma, drum fragnma o,
ob Christus, der Heiland, zu euch kumma ko.

(Jede Adventwoche wird eine andere Strofe des folgenden Liedes gesungen oder gesprochen:

1. Wir sagen euch an den lieben Advent.
   Sehet die erste Kerze brennt.
   Wir sagen euch an eine heilige Zeit.
   Machet dem Herrn die Wege bereit.
   Freut euch, ihr Christen, freuet euch sehr!
   Schon ist nahe der Herr.

2. Wir sagen euch an den lieben Advent.
   Sehet die zweite Kerze brennt.
   So nehmet euch eins um das andere an,
   wie auch der Herr an uns getan.
   Freut euch, ihr Christen . . .

3. Wir sagen euch an den lieben Advent.
   Sehet die dritte Kerze brennt.
   Nun tragt eurer Güte hellen Schein
   weit in die dunkle Welt hinein.
   Freut euch, ihr Christen . . .

4. Wir sagen euch an den lieben Advent.
   Sehet die vierte Kerze brennt.
   Gott selber wird kommen, er zögert nicht.
   Auf, auf, ihr Herzen, und werdet licht.

Melodie siehe Gotteslob, Katholisches Gebet- und Gesangbuch, Regensburg 1975, S. 195.)

Da gerade unsere Zeit überall der christlichen Verkündigung, der frohen Botschaft bedarf, erscheint dieser Brauch, der sich mitten in der Familiengemeinschaft vollzieht, besonders sinnvoll und daher in jeder Pfarrgemeinde, in jeder Ortschaft nachahmenswert.   A. E.

13.
DEZEMBER

Die heilige Lucia
Die heilige Odilia

A Schüsserl
voll Darm

Lucien-Legende

Starr und steif wia a Stoa war's, de Lucia,
wias da Statthalter Paschasius im Hurnhaus von Syrakus freigebn hat für alle geiln Mannsbilder,
de net wenig Spaß an dem schöna Madl ghabt hättn.
Starr und steif.
Net amal mit de Pferd hams es wegbracht von dem Platz, wo's da Herrgott festghaltn hat.
Warum s ihr de Schand otoa hättn? — Weils an Bräutigam, an reichn Heidn, weitergschickt hat,
und weils ihr Heiratsguat mit volle Händ de Arma gschenkt hat.
Des war alls.
Und dafür hams des Madl vorn Richter zarrt, ausgrechnet oan, der selber de Steuern von seim
Land verluadert hat.
Aber mit der Lucia is er net fertigworn. De hat ihrn Glauben verteidigt, bis koaner mehr a Anklag
gwußt hat.

Was tuat ma net alls, wenn ma Unrecht hat!
A lebendige Fackl wollt er aus ihr macha, da Paschasius — Lucia, das Licht! — aber Pech und
Schwefl ham ihr net gschadt.
Wia des Feuer um sie rumwabert, ohne daß's ihr was tuat, und wia sie de Not überwindt mit an
lautn Gebet, kriagt er Angst vor dem Spott von de Leut.
Henker, brings um! Jag ihr dei Schwert durchn Hals, daß de Beterei aufhört!
Da Henker tuats. Er sticht durch und durch.
Doch der Auftrag der Lichtbringerin is no net erfüllt.
Aus dem gmarterten Hals dringt no de Verkündigung vom Liacht, vom Frieden, vom Sieg von de
Christn, dann erst derfs sterbn.
Und de gweihte Hostie von ihrm Herrn tragts nüber ins ewige Liacht.
Staad ziagt da Rauch über de gaffenden Leut. Dee hams gsehgn, wia stark Gott is!   E. E.

A Schüsserl voll Darm

Erstaunt wird sich der Leser fragen, warum dieser wenig appetitliche Spruch als Motto für das Namensfest der heiligen Lucia gewählt wurde, ob vielleicht ein Zusammenhang besteht zwischen dieser Formel und dem gewaltsamen Tod der Heiligen. Wie wir wissen, wurde sie nach vielen verschiedenen Torturen mit einem Stich durch den Hals getötet. Ein Hinweis auf ein ähnliches Martyrium wie beim heiligen Erasmus, dem man die Gedärme mittels einer Winde aus dem Leibe gedreht hat, fehlt. Der Spruch kann daher mit der Heiligen aus Syrakus keinesfalls in Verbindung gebracht werden, vielmehr mit einer ostbayerischen Brauchfigur gleichen Namens (Lucie, Luzier, Lutzl etc.), die am Vorabend des 13. Dezembers als Kinderschreck aufzutreten und diese Worte zu sprechen pflegte. (s. S. 97)

Beim Volk früherer Zeiten, vor allem bei den Kindern, spielte diese schreckliche Lucie eine viel größere Rolle als die heilige Lucia, die in diesem Landstrich bei weitem nicht die Verehrung genoß wie etwa die „drei heiligen Madln" Margarete, Barbara und Katharina. Die unheimliche Angst vor der blutrünstigen Lucie überschattete zudem jeden frommen Gedanken an die Lichtheilige, die von der Kirche offensichtlich als christliches Gegenstück zu einer ehemaligen finsteren, heidnischen Mittwinterfrau gesetzt worden war. Der Spruch „A Schüsserl voll Darm, a Mölterl (= Tongefäß fürs Melken) voll Bluat" bezieht sich also nur auf die gräßliche, schreckeneinflößende Lucie. Bedeutung und Charakter dieses Brauchtermins bringt er treffend zum Ausdruck. A. E.

Das verschwundene Kind

In der Luciennocht, dou mocht jemand die Lucia. Er geht von Haus zu Haus, um die Kinder zu schrecken und sagt dabei den Spruch: Bauchaufschneiden, Bauchaufschneiden!
Möltern vull Darm,
Werch neistoppn,
Wieder zommennahn.
Die Lucia geht nämlich darauf aus, die Gedärme der Kinder zu sammeln. Die stellt man sich als ein altes Weib mit ganz schlechter Kleidung und herumfliegendem Haar vor. Wenn man a Weibats sieht, die das Hoor nicht gmocht hot, sagt man: „Die sieht wie die Lucia." Mei Mutter hout derzöhlt: Dou wour amol a Wei, dä hout a Kind ghobt. Des Kind wollt koa Rouh gebn. Dou hot die Mutter gsogt: „Wennst niet stad bist, nemt di d' Lucia mit." Das Kind wollt noch kei Rouh gebn. Dou ist d' Mutter her und hot das Kind zum Fenster nausgholtn und hot groufn: „Lucia, kumm her, nimms mit!" Af amol woar das Kind verschwundn. Ulrich Benzel

Bauernregeln und Lostage

Sankt Luzen macht den Tag stutzen.
Geht im Dreck die Gans zu Sankt Luciä, dann geht sie am Christtag durch Eis und Schnee.

Volksmund

Die furchtbare Luzier

Alle Johr is am 12. Dezember d Luzier kumma. Mir ham uns so vül g'forchtn. Um viere Noumittoch hamma scho s Wasser g'holt von Brunna vorn bei da Lindn und s Holz vira trogn von Stodl und hamma uns in d Stubm einig'setzt und hamma g'woart. Bal is's Nacht worn. D Großmuada hot d Laadn zoug'macht, und mir han um an Kachlofa hint umig'hockt, und do hot bloß a Kirzn brennt, weil d Großmuada g'sagt hot, des is bessa.

Nou is's fünfe, halwa sechse woarn, s Gebetleitn is scho g'wen, und scho hot ma vorn ums Eck vo da kloana Gaß wos g'hert: a Wetzn vo di Messa. D Luzier is kumma! Langsam is's hintere ganga und g'sagt hot's allaweil: „I wetz, i wetz."

Nou is's zun erstn Fenstalodn kumma, hot mit spitzige, lange Messa in de Fenstalaadn eig'stocha, nou is's zun zwoatn kumma, do hot's nu bessa eig'stocha und s dritt Fensta an dera Seitn, des hot koan Lodn g'hat, do hot's döi Messaspitzn an des Glos hig'stocha. G'schrian hamma niat, owa bett hamma.

Nou is zu da Haustür kumma, do hot's nou g'oawat mi'n Messan, hot's umananda g'stocha und hot g'schrian: „I wetz, i wetz." D Tür is aafganga, is ins Haus anakumma und is langsam schleichat bis zu da Stubmtür herkumma. Scho hot's d Türschnalln packt und hot's aafg'macht. Zwoa lange Messa hot's aanag'reckt und hot allaweil g'sagt: „I wetz, i wetz." Nou hot d Großmuada g'sagt: „Gäih nu wieder, döi han scho brav." Nou hot's a Packl in da Händ g'hat und is für d Stubmtür aan Schriet aassiganga ins Haus und hot d

Zöiglstoana, drei, vier Zöiglstoana in Hausgang hig'worfa und hot brummt und hot g'wetzt und g'oawat und is langsam zu da Haustür g'schlicha und is des kloane Gassl vireg'wetzt. Und dann is staad g'wen.

D Großmuada hot g'sagt: „Seids brav Kinda, daß 's nimma kummt und nou gemma glei ins Bett." Wemma owa bäis g'wen waarn, nou häitt uns döi Luzia den Bauch aafg'schlitzt und häitt uns döi Zöiglstoana eig'naht, des hot d Großmuada g'sagt.

In d Stubm is döi Luzia nie eiganga. Oamol ho i's denna dalust. Hint in letzan Fensta woar a kloans Gutzerl, do is nix vir g'wen. Öitz ho i's g'sehgn: Lauta graue Hodern üwan Kopf und üwan G'sicht, fürchterlich hot's aasg'schaut, und i glaab aa, daß döi de ganzn graua Hodern bis owa ag'hat hot — döi furchtbare Luzier.

Wolfgang Schöberl

Odilien-Legende

A fränkische Königstochter war ihr Muatter, fromm und demütig und viel z guat für ihrn Mo, den hitzigen Herzog Eticho. Ihre Tag warn oft harb in der trutzigen, altn Burg im Elsaß, voller Vorwurf und Streit. „Hoffentlich werd des anders, wenn i eahm endlich a Kind bringa ko!" denkt sie. Sie gfreut se aufs Kind. Doch in ihrer schwern Stund packt n der Teufl erst richtig am Gnack: „A Madl? Und no dazua blind? — Naus aus mein Haus! I will den Bankert net sehgn!"

So verstoßt er sei Kind, und sei Haß ziagt eahm nach bis Burgund. Dort wachst des Kind her, doch seine blindn Augn sehgn mehr als de Leut umadum.

In Regensburg hat damals der heilige Bischof Erhard glebt, und in am Traumgsicht kriagt er Befehl, er soll nach Burgund geh und dort a blinds Kind taufn.

Was bleibt oan denn übrig, wenn Gott ruaft?

Der Bischof geht und findt de blinde Odilia und taufts — und sie siecht!

De Kundschaft lafft pfeilschnell rundum, lafft bis ins Elsaß sogar, doch der eignsinnige Vater will's jetzt no net sehgn!

So blind kann ma wern!

Endlich, nach wiavui Jahr, siecht er sei Unrecht ei. Er schenkt ihr de Hoamat: Schloß Hohenburg, und sie richt a Kloster drin ei, wo de göttlichen Tugenden wachsn wia de drei Lindn im Hof. Des Gebet von der Äbtissin Odilia hat a seltsame Kraft: der Berg springt auf, und raus sprudelt a glasklare Quelln für oan, der verdurst!

Vertrauen und Glaubn ham dort Wunder vollbracht.

E. E.

Legendenlied von der heiligen Ottilia
(Fragment)

Die heilige Ottilie war blind geborn,
da hatte sein Vater einen grimmigen Zorn.
Er schlug dem Faßl den Boden hinein
und setzte die kleine Ottilie hinein.

Er trug sie in das Wa- ja Wasser.
Es schwamm ja ganze drei volle Tag
und schwamm dem Müller vor das Rad.

Das Rädlein tut sich sper- ja sperren.
Der Müller sprang eilends zum Türl heraus
und thäte die kleine Ottilie heraus.

Er trug sie in die Stu- ja Stube.
Der Müller, der hatte ein gutes Kind,
die heilige Ottilie, das gefundene Kind.

Er schickte sie in die Schu- ja Schule.
. . .

Dieses Fragment sang am 29. 3. 78 die 83jährige Bäuerin und Mesnerin Franziska Hirthammer in Hellring den Hg. vor. Sie stammt aus einer Mühle in Niederleierndorf und kennt das Lied von ihrer Mutter, die es wohl als Standeslied sehr liebte.

(Varianten dazu befinden sich im Institut für ostdeutsche Volkskunde in Freiburg i. Br.)

Wer imer zu Hellring in nöthen Hilff verlangt,
Von Sanct Ottilia Hilff gwiß allda empfangt.
Munderthätiges Gottes Hauß, S. Ottiliä O.S.B. zu Hellring in der
Heilig. Bergerischen Hoff Marckh Päring gelegen.

Klauser Cath. sc. A. V.

130

15. DEZEMBER

Herbergsuche

O Joseph mein,
wo werden wir heut kehren ein?

Herbergsuche im Dominikanerinnenkloster

Am 15. Dezember herrscht im ganzen Haus ein rühriges Putzen und Saubermachen. Heute begehrt das heilige Paar Maria und Joseph — gleich in mehrfacher Ausführung, je nach der Anzahl der Schwestern — Herberg im Kloster Heilig Kreuz zu Regensburg.
Immer 9 Schwestern gehören zusammen. Anhand von Nummern, die gezogen werden, wird festgelegt, wann „die Herberg zu den einzelnen Schwestern kommt." Jeden Abend wird nun die sog. Herberg, also die Figuren von Maria und Joseph mit dem Esel in der Mitte — wobei der Esel des Noviziates sogar schreien kann — einer anderen Schwester weitergegeben. Dies geschieht in Form einer kleinen Prozession. Zwei Leuchterträgerinnen gehen voraus, einige Schwestern tragen Blumenschmuck, den Schluß bildet die Schwester mit der „Herberg". Ein Adventslied singend, zieht die kleine Gruppe zu der Zellentür der betreffenden Schwester, der die Statuen mit der Bitte um Aufnahme übergeben werden:

„O Schwester, nimm sie auf in ihrer kalten Wanderschaft,
die schönste Mutter Jesu in ihrer unbefleckten Mutterschaft!
Verehr' sie aber nicht nur heut und morgen,
sondern hilf beständig ihre Ehr' besorgen!"

Die Schwester empfängt sie mit den Worten:

„Sei gegrüßt, o Jungfrau rein,
mit Freude nehm' ich dich in unsere Zelle ein.
Verehren will ich dich von ganzem Herzen,
verlaß auch du mich nicht in meinen Todesschmerzen!"

Eine Nacht und einen ganzen Tag nimmt der hohe Besuch in der Zelle der Schwester einen Ehrenplatz ein. Wer aber Nr. 9 gezogen hat, bei der kehrt an Weihnachten das Christkind selber ein, in Form eines Wachsjesuleins. Im Noviziat wird es natürlich so eingerichtet, daß dies Vorrecht jeweils die Jüngste trifft.   Sr. Aquinata Gropper O.P.

O Joseph mein

1. O Jo - seph mein! Schau mir um ein kleins Ör - te - lein! Nicht lang wird so es wäh - ren, ein Kind muß ich ge - bä - ren. O Jo - seph mein, o Jo - seph mein!

2. O Jungfrau rein, nach deim Begehren kann's nicht sein.
Zu spat seind wir ankommen, die Herberg seind eing'nommen
in Bethlehem, in Bethlehem.

3. O Joseph mein, wo werden wir heut kehren ein?
Bleibn wir auf offner Gassen, so friert uns über die Maßen.
O Joseph mein, o Joseph mein!

4. O Jungfrau rein, die Not muß eine Tugend sein.
Ein Stall ist überblieben, da sein wir unvertrieben.
O Jungfrau rein, o Jungfrau rein!

5. O Joseph mein, wie kann die Welt so untreu sein,
mich schwanger auszuschließen, daß wir im Stall sein müssen.
O Joseph mein, o Joseph mein!

6. O Jungfrau rein! Nach deim Begehrn kann's nicht mehr sein.
Ein Stall ist überblieben. Da sind wir nun vertrieben.
O Jungfrau rein, o Jungfrau rein!

7. O Joseph mein! Ich seh ein kleines Kindelein.
Die Zeit ist hergekommen, mein Schmerz hat mich bekommen.
O Joseph mein, o Joseph mein!

8. O Jungfrau rein! Dort steht ein kleines Krippelein,
darin wird müssen schlafen, Gott, der uns hat erschaffen.
O Jungfrau rein, o Jungfrau rein!

Aber du Bethlehem . . .

Kleines vorweihnachtliches Spiel.

Auf einem leeren Platz am äußeren Ende der Stadt Bethlehem. In der Mitte rückwärts ist ein Brunnen, rechts die Türe zur Herberge. Es ist Abend.

In dem Spiel treten auf:
Eine alte Großmutter mit wunden Füßen von der weiten Wanderung, vergrämt und verbittert.
Josua, ihr Enkel, etwa 15jährig, voll Erwartung.
Ein Mann, gut gekleidet, sehr spöttisch.
Ein römischer Wachsoldat
Maria
Josef

Großmutter: (kommt mit Josua aus der Herberge)
Also wieder nichts. Wo sollen wir nun hingehen, um zu schlafen?

Josua: Ich weiß es nicht. Da ist die Stadt zu Ende. Es war die letzte Herberge.

Großmutter: Ich kann nicht mehr weitergehen. Oh, meine Füße! So weit gewandert und nicht einmal ein Nachtlager.

Josua: Großmutter, wir setzen uns hier an den Brunnen.

Großmutter: Und wenn die Nacht kommt? Und wenn es kalt wird?

Josua: Ich gebe dir meinen Mantel, Großmutter. Komm, setze dich hierher. Mein Bündel unter deinen Kopf. (Er deckt sie mit seinem Mantel.) Nun liegst du doch ganz warm.

Großmutter: Und so weich! Und du, du frierst und wirst krank werden.

Josua: Ich friere nicht. Mir ist ganz warm. Ich warte doch.

Großmutter: Immer mit deinem dummen Gerede!

Josua: Großmutter, es wird etwas geschehen. Asa, der Schüler des greisen Simeon von Jerusalem, hat es mir gesagt. Es steht beim Propheten Micha: „Aber du, Bethlehem im Lande Juda, bist keineswegs die geringste unter den Fürstenstädten Judas. Denn aus dir wird hervorgehen ein Fürst, der mein Volk Israel regieren soll."

Großmutter: Wir warten schon tausend Jahre auf ihn, und er ist immer noch nicht gekommen.

Josua: Aber jetzt wird es bald sein. Simeon ist schon sehr alt, und er hat vom Herrn die Verheißung, daß er den Messias noch schauen wird. Großmutter, vielleicht in diesen Tagen . . .

Großmutter: Meinst du, hier auf der Straße? Dummkopf!

Josua: Wir wissen es nicht.

Der Mann: (kommt von der anderen Seite)
Ihr richtet euch hier auf der Straße ein? Ist dort in der Herberge auch kein Platz mehr?

Josua:	Nein, Herr, alles ist überfüllt. Meine Großmutter hat wunde Füße von dem weiten Weg, denn wir kommen von Naim. Wir waren sieben Tage auf der Wanderung.
Mann:	(sehr spöttisch): Ihr seid also auch aus dem „königlichen" Geschlechte Davids?
Josua:	Ja.
Mann:	Ein trauriger König, der seine Nachkommen nicht schützen kann vor der Willkür dieses römischen Machthabers! Ihm fällt ein, er will alle Leute aufschreiben lassen, und dann muß eine alte Frau sieben Tage weit wandern, und wenn sie hinkommt mit wunden Füßen, ist für sie noch nicht einmal ein Nachtquartier bereit. Das ist eine Schmach.
Großmutter:	Ja, Herr, eine Schmach. Oh, meine Füße! Sie müssen blutig sein.
Josua:	Großmutter, es wird nicht mehr lange dauern. Er ist schon unterwegs.
Mann:	Wer?
Josua:	Der Messias, der große Fürst, der uns befreien wird. Er wird in Bethlehem geboren.
Mann:	Es sieht wahrlich nach einem Fürstensitz hier aus!
Josua:	Es steht in der Schrift.
Mann:	Dort kommt wieder ein Paar müder Wanderer. Wohl auch aus dem Stamme des Königs David! Vielleicht bringen sie deinen Messias mit! Sie sehen sehr fürstlich aus. (Maria und Josef treten ein, sehen sich nach der Herberge um)
Josua:	(zu ihnen) Ihr braucht gar nicht fragen, dort in der Herberge ist kein Platz mehr.
Josef:	Ich habe in den anderen Herbergen schon überall gefragt; wir konnten nicht unterkommen.
Mann:	Für die Königskinder ist hier das Lager bereitet und die Tafel gedeckt.
Josef:	O Maria! Mir ist so weh um dich. Ich will es versuchen, daß wenigstens du ein Plätzchen bekommst.
Maria:	Laß, Josef, sie werden dich doch nur schmähen.
Josef:	(schüttelt geduldig den Kopf und geht in das Haus)
Großmutter:	(bissig) Ei ja, sie hat ein junges, schönes Gesicht und keine blutenden Füße. Da kann man vielleicht schon zusammenrücken.
Maria:	Du bist weit gewandert, Mutter?
Großmutter:	Sieben Tage, bis von Naim.
Maria:	Du Arme. Laß mich deine Füße waschen und verbinden. Ich trage weißes Linnenzeug bei mir.
Großmutter:	(schroff) Nein.

Maria:	Warum nicht? Ich will ganz behutsam sein und dir nicht wehe tun. (Sie kniet bei ihr nieder)
Großmutter:	Geh weg! Ich bin froh, daß das Toben nachgelassen hat. Jetzt nicht wieder aufrei-ßen.
Maria:	So können deine Füße doch nicht heilen mit dem eingetrockneten Blut und dem Staub der Straße. Laß mich, Mutter!
Großmutter:	Geh weg, sage ich dir!
Mann:	Laß doch die alte Vettel! Ist wahrhaftig schade um deine weißen Hände.
Großmutter:	Dich geht es gar nichts an. Möchtest wohl, daß sie mit den schönen, weißen Hän-den um dein Gesicht streichelt. Ha, alter Sünder, habe ich dich erkannt?
Mann:	Schweig, giftige Natter!
Josua:	So darfst du nicht von ihr reden, Großmutter.
Großmutter:	Hahahaha! Hat sie dir auch schon den Kopf verdreht? (Zu Maria, die ihr inzwischen die Sandalen abgelöst und die Füße freigemacht hat, ohne sich um die Reden zu kümmern.) Also mach schnell. Und daß du mir nicht wehe tust!
Maria:	(zu Josua) Schöpfe mir in dem Gefäß dort Wasser aus dem Brunnen. (Josua tut es. Die beiden Männer sehen ihr andächtig zu, wie Maria nun behutsam die wunden Füße wäscht und dann mit weißen Leinenstreifen, die sie unter dem Mantel trug, verbindet.)
Mann:	(leise für sich) Ich wollte, ich selbst wäre wund, und diese wunderbaren Hände . . .
Josef:	(aus dem Hause tretend) Maria, sie sind zusammengerückt und haben einen Platz für dich frei gemacht.
Großmutter:	Habe ich es nicht gesagt, für das junge, schöne Gesicht können sie zusammen-rücken!
Maria:	Ich danke dir, mein lieber Mann. Aber ich trete meinen Platz gerne ab für die alte, kranke Mutter. Gleich bin ich fertig mit dem Verband, dann führen wir sie hinein. Die Wunden werden rascher heilen, wenn sie gut und ruhig liegen kann.
Großmutter:	Du willst mir deinen Platz in der Herberge geben? Da werden die drinnen nicht zu-frieden sein.
Maria:	Sei ohne Sorge, sie werden es. (zu Josua) Hilf mir sie hineinführen. (Die drei gehen ab in die Herberge)
Mann:	(zu Josef) Das nenne ich Dankbarkeit! Du mühst dich und verschaffst ihr wohl mit vielen gu-ten Worten und klingender Münze einen Platz . . .
Josef:	Es war nicht ganz leicht.

Mann:	Nun ja. Und sie gibt den Platz lächelnd weg an dieses alte Weib, das nur böse Reden für sie hatte. Was wirst du nun tun?
Josef:	Ich werde suchen, daß ich draußen vor den Toren einen Winkel finde, wo ich Stroh für ein Lager aufschütten kann. Sage ihr, daß sie hier warten soll, bis ich zurückkomme und sie hole. Sie ist sehr erschöpft und kann keine vergeblichen Wege mehr machen. Ich lasse meinen Mantel hier, daß sie sich darauf setze. Habe Dank. (Er geht nach rückwärts ab.)
Mann:	Sonderbare Menschen. Wenn ich ihr Mann wäre, ich hätte ihr wahrhaftig etwas anderes gesagt. (Maria und Josua kommen zurück aus der Herberge)
Maria:	(sieht sich betroffen um, da sie Josef nicht entdeckt)
Mann:	Du siehst dich um. Ja, dein Mann ist weggegangen. Ich hätte noch ganz anderes getan, wenn ich meiner Frau unter vieler Mühe ein Lager verschafft hätte und sie dann einfach lächelnd eine andere hineinlegte.
Maria:	(sehr erschrocken) O Josef!
Mann:	(lacht) Nun, sei nicht so erschreckt. Er ist ein anderer als ich und zürnt dir nicht. Er ist gegangen, draußen vor der Stadt einen stillen Winkel zu suchen, wo er dir ein Lager richten kann. Du sollst hier auf ihn warten. Seinen Mantel ließ er da für dich.
Maria:	Josef ist gut.
Josua:	Ich danke dir sehr, daß du meiner Großmutter dein Lager gegeben hast. Ihre bösen Reden darfst du nicht übel nehmen, sie hatte große Schmerzen.
Maria:	Ich weiß.
Josua:	Hast du gesehen, wie ihr Gesicht ganz anders wurde, als sie sich auf dem Lager ausgestreckt hatte?
Mann:	Nun laß die junge Frau. Sie soll sich auch setzen und ausruhen. Mich dünkt, auch sie ist müde und weit gegangen. Woher kommt ihr?
Maria:	Von Nazareth.
Josua:	Das ist noch weiter als von Naim.
Mann:	(breitet Josefs Mantel aus) Hier setze dich. — Und so etwas verlangt man von einer jungen Frau, die ihrer Stunde entgegensieht! Nur um einer Laune dieses Tyrannen wegen!
Maria:	Nicht schmähen!
Mann:	Wann werden wir endlich befreit von diesem Joch, das unerträglich ist!

Josua:	Bald wird es sein, Herr. Ich glaube, daß wir es hier in diesen Tagen in Bethlehem erleben. „Du Bethlehem im Lande Juda bist keineswegs die geringste unter den Fürstenstädten Judas. Denn aus dir wird hervorgehen ein Fürst, der mein Volk Israel regieren soll."
Mann:	Wer sagt dir dieses?
Josua:	Es steht in der Schrift beim Propheten Micha, und Simeon, der Lehrer in Jerusalem, hat von Gott die Verheißung, daß er nicht sterben werde, bevor er das Heil der Welt geschaut. Simeon ist schon sehr alt. Darum wird es bald geschehen — in Bethlehem . . .
	(Josua steht verzückt, schaut auf Maria, die betend in sich gekehrt sitzt, der Mann schaut ebenfalls nachdenklich und sehr betroffen auf Maria.)
Ein römischer Wachsoldat (tritt herein):	
	Was treibt ihr hier noch auf der Straße? Das ist nicht erlaubt.
Mann:	Wir fanden keinen Platz mehr in den Herbergen.
Soldat:	Das geht mich nichts an. Hier dürft ihr nicht bleiben. Befehl ist Befehl.
Josua:	Wohin aber sollen wir gehen?
Soldat:	Das schert mich nicht. Hier müßt ihr fort.
Maria:	Mein Mann ist gegangen und sucht draußen vor den Toren ein Fleckchen, wo wir bleiben können.
Mann:	Und ich warte hier den Morgen ab.
Soldat:	Das geht nicht. Es darf niemand auf der Straße sein. Befehl ist Befehl.
Mann:	(aufbrausend)
	Und was ist das für ein Befehl, daß wir tagelang hierher wandern müssen, weil es dem hohen Herrn plötzlich eingefallen ist, daß alle aufgeschrieben werden müssen. Dann kommt man hierher und findet kein Quartier, und nun sollen wir auch noch von der Straße vertrieben werden!!
Soldat:	(ebenso)
	Muß man nicht fürchten, daß es Krawalle gibt, wenn man solche Radaubrüder auf der Straße sich zusammenhorden läßt?
Mann:	Radaubrüder sagst du?
Maria:	(hebt beschwichtigend und bittend die Hände)
Soldat:	Und überhaupt, was brüllst du mich an? Ich tue auch nur, was mir aufgetragen ist. Wäre mir wahrhaftig auch lieber, ich könnte daheim warm in meinem Bette liegen statt hier durch die Straßen zu gehen und das Gesindel aufzuspüren.
Mann:	Du nennst uns Gesindel? Die junge Frau?

Soldat:	Sie nicht. Und ihretwegen habe ich auch deine Rede nicht so gehört, wie ich sie hören müßte. Sie hat was angerührt in meinem Innern. Weit überm Meer — ist mir ein junges Weib und wartet, daß ich komme. Und wartet auf das Kind — vielleicht in diesen Tagen. Wann endlich ist die Dienstzeit hier zu Ende! — Frau, mir ist, als müßtest du ein Wiegenlied uns singen.
Maria:	(spricht mit hoher Stimme, gleichmäßig wie Gesang): Die Erde ist so dunkel und so trübe, da steigt am Himmel fern ein Leuchten auf, und alle Finsternisse müssen untertauchen; das Licht steigt höher, höher, strahlt, die Lüfte fangen an zu zittern, ist ein Läuten, allüberall tönt: Gloria dem Herrn und allen Menschen Friede, Friede die guten Willens sind . . .
Josua:	Du Bethlehem im Lande Juda . . . (Er steht mit gefalteten Händen, schaut in die Ferne) (Der Mann und der Soldat schauen gefangen auf Maria)
Josef:	(kommt, sieht die Gruppe, staunt und geht dann langsam auf sie zu): Maria, ich habe draußen in einer Höhle einen stillen Winkel gefunden und dir ein Lager bereitet. Ich bin gekommen, dich zu holen.
Maria:	Ja, mein Josef. (Sie steht auf, Josef nimmt den Mantel an sich, beide gehen ruhig ab)
Mann:	(nach einer Pause) War mir's doch . . .
Soldat:	Seltsam . . .
Josua:	Du Bethlehem . . .
Soldat:	Was sagst du immer „Du Bethlehem"?
Josua:	Es steht geschrieben im Buche des Propheten: „Du Bethlehem im Lande Juda, bist keineswegs die geringste unter den Fürstenstädten Judas. Denn aus dir wird hervorgehen ein Fürst, der mein Volk Israel regieren soll." Und es wird geschehen.
Mann:	Es ist wieder dunkel geworden, weil sie von uns gegangen ist. Und war doch so helle.
Josua:	Wir wollen zum Herrn rufen, daß das Licht aufgeht, so wie sie es gesungen hat. Sie weiß es.
Soldat:	Ich kann nicht weitergehen jetzt. Laßt mich bei euch bleiben.

Josua:	(kniet, die beiden Männer stehen versunken neben ihm)
	Nahe ist der Herr allen, die zu ihm rufen, allen,
	die aufrichtig zu ihm rufen.
	Komm, Herr, und säume nicht!
	Und nimm den Druck der Sündenlast
	von deinem Volke Israel.
	Nahe ist der Herr allen, die zu ihm rufen, allen,
	die aufrichtig zu ihm rufen.
	Laut soll mein Mund das Lob des Herrn verkünden,
	und alles Leben preise seinen heiligen Namen.
	(Sehr ferne erklingt der Engelgesang: Gloria in excelsis Deo!)
	(Die drei lauschen)
Josua:	(sehr erregt)
	Die Lüfte fangen an zu zittern, ist ein Läuten . . .
	(jubelnd)
	Es ist geschehen! Der Messias ist geboren!
Mann:	Und sie ist die Mutter.
Josua:	Kommt, gehen wir ihn suchen!
Mann:	Ja, gehen wir.
Soldat:	Darf ich mit euch?
Josua:	Ja. Komm! Du Bethlehem . . .

(Alle drei gehen nach rückwärts ab)

Rosemarie Menschick

D'Rast

Personen:
Maria
Joseph
Isaak
Beni
Vorleser

Vorleser:

Da Wech vo Nazareth af Bethlehem woa weit, er woa stoani, staubi, windi, steil afi, na wieda gach oe übern Bergh.

Da Joseph isn oft ganga als a Zimmermo. Wej er no jung gwen ist, is er weit umananda-kemma. Er stammt ja ausm Gschlecht des David, und Bethlehem is sei Hoamat gwen.

Er het se eigentli freia mej'n, daß er's wieda amol segn derf de alte Davidsstodt, am End do und durt a poa Freind vo frejer her segn. Oba da Wech woa so schwar zum geh, er hot se ebn kimmert um d'Maria.

Der Befehl vom römischn Kaiser zun Schatzn loua het ja aa a poa Wocha späta kemma kenna, wenn's umi gwen war, de Kindsnejth. So mouß d'Maria de weite Streck bis af Bethlehem hizuign.

Da Joseph wollt se erscht goa net mit ihr afn Wech macha. Wer mog se scho a so a Stra-paz mit an Weiberleit odo, des mitn Kind geht! D'Maria hot bloß alaweil gsagt: Es werd scho a so grod recht sa und da Herrgott loußt uns net im Stich.

Na ja, na sans halt ganga mit'n noutigstn Zeig an Gwand und Tejcha fürs Kind. Für d'Brot-zeit hams aa wos eipackt.

Da Wech vo Nazareth af Bethlehem woa weit, er woa stoani, staubi, windi, steil afi, na wieda gach oe übern Berch.

Da Joseph hots alaweil wieda gstützt d'Maria, daß ja net hifallt. Sie hot a so a Schneind ghat. Koa Jammern, koa Seifzn hot er ghert. Er hots oba dennascht gspannt, daß ihra oft schwar gefalln ist, wenn sa se fest an sein Oam highenkt und gschnouft hot.

141

Sie san ez scho viell Tog untawegs, voll Staub, mit zfetzte Schouh und an zrissna Gwand. Da Joseph is eh an küazan Wech ganga, den net a jeda gwißt hot. So woa eam aa kurz voa Bethlehem a Felsnhühln bekannt. Af de is er zougsteiert zum Ausrastn.

Wej's den Hugl afisteign und zu dera Hühln hikemma, herns Stimma:

Isaak:

Woast es du gwiß, daß do vobeikemma, ez woat ma denascht scho so lang!

Beni:

Gwiß woahr, Isaak, wenn i's dia sog! Zwoa Esl hams voll glodn voll Säck mit Woiz. De Kaufleit handln mit de Röma, stecka mit eana unta oana Decka. Na zühln sa se no scheiheili zu unserm Volk! De falschn Fuchzga! Isaak, dene wern ma helfa, dene wern ma eanane Säck o'nemma, und mit mein Prejgl krejgns aa no a poa umi.

Isaak:

O Beni, i hob sowos no nia do. I woar alaweil a grechta Mo.

O Herrgott, nimm mia's net übl. I hob a Haufa Kinda dahoam.

D'Nout zwingt mi. I woa a Bauer und hob fleißig g'oabat.

Oba de schlechtn Arn de zwoa letztn Joa woarn schuld!

I hob de Römer de Steiern nimma zohln kenna, und do hams ma meine poa Felda weggnumma. Ez hob i goa nix. Mei Wei hot se scho mitn Webn Tog und Nacht zamgschundn, daß a poa Kreiza einaganga san.

Beni:

Wej's dia ganga is, so hams viell dalebt. Mia hot a Weinberg ghert, ez derf is als Kameltreiba mei Famili daniahrn!

Unser oams Volk werd niedatretn vo de Röma. Es is a Unfriedn und a Haß im Land. Es ham se scho viell Rebelln zamagfuna.

Do drent af de Straßn vo Jerusalem hams vorige Wocha a römische Kohortn ogriffa. Dene hams afzundn. Koan hams dawischt!

Isaak:

Ja, so leicht ist des net. Mein Nachbarn hams kreizigt bei Jerusalem. Sie ham nan dawischt, wej er an reichn Röma überfalln hot, der af sei Landhaus gfoarn ist.

Oba es werd amol an andere Zeit kemma. Wenn er kimmt, er, af den ma scho so lang woatn, da Messias. Er werd uns helfa. Er werd uns befreia. Als a groußa Kämpfer, als a Hauptmo mit an guatbewaffneten Heer. Und mia krejgn aa de bestn Waffn und folgn eam noch. De Röma, de werdn renna, dene eana letzte Stund hot gschlogn, alle werdn mas aussischmeißn, aus unserm Land, ha, ha, . . .

Joseph:

Maria, I glaub, des is net da richtige Rastplotz für di. Mia genga lejba a Stückl weita.

Maria:

Na, Joseph, grod do mej ma hi, grod do ist unser Plotz. De Leit san in ihra Vazweiflung ganz blind. Sie ham de Liab voloan. I trog den Messias untam Herzn. Er bringt den Friedn. Gega alle Gwalt, gega Haß und Krejg bringt er die Vasöhnung ezat und allaweil af da Welt. Aa en dene eana Herz bringt er a Lejcht. Er macht alles wieda guat.

Joseph:
(kommt mit Maria näher) Grüaß Gott beianand, derf ma uns a weng zu eng gselln und rastn? Mei Frau is scho so mejd und durschti.

Isaak:
(betreten) Mia, mia ham nix dagegn. Wej i seg, ha'ts scho an weitn Weg hinta eng. Hockts eng do her. Geh Beni, hol a Wasser!

Beni:
(unwirsch) Mensch, Isaak, Du woaßt denascht, daß ma wos ganz anders ez vorham . . .

Isaak:
Geh zou, red net lang, des Wei, schaus doch o, wej kasi de is!
(Beni holt kopfschüttelnd Wasser) Frau, I leg da an Stoa unter d'Fejß, na ko'st gscheida hocka. I woaß des vo da mein, de hot des in dem Zoustand gern miegn. (Isaak richtet Stein unter Marias Füße)

Maria:
(Maria streicht über seinen Kopf) Bist a braver Mo. Vagelts dia Gott!

Isaak:
(zuckt zusammen) I woaß net Frau, i woaß net recht . . .
(Beni bringt Wasser in einer Tonschale und reicht sie Maria)

Maria:
I dank dia schö. (trinkt) Do trink aa! Es is a guats Wasser.
Do krejgst wieda a Kraft. Hast es net leicht in deim Lebn.
Du werst es oba scho schaffa, du host a guats Herz.

Beni:
(reicht Maria die Schale zurück und läßt Kopf sinken)
O mei Frau . . .
(Maria reicht Schale Isaak. Dieser gibt sie Joseph, der ebenfalls trinkt)

Maria:
(steht auf) Joseph, ez gehts mia bessa. Gehma no des lezte Stückerl af Bethlehem eini. Es werd scho finsta.

Joseph:
Pfüat eng Gott. Mia danka eng recht. Es hot uns guat do des Rastn bei eng. (Beide gehen langsam weg)

Beni:
Wos hots gsagt? A guats Herz hob i? Des hot mia no neamaz gsagt. Mia is ganz andersch. A guats Herz . . .

Isaak:
A brava Mo bin i, Beni! I, i bin a brava Mo! I pfeif af de Kaufleit und eanane Säck. I geh hoam. I werd scho durchkemma mit meina Famili. Am End als Hejta oda a als Kameltreiba . . .

Beni:
Ja, Du host recht. D'Gwalt, de hot koan Sinn. Ma kimmt net weit. Da Messias mou bald kemma. Mia brauchnan, Er werd uns sogn, wej ma's macha mej'n! (schaut Maria und Joseph nach) Ez gengas scho do untn, de Leit. Wos san des für oa? Sie hots net leicht zum geh.
Da Wech af Bethlehem is stoani, staubi, windi, steil afi, na wieda gach oe übern Berch.

Hildegard Eisenhut

Der Herbergswirt

I bi a Herbergswirt aas Bethlehem. Es gi(b)t an ganzn Haffa vo unserer Zunft durt. I probier amal, ob i mi zruckerinnern ka an döi grouße Volkszählung damals, döi da Kaiser Augustus aasgschriebn hout, weil er s wissn hout welln, wöivül Leit in seim Reich umanandarenna. Und gmacht hout er s ja wahrscheins deszweng, daß er uns nu gröißerne Steuern aaffebrumma ka. —

Kröign ja niat gnou, döi Groußn!

Wöi gsagt: zouganga is's damals wöi in an Ameisnhaffa. Va üwerall her homs einadruckt. Döi oin aaf de Gaal und de Kamela, döi andern z Fouß. Koi Bettstott houts mäja gebn. Aafn Heu und am Strouh homas unterbrocht. Und wenn ner a Dachl wou gwen und viagstandn is, nou hams dou aa nu biwakiert und gschlouffa.

I woiß, glaab i, den Tog nu, wous kumma san; s is schou duster woan draßn. Da Knecht houts glei gsehng und hout mirs gsagt:

„Dou san nu zwoa kumma." „Wer nou?", ho i gsagt.

„A Manna- und a Weiberleit."

„Homs a Geld?"

„I glaab niat, hom blouß an Esl."

„Schicks halt hinte zum Viadooch vom Stodl, dou kannt grod nu a Platzl sa!"

Ober da Knecht hout gsagt:

„Döi mächtn a Kamma!"

„Ja bist ganz nasch? — Fir so oarme Fretta?"

Ja, und draaf da Knecht:

„I glaab, des Weiberleit is krank!"

I bi nou selba asse ganga und ho a bisserl freindli gschaut und gsagt: „Mei, des tout ma leid! Ober alls is vull. Ho halt koin Plotz mäja! Wou sads n her? Wou stammts no o?"

„Aus Nazareth und vom David sein Stamm", hout da Fremde gsagt.

„Ja, wos niat goua! Vom Davidl stammts es? Ja sua wos!"

Und denkt howe ma: „Mei, han de owa oarm woan! Und is amal a Kine gwen!" Und nou ho e de Frau a bisserl agschaut, mei, a jungs, zarts Weiberl! Ganz zammghutscht is's am Esl ghockt.

A ganz blaß, ober a schöins Gsichtal houts ghat. Und mir is ganz sonderbar ums Herz worn, wöi i si sua betracht ho.

„Mei, es tout ma ja leid," ho e numal gsagt, „hechstns am Huf dou hint! An exteras Zimmer, des gäiht niat!"

Draaf hout da Ma gsagt: „Mei Frau is krank! Gäihts wirkle niat? Gäihas, homs a Herz!"

I hobs nou a bissl gnoua visiert, nou howe scha gsehgn, wos gschlogn hout.

„Häjarts, Leit, wennds alloins bleibn wellts, und a Dooch üwerm Kopf brauchts heint nocht, nou taat i enk rou(t)n:

Glei hintam Toua va da Stodtmauern dou gäiht a Steich ore, und wennds drunt saads, wenn da Steich aas is, nou sehgts an da Owandn a poar Grottn. Döi nehma d Höita fir d Vöicha her.

Dou kannt Plotz sa! Sads wenigstens fir enk allois und s kost nix!"

Ka Wort hams gsagt. Er hout mitm Kopf gnampt, hout sein Esl am Zügl gnumma und nou sans im Finstern vaschwundn.

I ho nou nu ganz vadaddert nou gschaut, und i woiß niat? —

I woiß heint nu niat, wöi a ma des Ganze daklärn soll.

I hos glei gspannt und gspürt: Dou houst an Fehler gmacht!

Häist niat dou solln! Ober, i sogs enk ehrli: I ho gwieß ka Zimmer mäja frei ghat. Vielleicht häitt e s mei hergebn solln!

N ganzn Abnd bin e ganz däiad gwen, so is ma de Gschicht nouganga und hout me wöi a Staa am Herz druckt.   Heiner Wittmann

Christnacht

Im Gebirg

Da Schnee rieslt oba, da Wind geht eiskolt,
Do gengat zwoa Leut im Gebirg durch'n Wold.
Da Mo tragt vor Kältn an schneeweißn Bart,
Sei Wei is no jung, wia a Bleamerl, so zart.

Wia a Bleamerl so zart, so liab und so fei . . .
„O Josef, wo wird denn d'Stodt Bethlehem sei?
I konn nimma weita, i bin net recht g'sund,
Geh, rast' ma a weng, grod a viertelte Stund."

„Wos glaubst denn, Maria? I rastat wohl gern.
Dös müaßat ma büaßn, — do tat's uns dafrörn.
Da Herrgott wird helfa, — du tuast ma so leid,
Gib her dei kloans Packerl, wir ham nimma weit.

Do drunt' wohna d'Hirtn; an Hund hör i belln. . .
Wos braucht uns da römische Kaiser jetzt quäln?
Der sprengt uns im Winter sternweit umanand,
Hot koans guate Stiefl, hot koans a warms G'wand."

„Dös is uns so aufg'setzt, do därf ma net klogn!
Schau, Josef, wos müassn de andern oft trogn?
Do host meine Fäustling, di fruist ja in d'Händ,
Jetzt is ma scho leichta, s'Gebirg nimmt a End."

In Bethlehem

D'Leut san scho im Bett, und a Nachtwächta brummt,
Weil da Josef so spät in d'Stodt einakummt . . .
Beim Schreiner am Bacherl, do klopft a an d'Tür:
„Moch auf, liaber Vetter, i brauch a Quartier!"

„Wiaso denn a Vetta? Bei mir konnst net bleibn!
I werd' do als Schreiner koa Wirtshaus betreibn.
Mit dera Vowandtschaft, do hätt' ma sei G'frett,
Schauts umi zum Nachbarn, der hot scho a Bett!"

Da Nachbar kimmt außa und schreit volla Wuat:
„Für Bettelleut is ma mei Liegastott z'guat!
Do müaßt oana kömma, der Geld hätt' wia Heu,
Jetzt möcht i mei Ruah, is da Tog längst vorbei!"

„Wir san koane Bettler; wir zohln unser Sach!
Wos moanst denn, Maria, — dem schlog i an Krach!"
„Laß's sei, liaba Josef, dös hot ja koan Sinn,
i mog's net, dös Schimpfa, du woaßt, wia i bin."

Stoamüad genga's weita und schaun in da Stodt,
Ob oana für d'Nacht a kloans Dachstüberl hot.
A Schand is's! Sie müassn bloß Grobheitn hörn:
„Kummts no a weng späta, glei soll's Enk dafrörn!"

Da Schnee rieslt oba; da Wind pfeift ums Eck . . .
„Wos hilft unser Jammern, es hot net viel Zweck.
Wenn d'Menschn a Herz ham, so hart, wia a Stoa,
Dann suach i a Herberg, — beim Viech auf'm Roa."

Im Stall von Bethlehem

Da Weg is so müahsam . . . Es wachlt und schneit,
Im Tal rauscht a Brünnl, a Wildganserl schreit . . .
„Mein Gott, liaba Josef, wia hart is de Welt,
I hob ma den Gang a weng leichta vorg'stellt.

Bis gestern, do war i voll Muat und kerng'sund.
Heut is ma so seltsam, — es kimmt ja mei Stund.
Du woaßt as, da Engl, der hot ma's vokündt,
Wos tuan ma denn, wann i koa Unterkunft find?"

„Do steht scho a Schupfa, danebn is a Stall,
I find ma nix anders, für heut auf koan Fall.
Wir san scho mei' Lebtog recht armselig dro,
Dös is fei wos Traurigs und hart für an Mo!"

„Du wirst do net woana? Geh zua, geh voraus!
I denk' ma, dös is jetzt dös allerschönst' Haus.
Do konn uns koa Wind und koa Kältn mehr zua,
Es schimpft uns koa Hausherr, wir ham unsa Ruah."

De Frau is recht tapfa, dös muaß ma scho sogn.
Wia's Zeit is, do hört ma koa Jammern und Klogn.
Da Josef muaß s'Büaberl in d'Krippn ei'legn:
„O Muatterl, an dir is a Wunder heut g'schehgn!"

„Da Herrgott hot g'holfa . . . Wia bin i so froh!
Durt liegt mei holds Kindl so warm auf'm Stroh.
Schau hi, liaba Josef, er lacht scho, da Bua,
Jetzt möcht i gern schlafa, i brauchat a Ruah."

„Ja, schlof no, Maria, du wirst ma sunst krank.
Wir könna vom Glück sogn, dem Himmel sei Dank.
Herinn is's schö warm und dei Lager is g'richt,
I lösch' jetzt d'Latern, daß koa Feuer ausbricht."

Mäuserlstaad wird's im Stall. A Ochs und a Kuah,
De traun se kaum schnaufa, es schlaft ja da Bua.
Es traamt de Liab Frau in da Deck unter'm Heu,
Da Josef sinniert, — mit sei'm Schlof is's vorbei.

Die stille, heilige Nacht

De Kältn laßt noch und da Wind hot se g'legt,
Da Himml wird nimma durch d'Wolkn vodeckt.
Jetzt funkln de Stern mit an wundabarn Glanz,
Da Mond hot a Scheibn, wia a silberner Kranz.

Und a großer Komet flammt hoch über'm Stall,
„Wos konn dös bedeutn?" frogn d'Hirtn im Tal.
A Engl fliagt nieda, vo dem hörn's es g'wiß,
Daß diamol da Heiland auf d'Welt kömma is . . .

Jetzt jubeln de Manna und jeder tracht' furt,
Bevor ma no schaut, san's beim Jesuskind durt.
Sie knian vor da Krippn und gebn volla Freud,
Wos's grod bei da Händ ham, — san eh' arme Leut.

Da erste hot Äpfel, da zwoat' bringt a Wurscht,
Da dritte a Schafwoll und ebbas für'n Durscht.
A Frau bringt an Honig, a Schmolz und a Taubn,
Da Josef muaß's nehma, — er konn's fast net glaubn.

Do sehgt ma's, es gibt holt no seelnguate Leut.
Wenn ma so ebbas hört, dann spürt ma a Freud.
Dem Josef is g'holfa, er fürcht' jetzt koa Not,
Er dankt dene Hirtn und sagt: „Vergelt's Gott!"

Wia's genga, do is a voll Schlof und stoamüad.
Er legt se glei nieda und hört a schön's Liad.
Dös geht eahm so z'Herzn, mit friedvolla Macht,
Vier Engln ham's g'sunga in sternklarer Nacht.

A halb's Stünderl drauf hot da Josef an Traum:
Es kimmt a Trupp Reiter, samt Rösser und Zaum.
Drei König' san drunta, ganz vornehme Herrn
Im Purpur, mit Kronen, voll Ordn und Stern.

De reitn vo weit her so schnell wia da Wind.
Jetzt kömma's zur Krippn, zum göttlichn Kind.
Sie beugn eahna Knia, und da Heiland lacht hold,
Do schenkt eahm a König a Schüsserl aus Gold. . . .

Andreas Staimer

Herbergssuche

San no allawaal untawegs,
Maria und Josef,
und soucha a Herberch
fias Kindl:

A Dooch iwan Koopf,
an Schaab Strouh zum Niedalegn,
an Tölla voller Suppn,
a Wärmnis gechas Friern,
und gechas Alloasaa
an Ansprach.

Jeda hots.
Und a jeda kannts geem.
Owa es gitt no allawaal
zvüll Wirt vo Bethlehem
aaf unsara Wölt.

Georg J. Gick

wann drobn am himmi

(langsam und fast flüsternd)

wann drobn am himmi
glambumbirln vergnitzkern
pfisterschtaad und
pfleiber gnaarischt

wann drobn am himmi
zwimper zwaaberln
zwischn die zwiebitzn glischpern
neibigl glurischt
blemper blei blieri
glisch — glisch —

na wiglt der bebern aufi
    vom wuwaazn
    heier wambubaazn
    überd weibischbm glandugnaazn
    überd hebiger beri beibipfn
    und blemper blei blie blaazn
glisch — glisch —
drobn am himmi

Felix Hoerburger

Aphorismus

Wenn um Weihnachdn
da Schnäi
olles zoudeckt
wiad doch desweng
wos schwoaz is
niad weiß

Christine Blumschein

150

Christkindl-Andachten und Prager Jesulein

Einen letzten Rest tiefempfundener barocker Volksfrömmigkeit finden wir heute noch in den sog. Christkindl-Andachten in der Karmelitenkirche St. Josef zu Regensburg, die an den neun Tagen vor dem Weihnachtsfest abgehalten werden und sich nach wie vor größter Beliebtheit bei der Bevölkerung erfreuen.

Polyxena Fürstin von Lobkowitz hatte schon 1628 dem Karmelitenkloster „Unsere Liebe Frau vom Siege" in Prag eine aus Spanien stammende Jesuleinfigur geschenkt (vgl. S. 118) und damit den Kult des Prager Jesuleins sowie dessen Verbreitung durch den Karmelitenorden in Österreich und Deutschland begründet. Da diese böhmische Adelsfamilie auch in der Oberpfalz viele Besitzungen hatte, verwundert es nicht, daß der „allergnädigste Prinz von Lobkowitz" 1697 in der Karmelitenkirche zu Regensburg eine Andacht an neun Tagen (= Novene) vor dem Weihnachtsfest mit täglicher Predigt stiftete. Trotz des großen Zulaufs des Volkes erlosch jedoch dieser Brauch laut Kirchenchronik bereits nach 15 Jahren.

1740 gestaltete man den vorderen rechten Seitenaltar der Kirche kostbar aus, um dort ein Prager Jesulein aufzustellen, das von jung und alt sehr verehrt wurde. Sogar Disputationen über das Jesulein fanden statt, selbst gelehrte Herren scheuten sich nicht, ihm ihre Verehrung zu erweisen. In dieser Zeit wurden viele Wunderheilungen bezeugt, die ihren sichtbaren Ausdruck in wertvollen Votivgaben fanden. Mit allem barocken Pomp beging man 1741 das Namen-Jesu-Fest zu Ehren des Prager Jesuleins mit Musik, gesungener Litanei, einer besonderen Komposition in deutscher Sprache und sakramentalem Segen.

Noch heute steht dieses Prager Jesulein in der Karmelitenkirche St. Josef zu Regensburg, und noch heute wird jährlich in der Zeit vom 16. bis 24. Dezember die Christkindl-Novene abgehalten, jeden Tag durch einen anderen Prälaten oder Weihbischof der Domstadt. Die musikalische Gestaltung übernehmen Chöre aus Regensburg wie die Domspatzen, die Kirchenchöre von Niedermünster und St. Theresia, Volksliedgruppen etc. Am Schluß der letzten Andacht, die seit Jahren der Diözesanbischof persönlich hält, wird das Christkind in einem feierlichen Zuge unter Abspielen des eigens dafür komponierten Christkindlmarsches zum Hauptaltar getragen.

P. Wilfried Walbrun OCD

GAUDETE — wöis mir sogn

Frei de, Mensch!
I soch das nuamal
frei de!
Bal is soweit,
a poa Doch nu,
a poa Nächt,
noucha genga d Löichta a,
noucha wirds hell,
und du kummst nimma as.
Weihnachtn is stirka als du.
Glaab mas,
stirka als du
mitsamt deinn Grant,
deinn dappatn Herzn,
und deina Angst. . .
Gell,
döi host aa.
Und i soch da,
schlucks obe,
drucks obe
in d Hosntaschn
oda sunst wou hi,
tritts ins Schnäigflatsch eine,
oda schmeiß in a Loch,
wous koina mehr assazaglt.

A poa Doch nu,
a poa Nächt,
und du wirstas seng,
aa für di hots an Sinn,
aa für di gibts a Löib,
aa af di woat a Mensch,
aa zu dir,
wannst willst,
kummt a Härgod.
Glaabs,
richtde draf ei!
Und frei de,
i soch das nuamal,
frei de!

Fritz Morgenschweis

152

21.
DEZEMBER

Der heilige Apostel Thomas

Der Thama
mit'n Hammer

Thomas-Legende

Net, daß er von Haus aus mißtrauisch gwesn waar, der Fischer Thomas aus Galiläa, aber aufs leere Gred hat er halt nix gebn, und auf leere Versprechungen hat er se bei seim Gschäft net verlassen könna. Aber was er gsehgn und verstandn hat, des hat se in den Thomas eibrennt als Wahrheit.

De Wunder von seim Herrn Jesus hat er gsehgn, und er hats glaubt, und für de Wahrheit hätt er se umbringa lassn von de Pharisäer!

Aber daß sei Herr stirbt und dann doch net tot is, des war z viel für sei Hirn. Drum werd er aa heut no der Ungläubige gschimpft. Aber Jesus nimmt n ganz staad bei der Hand und druckts nei in de offene Wundn, die eahm de Lanzn gschlagn hat hoch drobn am Kreuz.

„Mein Herr und mein Gott!" is alls, was da Thomas sagn kann.

Jetzt hat er s begriffn, was Glaubn hoaßt!

Der scho!

Mit dem Zeichen vom Auferstandenen geht er fort, daß de andern aa was erfahrn von seim Glaubn.

„Überall geh i hi, bloß net nach Indien!" — Und doch schickt n der Herr grad dort hi. S Folgen is schwaar!

Und er predigt und tauft, tauft aa de drei heiligen König, und sei Wort is so voller Gluat, daß er Tausende bekehrt.

Auf glühende Plattn laßt n der zornige König stelln, wenn s aa sei Baumeister war, doch bald löscht a Quelln des feurige Blech.

In an eighoaztn Ofn hams n grennt — als ob mit dem Tod de Wahrheit zum Todmacha waar! — doch der Ofn glüaht aus, an Thomas gschiecht nix.

„Jetzt opferst unserm Gott!" Der Heilige kniat se nieder vor dem Buidl aus Erz und bet' zu seim Gott. Da zerschmilzt der unechte Gott wia Wachs in der Sonn.

Jetzt is de Wuat nimmer zum Haltn, und der Hohepriester durchsticht n mit seim Schwert unter dem stoanernen Kreuz von der Kirch, de der Thomas selbst baut hat.

Bluat tropft aus dem Kreuz, tropft nei in de stoanernen Herzen, laßt s aufgeh für den lebendigen Gott.　　　　　　　　　　E. E.

Predigt am Feste des heiligen Thomas

Thomas, unus ex duodecim, non erat cum eis, quando venit Jesus.

Thomas, einer von den Zwölfen, war nicht bei ihnen, als Jesus kam. Joh. 20,24.

Ich weis euch die Ursache nicht zu sagen, warum sich der heilige Thomas heute von den übrigen Aposteln entfernet habe. Indessen ist es für ihn ein großes Unglück gewesen, daß er in dem Speissale nicht gegenwärtig war, als der kaum erstandene Erlöser durch die verschlossenen Thüren hineintrat, und den Anwesenden die glückselige Bothschaft des Friedens brachte. Eines Theils ward dem Thomas die Freude, seinen anbethenswürdigen göttlichen Lehrmeister von den Todten auferstanden zu sehen, verschoben, und andern Theils wollte er, mit Furcht und Zweifeln erfüllet, seinen fröhlichen Mitaposteln, welche ihn gesehen zu haben betheuerren, keinen Glauben beimessen, und machte sich also würdig von Jesu Christo nach dem Verlaufe von acht Tagen als ein Ungläubiger bestrafet zu werden.

Eine große Menge der Kinder geräth leider nur allzu früh auf den Weg der Laster, und dieses rühret meiner Meynung nach hauptsächlich daher, weil sie der Freiheit allzu geschwind zu genießen wünschen, den Umgang und die Gemeinschaft mit bösen Gesellen suchen, dasjenige, was sie nicht sehen sollten, sehen, und der Unschuld und Ehrbarkeit ganz und gar entgegengesetzte Gespräche hören; daher geschieht es, daß sie, an statt gute Sitten zu lernen, sich, ehe sie noch an Jahren wachsen, mit Boßheit und Lastern erfüllen . . .

Ich weis nur allzu wohl, daß eine solche Unordnung gemeiniglich von der verdammlichen Hinläßigkeit der Väter und Mütter hauptsächlich ihren Ursprung herleite. Diese, um nicht die Unbequemlichkeit zu haben, die Fehltritte ihrer Kinder ohne Unterlaß zu verbessern und zu bestrafen, überreden sich, den Hausgeschäften mit größter Ruhe und mit größerm Nutzen obliegen zu können, wenn sie dieselben von sich hinwegschaffen, und sich mit andern Kindern unterhalten lassen, ohne ein wachsames Auge darauf zu haben, ob sie sich nicht indessen in den zartesten Jahren an den Müßiggang, an ausgelassene Gespräche, an das Spiel, an Streit und Händel, an ein freyes und lasterhaftes Leben gewöhnen . . .

Diese Unglückseligen sehen nicht ein, wohin sie endlich gerathen werden, da sie das Joch der Unterwerfung gegen die Eltern abschütteln, und nach einer unbesonnenen Freyheit trachten. Die Schaafe, die sich von ihrem Hirten entfernen, stürzen sich selbst in den Rachen des Wolfes; und ein ungezähmtes Pferd, welches ohne Zaum und Zügel nach seinem Belieben herumschweifen kann, wenn es sich in keinen Abgrund stürzet, wird sich wenigstens hernach mit großer Mühe an den Zaum gewöhnen können . . .

Wisset ihr, was mir mißfält? Daß man so selten solche strenge, wachsame, und sorgfältige Väter und Mütter, wie ihr saget, antrifft. Eine unbescheidene Liebe, eine schändliche Sorglosigkeit, eine thörichte Nachsicht der Eltern muntert oftmals die Kinder auf, daß sie sich die Freyheit herausnehmen, nach ihrem Gefallen zu leben: und ohne die Strenge, und zur rechten Zeit und an dem gehörigen Orte angewendete Ruthe ist es unmöglich, sie christlich zu erziehen . . .

Wohlan, liebste Kinder, sehet, der Tod und das Leben, das Elend und die Glückseligkeit ist euch vorgelegt. In eurer Gewalt steht zu wählen, was euch am meisten gefällt: Vor dem Menschen ist Leben und Tod, das Gute, und das Böse, welches ihm gefällt, das wird man ihm geben. Amen.   Jos. Bern. Pollinger

Der mit dem Geißfuß

Zu Roding am Thomasabend. Gewöhnlich ist es ein Spiel der Buben und Mädchen zusammen. Aber auch da mischt sich der Böse ein. Es ging einmal die Türe auf, und ein Mann stand da in Jägerkleidung. Das Gesicht konnte man nicht unterscheiden. Doch trat der Geißfuß vor. Die Buben waren schnell daran, zum Fenster hinauszuspringen. Als aber der erste draußen war, hörten die drinnen schreien und blieben aus Angst zurück. Mit dem Schrei war der Jäger verschwunden. Am späten Morgen erst kehrte der Vermißte heim und sagte aus, es hätte ihn nach dem Sprunge etwas bei den Haaren gefaßt und in der Luft eine Strecke weit fortgerissen, dann fallen lassen. Als es Gebet läutete, habe er sich ausgekannt. Er war unfern von Stamsried von Hause entfernt. Bald darauf starb er.

Karl Winkler

Der Thama mit'n Hammer

Neben der Lucier war der Thama mit'n Hamma (s. S. 98) die schlimmste vorweihnachtliche Schreckgestalt, drohte er doch den unfolgsamen Kindern den Schädel mit dem Hammer einzuschlagen oder einen langen Nagel in den Kopf zu treiben. In den letzten Jahren ging dieser, noch in der Chamer Gegend geübte, äußerst fragwürdige Brauch mehr und mehr zurück. Schon früh muß er in Tiefenbach eine Entwertung seitens der Kinder erfahren haben, da diese folgenden lustigen, neckenden Spruch hatten:

> „Da Thama mit'n Hamma
> schlagt's Wawerl am Kopf.
> Sagt's Wawerl zum Thamerl:
> Du knipfata Knopf!"

Vor dem Thomastag war die erste große Rauhnacht (s. S. 98), in der die Geister ihr Unwesen besonders trieben.

Man freute sich aber auch auf den Tag des heiligen Apostels Thomas, den kürzesten Tag im Jahr, der bereits bei unseren germanischen Vorfahren ein wichtiger mittwinterlicher Termin war. Die heiratsfähigen Mädchen hatten Gelegenheit, das Liebes-Orakel zu befragen (s. S. 60). Die ganze Familie erwartete gespannt den Thomastag, da man endlich die Weihnachtssau, den Weihnachter schlachten und wieder schlemmen konnte. Die an Thomas erzeugten Würste hießen in der Gegend von Tiefenbach Thomaswürste.   A. E.

Die Schrecken
einer Thomasnacht

In der Thomasnacht stellte sich einer auf der Kreuzung der Wege in seinem Garten in den gezogenen Kreis, um zu sehen, was ihm dieses Jahr alles begegnen werde. Da kamen gar viele gruselige Gestalten, welche ihn herauszulangen suchten. Er aber verblieb im Kreise, und so konnten sie ihm nicht an. Zuletzt aber kam einer, der ging immer um ihn herum, dabei rufend: „Ein Wälderl voll Darm, ein Wälderl voll Darm", — bis den Mann die Furcht ankam. Er lief davon und wollte über den Zaun, stieß sich aber einen Pfahl dergestalt in den Leib, daß die Gedärme heraustraten. In kurzem starb er.   Karl Winkler

Die Stunde ist da

Einmal wurde ein Goldener-Sonntag-Kind zur Taufe getragen. Während der Taufe, als sie noch mit dem Kinde in der Kirche waren, kamen drei Männer in die Stube und bestimmten den Tod dieses Kindes. Die ersten zwei hatten es nicht erraten. Der dritte aber sagte: „Dieses Kind muß in dem Brunnen ertrinken." Er gab auch den Tag an, an welchem es geschehen sollte. Der Knecht war allein zu Hause und hörte dies. Als der Tag herankam, an dem das Kind im Brunnen ertrinken sollte, da blieb er wieder allein zu Hause, sperrte das Kind in einer Stube fest ein und vernagelte den Brunnen mit lauter Brettern, so daß das Kind nicht ertrinken konnte. Aber als er nach dem Kinde umsah, war es nicht mehr in der Stube. Und weil es nicht in den Brunnen hatte fallen können, weil er vernagelt ward, so lag es tot auf demselben.   Karl Winkler

Die Irrlichter am Galgenberg

Die Chamer Richtstätten befanden sich ehedem am Galgenberg. In der Nähe des Galgens befand sich die „Kopfstatt" und auch ein Platz für den „Scheiterhaufen". So wie die Selbstmörder durften auch die „Malefizpersonen", die für ihre Untaten öffentlich hingerichtet wurden, nicht in der geweihten Erde begraben werden, sondern wurden unmittelbar unterhalb der Richtstätte verscharrt. Die armen Seelen der Hingerichteten konnten jedoch die Ruhe und den ewigen Frieden nicht finden. Besonders in den Frei- und Rauhnächten und zu den heiligen Zeiten sah man am Galgenberg, wie sich feurige Männer und Irrlichter hin und her bewegten, die vom unheimlichen Geschrei der Galgenvögel begleitet wurden. An diese gespenstischen Erscheinungen gewöhnten sich jedoch die Leute. Sie sagten nur: „Heut' in da Nacht ham dö Verdammt'n am Galg'n drob'n (gemeint war damit der Galgenberg) wieda ihran Teuflstanz aufg'führt!"

Einige beherzte Burschen wollten in einer Freinacht — es war die St.-Thomas-Nacht — der Sache doch einmal nachgehen. Sie schlichen sich zur nachtschlafenden Zeit auf den Galgenberg und versteckten sich dort hinter einem Gebüsch. Tatsächlich sahen sie einige Irrlichter auf sich zukommen. Die Burschen sprangen auf und riefen mit lauter Stimme: „In Gottes Namen, wer seid ihr und was wollt ihr? Warum gebt ihr keine Ruhe?". Da vernahmen sie eine leise wimmernde Stimme, die sagte: „Bet's für uns, denn die Ewigkeit ist für uns so finster und so lang." Dann waren die Irrlichter weg, wie vom Erdboden verschlungen.

Die Burschen erzählten dieses sonderbare Erlebnis den Leuten in Siechen und Altenstadt. Gläubige Christenmenschen versprachen nun, diesen armen, ruhelosen Seelen zu helfen. Sobald sich in der folgenden Zeit wieder Irrlichter zeigten, läutete man in Siechen die Glocke der Kapelle, die der heiligen Maria Magdalena geweiht war, und zündete an den Armenseelentafeln am Altar die geweihten Kerzen an, wobei die Schwestern Fürbittgebete sprachen. Die gespensterischen Erscheinungen verschwanden nun bald und kehrten niemals wieder.

Eine ähnliche Sage hat auch Pfarrer Bindl aufgezeichnet. Er schreibt: „Die Selbstmörder der Pfarrei Chammünster wurden früher am 'Distelberg' droben begraben. Dort hat es auch in den Rauhnächten immer gespenstert. Irrlichter hat man auch zu heiligen Zeiten gegen Janahof und Püdensdorf hin und her bewegen sehen."

Franz Gsellhofer

Die Rockenmusik

Eine bunte Gesellschaft. Der Rothaarige ist der Teufel, der diese Farbe von Donar erbte; die drei alten Jungfern stellen die verdreifachte Holla in ihrer mehr bösen Bedeutung vor.

Lena, eine Bauerntochter in einem Egerländer Dorfe, war ein arbeitsames Ding, nur daß sie den Eifer gar zu sehr übertrieb. Einst saß sie in der Rockenstube und spann, obgleich sie sich wunderte, daß niemand käme, — denn sie erinnerte sich nicht, daß es die Thomasnacht sei — rüstig darauf los. Plötzlich schlugen die Töne eines Dudelsackes und einer Geige an ihr Ohr, jauchzende Stimmen begleiteten eine tolle Tanzweise, und es öffnete sich die Stubentür, zu der ein seltsamer Zug hereinkam. Voran zwei Männer, einer mit garstigem, lächerlichem Gesicht, der auf einem uralten, geflickten Dudelsacke blies, der andere, krummbeinig und mit einem Höcker, strich auf einer dreisaitigen Geige; hinter den beiden tanzten drei uralte Jungfern von ekelhaft häßlichem Aussehen, und zuletzt folgte ein rothaariger Kerl in Bauerntracht, der Lena trotz ihres Sträubens an sich zog und sie in seltsamen Sprüngen in einem Tanze drehte. Lena schaute verstört und entsetzt zu Boden, was aber sah sie da, als ihr Tänzer eben wieder einen seiner wildesten Sprünge machte? Von einem Fuße hatte er den Schuh verloren und stampfte nun mit einem Pferdefuße. Voll Schreckens wagte sie doch nicht sogleich die Flucht; langsam löste sie während des Tanzes ihre Schürze; dann, als sie eben wieder der Türe nahe sich drehten, warf sie dem Tänzer die Schürze ins Gesicht und sprang mit dem Rufe: „Jesus Christus" hinaus. Gräßliches Geheul erfüllte hinter ihr die Luft, ein Getöse, wie wenn alles zusammenbräche, folgte, und eine Stimme rief ganz nahe: „Das hat Dir Gott geraten!" Mit einem Male war alles still. Lena war längere Zeit vor Schrecken krank; so fleißig sie auch sonst blieb, in Unternächten spann sie nie mehr einen Faden.

Mauritius Linder

Wurstpudern und Spießrecken

Ist Kathrein ins Land gezogen und ist es kalt geworden, so wird im Oberpfälzer Bauernhofe geschlachtet. Mit dem Schlachten aber ist bei uns seit alter Zeit die nachbarliche Schlachtschüssel unlöslich verbunden. In manchen Dörfern der Oberpfalz ist aber auch das „Wurstpudern" bekannt. Vielleicht kann das sonderbare Wort von Wurstbitten oder Wurstbetteln abgeleitet werden. Wenn ein Bauer geschlachtet hat, ziehen die Nachbarn abgetragene Kleider an und vermummen sich. Sie nehmen auch einen Stock zur Hand und tun, als ob sie von weither kommen würden. In der anderen Hand tragen sie eine Kanne. Wenn sie dann in der Stube sind, bringen sie mit verstellter Stimme ihre Bitte vor oder sagen ein Sprüchlein:

> „Mir ham gehört, ihr habt's g'schlacht
> und recht große Würst g'macht.
> Drum wollen wir den Herrn
> und die Frau bitten
> um ein kleines Stückel Wurst,
> fünf bis sechs Meter lang,
> und um a kleins Stückel Fleisch
> vom Kopf bis zum Schwanz,
> wir wollen's ja nicht ganz."

Aber die meisten Wurstpuderer erkennt man doch sogleich. Dann nimmt ihnen der Bauer die Vermummung ab, und es gibt ein Gelächter, daß sich die Menschen biegen. Hierauf werden die Bittenden meist zur Mahlzeit eingeladen, und auch die Kanne wird ihnen mit Suppe, Würsten und Fleisch gefüllt.

In Neustadt am Kulm hat das Wurstpudern einen besonders hübschen Namen, denn hier heißt es „Reckerspieß". Auch das Sprüchlein, das zu diesem Brauch gesagt wird, ist vortrefflich. Es lautet:

„Recker, recker Spieß,
zwa Würstla san ma gewiß,
und krieg ich holt bloß eins,
kriegt mein Kamerad keins."

Recht gelungen ist auch das folgende Sprüchlein, das auf dem benachbarten Birkhof wie folgt lautet:

Recker, recker Spieß,
ein Paar Würstln sind mir gewiß,
den Preßsack will ich nicht begehrn,
den ißt der Bauer selber gern."

Karl Hübl

Wurstfahrersprüche aus der Chamer Gegend

„Wir hab'n gehört, Ihr habt's g'schlacht'
Und recht große Würst' gemacht.
Wir bitten Herrn, sowohl wie Frau:
Gebts uns auch was von Eurer Sau!"

„Wir kommen von der Reis'
Wir möchten Wurst und Fleisch.
Die Suppe können wir nicht brauchen,
Wir müssen heut noch weiter laufen."

Willi Straßer

Wurstpudern, Spießrecken und Wurstsuppenfahren, wie dieser Heischebrauch in der mittleren Oberpfalz heißt, sind identisch.

Die ungeladenen Gäste

Es ist in meiner Heimat üblich, daß während des Winters nicht bloß die Bauern draußen auf dem Land, sondern auch die Bürger im Markt die Schweine im eigenen Haus schlachten lassen, um das Fleisch, nachdem es eingesalzen, in große Zuber gelegt und wochenlang durchsäuert ist, im Kamin zu räuchern und so einen festen Vorrat für den Sommer zu schaffen.

So wurde auch in unserem Haus geschlachtet, und zwar ziemlich oft, bisweilen sogar zwei bis drei Schweine auf einmal, da man nicht bloß für die Familie, sondern auch für die Dienstboten reichlich vorsorgen mußte. Kam es doch oft vor, besonders zu Erntezeiten, daß zwanzig und mehr Menschen an den Tischen saßen; da mußten die Schüsseln gut gefüllt sein.

Sehr lustig ging es dabei manchmal zu, denn es wurde stets ein eigenes Bierfaß angezapft, und die Krüge standen nie lange leer auf dem Tisch. Es war nicht ungewöhnlich, wenn ein solches Mahl bis zum Abend dauerte, und manchem der Gäste mußte neben dem Bierglas auch das Schnapsglas gar oft gefüllt werden, damit er das, was er verzehrt hatte, auch verdauen konnte.

Mit diesen geladenen Gästen allein aber war es an einem solchen Tag noch nicht abgetan, denn am Abend, wenn es dunkel geworden war, da kamen noch andere Gäste, ungeladene zwar, aber doch solche, die man hereinließ, weil es Brauch und Sitte seit alters her so bestimmten.

Es waren dies die sogenannten Wurstfahrer, mit Masken vermummte Gestalten, die durch den Hausgang hereinquollen und sich in der Stube versammelten. Gar seltsame und oft wenig vertrauenerweckende Gestalten waren das; sie hatten erschreckende Gesichter auf, mit aufgetriebenen Augen und fletschenden Gebissen. Wie Unholde kamen sie daher, wie sichtbar gewordene Geister aus einer anderen, dunklen Welt, um sich vom Tisch des Hauses das zu holen, was ihrer war. Sie trugen meist Henkeltöpfe am Arm, um sie mit Fleisch und Würsten wie mit Opfergaben füllen zu lassen.

Meist waren es natürlich arme Knechte und Mägde oder wenig bemittelte Taglöhnersleute, die sich auf solche Weise einen guten Bissen holen wollten, aber es waren auch andere unter ihnen, übermütige Bürgerssöhne und -töchter, denen es nicht so sehr auf Fleisch und Würste ankam, als vielmehr darauf, einen nächtlichen Mummenschanz zu entfalten.

Denn da trug einer oft eine Ziehharmonika mit, die andern trugen Blechdeckel als Tschinellen, wieder andere schlugen mit Kochlöffeln auf den Tisch wie auf eine Trommel. Zu dieser lärmenden Musik aber begannen die andern zu tanzen, sie drehten sich in der Stube wie Teufel und Hexen und nahmen so wenig Rücksicht auf Tisch und Kommode, daß es oft krachte und die Gegenstände ins Wackeln kamen. Freilich griffen die absonderlichen Masken beim Tanzen nicht bloß nach ihresgleichen aus, o nein, es schien ihnen einen ganz besonderen Spaß zu machen, einen von den unmaskierten Anwesenden zu umfassen, zum Beispiel meine Brüder und Schwestern, und sie in den Hexenwirbel hineinzuzwingen.

Gottfried Kölwel

Reinste Jungfrau, o betrachte

1. Rein - ste Jung - frau, o be trach - te, wie es dir der

En - gel sag - te, daß du Mut - ter Je - su seist,

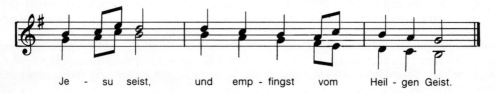

Je - su seist, und emp - fingst vom Heil - gen Geist.

2. Gottes Wille war der Deine;
   denn du sprachst, sieh ich bin eine
   Magd des Herrn beständig fort, ständig fort,
   mir gescheh nach deinem Wort!

3. Und das Wort ist Fleisch geworden,
   Gottes einziger Sohn, der dorten
   in dem Himmel ewig thront, ewig thront,
   hat auch unter uns gewohnt.

4. Bitt' Maria, für die Seelen,
   die des Feuers Peinen quälen,
   führe sie dem Himmel zu, Himmel zu,
   in den Frieden, in die Ruh!

DIE LETZTEN ADVENTSTAGE

Weihnacht wird's bald

Jetzt ist die Zeit

Texte für den Advent in acht Teilen

Voraussagen

Der Gedanke ist ungeheuerlich: Da prophezeien, über einen Zeitraum von mehreren tausend Jahren hinweg, verschiedene Menschen, ohne voneinander zu wissen, an verschiedenen Orten, geradezu hartnäckig, daß Einer kommen wird, der Freiheit und Erlösung bringen wird, der Taube hörend und Lahme gehend machen wird, der sich als Opfer darbringen und auf den Wolken des Himmels erscheinen wird, um die Toten und die Lebenden zu richten — und eines Tages, da wird diese Prophezeiung tatsächlich wahr.

Der junge Daniel sieht, wie die Winde das Meer aufwühlen, wie ein Löwe mit Adlerflügeln dem Meer entsteigt, er sieht einen Mann auf dem Thron, mit schneeweißem Gewande, von dem ein Strom von Feuer ausgeht: Da wird das Tier, mit Zähnen aus Eisen und Klauen aus Erz, getötet und zertreten, und das Königtum erhalten die Heiligen, und sie behalten es für immer. Daniel verwirren diese Gedanken, und er erbleicht, aber er schreibt sie eilig nieder, und wir können sie nach Jahrtausenden lesen, als hätte er sie gestern abend niedergeschrieben.

Die Entscheidung

Das Mädchen Maria ist dem Handwerker Josef versprochen. Da bricht zu vorgesehener Stunde Gott in Gestalt eines Engels mit Macht in ihr Leben ein. Der Engel begrüßt sie, an der Tür verweilend, als Begnadete: Sie wird einen Sohn gebären, der Jesus heißen soll. Maria zögert: Wie soll das geschehen? Der Engel verweist auf den Heiligen Geist. Unvorstellbares ereignet sich. Maria wird zum Symbol für die Menschheit, die einen neuen Bund mit Gott schließt. Gott beansprucht sie ganz, er wird an ihr aufzeigen, daß für ihn nichts unmöglich ist.

Maria willigt ein. Der Engel verläßt sie, stumm ohne Gruß. Ihr Leben hat in wenigen Sekunden eine ganz entscheidende Wendung erfahren. Sie bemüht sich, den Willen Gottes zu begreifen, ihre Augen schmerzen nach so viel Licht. Noch kann sie nicht ahnen, welche Folgen aufgestiegen wären, wenn sie dem Engel ein trotziges „Nein" entgegengeschleudert hätte. Es gibt Stunden, in denen Entscheidungen über Jahrtausende fallen, es gibt eine Erde im schier unendlichen Weltenraum.

Aufbruch

Eine römische Volkszählung wird nach Familien vorgenommen. Der Ort der davidischen Familie ist Betlehem, acht Kilometer südlich von Jerusalem entfernt, die höchstgelegene Stadt Palästinas. Dorthin brechen Josef und Maria aus Nazaret auf, sie werden bei flimmernder Hitze gut eine Woche unterwegs sein. Der Zeitpunkt ist denkbar ungelegen, aber der Kaiser braucht Geld, und er will auf seine Steuern nicht verzichten, was schert ihn das Geschick zweier Brautleute?

Josef hat sich mit seinem Schicksal abgefunden: Zuerst wollte er sich von Maria trennen, um sie nicht bloßzustellen wegen des Kindes; aber der Engel verwies im Traum auf Immanuel, den Retter, den „Gott mit uns". Josef liegt es ferne, sich gegen Gott oder den Kaiser zu empören oder aufzulehnen. Was zu geschehen hat, hat zu geschehen; er ist kein Freund von vielen unnützen Worten. „Gott wird wissen, wozu er mich braucht", denkt er im stillen, und rüstet bereits zum Aufbruch.

Abgewiesen

Jeder Mensch weiß, wie bitter es ist, wie enttäuschend und schmerzlich, zu hören: Tut mir leid, wir haben für Sie keinen Platz, keine Wohnung, keine Stelle, versuchen Sie's doch woanders, viel Glück und auf Wiedersehen, und damit steht man draußen vor der Tür, auf der Straße. „Er kam in sein Eigentum, aber die Seinen nahmen ihn nicht auf", lesen wir bei Johannes. Damit ist eigentlich schon alles über die elende, tragische Ankunft des Gottessohnes ausgesagt.

Maria und Josef haben sich diese wahrscheinlich anders vorgestellt. Jetzt ist von Gottes Verheißung, vom Glanz des Engels nicht mehr viel zu spüren. Einzige harte Tatsache bleibt: in der Herberge ist kein Platz für sie. Es gilt, eine Notunterkunft zu suchen, die Nacht fällt herein, kalt und ungemütlich, die Schatten trollen sich hastig nach rückwärts über den Sand. Das Kind meldet sich an, es will kommen, in diese seine Welt. Immer aufgeregter suchen die beiden einen Unterschlupf, bis sie draußen, vor der Stadt, zwischen den Hügeln, eine Höhle entdecken, hier wollen sie bleiben; wenigstens hier.

Die Geburt

Es wird erzählt, Ochs und Esel hätten sich in der Höhle befunden. Der Ochs schaut mit großen, verwunderten Augen, ohne sein immerwährendes Kauen zu unterbrechen, zu, daß hier nachts ein Mann und eine Frau, ein spärliches Licht tragend, in die Höhle eintreten, die nackten Wände ableuchtend nach möglichen Gefahren. Sie schütten Stroh und Heu auf den Boden, machen es sich, so gut es geht, bequem: Der weite Fußweg hat sie geschwächt, die Füße sind geschwollen. Draußen stehen die Sterne hoch über dem Felde, es ist still geworden, nur manchmal hört man das Bellen eines Hirtenhundes aus der nahen Koppel herüber.

In dieser Stunde gebiert Maria ihr Kind. Sie wickeln es in Windeln und legen es in eine Krippe. Die Erde erzittert nicht, vom Himmel ertönt kein Brausen, der Mond verliert nicht seinen Schein. Nichts weiter als eine Geburt ist erfolgt, und doch ist diese Stunde unwiederholbar: Gott selbst hat sich entäußert, ist aus sich herausgetreten, der Sohn Gottes ist Mensch geworden. Was jetzt begonnen hat, ist an Bedeutung nicht zu übertreffen. Von jetzt an werden die Jahre anders gezählt. Niemals mehr in der Geschichte der Menschheit wird es eine Geburt wie diese geben. Vielleicht ahnen im Augenblick die hellhörigen Tiere mehr davon als die Menschen in dieser ersten Heiligen Nacht. Der Esel spitzt seine Ohren. Ihm entgeht kein Laut.

Gerufene

Unweit von der Höhle lagern Hirten mit ihren Herden auf dem Felde, bärtige Männer mit faltigen Gesichtern, ausgefurcht von Wind und Wetter. Die Wölfe sind tückisch und gefährlich, es gilt, die Herden gegen die Reißzähne der Angreifer zu schützen. Plötzlich, im Halbschlaf, erblicken die Hirten eine helle Gestalt, die geradewegs auf sie zukommt. Sie ziehen die Köpfe ein, zittern vor Furcht und kriechen schlotternd unter die Decken. Doch der Engel beruhigt sie, sie sollten sich nicht fürchten, ein Retter, so sagt er, sei geboren, in der Stadt Davids, Christus der Herr.

Und plötzlich steht eine tausendköpfige himmlische Schar am weiten Himmelsrund über dem Horizont, lobt Gott und singt: Friede den Menschen auf Erden. Da blicken die Hirten einander verwundert ins Angesicht und greifen zu Beutel und Stab und machen sich auf und eilen quer über die Felder, das Kind zu suchen. Sie gelangen zur Höhle und fallen dort nieder vor dem Kinde und beten es an, die Stirne lang an den Boden gedrückt. Als sie zurückkehren, preisen sie Gott und reden von nichts als von dem Kinde und von seiner Mutter, von nichts als von dieser einen seligen Nacht, und ehe sie einschlafen, nehmen sie noch einen Schluck aus der Flasche und trinken auf das Wohl des neugeborenen Kindes.

Ein König zürnt

Herodes, ergrimmt und gealtert, durch seine Morde, selbst an den eigenen Kindern, verrufen und gefürchtet, brütet in seinem weißen Palaste, hoch über der Stadt, darüber nach, wie er seine Macht ausweiten könne. Da lassen sich drei Magier aus dem Osten melden und fragen: „Wo ist der neugeborene König der Juden? Wir haben seinen Stern gesehen und sind gekommen, ihm zu huldigen." Herodes erschrickt, das Blut stockt ihm im Halse, sein Gesicht verfinstert sich. Er heuchelt Gelassenheit, als er den Magiern unter der Hand zuflüstert: „Forscht nach, und wenn ihr das Kind gefunden habt, dann berichtet es mir, denn auch ich will ihm huldigen."
Die Magier aber durchschauen augenblicklich seine Bosheit. Sie ziehen in die Höhle bei Bethlehem und bringen dem Kinde Gold, Weihrauch und Myrrhe, Zeichen der Wertschätzung und Verehrung für einen König und Gott; dann kehren sie, beschwingt, zufrieden und erleichtert, auf einem anderen Weg unter der Sonne in ihr Land zurück. Herodes aber, von schrecklichem Blutrausch toll, läßt alle Knäblein seines Landes erbarmungslos abschlachten; den Sohn Gottes erreichen die Hände des Frevlers nicht. Erst werden die Menschen die Worte Jesu vernehmen müssen, ehe sie ihn töten.

Epilog

Wir haben es oft gehört, daß im Anfang das Wort war, und daß es bei Gott war, und daß es Gott war; wir haben Jahr für Jahr gehört, daß durch das Wort alles geworden ist und daß nichts wurde ohne das Wort, daß in ihm das Leben war; ja, wir haben gehört, daß es allen, die ihn aufnehmen, Macht gibt, Kinder Gottes zu werden, allen, die an seinen Namen glauben, die nicht aus dem Willen des Mannes, sondern aus Gott geboren sind; wir haben nur allzu deutlich gehört, daß das Wort Fleisch geworden ist und unter uns gewohnt hat, und daß wir seine Herrlichkeit geschaut haben, die Herrlichkeit des einzigen Sohnes vom Vater, voll Gnade und Wahrheit.
Das alles haben wir gehört, wie aus dem Nebel gehört, wahrhaftig. Haben wir dem Wort geglaubt? Haben wir ihm ehrlich vertraut? Haben wir unseren Tageslauf nach ihm orientiert? Oder war nicht auch in uns die Interesselosigkeit, die Gleichgültigkeit und Müdigkeit oft maßgeblicher und bestimmender als der Glaube?
So muß es nicht weitergehen. Weihnachten kann uns veranlassen, neu zu beginnen, denn es ist das Fest eines neuen Anfangs: Christus wurde geboren, der Retter ist da. Des wolln wir alle frohe sein. Treten wir hin zur Krippe, zwischen Engel, Hirten und Magier, irgendwo wird noch Platz für uns sein. Und beugen wir das Knie. Jetzt ist Weihnachten. In diesem Augenblick. Des wolln wir alle frohe sein. Amen.
Ernst R. Hauschka

Neamd hat gwacht

1. Neamd hat gwacht wie auf d Nacht s hei - li - ge Kin - derl is wordn.

Kalt is gwen, und an schön Vö - gerl is Schna - berl zu - gfrorn.

2. Wies so fliegt,
   sieht's ein Licht
   und is zum Stall einigflogn.
   D Mutter hebt's
   auf und legt's
   m Kinderl zum Spieln ein ins Stroh.

3. Kaum hat's das
   Kind im Spaß
   gstreichelt und s Schnaberl anlangt,
   hat auch schon
   wunderfroh
   s Vögerl zum Singen angfangt.

Hans Baumann

Das Krippenspiel

In den letzten Novembertagen, kurz vor dem ersten Advent, fingen sie an, die Vorbereitungen für das Weihnachtsfest. So war es immer gewesen bei uns, in der Blindenschule, die ich seit meinem achten Lebensjahr besuchte. Frischer Tannenduft erfüllte dann das Haus, denn der Gärtner trug in die Stuben die Adventskränze hinein. Auch fragte man geheimnisvoll nach unseren Weihnachtswünschen. Und auch wir begannen uns zu regen. Kauften in einem kleinen Papierladen, schräg gegenüber, silbernes und goldenes Glanzpapier für die herzförmigen Körbchen, die man zu Hause in den Tannenbaum hängen wollte. Wenn die ersparten Groschen noch reichten, ließ man dazu noch rote und weiße Baumwolle besorgen, um mit einem Paar Topflappen oder einem Staubtuch die Mutter zu überraschen. Das alles bereitete uns großes Vergnügen, und wir freuten uns das ganze Jahr auf diese Zeit. Doch das Allerschönste war, wenn Fräulein Mohr, unsere Lehrerin, des Morgens in die Klasse trat und sagte: „So, Kinder! Heute geht es ans Rollenabschreiben, denn ich habe ein neues Weihnachtsspiel gefunden".

Ja, so war es gewesen bei uns in der Blindenschule, alle Jahre. Immer wieder hatte Fräulein Mohr in irgendeiner Buchhandlung ein neues Weihnachtsspiel entdeckt, das wir mit Begeisterung einübten und spielten. War doch uns allen, ob Lehrer, ob Schüler, dieses Spiel zum Glanzpunkt unserer Weihnachtsfeier geworden.

Auch in jenem Jahr, von dem ich erzählen will, war es so zugegangen. Wieder hatten wir silbernes und goldenes Glanzpapier gekauft, wieder rote und weiße Baumwolle, und wieder war Fräulein Mohr des Morgens in die Klasse getreten und . . . Nein, zum Rollenabschreiben forderte sie uns dieses Mal nicht auf.

„Wir wollen ein Krippenspiel aufführen", sagte sie; „ein musikalisches Krippenspiel, dessen Handlung eine stumme Handlung ist, die durch entsprechende Lieder — vom Kinderchor, der Gemeinde oder einer Solostimme gesungen — vertieft und verdeutlicht wird."

Überrascht hatten wir aufgehorcht. War es nicht fast so etwas wie eine unterdrückte Enttäuschung, die in allen Bankreihen hörbar wurde? — Dann aber lauschten wir der dunklen, vollen Altstimme, die wir an Fräulein Mohr so liebten. Es waren die Lieder des Spiels, die sie sang; und — wie in allen anderen Jahren — waren wir entflammt und begeistert. Jetzt wurden die Personen, die die Handlung darstellen sollten, gewählt. Da waren Maria und Joseph, die Hirten und die Könige; dazu drei Engel und einige bettelarme Frauen, darunter ein altes Mütterchen. Für Joseph hatte Fräulein Mohr schnell den passenden Jungen gefunden. Auch die anderen Darsteller hatte sie ziemlich rasch bestimmen können. Wer aber sollte Maria sein? — Fräulein Mohr schwieg. Wir alle schwiegen. „Maria darf nur eine spielen, die in dem Wunder von Bethlehem auch wirklich das Wunder sieht", meinte Fräulein Mohr und schwieg aufs neue. Endlich sagte sie dann: „Ich weiß keine andere als Edith. Ihr Charakter scheint mir am geeignetsten für diese Rolle zu sein."

„Ja, nur Edith", wiederholten sie alle. Ich errötete . . . Ich sollte Maria sein, die Mutter Jesu . . .

Maria, ich . . . Ein scheues Glück erfüllte mich, eine schüchterne Freude — — Maria — ich! Plötzlich erschrak ich: „Ich weiß keine andere als Edith", hatte Fräulein Mohr gesagt, „ihr Charakter . . ." Aber waren nicht gerade in letzter Zeit die entsetzlichen Fragen nach dem „Warum" in mir erwacht? Fragen, die die Zweifel lebendig werden ließen? — Warum gab es so viel Kummer, so viele Krankheiten, die die Menschen unfähig machten, so zu leben, wie gesunde Menschen leben könnten? — Die Sünden der Väter? — War das Liebe? — Und Liebe war es doch, die das Wunder in Bethlehem geschehen ließ — Gottes größte Liebe. — — Ich aber sollte dennoch Maria sein — ich . . . „Hilf mir, Gott", flehte es unhörbar leise in mir, „hilf mir, daß ich so werde, wie Fräulein Mohr, wie meine Kameraden mich sehen: am geeignetsten für — Maria."
Die Proben begannen. Ich hatte nur an der Krippe zu sitzen und auf das Jesukind zu schauen. Natürlich war die Krippe leer. Ich sollte mir im Geiste das Kind darin vorstellen, so hatte Fräulein Mohr gesagt; und ich versuchte es ernstlich. Schweigend stand Joseph an der anderen Seite der Krippe. Die Hirten lernten ihr Lied zu singen, was nicht ganz einfach war, da der älteste Hirte immer wieder einen falschen Ton dazwischen sang, bis Fräulein Mohr, die ihn oft verbessert hatte, schließlich meinte: „Nun, auch ein falsch gesungener Ton hat Klang, wenn er zum Lobe Gottes gehört." Die Könige erlernten den königlichen Schritt, und die bettelarmen Frauen das andächtige Knien in Demut und Verehrung.
Jetzt schauten auch schon mal andere Lehrer und der Direktor bei den Proben zu. Eines Tages aber, es war nicht mehr allzu weit vor Weihnachten, drang etwas an mein Ohr. Etwas, das davon munkelte, daß nun doch nicht ich, sondern eine andere die „Maria" spielen sollte. Eine andere. — — Ohne daß es einer Erklärung bedurfte, wußte ich den Grund dafür. Hatte doch meine Krankheit nicht nur das Augenlicht, sondern auch meinen Körper verkümmern lassen. Derselbe krampfhafte Schmerz, der auch die ersten Fragen nach dem Warum geweckt hatte, packte mich wieder. Meine Vermutung war nicht falsch. Die Lehrer, der Direktor, sie hatten wirklich gemeint, daß die fremden Zuschauer von draußen sich gestört fühlen könnten, wenn ich . . . Aber dann hatte Fräulein Mohr vor versammelter Klasse wiederholt: „Ich weiß keine andere als Edith." Und so blieb ich doch Maria. Zu meinen inneren Nöten aber kam nun noch die Trauer, daß ich keine schöne Maria darstellen konnte.
Endlich war der Tag unserer Weihnachtsfeier gekommen. Inbrünstig wie nie zuvor hatte ich kurz vor dem Beginn des Spiels um Kraft, um Haltung und — ja, und um Schönheit gebetet. Ruhig und zuversichtlich hatte ich dann meinen Platz an der Krippe eingenommen. Ein weiter blauer Mantel, in Falten gelegt, umwallte meine Gestalt. Ernst und schweigend stand Joseph mir gegenüber. Noch waren wir für die Blicke der Zuschauer verborgen. Zwei hohe, breite Tannenbäume deckten uns zu. Da aber ertönte das Lied. Alle sangen es, die Großen wie die Kleinen: „Stille Nacht, heilige Nacht, alles schläft, einsam wacht . . ." Fast lautlos wurden die Tannenbäume auseinandergeschoben, „. . . nur das traute hochheilige Paar . . ." Dann kamen die Englein, leis im Husch: „Tragen in Händen licht und lind, drei weiße Rosenblüten. Wollen das liebe Jesukind ganz sacht im Schlaf behüten." Ihnen folgten die Hirten, die jungen, die alten. Auch heute fehlte der falsche Ton nicht; aber der Weihnachtszauber ließ ihn innig und warm erklingen.

Jetzt kamen die Frauen gepilgert, die bettelarmen: „Bist einmal kommen, Du Heiland der Welt", klangen hell und zart die Stimmen im Kinderchor: „Uns zu erlösen, wie Mutter erzählt. Zitterst vor Kälte, und liebst uns so warm! Bist doch der Reichste! Was macht Dich so arm?"
Von einem wundersamen Glanz erfüllt saß ich da und schaute auf die Krippe nieder, sah das Kind vor meinem geistigen Auge darin liegen. „Drei Kön'ge wandern aus Morgenland", hörte ich die Solostimme singen. Des Sieges gewiß klangen im Flügel die Töne auf: „Ein Sternlein führt sie zum Jordanstrand . . ." Majestätisch, königlich, wie man es sie gelehrt, näherten sich die drei Könige. „Und hell erglänzet des Sternes Schein — zum Stalle treten die Kön'ge ein. Sie bringen Weihrauch, Myrrhe und Gold . . ." Tief neigten sich die Könige, tief beugten sie die Knie und schauten das Kindlein an, das Himmel und Erde aufs neue mit seinem Herzen verband, auf daß uns Menschen das Wissen um die Erlösung wurde. „O Menschenkind, halte treulich Schritt! Die Kön'ge wandern, o wandre mit! Und fehlen Weihrauch, Myrrhe und Gold, schenke Dein Herz dem Knäblein hold! Schenk ihm Dein Herz!" — — Der letzte Ton war verklungen. Aber noch vibrierte sein bittender Klang im Ohr, im Raum: „Schenk ihm Dein Herz, — Dein Herz . . ." Ja, ich wollte dem Kind mein unruhiges, heißes Herz schenken, das sehr viel Sehnsucht, sehr viel Verlangen nach der Liebe dieses kleinen Kindleins fühlte. Ich wollte ihm mein Herz schenken! Für mein ganzes Leben lang — schenken. „O du fröhliche" sangen die Darsteller, sangen die Zuschauer, „o du selige, gnadenbringende Weihnachtszeit! Welt ging verloren, Christ ist geboren, freue, freue dich, o Christenheit!"
Das Spiel war zu Ende. Mit aufmunternden Worten hatte der Direktor uns an die Gabentische gerufen. Auch ich war an meinen Platz gegangen. Im Nebenzimmer hatte ich den blauen Mantel abgelegt, in dem ich mich dem Himmel so nah gefühlt hatte. Ein Kind unter anderen Kindern stand ich nun da und freute mich an dem, was mir von lieber Hand beschert worden war. — —
Da hörte ich meinen Namen. Und schon stand Frau Tramm, die Frau eines Lehrers, neben mir. „Günther und Rosi möchten der Maria so gern die Hand geben", sagte sie und legte dabei zwei kleine Kinderhände in meine offenen Hände hinein. Günther und Rosi waren vier und fünf Jahre alt. Wie gebannt hatten sie während der Aufführung auf mich geschaut. Auf mich, die Maria! Keinen anderen Wunsch hatten sie gehabt, als mir ein einziges Mal die Hand zu geben, weil, wie sie leise der Mutter zugeflüstert hatten, Maria so schön sei.
Etwas Unsagbares erfüllte mein Herz. Etwas Leuchtendes, Strahlendes! Gott hatte mein Gebet erhört. Durch den Mund zweier kleiner Kinder hatte er es mich wissen lassen: Maria sei „schön" gewesen. „Schön!" Seid gesegnet, Ihr Kleinen!

Edith Golinski

Weihnachtliches Wiegenlied

Hörst, Büabei, wia draußn da Schneewind waht,
des Häusl schier möcht er derschlogn;
jetzt hot ers scho ganz mit Schnee übersaat
und tuat no viel mehra zuatrogn.
De Bäum san längst scho vaschneit im Wald,
da Winta is kumma, und Weihnacht wirds bald.

Bald, Büabei, da wern ma de Weg nimma sehgn
und staad wirds um unsere Wiagn,
dann muaß uns dees alles, was draußn is gschehgn,
im Traum da zum Fensta reifliagn.
De Bäum san längst scho vaschneit im Wald,
da Winta is kumma, und Weihnacht wirds bald.

Dann, Büabei, tuast schlaffa, wenn draußn de Stern
vom Himmel auf d'Erdn hersteign.
Dann derfst du die silbernen Glockn hörn
und d'Engeln mit goldene Geign.
De Bäum san längst schon vaschneit im Wald,
da Winta is kumma, und Weihnacht wirds bald.

Erwin Eisinger

Der Weihnachtsmuffel

Eine mögliche Geschichte

Neulich traf ich ihn — mitten in der Fußgängerzone. Er stand da, den Mantelkragen hochgeschlagen, die Hände tief in die Taschen gebohrt, und starrte vor sich hin.

„Hallo, altes Haus", sagte ich, „was machst denn du da? Du wirst doch nicht schon jetzt auf das Christkind warten?"

„Hör mir bloß damit auf", knurrte er, „damit habe ich die Nase schon lange voll. Dieser ganze Rummel um Weihnachten — mich kotzt das alles an."

„Na, na", meinte ich, „was ist denn dir über die Leber gelaufen? Gefällt dir denn das nicht — die vielen Lichter über der Straße — die Tannenbäume —."

Ich kam gar nicht mehr dazu, ihm noch mehr an weihnachtlicher Stimmung vorzumalen. Er fiel mir einfach ins Wort und legte los:

„Was hat denn das alles mit Weihnachten zu tun, ich meine, mit dem eigentlichen Sinn von Weihnachten? Sag doch selbst: Diese Hektik überall — im Betrieb, auf der Straße, in den Geschäften. Schau dir doch die Leute an, wie sie umher rennen. Aus allen Schaufenstern glotzen dich dumme Weihnachtsmänner an. In den Warenhäusern wirst du ständig mit Weihnachtsschlagern berieselt. Kommst du endlich heim, üben die Kinder den halben Abend Weihnachtslieder auf der Blockflöte. Und wenn sie einmal aussetzen, hört man die unter uns genauso falsch blasen. Die Frau backt Plätzchen und wieder Plätzchen, und dazwischen kommandiert sie mich: hast du das mitgebracht — hast du jenes schon besorgt — hast du Tante Lisa schon geschrie-

ben — du, für den Opa haben wir auch noch nichts, laß dir was einfallen — und stell die Krippe nicht wieder so spät auf — und vergiß, bitte, heuer nicht wieder das rote Lamperl fürs Hirtenfeuer — und — und — du, ich kann dir sagen, die kann einen ganz schön nerven. Nein, mir kann Weihnachten bald gestohlen werden."

Nach diesem Ausbruch mußte er endlich einmal Luft holen, und ich hatte Gelegenheit, ein paar schüchterne Bemerkungen anzubringen. Recht weit kam ich allerdings nicht, dann setzte er schon wieder mit Vehemenz zum Granteln an. Nun war ich auch nicht gerade in Stimmung, mir seine Klagelieder weiter anzuhören, und verzog mich. „Weißt du was", sagte ich ihm noch, „du bist ein richtiger Weihnachtsmuffel."

Doch das schien ihn nicht sonderlich zu trösten; denn ich hörte ihn noch ein nicht sehr freundliches Wort nachrufen. Es muß sich um den Namen eines Lebewesens gehandelt haben, das man häufig auf Weiden und Almen antrifft.

„Auweh", dachte ich mir beim Weitergehen, „den hat's ganz schön erwischt. Typischer Fall von Vorweihnachtskoller."

Spät am Abend fiel mir der Weihnachtsmuffel wieder ein. Ich mußte noch lange über diese Begegnung nachdenken. So unrecht hatte er ja nicht. Mir wäre auch lieber, die Menschen würden sich mehr Zeit nehmen, über das eigentliche Geheimnis der Heiligen Nacht nachzudenken. Schließlich handelt es sich immer noch um das Geburtsfest des göttlichen Kindes, auf das wir uns vorbereiten. Aber wie? Sind es nicht doch lauter Äußerlichkeiten? Aber — vielleicht sind sie für viele Menschen die einzige Möglichkeit, sich auf ein Fest vorzubereiten. Vielleicht können sie einfach nicht anders, selbst wenn sie wollten. Und vielleicht — wer weiß das schon — geht manchem am Ende dabei doch ein Licht auf — das Licht der Heiligen Nacht?

Mir kam da plötzlich noch ein ganz eigenartiger Gedanke: Gott hat doch den Menschen auch nicht nur gesagt, daß er sie liebt. Er hat ihnen das doch auch ganz handgreiflich gezeigt. Er ließ seinen Sohn Mensch werden. Da ist doch auch etwas geschehen. Es war das sichtbare Geschenk seiner Liebe für uns Menschen. Und wenn wir jetzt versuchen würden, alles, was in diesen Tagen so auf uns zukommt, und dem wir uns ja doch nicht ganz entziehen können, wirklich mit Liebe zu tun, um jemand Freude zu machen — wäre das nicht eine gewisse Lösung des Problems — besser als Jammern und Schimpfen?

Ich dachte noch ein wenig weiter: daß in diesen Tagen um Weihnachten doch gewiß auch viel Gutes geschieht — mehr Gutes wohl als zu jeder anderen Zeit des Jahres. Das soll man halt auch nicht einfach übersehen. Und, wenn das auch nicht immer durchschlägt, es geschieht, weil Weihnachten das Geburtsfest dessen ist, der in die Welt kam, um den Menschen Freude und Frieden zu bringen.

Während ich mir so meine Gedanken machte, sozusagen zur Bewältigung der Gegenwart, hatte ich immer wieder das Geschehen von Bethlehem vor Augen. Die kalte Nacht, diese bettelarmen Leute, Josef und Maria, die Geburt des Erlösers in einem Stall, in einer Felsenhöhle: eine rauhe Wirklichkeit. Wer kann sich das überhaupt richtig vorstellen? Was steckt da an Not, Armut und Opfer dahinter. Schön war das bestimmt nicht, nicht für die, die das erleiden mußten. Wenn ich da an den lieblichen Zauber denke, mit dem wir die Feier der heiligen Weihnacht umgeben — die schönen Krippen, die Zither- und Flötenklänge, die festliche Musik in unseren Kirchen, mit Pauken und Trompeten! Doch, ich kenne ja auch die Berichte der allerersten, die über Jesu Geburt berichteten. Erzählen nicht auch sie schon von wundersamen Dingen, die das Dunkel der Nacht erhellten?

Nein, wie wir Weihnachten feiern, ist keine Rekonstruktion der Nacht von Bethlehem, sie kann es nicht sein, sie will es nicht sein. Aber sie trifft doch den Kern des Geheimnisses: Gott ist gekommen in Liebe, um uns zu erlösen. Gott ist ein Kind geworden, damit wir keine Angst mehr haben. O Freude über Freude — so etwas können wir gar nicht glücklich genug feiern.

Ob mein Freund, der Weihnachtsmuffel, nicht auch einmal über all dies nachdenken sollte, um seinen Griesgram zu überwinden?

Wie es sein will, traf ich ihn am Tag vor dem Heiligen Abend wieder. Diesmal wollte ich loslegen und auspacken, was mir nach unserer letzten Begegnung alles durch den Kopf gegangen ist. Doch wieder kam ich nicht zu Wort.

Er legte nur seinen Finger auf den Mund: „Pst, pst, ganz still, Kamerad, schon wieder alles in Ordnung."

„So, so", meinte ich, „na, dann hast du sicher auch das Lamperl fürs Hirtenfeuer nicht vergessen."

Grinsend kramte er in seiner Manteltasche und zog siegesbewußt das Lämpchen heraus. „Da", sagte er, „und jetzt nimmst du gefälligst den ,Weihnachtsmuffel' zurück."

„Mit dem größten Vergnügen — und", flüsterte ich ihm ins Ohr, „solltest du für deine

Krippe noch einen Ochsen brauchen — ich hätte am Heiligen Abend vielleicht eine Stunde Zeit — du weißt ja — deine letzten Worte neulich."

Der Rippenstoß, den ich dafür bekam, verriet mir, daß er wieder der alte war. Anscheinend hat er durch alles Durcheinander doch seinen Weg zu einem frohen und gesegneten Weihnachtsfest gefunden.

Alsdann: „Fröhliche Weihnachten!"

Otto Heinrich Semmet

Flucht nach Teneriffa

I ko des nimma aushaltn,
des Gschieß um Weihnachtn.
De glesan Kugln und de Liada,
und a jeda schaugt di o,
daß d aa wos herschenka sollst
oda wos Guats doa.

I will mei Geld für mi selwa,
solln de andern für de andern wos doa!
Furtfahrn dua i. Jawoi!
Aber wenn i sog, daß i furtfahr,
weit furt,
na schaugt mi d Muadda so o,
als ob s as net glaabn daat.

An Brauch daholtn?
Des kennan de oltn Weiwa doa,
an Baam olegn und s Krippal aufstelln.
Und Stille Nacht singa.
Mia is a laude Nacht
mit an hoaßn Supergörl liaba!

Do kann i na leicht vogessn,
wia ma als Buama
ums Krippalmoos ganga san
oder Schaafe eikafft ham.
Und wia ma in d Mettn ganga san
durchn diafn Schnee.

Aber dees is lang her.

Erika Eichenseer

Schnäispur

Fir d Daniela a kombledde Bubbnkich
a Bubbnwagl und an Deddybärn
gräißa wäis Deandl selwa
Fir n Markus a Karera Auddobahn
durchs ganze Wohnzimma
an Baukastn und an ferngsteiertn Banza
Für d Mama an Mantl, a Serwies
und a Gschirrspülmaschin
Firn Babba an Werkzeigkastn
und a Stereoanlag

Mitanand fast fümf Zentna

De duiffe Spur im Schnäi
kannt direkt vom Grisskindl sa

D Oma im Altersheim sagt
sie hots gsäng — s Grisskindl
Buglad is's
sagt d Oma
und krank
und an Weihnachtn konns
uns kaam mea wos song
so kabutt is's a jedsmol

Fir d Oma hots blos no
aaf a Schachtl Bralienen
und a Flaschn Draumsoft glangt
De woama Hausschou
wos sa se gwinscht häid
gräigts hold na nächsts Joa
wenns no lebt daweil

Otmar Vögerl

Christkindln

Zehn Christkindln in da Auslag.
Große und kloane,
billig oder deia,
mit krauslte Haar,
mit wächsane Haar,
oder aus Holz.
Nackad bis auf de schäbige Windl.
Und da Ochs und da Esl
dawärmas do drin net.
Dafür blost da Vetilata
eiskolt,
daß d Scheibn net voeist.

Zehn Jesus in da Auslag.
Zehn Götter.
Große und kloane,
arm oder reich.
Ausgstellt
untam eiskoltn Wind vom Ventilata,
ogafft
hinta da Trennwand vom Geld.
Vokafft.

An Ostern stehngan Kreiza drin
in da Auslag.

Erika Eichenseer

176

Die Weihnachtspuppe

Schneeluft.
Hunger und kalte Füße und
unendliche Sehnsucht
nach einer Puppe.

Nicht mehr die schwarze Docke aus Stoff mit
starren Armen und
Augen aus Knöpfen von
Mutters Bluse.

Ganz nah hinter Glas
o Himmel, die blaue, die seidene, mit
prächtigen Locken und Spitzen
und ach, nur mich sieht sie an.

Will Zwiebelschalen essen statt Brot!

Nicht spielen, o nein, nur
sie berühren,
riechen den Duft und
nicht mehr dazwischen das Glas.

Und morgens und mittags und abends, die
Straßen schon still und das
einsame Kind vor der Puppe
zärtlich ihr flüsternd —

Fiebernd entgegen in
Tagen und Nächten der
heiligen Stunde:
Die Puppe, die Puppe . . .

Will barfuß gehen im Schnee!

Und dann
unterm Christbaum
liebend entschieden:
Hefekuchen und ein Paar warme Schuhe.

Und ein früh gebrochenes Herz.

Margarete Salzl-Hirsch

Der alte Schwelch baut seine Weihnachtskrippe

Von obenher war ein glasüberdachter Lichthof in das Haus gesenkt, durch zwei Stockwerke bis auf den Grund. Eine Tür des obersten Geschosses öffnete sich zum Heim des alten Schwelch; in der dunklen Küche bereitete er seine Mahlzeiten, ein Zimmer genügte ihm für Wohnen und Schlafen, das zweite aber war seines einsamen Lebens Überfluß und Verschwendung. Von Dreikönig bis Weihnachten hin, alle die hohen und höchsten Zeiten des Jahres, stand es verschlossen, wenn aber die Gymnasiasten in der Ignazkirche das Ecce dominus veniet sangen und die ersten Fichten auf dem Pflaster vor dem Rathaus wuchsen, dann öffnete der Schwelch die weißgestrichene Tür, ließ die eingesperrte Luft hinaus und frische hinein und fing an, seine Krippe zu bauen.

Das war eine höchst kunstreiche Arbeit, denn mit dem Stall zu Bethlehem, Ochs und Eselein, Hirten und Schafen und etwa noch den heiligen drei Königen samt Gefolge war es durchaus nicht abgetan. Die heilige Geschichte war nicht nur in ihrem lieblichen Beginn, sondern auch in ihrem Fortgang dargestellt, mit der Austreibung aus dem Tempel, der Bergpredigt, der Hochzeit zu Kanaa, der Auferweckung des Lazarus, dem Einzug in Jerusalem und allem, was die Bibel an Erbaulichem und Verheißungsvollem sonst enthält, bis zum blutigen Ende auf Golgatha und wieder darüber hinaus in die Gloria von Auferstehung und Himmelfahrt hinein. Daneben, darüber, darunter und dazwischen war aber auch das meiste von dem zu sehen, was sich seit Erschaffung der Welt sonst an bemerkenswerten Vorkommnissen begeben hat, von der Enthauptung des Holofernes bis zur Schlacht bei Königgrätz. Vom heimischen Handel und Wandel fehlte kaum ein wichtiges Schaustück; in dem großen Wald zwischen Jerusalem und Bethlehem wurde frohes Weidwerk getrieben, Fuhrleute mit Bierwagen knallten auf der Straße nach Kanaa dahin, in Nazareth war Kirchweih mit Tanz um den Maibaum, gleich hinter Jericho erhob sich ein großer Berg, der aber zur Hälfte durchschnitten war, damit man sehe, wie dort die Knappen einfuhren und ausfuhren und in Stollen und Schächten ihre Maulwurfsarbeit auf edles Erz ausübten. War so in der Gegend des Toten Meeres die Erinnerung an die Bergstadt Iglau lebendig, so war Jerusalem selbst offenbar seine Vorläuferin als Tuchmacherstadt. Unterhalb des Ölberges dehnte sich ein richtiger Rahmhof hin; wo nur ein Fenster offen stand, sah man in eine Tuchmacherstube hinein, und in der Straße, wo der Schuster Ahasver in seinem Laden auf die Sohlen losschlug, war der Nachbar zur Rechten bis ins kleinste besonders wohleingerichtet mit Farbbottichen im breiten Hausflur und einem Ungetüm von Webstuhl im ersten Stockwerk.

So gab der alte Schwelch, wenn er die Weihnachtskrippe aufrichtete, gleich auch einem ehrsamen Handwerk die Ehre, dem er selbst angehört hatte, bis ihm die Gicht die Finger krumm gezogen hatte und die Fabriken den Meistern die Arbeit nahmen. Da lohnte es nicht mehr, Warf und Wefel zu gutem Tuch zu vereinen, in dem kein Flocken Haderwolle, Werg oder ungarische Wolle sein durfte. Die Maschinen hatten kein so bedenkliches Zunftgewissen wie der Meister und arbeiteten in das Tuch hinein, was ihnen zwischen die Zähne kam.

„Der Petrus macht ein Gesicht", murmelte er vor sich hin, als ob er gleich anfangen wollte zu predigen. Er ist ganz voll von Gottes Wort. Ja . . der alte Luckschanderl! Da sitzt er in seiner Simmersdorfer Hütte, über die achtzig alt, aber noch immer hat er genug Luft in sich zum Glasblasen. Und noch immer schneidet sein Messer scharf, wenn er sich nach der Glasarbeit übers Lindenholz macht. „Da verkaufen sie in den Geschäften Krippenmanndeln, ganz neu; die Farben glänzen wie Hundsbeutel. Nicht geschenkt möcht ich das Zeug." Zwischen Johannes und Thomas nahm der Apostel wieder am gedeckten Tisch Platz, vor einer Schüssel mit Leberwürsten.

In einer Säulenhalle wurde der Thron des Herodes errichtet; das Zepter streckte sich grimmig befehlend in der Richtung nach Bethlehem aus, wo die Kriegsknechte die unschuldigen Kindlein aus den Armen der Mütter rissen.

Ein Henkersknecht war da, ein grimmig grausiger, der hielt seit etwa hundertfünfzig Jahren schon ein bethlehemisches Knäblein bei einem Bein in die Höhe und schwang in der andern Faust ein Schwert, um es abzuschlachten. Bis sich endlich die göttliche Erbarmnis des bedrohten Knäbleins angenommen und es dem Henker entzogen zu haben schien, wobei freilich auch ein Stück des Henkerarmes mit verlorengegangen war, so daß sich jetzt das Schwert gegen die leere Luft zückte. Den Landpfleger Pilatus holte er aus dem Gerichtssaal nahe dem Tempel von Jerusalem. „Der da . . . was ist Wahrheit", hat

er gefragt. „Einen Landstreicher hat er verurteilt, und es war der Sohn Gottes."

Er holte zwei Frauengestalten, die nahe dem Stall von Bethlehem über das Feld gingen. „Das sind Zelemi und Salome. Die Zelemi geht einmal in der Nacht von der Tante nach Hause, da sieht sie einen verfallenen Stall voll Licht; süße Stimmen singen darüber. Neugierig tritt sie ein; ein Kind liegt in der Krippe, ganz in Glanz bei aller Armseligkeit. Und da weiß sie, der Erlöser ist da. Voll Jubel rennt sie nach Haus, und grad kommt ihr auf dem Feld die Salome entgegen. „Weißt du es schon, der Heiland ist geboren!"

„Was du nicht sagst!" lachte die Salome. „Dort im Stall! — Und noch dazu im Stall!" und beweist der Zelemi haargenau aus der Schrift, daß der Messias nie in einem Stall geboren werden kann. Denn sie war die Tochter von einem Rabbiner und sehr gescheit. Wie sie aber noch so redet, da fährt auf einmal eine Flamme aus der Erde und an ihre Hand; schwarz und verkohlt hängt sie herunter. Die Salome erhebt ein Geschrei: „Meine Hand! Meine Hand!" „Komm!" sagt Zelemi und zieht sie nach dem Stall. An der Türe kniet die Salome hin und wimmert, aber da steht auf einmal ein Engel da in blauem Gewand: „Leg deine Hand an das Kind!" Auf den Knien rutscht das Frauenzimmer, das großmaulige, hin — jetzt hat sie schön rutschen können —, rührt das Kind an, da fällt die Asche von der Hand, und unter dem Verbrannten ist neues Fleisch, gesund und weiß. Geheilt war sie, die Übergescheite . . ."

Die beiden Frauen gingen schon wieder über den Acker von Bethlehem, und der Schwelch hatte sich daran gemacht, das abhanden gekommene Kindlein samt Mörderfaust zu suchen.

Er fand es verwunderlicherweise am Strande des Gelben Meeres, in Schilf gebettet, wie weiland Moses am Ufer des Niles. Schwelch roch am Leimtopf, schob ihn wieder auf die Ofenplatte, suchte dann seine Brille, und als er sie endlich auf dem Buckel eines Kamels aus dem Gefolge der heiligen drei Könige gefunden hatte, betupfte er dem herodianischen Henkersknecht den Armstumpf mit Leim und drückte jetzt die Mörderfaust gegen die Bruchstelle. Es war eine heikle Arbeit. Danach betrachtete er liebevoll den geleimten Mordgesellen, von dessen einer Faust jetzt wieder das Kindlein herabbaumelte, während in der anderen das Schwert gezückt war. Er stellte ihn mitten in den bethlehemitischen Tumult händeringender und fliehender Mütter, und da er schon einmal im Leimen war, nahm er jetzt gleich das Roß Gottes zu Hand, will heißen, das Eselein, auf dem der Heiland nach Jerusalem einreitet, und das mit seinen drei Beinen nicht ganz palmsonntäglich aussah.

Jetzt ging der Alte am Gerüst entlang, bog um die Ecke und stand an der Hinterwand. Darauf verschwand er unterhalb des hochgetürmten Jerusalems in den Falten des grünen Vorhanges, der das ganze Gerüst umhüllte. Das trockene Knacken des Uhrwerks, das hinten aufgezogen wurde, war zu hören, und plötzlich kam Leben in das ganze gelobte Land: Die Bergknappen begannen mit Meißel und Hammer gegen den Stein zu schlagen, die Förderkörbe tauchten auf und ab, die Hunde fuhren ein und aus, der Tuchmachermeister neben dem Schuster Ahasver ließ das Schifflein fliegen, ein Zug beladener Maultiere kletterte ruckweise die Bergstraße nach Bethlehem hinan, in Nazareth, wo Kirchweih war, drehte sich der Tanz um den Maibaum, und auf der Hochzeit von Kanaa hoben die Gäste die Krüge so fleißig an den Mund, daß man sich nicht wundern durfte, wenn der Wein ausging.

Der alte Schwelch aber war wieder aufgetaucht, stand in blauem Gewölk und lächelte wie der liebe Gott, der nach getaner Schöpfungsarbeit die Menschlein wimmeln läßt und ihnen den Glauben nicht nimmt, sie täten, was sie wollen, während er doch weiß, daß es sein Uhrwerk ist, das sie treibt.

Karl Hans Strobl

Ein Weihnachtsbrief

Ich möchte glauben, daß der Himmel heller,
daß Nacht und Schatten nur ein Spiel des Lichts.
Ich möchte glauben, daß sie grünt, die Erde,
im kalten Winter ihr ein Ros entsprang.

Und hoffen möcht' ich, daß der Dumpfe wieder,
der Satte neu den kranken Nachbar sieht.
Daß Mauern stürzen. Daß uns Dome wachsen,
mehr aus dem Herzen, denn aus kaltem Stein.

Ich will sie lieben,
die berechnend-kühle,
von Gier an Geld und Macht verkaufte Welt.
Der Stern verblaßt.
Willst du mir lieben helfen?
Die Welt braucht Liebe.
Braucht sie nicht nur heut.

Willy Mitterhuber

Die Kinder
und Weihnachten

Wenn es im Advent Morgen- oder Abendrot
hat, sagen die Kinder: Das Christkind schürt
im Himmel ein Feuer an. Es bäckt schon
Zuckerzeug.
Spruch der Kinder, damit das Christkind ein-
kehre:

Christkindl komm in unser Haus,
Teil uns deine Gaben aus,
Stell dein Schimmel auf den Mist,
Daß er Heu und Haber frißt.

Karl Winkler

Christkindlheu

Der Winter ist im Land; in den Acker stieg er, in die Wiese schloff er, auf Weg und Steg hielt er Rast. Weiß ist die Welt, und auf der Einöd ist's noch stiller als sonst im Jahr.

Langsam zieht der Tag herauf über die Hügel, wie ein gar Mühseliger, und der Morgen ist düster, und die Flocken fallen ihm auf die graue Haube.

Der Einöder auf dem Berg ist schon munter, tappt durch die finstere Fletz und stemmt sich wider die Tür; denn die Schneewehen legen sich von draußen schwer dagegen. „Kalt und Schnee", schnauft er, „gibt Korn auf der Höh", und mit einem Ruck tritt er auf die Gred heraus.

Die Flocken rieseln ihm ins Gesicht, und der Wind bläst grausig her. „Schön!" sagt er, schaufelt den gröbsten Schnee vom Eingang und schaut dann ins Tal hinunter. Weit und breit nichts als weiße Flächen.

Krähen fludern auf, schreien und steigen ins Land hinein mit schweren Flügeln.

Wie auf der Wanderschaft steckengeblieben, hocken die Kronwittstauden mit dicken, weißen Mänteln am Hang; nur die Föhren stehen da wie rechte Mannsleut mit ihrer weißen Last.

Mittendrein glänzt das Gesicht des Bauern; sein Blick geht auf den Zaun zu, wo ein Büschel Heu in den Sprossen hängt. „Christkindlheu!" sagt er leis und nimmt es weg; dann sucht er noch mit der Hand den überschneiten Balken ab und findet auch ein Bröcklein Zucker. Schnell zerstört er die Spuren im Schnee, tummelt sich ordentlich dabei und schleicht darauf wie ein Fuchs ins Haus zurück. Gerade sieht er noch, wie eine Hand von drinnen ans verwehte Fenster wischt, wie eins herausäugt aus der Kammer.

Die Helen, die Tochter, rüttelt nun das Fenster ganz auf, schaut noch einmal zum Zaun hinüber und lächelt. Die hellen Haare hängen ihr schimmernd auf die schmalen Schultern herab.

Da rührt sich auch schon der Bub.

„Helen! . . . Helen!" „Da bin ich!"

Der Toni reibt sich den Schlaf aus den Augen und fragt dann schnell: „Helen, kimmt heut 's Christkindl?" „Ja, Toni, heut' auf die Nacht!"

Seine Augen funkeln; da fällt es ihm ein, und er hüpft aus dem Bett und rennt an das Fenster.

„Helen!" fragt er aufgeregt, „ich seh kein Bröserl Heu nimmer!"

„Und den Zucker seh' ich auch nimmer", stammelt er erschüttert.

„Den hat halt 's Christkindl mitg'numma!"

Und 's Heu?" „'s Heu auch, natürli 's Heu auch, fürs Eserl!"

„Uh!" schreit der Bub zitternd, „das Christkindl . . ."

„Freust dich auch, gelt?" fragt der Bub. „Ja!" sagt sie und denkt mit eins weit fort.

Der Toni aber rennt hinaus und schreit dem Einöder zu: „Das Heu ist weg und der Zucker ist weg, kein Bröserl ist mehr da . . ."

Der Einöder pafft den Rauch aus der Pfeife und lacht den Toni an. „Hm . . ." sagt er, „jaja, das Christkindel . . ."

Franz Josef Biersack

As Hetschapfaa

Dezemberabend. Maich sitzt am Tisch und strickt, Hans liegt auf dem Kanapee, und Deas dreht sich eine Zigarette.

„Öitza bin i scha bal dreißich Gaoua als Schmelzer in da Porzalli und heint mouhi an Dreher machn."

Hans lacht nicht, Maich lacht nicht. Die beiden kennen den Witz schon, jemand anders ist nicht da, wer sollte also . . . „Ich . . . ich schau amal, wos da Hiefmwei mecht!"

Deas will sich hochrappeln, da wirft ihn das energische „Daou bleibst!" der Maich auf den Stuhl zurück. „Dean koa ma nu niat trinkn und z'Weihnachtn wellts aa wos hom!"

„Haoust recht, Mutter", sagt Deas friedlich, „kaaffm koa ma si dös teier Glump voran Wei suawöisua niat!"

„Machts an Schorschl wos aaf Weihnachtn, wennts scha niat wißts, wots taou söllts! Mich reit as Göld niat, ower wos Selwergmachts is allawaal schäner."

„Gebm möin man wos, an Boum, scha fürs Gänshöin!"

Schorschl ist der sechsjährige Bub des Nachbarn. Da rumpelt Hans vom Kanapee auf: „Vata, mir machn a Hetschapfaa!"

„Ja, Bou, leicht ist fei suawos niat!"

„Ach wos! Werkzeich homa, Hulz huli morgn, und Zeit homa aa!"

„Ower am Buan gehts ma aaffi mit enkara Schnitzerei! In da Stum daou koari enkern Dreeck niat brauchn!"

Ein paar Tage später.

„Suaweit häimas! Ower a Gaal braucht Haoua aa!"

„Dös is koa Gaal, Vata, dös is a Pfaa!"

„Is doch ghupft wöi gsprunga!"

„Naa! A Gaal is schwaa, a Pfaa is leichter!"

„Und a Jasl is ganz leicht! — Wöi schwaa bist denn du?"

„Wos? — Ower recht haoust, Haoua möin oi!" „Woißt wos? Mir leima dös alte Gasfell draaf! Naou siehts aas wöi natierli!"

Wieder ein paar Tage später.

„Mutter! Öitza sen ma förti!"

„Naou mou is nea amal oaschaua! — A weng nieder is, enka Pfaa, und hetschn touts aa niat arch, waal die Koufm niat gnouch buagn sen. Ower sua is fei ganz schäi!"

„Ja, dös homa doch extra sua gmacht!" erklärt Deas. „A Kind, waou aafaran haouchboinatn Hetschapfaa arch hetscht, flöigt leicht amal aaf d'Stirn und bleibt as ganz Lebm lang a Depp. Ich ho als Kind aa suara haouchboinats Hetschapfaa ghat . . ."

Am Heiligen Abend. Schorschls Mutter:

„Daou schau, Schorschl, wos da as Christkinnl bracht haout!"

„Ou prima! A Wildsau aaf Eisnbahnschienan!"

Otto Schemm

Der sprachkundige Vater

Der alte Klement geht zur Weihnachtszeit mit seinem Buben „Auslagen oaschaua". In der Auslage eines Papiergeschäftes war ein großer Engel mit dem Spruchband:

Gloria in excelsis Deo.

Da fragte der Bub: „Vodda, wos hoißt denn dös af diam Bandla?" „Dumma Bou, dös hoißt af Deutsch: Gsunda Feiatogh. Siahst jo, daß dös bäihmisch is."

A. u.

Die Christbaumkugel

Schorschi ist auf dem Christkindelmarkt gewesen. Auf seiner Schulter hängt ein Engelhaar. Nicht mehr lange — und der holdselige Baum wird wieder brennen. Alle Menschen huschen so behutsam durch die Straßen. Schorschi muß sich schicken. Seine Augen glänzen; aber er kann nicht laufen. Er hinkt, nein, er zieht den einen Fuß überhaupt steif und unbeweglich nach. Schon will ihm die Straßenbahn davonfahren.

„Bittschön, warten S' ein wenig, Herr Schaffner", schreit eine Frau im Wagen besorgt, „schauen S', ein Büberl möcht' noch mit!"

„Meine liebe Zeit! Der Bub hat einen bösen Fuß!" sagt der großmächtige Mann in der Ecke; aber dafür ist schon der Schaffner da. „Geh nur, Buberl! Hupf auf! Hoppla! So, nachher fahren wir halt wieder."

„Herr Nachbar" sagt unterdem die ältere Frau, „rucken S' ein wenig! Der Bub da hat einen maroden Fuß, net wahr... So, dankeschön! Hock di nur her! Siehst, für einen Fußkranken is noch alleweil ein Platz da. Wie heißt denn nacha, ha?"

„Schorschi heiß i", sagt der Schorschi.

Und jeder muß es zugeben, es ist ein zu Herzen gehender Anblick, wie verquer dieser arme Knabe auf der Bank sitzt und den rechten Fuß fürsorglich in den Gang strecken muß, weil er ihn doch nicht abbiegen kann. Ein Kreuz ist so etwas schon, noch dazu in so jungen Jahren.

„Sowas ist was Gräusliches, so ein Fuß", sagt die alte Frau bekümmert zu den anderen. „Das weiß ich zur Genüge von meiner Mutter ihrer Schwester ihrem Mann selig — —"

„Tut er auch weh?" fragt der feine Herr in der Mitte mit dem feinen Pelzfuttermantel.

„Naa! Weh tut er net!" sagt der Schorschi. „Bloß abbiegen derf i'n net!"

„Da, Bua, magst a paar Zweschben?" fragt ihn da ein altes Weiblein und kramt aus seiner Tasche eine Handvoll Zwetschgen und Kletzen.

„Und an Apfel!" sagt gleich eine andere Frau und holt einen aus ihrem Beutel.

„Vergeltsgood!" stammelt der Schorschi und beißt in den Apfel. „Öha", sagt er dann, „jetzt muaas i aba nacha aussteign. . ."

Dafür ist aber wieder der riesenhafte Herr da. „Geht's Leut, gebt's obacht!" schreit er. „Der Bua da möcht aussteign. Da schau her! Daß ebba Sie Eahnane Schragen net a wengerl einziagn könna, was? Dös moan ia aa, bal der Bua da an maroden Fuß hat, net wahr? I dank Eahna halt recht schö. Alles geht, bal ma mag. . . Wie bist denn da überhaupts zuawikemma zu deim Fuaß. Bua, ha?"

„Zuawikemma bin i gar nirgerds net . . . aba am Christkindelmarkt bin i gwen", sagt der Schorschi.

„Und da is dir nacha dös passiert?" jammert die alte Frau.

„Passiert is mir aa nix", sagt der Schorschi drauf. „Aba a schöne, rote Christbaumkugel hab i mir kauft — — "

Alle Blicke zielen jetzt auf den Schorschi. So, eine schöne, rote Christbaumkugel hat er gekauft, jawohl, so eine schimmerigglänzende, im Kerzenschein aufglühende.

„Ja", fährt der Schorschi weiter. „Dö Kugel hab i da in meiner Hosentaschen drin. Bal i den Fuaß abbiagn tät, nachher wär d'Kugel hin. . ."

Der feine Herr mit dem Pelzfuttermantel lächelt plötzlich sonnenhell. Das alte Weiblein kichert mit der höchsten Stimme. Die Frau mit dem Beutel lacht laut, und das Gesicht des dicken Mannes leuchtet auf einmal selber wie eine große Christbaumkugel. Unterdessen geht der Schorschi der Plattform zu, alle lassen ihn voraus, sichern ihn vor Druck und Stoß, geleiten ihn. So trägt er seine Liebkindelkugel in der Hosentasche durch den Wagen.

Oh, du herrliche Christbaumkugel in der Hosentasche!

Franz Johann Biersack

24.
DEZEMBER

Adam und Eva
Der Heilige Abend

O du mei herzliabs Jesukind

Evangelium zum Heiligen Abend

In jenen Tagen erließ Kaiser Augustus den Befehl, die gesamte Bevölkerung des Reiches in Steuerlisten einzutragen. Diese Eintragung war die erste und geschah, als Quirinius Statthalter von Syrien war. Da begab sich jeder in seine Stadt, um sich eintragen zu lassen. So ging auch Josef von der Stadt Nazaret in Galiläa hinauf nach Judäa in die Stadt Davids, die Betlehem heißt, weil er aus dem Haus und dem Geschlecht Davids war, um sich mit Maria, seiner Vermählten, die schwanger war, eintragen zu lassen. Als sie dort waren, kam für sie die Zeit der Niederkunft, und sie gebar ihren Sohn, den Erstgeborenen, wickelte ihn in Windeln und legte ihn in eine Krippe, weil in der Herberge kein Platz für sie war.

In dieser Gegend lagerten Hirten auf freiem Feld und hielten Nachtwache bei ihrer Herde. Da trat der Engel des Herrn zu ihnen, und der Glanz des Herrn umstrahlte sie; und es befiel sie große Furcht. Der Engel aber sprach zu ihnen: Fürchtet euch nicht, denn ich verkünde euch große Freude, die dem ganzen Volk zuteil werden soll: Heute ist euch der Retter geboren in der Stadt Davids; er ist Christus, der Herr. Und dies soll euch als Zeichen dienen: Ihr werdet ein Kind finden, das in Windeln gewickelt in einer Krippe liegt. Und plötzlich war bei dem Engel eine große himmlische Schar; sie lobte Gott und sprach: Verherrlicht ist Gott in der Höhe, und Friede ist auf der Erde bei den Menschen seiner Huld. Lukas 2,1 – 14

Erlösung

Am Himmel knieten andachtsvoll die Sterne,
Sie sanken auf die Erde wie ein goldner Bogen:
Ein Schrei der Sehnsucht war aus weiter Ferne
Endlich als Friedensklang heraufgezogen.

Da war's, daß sich der Himmel offen zeigte,
Daß eine Brücke hin zur Erde ging,
Als sich die reinste Magd zur Krippe neigte
Und selig bang den Herrn der Welt umfing.

Berta Rathsam

Zeitenwende

Volkszählung auf Befehl
von Kaiser Augustus.
Zensus in jenen Tagen,
als Quirinius
Statthalter in Syrien war.
„Alle gingen hin,
sich eintragen zu lassen,
ein jeder in seine Stadt. . ."
Alle gingen hin,
und einer kam dazu
— zu Bethlehem, in Windeln,
in der Krippe liegend —
mit dem man nicht gerechnet hatte.

Rupert Schützbach

Freude

Niemand wird behaupten wollen, daß wir in einer Zeit leben, zu deren wesentlichen Kennzeichen die Freude gehört. Zwar ist viel die Rede von Unterhaltung und Vergnügen, und je mehr wir den Druck und die Enge der Verhältnisse spüren, desto stärker wird das Bedürfnis, aus all den Zwängen auszubrechen und wenigstens stundenweise uns Entlastung und Erholung zu verschaffen. Aber werden wir wirklich froh dabei? Wirkt das, was wir an Unterhaltung und Vergnügen haben, nicht viel eher bloß als Betäubung?

Ich meine, es lohnt sich, von solchen Fragen her doch einmal genauer zu fassen, was denn eigentlich Freude ist. Vielleicht erinnern Sie sich hierzu an ein eigenes Erlebnis, das vom Gefühl der Freude geprägt war. Jedem von uns ist das ja schon widerfahren, daß er so richtig froh wurde — mitten in seinem Alltag oder unter außergewöhnlichen Umständen, bei ganz unscheinbarem Anlaß oder angesichts einer überwältigenden Begebenheit. Da wurde es uns warm ums Herz — wie man so schön sagt —, das heißt, das Herz ging auf, wir atmeten freier und waren beschwingt von innen her bis ins Äußerste. Nicht ein einzelnes Bedürfnis nur war da erfüllt, unser ganzes Leben vielmehr erfuhr eine unerhörte Steigerung.

Vielleicht erwuchs solche Freude beim Durchwandern einer Landschaft, deren Schönheit uns vielversprechend umfing, beim Betrachten eines Bildes, das uns Wesentliches sagte, oder in der Begegnung mit einem Menschen, der nichts von uns wollte, dem zu schenken vielmehr wir uns gedrängt fühlten. Wie hinreißend uns in dieser Begebenheit aber auch das Gegenüber jeweils schien, wie sehr uns gerade diese eine Gebärde verzauberte, dies eigentümliche Licht oder diese besondere Stimmung, das, was uns da berührte, es kam von weiter her. So galt auch der Jubel, der in uns aufbrach, nicht nur diesem ganz Bestimmten bloß für sich. Indem wir wirklich froh wurden, fanden wir uns in einem sinnvollen Ganzen. Wir kamen in Einklang mit der Wirklichkeit selbst und erfuhren, daß alles gut ist. Das, was ist, es meint uns — so wurde uns hier deutlich —, und ganz unvermittelt war es gewiß: es ist gut, dazusein.

Wenn Sie dies in Ihren Momenten der Freude auch so empfunden haben, werden Sie verstehen, daß zur Freude eine ganz ursprüngliche und umfassende Bejahung gehört, die Zustimmung des Menschen zu sich selbst und zu seiner Welt. In solcher Zustimmung übersteigen wir tatsächlich das auf Befriedigung von Bedürfnissen nur gerichtete Wollen und Tun und übersteigen es nicht in irgendein bloßes Vergessen hinein, in Entrückung und Illusion, sondern hinein in die untrügliche Gewißheit anderer, erfüllterer Wirklichkeit.

Mit dieser Einsicht aber ist einiges für die Betrachtung der Freude gewonnen. Zunächst einmal: Es ist sehr wohl richtig, daß wir etwas vom Leben haben wollen, daß wir uns freuen wollen am Leben. Solches Sich-freuen-Wollen ist unsere innerste Bewegtheit, und wir brauchen uns dessen auch nicht zu schämen etwa angesichts all des Leids und all der Not, die um uns herum sind.

Sodann aber ist auch klar, wie allein wir es so weit bringen, daß wir tatsächlich etwas vom Leben haben, und das heißt, daß wir uns tatsächlich freuen können. Gewiß suchen wir

Freude um der Freude willen, und nicht etwa als Mittel zu einem Zweck, der irgendwo ganz anders liegt. Aber wenn wir uns freuen, freuen wir uns über etwas, und das heißt, es gibt dann einen Grund zur Freude, und dieser Grund ist früher als die Freude, er ist etwas anderes als sie. So freuen wir uns, wenn uns zuteil wird, wonach wir verlangen, wenn wir empfangen, was wir suchen, und besitzen, was wir lieben.

Die Lehrer früherer Zeiten haben dies sehr genau gewußt, und es wäre gut, wenn wir ihre Erkenntnis nicht in die Unverbindlichkeit bloßer Spekulation absinken ließen. Wenn Freude nämlich immer ein Zweites ist, wesentlich Frucht und Folge eines anderen, dann gilt auch, daß wir gar nicht unmittelbar auf Freude selbst aus sein können. Wir müssen uns vielmehr dem widmen, woraus Freude ersteht. Freude ist nicht zu beschaffen wie irgendeine Ware, sie hängt entscheidend von unserer Zuwendung ab zu dem, was ist. Freude wird uns zum Beispiel geschenkt, wenn wir Dinge und Menschen um ihrer selbst willen suchen, und also gerade nicht vornehmlich im Blick auf den möglichen Genuß, den sie uns bieten.

Das, was den Menschen froh macht, was ihm wirkliches Wohlbefinden schenkt in alle Bereiche seines Lebens hinein, das sind also nicht so sehr bestimmte Gegenstände, es ist eine ganz bestimmte Lebensweise, jene nämlich, in der sich diese Zustimmung zum Ganzen ausprägt. Um sich richtig an etwas freuen zu können, muß man es gutheißen, dazusein, und das heißt, man muß Vertrauen in den Lebenszusammenhang setzen. Was immer es an Unterhaltung und Vergnügen gibt, an Lust und Zerstreuung, es ist so weit entfernt von

erfüllender Freude, wie diese Hingabe fehlt. Öffnen wir uns aber dem, was unsere Zustimmung will, und bejahen wir es, dann kann uns alles zur Freude werden — Spaß und Spiel, Tanz, Musik, Geselligkeit, ein Blick, ein Mahl, die Blumen und das Meer.

Gewiß gibt es auch dann vieles, das einer Vollendung der Freude im Wege steht, Schwäche und Gewalt, und nicht zuletzt die Zeit mit dieser Vergänglichkeit, die alles bedroht. Aber was uns zugesagt wird in der Freude, es ist immer auch genug, denn es ist voll Verheißung. Mögen wir deshalb noch so viele Gründe haben, traurig zu werden, wir haben immer auch diesen Grund, uns zu freuen. Daran sollten wir denken, dann bleiben wir der Freude fähig.   Ulrich Hommes

Gloria Pax

Wer vernimmt vom Gesang
in den höheren Lüften
die sichere Botschaft:
Gloria — Pax?

Wohin tragen Hirten
die ehrlichen Gaben,
da unsere Straßen entlang
weder Esel noch Rind
finden das Kind?

Unsere Ställe sind aus Beton,
Wundern nicht zugetan.
Wälder und Fluren aber
stehn wach in der Wandlung,
der Gezeiten gewahr.
Alle Glocken der Türme
rufen zum Lobgesang auf.
Über der Helmzier
das goldene Kreuz
fängt ein Leuchten vom Stern
aus den höheren Lüften.

Gloria Gloria Pax!
Immerfort klingt es
den Menschengeschlechtern.
Jedem das Seine:
Engelsmund, Glocke, Rakete, Posaune,
Feuerschlag, Liebe —
Himmel und Erde erfüllt
diese Botschaft.

Mög es zur Wende
ein jedes bedenken:
Wende ist Ende und Anfang zugleich.
Gloria — Pax!

        Anton Schreiegg

Christi Geburt

Gott, so unendlich
älter
als jedes Geschöpf:
In dieser Nacht
ist er in Jesus
der Jüngste
unter uns allen!

        Rupert Schützbach

Geburt Christi: Anbetung der Hirten
Deckenfresko von Johann Gebhard, 1742/47;
ehemalige Benediktinerklosterkirche
Reichenbach, Landkreis Cham

Heilige Familie in der Höhle
Glasfenster von Prof. Josef Oberberger,
München, 1969; Kunstsammlungen des
Bistums Regensburg

Adam und Eva
Skelettiertes Eichenblatt mit
Pergamentminiatur, 1. Hälfte 19. Jahrhundert;
Museum der Stadt Regensburg

Anbetung der Hirten
Spickelbild, Applikationsarbeit aus
Pergament und Stoff, nordöstliche Oberpfalz
oder Böhmen, Ende 18. Jahrhundert;
Privatbesitz Vohenstrauß, Landkreis Neustadt
a. d. Waldnaab

Geburt Christi
Holzrelief von einem Flügelaltar, 1505;
St. Leonhardkirche Regensburg

Sterndeuter
Krippenfiguren in Holz um 1860;
Privatbesitz Tirschenreuth

Geburt Christi mit Stadt
Schreinkrippe, Waldsassener Klosterarbeit,
Waldershof, Mitte 18. Jahrhundert; jetzt
Fichtelgebirgsmuseum Wunsiedel

*Geburt Christi
Tirschenreuther Krippe
mit Holzfiguren, um 1870;
Privatbesitz Tirschenreuth*

*Geburt Christi in einer
Oberpfälzer Mühle
Heimische Krippe mit
Holzfiguren von Hans Wörnlein,
Regensburg, 1969; Privatbesitz
Regensburg*

Gedanken vor einer Ikone

Ihr werdet finden
das Kindlein
in Windeln gewickelt. . .
Und werdet staunen,
werdet euch fürchten,
und es anbeten.

Ihr werdet bringen
Geschenke,
Reichtum und Myrrhe.
Ihr werdet singen,
daß es sich freue.
Hallelujah!

Ihr werdet lauschen
seinen Worten,
für euch gesprochen. . .
Ihr werdet staunen,
werdet euch fürchten —
und es verraten.
Hosianna. . .

Margarete Müller-Henning

Die Botschaft

Wohlklang kam
von irgendwo,
aus Höhen, aus Tiefen,
die uns verborgen,
man weiß es nicht.

Doch geschrieben steht
das Woher und von wem.
‚Es‘ sprach von Freude
und Friede den Menschen
auf Erden
und war Trost.

Liesl Breitfelder

Aber die Seinen ...

Ausschnitt: 2. Szene

(Ein Bote kommt zu dem Wächter vor den Toren Bethlehems)

Wächter (ihm entgegentretend):
Bleib stehn!

Bote:
Halt mich nicht auf!

Wächter:
Halt, sage ich. Wo willst du hin?

Bote:
Ich suche Menschen!

Wächter (wegwerfend):
Mit solchen Feuern sucht man Wölfe, keine Menschen. Sag, was du willst!

Bote:
Ich suche Menschen.

Wächter:
Das hab' ich schon gehört. Sag endlich, was du willst!

Bote (überzeugt):
Ich will sie wecken, aus dem Schlafe rütteln.

Wächter (belustigt):
Recht so! Was glaubst du, wie die fluchen werden.

Bote (unerschütterlich):
Sie werden jauchzen, wenn sie meine Botschaft, Gottes Botschaft hören!

Wächter:
Die Botschaft Gottes? (Lacht) Und wenn sie's wär', du wecktest sie nicht auf! Eine Botschaft? Jetzt mitten in der Nacht? Pah! Die Menschen sind zu müde, um des Nachts noch Boten zu empfangen.

Bote:
Aber Boten Gottes ...

Wächter (mustert ihn mißtrauisch):
Ach so! Da geht's hinaus? Schau, schau, die Boten Gottes kommen neuerdings bei Nacht!

Bote:
Gottes Uhren kennen keine Mitternacht ...

Wächter:
Gewiß, gewiß. Nur, ihr sagt so; doch die da drinnen in der Stadt, weißt du, die stellen ihre Uhren leider nicht nach Gottes Zeigern.

Bote:
Von dieser Nacht an werden sie es tun; denn seit Urzeiten warten sie darauf.

Wächter:
Die Menschen?

Bote:
Ja, die Menschen!

Wächter (zieht den Boten an den Baum):
Soll ich dir sagen, wie die Menschen sind? Wie diese Lichter da auf diesem Baum: Schön aufgeputzt, und eins stünd' lieber höher als das andre.

Bote:
Doch leuchten sie!

Wächter (bitter):
Jawohl, sie brennen ... Mit ihrem Hunger, ihrer Gier nach mehr und mehr, so brennen sie und fressen sich dabei noch selber auf.

Bote (schweigt)

Wächter:
Du meinst das Leuchten? Hm, doch da, sieh her! (Deutet auf eine Kerze) Da mitten drinnen sitzt der schwarze Docht. Pechschwarz, nicht wahr? Und immer schwärzer nur je glänzender sie scheinen ...

Bote:
Aber ...

Wächter:
Kein Aber! Sieh nur zu! (Drückt mit zwei Fingern einer Kerze aus) Zwei Finger reichen aus, und aller Glanz ist schon zu Ende, und übrig bleibt (Eine neue Kerze ausdrückend) — ein bißchen Rauch — (Die nächste Kerze löschend) — ein wenig Asche — (Die vierte Kerze erstickend) — und ein tränender Geruch ...

(Beide schweigen)

Wächter:
So — ist — das — mit den — Menschen! (Bei diesen Worten löscht er wie in Gedanken die letzten Kerzen aus, so daß es auf der Bühne bis auf den Fackelschein dunkel ist)

Bote:
So ist das mit den Menschen?

Wächter:
Ja, mit denen, die du wecken willst ...

(Kurzes Schweigen)

Bote (strafft sich):
Genug! Laß mich nun weiter!

Wächter:
Und wohin?

Bote:
Zu den Menschen!

Wächter:
Ja, hab' ich dir denn nicht ...

Bote:
Nun erst recht!

Wächter:
Wem nicht zu raten ist, dem ist auch nicht zu helfen. Komm mit! (Beide gegen das Tor zu. Auf halbem Weg innehaltend) Doch erst ... (Sieht den Boten an, packt ihn plötzlich am Rock vorne) Du, ich muß wissen, was du nachts zu künden hast. Los, heraus mit deiner Botschaft! Aber sei mir ehrlich!

Bote:
Ich künde, was Gott selber kundgetan in dieser Nacht.

Wächter:
Heute Nacht? Ich weiß nicht, was du meinst.

Bote:
Hast du das Singen in den Lüften nicht gehört?

Wächter (monoton für sich):
Ein Wächter lauscht zur Nacht nur nach den Feinden.

Bote:
Hast du das große Leuchten nicht gesehen?

Wächter:
Ein Mensch wie ich sieht nur, wie langsam seine Stunden gehen.

Bote:
Auch nicht das arme Menschenpaar, das feldwärts aus der Stadt an dir vorüberzog?

Wächter:
Wer an dem Tore steht, wird blind für Armut; denn er sieht zuviel ... Was ist damit? Ich mein', mit jenen beiden?

Bote:
Sie haben draußen auf dem Feld in dieser Nacht ein Kind bekommen.

Wächter:
Weiter nichts?

Bote (ergriffen):
Nein, das ist alles. Aber dieses Kind ist mehr! Dies Kind ist alles! Hörst du? Mit diesem Kinde kommt die große Wende.

Wächter (kopfschüttelnd):
Ich glaube nicht an Märchen. Am wenigsten an solche, die des Nachts passieren ...

Bote (für sich):
Nein, mich haben meine Augen nicht betrogen. Bin ich nicht wach? Viel wacher als mein Lebtag lang? Es war kein Märchen, nein! (Zum Wächter) Und glaubst du's nicht, die andern werden glauben. Sie werden auf von ihrem Schlafe stehn und durch das Tor hinaus ins Freie eilen bis zu der Höhle hin, und werden knien ... knien und weinen ... In diesem Kinde kam der Welt das Heil. (Kurzes Schweigen, plötzlich reißt sich der Bote los, eilt fackelschwingend dem Tor zu und ruft) Heraus! Heraus, ihr Leut', heraus, heraus!

Wächter (ihm nacheilend):
Bist du verrückt? Du bringst die ganze Stadt in Aufruhr!

Bote (unbeirrbar):
Die ganze Stadt? Es muß die ganze Welt die neue Botschaft hören! (Ruft erneut) Heraus! Heraus!

Wächter (entreißt ihm die Fackel und zertritt die Glut unter seinen Füßen):
Weg mit dem Feuer! Du bringst mich um Beruf und Brot, wenn man dich so erblickt. (Wirft den Fackelstumpf beiseite neben sein Feuer) Da sieh! Nun machen sie schon Licht. Sie werden kommen, werden fragen, schelten, fluchen. Ich steh' für nichts gerade. Sieh du selber zu! (Hinter dem Tore werden Stimmen laut. Lichtschein flammt auf, der den Torbogen erhellt)

Fritz Morgenschweis

Kleines Hirtenspiel

Es spielen: Maria
Josef
Ein großer Engel
Der Knabe Johannes
Der Vater ⎤ Hirten
Der Großvater ⎦

Das Spiel geschieht auf den Fluren von Bethlehem. Eine Bühne ist nicht notwendig. Links ist durch einen übers Eck gespannten Vorhang oder eine verschiebbare Wand der Stall angedeutet. Die Hirten können sehr wohl auch im Dialekt sprechen.

(Von rechts kommt der Großvater mit dem Knaben Johannes)

Johannes:	Schau, Großvater, den Mond!
Großvater:	Der ist heute voll.
Johannes:	Ich habe ihn noch nie so groß gesehen.
Großvater:	Du Patscherl! Wenn du drinnen liegst in deinem Bett und die Augen fest zu, da kannst du den Mond freilich nicht sehen.
Johannes:	Ich habe daheim den Mond schon gesehen, aber da war er nie so groß.
Großvater:	Ja, weißt du, hier heraußen auf dem Hügel, da sind wir auch dem Himmel viel näher, da sieht man viel mehr, da leuchten die Sterne viel heller und der Mond.
Johannes:	Großvater, ich gehe jetzt immer mit dir auf die Weide bei der Nacht.
Großvater:	Ob das die Mutter erlaubt?
Johannes:	Ich bitte sie recht schön. Großvater, und jetzt erzählst du mir eine Geschichte.
Großvater	(der sich auf einen Stein gesetzt hat): Von was soll ich dir denn erzählen?
Johannes:	Vom Mond. Weil er heute so groß ist und so hell.
Großvater:	Ja, vom Mond. Aber zuerst müssen wir zu unseren Schafen sehen, ob sie auch alle beisammen liegen. Weil wir doch Hirten sind. Wenn ein Schaf allein draußen liegt, kann sein, daß der Wolf kommt und es holt.
Johannes:	Es ist heute so hell, da können wir sehen, wenn der Wolf kommt, und dann jagen wir ihn fort.
Großvater	(steht auf und schaut hinaus nach rechts): Ja. Und der Tyras wacht auch. Sieh, wie er immer um die Herde herumgeht.
Johannes:	Unser Tyras ist brav. Ich habe ihm heute auch einen großen Knochen gebracht. Aber jetzt erzähle, Großvater. Vom Mond.
Großvater:	Der Mond, das ist ein Fenster am Himmel. Durch das schaut Gott nieder zu den Menschen. Und heute haben die Engel das Fenster ganz weit aufgemacht, und es ist die Herrlichkeit des Himmels, die wir dahinter leuchten sehen.

Johannes:	Ich sehe nur hell.
Großvater:	Im Himmel ist alles hell. Und Gott ist das Licht.
Johannes:	Und sieht er, wie wir hier sitzen und hinaufschauen in das Himmelsfenster?
Großvater:	Gott sieht uns hier sitzen. Und er sieht noch viel mehr. Er schaut durch uns hindurch, er schaut in uns hinein. Hast du nichts Böses heute getan?
Johannes:	Nein. Ich habe heute nicht gerauft mit dem Paul. Und dem Jakob habe ich mein Messer geliehen, damit er sein Pfeiferl hat fertig schnitzen können.
Großvater:	Und die Evi? Ich meine, ich hätte die Evi schreien hören?
Johannes:	Ja, der Evi habe ich ein Brot weggenommen. Sie hat zwei Brote gehabt. Ich hatte so Hunger. Dann hat sie geschrieen, sie will es ihrer Mutter sagen. Aber ich habe ihr den Mund zugehalten und habe gesagt, daß ich sie verhaue, wenn sie es ihrer Mutter sagt. Aber ich habe sie doch nicht verhauen. Sie braucht auch nicht zwei Brote, wenn ich keines habe.
Großvater:	Darf man das, einfach wegnehmen?
Johannes:	Wenn sie doch zwei Brote hat!
Großvater:	Aber Gott, wenn er dort oben aus dem Mondfenster sieht und durch dich hindurch, meinst du, daß es ihm sehr gefällt?
Johannes:	Großvater, sieh, da kommt der Vater, und Leute sind bei ihm, eine Frau und ein Mann.
Vater	(kommt mit Maria und Josef von rechts): Von hier ist es nicht mehr weit. Mein Johannes wird euch führen bis zum Stall. Gib acht, Bub, und mach im Heu eine gute Lagerstatt.
Johannes:	Die schöne Frau in unsern Stall?
Vater:	Ja. Sie haben in Bethlehem keine Herberge gefunden, weil sie kein Geld haben.
Maria:	Ich danke dir, guter Mann.
Vater:	Ist ja nur ein armer Stall. Aber er wird euch schützen gegen den Wind und gegen die Kälte der Nacht. Nun geh mit, Johannes, und weise die Fremden. Ich muß zurück zur Herde. (Ab)
Maria	(zu Johannes, der sie noch immer anstarrt, indes Josef weitergeht): Warum schaust du mich so an?
Johannes:	Du bist so fein und so schön.
Maria:	So müde bin ich.
Johannes:	Es ist nicht mehr weit. Stütz dich auf mich, ich bin stark.
Maria:	Du bist ein lieber Bub. (Sie legt ihre Hand auf seine Schulter)

Johannes:	Ich mache dir ein weiches Bett im Heu. Deine Hand ist so kalt. In unserem Stall sind der Ochs und der Esel. Die hauchen dich an, sieh so. (Er haucht auf ihre Hand) Das macht warm. Jetzt sind wir schon da. (Josef ist in den Stall hineingegangen.)
Maria:	Ich werde heute ein Kindlein haben. Wohin werde ich es betten?
Johannes:	In die Krippe. Da legen wir viel Stroh hinein. Und hier, nimm mein rotes Halstuch, da kannst du das Kindlein einwickeln.
Maria:	Du selber wirst frieren. Die Nacht ist kalt.
Johannes:	Ich friere nicht. Ich muß rennen. Ich muß noch zur Evi laufen — wenn Gott durch das Mondfenster sieht. (Er schaut in den Stall hinein) Dein Mann hat schon die Krippe hergerichtet und das Heubett für dich. Geh hinein zu den Tieren. Siehst du ihren Hauch? Sie freuen sich, wenn du zu ihnen gehst. Und sie machen dir warm. Ich muß rennen.
	(Maria geht in den Stall, der geschlossen wird, Johannes eilig zurück zum Großvater.)
Großvater:	Hast sie gut hingebracht?
Johannes:	Ja.
Großvater:	Wo hast dein Halstuch? Verloren?
Johannes:	Hab ich der Frau gegeben für das Kindlein. Ich komme gleich wieder. (will fort nach rechts.)
Großvater:	Was ist denn? Wo willst denn hin?
Johannes:	Zu der Evi. Wegen dem Brot. Wegen dem Mondfenster. Sieh, es ist ganz groß, und Gott schaut herunter. Dort, sieh seine Augen! Oh! Ich bin gleich wieder da. (Ab)
Großvater:	Schau, schau, das Mondfenster. Rührt sich das Gewissen? Kommt dort nicht der Vater herauf?
Vater	(kommt von rechts):
	Die Nacht ist seltsam. Der Mond ist so hell. Und drunten schläft der Wolf mitten unter den Schafen.
Großvater:	Du sagst der Wolf?
Vater:	Ja. Er ist gekommen, und der Tyras hat nicht gebellt. Ich will schon den großen Stecken nehmen und ihn vertreiben, da laufen die Schafe auf ihn zu, und er legt sich nieder, mitten unter den Schafen. Und der Tyras steht daneben. Was soll das bedeuten?
Großvater:	Ist Friede auf der Welt unter den Tieren? Sieh, auch die Blumen auf der Wiese sind aufgeblüht, mitten im Winter, mitten in der Nacht. Müßte auch Frieden sein bei den Menschen.

Vater	(ganz plötzlich sich entschließend): Ich gehe und rücke den Grenzstein auf unserer Wiese wieder auf den alten Platz, daß der Nachbar zufrieden ist. Wegen einem kleinen Stück Land soll kein Unfried mehr sein. (ab nach rechts).
Großvater	(nickt verstehend. Gleich darauf kommt Johannes von rechts)
Johannes:	Großvater, jetzt darf Gott schauen. Und auch die fremde, schöne Frau. Sieh, er lacht ganz hell durch das große Mondfenster.
Großvater:	Wo bist gewesen?
Johannes:	Bei der Evi doch. Ich habe ihr gesagt, daß sie morgen mein Brot haben soll und daß ich sie nie mehr verhauen werde. Da hat sie gelacht. Und ich auch.
Großvater:	Das war brav von dir, Bub.
Johannes:	Weißt du, Großvater, wenn ich morgen wieder in den Stall gehe zu der fremden Frau, dann muß alles in Ordnung sein. Ich habe es gespürt, Großvater, die kann auch hindurchschauen. Und da habe ich mich geschämt. Aber jetzt freue ich mich auf morgen. — Wo ist der Vater hin? Ich habe ihn über den Hügel hinunterlaufen sehen.
Großvater:	Er will auch aufräumen. Ist eine so durchsichtige Nacht heute. Sieh, er kommt zurück, und sein Gesicht leuchtet.
Vater	(kommt von rechts): Jetzt ist mir wohl. (Im Innern des Stalles ist es hell geworden, das Licht dringt durch die Türe nach außen) Aber seht hin zu unserm Stall, es brennt! (Er will fort)
Großvater:	Bleib, das ist kein gewöhnliches Feuer. Das ist Licht, ist die Fülle des Lichts. Hört! (Es ertönt der Engelsgesang: Gloria in excelsis Deo! Nach dem Gesang öffnet sich die Türe des Stalles, der große Engel tritt heraus und auf die Hirten zu, die niederknien.)
Engel:	Fürchtet euch nicht! Denn seht, ich verkünde euch eine große Freude, die allem Volke zuteil wird: Heute ist euch in der Stadt Davids der Heiland geboren worden, Christus, der Herr. Und dies soll euch zum Zeichen sein: Ihr werdet ein Kind finden, das in Windeln gewickelt ist und in einer Krippe liegt. (Wiederholung des Gesanges Gloria, dann geht der Engel zurück zum Stall und öffnet die Türe, so daß Maria mit dem Kind und dem dahinter stehenden Josef sichtbar werden. Der Engel bleibt anbetend seitwärts stehen.)
Johannes:	In einer Krippe? In unserem Stall? (zu dem mit verklärtem Gesicht reglos knieenden Großvater): Großvater, was hast?

Großvater	(stammelt):
	Der Heiland geboren in unserer Zeit! Und ich darf ihn noch schauen!
Vater:	Laßt uns hingehen und ihn anbeten.
Johannes:	Vater, darf ich mein Lämmlein holen, mein weißes, und es mitbringen, für das Kind?
Vater:	Ja, du hast recht, Johannes, (Johannes rasch ab nach rechts) wir wollen Geschenke bringen, wir wollen nicht mit leeren Händen kommen, denn die Leute sind arm. Ich will meinen Mantel über Mutter und Kind breiten, daß sie nicht frieren.
Großvater:	Ich habe nichts mehr als meine zitterigen Glieder und mein altes Herz.
Vater:	Aber es ist gut. Komm nur, Großvater.
	(Er hilft dem Großvater, sich wieder aufzurichten, während Johannes mit dem Lämmlein im Arm zurückkehrt)
Johannes:	Schau, Vater, so wollig weich ist es, es wird dem Kinde warm machen. Und sie werden es nicht schlachten.
Vater:	Nun kommt.
	(Sie gehen zum Stall, knien nieder.)
Vater:	O Herre Gott! In einem armen Stall bist du zur Welt gekommen. Wir danken dir und beten dich an. Laß dich zudecken mit unserem armen Gewand, denn die Winde wehen kalt in unseren Bergen.
	(Er gibt den Mantel hin)
Maria:	Brauchst den Mantel ja selber draußen auf der Weide.
Vater:	O nein, liebe Frau, ich bin das gewohnt. Aber das Kind.
Johannes:	So lieb ist das Kind, weil's der Heiland ist. Schau, Vater, mein Halstüchel hat's umgewickelt, das tut ihm gut. Und da ist mein Lämmlein. Darf ich es hinlegen? Gelt, ihr tut es nicht schlachten?
Maria:	Nein, Bub, der Heiland bringt Leben, nicht Tod.
Johannes:	Frau, jetzt darfst du auch hineinschauen in mein Herz. Ich habe es wieder gut gemacht mit der Evi. Und morgen hole ich sie, daß sie auch das Kind anschauen darf.
Vater:	Nicht nur anschauen, Johannes!
Maria:	Liebhaben sollst du das Kind. Das tust du doch?
Johannes:	Oh, ich mag es so gern.
Großvater:	Herre Gott! Liebes Kind! Ich danke dir, daß ich dich noch schauen darf, bevor ich sterbe. Ein ganzes langes Leben habe ich auf dich gewartet, alle Tage und alle Nächte. Und nun bist du da. (Er neigt sich ganz tief.) In unserem Stall.

Maria:	Das Kind wird euch vergelten, daß ihr ihm Obdach gegeben.
Vater:	Nun wollen wir wieder zurückkehren zu unserer Herde. Und wir werden es auch den anderen Hirten sagen und allen, die es hören wollen: Der Heiland ist da!
Johannes:	Und er liegt in unserem Stall!
Vater:	Komm, Großvater, geh.
Großvater:	Ich habe das Heil der Welt geschaut! Nun will ich gerne sterben.
Vater	(hilft ihm):
	Mußt nicht gleich reden vom Sterben.
	(Die drei Hirten gehen nach rechts ab.)
Johannes	(zurückschauend):
	Sieh, Vater, Großvater, das Kind schaut uns nach! Und die schöne Frau! (ruft) Ich komme bald wieder. (ab)

(Der große Engel schließt die Stalltüre zu und geht nach links ab.)

Rosemarie Menschick

Engelverkündigung

aus einem alten oberpfälzischen Krippenspiel

Hirt:
Was machst du do, du scheina Boua
Und thuast so spot hoamtreibn?
Siahst nöt, es is ja 's Toar scho zua,
Du muaßt herastn bleibn.
Wer wird denn um die zwölfti Stund
No aufm Feld rumstreichen,
Da machen jo die Geister d' Rund
Und thouan um d' Leut rumschleichen.

Engel:
Steh auf, steh auf, mein lieber Hirt!
Geschwind mit mir sollst gehen.
Was sich dir jetzo zeigen wird,
Hat noch kein Mensch gesehen.
Steh auf geschwind und folge mir,
Es wird dich nicht gereuen,
Ein Glück ist heut beschieden dir
Du wirst dich hoch erfreuen.

Hirt:
O mei, möcht wissen, was dös wa,
Daß i soll gar aufsteh,
I lieg jo do scho auf da Strah.
Geh furt und laß mi geh.
An ganzen Tag i hürten mouß,
Mou laffa früh und spot,
Moin oft i ho kua Händ, kuan Fouß,
Gfreu mi allemal auf d'Not (Nacht).

(Der Engel geht kopfschüttelnd noch einige Male auf und ab; dann tritt er ab, um das Hirtenkostüm abzulegen; inzwischen nachfolgendes Selbstgespräch des noch immer auf der Streu liegenden Hirten:)

Hirt:
Wollt dea mi no um Mitternacht
Aus meina Ruah aufschrecka.
Hob schier bis halbi zwölfi gewacht.
Beim Viah, iatz that er wecka.
Na, na, i laß mi nöt narrirn
Von so an junga Mandl.
Wer woaß, wo dea mi hin that führn,
Zletzt gabs nu böisi Handl.

Engel:
Steh auf! Denn sieh ein Engel bin
Von Gott ich hergesendet,
Sei furchtlos, nimm mit frommem Sinn
Die Gnad, die Gott dir spendet.
Dort, wo du siehst den hellen Stern,
Dorthin will ich dich führen;
Bald wirst du auch mit Freuden hörn
Die Engel musiciren.

Hirt:
Durt seg i wohl an großn Stern,
Der macht viel feuri Straln,
Leucht heller wos zwoa groß Latern,
Er funkelt raus vor alln.
Und obn, wo i seg an Glanz,
Da hör i d'Spielleut a.
Hah'n Engel, wennst mi führst zum Tanz,
So tanz i halt mit a.

Engel:
Mein lieber Hirt, folg ungesäumt
Mir nach zu jener Stelle,
Sonst ist dein größtes Glück versäumt
Zum Schaden deiner Seele.
Dem Himmel sei viel Lob und Ehr,
Den Menschen Fried auf Erden,
Weil heut der große Gott und Herr
Selbst Mensch hat wollen werden.

Hirt:
Dein Schmatzn that mi schier bewegn
Und gfallt ma a dein Gstoilt,
So wart no, laß mi d'Strümpf onlegn,
Es is jo grimmi koit.
Hah'n Engel, sei hoit du so guat
Und geh ma hoit voron,
I werd dir treuli nachigehn,
Mach ma im Schnee a Bohn.

Engel:
Der Stern, so glänzt am Himmelszelt
Messiam will anzeign,
Wie er hat wollen auf die Welt
Herab vom Himmel steign.
Die Engel musiciren all,
Das Kindlein zu ergötzen,
Dort liegt es arm in einem Stall,
Will Adams Schuld ersetzen.

Hirt:
Wenn das do kloa Messias wa,
Den wir volanga oi,
So hätt er ja a Hirba a (Herberg auch),
Was thät er denn im Stoi?
Woi i nu gwen a kloana Boua,
Hab i scho schmatzn ghört,
Das Zebta Israels ghört eahm zua,
Sein Vota hats begehrt.

Engel:
Er hat die Armut frei gewählt,
Die Menschen zu belehrn,
Daß nichtig seien Gut und Geld
Und alle irdschen Ehrn.
Drum geh nur in den Stall hinein,
Das Kindlein zu betrachten,
Und lern vom armen Jesulein
Der Menschen Pracht verachten.

Hirt:
Schau, schau, liegts Tröpfl aufm Heu,
Hot frei koa Bettl kriagt,
A olta Mo steht a dabei,
A Jungfrau 's Kindl wiagt.
Für wos is denn der Esl da?
Geh, Engl, thuan wegtreibn,
Hot denn der Ochs koan andern Platz,
Daß er beim Kind mua bleibn?

Engel:
Drum selber sieh die Armut an,
Vor Kält das Kindlein weint.
In Bethlehem hat Jedermann
Die Herberg ihm verneint.
Sogar das unvernünftig Vieh
Will's liebe Kind erwarmen;
Doch sieh, die harten Menschen die,
Sie haben kein Erbarmen.

Hirt:
O du mein herzigs Jesukind
Dabarma toust mi recht,
Oi deini Schmerzen i empfind,
Daß schier i woana möcht.
Geh Engel, sei holt du so guat
Und thua, wos i di bitt,
Du siagst ja, daß's Kind friesn thuat,
So trags hoit in mei Hütt.

Mei Lisbeth muaß glei Feua schiern,
Daß 's warme Windln kriagt,
Müaßt ja dös nacket Kind dafriern,
Wenns nämd mit was vasiagt.
Und d' Goaß werd gmolka auf da Stell,
Daß 's a a Mili geit,
Gern gib i's letzte Maßl Mehl
Her für dö arma Leut.

Do hast mein herzliabs Jesulein
A Lamperl no dazua
A Loa Brod thuat mi net reun,
Nimms o, du kloana Bua.
I bitt di halt, denk amal dro,
Was i dir itz verehr,
Und schau mi allzeit gnädi o,
Wennst wirst a graoßa Herr!

Engel:
Mein Hirt! Das arme Jesulein
Will nicht um deines bitten,
Es will in deinem Herzen sein,
Und nicht in deiner Hütten.
Es ist nur kommen auf die Welt,
Die Menschen zu umfangen,
Es braucht kein Ort, kein Gut noch Geld,
Das Herz nur thuts verlangen.

Der vorstehende Wechselgesang bildete den Abschluß eines Krippenspiels, das um 1866 noch irgendwo bei Regensburg gespielt wurde. In diesem Jahr veröffentlichte ihn Dominikus Mettenleitner, Chorvikar an der Alten Kapelle, in seiner Musikgeschichte der Stadt Regensburg. Leider hat er sonst nichts von dem Spiel aufgezeichnet und auch nichts darüber berichtet; nicht einmal die Melodie, die wir besonders gern besäßen, hat er notiert, er schildert sie nur als „melodiös, aber auch ganz unrhythmisch".

Schon vor achtzig Jahren war also ein solcher Rest eine Seltenheit. Etwa gegen Ende des 18. Jahrhunderts begannen die geistlichen Volksspiele, die als Sitte alt, heilig und fast unausrottbar waren, die aber in den Augen der Behörden und der Gebildeten vieles arg Unehrwürdige an sich hatten, den Angriffen von oben her zu erliegen.

Länger als die Passionsspiele haben sich die Krippen- und Dreikönigsspiele gehalten.

Auch Mettenleitner stellt diese Reihenfolge fest. Er selber nimmt eine interessante Mittelstellung ein: einerseits versteht und begrüßt er die Abschaffung der alten Mißbräuche (durch die Aufklärung), andererseits aber ist ihm die alte urwüchsige, fromme Derbheit lieber als „das mit exquisitem Bewußtsein von unserer gott- und religionslosen Zeit en gros betriebene Geschäft der Bemäkelung und Begeiferung all dessen, was einem an Glaube und Sitte noch nicht bankerott gewordenen Menschenkinde heilig ist" — eine Erscheinung derselben Aufklärung.

Daß er in seiner ernsthaften, liturgisch gerichteten Musikgeschichte diese volkstümlichen Spiele überhaupt berührt, ist schon die Äußerung einer neuen, aber jetzt schon bewußt sammelnden und pflegenden, wissenschaftlichen Liebe zur Volkspoesie.

Das Reizvolle an diesem Zwiegesang ist der Wechsel zwischen der derben oberpfälzischen Mundart des Hirten und dem biedermeierlichen, manchmal noch vom Barock durchklungenen Feiertagshochdeutsch des Engels.

Wohl sicher stammt das Spiel nicht von Regensburg selbst, sondern vom Land; Mettenleitner sagt geheimnisvoll „hier herum". Regensburg ist, wie schon erwähnt, heute eine mittelbairische Sprachinsel. Es sind aber auch in den Regensburger Urkunden des 14. Jahrhunderts oder im Runtingerbuch (15. Jh.) keine nordbairischen Spuren zu finden, wie man sie im entsprechenden Straubinger Urkundenbuch des 14. Jh. auf den ersten Seiten trifft. —

Dieses Lied ist aber nicht nur in den Lauten, sondern auch in der ganzen Ausdrucksweise echte Mundart, wie man sie selten so rein findet. Die Laute, die Wortfügung und der treuherzige Inhalt des Liedes, den es mit den vielen anderen bairischen Hirtenliedern teilt, stimmen hier wunderschön zusammen. Darum ist es etwas Kostbares, und weil es so wenig oberpfälzische Zeugnisse alter Mundart gibt.   Inge Köck

Einen noch stärkeren nordbairischen, also oberpfälzischen Dialekt spricht der Hirt in einer Variante dieser Engelverkündigung. 1910 teilt Johann Brunner in der Zs. Die Oberpfalz 4. Jg. (1910), S. 241 mit, daß dieses „Weihnachtslied" ehemals vor Beginn der Christmette in Furth i. W. gesungen worden sei.   (Anmerkung der Herausgeber)

Da Engl is kumma

Da En - gl is kum - ma za dean Hirt - lan afs

Föld, hout gsagt, sie sölln va - neh - ma vo dean Hei - land der

Welt. Drun - tn in dem Krip - pe - lein, zwi - schen Ochs und

E - se - lein, dou liegt a kloins Kind. Wos wer(d)n ma dean zan

Op - fa brin - ga? An Kur(b) vul - la Oi - ja u a

Lam - merl da - zou; gelt, Han - sl, ma Bou.

214

Ei, Manna schauts no her!

Falkenauer Mettenlied

Ei, Man - na schauts no her! Wos is an dees für a Löicht? Mir

scheint, es gäiht da Togh scho af, u ho(b nuch neat lang g'höit. Es

mouß wos Nei's wou ge - ban, ich ho(b ja in mein Le - ban koin

set - tn Glanz neat g'seah, 's kinnt oll - la - wal g'näich - ta her. Motz

blous! Blous Motz! Blous an Du - (d)l - sook af, lou nan wak - ka brum -

ma! Da Stef - fl u da Chri - stl wern nou - cha kum - ma.

Auf auf und ihr Hirtlein

1. Auf auf und ihr Hirt - lein und schla - fet nicht lang, die

Nacht ist ver - gan - gen, jetzt schei - net die Sonn. Ein Kin - de - lein klein ge -

bo - ren soll sein, das un - ser Er - lö - ser und Hei - land wird sein.

2. Ei Franzal, nimms Ranzal,
   Gäih eini in d'Stodt,
   Kaf Butta u Oia,
   Daß 's Jesal wos hout.
   Ei buck di fei schäi(n),
   Ei schmuck di fei schäi(n),
   Zöigh oia da(n) Höiterl,
   Wennst eini toust gäih(n).

Als ich bei meinen Schafen wacht

1. Als ich bei mei - nen Scha - fen wacht, Scha - fen wacht, da

ward mir fro - he Kund ge - bracht, Kund ge - bracht. Drum bin ich froh, bin ich

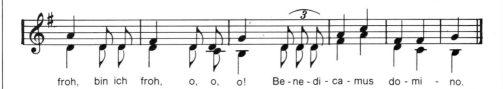

froh, bin ich froh, o, o, o! Be - ne - di - ca - mus do - mi - no.

2. Ein Engel sprach, geboren ist der Menschen Heiland Jesu Christ.
3. Da ging ich mit den Brüdern hin, mit frommem Herzen, heiterem Sinn.
4. Ich sucht' das Kindlein überall, bis ichs gefunden in einem Stall.
5. Als ich zum Stalle trat hinein, fand ich das Kind gewickelt ein.
6. Als ich das Kindlein hab erblickt, da war mein Herze ganz entzückt.
7. Demütig sank ich in die Knie, ich war so glücklich wie noch nie.
8. Das Kind zu mir sein Äuglein wandt, mein Herz gab ich in seine Hand.
9. Demütig küßt ich seine Händ, o, daß ich bei ihm bleiben könnt.
10. Als ich dann schied, o welch ein Glück, das Kindlein hielt mich sanft zurück.
11. Es legte sich an meine Brust und brachte mir die Himmelslust.
12. Den Schatz muß ich bewahren wohl, so bleibt mein Herz der Freuden voll.

Potztausend, dös is a Getümmel

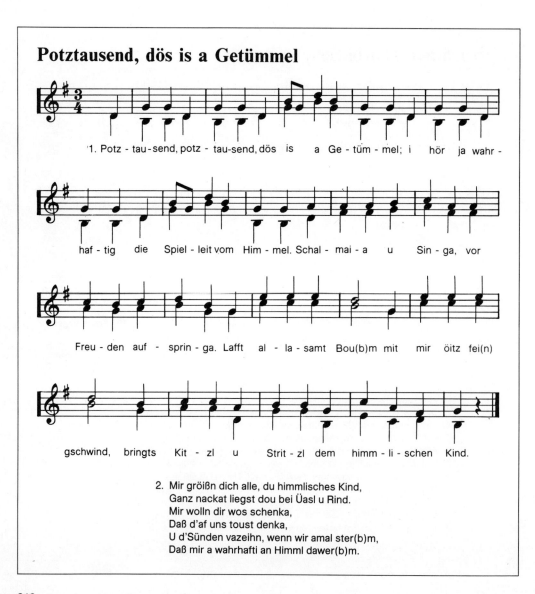

1. Potz - tau - send, potz - tau - send, dös is a Ge - tüm - mel; i hör ja wahr -
haf - tig die Spiel - leit vom Him - mel. Schal - mai - a u Sin - ga, vor
Freu - den auf - sprin - ga. Lafft al - la - samt Bou(b)m mit mir öitz fei(n)
gschwind, bringts Kit - zl u Strit - zl dem himm - li - schen Kind.

2. Mir größn dich alle, du himmlisches Kind,
Ganz nackat liegst dou bei Üasl u Rind.
Mir wolln dir wos schenka,
Daß d'af uns toust denka,
U d'Sünden vazeihn, wenn wir amal ster(b)m,
Daß mir a wahrhafti an Himml dawer(b)m.

Lusti, Buam! Stehts in Gottsnam auf

1. Lu - sti, Buam! Stehts in Gotts - nam auf und teats schier an

Ju - schroa drauf! Geh, mei Stef - fel, kimm bald na - cha!

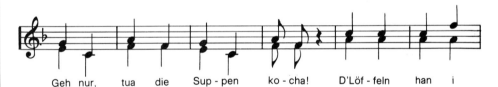

Geh nur, tua die Sup - pen ko - cha! D'Löf - feln han i

scho bei mir, d'Sup-pen samt 'n Hö - fa nimmst du mit dir!

2. Ei so geht's mir gor nöd ei,
daß's denn iaz scho Tog soll sei.
Ho nöd längst erst Nochtmohl gössen,
bin a weni nochi g'sössen;
lieg i kam a Stund au'm Heu,
han i scho wieda koan Fried dabei!

3. Muaß meinoachel aussi schau,
derf mi oba schier nöd trau.
Tuat da Wauggal allweil belln:
Möcht leicht wer a Lampal steln!
Wann mir oa's voliern davo,
hädn ma 's ganze Johr koan Loh(n).

Inmitten der Nacht

1. In - mit - ten der Nacht sind d' Hir - ten er - wacht. Sie

kön - nen kaum schnau - fen vor Ren - nen und Lau - fen dem

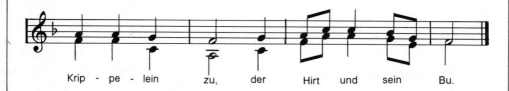

Krip - pe - lein zu, der Hirt und sein Bu.

2. Ei Büblein, komm' nah.
   Was finden wir da!
   Ein herzig schöns Kindlein
   in schneeweißen Windlein
   auf Stroh und auf Heu
   hold lächelnd dabei.

3. Gar lieblich und schön
   am Kripplein tut steh'n
   Maria, die Reine,
   im Heiligenscheine.
   Und will sich bemüh'n,
   vorm Kindlein zu knie'n.

4. Ei, daß Gott erbarm,
   die Frau ist so arm.
   Sie hat ja kein Pfännlein
   zu kochen ein Müslein,
   kein Mehl und kein Schmalz
   und kein Breserl Salz.

5. Da hatten gar schnell
   die Hirten zur Stell
   Milch, Honig und Butter
   und gabens der Mutter
   mit freudigem Sinn
   und knieeten hin.

6. Und Englein Gesang
   hoch oben erklang:
   Frohlocket und singet,
   Christkindlein bringet
   Erlösung zurück
   und himmlisches Glück.

(Dieses Lied war in früheren
Jahren in Furth i. W. beim
sog. Christkindlsingen
gebräuchlich. Drei
Personen gingen
zusammen von Haus zu
Haus und sangen es.)

Kommt wir gehn nach Bethlehem

1. Kommt wir gehn nach Beth - le - hem, didl - dudl - didl - dudl - didl - dudl - dei,

Je - su - lein, Her - re mein, wie - gen will ich dich gar fein, lieb

Je - su - lein, Her - re mein, wie - gen will ich dich gar fein.

2. Lippei blas die Flöte du,
   didl - dudl . . .

3. Und du Hansl streich die Geige,
   fidl - fidl . . .

4. Friedl blas den Dudlsack,
   dudl - dudl . . .

5. Gotthilf laß den Baß erklingen,
   brum - brum . . .

Brouda Wenz, gäih her, gäih her za mir

1. Brou-da Wenz, gäih her, gäih her za mir, lou dir wos nai's sogn, wos sich heint Nocht üm-ma zwöl-fa, üm-ma zwöl-fa hout zou-trogn. Lafts al-la ei(n) ins Grün-dl, lafts al-la ei(n) fei(n) gschwind! As is a oarghs grouß Wunna gscheah, a Kin-dl diatz durt findts.

2. Wos stäiht ann a wuhl durtn, dou ba dem Kind san Kopf?
Dös is a tolla Üasl u aa dumma Ochs.
Dös san seina Trabanten, die pflegn es gar wohl,
U wenn ihm kolt is, affa outm se hi(n), daß niat dafröißn soll.

3. Gäih Nannl, soghs da Kathl, sie soll sich niat vaweiln,
Sie soll va dera Leimat a Windal oiaschneidn.
A Kissl packt fei(n) a mit ei(n) u machts dem Kind a Bett,
Gäihts sachta u pusts koina niat, daß 's Kindal niat daschreckt.

Päita, stäih af fei gschwind

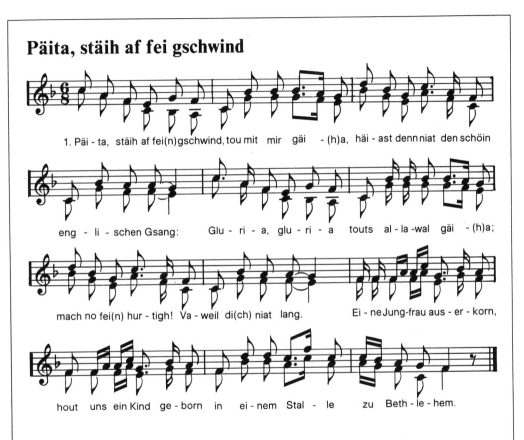

1. Päi - ta, stäih af fei(n)gschwind, tou mit mir gäi - (h)a, häi - ast denn niat den schöin eng - li - schen Gsang: Glu - ri - a, glu - ri - a touts al - la -wal gäi - (h)a; mach no fei(n) hur - tigh! Va - weil di(ch) niat lang. Ei - ne Jung-frau aus - er - korn, hout uns ein Kind ge - born in ei - nem Stal - le zu Beth - le - hem.

2. Wos sagst denn du daher für neia Sachn,
   Wenn dös Ding wouha war, i gang mit dir;
   Wahrle es gfreit mi recht, i möcht grod lachn
   U schäia nemma a Lammerl mit mir:
   I will ans pfeifn draf, gäih du fei wacka(r) af,
   Dem Kind zu Ehren, dort in dem Stoll.

3. Groußa Gott! Kloina Schatz! Wos toust dir denkn,
   daß dich wegn unser sua orm host gemacht?
   Nimm du holt an von uns wos wir dir schenkn,
   S' hot dir a jedra a Lammerl mitbracht.
   Hast du dann neat genou,
   Schenk ma dir's Herz dazou.
   In deiner Wiegn: Schlouf fei in Rouh!

Kumm, Brouda Mirtl, gäih mit mir

1. Kumm, Brouda Mir - tl, gäih mit mir, nimm dein Du - dl du - dl

sok za dir, Pfei - fn u Fa - gott. Geh ma mit - a - na - na in'n

Stoll hin - ein, gröiß ma's kloi - na Je - su - lein. Pfeif ma oins da - zou.

2. Semml u Millich, döi ho(b)m ma scho,
   Daß ma(r) a Breial kochan koa,
   Wenn dös Kinnerl schreit.
   Wenn die Frau Mutter mit ihram Kind
   In das Häuslein zu uns springt,
   Dös is unna Freid!

Gäih, Äiva, soghs da Kathl

1. Gäih, Äi - va, soghs da Ka - thl, sie soll se niat va - weiln, sie

soll va de - ra Lei - mat a Win - dl oi - a - schneidn. Du -

lu - lu - lu - lu, du - lu - lu - lu - lu.

2. A Bia(d)l bringts fei(n) a rein
u machts den Kindla a Bett;
a Schüttl Strouh ins Krippelein,
schäi(n) worm a zoug(e)deckt.

Kripp'ngang

Personen:
De drei Hirt'n Dama, Michl, Räis

Michl: Öitz woiß i niat, a so a Löicht, so a extrins feialichs Löicht!
Und wöi des agrat zu uns uma — kröicht!
Räis: Des kummat ma' scho bal ganz endrisch vür.
Siah near, Dama, siah!
Dama: Des is amal a gspaßinga Zeich!
Räis: Mi bei'lts ganz o.
Michl: Dou hots da' a Helln, daß ma's nimma daschaua ko,
Wou's do sinst heint so stockfinza is.
Dama: Öitz daß des wos bedeit, sell bin i ma' gwiß.
Räis: Du, Michl, i moin allwal, der Schei nimmt no zou,
I moin allawal, des zöihgt no äbbas nou.
Dama: Ma' ko's niat begreifa, daß 's so äbbas gi't.
Da Himml hot sa' ganz Löicht oaragschitt.
Michl: Räis — dou stäiht oina!
Räis: Siaht agrat wöi an Engl!
Dama: So schüi, so glenzat!
Michl: Räis, öitz gnabbt a a wengl!
Räis: Mir zidan d'Hend, mir knegln d'Knöi,
A Gänshaut kröigst da und des wöi!
Michl: Öitz kummt a af uns zou!
Räis: I — i hau o!
Dama: Siah, öitz kummt a ganze Schoar Engl no!
Michl: Blei't 'z dou! Knöi ma' uns nieda! Töin ma be'n!
Räis: Lus! da grouß Engl fangt o zun Re'n.
Dama: O mei'chat, i ko koi Watl vastäih,
I bin hal' so doarat!
Michl: Moußt hal' gnaucha hi'gäih!
Dama: Sinst nix!
Michl: Lus! Fürchtet euch nicht, sagt a grod,
Und daß in aran Stoll a Krippn drinnat hot,
In der da Heiland liegt, a Kind,
In ara Windl ei'gwicklt. Grod a so hot a's vakindt.

Dama: Ja, und da Glanz umadumi, ha't 'z nan gsehng!
      Der hot oin afgschreckt und des niat weng.
Räis: Siah, öitz flodan döi Engl af und nieda!
Michl: Owa da grouß, der gäiht öitz wieda.
Räis: Wöi s' öitza singa!
Dama: Wos singa s' 'n nou?
Michl: Ehre sei Gott und den Menschn an Frie'n und an Rouh.
Räis: I woiß niat, wöi ma' is, mir is niat guat und niat loi',
      Mir laafts furta eiskold iwan Buggl oi.
      Bal moinst, 's is a Draam, und 's is do koi Draam,
      As dirlt di o', as dafangst di kaam.
Dama: Wou san s' 'n öitz hi'?
Michl: Grod flodan s' davo',
      Schau affe, vo' de letzan siahst grod d'Fliechala no.
Dama: Wöi's da' öitz wieda stockfinza is!
Räis: Siahst koin Weg und koin Baam
      Und d'Hend vor de Augn siahst a mäiha kaam.
Michl: Owa zu dera Krippn möi'n ma hi'finna
      Und wenn ma' koin Weg und koin Stoi sehgn kinna.
Räis: Wos is denn, Dama, ko'st as dapacka?
Dama: Waa' glacht! I tou enk niat glei zammasacka.
      Zu dem Kind mou' i, mou i hi'kumma!
      Mir ham do niat umsunst vom Engl vanumma,
      Daß des da Heiland is!
Michl: Ja, des möi'n ma finna, sell is amal gwiß!
Räis: A Noocht hots da' scho, so lusat und eign,
      ols ta'n d'Stern samt'n Himml zu uns oarasteign.
Dama: As is oin so nasch, ma ko niat lacha, niat böign,
      As tout oin near's Gstüll zu dera Krippn hi'zöihgn.
Michl: Gäiht'z near niat so latschat! Öitz near asgriffa!
Dama: Du, Räis, der Engl, des woar da' fei a wiffa,
      Schüi hot a des daherbrocht vo dem Kind.
Michl: Und grod uns hot a'n Heiland vakindt.
Dama: Döi Stoi, döi Brocka! Ötz häit's mi owa bal hi'gsetzt!
Michl: Blei' niat dahinta! Bist allwal da letzt!
Dama: 'sell tout a nixn! Daß mir des daleem,
      Des tout ma' scho a Mordsfreid o'geem.
Michl: A Kind is dou, des uns allsamm dalöist!
      Dama, i glaab, daß d' dou vor an Wunda stäihst.

Räis:	Michl, dou kummt öitz a Stoll!
Michl:	Den schaun ma uns o!
Dama:	As da o'gloihntn Tür spächt a boartata Mo'.
Michl:	Du, Mo', mir san ma d'Hirtn.
	Botschaft is uns vom Himml woarn,
	Daß heint in aran Stoll a Kind is geborn
	Und daß des Kind da Heiland is.
Päis:	Michl, öitz how i wos gneißt, öitz gi't's ma' an Riß!
	Durt stäiht a döi Krippn und af aran Schewerl Hei
	Liegt a Kind, d'Mutta wicklt 's grod ei'.
Michl:	Ja, woahrhafti, so is's, öitz ham ma's gfunna!
Dama:	Du Böiwal, du lockats!
Michl:	Unsa Heiland!
Räis:	Unsa Sunna!
Michl:	Wöi's d'Fingala sproizt, so danschi und drolli!
Räis:	Und döi Armala, döi Stampfala, döi sa da scho so molli!
Dama:	Hahaha, döi Engala, döi kloin fenzin, döi nettn,
	Töin allwal af sane Zöichala a wengl umadrumpätn!
Michl:	Owa sei' Liechastood i goua hiart
	Und koi' woarme Deckn hot's niat.
Räis:	So a oarms Kind! Koi Fedan, near döi Krippn!
	Wäihtou möi'n nan d'Knöchala und d'Rippn.
Michl:	Und a elende Hüttn is da' des scho!
	'n Schnäi waht's eina und zöihgn tout's, wos 's ko.
Dama:	Du, Räis, i tou's mit mein Mantl zoudecka.
Michl:	I tou ihn mein Schoufpelz in d'Krippn ei'stecka.
Räis:	Und i — i leg mei' Haam no dazou.
Michl:	Bi staad, sinst scheich ma's no ganz as da Rouh!
Dama:	So schöi is' 's halt dou herinna, so feiali schöi,
	Ma mächat goua nimma weita göih!
Michl:	No, wer kummt den öitz dou o'gruckt?
	Des san a drei Küni!
Räis:	Bist äbba varuckt?
Michl:	Schau da s' near o'!
	A seida's Gwanda ham s' o'
	Und a Krona ham s' af und Ring an de Finga,
	Und wos da' döi für Gschenka bringa!
	Gold und Edlstoi krama s' as!

Räis:	Des ham halt döi uns voras,
	Daß s' wos Richtins schenka kinna!
Michl:	Tou di niat o', tou di bsinna,
	Ob's unsa Gschenk niat grod a so'gfreit!
	Mir san ma halt oi'fache, oarme Leit,
	Moina's grod a so guat, und, Räis, schau near:
	As siaht af uns drei grod so löib her!
Räis:	Woahr is's! Und öitz genga ma wieda!
Dama:	Owa zerscht knöin ma uns nieda.
	Du löibs Kind, du wirst uns erläisn
	Von unsam Ölend und alln Bäisn,
	Daß d' zu uns kumma bist, des dank ma da rächt
	Und daß da' near allawal guat göih mächt!
Räis:	Öitz pföit de, blei gsund!
Michl:	Pföit de Good!
Dama:	Wal uns near der Engl hergföihat hot!

Maria Schwägerl

Die Hirten im Stalle

Es genga drei Hirtn zan Krippala doar
u schau dös kloina Jesukind oan.

Sie san gonz dahoost, wöi is ihnan gescheah,
nuh näin hobm se sua a schäins Böiwerl gseah.

Sie bringa dian Kinnla a Flaschl vull Mülch
u Aia u Butta u hausgmochtn Zwülch.

Da Mutta Maria lafm d' Zahr üwers Gsicht,
wöi Sankt Josef dös Zeigh ins Tränkschaffl schlicht.

Wöis Jesukind schaut u treuherzigh locht,
folln d' Hirtn af d' Knöi: o du haligha Nocht!

Margareta Pschorn

Oberpfälzer Krippenspruch

Dou liegt des Kind und schaut de a
vo seinm kloin Schöppl Strouh.
Du mirkst, öitz laaft da d'Angst dava,
ma würd so fest und frouh.

Wouhär des kummt, ka koina sogn,
des mouma selm dalebn
und wöi an Schotz durchs Joua trogn
und annern davo gebn.

Fritz Morgenschweis

Der Hirt

A Hundskältn is gwen in da sellern Nocht —
i woaß's no guat — und d Sternla hom un-
bande vom Himml owablitzt. D Schouf hom
se zammdruckt und gegnseite gwirmt. Mia
hom a gscheids Feia azundn und gheri Hulz
eineghaut, daß uns a bißl woarm worn is.
Mittn in da Nocht owa san d Schouf ganz si-
rat worn, und mia hom uns niat denka kinna:
„Warum ner grod? Wos homsn heint wieda?
Is da Wolf dou? Oder wos is?"
Aba nacha is döi Gschicht glei nu ganz anders worn.
Aaf amal hout uns goua nimma gfrorn, und
sua seltsam hell und löicht is' worn und dann
is af amal a Engl dougstandn. Gscheit san ma
daschrocka!
Aba dea Engl hout gsagt: „Fürchts enk niat!
A grouße Freid mecht i enk sogn: Heint is
enk endlich dea Heiland geborn. Und daß z
es gwieß wißts: Wennds a Kinderl finds in
Windln und in ara Krippn — des is's!"
Und wiara des gsagt ghat hout, dou woara
auf amal goa nimma alloins, sondern a ganza
Haaffa Engl san dou gwen und hom gsunga
und gjubelt. „Gebts Gott die Ehr! Nou houts
aar an Friedn aaf da Welt."
Und nacha woarns wieda furt.
Mia hom uns d Augn griebn, hom uns grouß
und kloi agschaut und hom uns gfrougt:
„Homma des traamt oder is' woua?"
„Ja, dou möi ma glei hi! Dou möi ma glei
schaua, wöi des mit dem Messiaskind is!"
Und so homma d Schouf-Vöicha sa loua und
samma grennt wöi da Wind, hi zu da Grottn,
zu dean Stoll, wou döi Krippn san.
Und nacha homma gsehgn, daß des alls
stimmt, wos der Engl uns gsagt hout. Is doch
des oarm Botscherl wirkle in ara Fouttakrippn
dringlegn, und sei Vatta und sei Mutta — Maria und Josef homs ghoißn — homs ganz
glückle agschaut. Dou samara ganz staad
worn, hom uns hiknöit und hom uns gfreit,
daß mir oarme Höiter de erstn gwen san, wou
des himmlische Kind gfundn hom.
A sechane Freid homma ghat, daß ma uns nu
lang niat dafangt hom, und sua selich is uns
ums Herz gwen, daß ma dös a Lebn lang nimmer vogessn hom, und oft homma uns nu
gfrougt: „Wos is ebba as dem worn?"
Und dann homma uns träist und gsagt: „Da
Herrgott werds scha wissn, warum döi
Gschicht so aganga und wöis nacha aas worn
is!"

Heiner Wittmann

Vor der Krippe

Woos? — Du sollst as Christkindl saa?
Schaust wäi mei Bräiderl draa
drin in da Wöing. . .

Naa! — I siech da nix Halichs o.
Bloß Költn hengt an dir dro,
kannst dFinga kaam böing. . .

Woaßt woos? — Gäih mit mir hoam.
Hot Gott scho koan Dabarm,
bei mir sollstn kröing. . .

Georg J. Gick

Der Schofhejta, der nix gsehgn und nix ghert hot

Er schüttld alaweil wieda an Kopf, da alte Benjamin. Er ko's halt net glaubn. Grod er sollt nix gsehgn hobn, grod er sollt nix ghert hobn. Er woa ja dabei, mittn unta de andern Hejtaboum, de mit eahm dro gwen han de Nacht und af d'Schof afpaßt ham.

Des woa gspassi! Sie san grod alle viere ums Feia ghockt und ham se gwirmt. Af amol — naa, so hat er's no goa nia gsehgn de andern — do ist da Jackl afgsprunga vom Bodn, hot d'Händ übers Gsicht gschlogn, zu da selm Zeit hot da Davidl d'Augn und sei Maal afgrissn und hot zum Himml affigschaut. Dem kloana Joseph is sei Stecka aus de Händ gfalln. Er hot zidert, wej wenns'n fruisn tat.

Noch ana Weil ham sa se wieda dafangt und ham se alle drei mit da Stian afn Bodn higwoafa. Da alte Benjamin hot se zerscht denkt: Wos machens dia do etza fir an Schmoan fir? Da kloa Joseph, des is a Bazi. Der hot se gwiß wieda wos ausdenkt, daß er mi altn Mo drazn ko. Oba de drei san afgstana und ham ganz dasi dreigschaut.

Da Benjamin schüttld wieda sein Kopf. Naa, a so hot er's no nia gsehgn! Kasweiß woans alle drei. Des ko koa Spassetl gwen sa. Und na hams vazühlt: vo da himmlischn Gstalt, vo dem groußn Leichtn und Strahln. A Stimm hams aa ghert: Fürchtet Euch nicht, ich verkünde Euch eine große Freude. Der Messias ist geboren heute nacht. Ihr werdet ein Kindlein finden, in Windeln gewickelt, das in einer Krippe liegt in einem Stall. . .

Da Benjamin fangts houstn o. Er fühlt se in letzta Zeit net recht wohl. Es drucktn oft oag af da Brust. Da Houstn reißtn gottsjammerli her. Er mouß se reglrecht an ann Zau'pfostn ohaltn.

Naa, naa — und er hot des alles net gsehgn und net ghert! Warum grod er net? Er ko's net vosteh. Wenn an dera Botschaft gwiß wos dro is, ja na hätts er zerscht vonehma mej'n. Er woa ja da ülteste, und überhaupt hot ja er de meistn Schof gha't. Aa de schönan Schof! Er hot wos vostana vo sein'm Gschäft und hot se mit da Zeit a Haufa Zeig zamgspoart. Kaam a Hejta z'nachst hots soweit brocht wej er. Er hot halt sei Sach alaweil guat zamghaltn und afpaßt, das er nix voluist. A Famili mit a Stubn voll Kinda, so wej de andern, hot er se net ogschafft. Des waar eahm z'teia kemma.

Wenn er nach Jerusalem ganga is en Templ und sei Opfa hibrocht hot, na ham de andern s'Gschau krejgt. Er hot sei Sunntagwand oglegt, des aus'm bestn Leitouch gnaht woa und hot sein schwarstn und wildestn Hamml mitgnumma als Opfa.

Da Benjamin schüttld wieda an Kopf. Er ko's net vorsteh! Wann no der saudumme Houstn net waar! Er werd so damisch dabei, und Knej gebn noch.

De andern, de hams etz recht nouti. Sie wolln des Kind im Stall afsoucha und eahm wos bringa: a Gschenk. Wos soll er denn grod do? Er foahrt se übern Boart und schoart se am Kopf. Naa, er mou aa mitgeh! Des mou er se scho oschaua, wos dro is an dera Gschicht. Heiliga Abraham, wos nimmt er na als Gschenk mit? Er rennt umananda und soucht und soucht. Bei seina Schloufstell unta a Decka hot er a poa Sachan afghobn, de scho wos taugn: a ganz schö gwebts

Touch, a poa selbagschnitzte Holzpuppn, an voziartn iardn Kroug. Alles viel z'schö zum Herschenka. Er find na no a geschnitzts Pfeiferl. Des touts aa für des Kind.

Wou san na etz de andern? Sans scho davo? Do vorn rennt grod da kloa Joseph und zuigt sei bests Lampl hintn nache. Mei, der is dumm gnou, hot eh net viell Vejcha, denkt se da Benjamin, und do packtn wieda da Houstn. Er stützt se af sein Hejtastecka und braucht a Weil, bis er se dafangt hot. Na datscht er de andern nache. Er sehgts scho kaam mehr. Sans etz den Wech eiganga oder den? Na ja durthi bei dem groußn Stoa vobei, des werd da gscheite Wech scho sa. Er geht und geht, stolpert öfters, na mou er wieda rastn, bis de Housterei vobei is. Wenn er halt net goar a so firti waar! So elendi is eahm no nia ganga. Es werd alaweil schlimma. De andern ko er nimma eiholn, de hettn eahm am End gholfa. Er is etz ganz alloa.

Do, dovoan mou denascht de alte Hüttn sa vo dene Leit, de erscht vom Jordan umazogn san. San oame Teifl! Er hot se um de nia kimmat. De ham andene Breich, san an andene Raß! Am End ko er do a bissl ausrastn. Es mouß denascht wieda bessa wern! Es falln eahm oag schwar de letztn Schrit zu da Hüttn hi. Er woat no a Weil mitn Oklopfa: Agrad de mou er etz um a Hilf betln, mit dene wollt er se scho goa net o'gebn.

Do geht aa scho de Tür af. A Mo kimmt aussa, schautn o, und als ob er wissn taat, wej schlechts eahm geht, packt er'n untam Oam und führtn in d'finstere Stubn eine. Er hot net lang gfragt, hot eahm a Fell am Bodn higricht und hotn staad highockt.

Da Benjamin bringt koa Watl aussa. Er steckt gschami sein Kopf ei, und na mou er wieda houstn. Es beitltn hin und her. Er werd ganz rout im Gsicht, und na kimmts Bluat. Da Fremde legt eahm an Schofspelz übern Buckl und haltn mit sein'm Oam fest. Da Benjamin werd staader und staader. Er spüart den stoakn Oam vo dem Fremdn um seine Schultern. Und es werd eahm so guat. Er taat etz am lejbstn eischloufa. Wej er in da Hüttn so umanandaluart, do sehgt er im andern Eck a Wei sitzn mit an kloan Kind afn Oam. Mit grouße Augn schauas alle zwoa zu eahm uma. Und na lachtn de Frau a bissl o und gnoumbt eahm zou — ganz staad — mit ganz guate Augn. Des Kind werd munta und keckert und langt mit seine Handerl zu eahm uma. Des geht dem Benjamin unta d'Haut. Er soucht mit seine zidringa Händ in sein'm Gwand umanand. Er mouß do hobn, er werds denascht net voloarn hobn — des Pfeiferl. Do find er's und druckts dem Kindl en d'Händ. Etz hett er sei schö gwebts Touch braucht für de Frau. De hot a so an ogschoflts Gwand o. Es is eahm oag zwieda, daß er oba aa scho goa nix mehr hot. Naa, naa — halt, do fallt eahm wos ei: Sei Ledasackl! Er kramts unta sein'm Gürtl füra. Es is sei ganze Barschaft drin, alles, wo er se daspoart gha't hot. Er hebts grod no af und legts dem Wei vor d'Fejß hi. Na fallt er zam. Er ko nimma, so mejd is er. Oba im Herzn seli.

Do — do, af amol hert er's, j er hert die Stimm, die Stimm vo dem Engl, wej de andern vozühlt ham, und er sehgtn, er sehgtn do voa eahm ganz schö, ganz lejcht und glanzat. Er hertn, er hertn: und ihr werdet ein Kindlein finden in Windeln gewickelt, das in einer Krippe liegt in einem Stall. Ja, in an Stall — er woaß etz den Wech durthi. Etz woaß er'n aa. Er werdn no geh — glei —. Der fremde Mo legt' Benjamin afs Laga hi und decktn zou. Er is den Wech ganga, den gscheitn Wech, in den ewign Friedn.

Hildegard Eisenhut

Bethlehem, du kloina Stood

Der Wirt, der Viiz, hat sich erweichen lassen, Maria und Josef seinen Schafstall zu überlassen. Die Vorgänge dort erzählt er seinen Freunden, dem Michl, dem Hans und dem Naaz.

Also, mir stänga voar da Stooltüar. Ich speerr sie aaf − sie knarrt in alln Fughan − u mir gänga ei(n). Ich leicht miit da Fackl d'Wänd oo(b). Ganz staad is in dean laa(r)n Stool. No ma alta(r) Ochs hintn in Va(r)schlogh röiha(r)t si(ch) a weng.

„Wos Bessa(r)s koar i enk halt neat böi(t)n", sogh i u steck d'Fackl innaran Felsspalt fest. „Ach", sagt d'Marie, „zan Aasrouha is gout gnough. No a weng Strouh zan Affilegn, dös kannt ma nu(ch) brauchn!"

„Wenns weita(r) nix is!" sogh i. „Kumm, Seff, dau hinta(r) da Foutta(r)krippn liegn a paar Strouhballn, döi huul ma vüara!"

Da Seff u ich richtn miit dean Strouh a noutdürfti(gh)s Lagher hear. A poar alt gwirkt Hoodern zan Draafdeckn fimma aa nu(ch). Wöi ma ferti(gh) san, mou si(ch) d'Marie glei(ch) hi(n)legn. Sie is ganz blaß wor(d)n.

„Koar i enk nu(ch) wöi helfm?" fräigh i bsorgt. „Naa, naa", sagt da Seff, „du houst tou(n), wos d'houst tou(n) kinna. Sua sogn ma da halt a herzli(ch)s ,Vergelts Gott'! Du wöißt, Geld ho(b)ma koi(n)s mäiha. Dös weng, wo(s) ma ghatt ho(b)m, is aaf da Rois aafbraucht wor(d)n."

„Ach wos, Geld!" sogh i a weng granti(gh). „Weghan Geld how i enk neat hearbracht." Da Seff schaut za da Marie hi(n). Döi hout d'Augn zou.

„Wiart, ich bitt di, gäih öitza!" sagt a affa. „Ja, ja, is wouha! Da(n) Wei(b) kröigt ja heint nacht a Kiind. −

Owa(r), braucht si an dou neat a Wei(b), döi wo(s)rara dou dabaa a weng hülft?" fräigh i. „Ma Wiarti(n), amend kannt döi . . .? Owa(r) döi schlaaft scho(n). Wenn i döi öitza aafweck . . . Döi wiard suawöisua schimpfm miit mir, wenn sie dafährt, daa . . ."

„Mach da koi(n) Sorgn! Ös wiard allas goutgäih(n)!" sagt da Seff. „Gäih hoim u legh di in da Bett! U morgn fröih kiinst wieda(r) hear. Wiarst seah(n), wiarst seah(n)!"

Ich schau an Seff oa(n), ich schau za da Marie hi(n). Wos san nan dös füar seltsama Leit, döi won neat amol a Hewamm wolln? Ganz wuhl is ma zwar neat ba deara Sach, owa(r) ich gäih, wöi ma da Seff ghoißn hout. Ich fräigh mi blouß, wos wiar i morgn fröih seah(n)?

Wöi i dahoim in d'Schloufkamma(r) ei(n) komm, fischbat ma Wei(b) glei(ch): „Wou woarstn du sua long? Ich ho(b) biis öitza aaf di gwoart. − Ich ho(b) heint long neat schloufm kinna. Voring woar i grod üwa(r)n Aanatzn, dou houts aaf oamol oa(n) da Tüar pumpert. Wear woar an dös? Ich bin ja sua daschrockn!"

„Dou ho(b)m zwoa nou(ch)ara Herbergh gsoucht", sogh i u fang oa(n) mi o(b)zäiha.

„Sua. Wos houstn miit deanan sua long zan ria(d)n ghatt?" fräigt sie neigieri(gh). „Ich ho(b) enk scho(n) fischban häiern. Houst wuhl döi Leit neat glei(ch) wieda(r) fuartgschickt?"

„Naa", giw i a weng unwülli(gh) Antwort u kröich unta(r) d'Bettdeckn.

„U wöisua neat?" Ma Alta läßt neat lucka(r). „Du koast oin scho(n) a Luach in Bauch fräign", seifz i.

„Ich bin doch aa möi(d)!" Owa(r) affa dazühl

234

ar a döi ganza Gschicht. Enda(r) gi(b)t sie ja doch koa Rouh.

„Ja, du bist leit va alln gou(t)n Geistern va(r) loua?" fauchts mi gifti(gh) oa(n), wöi ar a allas beicht ho(b).

„Geld ho(b)m sie koi(n)s, owa(r) a Kiind, dös kinna sie kröign. Wenns goutgäiht, kinna mir dös Gsindl nu(ch) o(b)föittern. Oder ho(b)m döi wos zan Essn dabaa?"

„Naa, ich glaa(b) neat!" sogh i draaf.

„Grod sua how a mas vüargstöllt!" sagt ma Wei(b) u ihr Stimm ziitert va latta Zoarn.

„Schau, Weiwa(r)l, mir kinna döi arma Leit doch neat va(r)hungern loua", sogh i.

„Na gout", gi(b)t sie nou, „du koast ihnan unnara Kichnrestla ge(b)m. Owa(r), oi(n)s sogh a da, ich kimma(r) mi neat üm döi Bagasch. Dös koast scho(n) alloi(n) machn!"

„Fraali! Du brauchst goua nix machn, Weiwa(r)l. Ich bekimma(r) mi scho(n) üm allas", sogh i, frouch drüwa(r), daaß sua gout aasganga is miit ihra(r) Bäbarei . . ."

In da Fröih — ganz bazeit — how i a Köa(r) wa(r)l miit Essn zammgricht u affa how a mi am Wegh za mein Stool gmacht. Ich ho(b) ei(n)fach koa Rouh mäiha ghatt. Wöj i aas da enga Stood aafs Feld assikumm, mou i fei(n) an Augnbliick stäih(n)blei(b)m, sua tout mi d'Sunn blendn — denk i. Owa(r) wöj i zan Himml affischau, merk i, daa dös goua neat d'Sunn is. „Dös woar dear großa Stearn, wo(s)?" fräigt da Hans.

„Jawohl, dear Stearn is gwesn", sagt da Wiart. „Ich bii(n) äiascht daschrockn u ho(b) mi gfüarcht. Ich ho(b) denkt, öitza is aas miit uns Menschan, glei(ch) wiard wos Fuarchtbars passiern. U ich bii(n) ganz banumma va latta Angst. Ich koa goua nimmer weita(r) gäih(n), stäih no dou u schau immerzou za dean groußn Stearn affi u woart, daa wos gschiaht. Owa(r) wöj i sua woart u dean Stearn oa(n)schau, va(r)gäiht sua nouch u nouch ma Angst. Ear is sua schäi(n) u hell, ear strahlt nu(ch) hella(r) wöi d'Sunn. Draam i oder bin i scho(n) bleed? Mir kiints aa nu(ch) sua vüar, wöi wenn dear Stearn neat stülla stäih(n) kannt am Himml. U aaf oamal fallt ma aa(n), da Seff hout doch gsagt: „Wennst morgn fröih kiinst — wiarst seah(n), wiarst seah(n)!" Ob a damiit dean Stearn gmoint hout? Owa(r) wouhear wüll da Seff dös miit dean Stearn gwißt ho(b)m? Ich schau mi üm. Si(n)st is allas wöi jedn Togh. D'Sunn scheint, d'Schoufa bläkn va da weitn u d'Viagl singa. Blouß — mir kiints sua vüar, wöi wenn sie schänna(r) singa täin wöi alle Togh. Owa(r) vielleicht taischa mi aa, ich wöiß neat! Sua gäih i endli(ch) weita(r) bii(s) i za mein Stool hi(n)kumm. Ich klopf voarsichti(gh) oa(n) d'Stooltüar.

„Kumm no eina!" häier i va drinna an Seff sa(n) Stimm.

Ich mach langsam d'Tüar aaf u mou in sel(b)m Augnbliick d'Händ voar d'Augn tou(n). Va drinna kiint ma a Löicht entgegn — hell, hella(r) wöi allas, wo(s) i biis öitza gseah(n) ho(b). Mir is, wöi wenn i a Musigh häier. U dös Löicht wiard stärka(r) u stärka(r). Dou hülft koa Händvüarhaltn voar d'Augn. Dös Löicht blend mi, tout mein Auchan wäih.

„Ja, Herrgott, wos isn miit mir?" schrei i. „Wiar i leit bliind?" In nächstn Augnbliick siahr i wieda(r). Ich siah — dös Kiind aaf da Marie ihrn Oarm. Ganz kloa(n) is u dunkl Lockn houts wöi Sei(d)n sua fein. Ös schaut mi miit sein schäin groußn Auchan oa(n), sua — daa ma ganz leicht u woarm üms Hearz wiard. Sua leicht u woarm wöi nu(ch) nöi in mein Le(b)m.

„Ach, is dös a löibs Kinnl!" sogh i. „Wos is's an? A Moida(r)l oder a Bou? U wöi hoißt's an?"

„A Bou is!" sagt da Seff.

„Jesus wer(d) man nenna! — Kumm no hear u schau dan va gnoucht o(n)!" sagt d'Marie u streckt ma ihr Böiwa(r)l entgegn. „Koast di scho(n) traua!"

„U wenn a si(ch) voar· mir füarcht?" fräigh i angstli(ch).

„Ich kenn mi miit kloin Kinnan neat sua aas!"

„Gäih no hear!" sagt d'Marie.

Der Naaz erzählt, wie er mit den anderen Hirten zum Stall gekommen ist:

„Also, dös woar a sua. Mir finf Hiartn — as Schorscha(r)l als da gingst u glenkighst weit voarnoa(n) u ich als da altst, u aa waal meina Boina nimmer sua schnell kinna, als da letzt, sua san mir finf ei(n)fach unnara Nosn nou gwandert. Irgndwou, ho(b) ma gmoint, wer(d) ma in deara Nacht dös haligha Kiind scho(n) nu(ch) finna. Owa(r) affa — mir woarn nu(ch) goua neat long unta(r)wegs — is aaf oamal wos gscheah(n), wou koiner va uns damiit grechnt hout.

„D. . . d. . . dear Stearn!" hout s Schorscha(r)l gschrian u hout ganz aafgregt zan Himml affizeigt. „Dear groußa Stearn fallt oia!"

Wöi van Blitz troffm ho(b) ma in d'Höich gschaut. U wirkli(ch), dear Stearn is immer töifa(r) gsunkn, immer töifa(r). Füar a poar Augnblick woar ma argh daschrockn. Wenn dear Stearn aaf uns oiafallt, is mir duarchn Kuapf gschossn, dear zind doch allas oa(n).

Owa(r) — unna Angst woar, wöi sua oft in deara Nacht, ganz ümasi(n)st gwesn. Neat weit va uns weg, üwar an Hiegl, is dear schäina groußa Stearn pletzli(ch) am Himml stäih(n)blie(b)m. U uns woars, wöi wenn a si(ch) langsam hi(n) u hear bewegn täit.

Hi(n) u hear. Immer üwa(r) deara Gegnd u dean bstimmtn Hiegl, woun d'Schoufstall liegn.

„Schauts, Manna(r), dear Stearn zeigt uns an richtinga Wegh za dean Kiind", how i gsagt. „Mir brauchn no nu(ch) in deara Richtung weita(r)gäih(n)!"

Naja, u sua ho(b)mas gmacht." . . .

„Wöi ma nimmer weit weg woarn va dean Oort, ho(b)ma in dean oin Stool scho(n) a Löicht brenna seah(n)", dazühlt da Naaz weita(r). „Mir san gnäichta gschlichn u ho(b)m a weng zaghaft oa(n) d'Stooltüar klopft. Va drinna haut ma leise Stimman ghäiert. Ma Hearz hout va latta Freid u Aafreghing ganz laut zan pumpern oa(n)gfanga, dös kinnts ma fei(n) glaa(b)m. Aaf unna Klopfm hi(n) is drinna füar an Augnbliick stülla blie(b)m.

Affa is langsam döi alta knarrada Stooltüar aafganga u voar uns is a bartigha Moa gstandn. Dear woar hi(b)sch daschrockn, wöi a uns finf dou vorn Stool stäih(n) gseah(n) hout.

Ich ho(b) mein Hout oiatou(n) u ho(b) an annern a Zeichn gmacht, daan sie's mir noumachn solln. Affa how i gröißt u ho(b) gsagt: „Mir san Hiartn aas Bethlehem u ho(b)m ghäiert, daa heint nacht a Kiind geborn wor(d)n sa(n) soll, dös wo(s) unna Heiland is. U ös soll innara Krippm liegn."

„Diarts wißts . . .?" hout dear Moa a weng va(r)wunnert gfräigt. „Affa kummts eina! Dou saads richti(gh)!"

Ear hout d'Tüar ganz weit aafgmacht u mir san ei(n)ganga. Drinna woar a gungs Wei(b) miit longa schwoarzn Houan. Dös is aaf ar an Strouhballn gsessn u hout si(ch) üwa(r) d'Foutta(r)krippm beigt. In da Krippm is dös neigeborna Böiwa(r)l glegn u hout gschloufm. U dahinta(r), in Va(r)schlogh is an Viiz sa(n) alta(r) Ochs gstandn u dane(b)m a lasl. Döi ho(b)m aaf dös Kiind gschaut, sua wöi wenn sie va(r)stäih(n) täin, wos miit ihn bsonders aaf sich hout. Rouhari(gh) u friedli(ch) woar allas. ... Aaf oamal hout dös Böiwa(r)l d'Augn aafgschlogn u hout uns oa(n)gschaut, ganz freindli(ch). U nau(ch) ara Waal houts suagaua glacht.

„Aaach", houts Schorscha(r)l gmacht, „öitza hout mi dös Kinnl oa(n)glacht! Mi houts oa(n)glacht!" Voarsichti(gh) hout a dean Kiind üwa(r)s Kepfl gstreichlt.

„Fröist's an neat in deara Krippm?" hout a affa dean Böiwa(r)la sa(n) Mutta, d'Marie, gfräigt.

Öitza is uns annern Hirtan wieda(r) aagfalln, daa ma ja a poar Gschenka miitbracht ho(b)m. Schnell ho(b)ma allas aaspackt u sie ho(b)m uns miit aran hearzlinga „Vergelt's Gott" dankt. Affa hout as Schorscha(r)l zou-schaua derm, wöi d'Marie ihr Kinnal miit sein Schouffell schäi(n) warm zoudeckt hout.

Silvia Glaßl

Krippenandacht

Leise ist schon zu laut;
selbst das Schweigen
macht zu viel Lärm.
ER hört unsere Gedanken,
erhört unsere Gedanken
ohne Wenn und Aber.

Rupert Schützbach

Die erste Heilige Nacht

So schö i's, so stad in da Heiligen Nacht.
A Stern glänzt am Himml mit seltsamer Pracht.
Im Wald draußn flimmert und glitzert da Schnee.
A Engl singt: „Ehre sei Gott in der Höh!"

Vom Jordantal her pfeift a eiskolter Wind . . .
Da Joseph, d'Maria und 's göttliche Kind,
de hausn so friedvoll, doch einsam im Stall,
sie ham ja, weil 's arm san, koa andere Wahl.

In da Stodt und weit draußn vor Bethlehem,
hot eahna koa Mensch a warm's Wohnstüberl gebn.
Daß d'Leut oft so hart san, ist wahrhaft a Schand,
dabei war'n de meisten zum Joseph verwandt.

„Laß's sei", sagt d'Maria, „es wird na scho recht,
beim Ochs und beim Esl is's goar net so schlecht.
Da Stall bleibt schö warm; auf'm Stroh und im Heu,
do schlaft ma ganz guat, und es friert koans dabei.

So arg is d'Not net. Gott sei Dank san ma g'sund.
D'rum will i net jammern, i wüßt ma koan Grund.
I hob a liab's Kind, hob an rechtschaffna Mo,
bloß a bisserl mehr Geld, dös brauchat ma scho."

„Ja mei", seufzt da Joseph, „dös lumpate Geld
langt net hint' und net vorn in da heutign Welt.
Du tuast ma so leid, z'weng dem oarma Quartier,
da Herrgott muaß's wiss'n, — i konn nix dafür."

„Vo mir hörst koan Vorwurf, dös woaßt liaba Mo.
An der sündteuern Zeit, do liegt scho wos dro . . .
Du muaßt di net kümmern, do host ja koa Schuld,
i trog's scho, mei Packerl, mit sanfter Geduld."

So red'n de zwoa Leut in der sternklaren Nacht
und gebn dabei sorgsam aufs Jesuskind acht.
Auf oamol geht d'Tür auf. Z'erst blitzt a Latern,
dann kummt a Trupp Hirtn von nah und von fern.

De Manna san brav; trogn nix Unguat's im Sinn.
Sie knian voller Ehrfurcht zum Gottassohn hin.
Und gebn, wos's gebn könna, mit herzwarma Freud,
so liabreich, so selbstlos san net alle Leut.

Hernoch gehn de Hirtn ganz staad wieda fort
vom Kind in der Krippn, vom heiligen Ort.
Sie loben und preisen den Sohn uns'res Herrn,
und wiederum leuchtet hoch oben sein Stern.

Andreas Staimer

In da halingn Noocht

D'Sternln zöihgn af
Ganz lusat und brav.
Oina davo'
Leicht', wos a grod ko'.
Sa' grouß, plaschats Gsicht
Hot ar af aran Stoll zouigricht.
Dras kummt a Singa, so staad,
Wöi von an Wind zouagwaht.

A Dri'ln is aa
Und a Be'n no omdra',
Da Stern leicht so weit'
Daß se si zammadöin, d'Leit'.
Daß ja des allas gnach höian,
Tout a' s' goua zoua no föihan.

Wos finna s' öitz dou?
An allerts Böiwl in'n Strouh,
Schöi' mollat, schöi stockat,
's Kepfl, ganz lockat!
Wenn's aa fröist, daß near schlodat
— 's is a d'Windl so hodat —
's kennt koi' Wuissan, koi' Böign,
Tout niat amal 's Goscherl vazöihgn.

D'Maria tout si oi.
Um des Kloi' is's ihr loi'.
Da hali Josef siaht aa
Ganz daloiwlt scho' dra".

Da Ochs, da Esl schaua,
s' döin ihrane Augn bal' niat traua,
Wos dou de Noocht
Für a Wunda hot brocht.

Maria Schwägerl

Wiegenlied

O du liabs Jesulein,
schlof in da Krippn ein,
wirst sunst net woarm . . .
Hob da a Hemderl bracht
und a poor Windln gmacht,
bist ja so oarm.

Heut glanzn Sternal gnua,
moch deine Äugerln zua,
bist ja scho müad . . .
Hob da vom Hoamatwold
a kloa-wunzigs Zeiserl gholt,
dös singt a Liad.

O du liabs Jesulein,
sollst net volassn sein,
heut in da Nacht.
Hutscherlo, heierloh,
is ja dei Muatterl do,
wenn's bei dir wacht."

Andreas Staimer

Joseph, du liebster Joseph mein

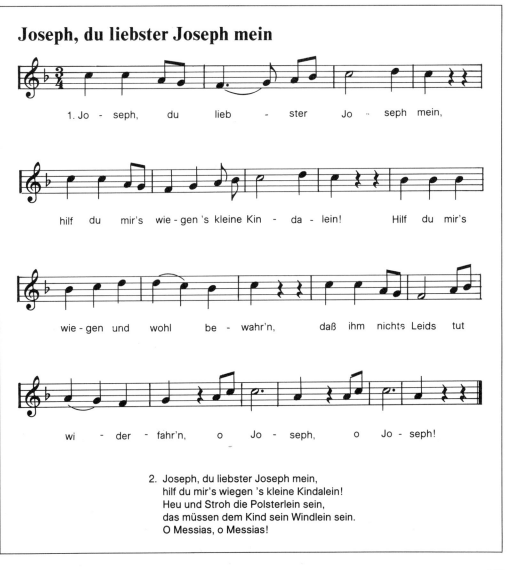

1. Jo - seph, du lieb - ster Jo - seph mein,
hilf du mir's wie - gen 's kleine Kin - da - lein! Hilf du mir's
wie - gen und wohl be - wahr'n, daß ihm nichts Leids tut
wi - der - fahr'n, o Jo - seph, o Jo - seph!

2. Joseph, du liebster Joseph mein,
hilf du mir's wiegen 's kleine Kindalein!
Heu und Stroh die Polsterlein sein,
das müssen dem Kind sein Windlein sein.
O Messias, o Messias!

Fast ein Wiegenlied

Guzzala,
buzzala,
wuzzala,
falln da d'Augn ja scho zou . . .

Bizzala,
fizzala,
kizzala,
mächt ja scho schlouffa mei Bou . . .

Möizzala,
mozzala,
muzzala,
nou schlouf ner grood ei . . .

Heitschala,
hitschala,
hutschala,
i kumm da ja aa bold drei . . .

Wiggala,
woggala,
wuggala,
öitz schlouf, schlouf ei, mei Bou . . .

Georg J. Gick

Christmättn

D'Glockn san afgwacht
Z'mittast in da Noocht,
A ganz Packl Leit'
Ham s' zouabrocht.

Dou stenga s' und stauna s'
Des Kindl öitz o',
Des oarm nackat Buza'l,
Bloß a Windl hot's dro'.

Owa lacha tout's,
A halinga Schei'
Wigglt sa' kloi'wuschlts
Kepferl ei'.

Scho' leicht' ar af
D'Leit' a wengl uma.
Dene hot's richtig
'n Schnoufara gnumma.

So an Frie'n, den gi't's aa near
Oi'mal in Gouah.
Daß der oin woach macht,
's sell is amal wouah!

Maria Schwägerl

242

Christnacht im Kloster

Am Morgen des 24. Dezember findet im Dominikanerinnenkloster Heilig Kreuz zu Regensburg nach der Laudes (= liturgisches Morgengebet) das Hochkapitel (= Vollversammlung) statt. In zwei Reihen stehen die Schwestern im Chor (= Gebetsraum). Ganz feierlich, umgeben von Kerzenträgerinnen, singt eine Schwester das Martyrologium (= liturgisches Heiligengedenkbuch) des Tages. Bei den Worten „Jesus Christus" steigt sie merklich mit der Stimme. Kaum erklingt das „factus homo" (= ist Mensch geworden), werfen sich alle von der Priorin bis zur jüngsten Novizin in der Venia (= mit ausgestreckten Armen) auf den Boden, um für die Geburt Christi und die Gnade der Berufung zum Ordensstand zu danken. So verbleiben sie im Gebet, bis die Priorin das Zeichen zum Aufstehen gibt. Nun erst wird das Martyrologium vollends vorgetragen.

Danach hält die jüngste Novizin, die am Tag der Unschuldigen Kinder, am 28. Dezember, als „Eintagspriorin" fungieren darf, einen kurzen Vortrag für die Klostergemeinde. Anschließend spricht die Priorin noch einige Worte zum Konvent (= klösterliche Gemeinschaft), stimmt dann den Psalm „Laudate" an und beendet das Hochkapitel.

So vorbereitet, kann in der Christnacht jede Schwester freudig einstimmen in das Te Deum und sich vertrauensvoll einreihen in die bis zum heutigen Tage brauchtümlich erhaltene Prozession mit dem Christkindl. Voraus trägt die Priorin ein Wachsjesulein auf dem Arm, ihr folgen alle Nonnen mit brennenden Kerzen und ziehen bis zum Altar, um dem Christkind, das Frau Mutter Priorin jeder einzelnen darreicht, die Füßlein zu küssen. Erst dann wird das Kindlein in die Krippe gelegt.   Sr. Aquinata Gropper OP

Grenzwaldweihnacht

Wenn Weihnachten vor der Tür steht, schlachtet der Wäldler fürs eigene Haus. „Dö heili'n Zeit'n mou(ß) ma' eahr'n", denkt er sich, und es müssen echtschweinere Mettenwürste sein, saftige Leberwürst' und spekkige Plunzen und eine fette „Brütsubbn". Der Störmetzger kommt und sticht die feiste „Sugel" ab. Manches „Wuserl" muß jetzt daran glauben, daß es ein schmackhaftes, leckeres Weihnachtsbraterl werden wird.

Der Bäuerin gehts noch dick ein, denn die Kuchel ist voll Arbeit. So ist's alle Jahr, af d'letzt wird's no' nejdö. Eine großmächtige Rein voll nußerlbrauner weizener Germnudeln und a seiß's Kletz'nbroud wird bacha (gebakken), daß d' Ehhalt'n ebbes z'fieseln, z'knangen und z'knuschen haben.

Und die G'schenga (Geschenke), „d' Christkindln", für die Ehhalten müssen beim Kramer noch kauft wer'n. Die Knecht' kriegen zum Heiligabend „Pfojda" (Hemden), Hosenträger und „routblöimlde Schneiztejchel" (rotgeblümte Taschen- oder Sacktüchel), die Dirnen einen „Kidlzui" (Kittelzeug) oder einen „Vüardazui" (Fürtuchstoff). Die Ehhalt'n geben dafür einen „Vergelt's God", und der gilt viel, denn der Christsegen liegt darauf. Wenn die Leut' morgens am 24. Dezember aus dem letzten Rorate heimkommen, wird im Haus noch „zusammen"-gearbeitet. Die Weibets putzen auf den Knieen, daß „koa Dreck in die Feiertag hineinkimmt". Mittags hat man Knödl und „Schwammerbreij" oder einen „Birnkoch", oder Germnudln und Zwäschbnmous". Wer fast(et), bis d'Stern am Himml san(d), sehgt in d'Zukunft".

Schon mittags wird Feierabend gemacht, so

ist's altes Herkommets; und wie's schon allweil gewest ist, dabei bleibt's. Wenn das Stallvieh gewässert und abgefüttert ist, rennen d' Knächt' af's Bödel affö in eahra Kammerl, handdeln d' Feierta'muntur aus'm Kost'n außa und gwanddn si' um.

Die Schuster, die Schmiede und die sonstigen Hampersmanner lassen schon mittags oder längstens um die Dreiuhrbrotzeit den Werkzeug aufräumen und die Werkstatt auskehren. Wer ein liebes Totes draußt im Freithof hat, tut ihm auf's Grab ein Christbäumel hin und hängt papierene Rösel und Flittergold dran.

Wenn die Wälder sich annachten und die Höfe einfinstern, guckt manche Bäuerin zum Himmel hinauf; sie weiß: Wenn viel Stern' am Himmel sind, legen die Hennen viel Eier im neuen Jahr. Uralt ist schon die Red', die am Heiligabend unter den Weibern geht: Viel Stern', viel Ojer.

Mancher Waldeinöder und mancher Dörfler streut Brotbrösel in den Hausbrunn', daß er „nöd ausbleibt", „drosselt" auch im Garten die Bäum', umwickelt sie mit Strohbändern, weil es der Urähndl und der Ähndl auch getan haben; so kann den Obstbäumen die „Gefrier" nit an, und sie tragen dann im kommenden Jahr „recht".

Mancher Waldler und „Haislmo" knotzt die Heiligabendspäne und steckt sie „inters Dach", „daß der Himmezer nit ei'schlogt, wenn im nächst'n Summa die schoarfn Wöda kömmen."

Am Heiligabend gi(b)t's als Nachtsubb'n Semml und seiße Möl(ch) oder gar Kaffee mit Kletzenbrot oder Germnudln. Das Kletznbrot ist einem seltsam und schmeckt einem, sind ja „Ziwebn", Feign, „Nuß", Zweschbn und Hutzln drinnen.

Wenn die Sonn' abgestiegen ist und es überall einfinstert, wird und bleibt es heutzutage stad am Heiligabend. Früher ist es anders gewest; man hat die Weihnachtsfreude überlaut werden lassen. Am Heiligabend, wenn „die Nachtsuppe gegessen" gewesen ist, ist's Burschets rebellisch worden. Tür aus und ein ist's im Haus und im Bauernhof gegangen. Die Knechtel und die Hütbuben haben in jeden Winkel und in jedes Eck hineingegrobbt, drinnen sie a alte Musketn gewittert haben und haben sich gedacht: die mou(ß) her, haben die alten Terzerole und die verrosteten Kugelstutzn hinterm Kommodkasten und unter der Bodenstiege hervür gezogen, haben die verstaubten Knallstutzen, Bürschbüchs'n und Jagaflint'n g'striegelt, g'fummelt und 'putzt, die verrosteten Hahna mit einem Batzen Schmalz eingeschmiert, daß sie wieder geschnappt sind, haben Schrotkügerl und Papierl und Pulver in die Röhrln dreinge-strempfelt, wenn 's Oschuißat angegangen ist, daß 's recht kracht und knallt hat. Draußen hinter den Stadeln und Schüpferln hat bald ein Schuß um den andern gekracht, zührot sind die Funken aus den Pulverröhrln sternwärts gesprungen. Von allen Einöden und Dörfern her, hinter allen Büheln und in allen Tobeln hat es geplärrt. Die schlafenden Hölzer sind aufgeschreckt und haben hellauf gelacht, die Hofhunde haben angeschlagen und die Dorfköter geknauzt. Die Gassenbuben haben es den Hütbuben und Knechten nachgemacht und a Hosnsackl voll Speiteifl abgelassen, haben bengalisch funkelnde Zündhölzer angekentet und kleine Kapselbüchsl krachen lassen. Die Burschen und Bu-

ben, die am Heiligen Abend und in der Christnacht das Christkindl o'gschoss'n haben, haben es damals gar nit gewußt, daß diese Schießerei einstens uralt herkömmlicher „Heidenlärm" gewesen ist, der die „Dachereien" vor bösen Leuten und feindlichen Geistern und Dämonen geschützt hat.

In der wacherlwarmen Stube werden lauter uralte G'schichten erzählt: von den Freischützen und Mettenjagern, von den offenen Bergen und Burgkellern und ihren gemünzten Schätzen, von den guten alten Zeiten, wie roter Mettenwein statt Wasser christnächtens in allen Bächen geronnen ist; dem alten Ähndl sein Urähndl schon hat allmal davon erzählt, wenn die Christnacht gwest ist. Die ganze Stube lust. Die Ahndl sitzt am warmen Kachelofen auf dem Bankerl und sinniert ein Weilel; dann fällt ihr ein, wie in den Rauhnächten früherszeiten die Hexen durch die Rauchfänge gefahren und auf Besenstielen und Kehrwischen und Ofenkrucken ausgeritten sind, wie die feurigen Manndel hinter den Marterln und Flachsbrechhäuseln gelurrt und die wilden Jager über den finsteren Wäldern gehetzt haben.

Alle Augenblick' fragen die kloan Kinder d'Muadda und 'en Vaddern, ob's Christkindl g'wiß kimmt und ebbes ei'legt? Und gleich steigt der Vater auf's Gsodbödel hinauf und tut einen Schübel Heu hinaus vor's Schüpferl; und nachher stellt er davor noch eine „Standdn" voll warmes gutes Tranket. Wenn's Christkindel hinter'm Haus durch das Gassel daherkommt, hält das Schlittenfuhrwerk an. Den Esel hungert ja von der weiten Reis', und weil noch ein weiter Weg ist, schmeckt ihm das Heu und das Tranket.

Draußen blenkerzt der Schnee, und die

Sterne funkerzen droben. Alle Gassel und Steige sind einsam und leer, es ist kein Mensch mehr draußen. Alles ist daheim und wartet. Nur der Wind ist draußen, der pfeift und faucht und kanns recht, pfurrt und surmt über die Dächer und fergelt in den Bäumen, weht den Schnee an die Stadel und Hoftürl, an die Zäune, Stiegl und Gatterl und an die Hütten und Häuser und kichert in allen Winkeln, wie wenn er selber ein übermütiges Freuderl hätt'.

„Wenn nur 's Christkindl einen Christbaam und ein' Spielsach' nit vergessen dad!", denken sich die Kinder in der Stube. Der Xaverl hat sich a Trumpetn, a Trummel und a Geign g'wunschn und a Kumedigspiel obendrein und noch „allerhandderlei"; er hätt's auch dem Christkindl längst geschriebn; das „Brejferl" hat er vor's Fenster hinaus'tan, und das Christkindl hat es fortgeholt, einmal in einer staden Adventnacht, wie niemand mehr um die Wege gewest ist. Mäuserlstad lust der Xaverl hinaus ins Flötz und hinüber ins schöine Stüberl, und auch's Nannerl gibt Fried', „daß 'Christkindl ned versprengt wird". Es ist so anheimelnd lauschig in der Stube und so still, daß man die Uhr tickeltackeln hört. Die Kinder warten hart und fangen zu beten an. Auch die bösen „Bamsen" kriechen zum „Kreuz" und sind schön brav, „daß 's Christkindl koan Stoa und koa Gart' ei'legt." Und so kommt es endlich über'n Kaitersberg oder über'n Arber her in den Lamerwinkel, über'n Osser her oder von der Rotkreuzhöhe herunter auf den Rittsteig, über'n Spandlberg oder über'n Buchberg her und über'n Hochbogen herüber nach Neukirchen Hl. Blut, vom Burgstall oder vom Schwarzkopfberg herunter in die Further Senke.

Die brave Mutter ist mit aller Arbeit fertig und lächelt selig still in sich hinein, kentet den Kerzenleuchter an und geht mit ihren Kindern nachschauen. Die Kinder hupfen vor lauter Freud. Der Xaverl kennt's gleich, wo 's Christkindl schon ei'glegt hat, und schnadert: „Aus dem Schlüssellöchel in der Tür der schönen Stubn leuchtet's zühlicht heraus in's Flötz". „Da drin brinnen meiner Seel' scho' d'Kirzln am Christbaam", sagt der Vater, ganz froherschrocken, und klinkt die Tür auf. Die Kinder hupfen in die Christkindlstube hinein; und die Mutter, der Vater und die großen Kinder drängen sich heran und freuen sich mit. Der Xaver schaut und staunt und traut seinen Augen kaum und denkt sich in seinem Köpfel: „Ist's gwiß und wahr? Oder traamt mir sched? Und ihm ist, als hätt' er das Christkindl mit seinen schönen Blondhärlein noch gesehen, wie es im schneeweißen Hemderl vor etlichen Augenblicken beim Fenster hinaus gehuscht ist.

Da wird nun „g'schmatzt" und derzählt, gewerkelt und gespielt, gehämmert und gesagelt, geblasen und getrommelt, gehutscht und gefahren, bis in die tiefe Christnacht hinein, bis eins ums andere einnafzt vor lauter Müdsein.

Draußen rumpelt der Schneewind ums Haus und johlt wie der gespenstische Hangerstelzl am Rittsteig, die Hoftürl knarzen und die Fensterläden knackeln, wie wenn er herein spähen und herein pfurren möchte. Und wenn er in den Rauchfang einen tiefen Brummer tut, meint man gar, der Niklo ist am Weg heimzu und kutschiert vorbei: „Hüh! Hott! Wista! Hott!" Längst schnarchen die kleinen Spielratzen in ihren Bettchen. Die großen Leute bleiben auf und warten, bis zu der Metten Zeit wird.

Die ersten Mettengeher stapfen die Steige und Gassen dahin, an den Häusern vorbei. Wenn kein Mond ist und die schneeigen Wege finster sind, leuchten bald viele Laternen durch die Christnacht, als wären's lauter Sterndel, die vom Winternachthimmel hernieder gepurzelt sind.

In einer finster'n Christnacht „gammert" der Bauer: „Finst're Metten, helle Stadel". Wenn aber der Mo(nd)schei(n) scheint, frohlockt er: „Helle Mett'n, finst're Stadel!"

Wer daheim bleibt und das Haus hütet, schiebt den Riegel vor die Tür und schürt das Feuer im Ofen, daß die Mettenwürste gar braten und die Brütsuppe wird. Der Further steckt vor der Mette einen schon längst bereit gelagerten großen buchenen oder birkenen pinkenden „Weihnachtsknüttel" ins Ofenfeuer; der „gibt aus", macht eine Hitz' und hält die Stube warm, bis die Christnacht vorüber ist. Um Zwölfe fangen alle Weihnachtsglocken an und läuten über Berg und Tal; der Wind hält seinen Kreißter an und lust ihnen zu.

Die Kirche ist voll Leut'. Droben an der Orgel sitzt zuhöchst der Organist, er haucht sich in die kalten Hände und reibt sich die Finger gangig, greift ins Tastenwerk darein und spielt zum Mettenamt ein und werkelt, daß die Orgel nur so schallt und schnurrt und drunten in der Kirch' die Nacht aus allen Winkeln huscht. Am hohen Altar vorn glitzen die Kerzen. Die Weiber knien im Gestühl und lassen die geweihten Wachslichtel schön brav funzeln und vertropfen. Droben singt der Chor das „Stille Nacht". Den Alten geh'n die Augen über. Es ist allemal zu schön, dies fromme Weihnachtslied! Wenn der Segen ausgeteilt ist und der letzte Orgelklang in den hintersten Kirchwinkel sich verschlieft, wird die Kirche wieder leer. Der Mesner löscht alle Lichter ab und sperrt die Kirchtür zu.

In der wacherlwarmen Stube dampft schon auf dem Tisch die Mettensuppe; sie glänzt von den vielen Fettringlein, die d'rauf schwimmen, und die Leberwürst' und die dicken Plunzen pregeln in der Schmalzrein und duften vor lauter Gutsein. Alt's und jung's sitzt am Tisch und ißt und schleckt, weil's schmeckt, und wärmt sich das Inkreisch auf. Aber bald kriecht man in's Bett, daß man zeitig wieder beim Zeug ist und den hellen Christtag nicht verschnarcht.

Licht stehen die Sterne über den traumseligen Hütten und Häusern. Ein Sternschneuzer nach dem andern sprüht und flitzt durch die Weite des Himmels. Oder sind's etwa gar verirrte, himmelheimsuchende Engerl? Und zuhöchst am Himmel droben ist es so wunderhell, wie wenn das Christkindel heimgekommen wär'.

Xaver Siebzehnriebl

Mettnnacht

Halige Nacht! Halige Nacht!
Oasam und traulih vorn Wold i der Leitn
tramt unser Dörferl vowachlt in Schnee;
rührt sih koa Lüfterl bon Mettnnachtläutn,
zoigt sih koa Haserl, koa Fuchs und koa Reh.
I derer stadn Ruah
kemmant afs Kircherl zua
d Woldleut so gern
mit der Lotern.

Halige Zeit! Halige Zeit!
Liacht i der Kircha und Liacht i der Hüttn, —
Kinderaugn glanznt vorn Bam voller Liacht;
Fried is vohoißn, — und Fried zun derbittn:
's Christkindl schaut, daß sih koaner mehr
fürcht.
D' Güatat hölft überoll:
Wia tuat die Liab so wohl!
Hoffnung für d' Leut . . .
Halige Zeit!   Karl Winter

Weihnachten 1957 in Vilseck

Endlich kommt der Weihnachtsabend, der lang ersehnte, heran. Schon seit Tagen lehnt in der Schupfenecke der „Tannenbaum", der den Mittelpunkt der Weihnachtsbescherung bilden soll. Aber am Vortage vor der Feier ist er plötzlich verschwunden. Dafür gibt es versperrte Türen. Das Christkind hat den Baum geholt, um ihn zu schmücken. Am Duft, der das Haus durchzieht, merkt man, daß das Christkind an der Arbeit ist. Erwartungsvolle Gesichter bei allen Hausbewohnern, vor Freude fiebernde Kinder.

Mit Arbeit überlastete Frauen und erwachsene Töchter putzen und scheuern in Küche, Wohnzimmer und Kammer. Irgendwo in einem Winkel des Hauses sitzen die Kinder beieinander und harren der Dinge, die da kommen sollen.

Endlich, meist in der Zeit von 18 bis 21 Uhr, kehrt in die einzelnen Häuser das Christkind ein. Ein Glöckchen, ein Pfeifton oder auch ein Trompetenton ruft die schon an allen Gliedern bebenden Kleinen zur Bescherung.

Der Christbaum bildet heute (1957) den allgemeinen Mittelpunkt der Christbescherung. Aber noch vor 50 Jahren gab es nicht in allen Häusern in Vilseck und schon gar nicht auf den Dörfern diesen Baum. Wurde er damals bei der Einführung noch mit Zuckerstücklein, bronzierten Fichten- und Kiefernzapfen, kleinen Äpfeln und versilberten Nüssen, kleinen Papierrosen und kleinen Zwetschgenmännchen verziert, so prangt er heute voller einfarbiger Glaskugeln, entweder alle rot, alle blau, alle weiß, selten mehr bunt gemischt, dazwischen Lametta und Schneesternchen. Statt der kleinen mehrfarbigen Christbaumkerzen verwendet man schon vielfach Christbaumbeleuchtung. Die Sternspeier dürfen nicht mehr fehlen. Die Christbaumspitze aus Glas hat allenthalben den Papierengel verdrängt.

Der Holzfuß oder der eiserne Christbaumständer ist mit Moos umkleidet und bildet den Übergang zur Krippenumgebung. Die Weihnachtskrippe, die sich auch in den letzten 50 Jahren bei uns eingebürgert hat, ist nunmehr ein Bestandteil des Christbaums. In allen möglichen Variationen sind sie in den Vilsecker Häusern zu finden. Jedes Jahr zeigen sie eine vermehrte Ausstattung an Figuren und Figürchen. Und um den Christbaum herum liegen die Geschenke, die das Christkind, in manchen Wohnungen auch der Weihnachtsmann, den braven Kindern und braven Hausgenossen gebracht hat. Hefte, Federmäppchen, Bleistifte, Bücher, Spiele, Hemden, Hosen, Strümpfe, Schlafanzüge, Unterhosen, Schuhe, Handschuhe, Mützen und Hauben, Schals, Füllfederhalter, Farb- und Malstifte, Aktentaschen, Spielzeug, Feuerwehrautos, Lastwagen u. Personenwagen, Panzer, Mundharmonikas, Laubsägekästen, Wasserpistolen, Bastelwerkzeuge und Fotoapparate gab's an Weihnachten 1956, nicht zu zählen die verschiedenen Süßigkeiten, Orangen, Bananen, Feigen, Datteln und Äpfel.

Geblendet von dem Glanz der Lichter und gefangen durch den Anblick der Geschenke, sind die Kinder im ersten Augenblick meist sprachlos vor Erstaunen; dann aber, wenn die verlangten Gebete gesprochen, das Weihnachtsgedicht vorgetragen und die Weihnachtslieder verklungen sind, stürzen sie sich auf die Geschenke, und das dabei entstehende Geplapper will kaum mehr enden. Und die Alten? Sie träumen von ihren seligen Kindertagen.

Gegen 22 Uhr werden die Kleinen und Kleinsten zu Bette gebracht; die Großen rüsten sich zur Christmette. Um 23.30 Uhr beginnt in St. Ägidius die Matutin, bestehend aus einer Nocturn und einer Krippenfeier. Die anschließende Christmette sieht eine mächtige Beterschar in den Bänken und Gängen, und mächtig braust das alte Lied Stille Nacht, heilige Nacht . . . durch die weite Halle unseres Gotteshauses. Nach der feierlichen 1. Messe versammelt sich Vilsecks Bewohnerschaft auf dem Marktplatz, um das Weihnachtssingen zu erleben. Dabei strahlt der aufgestellte Christbaum in elektrischer Beleuchtung; selbst Kerzen werden bei dieser Gelegenheit entzündet, um den feierlichen Augenblick noch feierlicher zu gestalten. Dann aber eilt alles nach Hause, um hier im Familienkreise, altem Brauch folgend, sich die Mettenwurst gut schmecken zu lassen. Der Familienvater aber eilt zu seinen Tieren in den Stall, um ihnen zerriebene Kräuter aus dem hl. Kräuterbüschel, vermischt mit Salz, Weihwasser und Kalk, als Geleck zu geben; manchmal gibt er auch nur Brot in Weihwasser getaucht mit Salz oder angebrühte Kleie mit geweihten Kräutern, Salz und Brot nach Väterbrauch.

Das Christkindanschießen und das Werfen von Fröschen und anderen Knallkörpern vor und nach der Christmette ist trotz polizeilichen Verbotes noch immer in Schwung.

Die Christnacht ist die erste von zwölf Rauhnächten, die bis zur Dreikönigsnacht gezählt werden. Der Hausvater schreibt jeden Tag das Wetter auf, das an diesem Tage geherrscht hatte; denn so wird das Wetter in den nächsten 12 Monaten des neuen Jahres

werden. Die Hausfrau hat wiederum zu sorgen, daß in der Christnacht keine Wäsche zum Trocknen aufgehängt ist, sonst hat man Unglück im Stalle, und der Schinder hängt dann „Viehhäute" auf.

Wer wissen will, was die Zukunft bringt, braucht sich nur unter den Ochsenbarren legen; denn während der Christmette ist den Ochsen die Zunge gelöst und sie sprechen dann miteinander über ihr Geschick und das Geschick des Bauernhofes, des Bauers oder seiner Kinder.

Unangenehme Folgen zieht ein Fall auf dem Wege zur Mette nach sich; denn leicht kann es sein, daß er dann die nächste Mette nicht mehr erlebt. Das Schütteln der Obstbäume zur Zeit der Mette macht sich meist bezahlt. Der 1. Weihnachtsfeiertag ist ein Tag heiligster Ruhe. An diesem Tage wird nur das Notwendigste getan. Man macht gegenseitig Besuche, die Kinder zeigen einander ihre Geschenke, der Vater nimmt an diesem Tage auch die Mutter mit ins Gasthaus, die Buben haben ihren Pfeffertag und heischen dafür ihren Lohn.

Seit einigen Jahren bürgert sich ein, den Verstorbenen, besonders verstorbenen Kindern, ein Christbäumchen auf das Grab zu setzen. Seit 1951 bekommen auch die Gefallenen und Vermißten des 1. und 2. Weltkrieges vor dem Kriegerdenkmal auf dem Kirchplatz ihren Lichterbaum. Selbst vor Privathäusern mit Vorgärten brennt die ganze Weihnachtszeit hindurch ein Christbaum mit elektrischer Beleuchtung.

Der 2. Weihnachtsfeiertag, der Stephanitag, gehört dem Vergnügen. Er ist der Tag der Weihnachtsfeier irgendeines Vereins, vielfach verbunden mit einer Christbaumversteigerung.

Er ist auch der Pfeffertag der Knaben, während die Mädchen ihn am Neujahrstag haben. Der Pfefferer oder die Pfefferin bewaffnet sich mit einem Fichten- oder Tannenzweiglein, meist vom Christbaum, ergreift in einem unbewachten Augenblick die Hand des zu Pfeffernden und schlägt mit dem Fichtenzweiglein auf dessen Hand. Dabei spricht er: „Ist der Pfeffer guat und der Zohler a?" Wer gepfeffert ist, hat natürlich auch den Lohn zu bezahlen. Er besteht kleinen Kindern gegenüber in Plätzlein, Äpfeln oder Nüssen, Halberwachsenen gegenüber aber in Geld. Meistens werden nur Bekannte und Verwandte gepfeffert.   Eugen Hierold

Der Christkindlbaam

In der Gegend von Waldthurn und noch mehr in den östlich davon liegenden Dörfern bis zur tschechischen Grenze und darüber hinaus bezeichneten die Menschen ihren Christbaum nicht nur anders als sonstwo, sondern sie schmücken ihn auch anders. Nach althergebrachter Sitte wird in diesem nordöstlichen Teil der Oberpfalz und in dem sich anschließenden ehemaligen Egerland der Christbaum folgendermaßen angekleidet: (s. S. 453): Um den Stamm der Fichte oder Tanne werden möglichst rotbackige Äpfel ganz eng befestigt, d. h. die Äpfel werden an ihren Stielen festgebunden. An die Äste hängt man lediglich vergoldete Nüsse und sogenannte Zuckerstückl, möglichst große Plätzchen in der Form von „Mannla", „Weibla", Musikinstrumenten, Sternen, Vögeln usw., „daß ma wos zum Essn hout". Die Spitze ziert ein „Thamasring", ein aus gewöhnlichem Hefeteig geformter Ring, der mit gelbem Zuckerguß, dem „Thamaszucker" bestrichen ist. Dieser einfache, aber sehr reizvolle Christbaumschmuck, den man im übrigen fast ausschließlich aus den eigenen landwirtschaftlichen Produkten herstellen konnte, war hauptsächlich bei ärmeren Leuten üblich. Ganz bedürftige Bauern, die Kleingütler, verwendeten jedoch manches Mal nur „ausgestochene Dorschnplätzln", d. h. ihre Zuckerstückln bestanden lediglich aus Futterrüben. Die für diese Gegend typische Art des Christbaumschmuckes ist heute bereits im Aussterben begriffen. Nach und nach erhält auch der Christkindlbaam das Ausehen des in ganz Deutschland verbreiteten „reichen" Christbaumes.   A. E.

Christkindlein, komm in unser Haus

Die Kinder stecken Heubüschel vor die Fenster, damit das Gespann des Christkindlschlittens etwas zum Fressen hat; denn nach dem Kinderglauben fährt das Christkind in einem goldenen Schlitten, der von einem Schimmel gezogen wird. Dieser kindlichen Vorstellung gibt auch folgender Vers Ausdruck, den die Kinder im Steinwald in der Vorweihnachtszeit gerne aufsagen:

Christkindlein, komm in unser Haus,
leer die großen Taschen aus!
Setz dein Schimmerl untern Tisch,
daß es Heu und Haber frißt!
Heu und Haber frißt es nicht,
Zuckerstückchen kriegt es nicht.
Was soll es mir nun bringen?
Goldne Schuh und Schnallen dran,
soll der X. X. haben.

A. E.

Zwei Weihnachtsmotive im Hinterglasbild

Kaum ein Thema hat die religiöse Volkskunst mehr beschäftigt als das Geschehen um die Geburt Christi. Und wie die Krippe aus einer weihnachtlichen Stube kaum wegzudenken war, oder das Lied im Volke in ungezählten, innigen Weisen das große Ereignis im Stall von Bethlehem behandelte, so hat sich auch die volkstümliche Hinterglasmalerei des achtzehnten und neunzehnten Jahrhunderts dieses Themas angenommen.

Fast alle Hinterglasmaler haben ihre Weihnachtsbilder gemalt, nicht nur bei uns und im angrenzenden Böhmerwald, auch in Österreich, in Oberbayern, im Schwarzwald und in den Vogesen.

Natürlich ist nur ein Bruchteil erhalten geblieben, und nur einer intensiven Forschung und Suche ist es zu verdanken, daß wir immer wieder Lücken schließen können und Bilder auffinden, von deren Existenz wir bisher keine Ahnung hatten.

Von zwei Schülern des bedeutenden Winklarner Hinterglasmal-Meisters Thomas Aquin Roth haben sich Vorzeichnungen zu weihnachtlichen Bildern erhalten: eine „Flucht nach Ägypten" von Karl Ruff und eine „Heilige Nacht" von Josef Wüstner. Wenn man beide in der Mitte des 19. Jahrhunderts entstandenen Risse vergleicht, kann man wichtige Wesensmerkmale der zwei bedeutenden, aus Winklarn stammenden Hinterglasmaler erkennen.

Karl Ruff hat seine Bilder meist signiert und häufig mit entsprechenden Texten versehen,

die die Innerlichkeit beweisen, mit der er seine Motive schuf.

Josef Wüstner war dagegen weniger mitteilsam. Auch beschränkte er sich, wie die Raimundsreuter Maler, auf das Wesentliche, das „Urmotiv", und kannte kaum Zugeständnisse an Beiwerk und Dekoration.

Trotzdem haftet beiden Zeichungen etwas Gemeinsames an. Es ist vor allem die Unmittelbarkeit, aus der wir die Hand der Meister zu spüren bekommen. Es ist aber auch die Meisterschaft, mit der die wenigen Linien gezogen sind und die wir einem ländlichen Maler kaum zugetraut hätten.

So steht es uns nicht mehr zu, von Rißzeichnungen als bloßen „Schablonen" zu sprechen. Sie sind in der Mehrzahl bewunderswerte Eigenleistungen der Maler, die uns oft mehr sagen als das in Farbe gesetzte Hinterglasbild.

Raimund Schuster

Alter Volksglaube in der Christnacht

Wer einen Borstorferbaum im Garten hat, muß — sei es der Herr oder die Frau — am Hl. Abend um Gebetläuten zu ihm hinausgehen und (ihn) anlachen, so trägt er schöne Äpfel. (Tirschenreuth)

Man ißt um Mitternacht während der Christmette einen Apfel oder eine Birne und steckt die Kerne in den Boden. Nach drei Jahren trägt das Bäumchen schon Frucht. (Neumarkt)

Am Morgen des Hl. Abend geht man unberedet in seinen Garten und bindet jeden Baum mit Strohbändern; sie tragen dann besser. (Neukirchen-Balbini)

Man trägt am Christabend Hutzelstiele zu einem Baume für die Specht. Es wird dann im Sommer viel Obst. (Neuhaus)

Am Hl. Abend während des Feierabendläutens muß man die Bäume binden und sie unter der Mette schütteln; auch dann werden sie gut tragen. (Velburg)

Um die Metten gehen die Hexen hinaus in die Gärten und pflücken da Äpfel und Birnen d. h. sie nehmen den Nutzen von den Obstbäumen für sich, und der Besitzer hat nichts. (Rötz)   Franz X. Schönwerth

Damit der Weizen nicht brandig werde, tut man Asche unter den Samen, welche während der Metten im Ofen gebrannt worden; denn es ist der Brauch, in dieser Nacht ein eigenes Feuer im Ofen zu machen und es mit geweihtem Holz und Palm zu heiligen.

Eduard Fentsch

Daß das Getraidt voll gerate. Solle man den heyligen Abend die Nußscheller von dem Tisch nachmittag in dem Tischtuch auf den Saamen hinauß auf das Feld tragen und sagen:

> ich schütte dich aus Fleiß
> auf diesen Saamen,
> mitten auf diesen Acker
> in Gottes Nahmen,
> daß mir gerath' mein Saamen
> in dieser Scheuern,
> daß ich viel dresche,
> von einem Schock
> 6 oder mehr Mäßel.

Aus einem Egerer Gerichtsprotokoll,
im Jahre 1697

Bauernregeln und Lostage

Finstre Hl. Nacht, lichte Heustädl.
Lichte Hl. Nacht, dunkle Heustädl.

Wenn am Halinga Aumdb d Wäsch af da Stanga hängt, gi(b)ts Häut (sterbende Tiere).
Egerland

Ist die Christnacht hell und klar,
ist gesegnet das nächste Jahr.

Volksmund

254

Der Besuch des Christkindl

In vielen Orten der westlichen Oberpfalz, von Töging bis Neumarkt, war es bis vor wenigen Jahren noch der Brauch, daß das Christkind am Heiligen Abend persönlich kam, ähnlich wie der Nikolaus. Ein Mädchen aus dem Dorf, etwa 15, 16 Jahre alt, wurde ins Haus bestellt und erschien als Christkind verkleidet, um sich von den Kindern etwas vorbeten oder vorsingen zu lassen und anschließend bei der Bescherung anwesend zu sein. Die Entlohnung des Mädchens waren Lebkuchen oder Bratwürste, aber kein Geld. Eins der beliebtesten Kindergebete zu diesem Anlaß lautete:

Jesukindlein, komm zu mir,
mach ein frommes Kind aus mir!
Mein Herz ist klein,
kann niemand hinein
als du, mein liebes Jesulein.

Ich erinnere mich noch gut an solch einen Besuch des Christkindls, den ich als Kriegsurlauber im Jahre 1939 in meiner eigenen Familie im Ort Stöckelsberg bei Lauterhofen erlebt habe:
So gegen 6 Uhr abends waren wir alle fertig, d. h. frisch gebadet, gekämmt, schön angezogen, und richtig gespannt auf die kommenden Ereignisse.
Bald darauf läutete es. Meine Frau nahm sich des fremden Gastes an. — Doch gleich darauf klingelte und schellte es silberhell und ohne aufzuhören aus dem Wohnzimmer.
Das war das Zeichen! Doch das spärliche Licht einer einzigen Kerze im Wohnzimmer dämmte unsere jähe Freude etwas zurück.

Der Christbaum: groß, dunkel und geheimnisvoll, davor eine weiße Gestalt mit verhülltem Gesicht, die uns freundlich näherbat. Zaghaft zuerst, dann aber doch mutiger, erklangen die Weihnachtslieder: Kommet, ihr Hirten —, Es ist ein Ros entsprungen, — Vom Himmel hoch, da komm ich her! — Und jetzt erstrahlte alles in überirdischem Glanz, denn meine Frau hatte unmerklich die Kerzen am Baum angezündet.
Jetzt sahen wir das lange, weiße Spitzenkleid des Christkindes, den Schleier, der das Gesicht verhüllte, den grünen Kranz auf seinem Kopf. Doch die einladende Handbewegung des freundlichen Wesens ließ unsere Augen hinabgleiten zu den noch verdeckten Geschenken. Das Christkind zog behutsam die Decke weg, und während die Kinder selig ihren Bauernhof mit den vielen Pferden, Schafen und Hühnern bestaunten, ging es unmerklich aus dem Zimmer.   Gustav Fuchs

Alte Gebete

Bei schwerer Schwangerschaft und Geburt

Das kleine Menschenkind kann nur mit Schmerzen geboren werden. Es mag dir die heilige Maria beistehen, die selber mit Schmerzen geboren hat. Es ist ein großes Glück, einem Menschen das Leben zu geben. Gib ihm deine besten Gedanken und den großen Glauben mit, und trage mit Geduld, was dir auferlegt ist. Darum wollen wir beten: Folgen drei Rosenkränze.   Paul Friedl

Wenn ein Schaf oder ander Vieh ein Bein gebrochen, wie ihm zu helfen sey.

Beinbruch! ich segne dich auf diesem heutigen Tag bis du wieder werdest gesund bis an den 9ten Tag wie nun der liebe Gott Vater, wie nun der liebe Gott der Sohn wie nun Gott der liebe heil. Geist es haben mag! Heilsam ist diese gebrochene Wund, heilsam ist diese Stund, heilsam ist dieser Tag, da unser lieber Herr Jesus geboren ward: jetzo nehm ich diese Stund, sicher über diese gebrochene Wund, daß diese brochene Wund nicht geschwell und nicht geschwär, bis die Mutter Gottes einen anderen Sohn gebähr.

Zu obigem Beinbruch muß folgendes Pflaster gebraucht werden:
als erstlich einen guten Schuß Pulver, klein gestoßen, alsdann nimm Heffen so viel als ein halbes Ey und das Klare von 2 Eyern, alles durcheinander gemacht und überschlagen, ist approbirt.

Auswahl Heiliger Segen zum Gebrauche frommer Christen, um in allen Gefahren, worein sowohl Menschen als Vieh oft gerathen, gesichert zu sein. Gedruckt im Jahre Christi 1840.

Wein in der Christnacht

Wer guten, billigen Wein trinken möchte, der braucht nur während der Christmette Wasser aus einem Brunnen zu pumpen (Waldmünchen). Auch der Kasernenbrunnen in Neumarkt gibt Wein in der Christnacht, wenn man gerade während der Wandlung des Mettenamtes schöpft. In Gefrees fließt in der 12. Stunde einige Minuten lang Wein. Aber nicht immer geht es so leicht. So wollte in Velburg einer beim Mausbrunnen Wein statt Wasser holen. Aber beim Brunnen stand ein schwarzer Geist, der ließ ihn nicht hin.

Franz X. Schönwerth

Die Wunschblume

(Sie) wird in der Christnacht gewonnen. Man hält sich zu diesem Zwecke Schweinsbrot (agelamen europäum) in einem Blumentopf. Vor Beginn der Mette zieht man sie aus, legt sie in ein Glas Wasser und deckt sie zu. Während der Mette muß man im Kühstall kniend zur hl. Korona oder zum hl. Christoph beten. Wenn man nach dem Mettenamt nachsieht, so hat die Pflanze Knospen und Blüten und sich zu einem Kränzlein zusammengeringelt. Wo es hängt, wird nichts weniger. (Mockersdorf)

Franz X. Schönwerth

Mettennächte und Rauhnächte im Grenzwald

Die Freikugeln

Die Wildschützen am Osser alterszeit gossen sich die Freikugeln, die waren gelobt und begehrt über alle Maßen, da sie niemals ihre Schußziele verfehlten. Die Jäger zirkelten in der Mettennacht mit einem Totenknochen aus dem Beinacker einen Bannkreis um sich, riefen den Schwefelschürer an und gossen das Schußblei. Außerhalb des Bannkreises tollten allerlei giftige, gallige Zorngeisterlein, daß es mörderisch blitzte und donnerte; sie konnten aber den Schützen drin im Zaubererring nichts anhaben.

Jagd auf Mettenhasen

In alter Zeit lebte im Zellertal ein Jäger, der ging in einer mondscheinhellen Heiligen Nacht fort auf Hasenjagd. Als er einsam im Gehölz hinter einem Tännling stand und lauerte, hoppelte bald ein Langohr herzu; der Jäger schoß darnach und traf ihn; aber der Hase preschte davon. Rumps waren eine Herde Hasen da, der Jäger konnte sie nit zählen, sie machten alle vor ihm Männlein. Der Jäger wagte keinen Schuß mehr, kriegte es mit der Angst zu tun, bekreuzte sich und lief heimzu und ging seitdem am Heiligen Abend brav in die Christmette und nimmer auf die Hasenpirsche.

Einmal lebte in Zeltendorf bei Kötzting ein Bauer, dem stak das Jägern überstark im Blut, daß er sogar in der heiligen Christnacht, wenn rechtschaffene Christenleute in die Mette gehen, seinen Stutzen nahm, um im Holz draußen zu jagen. Er hoffte, in der mondscheinigen Nacht seinen Rucksack voll zu bekommen und zielte wirklich schon auf den ersten Hasen; dieser stellte sich frech auf die Hinterläufe, machte ein Männel und sagte höhnisch: „Du kannst mich heute doch nicht schießen!" Der Bauernjäger fiel fast vor Schreck auf den Buckel. Auf einmal war die ganze Blöße voller Hasen, die sich alle über den vertatterten Jäger lustig machten und ihn spöttisch verlachten. Weiß der Kuckuck, woher diese wunderseltsamen Hasen auf einmal alle kamen. Da ging den Jäger das Gruseln an, der Haarschopf sträubte sich ihm unter der Zipfelhaube, und er lief rixrax heimzu, wie wenn eine Herde bissiger Hunde hinter ihm her wäre. Er legte sich daheim krank darnieder, und bald mußte man ihn auf das harte, nackte Brett legen, von wo aus der nächste Weg in die Totentruhe und in den Freithof geht.

Am Heiligen Abend ging ein bäuerlicher Jäger auf den Anstand in den Rantscherwald bei den Hintern Häusern. Drin im hohen schwarzen Holz stieß er auf ein Herdlein Hasen, die schauten seltsam aus. Es männelten da Langöhrl, Dickschweifl, Krummhörnler und Rotäugler. Hurtig schoß der kecke Wildschütz einen mitten aus der Herde heraus und steckte ihn in das lederne Ränzel hinein. Gleich schrieen die andern alle: „Wo bist du, Michl?" Der im ledernen Rucksack drin schrie heraus: „Da bin ich, zerreißt den Kerl!" Wie der bäuerliche Jäger das gehört hatte, warf er das Ränzel rasch vom Buckel und rannte fort wie das Windspiel selber. Andertags fand er übrige hunderttausend Fetzen, so elend war sein ledernes Ränzel zerbissen worden.

Das Mettennachtvogerl

In einem Berghäusl in Buchet bei der Lam war's. Die Häuslleut waren in der Mette in Sankt Ulrich in der Lam drin, und ihr großes Dirndl war daheim das Häusel hüten. Die Diebe geben bekanntlich auch in der Christnacht keine Ruh, stehlen und rauben, bis die Leute von der Kirche heimkommen. Weil dies der Buchethäusler wußte, sagte er zum Dierndl: „Wenn etwer kimmt, tu ja den Türriegel nit weg und mach' nit auf!" Der Vater ging. Das Dirndl riegelte das Häusel ab und setzte sich an den warmen Kachelofen; denn es war draußen erzkalt und frostig. Es war heilig still im Stübel, drin im Ofenfeuer krachte der pinkete Mettenknittling, das Mutscherl schnurrte auf der Ofenbank, die alte Holzuhr an der Wand tikeltakelte gar traulich durch die Mitternachtstunde.

Da — unerwartet — boußte es an die Häuseltür. Das Dirndl erschrak, nahm sich aber gleich wieder Mut und fragte: „Wer ist draußen?" Ein weinerliches Stimmlein meldete sich: „Ich bin's, die Marie. Mach' mir auf!" Das Dirndl dachte: Wie kann's denn die Marie sein? Die liegt ja schon im Freithof drüben in der Lam. „Ich darf nit aufmachen, hat der Vater g'sagt", meinte das Dirndl in der Stube. Das feine Stimmlein jammerte weinerlich: „Huschala, wie ist die Nacht so kalt!" Aber das Dirndl in der Stube machte nicht auf. Das Stimmlein ließ sich nimmer hören. Die Buchethäuselleut kamen heim, und das Dirndl erzählte ihnen von der Begebnis.

Ein Jahr verwich, und die Christnacht war wieder da. Diesesmal blieb die Buchetmutter daheim, das Häusl in der Mettenstund' zu hüten. Es klopfte an die Draußentür. Die Buchetmutter fragte gleich: „Wer ist denn draußen?" Das feine Stimmerl meldete sich: „Ich bin's, die Marie. Macht mir auf! Laßt mich hinein!"

Die Buchetmutter besann sich nimmer lang, riegelte die Haustür auf und sah ein schneeweißes Vogerl hereinhüpfen; das trippelte bis zum Stubentürstöckel hin, tat das Schnaberl auf, als schnaufe es recht tief ein paarmal und sagte dann unsäglich schön: „Vergelt's dir Gott, Mutter! Jetzt hab' ich wieder genug Wärme für ein ganzes Jahr." Das Vogerl trippelte hinaus und — hui — war es fort. Das Mettennachtvogerl kam seitdem in jeder Christnacht ins Buchenhäusel, wärmte sich ein Weilerl und flog dann wieder recht getröstet fort. Nach etlichen Jahren starb die Buchetmutter, und das Vogerl kam seitdem nimmer.

Das Losen in der Christnacht

Die Christnächte alter Zeit waren voller Wunder. Es redete das Vieh in den Ställen, Rinder und Rosse sagten je drei Worte. Mancher Roßknecht und Ochsenknecht und manche Melkdirn konnte zur Mettenzeit eine Neuigkeit im Stall erlauschen.

Manche Wäldler, die gern in die Zukunft spähten, schlichen sich in der Christnacht hinaus auf eine einsame Wegscheid und „losten" und wußten alle dann heimzu mehr als hinwärts.

Es gab manchen Wäldler früherszeiten, der in der Christnacht ins nächste Jahr voraus hineinsehen konnte. Ein Nachtwächter von Hohenwarth sah in der Mettennacht alle Pestleiber, die im nächstkommenden Pestjahr im Pestfreithof verscharrt wurden.

Ein Binder von der Trat beim Hochbogenvorberg hörte in einer Mettennacht an seinem Häusel vorbei alle Leichenzüge beten, die im kommenden Jahr zum Kirchhof Heiligen Blut gingen.

Wer einen zauberstarken Erdspiegel haben wollte, der Verborgenes ersehen ließ, durfte nur einen bleichen Totenschädel aus einer Freithofgrube holen und diesen in einen gewöhnlichen Handspiegel gucken lassen, den Spiegel verstohlens während der Mette an einer Wegkreuzung unter die Erde verscharren, dort wo die Leichenzüge jahrüber vorbeikamen, den Erdspiegel bis zur nächsten Christnacht so geuntert liegen lassen und dann während der Christmette ausgraben und versteckt heimtragen. In einem solchen Erdspiegel vermochte man Verborgenes und Heimliches zu sehen. Wissenskundig war in der Art der zauberkräftige Erdspiegel, der in der Wasenmeisterei oder Viehabdeckerei im Dorfe Stachesried bei Eschlkam, im Schinderhaus, durch eltiche Jahrhunderte vom Vater auf den Sohn sich vererbt hatte.

In der Christnacht soll man nit stehlen gehen

Ein armer Herbergmann am Rittsteig ging in der Christnacht in den Krottenwald Holz stehlen. Wie die späten Glocken die Weihnacht kündeten und der Holzdieb hinkam zum Scheiterhaufen, knockte dort ein kohlrußiges Hundsluder; seine Kehle leuchtete schneeweiß, aus dem Maul hing ihm die Zunge ellenlang, die funkelte und waberte. Jetzt verlangte sich der Herbergsmann kein Holz mehr, selbe Nacht fror ihn nimmer.

Mettenwein

In den Christnächten alter Zeit wandelte sich das Wasser draußen in den Waldbächen und Waldbrünnlein zu Wein. Das wurde einmal ein Knecht in einem einödigen Hof am Rittsteig vorm Osser inne. Als ein Jahr um war und die Weihnacht kam, nahm er in der Mettennacht heimlich den Eimer und ging fort, Mettenwein zu holen. Wie er sich niederbücken wollte, aus einem Brunnen den guten roten Mettenwein zu schöpfen, schwebte über seinem Schädel eine blitzblanke, scharf geschliffene Hacke, die fuchtelte und schwankte, als wollte sie alle Augenblicke über den Knecht niedersausen. Den armen Schlucker dürstete nimmer, er zog den Kopf zwischen die Achseln, packte den leeren Eimer am Griffbogen und rannte heim.

Mettennachtschätze

In der Christnacht war verborgenes gemünztes Gold und Silber auffindbar; denn die Schatzberge und die Schatzkeller der Burgruinen und Waldschlösser standen offen.

Es war in einer Notzeit, die Leute im Hinterwald mußten habernes Brot kauen, und das war hantig und rauh. Zwei Mannskerl hatten satt der Not und wollten gute Zeiten erzwingen. So schlichen sie sich in einer Christnacht mit einem geweihten Betperlenkettlein und einer Spitzkürbe heimlich fort, gingen hinaus an einen einsamen Platz, dort zwei Wege sich kreuzten, legten auf selbe Wegscheide die geweihten Betperlein und stellten sich in den Ring darein.

Als die Nachtglocken zur Mette anschlugen, da kam der Höllgankerl zur Stelle. Er rollte ein glühendes Faß auf die zwei los. Der eine sprang in seiner Angst aus dem geheiligten Ring und gehörte schon mit Haut und Haar dem Schwefelfankerl; der andere blieb schlau und unverzagt im geweihten Ring stehen und loste. Der Gankerl funkelte und fuchtelte ein Zeitel um das gesegnete Kettlein herum; und wie er den Mannskerl drin erschmeckt hatte, mußte er sein glühendes Faß ausleeren; und das war voll Gold und Silber.

Wie der schlaue Wäldler mutterseelenallein die schwere Spitzkürbe voll Gold und Silber heimzu schleppte, dachte er bei sich halb schadenfroh, halb mitleidig: So ergeht's den dummen Teufeln, der eine muß das Geld hergeben, der andere gar das Leben lassen.

Christmettenschwänzer

Etliche Bauern knockten vor längstvergangener Zeit einmal in einer Christnacht am Biertisch beisammen und karteten wild. Wie die Mettenglocken anschlugen, sprang eine wilde schwarze Katze fauchend auf die Ofenstange hinauf. Die Männer schauten einander an, kriegten das Gruseln und gingen alle heimzu. In der Christnacht des nächsten Jahres gingen sie zum Beten in die Christmette und nimmer zum Zechen und Kartenspielen ins Wirtshaus.

Ein Tratler in Neukirchen am Hochbogen legte sich am Heiligen Abend auf die faule Haut, er wollte die mitternächtige Feier der Geburt des Herrgottsbüblein verschnarchen. Wie die Christglocken laut die Weihnacht priesen, riß etwer den Faulenzer vom Strohsack und grollte:

„Alter Faulpelz, alte Fretten
stehst nit auf und gehst in d'Metten!"

Jetzt rieb sich der kirchscheue Tratler gern die Augen aus, daß er den Weg zur Christmette fand.   Xaver Siebzehnriebl

Der Holzfrevler

Ein Bauer hat sehr viel Holz gefrevelt. Er wurde meistens von dem Förster ertappt. Einmal sagte er zu seinen Knechten: „Ich muß doch noch eins bekommen, daß mich keiner sieht!" Er machte sich einmal in der heiligen Christnacht auf mit seinen Leuten und ging wirklich in den Wald. Wie alles vorbei war, sagte der Bauer: „Ich muß mich zuerst auf den Stock setzen und meine Pfeife anzünden." Aber der Bauer kann nicht mehr aufstehen. Die Knechte probierten alles. Der Bauer kann nicht fort. Sie wollten den Stock absägen. Da lief das Blut heraus. Sie wollten ihn ausgraben. Wo sie aber an eine Wurzel hinhauten, da sprang auch Blut heraus. Sie wußten sich nicht zu helfen. Es ging so weit, bis an den Papst. Er kann dem Bauern auch nicht helfen. Aber ein Dächlein wurde über ihn aufgemacht. Er muß da so verwesen wie der Stock. Und wenn eine heilige Zeit gekommen ist, so hat man ihn rauchen gesehen.

Karl Winkler

Auf dem Kreuzweg

In der Christnacht gingen zwei auf das Horchen auf einen Kreuzweg. Sie nahmen daher eine Kreide mit, die am heiligen Dreikönigstag geweiht worden war, machten einen Kranz und stellten sich hinein. Es dauerte lang. Auf einmal kamen Leute. Die hatten sehr viel Fuhrwerke mit Fudern Heu, welche Wagen alle nur ein einziges Rad hatten. Auch Fuder Holz mit einem Rad kamen, daß sie alle Augenblicke meinten, alles fiele über sie hinein. Auf einmal kamen wieder andere. Die weinten und jammerten, daß es nicht mehr zum Anhören war. Einer der beiden wollte davonlaufen. Er hatte schon den Fuß über dem Kranz. Der andere sah dies und wies ihn geschwind wieder hinein; denn sonst wäre es geschehen gewesen mit ihm.

Karl Winkler

Die Stimme aus dem Kruge

Einmal behauptete ein Bauer: „In der Christnacht ist das Wasser lauter Wein." Er blieb ganz allein zu Haus und stellte einen ganzen Krug voll Wasser auf den Tisch. Wie es zwölf Uhr war, ging er hin und schrie in den Krug hinein: „Ist das Wasser lauter Wein?" Da hörte er eine Stimme aus dem Krug: „Und dein Kopf gehört mein!"

Karl Winkler

Das Orakel

Es haben sich drei Schwestern zusammengeredet, sie möchten ihre Bräutigame sehen. In der heiligen Christnacht unter der Metten gingen sie. Die erste schlug im Teich in das Eis eine Wou (= Loch). Es sah einer heraus. Der hatte ein zinnernes Kannl in der Hand. Sie bekam einen Wirt noch selbiges Jahr. Die zweite ging und schüttelte den Zaun und sagte dazu: „Zaun! Zaun! ich schüttle dich. Heiliger Andreas ich bitte dich. Laß mir erschein mein Herzallerliebsten mein." — Und unten schrie eine Stimme: „Ich bin schon da und spieß dich!" Sie wollte vor Furcht und Schrecken hinunterspringen und spießte sich wirklich und blieb gleich tot auf dem Platz. Die dritte mußte nachts um zwölf Uhr die Stube bloß auskehren. Sie sah unter den Tisch und sah einen sitzen mit einem Jägerhut und grünem Rock, und er hatte einen Pferdefuß. Sie warf den Kehrbesen weg, lief zur Türe hinaus und rankelte (= kletterte) auf einen Straßenbaum. Sie wurde drei Tage gesucht. Endlich fand man sie auf dem Straßenbaum ganz verwirrt und närrisch, und sie blieb ein Narr ihr Leben lang.   Karl Winkler

Kreuzwegbeten

In der Christnacht ging ein Hüter auf das Kreuzwegbeten und nahm seinen Hütbuben auf dringendes Bitten unter der Verwarnung mit, ja nicht zu reden. Als die nun im Kreise standen, erschien der Böse in Gestalt eines kleinen Männchens mit langem Rocke, nachdem schon Vieles voraus gekommen war. Da konnte sich der Bube nicht mehr halten und sprach erschrocken: „Habe ich nicht gesagt, der im rothen Rockerl kriegt mich?" — Schon griff der Teufel nach ihm: der Hirt aber fürchtete, ohne den Buben nach Hause zu kommen. So ging der Teufel mit ihm in der Gestalt des Buben und diente einige Tage, wonach er abzog. Den Buben hat er nicht mehr herausgegeben. Bärnau   Franz X. Schönwerth

Der Hexenstuhl

Freiher hobnt Leit derzöllt, Leit hobn an Stouhl as neinerlei Holz gmocht. Do moußt di in der Christmettn während der Wandlung drafknein. Do siehst olle Hexn om Oltor und olle, dei umgeihn. Do moußt ober a Taschn voller Erbsn dobeihobn. So moußt glei noch der Wandlung furtrenner und Erbsn sahn. D' Hexn renner immer noch dir, ober erst meißns d' Erbsn zammenklaubn. Derwal kummst ins Haus und d' Hexn hobn verspült. Da woar amol oiner, der hout oins baut, der is in d' Kirchn domit gonger und hot sich draufkneit und Hexn gsehn. Derwal hot sei Toschen a Loch ghobt, dou san d' Erbsn aßegrudelt. Eitz hot er koa sahn kinner, hot koi mehr drinnghobt. Hobn ihn holt Hexn pockt unds Gsicht derkrotzt, daß er lang niet hot aft Stroßn geihn kinner.   Ulrich Benzel

Von den Hexen verfolgt

Des hout mei Voter selbst erlebt. Der hout gsehn, wei drei Drochn vom Wirtsjackl von Emelsberg bei Pertoldshofen eine san. Dou hout mei Voter gsogt, er mecht amol d Hexen sehn. Dou is er hergonger un hout a Hexenstewerl as neinerlei Hulz gmocht. Offer is er in d Mettn gonger mit seinem Freind. Dou sans af dem Stewerl kneit, oiner mit dem rechten Knei, oiner mit dem linken Knei. Dou hobn sich Hexen während der Wandlung mein umdrahn. Eitzer hobns gsehn, wer a Hex is. Eitzer, wei d' Kirchen asgwest is, hans olle zween aße. Und Hexn san nocher noch ihnen. Mei Voter und der onnere Moa han grennt und san schnell in die Wirtschaft eine beim Winderl in Barzelshofen, sinst hättens d Hexen afgorbat.   Ulrich Benzel

Die Kohlenbrenner in der Christnacht

In Roßhaupt worn drei Manner, a Voter und zwei Söhne. Dei worn sehr stork, worn Kuhlnbrenner. Weibererballa hobns ghoißn. Dei hobn Kuhln brennt in der Christmetten. Der Meiler wor scho gschlossen. Af amol is a frischer Neuschnee gfolln. Af amol hobns a Gschelle ghört und a Gleit. Hobns glaubt, der Grof oder die Gräfin von Dianaberg fohrn in die Mettn. Dou wors die Wilde Jogd. Dou hout der Voter gsogt: „Geihn mir af den Meiler affer, des is die Wilde Jogd. Im Kreis doun die nix." Dou sans vorbei ohne Kuopf, hot er gsogt, hirt am Meiler vorbei, Pfaa hobn gschrien, und Hund hobn balt. Hobns denkt, sie mein sich dou überzeign und san gonger und hobn gschaut. Dou hobns koi Spur gsehn.   Ulrich Benzel

Totenkopfkochen in Loitzendorf

Do is an a Nachbarpfarrei (Loitzendorf) moi foigendes vorkemma: Do is da Glaubn geweng, daß wenn ma in da Christnacht an Doudnschedl auskocht von an soichan, der wej in Himml is, do kriegns recht viel Geld. Und des homs in oan Haus versucht.

Und dawei homs an Doudnschedl dawischt von angeblich von an Vadammtn. Und do hot ma frejas in Ofa hintn homas so Stangln ghot (Ofenstangen) und do hot ma d'Wäsch aufghengt auf de Stangl dortn. Und wejs den Doudnkopf kocht hommad, san lauta Deifala kemma und hom se auf de Stangl aufegsetzt. Und de Deifln san ollaweil mehr worn. Und dann is a ganz a Groußa kemma mit a Gejdkistn, auf de isa (ist er) draafgseßn. Ja, na homsese (haben sie sich) nimma z'hejfa gwißt, recht gfoarchtn, na homs an Pforra ghoit. Der hot eahm aa nix macha kinna. Na homs aus da Nachbarpforrei, in Wetzlschberg (Wetzelsberg), do homs an junga Koprata (Kooperator) ghot und der hot angeblich eine Schwarze Schule besucht ghot, do homs gegen Geisterbeschwörungen irgendwos glernt in dera Schul. Und na homs den gholt. Und wenn d'Nochtmettn goar is gwen, na is der junge Pforra, der Koprata kemma und hot den Teufl ausgetrieben. Und na hota eahm (der Teufel dem Geistlichen) olle kloana Fehla vorgworfa, ois Bou und ois Student. Hota gesogt: „Du host aa deina Muattan an Oa (Ei) gstoin." No hota gsogt: „Wos howin dann gmacht damit?" (Der Teufel:) „Fedahoita host da (dir) kaaft." Na hota gsogt: „Na wars aa a guta Zweck, des howi (habe ich) zum Stu-

dium braucht." Na hota si(ch) mitn Deufl ausgmocht, sie gengad wieda alle, und der letzte, der wej aus da Stum (Stube) geht, der ghört eahm. Na is da Pforra mitn Allaheiligstn rückwärts ausm Zimma ganga. Und den hota natürli(ch) net braucha könna.

Günther Kapfhammer

Die Schrazln auf dem Eicherberg

Eine kleine Viertelstunde oberhalb Kallmünz erhebt sich am rechten Ufer der dunklen Naab der felsige Eicherberg. Dieser hat auf seiner Platte riesige Sprünge von bedeutender Tiefe. Der Beschauer mag wohl dabei an verschiedene geologische Vorgänge denken. Steigt er aber hinunter in das nahegelegene Dorf Eich, so kann er über diese Klüfte etwas ganz Besonderes erfahren: „Ja, zur selbinga Zeit, da hab'ns unsare Bauarn no schöin ghabt. In dene Klüft, die damals no viel, viel tiafa war'n, hab'n nämli d'Schrazln g'haust. Bei Tag durft' si koans schaua lass'n, sunst hätt's ehna Kini aus seiner untairdisch'n Burg votrieb'n. Aba, wann's Nacht woarn is und alle Leut im Dorf g'schlafa hab'n, na san's haufatweis in di Häusa und hab'n putzt und g'fegt, g'schneidart und g'schustart, zimmart und Spinnradl draht, und wann d'Sunn aufganga is, na is allas sauba firti g'wen, wos ma 'n Tog z'vor ong'fangt hot. Wenn a Pfluag zum richt'n war, oda a Heißerl zum b'schlog'n, a Sichl zum dengln oda a Radl zum Schmier'n, a G'schirr zum Putz'n oda a Feld zum Ackern — dös hab'n allas de

Zwergala toa. Die Bauarn hab'n aba dafür z'Weihnacht'n de Schratzla G'wandln macha müass'n und zwor in oan'm Haus fünf, denn a jeda hot seins bloß a Jahrl trog'n. Dös war koan grouße Ploug für die Oicherer, und so sans reich und dick woarn und hab'n si um nix z'kümmern braucha. Aba na hab'n s' gmoant, dös müaßt alles so sa und hab'n amol dös übliche Christg'schenk an de Schrazln voweigart.

Do sans am Hl. Ob'nd allz'samm zum Fischa kumma. Der muaßt's üba d'Nob schiff'n. Allas Jammarn und Vosprecha der Bauarn hot nix g'holfa; alle Schratzln san furt. Wias drüb'n gwen san, hab'n s' nuamol übagrüaßt auf Oich und san voschwund'n. Wouhin, woaß ma heunt nu niart. Die Oicherer hab'n se aber von derer Stund an arg plag'n müss'n, und ihre dickn Bäuch san eahna voganga.

A. Knauer

Die arme Seele

Mein Nachbar, der Hirschmeier, der hat noch ein ganz altertümliches Haus. Sogar die „schwarze Küche" mit dem Herd und dem Dreifuß drauf, von dem man am hellichten Tage die Sterne am Himmel durch den hohen Rauchfang sehen kann, ist noch erhalten. Ja, wenn halt das Bauen nicht gar so teuer käme! Er tröstet sich aber: „Sie wird mir schon noch aushalten, die alte Hütten, ist sie meinem Vater und dem Ähnl, Gott laß sie selig ruhen, gut genug gewesen, kann sie mir auch gut genug sein!"

So altertümlich wie ihre Behausung war auch die Denkweise der lieben, guten Nachbarsleute. Sie glaubten an alle möglichen Sympathien und Geister und sahen selbst am hellen Tage in jedem finstern Winkel Gespenster oder, wie sie sagten, Weihizen!

Da ereignete es sich in der Zeit der zwölf Rauhnächte zwischen Weihnachten und den Heiligen Drei Königen, in einer dieser scheuchtsamen Losnächte, in der das Nachtgejaide herumfährt, daß die Nachbarin durch ein Gepolter und ein Klappern geweckt wurde, das aus dem Innersten des Hauses, der schwarzen Küche kam. Sie fuhr jäh auf: „Jäßmarantjosäffe, in der Kucha draußten weizt's! Michl, steh auf, reigiern tut es draußen! Einen Rumpler hat's tan, wie wenn der Leibhaftige durch 'n Rauchfang runtergfahrn wär!"

Der Bauer tappte im Finstern dem schwarzen Raume zu, und sein Weib schlich hinterdrein. Ihr klapperten die Zähne, sie wußte selber nicht, ob vor Kälte oder vor Angst. Auf dem Herde glühten noch Kohlen unter der Asche; der Hirschmeier steckte einen der bereitliegenden Späne hinein und blies in die Glut. Als er dann mit dem Span herumleuchtete, sah er etwas wie einen großen, schwarzen Hund im Winkel hocken. Das mußte der Teufel sein oder ein anderer böser Geist!

Der Hausvater faßte sich jedoch bald, und er wußte, was er in einem solchen Falle zu tun hatte. Dennoch kam seine Beschwörung nur stotternd heraus:

„Alle — alle guten Geister — loben Gott den Herrn,

Sa — sag an, wa-wa-was ist Dein Begehrn?"

„Draußt waar i gern!" brüllte da die Gestalt in

der Ecke. Dabei sprang sie auf, schlug dem Bauer den Kienspan aus der Hand — und war mit einem Satze draußen.

„O du mein rotguldigs Herrgottel, das ist ganz gewiß eine arme Seel gewesen!" sagte das tiefgerührte Weib voll Schauder ganz leise.

Und der Mann setzte hinzu: „Ich glaub, das war die arme Seele des alten Bergschusters, der ehedem einmal aus diesem Haus hinausgestorben ist; er war ja mit lauter Leisten behängt gewesen!"

Als jedoch die Hirschmeierin am nächsten Sonntag ein Trumm Geselchtes ins Kraut tun wollte, da waren die Stangen am Rauchfang leer. Nun wußten die guten Leute, was für einer armen Seele sie zur Erlösung verholfen hatten!

Josef Blau

Die verhauene Rüstung

In der Christnacht erschien einmal bei einem Schmiede im Fichtelgebirge ein gewaltiger Ritter auf einem ungeheueren Rosse und forderte ihn auf, daß er ihm die Buckel und Beulen im Harnisch und Eisenhut ausklopfe. Der erschreckte Schmied schickte sich an, dem Befehle zu gehorchen, aber es wollte ihm nicht gelingen, die Diehlen aus dem Eisenzeug zu hämmern, und er klopft noch heute. In der Christnacht während der Mette hört man am Schneeberg den Schall seines Hammers.

Mauritius Linder

Gebannte Räuber

Der Tiroler Bartel ging ehemals mit Wetzsteinen durch den Bayrischen Wald und bot sie um geringe Münze feil. Er trottete barfuß dahin, und wenn er sich einmal einen eisernen Schuhnagel ins Fleisch trat, so machte er kein Wesen daraus, trabte ruhig weiter und zog sich den Nagel erst am Samstag, wenn er sich die Füße wusch, aus der Sohle. An seinen scharfen, schlauen Augen konnte man es lesen, daß er mehr verstand als Birnen braten. Jetzt ist er schon lange tot, und wer weiß, wie es ihm drüben geht!

Es war gerade in der hochheiligen Mettennacht, da kehrte er einmal in der Reschmühle ein. Nur der Müller und die Müllerin waren daheim, zwei matte, verjährte Leute. Die Kinder und das Gesinde waren ins Kirchdorf gegangen, und das einschichtige Haus lag verschneit und verlassen da. Der Bartel streckte sich auf der Ofenbank aus, und weil er sich heute im tiefen Schnee müde gewatet hatte, so schnarchte er bald. Doch um Mitternacht wachte er auf. Draußen rumpelte jemand ungeduldig und grob an die Haustür und wollte herein. Die alten Müllersleute krochen vor Angst unter die Bettstatt und jammerten: „O weh, Räuber und Mörder sind draußen!" Und wieder polterte es ans Tor, und heisere, verstellte Stimmen drohten: „He, aufmachen! Oder wir erschlagen euch!" Jetzt ermannte sich der Tiroler Bartel, er riegelte die Tür auf und sagte: „So kommt nur herein ins Haus!" Und schon stürzten drei verwegene Männer in die Stube, das Gesicht mit Ruß beschmiert, mit Weiberkitteln, zerfetzten Röcken und falschen Bärten vermummt und blanke Messer in den Händen. Sie schrien: „Geld oder Leben!" Aber ehe sie ein Unheil stiften konnten, waren alle drei schon angefroren. Wie Steine standen sie. Der Bartel hatte sie gebannt. Sie konnten keinen Arm und keinen Fuß rühren und keinen armen Seufzer tun, der Atem hörte ihnen im Hals auf, und sie standen auf einem Fleck ganz erbärmlich da wie die elenden Sünder im Fegfeuer. Der Bartel holte jetzt gemächlich einen nassen Hadern und wusch den Räubern den Ruß und die falschen Bärte aus dem Gesicht, und als die drei fein säuberlich gewaschen waren, lachte er: „Jetzt, Müllersleute, schaut euch die guten Freundlein an!" Die zwei Alten sahen gar wunderlich darein. Denn sie erkannten in dem schlimmen Kleeblatt drei Männer aus der blutnächsten Verwandtschaft, denen sie so Böses nie und nimmer zugetraut hätten. Der Bartel schnob jetzt die Bösewichter an und brachte sie wieder ins Leben zurück. Hernach stieß er sie zum Haus hinaus und verbot ihnen die Reschenmühle für alle Zeiten. Die drei kamen auch nimmer, sie hatten für ihr Lebtag genug.   Hans Watzlik

Sankt Ulrich bei Pleystein

Unfern von Pleystein liegt nahe am Kirchsteige von Pfrentsch nach Burkhardsrieth auf einem bewaldeten Berge das schmucklose, aber wohlerhaltene Kirchlein St. Ulrich. Die glatten, weißen Mauern, die kleinen Fenster, der schlichte Turm und das bescheidene Schindeldach verleihen dem einsamen Gotteshause an verlassener Waldstelle eine seltsame Stimmung.

In alten Zeiten soll ein frommer Einsiedler hier gehaust und das Aveglöcklein geläutet haben. Wenn ferner Glockenklang von Pleystein heraus vernommen wird, dann hören auch heute noch die Sonntagskinder, wie das Glöcklein von St. Ulrich miteinstimmt und im Gehölz die Wallfahrer laut betend zum Kirchlein gezogen kommen. Wer aber eilen wollte, sich ihnen anzuschließen, der würde trotzdem keine Beter auf den Wegen im Walde antreffen und enttäuscht schließlich auch das Kirchlein leer finden. —

Am Heiligen Abend wollt' einmal der uralte Lenzwastlbauer von Pfrentsch in die Christmette nach Burkhardsrieth gehen. Um sich als alter Mann recht warm anzuziehen, suchte er beizeiten sein behagliches Austragsstüblein auf. Gestiefelt und gespornt setzte er sich endlich in seinem Lehnsessel an den Tisch, um noch ein wenig in dem aufgeschlagenen Hausbuche zu lesen, bis es Zeit würde zum Fortgehen. Nicht lange aber saß er so, als ihn ein Schläfchen überfiel.

Als er aufwachte und nach der langsam tickenden Uhr sah, erschrak er; denn er hatte sich verschlafen. Alles im Hause war mäuschenstill. Seine Leute waren entweder auf dem Kirchenwege oder im Bett. Einen Augenblick nur überlegte er, sah nochmal nach der Uhr und nahm seinen Stock, zögerte aber nicht mehr. Er hoffte, durch Beschleunigung seiner Schritte die verschlafene Viertelstunde wieder zu gewinnen.

Auf dem Wege sah er sich öfters um, ob nicht ein Gefährte nachkomme. Vergebens; er fand niemand mehr; er war ganz allein und weitaus der letzte von denen, die da zur Kirche gingen. Keuchend gelangte er an den Eingang des Waldes. Und einen Augenblick stehen bleibend, beschloß er, seine ungesunde Eile etwas zu mäßigen.

Da war es ihm mit einem Male, als hätte soeben das Glöcklein der Ulrichskirche zu läuten aufgehört. Leise klang es noch in seinen Ohren. Aber dann glaubte er doch wieder, sich getäuscht zu haben. Er ging seines Weges weiter, durch die Reihen junger Fichten und Tannen in den mauerfinstern Schatten des hochstämmigen Kiefernwaldes hinein und gelangte so in die Nähe des einsamen Gotteshauses. Schwere Dunkelheit ruhte zwischen den Baumstämmen. Auf verborgenen Saiten erklang eine zarte Musik in der weltfernen Halde, und ein tonloses Raunen durchwob die schlafenden Büsche.

Der pilgernde Alte blieb wieder stehen und lauschte. Erst leise, dann aber immer deutlicher vernahm er den zauberischen Klang jetzt aus der Ferne. Alsbald aber ertönte es süß und wundersam aus den Föhrenwipfeln, hinter welchen das höher gelegene Kirchlein sich verbarg: „Holder Knabe im lockigen Haar." Geigen- und Flötentöne, wie auch sanfter Orgelklang begleiteten frohlockend das Wiegenlied des Jesuskindleins: „Schlafe in himmlischer Ruh'!"

„Wirklich", so sagte sich der noch verweilende Nachzügler, „heuer ist die Christmette auch wieder einmal im Ulrichskirchlein, statt immer in Burkhardsrieth. Das trifft sich gut; da komme ich trotz meiner Verspätung auch noch zurecht vor der Wandlung."

Er bog vom Wege ab, um das noch einige hundert Schritte entfernte Kirchlein zu erreichen. Siehe da, er hatte sich nicht getäuscht; helles Licht strahlte ihm durch die Bäume aus den Kirchenfenstern entgegen. Voll Freude darüber beschleunigte er seine Schritte wiederum, und in wenigen Augenblicken hatte er die Kirchentür erreicht. Sachte drückte er sie auf, und auf den Zehen schlich er sich in den letzten Stuhl, wo gerade noch ein Platz für ihn übrig war.

„Schau, einen neuen Herrn haben wir auch wieder", dachte der Ahnungslose, als er den Geistlichen am Altare beobachtete, wie er das Kniebuckerl und dann „Dominus vobiscum" machte. „Oder es ist der Schmiedwolfenfranzl, der wieder in der Vakanz da ist. Aber nein, der ist es auch nicht, der wäre noch nicht so korpulent", forschte er weiter und sah sich etwas unter den Leuten um.

Aber seine Nachbarn, die ganz altmodische blaue Mäntel tragen, sind ihm fremd. Er findet keinen Bekannten. Wo sind denn seine Jungen? Da vorn im ersten Stuhle sind ein paar noble Herren. Und die Weiber, was haben die für einen uralten Staat an? Diese großblumigen, gebauschten Kleider haben sie vor dreißig Jahren noch gehabt.

Wie er sich so wundert, da dreht eine den Kopf nach ihm und schaut ihn schnurgerade an: „Wo bin ich? Heiliges Blut Christi, das ist meine Gevatterin, die vor vielen Jahren so jung hat sterben müssen", so dachte er, zu Tode entsetzt.

Sie erhob sich und ging auf ihn zu. Dann flüsterte sie ihm ins Ohr, er soll augenblicklich sich entfernen, und wie er hereingekommen, rücklings hinausgehen. Darauf kehrte sie wieder auf ihren Platz zurück.

Der also Gewarnte tat, wie ihm befohlen und gelangte glücklich an die Tür. Da ihm die Tränen kamen, zog er sein Taschentuch heraus. Dasselbe aber fiel ihm aus der Hand, und er hob es nicht mehr auf, um keinen Augenblick zu verlieren. Als er auf der Schwelle sich nach außen wendete, da flog das Pförtlein mit furchtbarem Krachen hinter ihm zu.

Die unheimliche Christmette aber war wie ein Traumgesicht plötzlich verschwunden. Das Licht der Fenster war erloschen, die Musik war verstummt, und von den Andächtigen kam niemand aus der Kirche, um den Heimweg mit anzutreten. Starr vor Schrecken wankte der Alte Schritt für Schritt hinweg von dem schauerlichen Orte.

Da bemerkte er, wie in Burkhardsrieth die Leute mit Laternen aus der Kirche kamen und den Weg nach Pfrentsch einschlugen. Inzwischen war er auch wieder auf dem Kirchensteige angekommen und wartete auf die näherkommenden Besucher der wirklichen Christmette, von denen er alsbald erreicht wurde. „Lenzwastlbauer, seid Ihrs? Laßt uns auch mit!" sagten sie lachend und wollten mit ihm ein Gespräch beginnen. Allein aus dem Alten war heute nichts herauszubringen.

Der Mesner aber fand in der Kirche verstreut unzählige kleine Fetzen eines Taschentuches. Der Lenzwastlbauer hörte das, aber er wollte es nicht erklären. Erst später hat er dieses sein Erlebnis erzählt. Dazu machte er, auf der Ofenbank sitzend, Haselnüsse auf und steckte die Kerne seinen lauschenden Enkeln in den offenen Mund.

Johann Wartbigler

Der Wacholderbaum

Auf dem Grab des Stammvaters Adam stand ein Wacholderbaum. Den ließ König Salomon ausgraben und vor seinen Palast hinpflanzen. Wie er aber den Tempel baute, wurde der Baum auf des Königs Befehl umgehauen, um Bauhölzer daraus zu machen. Das Holz war nirgendshin zu verwenden. Daher benützte man es zu einer Brücke über einen Bach. Einmal kam ein Weib des Weges, ging aber nicht über die Brücke, sondern watete durchs Wasser. Auf die Befragung, warum sie das getan, erwiderte sie dem König: „Ich bin nicht würdig, dieses Holz mit meinen Füßen zu betreten; denn an diesem Holz wird der Christengott gekreuzigt werden!" Man versenkte daher das Holz in einen tiefen See, wo es kein Mensch mehr finden sollte.

Wie nun die Juden den Herrn kreuzigen wollten, suchten sie nach einem recht schweren Holz zum Kreuze. Es ging die Sage, daß ein solches in einem nahen See liege. Sie fanden es auch, und es paßte so genau zu einem Kreuze, als ob es eigens dafür gezimmert wäre.

Seitdem ist der Fluch auf dem Baum, so daß er nur mehr die Höhe einer Staude erreicht, sein Holz schwarz und brandig ist und die Beeren das Zeichen des Kreuzes tragen.
(Mockersdorf)   Karl Winkler

Die sprechenden Ochsen in der Heiligen Nacht

In einer Ortschaft in der Umgebung von Münchenchenreuth legte sich einst ein Bauer in der Hl. Nacht unter den Futterbarren, um zu horchen, wie die Tiere sprechen; denn während der Mette ist ihnen diese Gabe verliehen. Da hörte er einen seiner Ochsen zum Nachbarn also reden: „Du, wir bekommen dieses Jahr eine schwere Fuhr; denn wir müssen unseren Herrn ins Grab fahren." Den Bauer überlief es siedend heiß, als er dieses hörte. Am liebsten wäre er gleich auf und davon, doch hielt er es für klüger, in seinem Verstecke zu warten, bis die Mette vorüber war. Nach Beendigung derselben schlich er sich, so leise als er gekommen, aus dem Stalle. Was jetzt tun? Sterben wollte er um keinen Preis. Er sann deshalb nach, wie er das Wort seines Ochsen unwahr machen könnte. Erst wollte er den Ochsen schlachten, das ließ aber sein Geiz nicht zu, denn die Fleischpreise waren damals gar niedrig. So kam er denn auf den Einfall, seine beiden Ochsen um ein paar andere einzutauschen. Seine Nachbarn wunderten sich baß über sein Vorhaben; denn die beiden Tiere waren die schönsten im ganzen Ort. Aber der Bauer bestand darauf, ging nach Marktredwitz und vertauschte dort auf dem Markte seine beiden Ochsen.

Unterdessen war der Sommer wieder ins Land gezogen. Sein Nachbar hatte sich auf den Viehmarkt nach Redwitz begeben, um dort ein paar Ochsen zu erstehen. Ohne daß er wußte, daß es die Ochsen seines Nachbarn waren, die dieser im Winter verkauft hatte, erstand er dieselben und stellte sie in seinen Stall. Bald hernach erkrankte der geizige Bauer an einer Lungenentzündung und starb. Weil es in damaliger Zeit Sitte war, daß der Nachbar die Leiche mit seinem Gespann zum Friedhof führte, so erwies auch er dem Verstorbenen diesen Liebesdienst, und zwar mit eben den beiden Tieren, die in der Heiligen Nacht den Tod ihres damaligen Herrn vorausgesagt hatten. So behielt also der Ochse doch recht: Es wurde eine schwere Fuhr.   Mauritius Linder

In da halinga Nacht

In da halinga Nacht
kinna
d Väicha
rian
wäi mia
Menschn
und vaschtäih
kammes
aa.
Blaoß
a Glig
das nachts
nemads
in Schtol
eigkummt.

Marlen Schnurbus

Warum wir Ochs und Esel sagen

Der alte Brennervater war ein rechter Sinnierer. Stundenlang konnte er an seiner langen Tabakpfeife ziehen und in die blauen Rauchwölklein hineinsirmeln. Wenn er dann den zerkauten Beißer gemächlich abnahm und die braunen Safttröpflein auf den Boden blies, konnte man fast immer damit rechnen, daß er wieder auf etwas Neues gekommen war.

Da saß er denn am Heiligen Abend versonnen neben der Krippe und paffte dem scheckigen Ochsen neben der Muttergottes den ersten Qualm seines Christkindltabaks in die kullerrunden Augen. Bald hatte er den ganzen Stall eingenebelt. Als er geruhsam den Beißer abdrehte, brummte er zufrieden in seinen Bart hinein:

„Öitza woaß i dös aa . . .!"

„Was weißt denn nachher, Opa!" kuschelte sich die kleine Margret an ihren Opa heran.

„Na ja, dös halt, warum wir Menschen akkurat Ochs und Esel zueinander sag'n, wenn wir uns unsere Dummheit vorhalten."

Die kleine Margret war gespannt. Das gab bestimmt wieder eine neue, interessante Geschichte. Sie schob Großvaters Arm um ihren Blondschopf und bettelte:

„Geh, erzähl's, Opa!"

Der stopfte sich noch einmal eine feste Pfeife und rückte heraus: „Weißt", sagte er, „dös war so. Selbige Nacht, wo unsere liebe Frau und der heilige Josef bei Bethlehem drunten im eiskalten Stall Logie nehmen mußten, da war doch — er zeigte auf die Krippe — ein Ochs und ein Esel mit dabei. Es müssen zwei recht liebe Viecher gewesen sein; denn schau, wie dann um Mitternacht as Christkindl kam und vor lauter Kälten bloß so bibberte in seiner Krippen, da haben die zwei Viecher sich anblinzelt und haben aus ihren Nüstern um die nackerten Armerln und Fußerln einen warmen Wind blasen. Ja, dös war ja grad wie bei einer Dampfheizung, wie die zwei eingeheizt haben. Sogar der Muttergottes ist noch warm dabei worden, und dem Heiligen Josef seine Füß haben aufg'hört zu schlottern. Na ja, und da drüber hat sich die Muttergottes natürlich mächtig g'freut über so viel Lieb von dene zwei Viecher, wo doch d Leut gar so hartherzig gwesen sind.

Sie hat ihnen mit ihrer feinen Hand zwischen den langen Ohrlappen gekrahlt und ist dem Ochsen über seine breite Nasen gestrichen. Dann hat sie s Kindel angschaut: „Darf ich?" As Jesukindl hat bloß a weng glacht aus de Augen und leise genickt. Da hat d Muttergottes zu den Zweien gesagt: ‚Paßt's auf, du Ochs und du Esel! Weil ihr gar so lieb seid, drum dürft ihr jetzt auch verstehn, was die Engel singen und die Hirten, die gleich kommen werden, sagen, und ihr sollt's dann auch reden dürfen, heute nacht und alle Jahr wieder, wenn es Heilige Nacht ist, bis zur Mitternacht. Dann könnt ihr den andren Tieren alles erzählen, was ihr Wunderschönes erlebt habt heut!'

Sie hat es kaum zu End gesagt g'habt, da hat der Ochs seine Augen weit aufgerissen, und der graue Esel hat seine langen Ohren wie zwei große Kochlöffel in die Höh' gestreckt. Was war denn jetzt das?! O, das war ja fein. So ein schöner Gsang von der Höh und dann die Freud, mit der die Hirten sich untereinander beredt haben. Und das haben sie jetzt verstanden und begriffen! Sie zwei!

Das Reden haben sie selber ganz dabei vergessen vor lauter Horchen und Schauen. Erst als es fast eins in der Nacht war, da hätten sie es auch gern mal probiert das Jauchzen und Singen und das Erzähln. Aber grad, wie sie ansetzen wollten, hat es z Bethlehem drinnen eins geschlagen, und aus ist's gwesen, vorbei. Aus dem Ochsen seinem ,Muttergottes . . .' ist bloß noch ein ,Mu. . .' worden, und der Esel hat von seinem ,Jauchzet dem Herrn!' auch nur die ersten zwei Buchstaben hinkriegt ,Ja. . .'."

Beinahe wären's jetzt zum Heulen kommen, wenn ihnen nicht eingefallen wär, daß sie ja übers Jahr wieder eine solche Stund hätten. Dann könnten sie reden und singen."

Der Großvater zündete seine Pfeife bedächtig an, die ihm inzwischen ausgegangen war. Die kleine Margret war voller Ungeduld:

„Weiter, Opa, weiter!"

„Na ja", fing der wieder an und blies eine blaue Wolke Rauch augenzwinkernd in den blonden Schopf. „Na ja, sie haben sich natürlich das ganze Jahr über schon drauf gefreut, daß es wieder Heilige Nacht werden würd', und anscheinend müssen die andren Viecher doch das Jahr über was spitzgekriegt haben; denn als es endlich wieder Heiliger Abend war, sind sie alle auf Bethlehem zugelaufen. Mein Gott, war das ein Gewimmel auf dem Hirtenfeld draußen: Löwen und Tiger, Bären, Heuschrecken, Adler, Wölfe, Füchse und Hasen, Schlangen und Feldmäus' . . . und weiß Gott, was noch alles, sind um den Ochsen und den Esel herumgestanden wie die Leut auf der Kirchweih um den billigen Jakob. Dann hat's zu Bethlehem drinnen zwölf geschlagen. Auf dem Feld ist's mäuserlstaad geworden. Die Köpfe und Hälse habens alle gestreckt, daß ihnen ja kein Sterbenswörterl auskommen tät. Und staad war es wie in der Kirch bei der heiligen Wandlung.

Ja, und dann hat sich der Ochs auf seine Hinterbeine gestellt, und der Esel hat seine Ohren noch einmal so lang gemacht. Ganz feierlich haben sie ihre Mäuler aufgerissen. Aber, o Jammer, sie hatten damals vor einem Jahr ja vor lauter Schauen und Hören ganz das Reden vergessen, und so brachte der brave Ochs auch jetzt nur sein armseliges ,Muuu . . .' heraus, und der graue Esel ist wieder genauso mit seiner Stimm' beim ,J-a' übergeschnappt. Sie haben es wieder und wieder probiert. Es ist nichts draus worden als halt bloß das brummige ,Mu' und das krächzende ,J-a'. Da kannst dir denken, wie die Tiere alle über die beiden armen Luder hergefallen sind: ,Was seid ihr für blöde Kerle! Also so ein dummer Ochs und so ein gewaltiger Esel'!"

Der Brennervater schmunzelte übers ganze Gesicht.

„Schau, Margreterl, und da mein ich halt alleweil, da muß zur selbigen Stund einer der Hirten aus einem Astloch im Stall zugehorcht haben; denn schon am andern Tag haben sich die Leut in Bethlehem drinnen mit Ochs und Esel geschimpft. Und sie tun es ja heut noch . . ."

So hat der alte Brennervater seinem Enkel Margret am Heiligen Abend die Geschichte erklärt. Er hat sich noch einen Schöppel Tabak in den porzellanenen Pfeifenkopf gestopft und dazu genickt:

„Ja, gwiß war die Sach so, ganz gwiß . . ."

Vielleicht hat er recht gehabt, der alte Sinnierer.   Fritz Morgenschweis

Redende Tiere

Es gibt drei Tiere, die von der Geburt des Christkindes sich erzählen:
    Der Hahn ruft aus:
    „Christus ist geboren!"
    Die Taube frägt: „Wao, wao?"
    Die Geiß antwortet: „Bethlehem".

Karl Winkler

Das Hüttenmännlein

Es war am heiligen Christabend. Da ritt Allhart, genannt der Trautenberger, von seinem Landgute Spielberg gegen das Holz nach seinem Eisenhammer, der damals, es war im Jahre 1245, zur Ödenmühl, auch Ottenmull, hieß. Die Stunde Weges, die er sonst dahin brauchte, wollte nicht enden, und dabei wird es finster und grausig. Es pfiff der Sturmwind, und der Schnee fiel dicht und dicht herab. Schon mochte es weithinein Nacht sein, und es dünkte ihm, im Waldgebrause den abgerissenen Schall von Glockengeläute zur Christmette um Mitternacht zu vernehmen. Auf einmal stutzte sein Rößlein und schnaubte und tummelte im Kreise herum und schlug ungebärdig ringsum aus. Allhart schlug ein Kreuz, erhob sich im Sattel und sah ein ganz kleines Männlein vor sich, das den Gaul an der Mähne so fest hielt, als wäre es ein Fels. Beherzt führte er gegen das Männlein einen starken Hieb, so daß es gleich loslief, wie ein Kind seufzte und verschwand. Das tat ihm hernach sehr leid; denn er sah sich in ein Walddickicht verzäunt und in einem Sumpf bis an den Sattelknopf versunken. Und er wäre sicher darin umgekommen oder die lange Nacht hindurch die Kreuz und Quer herumgeirrt, wenn nicht auf einmal nicht gar weit hinter ihm die Feueressen ihre Funkengarben emporgeworfen und die Schmiedhämmer laut zu schlagen angefangen hätten. Da fand er sich flugs zurecht, und in kurzer Zeit erreichte er die Hammerstätte. Noch heftiger aber als im Walde eben seine Angst und Not war jetzt sein Zorn gegen seine Schmiedleute, die gegen alle Christenpflicht die heilige Nacht durch knechtliche Arbeit entweihten und sündigen Frevel begingen. Erbost wie er war, stürzte er auf die Hütte zu und stieß die Türe auf. Aber da war alles stille wie das Grab und niemand zu sehen. Nur ein Zwergmännlein kauerte in der Ecke vor einer glühenden Kohle und rührte mit einem Spieß im Herde die Schlacken. Und wie er auf dasselbe losfuhr, um es zu packen und zu würgen wie ein Geier, entschlüpfte es seiner Faust und kollerte wie eine Nachteule im Schlot hinauf. Es fiel ein dichter Feuerregen herab und rings herum nieder, und in kurzem stand das Gebälke und alles in Rauch und Flammen und sank in Asche.

Da erfuhr Herr Allhart von den jammernden Hüttenleuten, die jetzt gar schlechte Weihnachtsfeiertage und nirgends ein Obdach hatten, was es mit seinem Abenteuer im Walde und in der Hammerstätte für eine Bewandtnis gehabt. Das kleine graue, erdfahle Hüttenmännlein, das zu gewissen heiligen Zeiten die Bälge und Hämmer anzieht und laut polternd, als wenn alles zu Grunde ginge, arbeitet und mit allem Spektakel aufhört, so wie wer die Hütte betritt, gehört unter die guten Geister, die ihren Leuten helfen, auf Irrwegen beistehen und besonders den Gang der Hüttenfeuer in besten Stand bringen. Ihre Lagerstätte ist eine Kohlenschwinge und ein zerfetztes Mäntelchen ihr Anzug. Sie wollen von Menschen stets unbeachtet sein und nichts annehmen. Werden sie aber geneckt, gereizt oder gar mißhandelt, so werden sie recht böse Geister, die alles verwüsten, so weit sie kommen, kein Gedeihen aufkommen lassen und sich auch nicht mehr sehen lassen. Ob die niedergebrannte Hammerstatt wieder zum Flor kam, ist unbekannt. Sie wurde aber später von losbrechenden Weihern von Grund aus zerstört und mußte bachabwärts versetzt werden.

An der neuen Stätte fand sich das Hüttenmännlein wieder ein. Es war wieder versöhnt und trieb sein Wesen wieder wie ehemals. Weil es aber ein gar kärgliches Fetzchen mehr anhängen hatte, so meinten die Leute, ihm mit einem neuen Mäntelchen Gutes zu tun, und legten ein solches auf seine Lagerstätte im Kohlenkorb. Des andern Tags war wohl das Mäntelchen weg, damit aber auch das Hüttenmännlein auf immer verschwunden, und seitdem hört und sieht man nichts mehr von ihm.   Franz X. Schönwerth

Der Wunderbaum

Weihnachten war nahe.

Schon eine Woche vorher holten wir stets den Christbaum.

Mein Vater, in einer hochgeschlossenen, dikken Überjoppe, mit einer schweren Pelzmütze auf dem Kopf, schlüpfte in die Handschuhe, schlug sich eine besonders warme Wollbinde um den Hals und nahm die kleine Baumsäge unter den Arm.

Nachdem er prüfend auf mich herabgesehen hatte, ob auch ich gegen Kälte und Schnee wohl geschützt sei, schritt er aus der warmen Stube, durch den kalten, gewölbten Hausgang ins Freie. Den Christbaum holte er stets selber und überließ diese Arbeit nie den Dienstboten.

Auch nahm er niemand mit als mich, und so stapften wir durch den verschneiten Falkengraben, jenen Hohlweg, wo im Sommer die blauen Schmetterlinge tanzten, allmählich immer höher hinauf, bis uns die kaum absehbare, von Hügeln und Wäldern durchsetzte Hochebene rund umfing.

Über weiße Felder, über gefrorene, holperige Steige dahin, kamen wir an den Wald. Wunderbar, wie die Bäume im Rauhreif dastanden! Jeder Ast, jeder Zweig, ja, jeder Tannenzapfen war dick versilbert. Als wir durch das Astwerk in das Innere des Waldes eindrangen, klirrte es rings um uns. Unsere Schultern, Arme, Hände, unsere ganzen Kleider waren silbern überschüttet.

So stapften wir weiter durch den winterlichen Wald, der sich wie im Märchen um uns auftat, und ich dachte bei diesem herrlichen Gang nicht im entferntesten an das, was ich noch erleben sollte.

Während ich nämlich mit dem Vater, dem keiner der ringsumher stehenden Christbäume schön genug war, das Holz kreuz und quer durchstreifte, um bald eine Tanne, bald eine Fichte von der Wurzel bis zum Wipfel zu prüfen, kamen wir, ganz ungewollt und immer noch auf der Suche, plötzlich an die sogenannte Goldhaube.

Es war dies ein Felsengewirr mitten im Wald oder, besser gesagt, ein Labyrinth von Gängen und Höhlen. Bald so eng, daß man kaum mehr durchkommen konnte, weiteten sich die zwischen den Felsen tief eingelassenen Pfade zu Räumen, um sich dann wieder zu verengen und als dunkle Schluchten in das Innere der Erde zu verlieren. Wer, so sagte man, zu einem Eingang hineinging, wußte nicht, wo er hinauskam.

Wirkte dieses irrwegige Labyrinth schon als solches ziemlich unheimlich, so wurde das Gefühl des Unheimlichen noch verstärkt durch allerlei Geschichten, die meine kindliche Phantasie nicht zur Ruhe kommen ließen.

Einst sollen von hier aus Raubritter der nahen Burg ins Freie geschlichen sein, die Menschen überfallen, ermordet und beraubt haben, so daß man während des Sommers, wenn auch vergeblich, jetzt noch immer nach Gold und Schätzen grub. Wenn ich dabei mit anderen Kindern einmal zusah, hatte ich stets das Gefühl, als müßte hinter dem rieselnden Sand plötzlich ein Skelett erscheinen und uns aus klaffenden Augen furchtbar entgegenstarren. Kein Wunder also, daß ich mich jetzt im Winter vor diesen Höhlen und Gängen noch mehr fürchtete als im hellen Sommer, denn jetzt, in der Zeit des Nebels, ging es hinter den undurchsichtigen Schwaden und Schleiern viel mehr um als zur Zeit des sommerlichen Lichtes.

Mit Grauen sah ich deshalb nach dem Eingang und wollte das ganze Gewirr der Felsen schon umgehen, als mir mein Vater plötzlich zurief:

„Dort, schau, was für ein schöner Baum!"

Ich hob meinen Blick und sah oben auf der Kuppe der Felsen, die teilweise mit Moos bedeckt und mit Gestrüpp und Bäumen bewachsen waren, eine junge Tanne stehen.

Im nächsten Augenblick kletterte mein Vater auch schon, am Eingang des Labyrinths vorbei, auf die Felsen, welche die nach oben offenen Gänge und Höhlen einschlossen. Mit meinen kindlichen Augen sah ich meinen Vater, während er so, an den dunklen Abgründen entlang, über das bemooste Gestein hinaufstieg, größer und größer werden. Nicht bloß deshalb schien er mächtig über mich hinauszuwachsen, weil er zusehends höher hinaufstieg, er erschien mir wohl auch darum so groß, weil er, im Gegenteil zu mir, so gar keine Hemmungen und keine Furcht vor der Goldhaube hatte.

Vor der jungen Tanne angelangt, kniete er sich auf den Boden, bog die Äste zur Seite und fing plötzlich zu sägen an. So ungeniert sägte er, wie wenn er daheim in der warmen und sicheren Stube vor einer Laubsägearbeit säße.

Unverwandt und mit heimlicher Angst blickte ich nach dem unbekümmerten Vater aus. Wenn jetzt aus dem Nebel, aus der Tiefe der Schluchten, plötzlich eine gespenstische Hand herauftauchen würde, wenn eines jener furchtbaren Gesichter erschiene, die mich schon oft bis in den tiefsten Schlaf hinein verfolgt hatten?

Aber siehe da! Der Vater sägte und sägte, und sonst — geschah nichts. Ich sah nur, wie der Vater plötzlich lachend den abgeschnittenen Baum hochhob und ihn mir zeigte. „So einen schönen Baum", sagte er, nachdem er wieder von den Felsen herabgestiegen war, „hätten wir nirgends sonst gefunden." Dabei drehte er ihn vor meinen Augen, als sollte ich das Ebenmaß der Äste ebenso bewundern wie den strebenden Wuchs seines Wipfels.

Mein Vater hatte gesiegt, er hatte mir bewiesen, daß die Geister, die ich so sehr fürchtete, gar nicht so gefährlich seien; sie ließen sich sogar den Baum von ihrem Dach herabholen, als existierten sie gar nicht.

So wäre diese ganze Begebenheit vielleicht bald wieder meiner Erinnerung entschwunden, wenn ich nicht durch ein anderes, viel merkwürdigeres Erlebnis abermals mit diesem Baum in Verbindung gekommen wäre.

Der Baum stand zunächst einige Tage im Gang unseres Hauses und erfüllte alles mit seinem Harzduft; dann, am Christabend selber, kam er in die Stube, und alles ging so wie in jedem Jahr: ich wurde nach dem Bad in wollene Decken gewickelt, ins Bett getragen, in das Schlafzimmer meiner Kinderzeit, wo sich das Kreuzgewölbe der Decke hoch über mir schloß, und hier, im warmen Bett also wartete ich auf die Ankunft des Christkindes.

Ich glaubte noch immer auf den silbernen Ton jenes Glöckleins zu horchen, der mir alljährlich, etwa eine Stunde vor Mitternacht, die Ankunft des himmlischen Kindes verkündete.

Aber in Wirklichkeit war ich bereits eingeschlafen; während ich noch immer zu warten glaubte, befand ich mich plötzlich wieder auf dem Weg durch den Wald. Wieder stand ich

vor der Goldhaube, wieder war sie gleich unheimlich, und ich fürchtete schon, die Geister würden aus allen Winkeln hervorbrechen. Es regte sich wohl auch überall, hier knisterte es, wie von Funken, dort schien es wie von Schlangen zu rascheln, undeutliche Schatten schienen sichtbar zu werden; als ich furchtsam nach diesen Schatten aussah, bemerkte ich plötzlich, von oben herab, durch die Felsen kommend, ein merkwürdiges Faserngebilde; hundert- und tausendfältig langte es nach allen Seiten des Dunkels, wie wenn es aus dieser Finsternis, aus diesen Höhlen und Gängen, aus diesem Nest des Unterirdischen und Unheimlichen etwas in sich aufsaugen wollte. Was das nur war, das da so seltsam vor mir hing? Ich schaute es immer wieder an, ohne es zu erkennen, bis ich plötzlich meinen Vater neben mir zu sehen glaubte und hörte, wie er sagte: „Aber das mußt du doch kennen. Das ist doch nichts anderes als die Wurzel des Christbaums, den wir abgeschnitten haben . . ."

Ich konnte meinem Vater gar nicht mehr darauf antworten, denn im selben Augenblick hörte ich das silberne Glöcklein, und während ich erwachte, griffen bereits die Arme meiner Mutter nach mir und trugen mich in das hellerleuchtete, warme Wohnzimmer hinüber.

Da stand nun derselbe Baum, dessen seltsame Wurzel ich eben im Traum gesehen zu haben glaubte, in der Ecke am Fenster, wie jedes Jahr, und hatte sich durch die Macht des himmlischen Kindes so verändert, daß er kaum mehr zu erkennen war.

Er hatte einen goldenen Fuß, wie zum Gang durch den Himmel selbst, er war überschüttet von Glanz und Farben, und die Lichter auf seinen Zweigen blendeten fast meine Augen.

Sterne sah ich, Monde, Kometen, und neben diesen Himmelskörpern die Geschöpfe der Erde: den Fisch, den Bären, den Vogel, den zuckernen Elefanten. Da leuchtete ein rotbackiger Apfel, dort lockte der süße Lebkuchen, ganz in der Nähe des Stammes verbarg sich der Kern in der goldenen Nuß . . .

Ein Wunderbaum war das, verklärt bis in das letzte Ästchen, um, von der unterirdischen Wurzel befreit, all jene himmlische Märchenwelt zu entfalten, die mich noch heute sehnsüchtig macht und bezaubert.

Gottfried Kölwel

Mein Weihnachtswunsch

Immer, wenn ich am Adventskranz das erste Licht anzünde, muß ich an einen Weihnachtswunsch denken, der mir sehr am Herzen lag. Damals war ich noch ein kleines Mädchen. An einem Abend war es, kurz vor dem ersten Advent. Da war die Mutter, nachdem sie schon mit mir das Abendgebet gesprochen und eine gute Nacht gewünscht hatte, noch einmal zurückgekommen.

„Nun wird es bald wieder Weihnachten sein", sagte sie, „hast du schon daran gedacht, was dir in diesem Jahr das Christkind bringen soll?" Ich schüttelte den Kopf. Nein, daran hatte ich noch nicht gedacht. Sinnend schaute ich dabei zum Mond empor, der in das Fenster guckte. Auch einen Stern sah ich neben ihm stehen. Einen Stern —! Und plötzlich wußte ich, was mir das Christkind bringen sollte. Und laut rief ich: „Einen Stern wünsche ich mir, einen kleinen, goldenen Stern, den der Weihnachtsengel vom Himmel holen muß."

Die Mutter lächelte und meinte: „Die Sterne am Tannenbaum sind ja vom Himmel. Da laß dir nur rasch etwas anderes einfallen."

Diese Sterne aber waren aus Papier. Das wußte ich ganz genau! Und wenn es auch Himmelspapier war, so blieb es dennoch Papier.

„Nein, ein richtiger Stern muß es sein", beharrte ich, „ein goldener Stern, der am Himmel neben dem Mond gestanden hat." Und ich gab nicht eher Ruh, bis die Mutter einen Zettel geholt und meinen Weihnachtswunsch niedergeschrieben hatte.

Jeden Tag — und es waren noch mehr als 20

Tage bis zum Heiligen Abend — jeden Tag nun fragte ich:

„Bekomme ich den Stern, Mutter, den kleinen, goldenen Stern, den der Weihnachtsengel vom Himmel holen muß?" Und wenn die Mutter dann mit „Hm" antwortete, quälte ich sie weiter und sagte: „Hm ist unbestimmt. Sag doch ja! Ach, Mutter, bekomme ich den Stern, den kleinen goldenen Stern?"

Der Heilige Abend war gekommen. Ungeduldig lief ich den ganzen Tag hin und her. Die Zeit wollte und wollte nicht vergehen. Immer wieder hatte ich aus dem Fenster geguckt; denn zu gern hätte ich das Christkind oder den Weihnachtsengel gesehen. Nun, wo es dunkel geworden war, versuchte ich es abermals. Dieses Mal hatte ich mir den Schemel herbeigeholt. Wenn ich darauf stieg, war ich ein ganzes Stück größer und konnte besser in den Garten gucken. — Unter dem Fenster stand ein Rosenbusch, der hatte mich im Sommer arg gestochen. Jetzt lag schöner, weicher Schnee auf seinen Zweigen. Und hoch darüber spannte sich der Himmel mit seinen leuchtenden Sternen. Da — deutlich hatte ich es gesehen. Ein Stern war zur Erde niedergefallen. Und noch einer! Und ein dritter! Der letzte, ja, ich glaubte es bestimmt, war in den Garten gefallen, ganz nah beim Rosenbusch.

Mit einem Satz sprang ich von dem Schemel herunter und eilte aus der Stube. „Mutter", rief ich, „eben hat der Weihnachtsengel einen Stern für mich vom Himmel fallen lassen. Ich habe ihn selber gesehen. Im Garten liegt er, bei meinem Rosenbusch."

Bei diesen Worten hatte ich schon die Flurtür erreicht, durch die ich hinaus in den Garten wollte. Da aber öffnete sich die Tür zum Weihnachtszimmer . . . Das Glöckchen läutete, die Kerzen strahlten, und unter dem Tannenbaum saß eine Puppe, die fast so groß war wie der kleine Günther, der erst vor einigen Tagen bei der Nachbarin angekommen war. Ja — da hatte ich meinen Stern vergessen. Voller Freude stürzte ich auf die Puppe zu und ließ sie viele Male „Mama" sagen, was ich von dem kleinen Günther noch nicht gehört hatte.

Als ich aber schlafen ging und die Mutter mit mir zusammen das Abendgebet sprechen wollte, war mir dennoch wieder der Stern in den Sinn gekommen. „Warum hat ihn der Weihnachtsengel aber auch in den Garten fallen lassen?" frage ich. Nachdenklich, so schien es mir, guckte die Mutter einen Augenblick vor sich hin. Dann sagte sie: „Es fiel ja gar kein Stern vom Himmel herunter. Die goldenen Flügel vom Christkind waren es, die du im Vorbeihuschen hast leuchten sehen."

„Ich hatte mir aber doch einen Stern gewünscht", rief ich, jetzt fast ein wenig trotzig. „Hat denn das Christkind es nicht gelesen?"

„Keiner, auch nicht der Weihnachtsengel, darf einen Stern vom Himmel verschenken", erklärte mir nun die Mutter sehr ernst. „Du kennst doch das Lied: ‚Weißt du wieviel Sternlein stehen . . . Gott, der Herr, hat sie gezählet, daß ihm auch nicht eines fehlet an der ganzen großen Zahl.' Der liebe Gott zählte die Sterne. Da darf keiner fehlen. Keiner! Auch nicht der kleine, den du dir gewünscht hast."

Das konnte ich einsehen. Ich durfte auch nie etwas nehmen, wenn Mama und Papa es verboten hatten. So schlief ich dennoch glücklich und zufrieden ein.

Edith Golinski

König Babasa
und der Schäfer

Über die Fluren des Königreiches Babasa
wehte ein kalter Wind, der ahnen ließ, daß alle
Wolken, die düstergrauen, mit Schnee und
Eis geladen waren: denn es war Winterszeit.
Einen Tag vor der heiligen Nacht. Dunkelheit
lag auf allen Wegen, Einsamkeit. Da hallte ein
Schritt, dumpf und schwer. Purpur flatterte im
Wind — Gold schimmerte auf. Babasa war
es, der König. Allein schritt er durch den
noch frühen Morgen, der Heide zu, den
schwarzen Föhren zu, hinter denen die
Schäferhütte lag. Der reiche König Babasa!
War er reich? O ja, sie alle wußten es, die
Nachbarn weit und breit. Und mächtig war er
und angesehen. Warum aber schritt er so allein? Warum so einsam durch den kalten
Wind, unter den düstergrauen Wolken? Hatte
er ein böses Gewissen, das ihn jagte von Ort
zu Ort? Oder trieb ihn eine Sehnsucht, ein
Verlangen, eine Frage, heiß und schwer? —
Die Birken am Wege schienen zu wissen, was
den König so vorwärtsdrängte, immer nur
vorwärts. Ihre kahlen Zweige raunten davon
im Wind, und das Erlengebüsch tuschelte es
weiter, daß auch die Steine es vernahmen,
die zahlreich am Wege lagen, und das nie-
dere Dornengestrüpp, das achtlos mit seinen
stechenden Ästchen in den Purpur griff, den
Babasa um die Schultern gelegt, als es ihn
aus dem Schlosse trieb. Selbst die Krone
hatte er nicht vergessen auf das Haupt zu
setzen. Sollte jeder es sehen, daß es der König war, der, von etwas gepackt, von etwas
getrieben, dahineilte, nur immer dahin.

Und aufs neue fingen die Birken zu wispern
an und mit ihnen die Erlen, die Weide. Und
der Wind gab dem Wispern Ton, gab dem
Wispern Stimme. Und die Stimme, sie klagte,
daß weithin die Lüfte davon erfüllt waren:
„Die Hirten, ja, sie haben es erfahren dürfen,
als die ersten sogar in jener, der Heiligen
Nacht. Ihr Auge durfte den Engel schauen,
den Engel der Verkündigung, und offen war
ihr Ohr für den Gesang der himmlischen
Heerscharen. Aber dem König, aber mir blieb
es verborgen. Ist denn ein König vor Gott geringer als ein Hirte, ist der Schäfer draußen
auf der Heide mehr vor Gott als ich, ich, König Babasa, der kein Gold, kein Silber zu opfern scheute, keine Opferkerze anzuzünden
vergaß, um einmal wie sie zu fühlen, wie sie,
die der Könige Schafe hüten?"

König Babasa seufzte; und in den braunen
Gräsern, im welken, vergilbten Laub seufzte
es wider.

„Nicht verzagen!" raunte es im Wacholderbusch, und:

„Nicht verzagen!" rauschte es in der Tanne.
Doch König Babasa verstand nicht, was das
Raunen, was das Rauschen ihm zusang; er
wußte nur, daß es ihn zum Schäfer dränge,
unaufhaltsam hin zum Schäfer, dem Alten,
dem Weisen.

Huuh, wie rauh die Winde wehten, wie hart!
Wild langten sie jetzt nach der Krone, König
Babasas Krone. Griffen sie, hoben sie höher,
noch höher! Spürst Du es nicht, König Babasa? Fühlst Du es nicht? — Ach, einmal wie
sie empfinden, wie sie, die Hirten. — Oh, die
wirren Haare — Wirbelnd spielte mit ihnen
der Wind. Da bemerkte der König, daß ihm
die Krone fehlte. Doch wohin er auch

schaute, nur ein bleigrauer Tag lag auf den Wegen. Nirgendwo schimmerte das Gold.

„Entkrönt", fuhr es dem König durch den Sinn, „ich, der reiche, der mächtige, von den Winden entkrönt!"

Die Winde aber sangen. Und je lauter sie brausten, desto eindringlicher klang ihr Sang:

> „Zu wenig, o König!
> Die Krone von Gold,
> sie schenke dem Knäblein
> in der Krippe,
> so hold!
> Kein Gold zu viel,
> kein Opfer zu groß!
> Zu wenig, zu wenig,
> das ist dein Los!"

König Babasa stöhnte. Triumphierten die Winde, weil sie jetzt seine Krone trugen? — Ein Entsetzen packte ihn. Was würden sie im Schlosse sagen, wenn er ohne die Krone heimkehrte? Was würde das Volk sagen? Würde es nicht sprechen: Er, König Babasa, habe die Krone veruntreut und damit das Königsrecht verloren? — Aber noch schmückte ihn ja der Purpur, und laut sagte er: „Nur ein König darf den Purpur tragen. Solange er mich noch bekleidet, werden sie mir glauben, daß ich ihr König bin."

Und weiter schritt König Babasa, denn bis zu den schwarzen Föhren war es noch weit! Und weit noch bis zu der Hütte, in der der Schäfer wohnte, der Alte, der Weise.

Die Steine am Wege, die kantigen, die das Vorwärtskommen so schwer gemacht, sie hatten aufgehört zu sein; aber der Sand war tief, und schärfer wehten die Winde. Pfeifend holten sie kleine Eisstückchen aus den Wol-

ken hervor, peitschten damit des Wanderers Gesicht und scheuten sich selbst vor dem Purpur nicht mehr. Kühn griffen sie zu, zerrten an der Spange, der einzigen, die den Mantel zusammenhielt, lösten sie, lösten den Mantel, daß er von den Schultern, daß er von den Armen glitt, tiefer in das gestorbene Heidekraut hinab, den Hang hinunter und wieder empor, hoch über das Hünengrab hinweg, der Weite zu, der Ferne, der unerreichbaren, unübersehbaren Ferne.

Umsonst versuchte König Babasa dem Mantel nachzujagen — er sah ihn nicht mehr. Nun stand der König nicht nur entkrönt, nun stand er auch entkleidet da — als König — entkleidet.

Starr vor Frost waren Hände und Füße, und tot vor Schrecken war fast des Königs Mut. Alles, was den König an ihm sichtbar gemacht, hatten ihm die Winde genommen. Wer war er jetzt?? — Noch ein König? Oder nur ein armer, frierender Bettler, der sich nach Wärme sehnt, nach friedlicher Stille und Ruh? Ach, wer, wer war er jetzt?

Doch, da war etwas, tief im Herzen, das wollte dennoch hoffen. Und dieses Hoffen beschwingte neu des Königs Schritt, den Föhren zu, der Hütte zu. Und der schlafende Ginsterbusch, an dem jetzt Babasa vorüberging, träumte, daß zum ersten Mal, nach fast zweitausend Jahren, ein wahrer König über die Heide ginge. Und die Lärchen wußten es, die schützend ihre Zweige vor ihm breiteten, damit die Winde ihn nicht gar so rauh anhauchen konnten; und der Wacholder und die kleinen, verkrüppelten Eichen, sie alle wußten es. Nur König Babasa, er wußte es nicht. Daß aber aus den Winden ein Sturm zu wachsen schien, ein Sturm, der selbst das Herzblut kühlte, das fühlte er.

„Wenn er es gefrieren läßt", dachte der König, „wenn nicht mehr fließendes Blut, nein, Eis . . ."

So nahte der Abend, so nahte die Nacht. Dunkler türmten sich die Wolken. Da, ein roter Schein — hell stieg er aus der Dunkelheit empor. Die brennende Fackel war es, die der Schäfer, nicht weit von der Hütte entfernt, vor sich herschwang, um dem König den Weg zu zeigen.

„Ich wußte, daß du nahtest", sagte er, einem Lichtboten gleich vor dem König stehend. „Die Lüfte haben mir dein Kommen zugetragen. So tritt ein. Es ist Heilige Nacht. Da läßt man keinen draußen im Winde wandern." „Die Winde haben mir Krone und Purpur genommen", sagte der König. Dann verstummte er. Schweigend trat er in die Hütte. Rasch schloß der Schäfer die Tür, denn nun waren die Winde wirklich zum Sturm geworden; und mit ihm kamen Schnee und Eis, daß es hart, wie ein erregter Herzschlag, gegen die kleinen Fenster schlug. Schweigend steckte der Schäfer die Fackel in den Eisenring nahe der Herdwand, blies neu das Feuer im Herde an und legte ein paar Scheite auf die Glut, daß sie prasselnd lebendig wurde und die Hütte hell machte, hell, wie es der Tag nicht getan.

„Ja, ich wußte, daß du nahtest", wiederholte der Schäfer und schüttete das Stroh zu einem weichen Sitz. „Und mit deinen Seufzern, deiner Frage ist auch dein Sehnen, dein Verlagen zu mir gedrungen. Aber nicht ich, König Babasa, die heilige Nacht selber wird dir Antwort geben. Horche nur gut in sie hinein."

„Die Nacht ist voller Sturm", sagte der König und ließ sich müde auf den Strohsitz nieder. „Und der Sturm . . . Du weißt, was er mir geraubt. Nichts Höheres mehr kann ich für mein Sehnen zahlen, nichts Höheres mehr opfern." Noch lauter, noch brausender umtobte es die Hütte, noch härter schlug es gegen die kleinen Fenster. Drinnen aber, wo es hell war, heller als am Tag, spielte leise der Schäfer die Flöte. Erst im vergangenen Mai hatte er sie aus frischem Weidenholz geschnitzt. Lieblich klang ihr Ton und zart. Dennoch bittend suchend, bittend rufend, das Brausen des Sturmes überhallend, bis von irgendwoher — war es nah, war es fern — ein Echo widertönte. Oder war es eine andere Stimme, die gleich lieblich, gleich zart eine Antwort sang? — — König Babasa lauschte — Und als die Flöte und als das Echo schwieg, hatte sein Herz verstanden, was beide gesungen. Und nicht fassend, daß ihm nie zuvor ein solches Wissen gekommen, sagte der König:

„Muß man denn immer erst das Höchste verlieren, um unterscheiden zu lernen, wer man selber und wer der andere ist? — Ich, Schäfersmann, ich, König Babasa, war immer nur ein Hüter der Gesetze, die ich selber schuf. Du, der Hirte, warst immer ein Hüter der Unschuld, die Gott im Lamme lebendig werden ließ. Ein König aber sollte immer auch ein guter Hirte sein. Wären Könige es gewesen, so wären die Engel nicht nur den Hirten, sie wären auch den Königen erschienen. Oh, daß ich solches erst heute weiß, heute, da die Winde mir das Königskleid genommen." In diesem Augenblick horchten König und Schäfer auf. . Draußen war es still geworden, heilig still. Und es war, als hielten alle Bäume, alle Sträucher, alles Getier und Gestein auf der Heide den Atem an. Waren es Kinderschritte, die leicht und beschwingt den Weg daherkamen? — Jetzt mußten sie den Wacholder, jetzt die Föhren erreicht haben und die hängende Weide, draußen vor der Tür. Nicht länger mehr hielt es den König. Alle Müdigkeit vergessend, sprang er auf . . . Da aber hatte sich schon, wie von selber, die Hüttentür geöffnet, und herein strahlte die Heilige Nacht, erhellt von unzähligen Sternen. Und noch etwas leuchtete im Lichte der Sterne auf, in purpurner Farbe, in blinkendem Gold. Sorgsam haltende Hände — oder waren es die Zweige der Weide? — boten es dem König dar in stummer, frommer Gebärde. König Babasa aber — umsonst aber suchte er nach Worten. Wie sollte er das fassen? Wie begreifen, verstehen, was da vor ihm geschah?

„Wer hat es schon verstanden", sagte jetzt sanft der Schäfer, „auch wir, die Hirten, vermochten es nicht. Nur hinnehmen als eine hohe Gnade, die uns, dem Hirtenvolk, widerfuhr, das konnten wir. So nimm auch du es hin, König Babasa! Und freue dich, daß die schönste Nacht, die Heilige, dir dein königliches Kleid zurückgegeben."

Damit nahm der Schäfer den purpurnen Mantel und legte ihn dem König um die Schultern; auch die Krone reichte er ihm dar. Nie war ihr Gold von so reinem Glanz gewesen wie in dieser Stunde.

Noch immer stand König Babasa wie träumend da. Dann aber hatte sie ihn gepackt, jene hohe, große, jubelnde Freude. Und laut sagte er: „Das Wunderbare, das man nicht sagen, nur fühlen kann, heute, Schäfersmann, heute hat es mein Herz gläubig brennen lassen. Zum ersten Mal: gläubig!"

Da zeigte sich am Himmel eine helle Wolke, die bis auf die Erde hinunterkam und langsam vorüberschwebte. Dort aber, wo ihr Lichtsaum die Erde berührte, fing die Heide zu blühen an. Es war die lilarote Glockenheide. Und süß durchschwang die stille Nacht ihr heiliges Geläute.   Edith Golinski

Tränen in der Heiligen Nacht

Da wohnte eine Frau im Lande Juda, ihr Mann hieß Bali, ihr Sohn Dismas: Er war ein schöner Junge, groß und schlank, seine Augen waren rabenschwarz und seine Zähne wie Elfenbein. Gelenkig war er wie eine Hyäne, die sich an die Herde heranschleicht. Aber sein Herz klopfte wild, und seine Gefährten duckten sich vor seinem erhobenen Arm, sie fürchteten seinen Blick, der oft vor Wut brannte.

In einer Nacht starb Bali bei den Schafen, die er hütete. Da weinte seine Frau bitterlich, denn sie blieb allein zurück mit ihrem Sohn Dismas, der noch so jung war.

„Du armes Kind, nun mußt du fortan die Schafe hüten . . .“ Dismas ging mit der Herde, aber sein Blick war unwillig. Er wollte kein Hirte sein. Die Unruhe in ihm trieb ihn nach den welligen Sandhügeln, wo die Spur der Kamele, ewig ausgewischt vom Wind, immer wieder neu erstand durch die Spuren neuer Karawanen. Er sehnte sich nach den Gegenden, wo räuberische Reiter im weißen Burnus, flink wie der Wind, auf ihren Vollblutpferden dahersausten, ein ewiger Schrecken für die reisenden Kaufleute.

Noch heftiger als beim Tode ihres Mannes weinte die Frau, als eines Morgens Dismas verschwunden war. Keiner der Hirten, die bei den Herden gewacht hatten, wußte, wo er geblieben war. Aber noch heftiger weinte sie, still, weil es niemand hören durfte, in einer Nacht, Monate später, als plötzlich die Türe an ihrer armseligen Hütte aufgestoßen wurde und sie im Mondschein ihren Dismas erkannte, der vor ihr stand. Dismas, ihr Junge!

„Laß das,“ sagte er rauh, als seine Mutter sich von ihrem Lager erhob und mit zitternden Fingern nach Zünder und Feuerstein suchte. „Kein Licht! Gib mir zu essen, Käse und Milch. Ich werde es bezahlen, denn zahlen kann ich.“ — Er warf eine Handvoll Geldstücke auf den Tisch und lachte. Aber sein Lachen klang rauh. Dann aß er hastig von Mutters Käse und trank Milch.

Das Geld aber, das auf dem Tisch lag, rührte Mutter nicht an, denn sie hatte in den Falten von Dismas Gewand das kurze Schwert gesehen, und in seinem Gürtel hing der Griff eines Dolches. Als er wieder fortging, noch mit vollem Munde kauend und sich vorsichtig umschauend, da wußte sie, wer da fortging, ein junger Räuber, vielleicht gar ein Mörder.

Die Tage und Nächte gingen vorüber, und in jeder Nacht flossen aufs neue die Tränen der unglücklichen Mutter. Und immer wieder flehte und betete sie: „Gott, mein Gott, schütze meinen Dismas, meinen armen Jungen“.

Dann kam eine Nacht, die von himmlischem Licht erhellt und von Engelsstimmen erfüllt war. Bethlehems Hirten auf den Feldern hörten eine Botschaft, die jubelte in ihrem Herzen: „Frieden, Frieden, den Menschen, die guten Willens sind . . . Gehet und ihr werdet finden ein Kindlein in Windeln gewickelt . . .“ Überglücklich eilten die Menschen, mit Geschenken beladen, den neugeborenen König des Friedens zu suchen.

In ihrer Hütte lag die Mutter von Dismas, arm und schwach auf ihrem Lager. Auch in ihre Hütte drang der Schein des himmlischen Lichtes. Auch sie hörte die frohe Botschaft. Sie war alt und sterbensmüde. „Dismas“, weinte sie, „für dich wäre ich gerne gegangen, um für dich zu bitten bei dem Friedenskönig, dem Kindlein in der Krippe . . ." — Es war ihr letztes Weinen. Denn siehe, plötzlich war die Hütte voll Sonnenlicht, und es rauschten unsichtbare Flügel. War es eine Hand, die sie jetzt stützte, war es eine Engelsstimme, die da sang: „Frau, in das Leid einer Mutter, die in dieser Nacht ein Kindlein gebar, in deren Tränen voll Liebe und Kummer, wird das Leid aller Mütter gesammelt, zum Heil ihrer Kinder!"

Da lächelte sie glücklich und sank hintenüber. Still und unbeweglich lag die Mutter von Dismas in dem nun wieder dunklen Raum. Sie war tot.

In seinem weißen Burnus, die Hand am Griff seines Dolches, lag Dismas in dieser Nacht in einem Zelt in der Wüste. Ein böser Traum quälte ihn. Er warf sich von einer Seite auf die andere, der kalte Schweiß stand ihm auf der Stirne. Er sah in der Ferne am Horizont ein Kreuz aufgerichtet mit seinem eigenen Körper und er fühlte die Todesnot. Seine Angst wurde so groß, daß er um Hilfe rief und weinte. Da erstand plötzlich ein zweites Kreuz, neben dem seinigen. An diesem Kreuz hing ein Mann der Schmerzen, sein Gesicht kannte er nicht. Zu Füßen dieses Kreuzes stand eine Frau, die weinte. Da fühlte Dismas, wie all seine Angst und Not von ihm wich in einem Schrei nach dem anderen da oben. Mit einem Ruck zog er seinen gemarterten Körper seitlich dem andern zu . . . ein Ruck, und Dismas erwachte. — Dismas, der junge Räuber, der zukünftige Mörder, der doch für immer „der Gute" auf der ganzen Welt heißen soll, erwachte in seinem Zelt, in Schweiß gebadet. Noch zitterte er vor Angst wegen des Traumes, noch sah er im Geiste die verschwommene Gestalt des Mannes an dem Kreuz neben dem seinen.

Da sprang er auf, um alles von sich abzuschütteln, alle Angst und Unruhe. Er trat vor das Zelt und atmete tief die frische Luft ein. Tief und dunkel lag vor ihm die Wüste, es war eine stille Nacht.

Doch was war da plötzlich? Was glänzte dort am Himmel? Was war es gewesen, eben gesehen und wieder fort? Wie Goldtropfen, wie glänzende Tränen, so schien es ihm.

Da dachte Dismas auf einmal — wie es kam, wußte er nicht — aber er dachte an seine Mutter!

J. v. Laer

Friede auch der Kreatur

Der Winter war wieder gekommen. Schon seit Wochen hatte es gefroren, krustig war die Erde geworden, und nun fing es in den Tagen vor Weihnachten auch noch zu schneien an. Weich und dicht fielen die Flocken, wie Riesenschwärme weißer Schmetterlinge kamen sie daher, wie Boten eines wimmelnden Märchens. Auf der Erde, auf Bäumen und Dächern, überall wuchs Schnee. Es dauerte nicht lange, da war alles Graue und Schwarze zugedeckt und die Welt wie von weißer Gnade erfüllt.

Schon seit Tagen stand der große Tannenbaum, den wir im verschneiten Walde geholt hatten, im Gang unseres Hauses und erfüllte alles mit seinem würzigen Duft. Am Weihnachtsabend bekam er einen goldenen Fuß und stieg drinnen im Wohnzimmer auf den sogenannten weißen Tisch, der in der Nähe des Fensters stand. Hier wartete er auf die nächtlichen Gaben, so wie auch ich in meinem Bett auf die Ankunft des Wunders wartete.

Es war ein hohes, gewölbtes Schlafzimmer, in dem ich lag und jeden Laut belauschte. Wenn draußen vor dem vergitterten Fenster jemand vorbeiging und der Schnee unter den Schritten knarrte, wenn der Schein einer Laterne die Fensterscheiben streifte, wie klopfte da mein Herz. Das Blut sang mir in den Ohren, ich schwitzte fast und konnte kaum den Augenblick erwarten, in dem jenes silberne Glöckchen ertönte, das die Stunde der Bescherung verkündete.

So lag ich denn schon fast eine Stunde im Bett und wartete immer noch sehnsüchtig auf den silbernen Klang, als ich mit einem Male sehr erschrak. Gerade unter meinem Bett hatte es plötzlich gekracht. Es konnte doch nichts aus meiner Bettlade zu Boden gefallen sein. Es konnte auch niemand unter meinem Bett liegen. Ja, was war das nur? Erst horchte ich noch eine kurze Weile atemlos, ob sich der krachende Laut unter meinem Bett nicht wiederhole, aber da ich nichts hörte, kroch ich, während ich noch immer den Atem anhielt, langsam aus dem warmen Bett. Es war sehr kalt im Raum, das fühlte ich besonders, als ich den Boden betrat und zum Lichtschalter schlich.

Zuerst sah ich gar nichts; je länger ich jedoch unter das Bett blickte, desto deutlicher wurde es mir, daß da tatsächlich irgendein Ding unter dem Bett war. Wie gesagt, ich konnte es im Dunkel, das unter der Bettlade herrschte, nicht deutlich erkennen, und so nahm ich denn einen Stock und fuhr unter das Bett. Da kollerte auch schon etwas hervor. Es war eine Mausefalle, und darin lief, voll Verzweiflung und Angst, eine Maus umher. Es war eine kleine, graue Maus, die sich eben gefangen hatte. Eine ganz gewöhnliche Maus, und doch was für ein niedliches Tier! Wie es mit seinen schwarzen Augen auf mich heraussah, wie es am Gitter auf und ab kletterte, immer um den Speck herum, wie es das Schwänzlein nachzog und doch nirgends herauskonnte! Ich hob die Falle empor, stellte die Maus auf den Tisch und betrachtete sie unverwandt.

Wie oft hatte man gesagt, daß diese Tiere schädlich seien und deshalb gefangen werden müssen. Doch heute dachte ich an etwas ganz anderes. Es hatte seit Wochen gefroren, Schnee war gefallen, und so hatte sich das arme Tier eben in das Haus geflüchtet. Was tat es hier schon? Es kribbelte, knabberte, es nagte wohl am Zucker und am Speck, wenn es einen entdeckte. Aber, dachte ich, es hat eben Hunger! Wenn man so nichts anhat während des ganzen Winters als ein dünnes Pelzchen, wenn man draußen in der kalten Nacht nichts mehr zu fressen findet, weil der

Schnee alles zugedeckt hat, derselbe Schnee, der mir während des Tages, beim Blick in die Weite, so hell und schön erschienen war, wie sollte das Mäuslein da nicht ins Haus kommen. Ja, es war hereingekommen als ein Teil jener hundert- und tausendfältigen Kreatur, die aus Angst und Furcht vor dem weißen Tod sich in Wald und Feld verzweiflungsvoll umhertreibt. Doch welch ein Schicksal: Kaum hatte sich die Maus in das schützende Haus geflüchtet, da geriet sie auch schon in die Falle, die wie ein offenes Maul unter meinem Bett stand; gerade unter meinem Bett, in der Weihnachtsnacht, in der ich auf nichts als auf Glück und Freude wartete.

Während ich die Maus so betrachtete, erschrak ich mit einem Male von neuem. Aber diesmal war es keine Falle, die zugeklappt war, diesmal waren es Schritte, die ich hörte, Schritte draußen im Hausgang. Wer ging da der Tür meines Schlafzimmers zu? Deutlich erkannte ich es: es war das Hausmädchen. Wenn das Hausmädchen hereinkommt, dachte ich, und die Maus sieht, dann ist es um das Tier geschehen. Sie wird die Falle packen, sie wird lachen über die nächtliche Beute und die Maus noch heute in das tödliche Wasser stecken.

So griff ich denn rasch nach der Falle und verbarg sie unter dem Bett. Während ich mich selber in die Kissen versteckte, horchte ich atemlos. Da bemerkte ich, daß die Schritte an der Tür meines Schlafzimmers vorbeigegangen waren. Es war eine eigentümliche, seltsame Stimmung; denn es war fast, als wäre der Tod selbst vorbeigegangen.

Als es wieder ganz still war, schlich ich aus dem Bett, zog die Falle von neuem hervor und trat zur Tür hinaus. Niemand war im Gang, niemand konnte mich sehen. So lief ich denn, so rasch ich konnte, gegen das Tor, das nach hinten in die Ökonomiegebäude und in den Hof führte. Draußen im Freien, wo ich die blanken Sterne am Nachthimmel über mir stehen sah, machte ich plötzlich die Falle auf.

Ich wollte noch sehen, ob die Maus wohl den Weg in eine Scheune finde, im selben Augenblick hörte ich vorne im Haus das silberne Glöcklein tönen. Klar und laut tönte es durch das ganze Haus. Alles schien zu klingen und zu schwingen; so sehr war alles von diesem Ton erfüllt.

Beim Eintritt in das Wohnzimmer stand ich wie geblendet. Dann sah ich vorne auf dem weißen Tisch den hohen Weihnachtsbaum stehen, mit Gold und Silber überschüttet, überflutet von Licht. Ach, was da alles an den Ästen hing! Rotbackige Äpfel, goldene Nüsse, Lebkuchen, schokoladene Brezeln, hier hing ein silberner Bär, dort ein brauner Elefant, goldene Fische sah ich schwimmen, Vögel fliegen, und... ja, wahrhaftig, da hing auch eine graue Maus daran, genau so groß wie jene, die ich eben im Hof heimlich ausgelassen hatte, nur daß sie aus Zucker war. Auch sie hing gleich aller Kreaturen der Erde an diesem Wunderbaum und sah mich mit ihren kleinen, dunklen Augen an, während droben am Gipfel, die unendliche Liebe verkündend, ein pausbackiger Engel in die goldene Trompete blies. Gottfried Kölwel

Der Hund,
der nicht zur Krippe kam

Tyras lag zu Füßen seines Herrn, der auf den Hirtenstecken gestützt in die Nacht hinausspähte und wachte, daß der Herde kein Unheil geschähe. Der Hund hatte den Kopf zwischen die Pfoten gelegt und horchte auf alle Geräusche ringsum. Hin und wieder blökte ein Schaf leise im Traum, oder es regte sich eines der Lämmer, wenn es näher zum wärmenden Muttertier hinrückte. Das Wachtfeuer knisterte, wenn ein Funke vom glühenden Holz absprang. Kein fremder Laut unterbrach die Stille.

Als mit einem Male die große Helle in das Dunkel brach und den Himmel aufriß bis in seine letzten Tiefen, sprang der Hund, der schon vorher witternd die Nase gehoben hatte, mit einem Ruck auf. Er bellte laut, um den schlafenden Hirten zu wecken. Zugleich mit dem Aufschrei des Wächters schreckte er sie aus der Ruhe. Dann aber stockte beiden die Stimme, und sie starrten mit den jäh Erwachten in den mächtigen Glanz, der über ihnen aufleuchtete und vor dem das armselige Flackern ihres kargen Feuers zu einem Nichts herabsank.

Ein gewaltiges Brausen erfüllte die Luft. Das sonst furchtlose Tier schmiegte sich scheu an die Beine seines Herrn. Sein Fell sträubte sich, und es winselte kläglich. Als dann aber die klare, reine Engelsstimme aufklang: „Fürchtet Euch nicht..." , beruhigte es sich. Die Angst, welche alle angefallen hatte, verflog, und der Hund horchte mit dem Hirten auf die frohe Botschaft. Wenn er auch die Worte und ihren Sinn nicht verstand, so spürte er doch ein glückhaftes, unerklärliches Frohgefühl in seinem Herzen, und der Engelschor klang ihm gar lieblich und voll unbeschreiblichem Wohllaut ins Ohr. Nachdem die Erscheinung vorüber war und das Dunkel wieder über der Welt lastete, taten sich die Hirten zusammen und wählten das schönste der jungen Lämmer aus. Als sie sich damit auf den Weg nach Bethlehem hinab machten, um es dem neugeborenen Erlöser als Geschenk darzubieten und ihre Ehrfurcht zu erweisen, wollte der Tyras mit ihnen laufen; aber sein Herr pfiff ihn kurz zurück: „Marsch auf deinen Platz! Paß auf, daß die Schafe beisammenbleiben und kein Dieb an sie herankommt, bis wir wieder zurück sind!"

Das Tier gehorchte und kreiste pflichtgetreu um die Herde, wie man es ihm angelernt hatte.

So fügte es sich, daß der Hund in jener Nacht nicht mit zur Krippe kam, wie es oft geschieht in der Welt, daß der Gehorsame fernab bleiben muß, während die andern an der Krippe stehen, gleich Ochs und Esel, dem großen Geschehen näher erscheinen, obschon sie nicht die Zufriedenheit aus der erfüllten Pflicht kennen.

Der Herr aber sieht alles und weiß zu seiner Zeit die treuen Dienste zu lohnen, besser als es der Augenblick vermag.

Heinz Schauwecker

Der Wolf,
der zum Hirtenjungen kam

Benjamin war mit dem alten Simon wachgeblieben, weil es Wölfe in der Gegend gab. Simon war der älteste der Hirten. Von ihm hatte Benjamin gelernt, was für Hirten wichtig ist: Wie man Hunde mit Blicken und Pfiffen lenkt und wie man mit dem Hirtenstab und der Steinschleuder umgeht. Von Simon wußte er, daß ein guter Hirt die Schafe nie allein läßt, und der Junge war entschlossen, sich danach zu richten.

Die Nacht war schwarz, weil sich der Mond versteckt hielt. Simon hatte ein Feuer angezündet. Benjamin aber sah nicht in die Glut, damit seine Blicke scharf genug blieben, um das Dunkel zu durchdringen.

Auf einmal war's taghell. Alle Hirten wurden wach. Hunde und Schafe hoben ihre Köpfe. Die Hirten hatten Angst. Aber eine Stimme, klar wie das Licht, sagte zu ihnen: „Fürchtet euch nicht! Heute wurde ein Kind geboren, das aller Welt den Frieden bringen wird. Geht hin nach Bethlehem, und ihr werdet es sehen!"

Es blieb hell, weil am Himmel plötzlich ein Stern war, den keiner zuvor gesehen hatte. Die Hirten bekamen glänzende Gesichter, und alle redeten durcheinander: „Daß wir so etwas erleben! Frieden für alle — habt ihr das gehört! Wir müssen diesem Kinde etwas mitbringen! Unser schönstes Lamm!"

„Da braucht's kein Überlegen", sagte der alte Simon. „Gehen wir gleich!"

„Wir alle?" fragte Benjamin und hielt Simon fest. Verwundert sah ihn der alte Hirt an. „Hast du nicht gehört, was die Stimme gesagt hat?" fragte er den Jungen. „Wir können die Schafe doch nicht allein lassen", wandte Benjamin ein. „Hier gibt es Wölfe. Hast nicht du mir gesagt: Jederzeit kann einer kommen?"

„Nun ist alles anders", versicherte Simon. „Alle Feindschaft hat ein Ende. Es wird wieder sein, wie es im Paradies war. Komm nur mit nach Bethlehem! Niemand wird den Schafen etwas antun."

Benjamin dachte an die Lämmer, die dem Wolf eine so leichte Beute sind, daß kein Hirtenhund sie ihm abjagen kann, und er fragte Simon, ob auch die Wölfe Frieden halten würden. Der alte Hirt beteuerte, er könne unbesorgt sein. Aber Benjamin konnte das einfach nicht glauben, und er sträubte sich, mit nach Bethlehem zu gehen. Da sagte Simon zu den anderen Hirten: „Laßt ihm seinen Willen! Sobald wir zurück sind, kann auch er hingehen."

Da gingen sie ohne Benjamin fort. Er blieb bei den Schafen, um Wache zu halten. Alle Müdigkeit war von ihm gewichen, und er fühlte sich beruhigt. Die Nacht war aufgehellt, niemand konnte unbemerkt an die Schafe herankommen. Noch dazu hatte Benjamin einen Hund an seiner Seite.

Zwei Stunden blieb es still. Plötzlich hob der Hund den Kopf. Das Hundefell sträubte sich, das sah Benjamin. Und dann bemerkte er einen Schatten, der es eilig hatte, einen riesigen Wolf, der um die Herde kreiste. Ein so großer Wolf war Benjamin noch nie begegnet. Im Kopf des Wolfes sah er grüne Lichter funkeln. Der Wolf kam näher, rasch und unhörbar.

Kein Hirtenhund schlug an, kein Schaf rannte davon. Benjamin legte einen Stein in seine Schleuder und ließ den großen Wolf so nah herankommen, bis er sicher sein konnte, ihn zu treffen. Schon holte er zum Wurf aus — da fing der Wolf zu reden an und fragte: „Warum willst du mich töten?"

„Weil du ein Wolf bist", sagte Benjamin. Der Stein blieb in der Schleuder.

„Ist das jetzt noch ein Grund?" fragte der Wolf weiter.

„Du redest so, als hättest du noch nie ein Schaf zerrissen", hielt ihm Benjamin vor.

„Damit ist es vorbei", behauptete der Wolf. „Alles ist nun anders. Hast du nicht davon gehört?"

Benjamin war verlegen. Er konnte nicht begreifen, daß sich sein Hund zurückhielt, daß keines der Schafe floh.

„Sind nicht die andern erfahrene Hirten?" fragte der Wolf. „Haben sie jemals ihre Schafe allein gelassen? Aber nun ist's nicht mehr nötig, auf der Hut zu sein."

Benjamin sagte nichts. Der Wolf fuhr fort: „Hat nicht sogar der alte Simon gesagt, du könntest unbesorgt nach Bethlehem gehen? Immer hast du doch getan, was er dir gesagt hat, und bist gut dabei gefahren. Willst du dich nicht beeilen, um die andern einzuholen?"

„Nein", sagte Benjamin.

Schärfer fragte der Wolf: „Du traust mir also nicht?"

„Nein", sagte Benjamin.

Da wurden die grünen Lichter rot. Benjamin holte wieder zum Wurf aus, doch da spottete der Wolf: „Warum spielst du dich so auf! Keines deiner Schafe hat von mir etwas zu fürchten. Ich wollte mit dir reden, aber du bist leider taub. Sieh her, ich gehe, ich lasse dich in Frieden."

Der Wolf wandte sich ab, und ehe Benjamin es fassen konnte, war er verschwunden und hatte nirgendwo Schaden angerichtet.

Gut, daß er fort ist! dachte Benjamin. Ich weiß nicht, ob ich mit ihm fertiggeworden wäre. Dann fing er an zu überlegen: Aber war ich nicht im Unrecht? Ein Wolf ist gekommen und hat kein Schaf gerissen, kein Lamm weggeholt. Die Hirten werden über mich die Köpfe schütteln, und was wird Simon sagen? In diesem Augenblick erhob sich der Hund an seiner Seite. Er knurrte drohend, und nun schlugen auch die andern Hunde an. Die Schafe begannen durcheinanderzurennen.

Überraschend brach ein Wolf aus einer Hecke und riß eines der Schafe. Benjamin schleuderte den Stein und traf den Wolf. Der ließ das Schaf nicht los. Zwei Hunde verbissen sich ins Wolfsfell. Da versuchte der Wolf, die Hunde abzuschütteln, und nun traf Benjamin ihn so, daß er sich nicht mehr rührte. Auch das Schaf war tot. Benjamin sah den Wolf genauer an. Es war ein ausgewachsener Wolf, doch bei weitem nicht so groß wie jener andere, der gekommen und wieder weggegangen war, ohne die Schafe anzugreifen. Beim Gedanken an den andern spürte Benjamin ein Grauen.

Die Hirten kamen gegen Mittag zurück. Betroffen blickten sie auf die toten Tiere. Benjamin deutete auf den Wolf und sagte: „Ich habe diesen zu spät bemerkt, weil kurz zuvor ein so großer Wolf da war, wie ich noch keinen gesehen hatte."

„Ein zweiter Wolf?" fragten die Hirten. „Und du hast ihn fortgejagt?"

„Es war nicht nötig", sagte Benjamin, „weil er von selber ging. Er hatte es nicht auf die Schafe abgesehen, er war gekommen, um mich zu überreden. Ich sollte nach Bethlehem gehen wie ihr, so sagte dieser Wolf, keiner mehr habe vom andern was zu fürchten, es sei nicht mehr nötig, auf der Hut zu sein, denn nun sei alles anders." Benjamin sah Simon an. „Weißt du, wer dieser andere war? Weder die Hunde noch die Schafe haben sich bewegt, solang er sich hier aufhielt."

Die Hirten standen ratlos um Benjamin, und einer meinte: „Du hast dir etwas eingebildet, weil du allein gewesen bist, und machst dir selbst was vor."

Der alte Simon schüttelte den Kopf und sagte: „Benjamin flunkert nicht. Es ist ihm anzusehen, daß jener andre hier war. Der hatte vor, den Jungen fortzulocken, damit der Wolf es leichter haben sollte. Er hat Benjamin versucht, daran erkenne ich ihn."

„Aber hat er nicht das gleiche zu Benjamin gesagt, was uns der Engel sagte?" wandte ein Hirt ein.

„Ihm ist jedes Mittel recht", sagte der alte Simon. „Aber nicht einmal damit ist er durchgekommen, nicht bei Benjamin." Hans Baumann

Die ungewöhnliche Himmelfahrt

Alois Hinterwimmer, Fahrer am Verpflegungsfahrzeug II der 5. Batterie, war — wie man im Gäuboden zu sagen pflegt: roßnarrisch. Da er infolge seiner äußeren Grobschlächtigkeit und einer, selbst für oberpfälzische Begriffe ungewöhnlichen Grobheit ledig geblieben, auch sonst ungesellig und einschichtig war, hatte sich alles, was er an Zuneigung, Fürsorge und liebevollen Empfindungen aufbrachte, auf „seine" Rösser vereinigt. Er war demzufolge der geborene Pferdepfleger. Seine beiden Fuchsen — von ihm Maxl und Liesl gerufen — hatten immer den besten Futter- und Pflegezustand der ganzen Batterie aufzuweisen, welche Tatsache dem Alois über manche Schwierigkeiten hinweghalf, die ihm aus seinem sonstigen, durchaus unmilitärischen Auftreten erwuchs. Wie gesagt, dem Alois drehte sich alles um „d'Roß", was er dem Herrn Wachtmeister gegenüber einmal in die klassischen Worte kleidete: „Wenn da Max und d'Liesl net waarn, na leckat mi de ganz Vaterlandsverteidigung am Arsch".

Da begab es sich nun am Tag vorm heiligen Abend des Jahres 41, daß der Alois, wie täglich abends, die warme Verpflegung in die Feuerstellung fuhr, die damals im Leningradabschnitt hinter Luisino an einem Bahndamm lag. Es war ein ruhiger Frontabschnitt und fast nichts los, so daß die Batterie schon seit Tagen ungestört Weihnachtsvorbereitungen betrieb.

Das einzig Lästige war eine 15-cm-Batterie des Iwan, die so zwei- bis dreimal am Tag ein paar Schuß Störungsfeuer herüberschickte.

Aber sie schoß so beiläufig wie eine Gieß-
kanne, und es war noch nie was dabei passiert.

Aber, wie's halt sein soll: Grad wie der Alois
in die Stellung einbiegt, — kracht's. Der Einschlag traf gleich links neben dem Weg, und
der Alois hat ihn gar nimmer gehört. Der Max
auch nicht mehr. Bloß die Liesl hat noch
einen Gnadenschuß gebraucht.

Gleich darauf entstieg dem Alois seine Seele
der sterblichen Hülle, und er stellte fest, daß
ihm ganz sauwohl und leicht war, und nachdem er auch gleich die Seelen vom Max und
der Liesl neben sich stehen sah, fühlte er
sich auch gar nicht verlassen. „So", sagte er,
„jetzt ham mir dös also aa überstandn, mir
drei". Damit griff er die zwei Rösser bei der
Trense und begab sich zunächst noch einmal
zurück in die Protzenstellung, schaute gewohnheitsmäßig im Vorbeigehen in die anderen Stallungen, ob da nicht irgendwo ein
Schöpperl Heu zum Krampfeln wär, und wie
ihm der Herr Wachtmeister und der Herr Fut-
termeister begegneten, machte er die ihm
eigene, höchst unmilitärische Ehrenbezei-
gung. Erst wie er von diesen — wider Erwartung — darob nicht angeschnauzt, sondern
überhaupt nicht bemerkt wurde und vernahm,
wie der Wachtmeister sagte: Oh mei, der
Alois — a guate Haut war er scho, und dös
muaß ma sagn: der beste Pferdepfleger, wo
mir überhaupts ghabt ham", da kam dem Alisi
erst wieder zum Bewußtsein, daß er's ja nun
überstanden hatte. „No ja", sagte er, „g'freit
oan scho recht, wenn wenigstens hintnach
wos dakennt is."

Und dann begab er sich, wie's einer armen
Seel, die allaweil nur brav war, zukommt, steil
nach aufwärts in Richtung Himmelspforte.

Unterwegs traf er einen von der 1. Division,
der auch dort hinaufstieg. Der war sehr erstaunt, als er den Alois mit seinen beiden
Rössern sah, und sagte: „Mönsch! Biste
jeck? Watt willste denn mit den Pferden da
oben?" Der Alois sah ihn kaum an, murmelte
nur — „Preiß — bläder" und ging weiter.

Als sie dann an die Pforte kamen, und der
diensthabende Vorzimmerengel beim Guk-
kerl herausschaute und nach seinem Begehr
fragte, meldete sich der Loisl stramm wie selten: Fahrer Hinterwimmer, 5. Batterie AR 212
mit 2 Pferden; vom Verpflegungsfahrzeug II."

Der Vorzimmerengel sah mit nicht geringem
Erstaunen die beiden Rösser, und als er sich
vom ersten Schreck erholt hatte, sprach er
mit mildem Augenaufschlag: „Oh du lübe
Sööle, du kannst doch keine Tüüre müt üns
Paradüs nöhmen, das wöhre durchaus gögen
die hümmlische Hausordnung.

„So", sagte der Alois, „dös is mir nei. — —
— Na bleibm ma halt heraußd!" Dem Engel
blieb vor Schrecken der Mund offen, und als
er sich wieder gefangen hatte, sagte er nur
noch: „Warte hür", schloß das Guckerl und
begab sich zu Sankt Peter, um ihm den seltsamen Fall dieser dreifachen Himmelfahrt zu
vermelden und um Dienstanweisung zu bitten. Als der heilige Petrus den Namen Hinterwimmer vernahm, sagte er gleich: „Ja, der
Alisi, na, mit dem wern ma a G'frett kriagn, da
muaß i scho selber nausschaun."

Der Alois hatte sich inzwischen auf ein Wol-
kenbankerl gesetzt. Er hatte dem Max und
der Liesl die Trensen abgenommen und hielt
sie jetzt am Stallhalfter. Die zwei hatten
schon begonnen, auf der Sternenwiese gemütlich zu grasen. Weil der Alois schon ver-
ärgert war, blieb er auch gleich sitzen, als nun

Sankt Peter zu ihm trat und sagte: „No, Alois, grüaß dich! Also komm, sei g'scheit und geh rei, und gib die Rößl ab, für die werd scho g'sorgt." Da sagte der Alois: „I mog net! Wann i dö Roß net mitnehma ko, is vo mir aus auf de ganz Seligkeit g'sch. . . "

Das war dem heiligen Petrus bei allem Verständnis für den Alois denn doch zu viel, und er brüllte ihn unzweideutig an: „Tua di net versündigen, du Lackl, du ausgschamter! Ja, wia hätt mas denn do? I ko do zweng deiner net de ganze himmlische Hausordnung umschmeißn. Jetzt haltst as Maul, gibst d'Roß o und gehst eina. Und koa Wort will i mehr hörn, sonst fahrst mit an Pfuachazer in d'Höll obe."

Diese Sprache verstand nun der Alois, und mit einem tiefen Zeufzer übergab er seine Rösser einem inzwischen herbeigeeilten Engel vom Stalldienst, an dem er noch deutlich die Züge eines vormaligen Bierführers vom Bräuhaus in Schierling zu erkennen glaubte, und schritt vor Sankt Peter her durch die himmlische Pforte.

Da stand er nun und sah und hörte nichts von dem Glanz und der himmlischen Musik, sondern kämpfte gegen eine Stinkwut an, und gleichzeitig hätte er am liebsten geheult. Und da entrang sich ihm in dieser seiner Not der alte Stoßseufzer der Roßmenschen: „Heiliger Sankt Leonhard, hilf ma!"

Nun, das weiß man vom heiligen Leonhard, wenn sich's wo um Roß dreht, da ist er gleich da, wenn man ihn anruft, und so stand er auch gleich neben dem Alois, klopfte ihm auf die Schulter und sagte: „Geh, Alisi, jetzt geh amal her, jetzt redn amal mir zwoa. Mi kennst doch, und i hob dir do scho öfters g'holfn — woaßt as no, wia damals da Max blaht gwen

is, und der Herr Vetrinär hot scho gmoant, er steht um, aber mir zwoa ham an wieder zammgricht — — oder?"

„Mhm", brummte der Alois bloß. „Siegst as" sagte der hl. Leonhard dann, „weilst as du bist, zoag i dir jetzt, wos aus dene Roß werd, und des werst na scho eisehgn, daß das net mit reinehma konnst."

Darauf führte er den Alois an ein Wolkenfenster, schob es auf und hieß ihn hinunterschauen. Da sah er nun, wie der Engel mit dem Bierführergesicht mit seinen Rössern langsam zur Erde hinunterstieg. Und dabei wurden der Max und die Liesl immer kleiner und kleiner, und bald waren sie so klein, daß sie der Engel auf den Arm nehmen konnte. Auf der Erde angekommen, ging der Engel in ein Häuserl, und da sah der Alois, wie in der Stube der Christbaum stand, und der Engel spannte den Max und die Liesl vor ein kleines blaugestrichenes Holzwagerl und flog dann gleich wieder weg. Darauf kamen die Leut in die Stuben, denn es war inzwischen Heiliger Abend geworden, und mit den Leuten kam der kleine Pepperl und stürzte sich gleich auf die Rößln. — —

Der Alois hat dann noch zugesehen, wie der Pepperl die Rößln drei Stund lang ein- und ausgespannt und gefüttert und kutschiert hat. Und wie der Pepperl später im Bett lag und rechts den Max und links die Liesl in seinen dicken Patscherln gehalten hat, da hat der heilige Leonhard gesagt: „Ja, d'Leut wissen net, daß die Rößl ar a Seel habn, aber die Kinder — die wissen des."   Wilhelm Käb

Zwischenfall an Weihnachten

Eine nicht undramatische Bubengeschichte

Kleine Buben waren wir damals, wir zwei, sieben Jahre alt, und Vettern. Die Welt schien uns eine runde, angenehme Angelegenheit zu sein, mit einem wunderbaren Kern, den man Weihnachten nannte. Warum nicht das ganze Jahr Weihnachten war, das konnten wir uns nicht erklären. Seit Monaten hatten wir gefragt, mein Vetter Emmeram und ich, wann wohl Weihnachten wäre, wir fragten, als die Blätter gelb wurden, als der erste Schnee fiel, immer wieder fragten wir, unerbittlich und genau. Endlich war der Tag da, an dessen Abend Weihnachten anbrechen mußte. Nach dem Mittagessen wurde die Spannung unerträglich, wir warteten so sehr, daß wir Herzklopfen bekamen, so sehr warteten wir auf die Dämmerung, ohne die Weihnachten nun einmal nicht kommen konnte, wie die Erwachsenen behaupteten. Wir konnten nicht mehr spielen vor Erregung, wir liefen immer wieder zum Fenster und schauten nach der Dämmerung aus und sahen doch nur kaltes Tageslicht. Wir krochen wie lästige Fliegen durchs Haus und fragten und wurden verscheucht, und schließlich schlichen wir uns in die Apfelkammer und aßen Äpfel, fünf, sechs auf einen Sitz, solche mit rauher Schale und süßsaurem Saft, solche mit blaßgrüner Haut und gelblichen Sommersprossen, auch zierlich wachsgelbe Äpfel mit fieberroten Bakken. Als wir dies getan hatten, war die Dämmerung noch immer nicht da, und nun wußten wir wirklich nicht mehr, was wir tun sollten. So gingen wir in ein leeres Zimmer, in dem nur Schränke standen, und in einen krochen wir hinein, und darinnen war es sehr dämmerig. Wir schliefen fest ein, denn als wir erwachten und herausschlüpften aus dem Schrank, da war es Nacht ringsum. Es war so finster in dem Zimmer, daß wir die Türklinke nicht fanden, und das war schlimm für uns. Noch ärger folterte uns der Verdacht, daß wir Weihnachten verschlafen hatten, und nun schrien wir, schrien so traurig und verlassen, daß wir nicht einmal Schläge bekamen, sondern getröstet wurden, allerdings auch gewaschen und gebürstet.

Dann mußten wir uns trennen. Jeder von uns beiden wurde seiner Familie übergeben, denn kurz darauf brach Weihnachten wirklich aus wie ein Feuerwerk, zauberhaft, unerschöpflich schier. Gleichzeitig war alles da, der Tannenbaum, der Lichterglanz, der Gesang und die Geschenke, ein ganzer Tisch voll. Ich umarmte die Knie der Erwachsenen, höher konnte ich nicht reichen und aß Marzipan voller Aufregung und nahm das Süße und spähte zum Baum hinauf, ob auch viel Süßigkeiten daran hingen, silbern und golden verhüllt, und ich spielte noch nicht, sondern betastete die neuen Spielsachen nur. Schließlich mußte ich zu Abend essen, was mir unbegreiflich war an einem solchen Abend, und ich konnte kaum stillsitzen. Endlich kam mein Vetter Emmeram. Wir schlüpften sofort ins Bescherungszimmer, und nun war endlich von der ganzen Welt nichts mehr da als Weihnachten.

Ein Feuerwehrhelm aus gelbem Messing lag auf meinem Platz des Gabentisches und ein kleines Beil, wie es die Feuerwehrleute damals trugen, und eine Leiter lehnte am Tisch mit hellgelb lackierten Sprossen, eine leichte und eine Trillerpfeife. Mein Vetter Emmeram, der damals schon sehr tatkräftig war, spaltete mit dem Beil sofort einen Apfel, was auch gelang, und ich setzte den Helm auf und trillerte zart. Das spornte meinen Vetter an, der nun erklärte, man müsse die Leiter unverzüglich erproben, und er wollte sie schon an den Weihnachtsbaum lehnen, als mir Bedenken kamen wegen der Erwachsenen. Darum gingen wir in ein Nebenzimmer, das einen grünen Kachelofen hatte, einen Ofenriesen, viel größer als mein Vetter war. Er hatte zwei Durchsichten, der Ofen, oben einen Zinnenkranz und ganz zu oberst eine grüne Kugel. Auf den scharfkantigen Kacheln waren seltsame Löwen mit zwei Schwänzen, deren Körper halb erhaben hervortraten, so daß man sie nicht nur sehen, sondern auch fühlen konnte. Der Ofen war so gut mit Buchenholz gefüllt, daß die Ofentür glühte. Das gab einen schwachen Schein, und uns genügte das Licht, und die Hitze störte meinen Vetter gar nicht, so wenig, wie sie einen Feuerwehrmann stören darf, als er nun die Kinderleiter anlehnte und hinaufstieg, das Blechbeil in der rechten Faust, um, wie er sagte, herauszubekommen, ob die neue Axt die Gipfelkugel spalten könne. Das hätte ich auch gerne gewußt, und darum machte ich Licht, und ich sah meinen Vetter nun sehr deutlich. Er hatte schon die Hand an der obersten Sprosse, er stapfte ungeduldig noch höher. Plötzlich gab es ein scharrendes Geräusch. Das untere Ende der Leiter rutschte aus auf dem glatten Parkett, und mein Vetter fiel mit dem Gesicht in die heißen Kachellöwen, und ich beobachtete genau, wie sich seine feste, hervorspringende Nase umstülpte, als er nun herunterfuhr wie der Kopf eines Streichholzes. Die Nase raste über die erhabenen Löwen und hüpfte über die scharfen Kanten, und zuletzt fing sie beinahe Feuer, als sie über die glühende Ofentür rutschte, die arme Nase meines Vetters. Es zischte vernehmlich, und es roch nach verbranntem Fleisch. Ich stieß mit Macht in meine Trillerpfeife, ich blies das Wassersignal, doch ich hörte es kaum, so mächtig brüllte mein Vetter, obwohl ich sehr geistesgegenwärtig war und sofort eine Vase mit Barbarazweigen ergriff und ihm das Wasser über den Kopf goß.

Es war auch zu spät, denn schon quollen die Erwachsenen ins Zimmer und redeten durcheinander, und ich wurde am Kragen gepackt, und dann spürte ich knochige Knie an meinen Ohren und Schläge auf meiner Kehrseite. Da ich unschuldig war, schrie ich sehr ärgerlich und biß in etwas Weiches, das wohl eine Wade war. Ich wurde wieder losgelassen, und so konnte ich gerade noch meinen Vetter Emmeram sehen, bevor er verbunden wurde. An seiner Nasenspitze hatte sich eine haselnußgroße, weißliche Blase gebildet, die sein Gesicht entschieden fremdartig machte. Ich staunte ihn so sehr an, daß ich ganz vergaß, festzustellen, wer mich geprügelt hatte. Verbunden wurde mein Vetter dann hinweggeführt. Er roch nach Leinöl, und er brummte dumpf hinter dem dicken Wattelappen, der ihm wie ein Bart auf die Brust hing.

Ich aber wurde ins Bett gesteckt, in das ich mich verkroch, und wo ich unter der Decke einsam weinte, bis der Schlaf kam. Nachts wachte ich auf, und da stand neben dem Nachttisch, schimmernd und prächtig ein Teller, gehäuft voll Marzipan, soll Süßigkeiten in silbernen und goldenen Papieren. Ich kostete, und es schmeckte nach Weihnachten. Es war mir also nicht genommen worden, dachte ich, es war noch da, heute und morgen und, wer weiß, vielleicht alle Tage. Darüber schlief ich wieder ein.

Hermann Seyboth

295

Der Nachtwächter

Die Geschichte spielt um die Jahrhundertwende im kleinen Markt Beratzhausen. Es war Weihnachtsabend, 10 Uhr. Hans Wiggerl verließ seine Wohnung in der Oberen Gasse und trat den Nachtwächterdienst an, zwei Stunden früher als sonst das Jahr hindurch. Es war kalt und dunkel, nur ein paar Sterne funkelten. Auf den Weihnachtsbäumen in den Häusern erloschen die Kerzen, und die Fenster der Gaststuben in den Wirtshäusern wurden wieder hell. Hans ging durch ein schmales Gäßchen in die breite Hauptstraße. Der Schnee knirschte.

Wäre ihm ein Fremder begegnet, er wäre von diesem gewiß als eine wunderlich verzerrte Figur aus der Weihnachtsgeschichte betrachtet worden. Sein abgetragener Mantel, der alte Hut, die Laterne, der Nachtwächterspieß und sein Bart konnten ihn als einen Hirten ausweisen. Das Horn, dieses Blechinstrument, das zur Dienstausrüstung eines gemeindlichen Nachtwächters gehörte, hätte von einem Verkündigungsengel stammen können. Sonderlich aber war der Sack, den er auf dem Rücken trug. Darin war nichts als ein Säckchen mit Nüssen und Äpfeln.

Der Nachtwächter schritt dem Gasthaus „Zum Löwen" zu, das breit am verschneiten Marktplatz lag. Er fand die Haustür und die Tür zum Gastzimmer nicht versperrt, die Wirtsstube war warm und leer. Es dauerte nicht lang, da kam der Wirt aus der Küche, wünschte Hans ein frohes Fest und legte geräucherte Bratwürste, Speck und ein Päckchen Tabak in den Sack.

In Beratzhausen war es nämlich der Brauch, dem Nachtwächter am Heiligen Abend etwas zu schenken. Hans holte sich die Geschenke zwischen 10 Uhr und Mitternacht alter Sitte gemäß, und er wußte warum: Die Bürger hielten sich viele Diener und bezahlten sie schlecht. Es gab einen Bürgerdiener, einen Polizeidiener, einen Flurwächter und einen Nachtwächter. Er, der Nachtwächter, war der Schwächste. Für ihn war das Schenken keine Wohltätigkeitsveranstaltung und das Nehmen keine Unterwürfigkeit; er empfand beides als eine Form menschlichen Zusammenlebens. „Weißt du", sagte er einmal zum Sixenbräu und strich die Geschenke über die Theke, „weißt du, das Schenken an Weihnachten haben die Drei Könige erfunden, und 's Christkindl nahm an. Die Könige waren weise Könige." Dabei lächelte er verschmitzt.

Hans hatte es nicht eilig, durch die Gassen des Marktes zu gehen. Die wenigen dunklen Straßen und Besitzenden, die er besuchen durfte, waren dreizehn: den Tannenwirt, den Sternwirt, den Englbräu, den Striezelbäck, den Kirchenbäck, den Goldschmied, den Färber, den Glaser, den Schuhkaufmann, den Bürgermeister, den Löwenwirt, den Sixenbräu und den Benglerschuster. Seine Geschenke wußte er im voraus: sie waren alle Jahre gleich.

Eineinhalb Stunden waren vergangen, seit Wiggerl aus seiner Häuslerwohnung getreten war. Zwölf Häuser hatte er schon besucht. Fast alle lagen sie am Marktplatz oder in dessen Nähe. Von den Seitenstraßen her, die von den Bergen steil zum Ortskern herabfielen, klang das Geläut von Schlittengespannen. Silberhell und im Rhythmus des schnellen Trabes klingelten die kleinen Glöckchen an den Geschirren der jungen Pferde vor den Stuhlschlitten. Dunkel und im Schritt tönten die Messingglocken, die die Ackergäule vor den schweren Zugschlitten an den Spitzkummeten trugen. Die Bauern und ihre Familien fuhren von den Dörfern her zur Christmette in der Pfarrkirche. Es war höchste Zeit für den Nachtwächter geworden, dorthin zu flüchten, wohin ihn alle Jahre vor der Christmette sein Weg führte.

Hans stampfte mit seinem fast gefüllten Sack hinaus aus dem kleinen Markt. Nach den letzten Häusern ging er über eine Brücke, die einen dunklen, stillen Fluß überquerte, bog ab und ging zur amtlich bestallten Armut, zum Armenhaus. Bürger einer früheren Generation hatten dieses Haus außerhalb des Marktes gebaut, in der Angst, Armut sei ansteckend. Das Armenhaus mit seinen schmalen Fenstern und der niedrigen Tür wirkte schon außen primitiv; innen sah es aus, als ob es nie fertiggestellt worden wäre.

Der Nachtwächter stieg über eine schmale Treppe hinauf zur Wohnung der alten Frau Schob, die mit ihrer schwer herzleidenden Tochter Maria zwei kleine Kammern bewohnte. Die beiden besaßen nichts als viel Gottvertrauen und das „Kosthaferl", das ihnen die Herren vom Ortsfürsorgeverband amtlich verordnet hatten. Jeden Tag mußte Maria das Mittag- und das Abendessen in einem anderen Bürgerhaus holen, so wie es ein schwarzes Büchlein vorschrieb, das im Rathaus ausgefertigt war, und in dem verzeichnet stand, wann und wo das Essen zu holen sei.

„Alle Jahre wieder", begrüßte Wiggerl die beiden, die schon lange auf ihn warteten. Ihre Herzen schlugen höher. „Hast dich beinahe verspätet!" sagte Maria vorwurfsvoll. „Das bildest du dir nur ein!" erwiderte er und griff tief in seinen Sack. Als erstes holte er sein Säckchen mit den Nüssen und Äpfeln heraus, sein persönliches Geschenk, und stellte es auf den Tisch. Dann teilte er einen Christstollen und legte die eine Hälfte zum Säckchen, dazu Plätzchen und Schokolade. Schweren Herzens legte er dann noch den Geldschein des Bürgermeisters bei. „Damit ihr euch selbst ein paar Kleinigkeiten kaufen könnt . . .", sagte er bekümmert. Von den Würsten und dem Speck gab er nichts, weil Maria seit Wochen nichts anderes ins Armenhaus brachte als Blut- und Leberwürste mit Sauerkraut. In den Wochen vor Weihnachten war in Beratzhausen fast in jedem Haus ein Schwein geschlachtet worden.

Hans zog seine Pfeife aus der Manteltasche, stopfte sie mit Krüllschnitt, zündete sie an und genoß auf einem harten Stuhl, daß er einer von denen war, die schenken konnten. Welch herrliches Gefühl! Maria zündete eine Kerze an, und es herrschte tiefes, feierliches Schweigen. „Unter uns armen Leuten redet man nicht viel . . .", hatte Hans vor Jahren die alte Frau Schob belehrt, als sie ihm unter Tränen danken wollte. Seitdem wußten alle drei, daß Schweigen am schönsten war. Nur tiefes Atmen war zu hören, und der Rauch der Tabakspfeife umkreiste die einsame Flamme der Kerze.

Diese Stummheit währte, bis die Kirchturmuhr der Pfarrkirche zwölf Uhr schlug. Mit dem letzten Glockenschlag verließ der Nachtwächter das Armenhaus. Sein Verlangen nach Punsch leitete ihn so sicher, wie einst der Stern die Weisen nach Bethlehem führte, ins Gasthaus „Zum Stern", das schräg gegenüber der Pfarrkirche lag. Dort begann für ihn Weihnachten.

Der Sternwirt, ein robuster, großer Mann, schweigsam wie eine Wand, beschenkte den Nachtwächter nicht nur, er bewirtete ihn auch Weihnachten für Weihnachten. Er wartete schon auf ihn in der Wirtsstube. Hans schüttelte den Schnee von seinem Mantel, hängte ihn an den Kleiderständer und legte Hut, Laterne und Spieß auf einen Tisch. Unaufgefordert zeigte er den Inhalt des Sackes dem Wirt. „Hm!" brummte der, was bedeutete: „Du kannst zufrieden sein!"

Dann ließ er ein verschnürtes Päckchen in den Sack fallen. Hierauf setzten sich die beiden an einen Tisch in die Ecke des Gastzimmers, in der der Weihnachtsbaum stand. Das Hausmädchen brachte Punsch. Als Hans den ersten Schluck trank, war ihm nicht nur im Magen warm, sondern auch ums Herz. „Du hast den besten Punsch der Welt!" fädelte Hans ein Gespräch ein. — „Halt's Maul, du hast noch nirgend anders einen Punsch getrunken!" konterte der Sternwirt. — „Eben deswegen...", meinte Hans. — „Trink so viel du willst, aber werde in dieser Nacht nicht betrunken!" befahl der Wirt.

Von der Pfarrkirche drang Orgelmusik und Chorgesang in die Gaststube. Jedesmal, wenn ein verspäteter Besucher die Kirchentüre öffnete, wurde die Musik oder der Gesang deutlicher. Nach dem fünften Glas Punsch begann der Sternwirt über seine Weihnacht, über die Beratzhausener Weihnacht zu meditieren. Er tat das in Gesprächsfetzen. Hans wußte, was kam: es war alle Jahre gleich, und es war immer die gleiche Stunde. „Die Leute von Beratzhausen waren damals nicht anders als die von Bethlehem", sagte der Wirt. „Als sie eine Unterkunft suchten, wollte auch sie niemand haben" — „Ja,

stimmt, du hast recht!" bekräftigte Hans. — „Bei mir brauchten sie nicht zu flüchten!" stellte der Wirt mit besonders nachdrücklicher Stimme fest. — „Du bist eben ein anderer Mensch", bestätigte Hans. — „Das weißt du nicht!" milderte der Wirt ab. — „Dann säße ich jetzt nicht bei dir."

Was der Wirt und der Nachtwächter in Gesprächsfetzen erzählten, ist dem Leser schnell erklärt: Ein Mann und eine Frau, nicht verheiratet, suchten einst in Beratzhausen eine Unterkunft. Die Frau war hochschwanger. Niemand nahm sie auf. In ihrer Not nisteten sie sich im Sommerkeller des Sternwirts ein, der weit außerhalb des Marktes lag. Die Frau kam dort nieder. Der Sternwirt ließ sie dort wohnen und einrichten. Diese gute Tat machte den Wirt jeden Heiligen Abend stolz und rührselig.

Drüben in der Pfarrkirche sang das Volk das Lied von der stillen, heiligen Nacht. Für den Nachtwächter war dieses Lied das Signal zum Aufbruch, denn gleich kamen die Bürger und Bauern, um Punsch zu trinken. Er raffte alles zusammen, nahm seinen Sack und ging nach Hause, nachdem er zum Sternwirt gesagt hatte: „Sternwirt, ich danke dir!" Der Nachtwächter schritt halbträumend durch die stillen Straßen und Gassen. Alles Bedrückende war von ihm gefallen.   Franz Xaver Staudigl

Heimat im Kinderheim

„Nein —, gerade dieses Kind möchte ich!"
Die junge, elegante Frau warf etwas hochmütig den Kopf in den Nacken. Was bildete sich denn die Schwester ein, — das Kinderheim konnte doch froh sein, über die Weihnachtsfeiertage Arbeit und einen Esser weniger zu haben?! Schwester Hilaria errötete leicht. Sie konnte doch der Besucherin nicht sagen, weshalb sie gerade die fünfjährige Iris gern behalten hätte. Der Schwester, die eine der Familiengruppen des Heims leitete, lag nämlich gerade dieses zierliche, blonde, reizende Mädchen besonders am Herzen. Durchaus nicht etwa wegen der äußeren Vorzüge des Kindes — bewahre! Auch den andern ihr anvertrauten Kindern gegenüber bevorzugte sie die Kleine in keiner Weise. Aber immer wieder bedauerte sie des Kindes Schicksal, das dieses, zugegeben, doch gar nicht ermessen konnte. Am gleichen Tage, als Iris geboren wurde, verunglückte der Vater tödlich auf einer Autofahrt mit seiner Geliebten, und gar nicht lange danach starb die Mutter. Angehörige gab es nicht.
„Gut" — beeilte sich die Schwester, erschrocken aus ihren kurzen Gedanken auffahrend, „ich werde Iris bis . . ."
„Um 16 Uhr hole ich Iris ab!" vollendete die junge Frau kategorisch und rauschte davon. Schwester Hilaria warf einen Blick auf die Uhr. Hohe Zeit! Sie rief das Kind, das begeistert vom „Besuch bei der Tante" war, um es zu baden und in seine besten Sachen zu kleiden. Unentwegt plapperte die Kleine. Auf einmal schlang sie, in der Badewanne prustend, die nassen Ärmchen um die Schwester. „Ich komme ja wieder!" versicherte sie wichtig.

Die Schwester lächelte und drückte das Kind, als sie es mit dem Badetuch abrubbelte, leicht an sich. Es würde ihr in ihrer „Familie" unter dem Christbaum bestimmt fehlen . . .
Pünktlich hielt das Auto vor dem Tor des modernen Heims. Das junge, kinderlose Ehepaar, der Mann etwas verlegen, die Frau selbstbewußt wie vorher, holten das Kind ab, das sich immer wieder nach der Schwester in der Haustür umdrehte, Kußhändchen warf und dabei mehrmals stolperte.
Der Bescherungstrubel im Heim war vorüber. Die Kinder der einzelnen Familiengruppen lagen in ihren sauberen Betten. Schwester Hilaria weilte heute etwas länger zum Gutenachtsagen im Schlafzimmer. Immer wieder mußte sie sich von den Geschenken erzählen lassen . . . Mehrmals ging ihr Blick hin zum leeren Bettchen der kleinen Iris. Unvermittelt stand der zwölfjährige Andreas in der Tür. „Wann kommt denn die Idi wieder?" Idi — so hatte sich das Mädchen selbst genannt, als es noch nicht recht sprechen konnte. Der Name war ihm geblieben. Die Schwester schaute überrascht.
„Eine Woche wird sie wohl bleiben — warum fragst du denn?" „Sie fehlt eigentlich!" gestand der Junge. „Das stimmt!" antwortete Schwester Hilaria und strich dem Jungen über das Haar. Wenig später setzten sich die Schwestern des Hauses zu einer kurzen gemeinsamen Feier zusammen. Mittenhinein schrillte die Hausklingel. Die Pförtnerin forderte über das Telefon Schwester Hilaria an . . . Da stand in der offenen Tür die kleine Iris zwischen dem eleganten jungen Ehepaar. Vom leichten Schnee bestäubt das rote Mützchen, frische rote Bäckchen, lachende Augen.

„Ich weiß gar nicht, was sie hat. Sie läßt sich nicht halten, auf einmal wollte sie wieder . . . nach Hause!" Es klang sehr pikiert aus dem Munde der jungen Frau. Der Mann lächelte wieder verlegen.

Das Kind aber riß sich von den Händen rechts und links los. Es lief jauchzend auf die Schwester zu und warf sich in ihre Arme. „Ich hab' dich ja sooo lieb!!!"

Schweigend stellten die jungen Leute mehrere Schachteln, die Weihnachtsgeschenke für das Kind, in die Diele. Die verlegenen Dankesworte der Schwester wehrten sie ab.

Cläre Laufer

Der Binnerl Gober

Eine weihnachtliche Paschergeschichte aus Eslarn

Zwei Tage vor dem Heiligen Abend saß der Binnerl Gober (= Jakob), ein kleiner Häusler, drobn auf der Höh die halbe Nacht schon in seinem Stall vor seinen zwei Kühen und wartete auf den Bläß, ob er nicht doch heute abend kalben würde. Er hatte diese Kuh erst vor einigen Monaten aus dem „Böhmischen" herübergeholt, besser gesagt „gepascht" (= geschmuggelt), und es war sein Heiligtum. Er hat nicht mehr als diese zwei Kühe, dann sechs, sieben Tagwerk Grund, die gerade ausreichten, um Futter für diese zwei Stück Vieh aufzubringen, dann eine große Familie, für die es eben manchmal nicht reichte, und so mußte er als Kleinlandwirt noch Zubrot verdienen. Und das war dann meistens das Paschen.

In dieser Nacht vor dem Heiligen Abend war er schon stundenlang auf dem Melkschamel gesessen, hat immer wieder die Kuh beobachtet, hat sich gefreut, daß es so weit ist hier, hat aber auch Angst gehabt, daß eventuell eine Hilfe notwendig wäre, eine Geburtshilfe, es ihm kaum möglich wäre, einen Nachbarn zu holen. Denn draußen war knietief schon Schnee, und der Böhmische (Wind) heulte um das kleine Gehöft, als würden ganze Rudel von Wölfen draußen über die Natur jagen. Und so hat man kaum eines der anderen kleinen Bauernhäuser gesehen, die ja immerhin einige hundert Meter auseinanderlagen, so verstreut über das ganze Land, über die gesamte obere Höf (Flurname). Und während Gober so dasaß und über dieses und jenes nachdachte und sich freute, vielleicht doch noch ein ganz besonderes Christkindl (= Weihnachtsgeschenk) durch ein Kalb zu bekommen, da ging auf einmal die Tür, die Stalltür vom Hausgang her, auf, und seine Frau stand zwischen dem Türrahmen, blaß, schon angezogen, in einer Hand einen Rampfen Brot, in der anderen Hand das Messer, blickte eine Weile ihren Mann an und sagte dann: „Gober, des is's letza Brout, wou ma hobm. Haaliger Oumd is, und d Feiataach stehnga vor da Tür." Gober saß noch eine Weile auf dem Melkschamel, dann richtete er sich auf, so als hätte er die ganze Nacht sich ausgeruht, ging in die Stubn hinüber, löffelte seine Milchsuppe mit den letzten Brocken Brot, die übriggeblieben waren, und sagte dann: „Wei, hol ma de Stiefl, richt d Winterjoppm her, mei Zipflhaubm und de Feistling!" Er selber ging auf den Dachboden, suchte nach der Bucklkirm und einem Mehlsack, brachte ihn herunter, zog sich an, nahm den Haselnußstecken, den er immer bei sich hatte, wenn er einen schweren Gang zu machen hatte, und dann brach er auf. Als er die Haustür öffnete, kam mit aller Wucht der Windstoß rein, trieb den Schnee bis ins Haus, und dann faßte er seinen ganzen Mut zusammen und stürmte hinaus. Noch rief er zurück: „Wei, wennsd nu a Möhl houst, tou a(n)dampfln! Ich bring a Möhl." Und dann war er verschwunden.

Wenn es auch schon früh morgen war, um sechs Uhr, so war es doch noch stockdunkel. Aber Gober kannte den Weg nach Eslarn, er kannte jeden Steg, und so machte es ihm nichts aus, wenn er knietief in den Schnee einsank, oft bis zum Bauch, und durch Schneewehen stapfen mußte. Er steuerte Es-larn an, weil er ja zum Wirt hinmußte. Er brauchte Geld, er hatte keins. Und so kam er zum Wiener Hof. Die Tür war noch verschlossen. Er pochte, und als der Wirtsseppl aufmachte und ihn stehen sah, glaubte er, den leibhaftigen Weihnachtsmann vor sich zu haben, ganz verschneit und vereist. „Gober", meinte er, „wos fäjhart denn di heint schou zu mir?" „Ka Brout hobm ma, Seppl. Ich mou aaf Eisendorf (= Dorf jenseits der Grenze im Böhmischen), ich mou a Möhl holn. Brauchst oins?" „Na", sagte er, „ich brauch heint koins, oba dou houst fünf Moark!" Er wußte, daß Gober Geld brauchte. Drum kam er zu ihm. Überglücklich schob er's in die Tasche, und dann war er schon wieder draußen in der finstern Nacht. Und es ging hinüber durch Eslarns Gassen zuerst durch und dann hinauf auf den Steinboß (Flurname) hinweg über die Höhen. Der Böhmische, eiskalt, hielt ihn immer wieder auf. Aber er faßte den Mut, er mußte es schaffen. Und dann erreichte er den Heubach und damit den Wald. Es wurde etwas leichter. Und kurze Zeit später stand er am Waldrand vor dem Grenzbach. Nun hatte er's geschafft! Ein Sprung über den Bach, dann übers Stiegl. Das Mühlrad war vereist. Aber die Mühltür war schon auf, und auch der Müller schon. Und als ihn der sah, schüttelte er bloß den Kopf und sagte: „Wos is denn dou los heint mit dir, daß du schou dou bist, Gober?" „A Möhl brauch e! Ka Brout hobm ma. Vastäihst me?" sagte dieser.

Der Müller hat dann den Sack eingefaßt, und Gober hat sich einstweilen auf den anderen Kornsäcken niedergelassen, um sich etwas auszuruhen. Und der Müller meinte es gut und hat den Sack bis oben — er wollte ihm noch eine Freude bereiten — vollgemacht und in die Bucklkirm gehoben. Gober gab ihm das Geld hin und sagte: „Öitza helf ma nauf!" Und so hievten sie den Buckelkorb auf die Achseln, und dann war Gober schon wieder draußen.

Unwahrscheinlich, woher er in dieser Stunde diese Kraft nahm! Und dann war ihm aber doch so, als würden hundert Hände anschieben, denn der Böhmische war nun im Rücken, und der trieb an. Und so hat er den Waldsaum bald erreicht, ging dann direkt auf die Straße zu, denn er wußte: Kein böhmischer Finanzer und kein bayerischer Zöllner ist heute auf der Straße. Denn bei einem solchen Wetter jagt man ja keinen Hund heraus. Und so hat er dann zügigen Schrittes und mit aller Energie bald den Gerschtbräu erreicht, und dort hat er noch einmal Rast gemacht, und es war ihm, als würde der Wind ab und zu einen Glockenklang von Eslarn herübertragen. Es war das Zwölf-Uhr-Läuten. Und dann packte er den letzten Kilometer noch, und seine Frau und seine Kinder — sie haben ihn ja schon durch die halbvereisten Fenster von weitem kommen sehen — rissen die Haustür auf, und fast wäre er hineingefallen. Sie nahmen das Mehl ihm aus dem Buckelkorb, verteilten es in die Schüsseln, stellten sie auf die Herdplatte, damit es warm wurde, und meinten: „Vatter, öitz legh di halt a bißl nieder! Du houst as vadöint!"

Aber Gobers erster Weg war draußen der Stall. Und immer noch standen die beiden Kühe dort, kauten leicht wieder, und noch nicht war es so weit. Er setzte sich wieder auf den Schemel und meinte, da fühlt er sich am wohlsten, da ist's schön warm. Aber das war doch zu viel! Auf einmal kippte er über den Melkschamel auf einen Schüttel Stroh und schlief ein. —

Erst die Hände seiner Frau und seiner Kinder, die ihn wachrüttelten, brachten ihn wieder in die Wirklichkeit zurück. Und da roch er auf einmal trotz dem Stalldunst die herrliche Frische des Brotes. Und da lächelte er, der Gober, ging mit hinüber in die gute Stube. Dort stand schon in der Schüssel die Zwetschgen- und Hutzelbröih, und ein Laib Brot war auf das Pflaster gelegt worden, damit es auskühlte. Und dann brachen sie dieses Bort und aßen. Und da meinte Gober: „Des Brout is heint besser als alle Zuckerstückla, des'z mia vorsetzn kaannts."

Er ging wieder hinüber in den Stall, und einige Stunden später rüstete sich die Frau und die Kinder auf den Weg zur Christmette. Inzwischen hatte es aufgehört zu schneien und zu stürmen, und der Himmel war klar. Der Gober saß wieder auf dem Stuhl und schlief.

Und als die Frau und die Kinder heimkamen von der Mette, da waren im Stall auf einmal vier: der Bläß — die Kuh — hatte schon gekalbt, — ganz alleine —, und ein kleines Kälbchen suchte das Euter seiner Mutter. Und als Gober wach wurde und dieses Bild sah, da meinte er: „Den Haalinga Oumd wier i in meim Lebn nie vagessn!"   Ludwig Landgraf

Wunderliche Weihnacht

Den Hut tief in die Stirn gezogen, den Rockkragen hochgeschlossen, so stapfte der alte Staupp schräg gegen den anspringenden Schneesturm. Dabei überzählte er mit flinken Fingern, was dieser Tag eingebracht hatte. Er war zufrieden. Unter dem Harten war mehr Großes als sonst. Im Rechnen war er ein Genie. Er zählte alles zusammen: das Dreieinhalbfache des üblichen Tagesdurchschnitts! So wenig er sonst auf Weihnachten hielt, mußte er doch zugeben, daß die Leute an diesem Tage williger und mehr gaben als sonst. Allerdings gab es auch mehr Worte als üblich, gute Wünsche, fromme Lehren, manchmal auch eine freundliche Anspielung auf die allzu deutlichen Zeichen eines „feuchten" Umsatzes, die ihm im Gesichte standen. Staupp haßte Worte, besonders gut gemeinte, er haßte überhaupt dieses festliche Getue: die geschäftigen Frauen, die sich, ehe sie das Kleingeld hervorkramten, erst den Teig, der ihnen vom Backen an den Fingern klebte, in die Schürze wischen mußten, die Männer, die sich wichtig machten und sanft wie Apostel wurden.

Die paar Häuser noch — dann reichte es, um Weihnachten auf seine Art zu feiern. Alles andere war lächerlich. —

Staupp nahm das erste Haus und stieg in den Oberstock empor. Kleine Leute wohnten hier. Recht so! Die gaben mehr als die Reichen und sparten dafür mit Worten. Er machte das Gesicht „große Kümmernis" und klopfte an die Türe. Niemand öffnete. Daran war er gewohnt.

Schon wollte er ein zweites Mal klingeln. Da hörte er drinnen eine dünne, zarte Stimme. Weinte da nicht jemand? Er hielt den Atem an und lauschte.

Richtig, da weint ein Kind, nicht laut und aufdringlich, vielmehr ganz still, wie Tiere klagen. Das griff dem Alten an das Herz.

„Bist du allein?" fragte er durch die schmale Türfuge hinein. Keine Antwort! Nur die schmerzliche, von stiller Klage zerrissene Stimme des Kindes.

Staupp griff um den Dietrich. Das Schloß schnappte ein. Vorsichtig drückte er die Türe auf.

Ein einziger Raum war da, ein Herd, ein Bett, auf dem Boden hingekauert das Kind, ein Mädchen, etwa vier Jahre alt. „Warum weinst du?" fragte Staupp mit leiser Stimme.

„Weißt du denn nicht, was heute für ein Tag ist? Heute ist doch — " Das Wort wollte dem Alten nicht über die Lippen.

Das kleine, blasse Mädchen blickte erschrocken den fremden Mann an. Es hatte ein schmales, zartes Gesicht, Sommersprossen auf der Stirne und auf der kleinen Stupsnase. Der Alte kniete sich zu dem Kinde nieder und wischte ihm die Tränen von den Augen. „Ganz allein haben sie dich gelassen, wie?" fragte er.

Die Kleine nickte. „Die Frau Blaschek ist fortgegangen!"

„So? Fortgegangen ist sie, die Frau Blaschek? Ist das nicht deine Mutter?"
Da richtete das Kind seine Augen groß und verwundert auf den alten versoffenen Bettler und schüttelte heftig den Kopf.
„Nicht deine Mutter? Ach, ich verstehe. Die Frau Blaschek hat dich bloß angenommen, vielleicht wegen des Kostgeldes, wegen der Waisenrente oder so. Und dich hat sie allein gelassen. Oh, ich kenne das, wenn man so allein ist." Mit zitternden Fingern fuhr er der Kleinen über das weiche, rötlich-blonde Haar.
„Und heute ist doch Weihnachten!"
Die Kleine blickte zweifelnd zu ihm auf.
„Ja, Weihnachten", fuhr Staupp fort, „da kommt doch das Christkind!"
„Das Christkind?"
„Die Leute sagen so, weißt du. Aber die Leute sagen viel!"
Der Alte wußte nicht recht, was er tun sollte. Aber die spannende Erwartung in den Augen des Kindes brachte ihn um die letzte Vernunft.
„Aber manchmal ist es wahr, was die Leute sagen!"
„Das Christkind kommt heute wirklich?"
„Wirklich!" nickte der Alte, „ganz wirklich!" —
Als der alte Staupp die Stunde hernach wieder in den Raum trat, war die Kleine in der Ecke eingeschlafen. Leise bewegte sie im Traume die Lippen. Weiß Gott, vielleicht träumte sie wirklich vom Christkind.
Da legte er alles, was er in der Eile gekauft hatte, auf den Tisch hin: die kleine Stoffpuppe mit dem rosa Kleidchen — ein sündteures Stück! — dazu den Ausschnittbogen, die Lebzelten und die vergoldeten Nüsse und Herzen.

Leise schlich er wieder fort. Gewohnheitsmäßig tasteten seine Finger in den Hosensack: „Leer, absolut leer!"
„Alter Narr", knurrte er, „alter Narr!" Doch im Grunde genommen war er ganz vergnügt dabei!
Karl Springenschmid

Der neue Anfang

„Ein Schlüsselbund, ein Kamm, ein Feuerzeug, ein Taschenmesser — wenn Sie hier bitte unterschreiben wollen, danke. Dies ist Ihre restliche Lohnzahlung für Dezember, bitte hier quittieren, danke. Sie wissen, daß Ihre Freilassung auf Bewährung erfolgt ist?"

„Ja."

„Haben Sie eine Unterkunft?"

„Ja, mein Vater hat mir bei seinem letzten Besuch versprochen, daß . . ."

„Gut, hier haben sie die Anschrift eines Bewährungshelfers, an den Sie sich wenden können, wenn Sie in Schwierigkeiten sind. Geben Sie diese Karte bitte an der Pforte ab — und frohe Feiertage!"

Schlüsselgerassel — draußen!

Eine Taube stolziert über den Platz, flattert erschrocken vor ihm davon.

Daß die Luft so schmecken kann! So nach Weite und Meer! Oder doch eher nach Schnee? Die Mauern des Gefängnishofes hielten den Wind ab. Man vergaß, daß es Bäume gab. Hier sind Bäume, kahle Bäume, aber da vorne auf dem Marktplatz werden Weihnachtsbäume verkauft. Er atmet tief. Der Tannenduft beglückt und schmerzt: Mutter! Gut, daß sie es nicht mehr erlebt hat! Aber vielleicht wäre es nicht passiert, wenn sie am Leben geblieben wäre.

Er will dem Vater heute abend etwas auf den Gabentisch legen. Vielleicht Zigarren?

„Welche Marke bitte?" Sie ist jung, hat fröhliche Braunaugen. „Welche Marke bitte und in welcher Preislage?" wiederholt sie ihre Frage.

„Nicht so teuer," stottert er. Sie gleicht Gisela, damals, vor . . .

„Soll ich sie in Weihnachtspapier verpacken, als Geschenk?"

Er nickt, kommt nicht los von ihren Augen.

Die Straße mit dem Heimatgesicht. Wie lange war es her? Die bekannten Häuser der Nachbarn. Soll er grüßen? Trat da jemand vor ihm in die Haustür zurück, verlegen, Eile vortäuschend? Verschwand da nicht eben ein Gesicht, erschrocken, hinter der Gardine? Unsinn, es war sicher nur Einbildung, Angst, daß es so sein könnte. Er verbirgt sein Gesicht hinter dem hochgeschlagenen Mantelkragen, geht geduckt unter hochgezogenen Schultern, unsicher, unterwürfig, eine Haltung, die er sich angewöhnt hat, ohne es zu wissen, aus Mißtrauen geboren, aus Mißtrauen, daß man ihm nicht traut. Doch dann zwingt er sich, den Kopf zu heben: Er hat gesühnt, er will gutmachen, und außerdem hat der Vater beim letzten Besuch versprochen, ihn wieder bei sich aufzunehmen. „Dann machen wir einen neuen Anfang", hat er gesagt. Das war vor einem halben Jahr. Wieder steigt die nagende Unruhe auf: seit drei Monaten keine Post! Er hat ihm geschrieben, daß er vor Weihnachten entlassen wird, vorzeitig, wegen guter Führung, auf Bewährung — keine Antwort.

Der Schlüssel — oder soll er lieber schellen? Vielleicht wird der Vater erschrecken, wenn er so plötzlich mit dem Schlüssel hereinkommt. Das endlose Warten. Wenn ihm jetzt nur niemand im Treppenhaus begegnet! Schritte auf der Treppe: eine Nachbarin. Wozu hat er den Schlüssel?

Innen atmet er auf. Alles steht auf seinem gewohnten Platz, und doch weht ihn eine eigentümliche Fremde an, ein Hauch, ein kaum spürbarer Duft, den er nicht kennt, nicht einordnen kann. Das bleiche Oval auf der Tapete, da, wo das Foto von ihm hing, aufgenommen am Tag seiner Schulentlassung. Auch Mutters Bild steht nicht mehr auf dem Schreibtisch. Er reißt die Türen des Schrankes auf: fremde Kleider in einer Wolke süßen Parfüms.

Jetzt wieder dieser Duft, von der Tür. „Wie bist du hier hereingekommen? Na, war wohl nicht allzu schwer für einen routinierten Einbrecher! Was willst du?"

„Ich habe meinem Vater geschrieben. Er weiß, daß ich heute ... er hat gesagt, ich kann zu ihm ..."

„Daß ich nicht lache! Dein Vater und ich sind seit einem Vierteljahr verheiratet, und dies ist jetzt ebenso meine Wohnung, das mußt du schon zur Kenntnis nehmen, ob es dir paßt oder nicht. Im übrigen wollen wir keinen Kontakt zu einem Vorbestraften, verstehst du, keinen Kontakt, darin sind dein Vater und ich gleicher Meinung, und nun verschwinde und verdirb uns nicht noch das Weihnachtsfest!"

„Aber ich möchte Vater selber ..."

„Wenn du nicht sofort verschwindest, rufe ich die Polizei. Soll ich denen sagen, ich hab dich beim Diebstahl überrascht?"

Die Straße mit dem Heimatgesicht. In der Tasche knistert der Zettel mit der Anschrift des Bewährungshelfers — ein fremder Name, vielleicht ein Familienvater. Dort tritt man gleich an den Gabentisch: „Stille Nacht, heilige Nacht!" Nein, er ist kein Störenfried.

Das Wasser in den tiefausgefahrenen Furchen der dunklen Feldwege ist zu einer dünnen Eisschicht gefroren, die bei jedem Schritt nachgibt. Schuhe und Socken werden naß. Die Füße frieren schmerzhaft.

„Na, Kumpel, auch auf der Suche nach Quartier? Komm rein, hier im Heu liegste warm un weich wie in Abrahams Schoß. Haste was ausjefressen? Durchjebrannt?"

„Entlassen auf Bewährung".

„Dann paß man auf, dat se dich nich wieder kriejen! Haste wat zum essen? Ne? Is nich schlimm. Wenn die nachher in die Mette jehn, hol ich uns wat aus de Speisekammer."

„Aber das ist doch ..."

„Hab dich doch nich! Ich denk, du kommst aus'm Knast, un dann regste dich auf, wenn ich uns wat organisieren will! Oder haste wirklich vor, dich zu bessern? Ach, jlaub mir, dat jibt nix. Wennste einmal im Knast wars, dat haftet dir an, für immer. Dabei is de Knast nich mal dat Schlimmste. Die eijentliche Strafe jeht ja ers los, wennste wieder raus kommst. Die draußen sind nämlich viel strenger als die Richter, mußte wissen. Wenn die dir fünf Jahre jeben, kriegste draußen fuffzig. Die verjessen nich, da kannste noch son juten Willen haben. Die behandeln einen, als wär man aussätzig. Da vorne liegt 'ne Pferdedecke, roll dich man rein, die hält schön warm. Willst 'n Schluck?" Die Flasche wandert zwischen ihnen hin und her.

„Damals", fährt der Ältere fort, „als ich nach vier Jahren rauskam, da weijerte meine Frau sich, mir unsern Jungen zu zeijen. Ich sollte ihn nich verderben. Is inzwischen 'n strammer Bursche jeworden, sechs Jahre alt, denkt, sein Vater ist tot. Manchmal stell ich mich anne Schule und beobachte ihn. Brav is er und ehrlich. Laß ich neulich 'n Jeldstück fallen, extra, jrad vor seine Füße, tu so, als merk ich nix. Steht er vor mir, blitzblaue Augen:

‚Onkel, du hast einen Groschen verloren.' — ‚Behalt ihn!' sag ich, un weißte, was er jeantwortet hat? ‚Nein, danke,‘ sagte er, ‚ich darf kein Geld von Fremden annehmen.‘

Komm, trink noch'n Schluck! Dat verscheucht die dummen Jedanken. Ja, ich weiß, Weihnachten ist schlimm, jeht so auf et Jemüt, aber jeht vorbei, wie alles im Leben. — Sag mal, lachste oder weinste? Ja ja, die Jlocken, die können einen fertigmachen, dat man dat heulende Elend kriegt."

Draußen fällt Schnee, Schnee, der alles zudeckt. „Ich weiß ein Ding", fährt der Ältere fort, „ein todsicheres Ding. Brauch nur jemand zum Schmierestehen." Und er entwirft einen Plan vor dem Jüngeren in allen Einzelheiten. „Wennste mitmachst, machen wir halbe-halbe." Der Junge gibt keine Antwort. „Prost!" lallt der andere schließlich schlaftrunken, „prost, auf gemeinsame Partnerschaft!"

Der Junge blickt durch das geöffnete Scheunentor in die Dunkelheit. In der Ferne sind Lichter aufgestrahlt. Die erleuchteten Fenster der Kirche schimmern durch die Nacht. Auf den umliegenden Höfen wird es lebendig. Der Schein der Laternen tanzt über die dunklen Wege. Jetzt läuten alle Glocken gleichzeitig. Der Wald wirft das Echo zurück, vielstimmig. Die Töne reißen Wände ein, schmerzhaft, verwundend. Der Junge ist aufgesprungen, rennt nach draußen in die Dunkelheit, stürzt dem Ruf und dem Licht nach, diesem ziehenden Sehnen, dem er nicht widerstehen kann. Er steht in eine Nische gedrückt unter dem Brausen der Orgel vor dem Blau der gewölbten Kuppel: „Menschen, die ihr wart verloren . . ." Tränen laufen ihm übers Gesicht, Tränen der Verzweiflung, der Ergriffenheit. Er schließt die Augen, ist bereit, sich ergreifen zu lassen, nichts mehr entgegenzu-

setzen diesem Gefühl der Gnade, das ihn sucht, und schon weiß er nicht mehr, ob es nicht Freudentränen sind, die da über seine Wangen rinnen, weich und lösend, erlösend. „Menschen, die ihr wart verloren, lebet auf, erfreuet euch!"

Und er hört Botschaft und Wort und spürt, daß er nicht verlorengehen kann vor dem, für den kein Obdach war in dieser Welt, der in einem Stall geboren wurde und die Sünder gesegnet hat, der die Liebe lehrte und lebte über den Tod hinaus. Und er weiß, er wird einen neuen Anfang machen im Namen dessen, von dem da geschrieben steht: Im Anfang war das Wort.   Marianne Junghans

An der Krippe

Wohl wird er erst in der Nacht geschmückt werden, und Geschenke werden erst morgen früh unter den Ästen liegen, aber daß der grüne Baum schon heut am Nachmittag auf der Kommode im Nickelhaus steht und so gut nach Wald riecht, das allein ist schon eine Freud.

Kommt um die Zeit noch jemand?

Nur ein wenig reinschaun wolle er, ehe er heimgehe, sagte der Lehmgruben-Lenz verlegen unter der Tür.

Aber der Vater hat gleich den Stuhl zum Niedersetzen gerückt und den Kopf zur Mutter hin; und die hat den Schöpfer schon im Kaffeetopf. Bloß Dalken hätt sie halt dazu — weil ja Fasttag wär, aber ein Teller Reissuppe sei auch noch übrig.

Der Vater redet nichts, damit der Lenz in Ruhe essen und trinken kann. Erst wie der sich mit dem Handrücken über den Mund fährt und seinen Dank sagen will, hebt er beiläufig an: „Nach den Feiertagen geh ich schon hin zum Vorstand; — und er soll dich nur wieder einstellen!"

„Ja, die Feiertag!" schnauft der Lenz.

Da ist wieder das Kopfrücken des Vaters zum Herd hin, wo die Mutter das Kaffeehaferl gleich abgespült hat, und die ist schon beim Brotladen, nimmt aber dann das Zegererkörbel, stellt es, flugs aus dem Keller zurück, halbvoll mit Kartoffeln auf die Wandbank, rückt eine Kanne Milch hinein und den eingeschlagenen Laib Brot, und während sie in der Speis noch ein Paar Eier und ein Stückl Butter holt, nimmt dort, wohin er sonst nie geht, der Vater eigenhändig ein Trumm Geselchtes vom Haken, und einen halben Striezel verlangt er auch.

Der Lenz greift hastig nach seiner Mütze und zittert damit vor dem Gesicht.

Aber der Vater fragt noch, ob er ihn nicht gleich balbieren solle, er sei eben selber damit fertig geworden und habe sein Zeug grad noch da; und dann seift er den Gruben-Lenz ein, und es kann schon sein, daß dem ein wenig heiß ist, weil er ein so rotes und feuchtes Gesicht hat, während der Vater das Rasiermesser am Riemen neben dem Fenster abzieht und vorm Ansetzen mit dem Daumen auf die rechte Schärfe prüft.

Freilich hätt sich das Haarschneiden zuerst gehört, meint der Vater nachher, wie er dem Lenz den Blechtopf auf den Kopf setzt und mit der Schere säuberlich rundum schneidet, aber darin habe er nicht die rechte Übung.

Im Dustern geht er dann, der Lenz, und nicht durchs Dorf. Das Nicklhaus steht am Ortsrand, und ein Feldweg führt hinter den Zäunen entlang in die Lehmgrube.

Sie haben im Wald unter den überhängenden Ästen und von den alten Stämmen dicke Moospolster und lange Flechten geholt, und der Mesner hat in der Kirche alles schön zwischen die Hirten, Schafe und die heiligen Könige vor dem Stall ausgelegt. Auf den Fichten hängt flaumig weiche Watte, und in das rote Licht, das aus der Hütte herausscheint, hat sich der kleine Nickel gar nicht recht reinzuschauen getraut.

Nun aber geht ihm allerhand im Kopf herum, und das mitten in der Christmette, und obwohl um ihn herum die anderen Buben stehen, knien und schubsen.

Hinter ihnen in der ersten Bank sitzt der Meierhofpächter, der den Lehmgruben-Lenz einsperren hat lassen, weil der am Heimweg von der Bahn über den Weiherdamm gegangen ist, mit den Neugierigen beim Abfischen eine Weile zugeschaut und auf einmal einen Mordskarpfen in der Rocktasche gehabt hat.

Der kleine Nickl aber fragt sich, ob so einem armen Hirten dazumal in Bethlehem ein Schaf ganz allein hat gehören können, daß er es der Familie im Stall so mir nichts dir nichts schenken konnte. Freilich sind das da vorn Holzfiguren, das sagt er sich zwischendurch immer wieder, aber wenn es damals so ähnlich gewesen wäre wie mit dem Grubenlenz —? Darf man das überhaupt denken? Und wenn der Dienstherr des Hirten das mit dem geschenkten Schaf damals gemerkt hat — ob er den Burschen nachher auch einsperren hat lassen?

Der Lenz hat den Fisch seinen eigenen Leuten bringen wollen, aber die haben auch nur so eine halbschiefe Hütten, und da sind sieben Kinder.

Der Hirt mit dem Schaf über der Schulter sieht dem Lenz immer ähnlicher, je länger der Nickl hinblinzelt.

Einziger Trost bleibt, daß das Kind in der Krippe ja schon in den Windeln allwissend gewesen ist und also auch die Wahrheit über den Hirten-Lenz und das Schaf damals und den Fisch jetzt gekannt haben muß.

An die Mutter denkt der kleine Nickel, die oben am Chor mitsingt. Sicher hat in Bethlehem auch irgendwer einen Dalken mit Kaffee und einen Teller Suppe übriggehabt, und er will fest daran glauben, daß der Lenz mit dem Vater bald wieder auf die Bahn gehen kann, wo sie die Strecke neu schottern.

Wie die Orgel nach dem Schlußsegen zum Aufbruch anhebt, sieht er aus einer hinteren Ecke den Lenz mit dem Hirtengesicht kommen. Freilich hat er keinen Bart mehr, weil ihn ja der Vater balbiert hat heut nachmittag.

Zur Tür zu ist ein dichtes Gedränge, nur um den Lenz bleibt ein leerer Fleck. Der kleine Nickl will nach seinem Arm langen und ihm das von dem Schaf zuraunen, aber sie stoßen ihn immer weiter weg, und der Meierhofpächter schnalzt ihm lachend sein überschüssiges Weihwasser mitten ins Gesicht.   Franz Liebl

... da uns schlägt die rettende Stund

Seit acht Monaten wußten wir nichts mehr von meinem Mann. Seit er auf dem Lastwagen, der kaum für zwanzig Insassen Platz geboten, zwischen etwa vierzig Schicksalsgenossen aus unserem Oberpfälzer Dorf von den Amis abtransportiert worden war. Wohin? – Für wie lange? – Weswegen? – Wie und ob er noch lebte, wir ahnten es nicht. Erst ein Jahr danach erfuhren wir zum ersten Mal Näheres über sein Schicksal und auch über die Wunder, die sich in der Weihnachtszeit für ihn zugetragen hatten.

Halbverhungert hinter dem amerikanischen Stacheldraht Moosburgs dahinsiechend, hatten sich die Leidensgenossen der „Baracke 11" zu einer Art Hochschule zusammengeschlossen. Obwohl ihnen jeglicher Besitz, außer den Wertgegenständen, Taschenmessern oder Scheren auch jedes Bleistiftstümpfchen, jeder Fetzen Papier gleich zu Beginn ihrer Gefangenschaft abgenommen worden war, florierte diese „Hochschule", von der feindlichen Wachmannschaft als ungefährlich geduldet, von Monat zu Monat weiter, abgesehen davon, daß die wachsende Zahl an Sterbenden immer aufs neue Lücken in die Lehrer- und Hörerschar rissen. Wer etwas vorzutragen wußte, trug es vor, und die große Schar der Hörer empfing das Vorgetragene mit offenen Ohren und Herzen als lebensnotwendige Mangelware. Der Mensch lebt nicht von einem Stückchen Kommißbrot allein.

Meinem Mann waren die Themen Philosophie und Astronomie als Lehrfächer zugewiesen worden. Und für das letztere Fach boten ihm die Sternbilder über den Latrinen, zu denen die Ruhr- und Ödemkranken sich allnächtlich schleppen mußten, die herrlichsten Illustrationen. Noch nie waren ihm die Sterne so nah, so strahlend erschienen und so vertraut geworden wie in jenen Nächten über den Latrinen des Sträflingslagers.

In der letzten Adventwoche jedoch trugen sich für die Inhaftierten die Wunder zu, die sie nicht mehr gehofft, geschweige denn geglaubt hatten.

Die gestrenge Wachmannschaft drückte nicht nur ein, drückte ihre hundert Argusaugen zu, als urplötzlich aus Gott weiß welchen Verstecken Papierbögen und Buntstifte, Holzstücke und Rasierklingen, ja sogar Taschenmesser zum Vorschein kamen. Es wurde gemalt und geschrieben, geschnitzt und gebastelt, so daß kein einziger Lagergefährte ohne Weihnachtsgeschenk blieb. Meinem Mann wurde ein glattgeschnitztes Löffelchen als Besteck zuteil, das fortan das unförmige, mit eigenen Fingernägeln bearbeitete Holzstück ersetzte.

Und am Weihnachtsabend durfte — das war fast der Wunder größtes — ein Geistlicher das Lager besuchen und mit einem Krümelchen Kommißbrot und einem Schluck Wasser jedem das heilige Abendmahl spenden, dem danach verlangte. Und allen — ohne Ausnahme — verlangte danach, aus welchem Glauben oder Unglauben heraus sie auch an diese Klippe geworfen worden waren.

Was bisher bei strengster Strafe verboten gewesen, lautes Rufen oder gar eine Strophe Gesang, erfüllte an diesem Abend, alle Hustenanfälle, alle schwindsüchtig geröchelten Atemzüge übertönend, hundertstimmig aus den verdorrten Männerkehlen emporsteigend, den stickig beklemmenden Barackendunst: ... da uns schlägt die rettende Stund ... "

Sind Wirklichkeit und Wunder nicht im Grund der gleichen Wurzel entsprungen?

Gertrud von den Brincken

Sein letztes Lebenszeichen stammt vom 1. 1. 1943

Leidensweg des Chamer Studenten Josef Straßer in Stalingrad

Jahrzehnte sind seit dem 31. Januar vergangen, als der Rest der VI. Deutschen Armee in Stalingrad kapitulierte. 90 000 Mann gingen damals in russische Kriegsgefangenschaft. 370 000 deutsche Soldaten mußten im Kampf um das „rote Verdun" an der Wolga und in den Jahren der Gefangenschaft ihr Leben lassen, unter ihnen auch eine Reihe von Söhnen der Stadt Cham.

Stellvertretend für alle Chamer Stalingradkämpfer sollen die Feldpostbriefe des damals 21jährigen Chamer Studenten J. S. sprechen, der zunächst als Soldat der Artillerie und später als Infanterist in Stalingrad kämpfte, verwundet wurde, und über dessen weiteres Schicksal die Angehörigen nie mehr etwas erfahren haben.

Stalingrad, 11. 11. 1942
Liebe Eltern!
In unserem Keller im vollständig zerschosse-
nen Stalingrad, einen Kilometer hinter der
HKL, hausen wir ganz bequem und warm ein-
gerichtet. Ich habe mir eine Flasche Petro-
leum und Watte organisiert und somit ein
Licht. Gerade das Gegenteil von der Hast des
Vormarsches haben wir jetzt. Nachts ist im-
mer starke Artillerie- und Fliegertätigkeit.
Heute hat unsere Division angegriffen. Die
vielen Verwundeten, die im Laufe des Tages
zurückkamen, sagten, daß es nicht recht vor-
wärts ginge. Hätte nämlich die Division ihr
Ziel erreicht, so hätten wir als Sicherungs-
kompanie es über den Winter bequem. Kopf-
und Augenverletzungen hatten die meisten
Verwundeten, die sie sich im Häuserkampf
durch Handgranatensplitter und Scharfschüt-
zen geholt hatten. Diebe sind bei uns. 300
Mark wurden gestohlen. Heute war ich beim
Regimentsarzt. Er sagte: „Sie können ja noch
leben."
Am 16. November fiel der erste Schnee. Der
Wind kam aus der Steppe Kasachstans. Es
war Eiswind. Das alles geschah ganz unvermittelt und ohne Übergang. Das Oberkommando der Wehrmacht meldete am 18. November: „Im Stadtgebiet von Stalingrad
dauern die schweren Häuser- und Straßen-
kämpfe an." Generaloberst Paulus sagte in
den Abendstunden des 18. November zu
einem Kriegsberichterstatter im Gefechts-
stand der 384. Infanteriedivision: „Ich weiß
nicht, womit ich noch kämpfen soll."

Stalingrad, 5. 12. 1942
Liebe Eltern!
Bei der Ablösung in Stalingrad kam ich mit
meinen Kameraden aus Erschöpfung und
Hunger nicht mehr mit. Ganz allein lag ich bei
der Geschützfabrik und konnte aus
Schwäche nicht mehr weiter. Die Granaten
trafen mich aber nicht. Nur zwei Kameraden
traf es später tödlich, als sie mich holen woll-
ten. Zum Arzt ging der Hauptfeldwebel selbst
mit und entschied, wer krank ist und nicht.
Durch den Schnee können wir uns etwas rei-
nigen. Man kann sich waschen und Tee ko-
chen.

Stalingrad, 11. 12. 1942
Liebe Eltern!
Unsere Pioniere haben jetzt vor unseren Stel-
lungen Drahthindernisse und Minensperren
gelegt. Wir bauen ständig und richten uns für
den Winter ein. Ich bin froh, daß wir warme
Winterkleidung vor unserer Einkesselung
noch erhielten. Jetzt geht uns nur die Verpfle-
gung ab. Mit der Scheibe Brot, die wir täglich
erhalten, wird keiner satt. Auch auf Pferde-
fleisch bekommt man Durchfall nur noch bes-
ser. Auf meine Feldpostnummer 11 87 79
sendet mir bitte Zwiebeln. Bei der Infanterie
kann ich mich über Winter noch am besten
erholen. Obwohl die Postensteherei, kein
Schlaf und die Angriffe der Russen uns alle
ruinieren. Hoffentlich überstehe ich alles le-
bend mit Gottes Hilfe!

Stalingrad, 20. 12. 1942
Liebe Eltern!
In vier Tagen ist Heiliger Abend. So ein Weihnachten wie dieses werde ich wohl nicht mehr erleben. Weder Verpflegung noch Post haben wir. Dazu kommen noch die Angriffe der Russen. Hunger tut weh. Nachts krabbeln wir immer zu den Toten hinaus und suchen nach Brot. Wann wird dies alles ein Ende nehmen? Ausfälle haben wir wieder viele gehabt. Schon in der Frühe hat russisches Pakfeuer mehrere erwischt. Jetzt müssen wir natürlich recht oft Wache stehen. Den ausgehungerten Zug, wenn er immer auf Wache zieht, der sich kaum noch rühren kann, kann man sich nicht vorstellen.

Vor sechs einfachen Soldaten hatte ein Mann, der in Dresden Pfarrer war, in einer Granatwerferstellung auf der Höhe 137 zu Weihnachten gesagt: „Die Stalingradweihnacht ist ein Evangelium der Front, wer später einmal davon hört oder daran erinnert wird, der soll mit wachen Augen und starkem Herzen die Jahre zurückgehen, zu der Stadt an der Wolga, dem Golgatha der VI. Armee."

Stalingrad, 24. 12. 1942
Liebe Eltern!
Wir liegen immer noch in der Nähe der Geschützfabrik. Wir sind noch zehn Mann, vier sind beim gestrigen Angriff ausgefallen. Angriff war erfolglos. Arm- und Gesichtsschuß. Die Leute werden immer weniger, die Verpflegung dadurch mehr.

Stalingrad, 25. 12. 1942
Liebe Eltern!
Die Kompanie ist schwach geworden. Unser Feldwebel, der ein Soldat war, ist verwundet. Ebenfalls der Chef, ein Unteroffizier, der ihm folgte, ist durch einen Armschuß verletzt. Jetzt haben wir einen Unteroffizier, der bloß „Jawohl Herr Hauptmann" zum Bataillonsführer sagen kann, einen Hauptmann, der es hier wurde und der nur mehr auf das Ritterkreuz wartet und im Keller sitzt. Obwohl die Kompanie wieder einige Mann Nachschub erhalten hatte, sind wir jetzt nur noch sieben Mann. Von meiner alten Kompanie sind alle weg. Ich selbst erhielt heute meine dritte Verwundung, einen Schuß in die rechte Hand, der mir sogar Hosentasche und Mantel zerriß. Zuerst erhielt ich einen Granatsplitter an der linken Hand, dann einen großen ins Gesäß. Durch mangelnde Verpflegung bin ich schon stark geschwächt. Essen kann ich gar nichts mehr. Trostlos ist bei uns die Stimmung. Wir haben Verstärkung von anderen Kompanien im Haus, dauernd haben wir Fluchtgedanken. Fast alle Ausfälle sind Verwundungen. Die Russen greifen unerbittert an, ständig liegen wir unter Artilleriefeuer.

Stalingrad, 26. 12. 1942
Liebe Eltern!
Wir greifen nicht mehr an, sondern wir müssen nur noch die Häuser besetzt halten. Die Häuser werden nach und nach von Pioniereinheiten genommen, aber es geht auch schlecht vorwärts. Viele Ausfälle, der Unteroffizier hat einen Bauchschuß. Neben den Scharfschützen ist das Granatfeuer gefährlich.

Stalingrad, 30. 12. 1942
Liebe Eltern!
Unsere Grabenstärke ist jetzt noch sechs Mann. Leute anderer Kompanien sind in unserem Haus zur Unterstützung. Von den zehn Mann, die von meiner Artilleriekompanie übernommen wurden, bin ich noch der einzige. Einer fiel, sechs wurden verwundet, zwei starben aus Schwäche. Den Verwundeten und Kranken geht es nicht gut. Nur ganz Schwerverletzte kommen heraus. Essen verzehre ich immer auf einmal. Wenn Post kommen würde, könnte man sich an der Verwundetenpost vollfressen, aber es wird oft alles vernichtet durch Sprengungen. Mein Splitter im Gesäßbecken eitert und tut mir von Tag zu Tag weher. Schickt mir bitte nichts mehr.
31. Dezember 1943. Funkspruch Hitlers an die VI. Armee: „Die VI. Armee hat mein Wort, daß alles geschieht, um sie herauszuhauen."
Das Oberkommando der Wehrmacht hatte am Mittag des 31. Dezember 1942 über den Kampf um Stalingrad nur den einen Satz: „Transportverbände der Luftwaffe versorgen vorgeschobene Kräftegruppen."

Stalingrad, 1. 1. 1943
Liebe Eltern!
Von ganzem Herzen wünsche ich Euch ein glückliches neues Jahr. Gott möge mir Glück bringen. Zum Neid meiner Kameraden gehe ich heute zum Troß, wo die anderen Kameraden sind, die in unserem Haus verwundet oder krank sind. Der Handgranatensplitter sitzt so tief. Ich kann mich nicht mehr rühren, habe Schmerzen beim Gehen und Liegen sowie Fieber. Wenn nicht mein Herz so gesund wäre, wäre es mir wie zwei Kameraden meines Alters ergangen, die starben gestern lautlos. Post habe ich immer noch nicht. Als Silvesterzugabe bekamen wir einen Becher Schnaps, einen Lebkuchen und eine Rolle Bonbons. Das alles aber bekam nur die Gefechtskompanie. Einigermaßen wurde ich wenigstens satt. Beim Troß werde ich zu meiner Artillerieeinheit gehen. Einen Liter Suppe geben die mir dort bestimmt. Dann kommen bessere Zeiten. Wir kommen von den schwersten Kämpfen als Überlebende heraus. Wer in Stalingrad gekämpft hat, reicht für sein Leben.

Dieser Brief des Neujahrestages 1943 war der letzte, der aus der Hand des verwundeten Soldaten seine Chamer Eltern erreichte. Niemand weiß, wie viele Briefe dieser Soldat noch schrieb und welches sein weiteres Schicksal war.   Eberhard Heger

Flüchtlingsweihnacht 1945

Wir stolperten dem Ende der Adventszeit zu — stolperten über die unausgepackten Koffer unseres Flüchtlingsgepäcks (wohin hätte man seinen Inhalt in diesem kleinen Rokokozimmer auch hinpacken können, in dem man kaum für die eigene Gegenwart Platz fand), stolperten über die Unzahl von Schicksalsgenossen rechts und links, die das gleiche, einst schloßartige Gebäude aufgenommen hatte; stolperten über die Sorge: ‚was werden wir morgen . . .‘, stolperten über die Erinnerungen an das, was man nicht mehr war und nicht mehr hatte, stolperten also über uns selber. In die Nacht, in den Tag, in die Nacht hinein, denn das meiste war Nacht. Und dann ereignete sich das Unglück mit dem Krampus. Ein ungewohnter Lärm: Gelächter, Gequietsch und Gerassel im Treppenhaus hatte meinen Fünfjährigen neugierig gemacht, und so war er dem Krampus direkt vor seine umsichschlagende Kette geraten: einem echt teuflisch aussehenden Krampus, nicht dem bisher bekannten harmlosen Begleiter des heiligen Nikolaus, wie man ihn noch im vergangenen Jahr daheim gekannt hatte. Ein scharfer Kettenschlag traf den Neugierigen schmerzhaft gegen die abwehrend erhobenen Hände.

Nach stundenlangem Suchen und Rufen fanden wir den Kleinen in dem entferntesten, schwärzesten, eisigsten Gebäudewinkel verkrochen, aus dem wir ihn wieder in unsere Arme zerrten, an allen Gliedern zitternd, mit allen Zähnen klappernd, noch immer von Todesangst geschüttelt. Wir betteten ihn auf das schmale Rokokosofa, das sein Bett war, doch damit konnten wir die schwere doppelseitige Lungenentzündung, die er sich zugezogen, nicht verhindern. Wir wachten abwechselnd an seinem Lager, die grauenhaften Phantasien abwehrend, daß auch wir Krampusse seien, die ihn für irgend etwas, das er bestimmt gar nicht getan hatte, bestrafen wollten.

Seinen größeren Bruder führte der letzte vorweihnachtliche Schultag im entfernten Bayreuth zufällig an einem Spielwarengeschäft vorüber, aus dessen Schaufenster der Besitzer gerade in dieser Minute mit hastigen Griffen das ausgestellte Spielzeug — es handelte sich um Soldatenarmeen aus Plastik — in graue Kartonkästen zu verfrachten bemüht war. Zufällig? Können nicht Zufälle manchmal Fügungen Gottes bedeuten? Und so begann das erste Wunder einer Serie, die uns dieses Flüchtlingsfest bescherte. Der Fünfzehnjährige stürzte in den leeren Kaufladen, und obwohl er keine Mark in der Tasche hatte, stellte er sich dem kartonbeladenen Spielwarenbesitzer entgegen: „Bitte verkaufen Sie mir ein paar der Soldaten!" „Nichts da!" grollte der Verkäufer. Sein Groll galt weniger dem Bittsteller als dem soeben veröffentlichten Befehl der amerikanischen Besatzungsmacht, daß fortan kein kriegerisches Spielzeug verkauft werden dürfe. Bei Strafandrohung nicht! Es würde die ohnehin kriegslüsterne nazistische Jugend zu neuen Hitlern und Himmlern heranzüchten. Zwar schenkte der Kaufmann dieser Befürchtung keinen Glauben, (auch ich tue es nicht, hätte doch sonst, einige Generationen zuvor, als die Arche Noah zu den begehrtesten Weihnachtsgaben gehörte, die beschenkten Kinder zu lauter frommen Lämmern, sanften Tauben oder gar zum Gottesliebling Noah heranwachsen müssen, was wir, seine Nachkommenschaft, leider eindeutig widerlegten). Doch Befehl blieb Befehl, und so rasselte des geschädigten Kaufherrn Groll auf meinen tief enttäuschten Jungen herab: „Nicht ein Soldat darf verkauft werden! Mach, daß du davonkommst — die Kontrolle wird gleich erscheinen!"

Mein Sohn hob seine handschuhlosen, rotgefrorenen Hände dem Ladengewaltigen entgegen, seinen kleinen todkranken Bruder vor Augen und im Herzen: „Nur ein paar — bitte! Für meinen kleinen kranken Bruder zu Weihnachten, er hat sonst nichts, wir haben sonst nichts für ihn — es ist vielleicht sein letztes Weihn. . . ." Und da geschah das Wunder Numro zwei: Der Herr der unbezahlbaren Schätze, die er zwischen Doppelkinn und Bauch davonzutragen im Begriff war, schien zum Stamm jener seltenen Samariter zu gehören, die selbst die ungeweint verschluckten Tränen in der Stimme eines tapferen Fünfzehnjährigen zu erhören vermögen: Er griff aus dem gewaltigen Schachtelgebirge einen der grauen Pappkartons heraus und drückte ihn dem vermeintlichen Käufer zwischen die bittend erhobenen Frostbeulen. „Na, meinetwegen, da hast du was für deinen kleinen Bruder zum letzten Weihnachten!"

„Ich hab aber nur fünfzig Pfennige — " stotterte der Junge, doch der Samariter wehrte ab, mehr wirsch als unwirsch: „Aber mach schnell, daß du fortkommst, und daß dich keiner ertappt!"

Unter seinem Pullover verstaut trug der Junge das Geschenk heimwärts, wo wir, ohne daß der kleine Fieberkranke davon Notiz nahm, den Inhalt der Schachtel in Augenschein nahmen; fast ungläubig, denn dies erwies sich als Wunder Numro drei: Wiederum ‚zufälligerweise' hatten sich gerade in diesem Pappkarton fast lauter unmartialisch wirkende Gestalten zusammengefunden, man konnte sie fast für eine Art zukünftiger ‚Friedenstruppen' halten: Da war ein Plastiksoldat, der hingebungsvoll auf einer Harmonika spielte (vielleicht gar ‚Ihr Kinderlein kommet'?), und einer, der sich nach offenbar gründlicher Wäsche in ein blütenweißes Handtuch gewickelt hielt, ein anderer lag hingestreckt am Boden, als schliefe er ‚selig und süß', während sich zwei andere, sich gegenseitig stützend . . . ‚bleib du mein guter Kamerad' zuzuraunen schienen. Da war eine Krankenschwester mit einer Rotkreuzbinde am Arm, da war ein Landser, der offenbar beim heftigen Wurf in die Schachtel seine Beine gebrochen hatte, was den Eindruck erweckte, er läge, einem frommen Hirten gleich, anbetend auf seinen Knien.

Und einer hielt sich ein Fernrohr vor die Augen, vielleicht nach einem Fixstern oder einer sonstigen Himmelserscheinung Ausschau haltend. Und wieder um einen andern war, vermutlich gleichfalls bei der übereilten Schaufensterentleerung, das Gewehr aus dem vorgestreckten Arm herausgebrochen. Geradezu rührend wehrlos und pazifistisch schaute er der undefinierbar nahenden Zukunft ins Angesicht.

Und dann war der von uns fast gefürchtete Heilige Abend herangekommen. Wir hatten am Waldrand einige große Tannenzweige erbeutet und ihnen unsere vier letzten Lichtstümpfchen aufgekleckst. Wir wagten den improvisierten Christbaum nicht zu nahe an das Bettchen des eben aus einem Fieberschlaf erwachenden kleinen Patienten zu rücken, wagten auch nur in Krankenzimmer-Lautstärke ‚O du fröhliche, o du selige . . .' hervorzuschluchzen, um den Kleinen keiner Versuchung auszusetzen, der sonst die größeren Geschwister, gerade was Lautstärke anbetraf, gern zu übertrumpfen suchte. Seine Schwester beugte sich mit der zaghaften Frage über ihn:

„Sollen wir jetzt den Weihnachtsbaum anzünden? Es ist doch Weihnachtsabend . . . und wir haben auch eine Überraschung für dich!"

„Eine Überrassung? Wo?" röchelte die Stimme des Kleinen ungläubig hervor. Doch dann war es nicht nur die Fieberglut, die seine Augen so glänzen machte, als die auf einem Tablett schon aufgebaute Bescherung an das Bettchen getragen, nein, auf die Bettdecke gestellt wurde, und sich der kleine Kranke, nach einer Woche völliger Teilnahmslosigkeit zum ersten Mal, von Kissen gestützt, halbaufzusetzen versuchte, als er die vor ihm aufgebaute Friedenstruppe gewahr wurde. Er starrte, er staunte, er stammelte: „Gehören sie mir?"

Und so vollzog sich das Weihnachtswunder Numro vier. Vor lauter schier unfaßlicher Freude verwandelten sich Apathie und Leid in Seligkeit ohne Grenzen. Ein Soldat nach dem andren wurde betastet, bewundert, gestreichelt, und der mit den kaputten Beinen sogar zärtlich an die vom Fieber zersprungenen Lippen gedrückt. Vielleicht weil er so sehr an den knienden Hirtenknaben erinnerte, den man zu Hause mit der geliebten Weihnachtskrippe hatte zurücklassen müssen. Später, als ich mich über das wieder schlaftrunkene Kindergesicht beugte, schlug aus dem heißen Kissen ein heiseres Gemurmel an mein Ohr: "... o du selige, soldatenbringende Weihnachtszeit ..." Und das war alles andere als ein kriegslüsternes, es war ein inbrünstig friedenvolles Dankgebet.

Wenn auch in den kommenden Tagen die Kräfte zu richtigem Spielen nicht reichten, von dieser Stunde an ging es der Genesung entgegen, die sich bald zu einer allgemein beglückenden Beschäftigung auf der Bettdecke entfaltete. Als einziger Schatten hing nur noch der Seufzer: „Ssade, daß Papi nich mitspielen kann!" über unserem heller gewordenen Flüchtlingszimmer.

„Vielleicht hat Papi auch etwas Schönes zu Weihnachten geschenkt bekommen", versuchte die Schwester zu trösten, obwohl keiner von uns daran zu glauben vermochte. Doch auch an Unglaubwürdigem läßt sich manchmal ein wenig Halt finden, ohne den wir auf dieser Erde nicht auskommen können . . .

Gertrud von den Brincken

Das Kind in der Heiligen Nacht

Helene Fabyan ging auf dem Bahnsteig auf und ab. Sie verglich ihre Armbanduhr mit der Bahnhofsuhr; fast eine halbe Stunde war sie zu früh gekommen. Warum nur der „Junge" diesen späten Zug gewählt haben mochte?! Aber er würde ja seine Gründe haben. Helene freute sich auf den Bruder wie eine Mutter auf ihr Kind.

Helene Fabyan war 35 Jahre alt, eine gepflegte, ansehnliche Frau, die sich zu kleiden verstand. Mancher bewundernde Männerblick folgte ihr, und manche Frau wünschte sich wohl, so auszusehen wie sie. Helene war aber ganz mit ihren Gedanken beschäftigt. Sie kreisten um den „Jungen", so nannte sie immer den um acht Jahre jüngeren Bruder. Die Geschwister hatten von kleinauf wie die Kletten aneinandergehangen; seit dem Tode der Eltern war das Verhältnis womöglich noch herzlicher geworden. Georg Fabyan wußte, daß er es der Schwester zu danken hatte, daß er sein Theologiestudium zu Ende führen konnte. Nun war er seit zwei Jahren Kaplan in der großen Stadt, in der auch Helene eine angesehene Stellung bekleidete. „Heiraten darfst du mir nicht, du mußt einmal meine Haushälterin sein!" hatte er einmal scherzhaft gesagt, aber gleich etwas erschrocken den Arm um die Schultern der Schwester gelegt; hier gab es nämlich für sie eine wunde Stelle. Aber sie hatte nur lächelnd geantwortet: „Du, zur Haushälterin eigne ich mich überhaupt nicht, schon gar nicht für einen Pfarrerhaushalt!"

Freilich, heiraten würde Helene Fabyan sowieso nicht, das stand fest bei ihr. Und gerade heute, am Heiligen Abend, mußte die Erinnerung wieder kommen. Es war fünf Jahre her, am Heiligen Abend, da las Helene soeben das Weihnachtsevangelium am Christbaum, als Eberhard, der Verlobte, von einem längeren Auslandsaufenthalt zurückkehrte, genesen von einer schweren Krankheit. Freude herrschte bei allen. Doch nicht lange. Denn Eberhard erzählte von einem guten, einfachen Mädchen, das ihm so sehr in seiner Krankheit und Einsamkeit beigestanden habe. „So laß' dir weiter von ihr helfen!" hatte Helene in ihrer oft unbeherrschten Art gerufen. Sie war in blinder Eifersucht hinausgestürzt in die kalte, schneelose Christnacht, verzweifelt umhergeirrt, als sie plötzlich den „Jungen" neben sich fühlte. Ach, was konnte der ihr schon helfen in ihrem Schmerz! Aber er wurde ihr doch Halt und Trost in dieser bitteren Stunde. Sie erkannte, daß sie falsch gehandelt hatte. Aber es war zu spät. Eberhard war gegangen. Sie hatten sich nicht wiedergesehen.

Helene schrak aus ihren Gedanken auf. Soeben hatte der Lautsprecher die Ankunft des Zuges angekündigt, mit dem Georg kommen wollte. Der Bahnsteig hatte sich inzwischen bevölkert, jeder versuchte, zur Weihnachtsfeier so rasch wie möglich nach Hause zu kommen. Der Zug brauste heran. Aus einem Fenster winkte der „Junge". Er sprang heraus, kaum, daß der Zug hielt. Wie . . . ein Kind hob er aus dem Abteil?! Er schob es der Schwester hastig zu, sagte nur: „Heli, nimm es, ich sage dir später alles . . ." und fort war er wieder. Die Frau stand ratlos vor dem kleinen Mädchen, das mit großen Augen zu ihr aufschaute und mit dunkler Stimme bat: „Nimm mich!" Rasch bückte sich Helene. Nahm das Kind im hellen Flauschmäntelchen mit dem spitzen Mützchen auf den Arm. Es schmiegte seine Wange an die ihre. Ein sonderbares, warmes Gefühl durchströmte die Frau.

Die letzten Reisenden verließen den Bahnsteig. Da kam auch der Bruder. Und jemand mit ihm. Sie mußte das Kind fester fassen, beinahe wäre es ihr vor Schreck aus den Armen geglitten. Eberhard . . . Jahre waren ausgelöscht. Sie wollte — wieder — davonstürzen. Aber der „Junge" stellte sich ihr in den Weg. Und das Kind . . . ja, das Kind . . . Sie hörte, wie jemand sprach — Eberhard — : „Wir waren vier Jahre verheiratet, Martha und ich; sie ist gestorben. Wir haben viel von dir gesprochen. Sie wußte, daß ich dich liebte . . . und immer lieben werde . . ."

Sie sprachen nicht mehr. Der „Junge" hatte sich bei der Schwester eingehängt. Der Mann kam einen Schritt hinterher. An der Sperre wünschte der Beamte: „Frohes Fest!"

Das Kind auf Helenes Arm war eingeschlafen. Es wurde schwer. Die Männer wollten es ihr abnehmen, aber sie schüttelte den Kopf. Sie dachte nur eines: „Der Junge wird mir alles erklären; er wird es richtig gemacht haben." Und sie drückte das Kind zärtlich an sich.   Cläre Laufer

Gestohlene Engel

Wir haben uns schon viel nehmen lassen. Aber manche haben es noch gar nicht gemerkt, daß man uns auch die Engel gestohlen hat. Schon damals, als man kleine Kinder aus ihnen machte mit Pausbacken und Grübchen darin. Aber man ließ sie wenigstens in der Kirche. Unserer Zeit blieb es vorbehalten, sie in das Schaufenster zu stellen. Engel! Als Reklamefiguren zwischen Kognakflaschen und Schischuhen, Damenwäsche und Zuckergebäck. Wegen Weihnachten und so. „Süße kleine Engel." Engelchen.

Daß es wirklich Engel gibt, davon allerdings weiß man heute so gut wie nichts mehr. Und daß sie immer, wenn sie auf die Erde kamen, gewaltig gekommen sind. Inmitten von Licht. So, daß die Leute sich vor ihnen fürchteten. Wie die Hirten auf den Feldern von Bethlehem, die sich hinwarfen, als es plötzlich lichterloh wurde um sie herum und denen die Engel erst sagen mußten, daß sie sich nicht fürchten sollten. Engel hatten immer die gewaltigsten und entscheidendsten Botschaften an die Menschen zu bringen.

Heute hängt man ihnen einen Papierstreifen um den Leib, auf dem steht: Hier billiger Schürzenstoff, das Meter zu DM 1,68. Und der Kaufmann Meier und die Käuferin Buchner denken, das gehöre sich so zu Weihnachten. Und wir — wir denken uns gar nichts mehr dabei.   Josef Fendl

Das Licht der Heiligen Nacht!

Es ist kein Herz so nüchtern und so kalt
und keiner Seele Grund so ohne Hoffen,
als daß sie nicht von jenem Licht getroffen,
das diese eine Nacht so hell umstrahlt.

Zergrübelt nicht das Wunder dieser Nacht
das köstliche Geheimnis, das wir nie ergründen,
die Freude, die wir Jahr um Jahr empfinden,
wenn jenes Leuchten für uns neu erwacht.

Laßt dieses Licht in allen Herzen sein,
damit es in uns hell und um uns lichter werde.
Wenn alles Dunkle flieht von unsrer Erde,
kehrt Friede und die Freude bei uns ein.

Liesl Breitfelder

Das Schönste vom Heiligen Abend

Wos hot da denn nachha as Christkindl bracht?
A Luftgwehr!
Und wos woa nachha as Schüinste vom heirichn Weihnachtn?
As Schüinste?
Ja, as Schüinste!
As Schüinste woa:
   Wäi da Vatta
   vo da Kautsch aus
   mitm Luftgwehr
   aaf Christbaamkugln
   gschossn
   hot. —
Öitzala wohl:
Drum hom söllmals d Engl scho gsunga:
Und Friede den Menschen auf Erden!

Georg J. Gick

As andane Grisskindl

s Christkindl

s Christkindl is umgstieng
vo sein goidan Schliddn
aaf an groussn Liefawong.

Äitz braucht sa se beim Gschengga-Ausdäun
nimma blong.

Baatschnoos
von haffan Schnäi
is s fräias woan.

Äitz sitzts
en woama Führahaisl voan.

Und aa beim Gschengga-Auslaan
reißt sa se
koan Haxn aus.

Kaam, daß s oa Minuddn braucht
fia d Lieferung, pro Haus:

eimfach voa de Haisa parkn
und de ganzn Gschengga
voa d Wohnungsdian weaffa.

Obwoih:
Warum soiddan s Christkindl
ned mid da Zeit gäih deaffa?

Josef Berlinger

auspacka

reiß des packl af
schau eini
wos drinnat is
legs af d seitn

nimms nexte
reiß des packl af
schau eini
legs af d seitn

nimms nexte
reiß des packl af
legs af d seitn

nimms nexte
legs af d seitn

nimms nexte . . .
nimms letzte . . .

so
etza hamma
den haling omd
aa wieda hinta uns brocht

Harald Grill

s andane Grisskindl

Seit ma
koi Wunschzedl mea schreibm
weil mas äh glei
an Vodan und da Muada song kina
wos ma wüin
woat ma an Weihnachtn
aaf des Grisskindl
des wous uns net
voaglong hamm

                    Otmar Vögerl

Kindagred

Häid äitz des
Grisskindl
net an
an andan
Doog aaf
d Wäit
kemma
kina?

Am oinzingn Doog
en Joa
wou laudda
schäine
Kindasendunga
am Feanseh
kemmand
mou e
ausschaltn
daß z es
mit engana
blädn Feia
ofanga
kinnts.

                    Otmar Vögerl

Eine weihnachtliche Szene

Personen:

W Werner (ca. 40 J.)
E Elisabeth, dessen Ehefrau (ca. 35 J.)
H Hansi, deren Sohn (ca. 10 J.)
O Oma, Elisabeths Mutter (ca. 60 J.)

(Ein gewöhnliches Wohnzimmer mit handelsüblicher Sitzgarnitur, TV, Stereoanlage, ein Kaufhausölgemälde „geigender Zigeuner" oder „Fuchsjagd" und Dürers „Betende Hände" als Goldrelief an der Wand. In der Ecke steht ein Nadelbaum mit elektrischen Kerzen und diversem Schmuck, davor, auf einem eigenen Tisch, eine Modelleisenbahn. Elisabeth sitzt auf der Couch und strickt, Werner hantiert an der Modelleisenbahn, eine Zigarette im Mund.)

E: Moansd soll ma zu da Mama was sang, das s dableibd, wenn s kumma?

W: Des is ma wuaschd. Owa du wolldsd doch heid amol blos alloans bleim mid mia und m Hansi.

E: Ija, owa mia kenna s doch ned weidaschigga, wenn s dableim mächad, wo s scho n ganzn Namidag mim Hansi fuadd gehd, damid ma d Eisnbahn aafbaua kenna.

W: Naja, na soll s hald dableim.

E: Etz deafadn s eh bald kumma. Brauchsd no lang?

W: D Logg laffd ned!

E: Gehd d Logg ned?

W: Nnna, soch e doch.

E: Omei, warum hasd dn na aa a gebrauchds Zeich kaffd? I hab ma s beinah denkd!

W: Wenn s d as nei kaffsd, zahlsd de debbad, aussadem griagst nix gscheids, wenn s d ned glei a boa hundad Maag ausgibsd.

E: Ja hasd as denn ned ausbrobiad, bevoa s d as gnumma hasd?

W: Fraale, da is s ja ganga.

E: Des is owa na aa nix gscheids, wenn d Logg ned gehd. Konn a s ebba na ned amol foahn lassn?

W: Fraale ned, wenn d Logg ned gehd!

E: Omeiomei, des wead a was wean!

W: Etz sei schdaad!

E: Des is a wieda a Weihnachdn, wenn d Eisnbahn ned gehd. Genga na wenigsdns mia in d Grisdmeddn?

W: Des seng ma na scho. Wenn d Logg ned laffd, mag e ned, a so a Scheisdreg!

E: Etz geh, reis de a wengal zamm! An Weihnachdn.

W: Und du reddsd blos dauand gscheid dahea, anschdadd das d aa was daadsd!

E: Ja i kenn me mid deara Eisnbahn ned aus.

W: Des is s ja!

E: Ja soll a me ebba um des Zeich aa no kimman. Ollas deafad i doa und wenn ea r aa r amol was doa sollad, was sowieso koa Frauanarwad is, na wearad a glei scheisgranddig, sauwa soch e!

W: Sei schdaad etz.

E: Bau eahm hald an Beag eine, das a n Zug wenigsdns owerolln lassn konn, wenn a scho ned foahd.

W: So a Grambf, de rolld doch ned, de gehd blos mim Schdrom.

E: Was? Ned amol rolln duad s? No da hasd ja a schens Glumbb daheazohng.

W: Etz red ned so bläd dahea, waal s d genau woasd, das a elegdrische Eisenbahn ned alloans rolld!

E: Ja des is doch grad des schene dro, das s von alloans foahd!

W: Ija, foahn scho, owa ned rolln!

E: Wiaso, wenns ned amol rolld, wia soll s na foahn?

W: Omei, Frau!

E: Konn a s na wenigsdns schiam?

W: Ja fraale, das a s glei ganz aafarwad!

E: Warum an, wenn a s langsam schiabd, des song ma eahm hald, das a s muas, warum soll s n da na hie sei?

W: Ja moansd, i eagleah dia ausgerechnad heid an Weihnachdn des ganze elegdrische Zeich?

E: Waal s de selwa ned auskennsd.

W: Sovüll wia du grad no!

E: Warum gehd s n na ned?

W: Sei schdaad etz und schdrigg dein Bullowa!

E: Des wead koa Bullowa.
(Es klingelt an der Tür.)

E: Des san s etz! Bisd etz feaddig endlich?

W: Nnna, zefix!

E: Geh, fluacha am Heiling Omd.

W: Mach aaf etz, owa las ja an Hansi ned eina!
(Elisabeth verläßt das Zimmer um zu öffnen, Werner weiter mit der Eisenbahn beschäftigt, Zigarette, murmelt vor sich hin. Stimmen werden hörbar.)

H: Wann kummd n s Grisdkindl endlich, Mama, s Grisdkindl, wann kummd s n endlich?!

E: Du weasd as no dawoaddn kenna.

H: Wann kummd s na, soch hald!

O: Glaubst, Elisabeth, ich bin ganz fertig, den ganzen Nachmittag ging das so mit dem kleinen Quälgeist, aber lieb war er, gell Hansi.

H: Wann kummd n s Grisdkindl endlich zefix!

O u. E: Hansi!

O: Das hat er wohl von Werner?

E: A geh, vom Werner, von da Schul had a s! Da Weana fluachd de ganze Zeid ned.

W: (erst undefinierbare Geräusche, dann): Zefixzefixzefix! Des Dregsglumbb des!

O: An Weihnachten scheint er aber Ausnahmen zu machen!

H: Babba geh aussa, sunsd draud se s Grisdkindl ned eine!

W: Sei ned so frech, aussadem woa s Grisdkindl scho da!
(Er läutet mit einer Handglocke und öffnet die Tür; Hansi, Elisabeth und Oma treten ein.)

H: (stürzt auf den Transformator los) Uuiih, a Eisnbahn, uuiih, uuiih! Is da blos oa Logg dabei, o meia; höi, höi de gehd ned, Babba, de gehd a goa ned!

W: Also bass aaf Hansi, folngdes. Des duad m Grisdkindl selwa leid, soll e da ausrichdn, had s gsagd, owa an de Weihnachdsfeiadag, da arwan de Bahnara ned und da foahd dann aa koa Zug, da konn ned amol as Grisdkindl was macha. Des vaschdehsd doch.

H: Du liagsd me oo, waal mia nämlich amol zum Onggl Franz gfahn san, mim Zug, an Weihnachdn, wo e de Hauffa Soldadn griagd hab, und da ham s scho garwad, da woa aa Weihnachdn.

O: Vielleicht steckt der Stecker nicht richtig?

W: Geh, fia wia bläd haldsd me denn, Oma?

E: Weana!

O: Ich meinte ja nur.

H: So a Scheise, a Zug wo ned foahd.

O: Schieb ihn halt ein bisserl, Hansi.

W: Ja fraale, das a ganz hie wead!

E: Des haw e aa scho gsagd, Oma, owa da Weana moand, da wead a ganz kabudd.
(Im Zimmer ist es mittlerweile immer dunkler geworden.)

E: I glaub etz deaf ma s Liachd eischalddn, waal s scho ganz finsda is.

O: Was ist mit dem Lichterbaum?

E: Jessas, sigsd as, voa laudda Eisnbahn daad ma s wichdigsde direggd vagessn! Geh, Weana zindd an Baam oo.

W: (versucht vergeblich die elektrischen Kerzen einzuschalten) De brenna ned, da is koa Schtrom da, desweng is na aa d Eisnbahn ned ganga! Schaldd amol s Liachd ei, Lisabedd.
(Auch die Zimmerbeleuchtung funktioniert nicht.)

E: Da gehd a iwahaubd nix. Omei des wead a Weihnachdn! Ohne Liachd! Vielleichd is desweng da Zug aa ned ganga!

W: Bisd du gscheid, Mädl.

O: Also bei mir war das auch mal. Da hat der Herr Rosemann, der Hausmeister bei uns ist, übrigens ein reizender Mensch . . .

W: An de Sicharungen wead s hald lieng, aussekaud wead s es ham. I schau amol. Wo is d Daschnlambbn?

E: Fragsd mi wieda. Du hasd as kabbd, voagesdan, wia s d in da Garasch woasd. I woas ned wo s d as wieda hiebrachd hasd.
(Werner ab.)

E: Etz bin e gschbannd. A Weihnachdn ohne Liachd, des waa r a koa Weihnachdn.
(Plötzlich Licht, der Zug fängt selbständig an, in Höchstgeschwindigkeit zu rasen, entgleist in einer Kurve, überschlägt sich, stürzt vom Tisch.)

H: Uuiiihooleggolegg — Umfall! Dadüdadü dadü! Ennenenen dadüdadü! Hallohallo, Sanidäda sofoadd kommen, da . . .

W: (tritt wieder ein) So gehd s etz? Ja was isn da bassiad?

H: Ein Umfall, d Sanidäda . . .

W: I gib da glei an Umfall! De is a ganz vaboong.

H: Gehd s etz wieda nimma, Babba?

W: Des miass ma ausbrobian.
(Setzt die Lok auf die Schiene zurück.) Nix. Etz is s wiagglich hie.

H: (heult auf.)

W: Ja mei, des kead da ned andasd, wenn s d z bläd bisd zum Eisnbahnschbüilln.

E: Ea had s iwahaubds ned ooglangd, Weana!

W: Aahso, de is vo selwa owekubbfd, ha?

H: (heulend) Is s aa!

W: Etz fangsd glei oane, Debb.

H: Selwa Debb.
(W gibt H eine Ohrfeige, H heult kreischend auf).

O: Hansi komm her zu mir, schau, so ein Vater, schau darfst fernsehen.
(Schaltet TV an, Hansi setzt sich davor.)

E: Weana, des häd s doch ned brauchd. An Weihnachdn.

W: No fraale, waal Weihnachdn is, deaf da Bua zum Vadda Debb sang. So weid kaamad s no.

E: Ea had s doch ned so gmoand. Also i richd etz s Omdessn.

O: Ach, laß doch erst die Bescherung machen!

E: Mein Godd, ja, sigsd des häd e etz beinah vagessn.

O: Schaut Kinder, das bekommt ihr von mir.
(Überreicht eine Langspielplatte und einen Hundert-Mark-Schein).
Ich dachte mir, so eine Platte kann nie falsch sein, nicht, und um das Geld könnt ihr euch was kaufen, was euch gefällt, so.

E: Uuuih vom Freddy, schau Weana, schau hald.

W: De hasd doch scho.

E: Dausnd Dank, Mama, gell.

H: Sads hald a wenig schdaad, i vaschdeh a ned, was de reen!

W: Sei blos du schdaad, du hosd ma s Graud heid scho ausgschidd!

E: (mit Päckchen und Geldschein) Mamma, schau des griagsd vom Weana und mia, hoffndlich gfalld s da. Und um de hundad Maag suagsd da was schens aus, iagndwo.

O: Ach Kinder, das wär' doch nicht nötig gewesen, wir sagten doch . . .

W: Etz is s scho gscheng.

O: Also dann ein recht, recht gesegnetes Weihnachtsfest, kommt her.
(Sie küßt E und W.)

E: Und Hansi, hasd du nix fia dei Oma? Wo s d de schena Anhänga griagd hasd.

H: Glei.
(Bleibt vor TV sitzen.)

W: Nix glei, sofoadd!!

H: (erschrickt, heult wieder) Ija.
(Geht, mit Blick auf die Mattscheibe, um sein Geschenk für Oma zu holen, stolpert)

W: Haarschafd bisd du a Bfloudsch!

O: Ihr geht aber schon in die Christmette, heut'?

W: Ija, des sehng ma na scho, wia schaud s einglich mim Essn aus?

E: Jessas ja. Megds scho Wiaschdl?

O: Für mich bitte gar nicht viel.

E: Und a Glaasl Bia dazua?

H: (zurück mit einem Parfüm-Set und Geschenkpapier) Da Oma, owa eibabbiln muasd da s selwa, des haw e ned zammbrachd.
(Er drängt sich zum TV zurück.)

O: (hält ihn fest) Ja was hast du denn da deiner lieben Oma für eine Freude gemacht! So eine Überraschung, komm, Bussi!

H: I muas den Füilm ooschaung, sunsd kumm e nimma mid!
(Setzt sich wieder vor den TV.)

O: Hast du das ganz alleine ausgesucht, hm?

H: D Mama had s ma midbrochd und gsagd, i soll s da geem.

E: Weana, du weasd aa r a Bia meng?

W: Ja fraale.
(Elisabeth ab.)

W: So, na wean ma amol de Bladdn aafleeng, Hansi mach an Feanseh aus.

H: (reagiert nicht)

W: Hansi schaldd an Feanseh aus, heasd ned!

H: Was n?

W: Du gell Freindal, bass blos aaf, du hasd as genau . . .

O: Mach den Fernseher etwas leiser, dein Papa will sich Omas Platte anhören.

W: Ich wüill s doch ned hean, i hab gmoand du, Oma. I mag doch den Freddy ned!

O: Ja ich doch auch nicht!

H: Na deaf e n Feanseh wieda lauda macha?

O: Ja.

W: Na schaldd e n Radio ei, das ma a weng a Weihnachdsmuse ham, mach endlich den Feanseh leisa, sunsd schäwads nomal!

H: (reagiert nicht)

W: Hey Hansiii!

O: Hansi.

H: Iah wissds aa ned, was d s wollds.

W: Wenn s d de etz ned bald anschdändig aaffiahsd, schmia r a da oane.

H: Hasd ja scho.

W: Na griagsd ehm no oane, owa r a andane!

E: (bringt Würstchen) So etz ess ma, Hansi geh hea.

O: Laß ihn doch seine Würstchen an seinem Platz dort essen.

W: Nix da. Zum Essn wead am Diesch heaganga und an Weihnachdn glei zwoamal. Geh hea etz, sunsd machsd me fuchdig!

H: (steht auf, schaltet TV ab und lugt neugierig in die Schüssel)

W: Warum hasd dn etz an Feanseh ausgschaldd, ohne das d fragsd?

H: Mmeia, scho wieda Bfölza, de mog e ned.

W: De magsd du ehm scho!

E: Da Babba mag s aa.

H: Da wead s ma schlechd.

W: Des wean ma scho sehng.

H: (steht auf und schaltet TV an. Radio läuft auch noch.)

E: Geh, oan Kasddn kannd ma fei scho ausschalddn. Da wead ma r a debbad. Hoach ma uns hald de Freddy-Bladdn oo zum Essn.

H: Omei den Schnulznheini!

E: Da Freddy is guad, ganz guad! Gell Babba.

W: Fraale is da Freddy guad und du hasd da iwahaubds nix zum midreen, Gschaffdlhuawa.

H: Da Babba had selwa gsagd, das da Freddy a Grambf is.

E: Des is ned woah!

H: Doch!

W: (schaltet TV und Radio ab, legt Platte auf.) Ahh, schdimmd doch ned, sei schdaad etz und schbüill de mid deina Eisnbahn. Da griagd a a Drumm Anlag und na schaud a s goa ned oo.

H: Des Glumbb gehd a ned. Des is a hie!

W: I gib da glei a Glumbb! Wenn s d as oweschmeissd! Wenn i di oweschmeiss, bisd aa hie!

H: Na weasd eigschbead, ädschlegg!

E: Etz sei ned so frech und setz de hea zum Essn!

H: D Oma schlaffd.

E: Dadsächlich. Wegg ma s aaf, sunsd wean iah d Wiaschd kald.

W: Etz bleibd s also doch da bei uns?

O: (erwacht) Warum, stört's dich? Dann geh . . .

W: Mia ham gmoand, du schlaffsd.

O: Unsinn! Wo hast du die Würstl gekauft, Elisabeth?

W: An Guadn. I fang etz oo.

E: Warum, schmegga s da ned?

W: Hansi hol an Sämbfd.

E: Jessas, den haw e vagessn, hol nan Hansi.

H: Wo is n dea?

W: Ja mei, wo wead a denn scho sei, wo a hald ollawaal is!

E: Naa, aaf m Schuahbangal glauw e, im Gang drauss, haw e n hiegschelld, waal d Schissl so hoas woan is.

O: Ach Elisabeth, hättest vielleicht ein Löffelchen Senf?

W: Da Hansi hold n grad.

E: Ja, da Hansi hold n grad.

O: Ach das ist nett.

H: D Oma schlaffd scho wieda.

W: (mit vollem Mund) So etz langd s ma, so a saufrecha Gribbl, was büildsd da . . .
(Hansi geht flott raus.) . . . geh amol hea, geh hea.
(W steht auf)

H: (von draußen) I soll an Sämbfd holn, Mama i finddn ned!

W: (geht auch raus, zornig)

E: Weana!
(Ein Schlag und Klirren ist zu hören, Hansi kreischt wieder. Werner kommt mit Senf bekleckert zurück.)

W: Lisabeth hasd a Diachl oda was?

E: Brauchds an Vaband?

W: Nna a Diachl, das e des Zeich von da Hosn weggabring.

E: Was hasd dn eahm doa?

W: S Sämbfdglaasl is hie. Eahm haw e oane baddsd, waal a s brauchd had!
(Während E versucht, W mit einem Tuch zu säubern, ruft W nach draußen.)

W: Und du schleichsd de in dei Zimma und i wüill de easchd wieda sehng, wenn a de hol!

O: (schüttelt den Kopf) Geht ihr nun heute in die Christmette?

W: Des sehng ma scho, d Bladdn is aus.

E: Schee woa s, draah ma s um, ned du, d Bladdn moane.

W: Nnna, schaung ma liawa, ob am Feanseh was kummd.

E: An Weihnachdn kummd meisdns nix gscheids.

W: Wo is n s Brogrammhefdl?

E: Haw e koans meah griagd, waal s a so zuaganga is, da woan scho olle fuadd.

O: Wirklich? Also bei meinem Zeitschrift . . .

W: Na ham ma etzs koa Feansehzeidung iwa d Feiadag ebba?

E: Nna. Mei.

W: Bfiad de God, des wead wieda a Ummanandschalddarei wean, meiomei.

E: Ja wecha mia brauch ma iwahaubds koan Feanseh.

W: Grad an Weihnachdn, wo s imma so a guads Brogramm bringa.

O: Aber du, Elisabeth, die Würstl war'n ganz fein, wo hast die gekauft eigentlich?

E: Magsd no a Boa?

O: Um Gottes Himmels willen nein, da tät's mich zerreißen, so viel hab ich gegessen.

E: San fei gnua da, wiagglich, iss hald no a Boa.

W: Dua s mia hea, i hau s scho no hindde, san eh solche Zambbal. Und a Bia, owa ausm Küihlschrangg, du.

O: Und was macht ihr morgen?

E: Moansd kocha?

O: Nein äh, was ihr unternehmt und so.

E: Ahso. Ja moang wolln ma scho beizeiddn ausse und a Schneewandarung macha, gell Weana.

W: Ija, des sehng ma scho, wia s Weda wead.

H: (steht in der Türe) Mama, mia is schlecht.

E: Wecha den oana Wiaschdl, wo s d gessn hasd?

H: Woas s ned.

O: Das Kind ist ganz blass, man sollte einen Arzt holen.

W: Geh, wo wüillsd dn am Heiling Omd an Dogda heabringa? Dea soll se in s Bedd leng. Na is s glei bessa.

H: I mag owa ned in s Bedd.

W: Na konn da aa ned schlechd sei.

H: Doch!

W: Geh, Grambfhehna, wenn s oam ned guad is, legd ma se hie oda es is oam guad. Aus.

H: Mama, i glaub, i muas brecha!

W: Meiomeiomei, ausgrechnad an Weihnachdn.

E: Und du hasd aaf deina eigna Hochzeid gschbiem, ausgrechnad, gell. Kumm Hansi schaung ma r amol.
(H und E ab)

W: Des wa d Aufregung damals, owa an Weihnachdn brauchd ma se doch nimma aafreng, Weihnachdn is ja jeds Joah wieda, owa d Hochzeid, omei Leidln.
(Glockengeläut wird hörbar).

O: Warum wird denn jetzt geläutet?

W: Des wead d Grisdmeddn sei.

O: Was denn, um zehn Uhr?

W: Ja da neie Bfarra machd s scho a bissl eha, das d Kinda aa mid kenna.

O: So. Das find ich aber sehr vernünftig. Wie heißt denn der neue Herr Pfarrer?

W: Ouh du da miassd e etz iwaleng. Bea — Bea oda Bei — Boi fangda glauw e oo, owa mei da miassd e etz liang, owa vielleichd woas s d Elisabedd. Elisabedd, Elis . . .!

O: Ach laß, die ist beschäftigt. Äh, geht ihr nun in die Christmette?

W: Ja i glaub fast, das s etz scho a bissl gnabb is, aussadem wo s am Hansi so schlechd gehd. Da mag e einglich ned so gean aus m Haus, gell. Magsd iagandwas Oma, an Wein, oda no a Bia?

O: Nein danke, Werner, ich werd' mal nach unserem armen Patienten Hansi sehen.

W: Ja schausd amol, wo s solang bleim.
(Oma ab.)
(Werner schenkt sich Bier ein, steckt sich eine Zigarette an, geht zur Eisenbahnanlage, schaut sie an und schüttelt den Kopf, schaltet das Radio an und legt sich auf die Couch. Aus dem Radio erklingt „Stille Nacht, Heilige Nacht".)

W: So, moang wea r a me amol richdig ausschlaffa.
(Er gähnt ausgiebig und beginnt zu schnarchen.)   Albert Mühldorfer

25.
DEZEMBER

Christfest

Ei Manna,
schauts nur her

Evangelium zum Christtag

Als die Engel von den Hirten fort in den Himmel zurückgekehrt waren, sagten diese zueinander: Kommt, wir gehen nach Betlehem, um dieses Ereignis zu sehen, das uns der Herr kundgetan hat. So eilten sie hin und fanden Maria und Josef und in der Krippe das Kind. Als sie es sahen, berichteten sie, was ihnen über dieses Kind gesagt worden war. Und alle, die es hörten, staunten über die Worte der Hirten. Maria aber bewahrte all diese Geschehnisse und bewegte sie in ihrem Herzen. Die Hirten kehrten zurück, rühmten und lobten Gott für alles, was sie gehört und gesehen hatten, so wie es ihnen gesagt worden war.

Lukas 2, 15—20

Abendreihen

Ihr Schwesterlein, ihr Schwesterlein,
Ihr allerliebsten Gespielen mein:
Wir wollen singen ein Abendreihn
Von unserm Herren Jesulein.

Ein wahrer Gott, ein wahrer Gott
Ist er und hilft aus aller Not,
Er ist Gotts einig Söhnelein
Und Marien der Jungfrau rein.

Maria zart, Maria zart,
Kein seligers Weib geboren ward:
Sie hat geborn ein Söhnelein,
Den Herren aller Engelein.

O Gottes Lamm, o Gottes Lamm,
Wir müßten doch all sein verdampt,
Wenns ohn dein Tod und Opfer wer;
Drumb sing wir dir Lob, Preis und Ehr.

Behüt uns, Herr, behüt uns, Herr,
Für Irrtum und für falscher Lehr;
Wehr und steur aller Gleißnerei,
Betriegerei und Tyrannei.

Für Krieg und Blut, für Krieg und Blut
Behüt uns, o du höchstes Gut;
Den lieben Kornbau uns bewahr,
Daß kein Teuerung wird dieses Jahr.

Auch unser Stadt, auch unser Stadt,
Die ganze Gmein, ein ehrbarn Rat,
Die Kirch und Schul, das Bergwerk fein,
Laß dir, Herr Christ, befohlen sein.

Bewahr auch, Herr, bewahr auch, Herr,
Aller Jungfrauen Zucht und Ehr,
Behüt ihr Krenzlein für Unfall:
Wünscht euch der Hermann allzumal.

Nikolaus Hermann

Verschiedene Gebetter auf alle Festäg des Jahres

Am Heil. Christ-Tag

O hochwurdigste Demuth des höchsten Herrn, Herrn Himmels und der Erden!

O unergründliche Würkung des eingebohrenen Sohns des himmlischen Vaters, Jesu Christi, vor deinen H. Krippelein falle ich nider auf meine Knie, und wiewohl ich dich als ein armes Kindlein sehe, so glaube ich dennoch, daß du seyest ein Gott der unendlichen Majestät.

Ich danke dir tausend und Tausendmahl, daß du dich um meines Heyls willen sogar erniedriget, die Gestald eines Knechts angenohmen und ein kleines unmündiges Kindlein hast wollen werden. Ich danke dir für alles, was du meinetwegen, in dem Stall zu Bethlehem gethan und gelitten und für alle Tugenden so du darinn geübt und vollbracht hast.

Ich danke dir für deine Armuth, für deine Demuth für deine Blöße, für deine Zähre, für deine Kälte, für deine Verachtung für dein Wachen, für dein Betten, und für alle uns erworbene gute Werk, so du in deinem Krieplein verrichtet hast.

O süsses Jesulein, im Geist der Andacht nimm mich dich mit herziger Liebe auf meine Arm, gieb dir auf Dein heiliges Mündlein viel Kuß, und drucke dich mit herzlicher Liebe an mein Verliebtes Herz.

Ich begehre dir alle Lieb und Freundlichkeit, so dir deine Mutter erzeigt dir meine herzliche Begierd gefallen lassn möge. Amen.

Vater unser, Ave Maria.

Handgeschriebenes Gebetbuch der Margaretha Bäuerin gebürtig aus Egglasgrinn 1705

(Bischöfliches Zentral-Archiv Regensburg)

Regensburger Weihnacht

Weihnachtsspiele

Neben der Leidensgeschichte spielte auch das Geschehen der Heiligen Nacht in der Volksdramaturgie eine wichtige Rolle. Bei den alljährlichen Krippen- und Dreikönigsspielen, die von kostümierten Personen aufgeführt wurden, fehlte selbst der Kindermord von Bethlehem nicht. Ein Bruchstück eines Krippenspieles, das zwischen einem Hirten und einem Engel handelt, teilt Mettenleiter mit. (s. S. 210) Auch durch oberhirtliche Verordnungen sind die Krippen- und Dreikönigsspiele verbürgt. „... Auch sollen die Pfarrer gegen die zu kurzen oder sonst frechen Kleider der Weibsbilder, dann gegen die Dreikönigsspiele und andere Unanständigkeiten besonders eifern", heißt es in einer oberhirtlichen Verordnung vom 26. April 1764.

1785 brachte der Bischof beim Rat zur Anzeige, „daß vermummte Personen herumgingen, die die Hl. Drei Könige und Adam und Eva spielten" (Gumpelzhaimer). Daraufhin beauftragte der Rat die Polizeidiener mit deren Verhaftung.

Einen unmittelbaren Erfolg scheinen die Erlasse gegen die Weihnachtsspiele jedoch nicht gehabt zu haben, denn am 5. Januar 1789 sieht sich der Regensburger Bischof wiederum veranlaßt, ein Verbot gegen die Krippenspiele ergehen zu lassen: „Es wird aufgetragen, daß mit Anfang dieses Jahres ... auf den zu errichtenden Krippen nur allein das Geheimnis der Geburt Christi nach dessen einfallenden Festtagen vorgestellt und alle anderen Nebenvorstellungen hinweggelassen werden sollen...". Die in Bayern noch vielfach aufgeführten Krippenspiele bäuerlichen Ursprungs sind eine traditionelle Fortführung mittelalterlicher Weihnachtsspiele.

Weihnachtsmusik

Nicht nur Sänger zogen von Haus zu Haus, auch Musikanten reisten zur weihnachtlichen Festzeit und auch schon den ganzen Advent hindurch im Lande herum und ließen gegen ein Heischegeld ihre Weisen ertönen. Bereits im 14. Jahrhundert sind sie unter dem Namen „joculatores" verbürgt. Wir haben es hier wahrscheinlich mit Berufsmusikern zu tun, mit Stadtpfeifern und Spielleuten von Landesfürsten, die sich das brauchmäßige Privileg sicherten, zu bestimmten Zeiten an bestimmten Orten zu spielen. 1393, 1396 und 1398 erscheinen in Regensburg die Pfeifer der bairischen Herzöge; 1415 sind es die Stadtpfeifer von Straubing. Umgekehrt bliesen zu Weihnachten des Jahres 1538 die Regensburger Türmer in Wunsiedel.

Eine Rechnung des Klosters St. Emmeram von 1325/26 weist einen Betrag von 50 Pfennigen aus, die den „Telkornern" gegeben wurde. Der Erklärung Roman Zirngibls zufolge, des 1816 verstorbenen Archivars von St. Emmeram, sind unter Telkornern Hornbläser und Pfeifer zu verstehen, die zu Weihnachten dem Abt mit einer Musik aufwarteten.

Das Umsingen. Weihnachts- und Dreikönigslieder

Der Brauch des Singens von Knaben vor den Häusern zur Weihnachtszeit ist in Regensburg für das 16. Jahrhundert verbürgt. 1553 baten die Domschüler, es möchte ihnen das nächtliche Singen auf den Gassen (wieder) erlaubt werden. Neben den Bürgerhäusern waren namentlich die Klöster in der Stadt und deren Umgebung beliebte Ziele dieser Heischegänger. Die Schüler des reichstädtischen Gymnasiums, des sogenannten Gymnasium poeticum an der Gesandtenstraße, traten 1568 mit der Bitte an den Rat heran, ein öffentliches Singen von Weihnachtsliedern in den Straßen und vor den Häusern veranstalten zu dürfen. Die Buben zogen von Haus zu Haus und durften für ihre Darbietungen mit einer Büchse Geld einsammeln. In den mitgeführten Korb legten ihnen die Leute Brote und Lebensmittel. Die Schulordnung des Gymnasiums vom Jahre 1654 bestimmte für die Umsinger: „Wann sie auf der Gassen, vor den Häusern Sonn- und Werkhtage singen, sollen sie sich züchtig und still erweisen, ihre Gesangbüchl bey sich haben, die Gesäng fein langsamb singen, und nicht davon eylen ...".

Nicht nur Brotneid, sondern auch konfessioneller Haß mag die Schlägerei verursacht haben, die sich am 25. Januar 1629 zwischen den evangelischen Sängerknaben und den Jesuitenschülern in der Schlossergasse abspielte. Dabei wurden die Sammelbüchsen zertreten, das Geld verstreut und „die Bueben (die evangelischen Schüler) hart geschlagen".

Mehrere der Advents-, Weihnachts- und Dreikönigslieder wurden in Regensburg gedruckt. 1566 erschien in der Reichsstadt ein Dreikönigslied: „Drey Geistliche Lobgesang von den Heyligen drey König, das recht new Jar damit anzusingen". Die Gegenreformation im 17. Jahrhundert verlieh dem weihnachtlichen Brauch des Ansingens neuen Auftrieb. Der Regensburger Domkapellmeister Georg Reichwein komponierte ein „Jesum und Maria lobendes Lerchenstimmlein, oder etliche Advents- und Weihnachts-Arien mit einer Singstimme, dann zweyen Violinen ...", das 1667 in Regensburg im Druck erschien.

Die Weihnachtskrippe

Der Brauch, während der Adventszeit eine Krippe aufzustellen, wird heute wieder sehr gepflegt. Über die Anfänge der Krippenkunst in Regensburg mit Schnitzfiguren oder bekleideten Gliederfiguren ist fast nichts überliefert. Die erste Krippe in unserer Stadt mag um das Jahr 1650 aufgestellt worden sein, nachdem die Jesuiten, eifrige Förderer des Krippengedankens, 1621 in Amberg eine große Krippe mit über 1 m hohen, bekleideten Gliederfiguren errichteten. Im Zeitalter der Aufklärung kam der Brauch des Aufstellens einer Krippe durch stets wiederholte Verbote fast zum Erliegen. Nach Mitteilung Hosangs war in Regensburg 1826 erstmals wieder eine Krippe zu sehen, und zwar in St. Emmeram. Hosang, selbst ganz dem Geist der Aufklärung ergeben, schreibt dazu: „Allein leider sah man auch zum erstenmal wieder unschickliche Nebenvorstellungen, welche das Gemüt ganz von der Erbauung und Andacht abziehen mußten. Denn neben dem Stall, in dem das Kind des Friedens schlief, waren Schweins- und Bärenhatzen von Hafnerarbeit aufgestellt . . .".

Die Weihnachtssemmel

Weihnachten ist das Fest des Schenkens, nur waren die Geschenke einst einfacher, bescheidener. Der Weihnachtsbaum als Geschenk und Geschenkträger findet erst im späteren 19. Jahrhundert Eingang in Regensburg.
Das offizielle Weihnachtsgeschenk im alten Regensburg waren Gebäck, Brote und Kuchen, ein Brauch, der bereits 1442 bezeugt ist. In diesem Jahr und auch weiterhin erhielten die Geistlichen vom Rat zu Weihnachten Krapfen, von 1442 an Semmeln. Die Weihnachtssemmel galt als offizielles Geschenk — Gratifikation würde man es heute nennen — des Dienstherrn an die Bediensteten. So erhielten die städtischen Beamten 1502 vom Rat zu Weihnachten je eine Semmel, aber nicht in der Art unseres heutigen Kleingebäcks, sondern 25 Pfund schwer, von denen jede 42 Pfennige kostete. Die Weihnachtssemmel war auch das herkömmlichste Geschenk der Klöster an ihre Dienstboten.

Karl Bauer

Maria mit Jesusknabe
Gnadenbild Maria-Hilf
nach Lukas Cranach d. Ä., 163
Wallfahrtskirche
Mariahilfberg Amberg

338

Josef mit Jesusknabe und
Martyrium des hl. Stephan
Spitzenbilder, Ende 18. Jahr-
hundert; Museum der Stadt
Regensburg

Fatschenkind in Oberpfälzer
Bauernwiege
Kopie des „Gnadenreichen
Kindes Jesu bei denen P. P.
Augustineren in München" von
Erika Eichenseer, Regensburg,
1976; Wiege um 1840; Museum
der Stadt Regensburg

Madonna in der Halle
Tafelbild von Jörg Breu d. Ä.
um 1515; Stiftskirche
Maria Schnee Aufhausen,
Landkreis Regensburg

Martyrium des heiligen Johannes
Glasfenster um 1320/30; Dom zu
Regensburg, Apostelfenster im Hauptchor

Evangelist Johannes
Tafelbild eines Oberpfälzer Meisters
um 1460; ehemalige Wallfahrtskirche
St. Wolfgang bei Velburg, Landkreis
Neumarkt

Die Krippe der Bergkirche zu Amberg

Von den Krippen in Ambergs Kirchen ist die beliebteste wahrscheinlich jene der Bergkirche. Die Vielzahl der Gestalten, die liebevolle Ausarbeitung der einzelnen Gliederfiguren und der Prunk, der immer wieder gezeigt wird, verbunden mit einer Fülle an Kleingerät, all das erfreut nicht nur Kinder. So wie wir die Krippe heute sehen, konnten sie auch schon unsere Großeltern und Urgroßeltern bewundern. Über hundert Jahre ist sie alt, sie zählt mit zu den ältesten Krippen Bayerns, wenn wir von jenen absehen, die in Museen stehen. Ihre Entstehungszeit verdankt sie dem Franziskanerfrater Vinzenz Hafner, der am 4. 8. 1821 in Feldheim (Schwaben) geboren wurde, am 27. 10. 1845 zu Tölz in den Franziskanerorden eintrat und am 27. 8. 1849 nach Amberg kam. Als Mesner und Schneider wirkte er hier bis zum 16. 9. 1885 im Hospiz auf dem Mariahilfberg. In jahrelanger Arbeit schuf er die Krippe. Mit künstlerischem Geschick modellierte er die Köpfe der Figuren und schuf dann die Gußformen. Seine Köpfe, die er wieder selbst mit Glasaugen versehen, dann entsprechend geschminkt und gepudert hatte und denen er schließlich Haupt- und Barthaare einstach, blieben nicht nur in Amberg, sondern wanderten sogar bis nach Amerika. Er begnügte sich aber nicht nur damit, prächtige, charaktervolle Köpfe zu schaffen, er gab diesen oft auch die Züge bekannter Persönlichkeiten. Fürst Bismarck, dem unser Frater wegen des Kulturkampfes nicht wohlgesinnt war, wurde so zum Lakaien im Gefolge der Heiligen Drei Könige degradiert.

Als Schneider verstand es unser Frater natürlich gut, die Gliederfiguren entsprechend zu kleiden. Die Gewänder und die alten Seidenstoffe sind des genauen Betrachtens wert. Die großen Bilder im Hintergrund stammen nun nicht von Vinzenz Hafner, sie schenkte der Amberger Kunstmaler Ernstberger den Franziskanern. Er wird wohl auch bei der Herstellung der Palmen und der Gebäude mitgeholfen haben. Wer die Schreinerarbeiten und Schnitzereien fertigte, wissen wir nicht. Einem Bericht über die Zeit zwischen 1870 und 1900 ist zu entnehmen, daß neben der Hauptkrippe damals in einem abgesonderten Teil der großen Aufstellungsfläche Geschehnisse aus dem alten Testament aufgebaut wurden, die als Vorbilder für die Szenen der Hauptkrippe gelten konnten. Dies geschah besonders häufig bei den Darstellungen in der Fastenzeit. Von Mariä Verkündigung an bis zur Kreuzabnahme, also über das gesamte Leben des Herrn reichen die Darstellungen dieser ältesten Amberger Krippe. Gegen 250 Figuren umfaßt sie. Die Bedeutung von Frater Vinzenz Hafner erschöpft sich aber nicht in diesem Werk. Daß seine Figuren bis nach Amerika reisten, wurde schon erwähnt. In Amberg selbst verdanken manche Krippen in Privathäusern ihm ihre Entstehung. Auch die St.-Martins-Krippe wurde einst mit Figuren aufgebaut, die Frater Vinzenz geschaffen hatte. Nach dem Vorbild der Bergkirche entstanden auch in anderen Kirchen Krippen, 1868 baute z. B. der Mesner von Hahnbach nach mehrmaligem Besuch und gründlicher Betrachtung der Bergkirche in der dortigen Pfarrkirche eine Krippe auf. Frater Vinzenz Hafner setzte so den entscheidenden Anfang der

Krippenbewegung in unserer Heimatstadt. Gerne verließ er 1885 Amberg nicht, als ihn seine Oberen nach Landshut versetzten. Dort ist der Schöpfer unserer Bergkrippe, der als leutseliger, freundlicher Mann und großer Schnupftabakverbraucher von Bekannten geschildert wird, am 16. 3. 1895 gestorben.

Nun ist es irrig, wollte man ihn als den ersten ansprechen, der in der Bergkirche eine Krippe aufgebaut hat. Von 1845 stammt schon die Bewilligung des Regensburger Ordinariats für die Aufstellung „frommer Vorstellungen in der Mariahilfbergkirche in der kommenden Fastenzeit". 1843 dagegen hatte das Ordinariat auf Veranlassung des Amberger Stadtdekans den Franziskanern auf dem Berg verboten, über Lichtmeß hinaus noch Krippen aufzustellen. Sechs Jahre vor der Ankunft Frater Hafners bestand also schon eine recht umfangreiche Krippe in der Bergkirche. Scheglmann rühmt, daß die Franziskaner seit 1832 — in diesem Jahr bezogen sie wieder ihr Hospiz, das sie im Zuge der Säkularisation hatten räumen müssen — die Gläubigen „durch ihre schon vor der Säkularisation berühmt gewesenen Krippendarstellungen" erbauen. Seit 1832 wird also — und warum sollten wir Scheglmann nicht glauben —, in der Bergkirche ununterbrochen Jahr für Jahr die Krippe aufgebaut. Es wird wenige Kirchen in Bayern geben, die eine ähnliche Krippentradition haben.

In den ersten Jahrzehnten des 19. Jahrhunderts war allerdings auch auf dem Berg keine Krippe vorhanden. Die Aufklärung hatte in ihrer antireligiösen Tendenz mit wissenschaftlicher Gründlichkeit die Krippen erst als dem Aberglauben förderlich erklärt und schließlich gegen den Willen der Bevölkerung das Verbot derselben bewirkt. Von 1814 und 1816 stammen Verlautbarungen wie: Man müsse ohne Nachsicht das Krippenverbot durchführen, „wenn man nicht die Herrschaft der Finsternis und des Aberglaubens zurückführen will." Von 1789 und 1803 liegen allgemeine Verbote vor.

In Amberg aber waren die Krippen schon Jahre vorher verschwunden. Hier, am Sitz der Regierung der Oberpfalz war man schon in den siebziger Jahren des 18. Jahrhunderts aufgeklärt genug — schließlich konnte hier fast jeder zweite lesen und jeder zehnte möglicherweise die Grundrechnungen —, um die Verderblichkeit der Krippendarstellungen zu erkennen. Bei der Bergkirchenrechnung heißt es 1778: „Bei der Krippen eingegangenes Opfer kann wegen derselben nimmermehriger Existierung angesetzt werden: Nichts." Dieses Satzgebilde zeigt deutlich den Sieg des aufgeklärten Geistes über die Krippenkunst. 1776 wird berichtet, daß die Krippe nimmer zum Aufmachen ist. 1775 aber bekam der Mesner Siegert 2 fl. für das Aufbauen der Krippe, in diesem Jahr wurde also letztmals die alte Bergkrippe durch den Mesner, nicht durch die Franziskaner, wie Scheglmann meint, aufgebaut. Für 60 Jahre fast verschwanden dann die Figuren in der Sakristei. Sehr wahrscheinlich aber begannen 1832 die Franziskaner noch mit den vorhandenen alten Figuren ihre Krippendarstellungen. Es ist kaum anzunehmen, daß sie in einer Zeit, in der Krippendarstellungen allgemein verpönt waren, schon mit einer vollausgebauten, vielgestaltigen Krippe nach Amberg zogen.

Über die Krippe des 18. Jahrhunderts sind wir durch die Kirchenrechnungen ziemlich gut unterrichtet. 1744, mitten in den Wirren des österreichischen Erbfolgekrieges berichtet der Verwalter „yber daß würdtige Gotts Haus auf den Marianischen hilfberg negst Amberg Joseph Antoni Stephinger, Burgermaistern vnd Kürchen Verwaltern daselbsten: ...Nachdem anheuer zur Ehr Gottes und zierdte der Kirchen eine Neue Krippen beygebracht und verfertigt worden, also hat hierzu die Verwittibte Claudi Königin alhier inhalt Verzeichnus unterschidliche Cramwahren abgegeben, so ihr zalt wordten mit 14 fl. 16 kr.“

Weitere Kramwaren, wahrscheinlich Stoffe, Spangen und Lederzeug lieferten für 11 fl. 35 kr. Frau Maria Peimblin und Mesner Siegert. „Dem Jeremiä Bernhard Denlacher Paroquenmacher umbwillen Er zur Krippen 7 Pariquen und für unser liebe Frau die Harthur gemacht, vigore scheins . . . 4 fl.“ heißt es dann.

Man zahlte ferner dem Bildhauer Peter Hirsch für verschiedene Arbeit 10 fl 20 kr., dem Maler Georg Mathias Pesl für das Fassen und Malen der Bildhauerarbeit 16 fl., dem Peter Pacher wegen der Schreinerarbeit für die „neugemachte Krippe und anderes“ 19 fl., dem Schlosser Balthasar Kölbich wegen Ausbesserungen und Arbeiten für die Krippe 14 fl. und dem Mesner Johann Georg Siegert fürs Aufbauen die 2 fl., die er auch weiterhin Jahr für Jahr bekam.

Rund 90 fl. gab man so für die neue Krippe aus. Für diese Summe hätte man 450 Maß Meßwein kaufen können. Ein Mauerer konnte damals diese Summe vielleicht im Laufe eines Jahres verdienen. Wie umfangreich nun diese Krippe war, läßt sich aus diesen Angaben nicht ersehen, sicherlich aber wurden die noch vorhandenen alten Figuren weiterverwendet.

In den folgenden Jahren erfahren wir immer wieder etwas über die Krippe in den einzelnen Rechnungsbänden.

1756 lieferte Sebastian Weiß rote und schwarze Bändchen für die Krippe. Der Perückenmacher Samuel Heimerl fertigte 10 Perücken und besserte fünf alte aus. 3 fl. 55 kr. erhielt er. Johann Hirsch dagegen reparierte mehrere Figuren an Händen, Füßen und Köpfen und schnitzte auch einige Hirtenstäbe. 3 fl. 50 kr. zahlte man ihm. 1759 mußte Johann Peter Hirsch 10 Figuren und einen Kopf ausbessern und außerdem zwei neue Köpfe, 2 neue Füße, 2 Hirtenstäbe und 3 Engelsstäbe schnitzen. 2 fl. 50 kr. war sein Lohn.

1760 lieferte der Flaschner Martin Dötter vier neue Blechsäbel für die Krippensoldaten.

1762 schnitzte Peter Hirsch ein Kreuzlein, zwei Schäferstäbe, zwei neue Händlein und zwei ganz neue Figuren mit Gliedern und bekam dafür 3 fl. 40 kr. Der Maler Pesl faßte drei Figürlein neu, besserte zwei aus, vergoldete drei Kreuzlein und strich die Stäbe rot an.

1764 verkaufte der Perückenmacher Samuel Heimerl 9 Perücken. Von Christoph Pickl erwarb man kleine Filzhüte. 1765 schuf der Bildhauer Philip Lutz wiederum neue Krippenfiguren, besserte andere aus und verrechnete den stattlichen Betrag von 14 fl.

1769 faßte Maler Mathias Pesl 10 Figürlein zur Krippe für 1 fl. 49 kr., und 1770 war der Bildhauer Joachim Schlott mit der Reparatur einiger Figuren beschäftigt. 1771 hatte der Maler Wolf Pesl an der Krippe zu arbeiten und 1775 wurde sie das letzte Mal aufgestellt. Nach der Anzahl der Perücken und Figuren zu schließen war diese Anlage sehr figurenreich. Die geschnitzten Köpfe, die vor einigen Jahren im Kloster aufgefunden wurden und nun im Stadtmuseum aufbewahrt sind, stammen wahrscheinlich von dieser Krippe.

Seit rund 250 Jahren besteht nun die Krippe in der Bergkirche. Hat aber außer dem religiösen Gedanken die gegenwärtige Krippe etwas mit den früheren noch gemeinsam? Nun, die Figuren der ersten Krippe von 1720 wurden sicher in jene von 1744 mit übernommen. Wahrscheinlich verwendeten die Franziskaner 1832 noch die Figuren des 18. Jahrhunderts. Frater Vinzenz Hafner muß anfangs wohl noch mit diesen gearbeitet haben, bis er schließlich durch eigene Arbeiten die jetzige Krippe schuf. So ist wohl auch der Einschlag des ausdrucksstarken 18. Jahrhunderts bei unserer Bergkrippe zu erklären, denn manchen besonders prächtigen Szenen wie die Anbetung der Könige, die Hirtenverkündigung, entstammen doch mehr dem lebensvollen Barock und Rokoko als dem blassen Nazarenerstil.

Ein Vierteljahrtausend umfaßt so die Geschichte und das Werden unserer Bergkrippe. So viel sich auch in dieser Zeit geändert hat, die Freude an der Darstellung des Weihnachtsgeheimnisses ist geblieben.

Otto Schmidt

Das Prager Jesukindl in der nördlichen Oberpfalz

Die Oberpfalz ist reich an Kirchen und Kapellen, in denen besondere Gnadenbilder verehrt werden. Auch in Bauern- und Bürgerhäusern gab es früher viele Andachtsgegenstände, die oftmals als Erbstück durch mehrere Generationen bewahrt wurden. Eine im nordoberpfälzer Raum sehr beliebte Darstellung war das Prager Jesukindl, das man auch heute noch vereinzelt findet. Seine Verbreitung ist aber keineswegs auf dieses Gebiet beschränkt, auch im angrenzenden Bayerischen Wald ist es häufig zu finden und weiter noch in allen Ländern Europas.

Das Prager Jesulein ist von allen derartigen Gnadenbildern der Barockzeit das berühmteste. Das Original befindet sich in der Karmelitenkirche Maria vom Siege auf der Kleinseite in Prag. Es ist aus Wachs geformt, 48 cm hoch und mit einem kostbaren Mantel bekleidet. Das Haupt ziert die böhmische Krone mit wertvollen Edelsteinen. Das Jesuskind hebt die rechte Hand segnend empor, in der linken trägt es den goldenen Reichsapfel. Unter den zahlreichen Weihegeschenken, welche dem Gnadenbild verehrt wurden, befinden sich zwanzig Kleider und Mäntel aus Seide und Brokat, alle reich bestickt, einige sogar mit Diamanten besetzt.

Das Gnadenbild in Prag ist eine Stiftung des Hauses Lobkowitz. Zu ihrer Trauung erhielt Fürstin Polyxena Lobkowitz im Jahre 1628 das Kleinod von ihrer Mutter zum Geschenk, das in deren Familie in Spanien schon viele Jahre als wundertätig verehrt worden war.

Nach dem Tod ihres Mannes schenkte es die Fürstin dem Karmelitenkloster in Prag. Dort entwickelte sich eine rege Wallfahrt mit Gebetserhörungen und Wunderberichten. Bald fanden Kopien des Gnadenbildes, die mit dem Original berührt worden waren, Aufnahme in anderen Klöstern. Um die Mitte des 19. Jahrhunderts hatte die Verehrung des Prager Jesukindes ihren Höhepunkt erreicht. Es gibt Barock- und Rokokoplastiken in kostbarer Bekleidung, die mehr beim Adel, Klerus und Bürgertum Verbreitung fanden. Auch Ölgemälde, Kupferstiche und Holzschnitte wurden vielfach hergestellt.

Für das einfache Volk hat wohl auch der Kaufpreis eine Rolle gespielt, und so wurden auch volkstümliche und billigere Nachbildungen verkauft, auf Postamenten in Glasstürzen, in Wandkastenbildern, aus Wachs, Holz oder Porzellan.

Sie waren auf den Andenkenständen vor den böhmischen Wallfahrtskirchen zu finden, und nachdem die Oberpfälzer gern diese Wallfahrten besuchten, erklärt es sich, daß man das Prager Jesulein hier häufig findet: in Neustadt an der Waldnaab, in Weiden, Cham, Chamerau oder Vohenstrauß (s. S. 118) z. T. prachtvoll ausgestattet mit Edelsteinen und Seide. Wandkastenbilder stehen in Moosbach und Waldthurn, eines davon sogar mit Spieluhr, und nicht zu vergessen sind die liebevollen kleinen Andachtsbilder mit handkolorierten Stahlstichen und filigranartig gestochenem Rand. Franz Bergler

Die Krippe von Heilbrünnl bei Roding

Eine der wertvollsten und ältesten Krippen der Gegend dürfte die von Heilbrünnl bei Roding sein. Über ihren Ursprung ist so gut wie nichts bekannt. Vermutlich stammt sie aus der Pfarrkirche von Cham, vielleicht wurde sie im Zuge der Entbarockisierung (1860) nach Heilbrünnl gebracht.

Die Figuren dieser Krippe wurden von unbekannten, aber sehr begabten einheimischen Künstlern geschnitzt. Da sie laufend ergänzt und erweitert wurde, weist sie keinen einheitlichen Stil auf. So ist z. B. die Größe der Figuren recht unterschiedlich.

Die ältesten Figuren dürften über 200 Jahre alt sein, sind 45 bis 60 cm hoch und haben kunstvoll geschnitzte Köpfe, bewegliche Gliedmaßen, gut ausgebildete Hände und eine überaus reiche Gewandung. Zu dieser Gruppe gehören Maria und Josef, Hirten, die Heiligen Drei Könige, ihr Gefolge, der Hohepriester und der Hohe Rat, vier kahlköpfige Verkündigungsengel und vier kleine Engel, aber auch Tiere wie Kamele, Ochsen, Dromedar, sogar eine Schlange aus einer Wurzel.

Die zweite Gruppe dürfte aus der Zeit um 1820 stammen. Diese Figuren sind etwas kleiner und stellen die vielen Nebenfiguren dar, die zur Jahreskrippe gehören. Sie alle tragen eine bürgerliche bzw. bäuerliche Kleidung in der Mode der damaligen Zeit.

Der große Verkündigungsengel verdient eine besondere Beachtung: Er besitzt bewegliche Gliedmaßen und ist auf diese Weise variabler, in seinen Gesten lebendiger. Er gehört vor allem durch sein markantes, männliches Gesicht nicht zur Kategorie der anmutigen „ewigen Kinder", die unsere Barock- und Rokokokirchen bevölkern und zu den beliebtesten Gestalten dieser Kunstepochen zählen. Vielmehr will er Gesandter des Herrn sein und strahlt überirdische Würde aus. Seine Anwesenheit in der Krippe hebt die Familienidylle im Stall von Bethlehem aus der rein menschlichen Sphäre heraus und verleiht ihr himmlischen Glanz.

Wie bei jeder Krippe so bilden auch in der von Heilbrünnl die Heiligen Drei Könige die Hauptattraktion (s. S. 347). Stall und Krippe könnten meistens irgendwo bei uns stehen, die Kulisse der Landschaft gleicht unserer heimischen Gegend. Josef und Maria und auch die Hirten unterscheiden sich in Kleidung und Gebaren nicht vom Herkömmlichen. Die himmlischen Heerscharen schweben als Wesen einer jenseitigen Welt über der Krippe.

Aber an den Heiligen Drei Königen, an diesen fremdländischen Gestalten entzündete sich die Phantasie der Krippenschnitzer. Sie umgaben die Heiligen Drei Könige mit aller märchenhaften Pracht und Herrlichkeit, die sie sich vorstellen konnten. Und gerade darin liegt der geheimnisvolle Reiz dieser Figuren, der sich in den Tiergestalten, die die Heiligen Drei Könige als Gefolge begleiten, fortsetzt. Das zeigen vor allem die beiden Kamele, die ausschauen „wie buckliche Rösser mit schiach langen Kräg'n", wie es in einem alpenländischen Weihnachtslied heißt.

Ein echter Elefant hat bei dem grauen Ungetüm in der Krippe auch nicht Pate gestanden. Aber was machte das schon aus? Die andächtigen Kripperlbesucher hatten ja auch noch keinen echten Elefanten gesehen. Die Heiligen Drei Könige mußten damals noch eine Sensation gewesen sein. Wer von den andächtigen Betrachtern hatte schon jemals einen so prächtig gekleideten Fürsten gesehen, mit seidigem Gewand und üppigen Stikkereien, mit dicken Gold- und Perlenketten, funkelndem Geschmeide und einem kunstvoll geschlungenen Turban? Wer war schon einmal einem leibhaftigen Mohren gegenübergestanden? Wer getraute sich mit Gewißheit zu behaupten, daß es die grauen Ungeheuer, die Elefanten, und die buckligen Rösser, die Kamele, wirklich gab? Auch das alles gehörte zum Wunder der Weihnacht. Man kann sich vorstellen, daß sich diese alte Krippe in jedem Jahr besonderer Beliebtheit, vor allem bei den Kindern, erfreute.

Heute wird diese Krippe nicht mehr in Heilbrünnl, sondern in der Pfarrkirche in Roding aufgestellt.   Willi Straßer

Die Schreinkrippen von Waldsassen

Als vor fast 300 Jahren Andreas Burgl aus Eger die Schweine des Klosters auf die Weide trieb, hatte der Viehhirte immer ein scharfes Messer und ein Stück Holz in der Tasche. Damit vertrieb sich das Naturtalent — „Homo silvestris" wie es in einer alten Aufzeichnung heißt — die Zeit. Was dabei unter seinen Händen entstand, sind zwei Kunstwerke, die heute in der Basilika Waldsassen bewundert werden können: zwei Miniatur-krippen mit rund 60 Figuren, teilweise nur einen Zentimeter groß, hauchdünn, aber bis ins kleinste Detail ausgearbeitet. In alten Überlieferungen wird davon berichtet, daß der Schweinehirt Andreas Burgl oft dem berühmten Bildhauer Karl Stilp bei seiner Arbeit zugeschaut hat, als dieser in der Klosterbibliothek in Holz und ebenso vollendet in der Stiftskirche den Hochaltar in Stein gearbeitet hat. Als der Schweinehirt seine beiden Miniatur-Krippen fertig hatte, fragte er den Abt des Klosters, ob sie es wohl wert seien, in der Kirche aufgestellt zu werden. Dort können die beiden Kunstschätze auch heute noch bestaunt werden. Die Rahmen der Krippen sind durchsetzt mit zahlreichen wertvollen Steinen, liebevoll verspielter Zierart einer künstlerischen Phantasie. Dieser Rahmen umschließt einmal einen Stall in einer bescheidenen Landschaft, darin in winziger Krippe das Jesuskind, daneben Maria und Josef. Draußen die Hirten, die der Botschaft der Engel über ihnen lauschen. Die zweite Krippe zeigt eine orientalisch bewegte Szenerie mit den Heiligen Drei Königen, anbetend vor dem göttlichen Kinde. Ein reiches Gefolge steht um sie herum. A. u.

Die Krippe auf dem Kreuzberg zu Schwandorf

Unter dem Schutt der durch den verheerenden Bombenangriff 1945 fast völlig zerstörten barocken Wallfahrtskirche auf dem Kreuzberg zu Schwandorf fand man neben dem berühmten Gnadenbild einen Teil der Figuren der schwerbeschädigten Kreuzbergkrippe. Weihnachten 1945 konnte man damit wenigstens die Geburt Christi wieder darstellen. Erst 32 Jahre später, fast gleichzeitig mit dem Beginn der jüngsten Renovierungsarbeiten an der neuen, modernen Kirche wurde eine Generalüberholung dieser damals geretteten Krippenfiguren beschlossen und in Auftrag gegeben.

Die Restaurierung der ersten sieben Figuren und die Zwischenergebnisse einer langjährigen Geschichtsforschung aufgrund alter Rechnungen und Berichte lassen einen deutlichen Einblick in das „Leben" dieser alten Krippe in Schwandorf zu: Die heute noch existierenden rund hundert Figuren dürften nur ein Teil einer herrlichen, figurenreichen Krippe sein. Denn nach Erzählungen alter Schwandorfer konnte jedes Sonntagsevangelium des Jahres mit Krippenfiguren gestellt werden. Die Krippe war also ein fester Bestandteil der Kirche gewesen.

Dies war nicht immer so: Die im Jahre 1770 zum ersten Mal erwähnte, aber wahrscheinlich ältere Krippe mußte wie viele andere Krippen ihrer Zeit unter der Säkularisation leiden. Lange Zeit galt sie als verschollen, tauchte jedoch 1881 auf dem Kreuzberg wieder auf zur großen Freude der Schwandorfer Bevölkerung. Daß sie vorher 1875 auf einem Kirchen-

dachboden von einem 13jährigen Schlosser-
lehrling wiederentdeckt wurde, kann man in
Carl Amerys Buch „Dortmals" auf S. 78
nachlesen.
Für die Krippe der Kreuzbergkirche hatte damals das Dasein im Licht der Öffentlichkeit
wieder begonnen. Selbst das mechanische
Zeitalter ging nicht spurlos an ihr vorüber.
Oskar von Miller, der Besitzer des Schwandorfer Elektrizitätswerkes und Begründer des
Deutschen Museums in München stellte 1900
kostenlos einen Elektromotor für eine Me-
chanisierung der Krippe zur Verfügung. Als
jedoch der gewünschte Erfolg ausblieb,
kehrte man gerne wieder zur unbeweglichen
Krippe zurück.
Auch andere Veränderungen mußte die
Krippe über sich ergehen lassen. Als Beispiel
dafür soll folgende Entdeckung bei den kürz-
lich durchgeführten Restaurierungsarbeiten
dienen: Dicht mit Farbe überschmiert war der
Kopf einer männlichen Hirtenfigur. Nach vor-
sichtigem Ablösen der obersten Farbschicht
kam ein Mohrenkopf zum Vorschein. Feh-
lende typisch negroide Gesichtszüge ließen
jedoch darauf schließen, daß diese schwarze
Fassung nicht die ursprüngliche war. Erneu-
tes Ablösen der Farbe brachte die helle Origi-
nalfarbe auf einem ausdrucksstarken weibli-
chen Gesicht hervor (vgl. Titelbild). Aus
einem Hirten war über einen Mohren eine
wunderhübsche Rokokoschäferin geworden!
Wie bei den meisten älteren Krippen vergrößerte sich auch bei der Schwandorfer im
Laufe der Jahrhunderte die Anzahl der Figuren. Zu den wohl ältesten der noch erhaltenen Figuren aus der frühen Rokokozeit wurden immer wieder neue hinzugefügt. Die für
die Rokokozeit typischen Holzkörper mit aus-

geprägter Wespentaille, hölzernen Kugelge-
lenken, schwungvoll geschnitzten und reich-
verzierten Stiefeln wurden später von ein-
facheren, schlichteren Körpern und Gliedmaßen abgelöst. Die jüngsten Figuren dürften
aus der Biedermeierzeit stammen. Über die
Schnitzer ließ sich bisher nichts in Erfahrung
bringen.
Da durch frühere Restaurierungen und starke
Kriegsschäden von der ursprünglichen Gewandung leider nichts mehr übriggeblieben
ist, muß im Laufe der nächsten Jahre eine
schwierige Aufgabe gelöst werden: Alle vorhandenen Figuren sollen wieder eine möglichst originalgetreue und kulturgeschichtlich
richtige Bekleidung erhalten.

Christl Pöllmann

Das gestohlene Jesulein

Die ganze Gemeinde war stolz auf die Weihnachtskrippe in ihrer Pfarrkirche. Denn alle
hatten ihren Anteil an der kunstvollen Bastel-
arbeit gehabt.
Und dann geschah das Unfaßbare: Als am
dritten Tage nach Weihnachten der Pfarrer
durch das Kirchenschiff zur Sakristei schritt
und im Vorübergehen noch einen Blick auf
die Krippe werfen wollte, kam ihm der Mesner
in heller Verzweiflung entgegen. „Hochwürden, Hochwürden — !" krächzte er heiser vor
Aufregung, „das Kind ist weg! Ja, unser Jesuskind — aus der Krippe haben sie es gestohlen!"
Der Pfarrer schüttelte den Kopf: „Das gibt es
in unserer Gemeinde nicht."
„Dann muß es jemand aus einer anderen Ge-

meinde sein, der neidisch auf unsere schöne Krippe war."

Auch das schien dem Pfarrer nicht einzuleuchten. Er sagte in seiner ruhigen, bestimmten Art: „Wir wollen selber Detektiv spielen. Ich setze mich hier in den Beichtstuhl und ziehe den Vorhang etwas zurück. So kann ich alles übersehen, was bei der Krippe geschieht. Und Sie verstecken sich hinter dem Pfeiler da."

Kaum hatte der Mesner sein Versteck und der Pfarrer seinen Spähposten bezogen, als die Kirchentür sich öffnete und kurze, eilige Schritte von den Steinfliesen widerhallten. So unbekümmert tritt kein Dieb auf, sagte sich der Pfarrer und neigte sich etwas vor, um den Eintretenden besser sehen zu können. Der Kleine, der da so selbstsicher, ohne nach rechts und links zu schauen, direkt auf die Krippe zuschritt, war Rudi, das fünfjährige Brüderchen von Klaus Hartmann, dem Klassenbesten. Wie wird der arme Kleine erschrecken, wenn er die Krippe leer findet, dachte der Pfarrer mit Bedauern.

Aber von Erschrecken war nichts zu merken. Das Kind beugte sich über die leere Krippe und legte mit äußerster Behutsamkeit den mitgebrachten Gegenstand hinein. Dann glättete es sorgfältig das Stroh und Moos ringsum — und als es dabei zur Seite trat und den Blick auf die Krippe freigab, glaubte der Pfarrer, seinen Augen nicht trauen zu dürfen — denn da lag vor ihm holdselig lächelnd, mit zärtlich ausgestreckten Händchen, das verschwundene Jesulein.

Da stand der Pfarrer vor ihm. „Wie kommst du zu dem Jesulein?" fragte er erstaunt, „Wo hast du es gefunden? Oder wer hat es dir gegeben?"

„Niemand hat es mir gegeben", sagte Rudi, „ich habe es aus der Krippe genommen."

„Aber warum denn? Was hast du denn mit dem Jesulein gemacht?"

Jetzt wurde das Kind verlegen und blickte scheu vor sich hin. Aber dann schaute es den Pfarrer treuherzig an und sagte: „Herr Pfarrer, das war nämlich so: Ich hätte so gern einen schönen Roller gehabt, weil ich doch so gern Roller fahre."

„Und hast keinen bekommen?" fragte der Pfarrer voll Bedauern.

„Für meine Mutter war er zu teuer", erklärte Rudi, „und da habe ich mir einen vom Christkind gewünscht."

„Und das Christkind hat dir den Roller gebracht?"

„O ja, Herr Pfarrer", nickte Rudi, und sein Gesichtchen strahlte vor Glück. „Einen ganz wunderschönen Roller. Und ich bin so glücklich damit und dem lieben Christkind so dankbar. Und da hab ich gedacht, wo doch alle Kinder so gern Roller fahren, würde es dem Christkind auch Freude machen, und weil ich ihm so dankbar bin, wollte ich ihm mal zeigen, wie schön es sich mit dem neuen Roller fahren läßt . . ."

„Und da bist du mit dem Jesulein Roller gefahren?" „Ja, Herr Pfarrer, jetzt eben. Drei Runden hab ich mit ihm um die Kirche gemacht."

C. Bacher-Tonger

Kindermord komplett für 5 Mark 10

Die wahrhaft göttliche Komedi in den Hauskrippen des oberpfälzischen Stiftlandes

„Kindermord: 9 Stück Figuren mit Kindern à 30 Pfennig, 1 Stück Herodes mit allem 70 Pfg., 2 Stück Wächter à 25 Pfg., 4 Figuren mit Dolchen à 20 Pfg., 1 Stück Schlotfeger 20 Pfg., 1 Stück Weibchen mit Rechen 20 Pfg., zusammen 5 Mark 10. Achtungsvoll Baptist Horn."

Eine Rechnung, die der Plößberger Baptist Horn um die Jahrhundertwende dem Tirschenreuther Goldschmied Hans Schedl geschickt hat, so wie er einer anderen Rechnung, am 11. Dezember 1908, ein Begleitschreiben beifügt: „Überschicke Ihnen heute durch Postillion die bestellten Figuren. Es hat wohl eine Zeit gedauert, bis ich sie fertig brachte, allein wie Sie wissen werden, ist es nur ein Geschäft, wann ich gar nichts anderes zu tun habe. Daß die Figuren ganz genau nach Muster sein, wird wohl nicht ganz stimmen, denn wie Sie wissen werden, habe ich in diesem Geschäft nicht gelernt, als wie der, welcher die Muster geschnitten hat; zweitens bin ich im Jahr höchstens einige Wochen in diesem Fach beschäftigt und auch bin ich schon ziemlich alt, im 63. Jahr, da kann man nicht mehr viel verlangen . . ."

Der Baptist Horn aus dem schönen Markt Plößberg am Rande des oberpfälzischen Stiftlandes hatte im Geschäft des Krippenschnitzens wahrhaftig nicht gelernt. Er war Glasofenbauer, also ein Mann, der mit schwerem Gestein umzugehen hatte. Die warme Jahreszeit über kam er mit seinen Plößberger Männern als Spezial-Bautrupp überall hin, wo man in Europa und Kleinasien Glasöfen brauchte. Im Winter saß man daheim im stillen Plößberg und schnitzte. Eigentlich nicht für die Tirschenreuther Krippensammler, eher für sich, fürs eigene Haus, für des Nachbarn Hauskrippe, für die Kinder, für die eigene Heilige Nacht, die man recht bescheiden feierte. Ältere Plößberger wissen noch von ihrer Kindheit her, wie das gewesen ist. In einer Stube des meist recht engen Hauses war fast raumfüllend die Hauskrippe aufgebaut. Davor, im aufgeschütteten Stroh, kauerten die Familienmitglieder und betrachteten andächtig das Geschehen um den nachgemachten Stall von Bethlehem. So blieb man den ganzen Abend, bis die Katholiken von Plößberg zur Christmette gerufen wurden und die Evangelischen ins Bett gingen.

Dieses Plößberger Schauen, Singen und Liegen vor der Krippe wurde durch nahezu nichts abgelenkt. Da war kein spektakuläres Geschenk, kein üppiges Mahl. So war die Krippe unbestrittener Mittelpunkt, den man gewiß nicht nur frommen Glaubens, sondern auch voll einer durchaus weltlichen Aufmerksamkeit betrachtete, die feststellen wollte, ob auch alles wieder richtig und schön aufgebaut sei. Die Plößberger haben jedenfalls bewußt oder unbewußt die Entscheidung der Hirten nachvollzogen, wie sie im zweiten Kapitel des Lukas-Evangeliums niedergeschrieben ist: „Laßt uns nach Bethlehem gehen und sehen, was dort geschehen ist!"

Die Krippen stehen noch immer in vielen Plößberger Häusern und hin und wieder auch um die Weihnachtszeit in einem Ausstellungsraum. Der wäre so nötig aber gar nicht, da die Plößberger es immer noch als gute Sitte betrachten, daß jedermann um die Weihnachtstage ins Haus gelassen wird, der die Krippe anschauen will, den Krippenberg besser gesagt, den man in oft wochenlanger Kleinarbeit aufgebaut hat. Böcke und kräftige Schragen bilden das tischhohe Fundament, Felsbrocken, Wurzelstöcke, bizarre Äste lassen die Landschaft aufwachsen, die jedes Jahr anders sein kann. „Stoamöis", also Steinmoos, das man mühsam und vorsichtig von den Granitblöcken des Oberpfälzer Waldes löst, bildet das Grün, die Wiese, die Weide. Rindenstücke, „Schwammer" (Buchenschwämme) und manches andere Waldmaterial wird antransportiert, Säumlinge von Tannen und Fichten stellen den Wald dar, und „Krammelstauden" (Zweiglein vom Wacholderbusch) säumen das steile Gebilde ein, das zum Beschauer hin mit einem kleinen Zaun abgeschlossen wird, als wollte man um verständiges und rücksichtsvolles Obachtgeben bitten.

Die Landschaft des Krippenberges ist nicht nur voller Oberpfalz, mit heimischem Baustil aus Stadt und Land, mit Burgen und Ruinen, mit gewohntem bäuerlichem oder handwerklichem Gerät, sie ist auch fast überall ein wenig orientalisch. Besonders in den Tempelszenen baut man Moscheen, in denen mitunter absolut katholische Bischöfe, von bayerischen Ministranten umgeben, die Beschneidung Jesu vornehmen oder die Gescheitheit des Zwölfjährigen beneiden. Da wird keine Diskrepanz und kein Anachronismus darin gesehen, wenn über der Grotte der Geburt Jesu ein Einsiedler weit späterer Jahrhunderte das Glöcklein des Eremiten läutet. Es ist so viel Freude am Gestalten und am Dar-

stellen am Werk, daß derlei Dinge völlig unwichtig werden.

Die wahrhaft göttliche Komedi, das ist das gestellte Thema, das in jedem Krippenhaus in anderer Variation aufgebaut wird, und wenn man sich am Ende gegenseitig besucht, findet man es gegenseitig schön und für das nächste Jahr im einen oder anderen Detail nachahmenswert. Und diese göttliche Komedi ist eigentlich eine recht menschliche Komödie, mit Marktplatz, bäuerlichem und bürgerlichem Hauswesen, mit Viehtreibern, Schweinehändlern, gänsemordenden Bäuerinnen. Passiertes wird auch dargestellt, Anekdote. Etwa, daß ein Bub in dieser Gegend offenbar einmal eine Geiß reiten wollte, die ihm dieses Rodeo sauer werden ließ. Apfeldiebe gibt es, die einen Geißbock für den Gottseibeiuns halten und sich nicht mehr vom Baum trauen, und im Modell verwirklichte Träume sind auch da: Hochzeiten zu Kanaa, die heutige Neureichen-Büfetts in den Schatten stellen, ein Park vor dem Hochzeitshaus, den man sich mit seinen wasserspeienden Göttern und Nymphen gern vor der eigenen „Hirwa" vorstellt. Wenn es nicht dies ist, so ist wenigstens die Hochzeitsküche mit allem Gerät ausgestattet, das ein braver und armer Hausvater seiner Hausfrau gern im großen gewünscht hätte.

Diese Welt des stiftländischen Krippenbergs, wie sie sich in Abwandlungen auch in Tirschenreuth, Mitterteich und Wondreb zeigt, ist mitunter so weitläufig und groß, daß man den Kern der Szene, die Darstellung der Geburt Christi fast suchen muß. An die 300 Figuren, von denen viele Auskunft geben über die echte Tracht dieses Gebietes, ja sogar über Aussehen und Beschaffenheit einstiger

Musikinstrumente und Gebrauchsgegenstände, können solche Krippenberge haben, wie etwa der des Bildhauers Reinhold Hösl, den der Vater einst zum Lernen des Schnitzerberufs in die Welt hinausgeschickt hat, damit er den nicht sehr gesunden Beruf des Glasofenbauers nicht ausüben muß. Dieser Plößberger hat also „in diesem Geschäft gelernt", wenn er auch nicht will, daß man ihn als den akademischen Bildhauer sieht, sondern als den Mann, der sich besonders leicht tut, in bester Plößberger Art zu schnitzen.

Plößberg ist wie gesagt nicht der einzige Krippenort in der nördlichen Oberpfalz, doch ist die Kunst dort noch am besten erhalten. Wie sie hingekommen ist? Wahrscheinlich vom zehn Kilometer entfernten Tirschenreuth aus, der Stadt des Andreas Schmeller, in der schon vor Plößberg Krippenfiguren geschnitzt wurden und in der so mancher Schatz in Bürgerhäusern bewahrt wird. Man könnte auch vermuten — und der „Krippenprofessor" Rudolf Hertinger, dessen Mutter aus Plößberg stammt, tut dies — daß Plößberg und der ganze Stiftland-Raum von durchreisenden böhmischen oder tirolischen Händlern zum Schnitzen von Krippenfiguren angeregt wurde. Der durch seine Geschichte halb evangelische und halb katholische Markt Plößberg lag ja an der Kreuzung zweier Handelsstraßen, die nach Böhmen führten. Vielleicht war es auch der zwangsläufig angenommene Beruf des Glasofenbauers (die Plößberger waren bis zur Einführung des mechanischen Webstuhls Spezialisten in der Herstellung von Mühlbeuteltüchern und konnten sich gegenüber der modernen Konkurrenz nicht mehr behaupten), der sie durch weite Arbeitsreisen mit Krippenkünsten anderer Gegenden vertraut machte. Wie auch immer, es gibt eine eigene Hauskrippenkunst im Stiftland, die im Fünfeck von Tirschenreuth, Mitterteich, Waldsassen, Wondreb und Plößberg daheim ist. Sie hat nichts mit der biedermeierlichen Idylle der „Krippenbewegung" der letzten Jahrzehnte zu tun, ist herb, manchmal nicht wenig untalentiert, hin und wieder saugrob. Sie steht im Kontrast zu den gekonnten und zierlichen Schreinkrippen der Waldsassener Stiftskirche, hat sich aber vielleicht gerade da die Sehnsucht geholt.

Man muß die Krippen und die Figuren dieser Glasofenbauer, der Steinmetze und Steinhauer, der Schlosser, Schuster und Maurer gesehen, ein zart geschnitztes Schaf in der Hand gehalten haben, erst dann geht einem das Bemühen auf, das gerade diese das Jahr über schwer arbeitenden Hände aufbrachten, um zu guter letzt für ihre Heilige Nacht Feines und Verspieltes hervorzubringen. Da hat der Steinbrucharbeiter Friedrich Stingl in Mitterteich sein kurzes Leben, dem der Staub seines Arbeitsplatzes ein Ende machte, viele „Vorstellungen" (so nennt der Stiftländer Krippenfreund die einzelnen Stationen oder Themen) geschnitzt, aber bei der vorletzten hat ihm der Tod das Schnitzmesser aus der Hand genommen. Da hat auch der Schuhmachermeister Wendelin Zintl im Gartner-Anwesen des Dorfes Wondreb (schon wegen des Totentanzes in der Friedhofskapelle müßte man dort einmal hin) kein riesiges Geschick fürs Schnitzen gehabt. Ein Hirsch aus seiner Hand sieht aus wie eine noch extra in die Länge gezogene römische Wölfin. In der einen Stube, in der gekocht und geschustert wurde, hat er abends geschnitzt, auch am Sonntag. Sein großes Thema: die Hochzeit von Kanaa mit einer überreich ausgestatteten Küche, ein Wunschtraum eben.

Der Schuster Wendelin Zintl, längt schon unter der Erde, kann einen manches lehren. Den Mut zum einfach Anfangen und daß man nicht privilegiert zum Schnitzen sein, sondern nur wollen muß. Vielleicht hat das die vielen neuen Schnitzer auch so bewegt, daß sie nun wieder anfangen, die Figuren für ihre Hauskrippen in Plößberg und Tirschenreuth selbst zu machen.

„Stiftländer Manndla" nennt man die kleinen Krippenfiguren in der nördlichen Oberpfalz. Keine von ihnen steht in der sonst so wunderbar wertvollen Krippensammlung des Bayerischen Nationalmuseums zu München, das in diesem Fall viel mehr ein neapolitanisches und sizilianisches Nationalmuseum ist (wenn auch die Schätze damit nicht heruntergesetzt werden sollen). Schlimm ist das nicht. Gut ist, daß sie immer noch in den Häusern von Plößberg, Tirschenreuth, Mitterteich, Waldsassen und Wondreb, besonders aber in Plößberg, aufgestellt werden, in ihre Knollen-, Schwammer-, Stoamöis- und Krammelstaudenwelt, in die stiftländische Hauskrippe, die fast überall zur Besichtigung freisteht. Vielleicht erinnert sich der neugierige Gast beim Betreten eines Krippenhauses auch wieder an den Gruß, der früher beim „Anschaungehn" gesagt wurde: „Wünsch glückselige Weihnachten!" Ein schöner Gruß war das schon, wenn mit der Glückseligkeit auch damals gewiß weniger Materielles gemeint war, als dies heute zu befürchten ist.

Werner A. Widmann

Beytrag zur Kirchengeschichte

Es gehört wirklich zur Kirchengeschichte, und unter die Merkwürdigkeiten unserer Zeit (die man die aufgeklärte heißt), ein Paar Kirchenlieder hieher zu setzen und der Nachwelt etwas zum Studiren zu überlassen, welch ein unverständiges und tolles Gezeug man erst in den letztverfloßnen Weynachtsferien 1782, in der Stadt Neuburg in der obern Pfalz, Bißthums Regensburg, mit Geigen, Horn, Dudelsack etc. in der Kirche unterm Gottesdienste abgesungen habe.

Man sollte nicht glauben, daß das hohe Ordinariat oder ein Dechant, Pfarrer, oder eine weltliche Kirchenpoliceyobrigkeit so ein elendes Gewäsche länger gedulden könne; deswegen aber auch die hohe Regierung Neuburg die elende Landmusik, welche oft mehr zum Gelächter, am wenigsten zur Andacht etwas beyträgt, preiswürdigst abgeschafft, und dagegen die neuen bischöflichen approbirten Kirchenlieder zu singen verordnet hat, wie es zu den Zeiten der ersten christlichen Jahrhunderte in Uebung war. Obige zwey Lieder lauten also:

Matz blousn Sock af Hui! s'ama lusti Schaafhirten allsamt.

A. u.

Die Hauskrippen in der Oberpfalz

Kaum ein Brauch scheint vom Volk mit soviel innerer Freude aufgenommen worden zu sein als der, zur Weihnachtszeit zu Hause eine Krippe aufzustellen. Die weitverbreitete Meinung, dies sei schon immer so gewesen, trifft natürlich nicht zu. Denn die Krippe in der heute üblichen Form stand ja zunächst in den Kirchen. Dort konnte das gläubige Volk zu seiner Erbauung und Herzensfreude das Festgeheimnis in einem mehr oder weniger kunstvollen „heiligen Theatrum" bestaunen und betrachten. Die Orden waren die ersten, die hierin eine sichtbare Unterstützung ihrer Glaubensverkündigung sahen, allen voran die Jesuiten, denen wenig später die franziskanischen Ordensgemeinschaften folgten, die in ihrem Ordensvater Franz von Assisi den eigentlichen Begründer der Krippendarstellung sahen.

Die erste urkundlich nachweisbare Kirchenkrippe in der Oberpfalz wurde 1621 in Amberg von den Jesuiten aufgestellt, die wenige Jahre später der bayerische Kurfürst Maximilian mit der Rekatholisierung des 1628 wieder an Bayern gefallenen Landes beauftragte. Geistliche Spiele und Darstellungen und somit die Krippe stellten einen wesentlichen Bestandteil ihrer missionarischen Tätigkeit dar.

Der Brauch des Krippenaufstellens hat natürlich auch seine Entstehungsgeschichte: Als Vorgänger gelten die seit dem Mittelalter in der Oberpfalz weit verbreiteten Krippenspiele, Weihnachts- und Dreikönigssingen. Offiziell tat die katholische Kirche das ihrige, indem sie in ihr Diözesan-Obsequiale (= Rituale) auch Gesänge mit lateinischen und deutschen Texten aufnahm, die von den in der Kirche um die Krippe versammelten Gläubigen gesungen werden sollten. Ansonsten waren vielerlei Bräuche in der Weihnachtszeit in Übung, ehe man von der Krippe im heutigen Sinn etwas hört. So wurden z. B. in Weiden die Rorate-Ämter mit Pauken und Trompeten prunkvoll gefeiert, nach dem Evangelium des 4. Adventsonntags wurde der „Englische Gruß" von lebenden „Persohnen" vorgestellt, was noch 1784 belegt ist. Das weit bekannte „Kindelwiegen" durch festlich gekleidete „Engelkinder" ist dort ebenfalls bezeugt.

Die Zeit des Barocks mit seiner lebensbejahenden Kunstfreudigkeit bot den fruchtbarsten Boden für die sich nun aus den Bildern und Flügelaltären lösenden figürlichen Krippendarstellungen. 1665 zeigte Pater Justinus OFM zum ersten Mal seine Krippendarstellung in Parkstein. In der Folgezeit wären in den Klöstern und Kirchen der Oberpfalz viele Krippen zu nennen, die aber verschwunden sind und deren Existenz nur noch durch alte Aufzeichnungen, z. B. Rechnungen, nachgewiesen werden kann.

Wie überall, wo Krippen in den Kirchen standen, versuchte auch das Volk in der Oberpfalz, die ganze Krippenherrlichkeit ins eigene Haus zu verpflanzen. Die vor allem im Winter einsamen und oft von der Umwelt abgeschnittenen Siedlungen zwangen geradezu ihre Bewohner zu einer Beschäftigung im Haus. Und wo schon andere Dinge für den Gebrauch des Lebens gefertigt wurden, lag es nicht ferne, mit manchmal erstaunlichem Können etwas entstehen zu lassen, wovon Herz und Sinne erfüllt waren in dieser stillen

Zeit, nämlich Krippenfiguren und Krippenaufbauten. Einige Gebiete traten dabei mehr als andere durch besonders begabte volkstümliche Schnitzer hervor. Urkundlich ist zwar nur wenig darüber in der Oberpflaz überliefert. Zweifellos gab es aber im Stiftland (vgl. S. 352) und in Pleystein ausgesprochene Zentren der Krippenschnitzkunst. Selbst heute schnitzen da und dort immer noch oder wieder begabte Menschen Figuren für den Eigenbedarf oder höchstens für Freunde. Selten wird ein Stück verkauft.

Die Krippe hatte aber auch ihre großen Feinde: So verlangte z. B. die Aufklärung gerade im Bereich des Brauchtums eine „Reinigung". Von diesem Geist waren auch die kirchlichen Behörden erfaßt. So schritt man ein gegen Mißbräuche, die sich eingeschlichen hatten, im Fall der Krippe gegen die „dem Geheimnis abträglichen, der Erbauung und Andacht schädlichen Nebenvorstellungen". Die Pfarrer wurden angehalten, sich z. B. gegen die Dreikönigsspiele mit den dabei vorkommenden „Unanständigkeiten" und auch viele andere, meist bestimmte Aufführungen besonders zu ereifern. Die Einschränkungen und Verbote reißen nicht ab, bis schließlich nach wiederholten Erlassen des Ordinariats fast alles, was einst an Weihnachtsbräuchen lebendig war, ausgerottet war, meistens jedoch gegen den Willen des an diesen Dingen besonders hängenden Volkes. So ist es bezeichnend, daß die ersten Erlasse zwar um 1780 ergingen, daß aber in den Regensburger und Stadtamhofer Kirchen und sicher auch noch anderswo nach einem Bericht Sebastian Hosangs die Krippen noch bis 1840 aufgestellt wurden.

Das Volk nahm von diesen Verboten nur wenig Kenntnis, es baute seine Krippen weiter zu Hause. Aber der Ansporn von der Kirche her blieb aus.

Die Wiederbelebung der Krippe beginnt um die Jahrhundertwende. So entstanden vor 50 – 60 Jahren in Amberg und Regensburg Ortsvereine von Krippenfreunden, die weit über den Kreis ihrer Mitglieder hinaus für den Krippengedanken in zahlreichen Kursen, Vorträgen, Ausstellungen und intensiver Kleinarbeit tätig waren. Diese Arbeit hat vielfach Früchte getragen, was die wieder unzähligen Krippen in den Kirchen und Heimen überzeugend beweisen. Besonders erfreulich sind die Bemühungen der Kripperlbauer in der Oberpfalz nicht nur um heimische Landschaften (Regensburger Altstadtkulissen, Jura- und Schneelandschaften), sondern auch um echte bayerische Figuren, wie man dies in Tirol und in Oberbayern längst kennt. Die wohl oberpfälzischsten Krippen baut seit vielen Jahren Hans Wörnlein aus Regensburg-Stadtamhof, der mit großer Liebe zum Detail an die hundert Figuren in richtige Oberpfälzer Bauerntrachten mit Feitlstiefeln, Trachtenleibl, Lederhosen, Zipfelmützen usw. gesteckt hat. Als überzeugter Trachtler verwirklicht er nun seit Jahrzehnten den hohen Auftrag zur Trachtenpflege in seinem eigenen Leben wie in seinen liebenswürdigen und anheimelnden, im Bühnenbild wie in den Gestalten durch und durch oberpfälzisch-bäuerlichen Krippendarstellungen.

Hans Buhl

festessen

ois zwiedipferts aufblaschiert

Von zwei Sprechern gleichzeitig
zu lesen

bei uns dahoam	— — —
— — —	was hats bei eich dahoam
hats am sonntag	— — —
— — —	so am sonntag
ja am sonntag zum mittag-essen	— — —
	— — —
— — —	waas zum mittagessen
ja da hats zum mittagessen	— — —
allawei	— — —
dinx duberln gem	— — —
aufdampfelte	da schaug her
dinxbuberln gem	gibts so was aa
dinxduberln mit	eahm schaugts o
schneibitzl soss	wasd net sagst
schneibitzl mit	glaubn mechstas net
erdepfi beizn	da schaug her
da hamma gschleckt	— — —
da hamma gschleckt	— — —
glabst	— — —
— — —	ja des glaub i scho
bei uns dahoam	— — —
— — —	was hats bei eich dahoam
da hats am fasching	— — —
— — —	so am fasching
ja am faschings glugitzltag	— — —
— — —	waas am faschings glugitzltag
— — —	— — —
ja am glugitzltag zum	— — —
mittagessen allawei	— — —
didl dupf deifi	— — —

dinx duberln gem
zamma dupfa dipfte
schmor bruzl braune
didl dupf deifi
dinx duberln gem
dinx duberln mit
schneibitzl soss
schneibitzl mit
erdepfi beizn
da hamma gschleckt
da hamma gschleckt
glabst

— — —

und erscht an weihnachten

— — —

da hats bei uns dahoam zum
mittagessen

— — —

ja zum mittagessen allawei
biberl schnupfer dupfer
didl dupf deifi
dinx duberln gem
zamma dupfa dipfte
schmorbruzl braune
pfeiferdeckl gschlutzte
schliffl schlucker bipfte
biberl schnupfer dupfer
didl dupf deifi
dinx duberln gem
dinx duberl mit
schneibitzl soss
schneibitzl mit
erdepfi beizn
da hamma gschleckt
da hamma gschleckt
mmmmm!

da schaug her
gibts sowas aa
wasd net sagst
glaubn mechstas net
da schaug her
gibts sowas aa
wasd net sagst
glaubn mechstas net
da schaug her

— — —

— — —

— — —

ja des glaub i scho

— — —

was hats an weihnachten

— — —

— — —

waas zum mittagessen

— — —

— — —

da schaug her
gibts sowas aa
wasd net sagst
glaubn mechstas net
da schaug her
gibts sowas aa
wasd net sagst
glaubn mechstas net
da schaug her
gibts sowas aa
wasd net sagst
glaubn mechstas net
da schaug her

— — —

— — —

mmmmm!

Felix Hoerburger

359

Weihnachtsgans und Kripperlgang

Der Christtag verlief immer ruhig. Die Menschen, noch müde vom langen Aufbleiben am Heiligen Abend, vom Mettengang und vom anschließenden Mettenmahl sowie von der zweiten Messe am Vormittag, widmeten diesen ersten Weihnachtsfeiertag dem Beisammensein mit der Familie, dem gegenseitigen Besuch von engsten Verwandten und Freunden. Dies ist auch heute so.

Nach dem reichen Mittagsmahl, bei dem es nun seit einigen Jahrzehnten die begehrte Weihnachtsgans gibt, auf die niemand gern verzichtet, ging man außerdem zum Kripperlanschauen in die verschiedenen Kirchen oder auch in die Häuser. In der Gegenwart geht dieser Brauch jedoch stark zurück. Man hat weniger Zeit als früher für einen langwierigen Krippenaufbau und reduziert deshalb immer mehr Umfang und Aufwand. Manchmal verzichtet man aus Zeitmangel oder Desinteresse überhaupt auf die Krippe. Viel zu viele gute Krippen befinden sich in der Zwischenzeit leider schon außer Landes bei weggezogenen Kindern oder auch bei Fremden, die die Schönheit der Krippenfiguren aus Tirschenreuth, Mitterteich, Plößberg, Wondreb, Waldsassen und Pleystein frühzeitig erkannt haben.

Um einen sicher längst ausgestorbenen Brauch handelt es sich beim Christkindlsingen, von dem Johann Brunner berichtet. Bereits 1922 schreibt er, daß dieses Singen „in früheren Jahren in Furth im Wald wie in gar manchen Orten der Oberpfalz" gebräuchlich gewesen sei. Drei Personen zogen von Haus zu Haus und sangen das Lied: Mitten in der Nacht (s. S. 228).

Dieser erloschene Brauch erhielt einen gleichwertigen Ersatz in den heute weit verbreiteten Stern- und Dreikönigssingen, die zwischen Neujahr und Dreikönig in Erscheinung treten.

A. E.

Festogsfreid

Am heilichn Oumd
Broudwierschd unda Sauakraud
und nouda Bescherung
no an Bunsch und Blädzln

Am easdn Feiadoch
zeaschd an Schdolln undan Kaffee
und noucham Houchampt
a Gans schäi gfüld
Gneln dazou
noucha nu an Kaffee und Blädzln
und oumds a kolde Bladdn

Am zwoaddn Feiadoch
nouchda Fräimess beida Oma
an schäina Schweinsbron
Gneln undan Kardofflsolod
nammidoch an Kaffee undan Schdolln
und oumds koan rechdn Abbedid —
owa schäi is alawal as Christfest

Christine Blumschein

Weihnachtsplatzln

mit dene is
wia mit de leit:

wenns olt wern,
wern de oan woach,
de andan hoart

Harald Grill

Iwaliefarung

In am gscheidn haushaldd
ham s ganz frihas
in schdolln
a wengal a rosschmalz nei.

In am gscheidn haushaldd
hasd desweng ganz frihas
an weihnachdn
a ganz a schdaads wiehan kead.

Albert Mühldorfer

Zwetschgnmanndl

Af am Hugl aus Pappadeckl
untam oghängtn Christbaam
steht mei Lebkuachaheisl
sölwa bacha.

Seine Fenstaln han Oblattn
aus seim Kamin raucht Watt.

Feia aus ozunddne Steanweafa
Gschenkpackln mid bundde Schleifaln.

In meim See aus Sülwababia
spiagln se Engaln, Keazln.

De kloan Kinda
steha um mi ume
schaung me oo
mid afgrissne Aung.

I bin a Zwetschgnmanndl
a Drootgstöll
etliche Hutzln
a Stoffetzn um an Bauch gnaat
a Walnußkoopf.

Wea moant
dase mid meine zwoa
roudn Streichhölzlaung
nix seng koo
hod se sauwa deischt.

Joachim Linke

s Christkindl vo Letzau

Zu Letzau in der Oberpfalz hatten sie einmal einen Vizemesner, das war ein fauler Strick. Um Weihnachten stellte er, wie es sein muß in katholischen Landen, das Christkind auf den Hochaltar, aber nun nahm er es nicht mehr herunter, und so wurde es von den Sommerfliegen über und über aufs garstigste bemalt. Wenn nun dort herum ein Bub schmutzig daher kommt, so schändet man ihn seitdem mit dem oberpfälzischen Sprichworte aus: „Du schaust aus wies Christkindl vo Letzau."

Joseph Schlicht

Redensarten

Döi köihat ihr Hem(d) near all Weihnachten üm (d. h. sie ist schmutzig).
Der steht da wie ein Krippenmannl (so hölzern).
Der schaut wie ein gebackenes Christkindl.
Die gehen umeinander wie die Sternsinger.

Karl Winkler

Unsere liebe Frau und die Samstage

Alle Samstag muß die Sonne scheinen und wenn sie nur einen einzigen Schein tut, weil die liebe Mutter Gottes Maria alle Samstag die Windeln für ihr liebes göttliches Kind getrocknet hat.

Karl Winkler

Bauernregeln und Lostage

Winterts vor Weihnachten nicht, winterts danach.

Weihnachten im Klee, Ostern im Schnee.

Sind Weihnachten die Bäume weiß vom Schnee, sind sie im Frühjahr weiß von Blüten.

Stürmt es an Weihnachten an allen Wegen, bringt es den Feldern reichen Segen.

Grünen am Christtag Feld und Wiesen, wird sie zu Ostern der Frost verschließen;
hängt zu Weihnachten Eis an den Weiden, kannst du zu Ostern Palmen schneiden.

Sind die Weihnachten feucht und naß, gibt's leere Stadeln und leere Faß.

Sind Weihnachten grün, kann man an Ostern den Pelz anziehn.

Weihnachten beim Sonnenschein, Palmsonntag beim Feuerschein.

Auf windige Weihnachten folgt ein gutes Obstjahr.

Wenn za Weihnachtn a gouta Schli(tt)nwegh is, affa gäiht a gouts Ochsngschäft. (Egerland)

Wer am hl. Christtag vor Tag am frühesten sein Vieh tränkt, hat Glück damit.

Auf Weihnacht um an Hahnschritt, auf Neujahr um an Mannsschritt, auf Hl. Dreikini an Hirschen-
sprung, zu Lichtmeß um a ganze Stund.

Von Weihnachten bis Dreikönigstag aufs Wetter man wohl achten mag:
Ists regen-, nebel-, wolkenvoll, viel Krankheit es erzeugen soll.
Leb mit Vernunft und Mäßigkeit, bist du vor allem Wetter gefeit.

Wie sich die Witterung vom Christtag bis Heiligdreikönig verhält, so ist das ganze Jahr bestellt.

Helle Zwölften — dunkle Scheuern.

Wenn in den Zwölften der Wind stark geht, gibt es viel Obst.

Ists in den zwölf Nächten mild, sind die milden Winters Bild.

Volksmund

Telefonseelsorge — Dienst am Nächsten

Bald wird die Ablösung kommen, denkt Anna, während sie die Vorhänge zuzieht und dabei in das stärker werdende Schneetreiben hinaussieht.

Da läutet erneut das Telefon.
„Telefonseelsorge. Grüß ..." — Das Gott bleibt ihr im Halse stecken; am anderen Ende weint jemand. Beruhigend klingt ihre Stimme, als sie sagt: „Weinen Sie nur! Ich habe Zeit. Ich bin für Sie da." Doch sie spürt die Herausforderung, die Gefahr. Lange nur das Weinen. Plötzlich eine junge, verzweifelte Frauenstimme: „Ich mach jetzt Schluß."
Das war es! Das war der Augenblick, vor dem Anna seit Jahren Angst gehabt hatte, für den sie gelernt und sich vorbereitet hatte. Doch jetzt war alles weg. Nur die Angst war da. Und die Angst ließ sie schweigen und auf das schluchzende Weinen horchen, ließ ihr eigenes Herz bis zum Zerspringen pochen, ließ Worte ungesagt.
Nach langer Zeit hört sie ihre eigene, sperrige Stimme zaghaft und banal: „Weinen Sie sich zuerst aus — dann reden wir."
„Ich will nicht reden — ich — ich will sterben!"
Herrgott, hilf mir! betet Anna leise; dann sagt sie: „Ich habe solche Angst um Sie." In diesem Augenblick verstummt das Weinen.
„Angst? — Sie? — Um mich? — Warum?"
Endlich gibt sie Antwort! Ich habe sie erreicht!
„Ich habe Angst, ich könnte Sie nicht verstehen."

„Sie brauchen mich nicht zu verstehen. Vor mir steht ein Glas mit aufgelösten Tabletten, das werde ich austrinken, wenn — wenn Sie mit mir gebetet haben. — Beten Sie jetzt mir mir?" — Lieber Gott, laß mich jetzt das Richtige tun! Ein Gebet für Verzweifelte? — Nein, eins für Anna. Für sie ganz allein. Wird sie auflegen? Gott sei Dank steht das Glas noch da. Noch hört man die stoßweisen Atemzüge. Annas Ellbogen stemmen sich viel zu schwer gegen die Tischplatte, das Ohr schmerzt vom Hörer, die Gedanken fliegen. Was sie spricht, ist bestimmt nicht das Richtige, trotzdem fragt sie:
„Kann ich denn — nachher — etwas für Sie tun?"
Wie kann ich bloß so herzlos sein!
Doch jetzt kommt Leben in die Stimme aus dem Hörer.
„Das werden die dann schon selber sehen und sich Gedanken machen!"
„Wer — die?"
„Hans und die Eltern. Dazu brauche ich Sie bestimmt nicht!"
„Hans und die Eltern?"
„Die sind an allem schuld! Ach, Hans!" — schon schluchzt sie wieder.
„Mögen ihn Ihre Eltern nicht?" bohrt Anna weiter.
„Er ist ja selber schuld. Sogar am Heiligen Abend kam er betrunken zu uns!"
Betrunken! — Nun weiß sie Bescheid.
„Aber ich mag ihn doch. Und er hat nur mich. Vielleicht hilft ihm der Schock, wenn ich ..."
„Glauben Sie wirklich, Sie könnten ihm auf diese Weise helfen?"
Hastig sprudeln Annas Worte Ratschläge über eine Entziehungskur hervor, doch müde wehrt die Stimme ab: das hat er alles schon

hinter sich. Alte Freunde haben ihn wieder ins alte Leid gezogen, jetzt hat er keinen Mut mehr und keine Kraft.

„Ja, und die Eltern?" Anna merkt gar nicht, wie fordernd ihre Stimme klingt.

„Die Eltern verlangen, daß wir uns trennen. Ich kann nicht mehr! Ich habe jetzt alles gesagt – bitte – bitte, beten Sie mit mir, daß alles ein Ende hat." Nur gehaucht sind die letzten Worte. Aber Anna gibt nicht auf. Jetzt nicht mehr! In glühenden Worten schildert sie das Angebot der Selbsthilfe von den Anonymen Alkoholikern, Stück für Stück tastet sie sich vor ins Vertrauen, ins Hoffen. Doch: Hilfst du dieser Frau, wenn du sie nochmal der Enttäuschung aussetzt? Wird der nächste Abgrund nicht noch schrecklicher sein? Doch dann kommt ihr wieder der Grund für diesen Anruf ins Bewußtsein: Hoffnung auf Hilfe! Sonst hätte sie das Glas leergetrunken, ohne noch vorher mit jemandem zu sprechen. Ach ja, das Glas!

„Versuchen Sie es noch einmal, den Mann, den Sie lieben, zu retten! Wenn Sie nicht mehr sind, ist er unweigerlich verloren! Schreiben Sie die Adresse auf!"

Dem befehlenden Ton Annas kann die Frau nicht mehr widerstehen, sie legt den Hörer ab – man hört das Rücken des Stuhls – dann ein Klirren – einen Schrei! – „Das Glas! – Ich habe das Glas umgeworfen! Alles ist naß und weiß!" –

Leuchtet das Licht jetzt heller? Die Verkrampfung löst sich aus Annas Gliedern. Gott sei Dank!

„Sind Sie noch da? – Haben Sie es gehört? – Ich hab's umgeworfen! Nun ist es entschieden."

„Wir werden Ihnen helfen, die Schwierigkeiten zu meistern, wieder neuen Mut zu fassen."

Fast fröhlich wiederholt die Stimme die Adresse, die Hilfe verspricht.

„Wollen Sie jetzt noch beten?"

„Ja, jetzt will ich beten!"

Und diesmal können es beide.

Als kurz darauf die Ablösung kommt, liegt Annas Kopf auf den schmerzenden Armen auf der Schreibtischplatte, den Hörer in der schweißnassen Hand, aus der eintönig das Zeichen tutet.   anonym

Gespräch mit dem Jesuskind

Der Bachschuster zu N. litt an unbändigem Durst, und da er auch nebenbei mit der hohen Politik sich gern beschäftigte, war er viel da zu Hause, „wo unser Herrgott den Arm herausstreckt", in den Zeigelwirtschaften (Lohnbrauerei).

So kam es, daß er sein ehrsames Handwerk arg vernachlässigte und auch seine ehrsame Hausfrau, die darob viel keifte und schmollte. Der verkannte Mann fühlte sich deshalb tief unglücklich, und da er nicht wußte, wem er sein Leid klagen sollte — bei Nachbarn hatte er damit schon schlimme Erfahrungen gemacht, — gedachte er sich an die Himmelmutter zu wenden.

Er ging eines Nachmittags hinauf in die Wallfahrtskirche und warf sich vor der Madonnenstatue nieder und klagte laut: „Schau, lieb's Himmelmutterl, was hast du durchmach'n müss'n, und was hat dein lieb's Christkindl für Kält' ausg'stand'n, — ich meinet, du könnt'st mein Elend begreif'n und könnt'st mir rat'n und helf'n. Ich hab' daheim 'n Unfrieden; mei' Frau versteht mi net und versteht nix von dem fürchterlichen Durst, den mir der Himmelvater auferlegt hat, — und 's Bier is so teuer und 's Geld is so klemm (rar), daß ich ihn keinen Tag still'n kann. Rat' mir du, was ich tun soll!"

Der Mesner, der in der Kirche beschäftigt war, hatte den versoffenen Schuster kommen sehen und sich, um ihn beobachten zu können, just hinter dem Postament der Marienstatue versteckt und hörte so die bewegliche Klage des Bachschusters mit an. Er gab auch Antwort, indem er fistelnd eine Frauenstimme nachahmte: „Trink Wasser! trink Wasser!"

Der Schuster wunderte sich nun nicht darüber, daß er wirklich Antwort bekommen, wohl aber über den trostlosen Inhalt derselben. Doch glaubte er in der feinen Stimme die des Jesukindes erkannt zu haben und wendete sich vorwurfsvoll an dieses: „Sei stad du Fämmerl (junges, unerfahrens Ding), laß dei' Mutter red'n!" —

Günther Kapfhammer

Weihnacht

Herr, ich suchte dich,
doch mein Blick war verdunkelt,
und in Burgen des Leids sah ich mich . . .

Herr, ich brach auf, Hoffnung im Herzen.
Doch die Nacht schlug mit Schwärze,
im Nichts stand kein Stern.

Herr, ich wollte dir bringen
den Weihrauch meines Gebets,
das Gold meiner Mühen,

Doch mein Mund war verstummt
an der Fron meiner Tage,
und mein Herz war versteinert und leer.

Willy Mitterhuber

Weißer Flieder

In der Aschentonne
liegt weißer Flieder,
frisch noch und unverwelkt,
weil man zum Heiligen Abend
ihn brachte, eingehüllt
in eine Wolke — wie Watte —
von weichem Seidenpapier
aus dem ersten Blumengeschäft . . .
Und heute ist Weihnachtsfeiertag.

Man konnte den Flieder,
den wunderbar weißen,
nicht brauchen
(auch keinen Lichterbaum)
in der Betriebsamkeit
eiliger Kinderbescherung:
Reich war die und voll Ärger,
weil sich die Kleinen
stritten um die viele Ware.

Vielleicht war keine Vase
vorhanden für den hochgestielten,
den traumhaften Flieder.
Und man packte bereits
für das Auto und die Feiertage
mit Skiern und Schlitten,
in denen kein Raum mehr ist,
keine Herberge,
für den Duft zarter Blüten.

Berta Rathsam

Die Geschichte von der Hanni

Erzählerin:

Heute will ich Ihnen eine Geschichte erzählen von einem Haus für alte Leute. Sie hatten es schön dort und gut, hatten ein warmes Stübchen, gutes Essen, und liebe Schwestern kümmerten sich um sie.

Aber das Alter bringt eben so manches mit sich, das nicht wohl tut, bald zwickt es da, dann reißt es dort — und dann hört und sieht man nicht mehr recht, und die Füße wollen oft nicht mehr so — ja, und dann wird man grantig und verdrossen; und all das Schöne und Gute, das sieht man plötzlich nicht mehr. Auf einmal merkt man, daß der andere auch grantig dreinschaut und schimpft, und schon hat man die Bestätigung, daß doch nicht alles so gut ist, und das Unglück ist fertig. Ja, solche Grantigkeiten sind ansteckend. Leider.

Aber ebenso sind auch die Helligkeiten ansteckend, und davon handelt meine Geschichte.

Es gab in dem oben genannten Altenheim ein altes Weiblein, ein recht armseliges Geschöpf, kaum so groß wie ein 10jähriges Kind, vollständig taub, und wenn man ihm etwas sagen wollte, mußte man alles aufschreiben. Dazu war es gelähmt und mußte Tag und Nacht in seinem Kinderbett liegen oder sitzen. Aber ein Paar Augen hatte es, so leuchtend und warm, als hätten sie die ganze helle Sonne darin eingefangen, als hätten sie ein ganzes langes Leben nur Schönes und Liebes und Gutes geschaut. Hatten sie auch. Ja, das war eben die Kunst und die Lebenskraft und die Gnade der lieben Hanni: Alles mit so liebenden und dankbaren Augen anzuschauen und überall soviel Gutes und Schönes herauszufinden, daß sie davon reich und glückselig ward. Und dann konnte sie nicht anders als von diesem Reichtum auszuteilen und zu verschenken.

Es war schön, daß man in dem großen Haus auf dem Weg zur Kapelle an dem Kinderbett in der Krankenabteilung vorbeigehen mußte. So konnten die alten Leute mit der Hanni einen Gruß tauschen, ihr die Hand schütteln oder ihr gar einmal eine Kleinigkeit mitbringen, ein paar Blümchen vom Wegrand, die sie mit ihren kleinen Händen so zart anfaßte und in das dicke Buch zum Trocknen legte für ihre Klebearbeiten, oder ein Stückchen Seidenpapier — die Hanni konnte alles brauchen —, oder ein Gedicht aus einer Zeitung ausgeschnitten. Wie dankbar und glückselig konnten da ihre Augen strahlen, daß die Gebenden die Beschenkten wurden. Nach einem solchen Strahlenblick konnte man doch nicht mehr grantig sein. Da tat auch das Zipperlein gar nicht mehr so weh, und der Tag war auch nicht mehr so grau — und wenn der erwartete Brief von dem Sohn so lange nicht kam, nun ja, da dachte man eben an die Hanni, die sich so gefreut hatte wegen nichts und wieder nichts — und dann war es auch schön. Ja, so war die Hanni der Sonnenschein fürs ganze Haus.

Und sie lebte gerne, die Hanni. Mit 70 Jahren sagte sie einmal: „Alt möcht' ich nicht werden, wenn man dann den Verstand verliert. Ich bitte den lieben Gott alle Tage, daß er mich vorher zu sich nimmt. Und daß ich auch nicht lange krank sein muß und den anderen zur Last falle." Daß sie schon über 10 Jahre lang ganz bettlägerig war und man sie heben und legen mußte, das zählte ja nicht.

Und dann eines Tages — sie war nahe am 80er — war die Hanni heimgegangen, ganz schnell und leise, gerade als sie sich in der Frühe hergerichtet hatte für die heilige Messe und den täglichen Kommunionempfang. Niemand wollte es glauben, aber sie tat ihre lieben, strahlenden Augen nicht mehr auf. Es war, als sei ein Licht erloschen.

Ein Weilchen noch wirkte der Segen der Hanni nach, man sprach von ihr: „Wie sie so glücklich war über einen freundlichen Gruß, wie sie sich freuen konnte, als ich ihr das neue Mariengebet vom Heiligen Vater schenkte" — doch ganz allmählich wurde auch die Hanni vergessen.

Ist es nicht dunkler geworden seitdem in dem großen Haus und die Menschen mißmutiger und wieder so arg geplagt vom Zipperlein und von der Zimmernachbarin, die immer hustet?

Heute ist Weihnachten. Wie hat sich die Hanni immer gefreut über den Lichterbaum und auf das Spiel der Kinder, wenn sie auch nichts davon hören konnte; aber anschauen konnte sie die Engerl mit den roten Backen und, ach, die Maria! Sollten wir nicht heute auch wieder ein wenig an die Hanni denken und an ihre Lebenskunst und Gnade? Und uns ein wenig Sonnenschein zurückholen aus ihren blitzblanken und oft so schalkhaften und so lieben Augen?

(Ganz unbemerkt ist die Hanni hereingeschlüpft, als Kind mit einem langen weißen Hemd und einem Lockenköpfchen. „Hilf mir!" sagt sie, steigt auf einen Stuhl, um alle sehen zu können.)

Hanni:

Gott grüß euch! Ihr alle, alle meine lieben Freunde! Weihnachten ist, und der Lichterbaum brennt, und da hat mir das Christkind erlaubt, daß ich euch einen kleinen Besuch machen darf. Ob ihr mich noch kennt? Keine Runzeln mehr und keine grauen Borstenhaare. Oh, ich sehe jetzt ganz anders aus, so schön, das würden eure Augen gar nicht vertragen. Darum habe ich für meinen Besuch dieses irdische Kleidchen bekommen. Ja, ich bin die alte Hanni, die hier nebenan in dem Kinderbett gelegen und zu der ihr immer so lieb gewesen seid. Und dann bin ich doch im August so ganz schnell gestorben. Das war schon ein Schock, wie es auf einmal durch das dunkle Tor ging und dann — — Aber jetzt ist es so wunderbar, bei Gott, das kann man nicht sagen. Ich möchte, ich muß euch nur bitten: Verzaget nicht, oh, seid immer recht lieb zueinander. Und wenn es manchmal hart ist, das geht ja bald vorbei. Fest hinunterschlucken und sagen „in Gottes Namen" und ein freundliches Gesicht machen, dann ist es gleich nicht mehr so schlimm. Und immer daran denken, was euch drüben erwartet. Ich freue mich ja so sehr, wenn ihr dann alle, alle auch zu uns kommt. Das ist ein ganz echter, paradiesischer Rosengarten. Bitte, bitte, seid alle recht lieb zueinander. Und ich bete schon auch und helf euch.

Nun muß ich aber zurück.

Lebt wohl ihr alle und vergeßt nicht: Das Herz und das Gesicht nimmermehr grantig! (Ab)

Erzählerin:

Was war das jetzt? Ein Lichtstrahl aus der Ewigkeit. Glückselig das Haus und seine Bewohner, dem solch liebliche Heilige Beistand leisten.

Rosemarie Menschick

In jener Nacht

Ist auch in diesem unheildunklen Jahr der Abend gekommen, der sonst der seligste war?

Verfroren, abgewandt stehen die Sterne in der Nacht. Drunten in den Tälern und Mulden sind nur vereinzelte Fenster hell erleuchtet. Ihr Licht ist kalt und fremd. Eintönig weiß dösen Hügel und Hänge, düster die Wälder und Dörfer.

In der niedrigen Stube ist die Kerze auf dem Teller weit heruntergebrannt. Der Sohn sieht noch eine Zeit in die kleine, zuweilen furchtsam zuckende Flamme und blickt dann über sie hinweg auf seine Mutter. Ihre welken Hände liegen noch auf dem abgegriffenen Buch. — ,... weil in der Herberge kein Platz für sie war ...'; wo überall, in wieviel Zungen und Landen klingen in dieser Nacht wieder diese Worte — und wo überall sind sie wieder einmal millionenfach Wirklichkeit geworden?

„Du kannst ruhig gehen. — Ich bin nicht allein. — Du weißt, daß jetzt auch die anderen mit ihren Gedanken heim suchen — und ich habe lange mit ihnen zu reden. — Du weißt auch, daß sie auf dich warten." —

An der Gartentür bleibt er kurz stehen, sichert wie sonst. Zögernd schlendert er dann ein Stück auf der Straße hin, hart am Rande sich haltend. — Der Brunnen. — Das frische Wasser kühlt die Stirn, strafft und beruhigt. — Die Mutter hat recht. Wohl schuftet der Vater in der Fron, aber einige der Posten stecken ihm immer wieder einen Brocken zu — und wenn im Sommer die Aussiedlung kommt, darf er wohl heim. — Heim! — Wie dieses Wort auf einmal seltsam klingt! — Ja,

und der Bruder: der sitzt wohl wieder in einer Ecke des großen Zeltes im Argonnerwald und — schämt sich mit seinen neunzehn Jahren der Tränen. Auch er würde einmal heimkehren, irgendwohin. — Und an seine Schwester denkt Christoph. Sie wartet auf ihn — drüben. Vielleicht hat sie wieder Nachtdienst in der Schwerkrankenabteilung. Dann träumt sie sich wohl in den kurzen Ruhepausen über die Dächer und Ruinen hinaus und über die Hügel hin.

Er sieht prüfend zum Himmel. Es wird hell werden. In etwa fünf Stunden wird der Mond kommen.

Als ob er schon zu lange gesäumt hätte, rafft er sich auf, faßt mit der Linken unter den breiten Traggurt des Rucksackes — er ist heute nicht zu schwer: mehrere Sachen des Bruders, Winterkleider für die Schwester, einige Bücher und seine Geige — und dann mit der Rechten sicher den Griff des Stockes und hastet den schmal ausgetretenen Fußsteig schräg zu dem Bauernhof hinauf, der neben dem Schloßpark liegt. Rasch zieht er das kleine Türchen neben dem breiten Einfahrtstor etwas an. Kaum hörbar fällt drinnen die angespreizte Stange in den dämpfenden Schnee. Er huscht hinein, lauscht kurz, stützt die Stange wieder an und geht dann ruhigen Schrittes über den Hof und zum rückwärtigen offenen Tor hinaus.

Der Fuhrweg steigt an. Endlich ist er auf halber Höhe des Hanges bei einem Strohschober angelangt. Noch einmal dreht er sich um. Wieder ein Abschied. Man weiß nie, welcher der letzte ist.

Die Heimat. — Was ist das Geheimnisvolle an diesem Wort?

Wohl kamen früher in den Sommermonaten

alle Jahre Urlauber in dieses stille Walddorf, aber nur in seiner weiteren Umgebung gibt es höhere Berge und verfallene Burgen — und der Name des Ortes klingt so schlicht wie alle Dorfnamen ringsum.

Was war denn Besonderes an diesem Stück Erde?

Langgestreckt zwischen den Hügeln im Norden und Süden liegt unten im Tal das Dorf, Hof neben Hof, jeder mit einem großen Garten dahinter, der sich meist an einer Seite auch an die Straße vordrängt. Zwei Häuserreihen stehen einander in weitem Abstand gegenüber. Die schmuckesten, im Sommer mit Weinlaub gezierten Giebel der ‚großen Seite‘ sahen zu ihm nach Süden her. Vor ihnen läuft auch die breite Dorfstraße entlang. Die Höfe der ‚Viertelseite‘ wenden ihm die Stadel zu. Dazwischen gluckst der Bach, versteckt sich hinter Büschen und schlängelt sich dem Teich am unteren Dorfende zu. Von dorther grüßt die alte, lindenumstandene Mühle — und von der kleinen Anhöhe daneben die Kirche mit Pfarrhof und Schule. Dahinter weiß er die Bezirksstraße, die Eisenbahnlinie und das Wiesental mit dem zum Herzen des Landes strebenden Fluß. — Er sieht den Fuhrweg hinab. Aus jedem Hof hüben und drüben zieht ein solcher den Hang hinauf, und die Bauern haben daran ihre Felder liegen bis zum Waldsaum hin.

Viel hätte das Dorf zu erzählen und viel jeder Hof, das meiste wohl aber die alte, legendenumwobene Kirche und das Schloß, das ihm zur Linken verborgen im Park träumt, und erst recht die uralte Ulme, die dem Schloß gegenüber am Anger in der Dorfmitte ihre gewaltigen Äste breitet und seit Jahrhunderten hoch über die Höfe und Hütten ragt und

wacht. Ihrer fünf hatten sie als Buben den mächtigen Stamm nicht umspannen können, aber innen waren sie, da er meterhoch ausgehöhlt war, bis zu den ersten Ästen hinaufgeklettert und bei einem Loch hinausgeschlüpft. — O sonnige Bubenzeit! — —

Ist es die frohe Erinnerung — ist es Ehrfurcht, was so eigen in dem Wort Heimat schwingt? —

Hinter dem Schloßpark lagen waldwärts hinauf beiderseits der Straße schmucke Häuschen, die sich fleißige Arbeiter erbaut hatten. Meist hatten sie als Maurer oder Zimmerleute vom Frühjahr bis zum Spätherbst in den großen Städten gewerkt und den Winter über von dem Erlös und von den Erträgnissen eines kleinen Pachtackers und von dem gelebt, was Frau und Kinder als Entlohnung an Getreide und Kartoffeln von den Bauern erhielten, bei denen sie während der Abwesenheit der Männer geholfen hatten.

Er schreitet auf eines der Häuser zu. Auf ein bestimmtes Klopfzeichen wird ihm geöffnet.

Auch hier brennt nur eine Kerze in der Küche. Die Fenster sind verdunkelt. Ein Sack, oben vernäht, steht auf dem Tisch. Traggurte sind daran befestigt.

Die Frau, die öffnete, setzt sich, schon im Mantel, auf einen Schemel und weint. Auf der Eckbank hinter dem Tisch schlafen angezogen ein kaum vierjähriges hellschopfiges Mädchen und ein dunkler, schlankgliedriger Bub.

Da steht die Frau auf. Sie nimmt eine Fotografie von der Wand und steckt sie ein, stößt schluchzend hervor: „Weil er das nur nicht erleben muß, mein Mann! — Und mein Kleinster! — Aber er wird einmal nichts von allem wissen!“

Die Kinder hinter dem Tisch werden unruhig. Da kämpft die Frau rasch und verschämt nieder, was in ihr aufsteigen will, wischt mit dem Handrücken über die Augen, klinkt behutsam eine Tür auf und kommt dann mit einem Pack auf dem Arm zurück, aus dem schlafrote Bäckchen und ein wirrer Zipfel Haare herauslugen. Kaum ein Jahr ist der kleine Michael alt. Er räkelt sich und zieht das Näschen ein wenig kraus, unwillig und fragend. —

Sie lassen die Haustüre unversperrt. Viele Häuser stehen leer und offen. Am Waldrand schickt Christoph den Käuzchenruf durch die hohlen Hände in das Dorf zurück. Dreimal. — Langhin ist der Waldpfad mit dunklen Gestalten gefüllt. Am Holzkreuz unten an der Weggabelung haben sie sich noch einmal in die Gesichter gesehen. Sie gehen, oft in kleineren oder größeren Gruppen, manchmal auch allein. Es ist kein Wort nötig. — Als ihm vorhin der alte Richterbauer die zittrige Rechte auf die Schulter legte, nickte er nur, nahm die Kleine an der Hand und ging an die Spitze des Zuges. Die Frau ist hinter ihm und führt den Jungen. Den Pack mit dem Jüngsten trägt sie in einem breiten Gurt vor sich an der Brust und legt noch stützend und bergend den freien Arm darum. Ihren Sack haben weiter hinten zwei Männer auf eine Tragbahre aus Stöcken geladen.

Sie kommen auf einen Fuhrweg hinaus. Er führt stundenlang durch den Wald und berührt nur wenige kleine Dörfer und Einöden. Auf diesem Weg fuhren einst die Bauern aus dem herrschaftlichen Wald das ihnen nach einem alten Freibrief zugesicherte Brennholz auf knarrendem Wagen im Herbst ihren Höfen zu.

Schweigend stehen zu beiden Seiten die dunklen Wände der Fichten und Tannen. Dann und wann kommen sie durch eine Schonung. Hier drängt es hoch und niedrig, dichtästig und kahl, rund und spitzhütig durcheinander an Birken, Föhren, Lärchen, Buchen, Eichen und Jungfichten. Manchmal bleibt Christoph stehen und blickt zurück oder lust voraus, und wenn einige schwerer Tragende oder ältere Leute zurückgeblieben sind und man auf sie wartet, zeigt er der Kleinen und dem hinter ihr an der Hand der Mutter tappenden Bruder ein zierliches Bäumchen, das sich im Schnee verstecken will, oder einen alten Baumstumpf mit einer großen weißen Pelzhaube. Und im Weiterstapfen beginnt die verhärmte junge Frau mit leiser Stimme zu erzählen und verflicht darein schlicht und trostverheißend das eigene schwere Los. Michael schläft an ihrer Brust.

Da stockt er, reckt jäh einen Arm seitwärts. Dumpfes Stolpern, einige Wortfetzen, ein paar kaum unterdrückte Flüche, vereinzeltes Knacken.

Einige Meter seitab vom Weg duckt alles im Dickicht nieder, lehnt an den Stämmen, stützt sich vornüber auf die Stöcke.

Draußen kommt es langsam näher. Bald ahnt jeder der Horchenden drinnen: von drüben Zurückkehrende! Das erste deutlich vernommene Wort bestätigt es. Es war ein erstaunter Ausruf ob der unvermittelt vor ihnen abgebrochenen Fußspuren. Schon regt sich von denen drinnen einer, bahnt sich, dürre Äste unachtsam knickend, rasch an den Weg vor und will Klärung bringen; — da rumpelt, stößt, fällt und splittert es auch schon in die jenseitige Waldwand hinein — und wie nun alle von hüben rufen und auf den Weg zurückspringen und den anderen nachsetzen, brechen diese immer tiefer ins Gehölz, und erst laute Schimpf- und Spottworte bringen sie allmählich zurück.

Nun schauen sie sich fragend und verstört aus nächster Nähe in die Augen, und einige stoßen einander — sich erkennend und darob nicht wenig verwundert — erfreut in die Seite.

Dann aber berichten die mit den leeren Säkken erregt, daß die Grenze nun verschärft bewacht wird und in der Mühle, an der man immer vorbeikam, Soldaten einquartiert sind. Einer nimmt seinen durchlöcherten Hut vom Kopf, und man deutet auf ein Mädchen, das einen Arm in einer Schlinge trägt. Wohl haben sie selber einigemale eine Salve gehört, aber weiter nichts darauf gegeben. Man war es gewöhnt, daß zur Abschreckung hin und wieder planlos in die Runde gefeuert wurde.

Keiner spricht mehr. Eine Weile versuchen sie, den Weg meidend, im Wald vorwärts zu kommen, doch das geht nicht ohne unter den Füßen und an den Lasten splitternde Ästchen, und da sie fürchten, sich durch diese in der Stille weithin hörbaren Geräusche zu verraten, schlupfen sie schließlich wieder auf den Weg hinaus. Sie halten sich dicht am Waldrand und schieben sich nur langsam voran.

Da ist die letzte Schonung. Nach einer kurzen Strecke schon wird der Weg in einer weiten Kurve ausschwenken und, leicht in das Tal hin abfallend, unten in die Bezirksstraße münden, die hier, mit der auf den jenseitigen Höhen hinziehenden Grenze fast gleichlaufend, links weiter nach Süden führt und rechts im Bogen dahin zurück, woher sie kommen. Auch das Flüßchen ist da, schmäler freilich als daheim im Dorf — und hinter der Holzrie-gelbrücke, die darüber führt, liegt die Mühle, durch Baumkronen halb verdeckt. Die Biegung des Fahrweges abschneidend, führt ein schmaler Steig quer durch die Schonung zur Brücke hinab. Hier gingen sie immer.

Heute zaudern sie ratlos schon vor dem Eintritt in das Gebüsch. Aus den verhüllten Fenstern der von den einstigen Besitzern verlassenen Mühle glimsen verräterisch schmale Lichtspalte. Aber schon der aus dem Schlot aufsteigende Rauch sagt genug.

Flüsternd beraten einige. Müde lassen andere, besonders Frauen, Mädchen und jüngere Burschen, in den Straßengraben tretend, ihre Päcke fallen und seufzen oder stieren vor sich hin. Einige sehen auch gelassen und ruhig abwartend, zu der Höhe im Westen hinüber. Sie wissen: nur noch den steilen Hang jenseits der Straße hinauf, dann sind sie an der Grenze.

Man hat beschlossen, am Rande des Hochwaldes die Schonung nach links zu umgehen, denn nur etwa eine Rufweite rechts von der Mühle liegt ein Dorf, das sicher auch besetzt ist. Seitwärts der Mühle aber reicht der Hochwald bis an das Flüßchen heran und steht aufnahmebereit auch gleich wieder jenseits der Straße, die hier ganz nahe am Ufer läuft. Zwar trägt das rasch fließende Wasser keine Eisdecke, aber irgendwie wird man schon hinüber kommen.

In Christoph steigt eine Sorge auf, die er aber niemandem mitteilt. Sie haben schon durch die Warner vorhin, durch das bedächtigere Vorantrachten und dann wieder durch hemmendes Hinundherwollen Zeit verloren. Durch den Umweg wird wieder eine Verzögerung eintreten — und der Mond mußte bald aufgehen. Lieber hätte er ihn vom Berg da drüben aus emporsteigen sehen.

Unerwartet finden sie Hilfe, als sie sich, wegen des Übersetzens etwas ratlos, dem Flüßchen nähern. Hier liegen mehrere Stämme, auf Abfuhr wartendes Grubenholz. Da die Stücke gut die nötige Länge haben, fassen mehrere Burschen und Männer ohne viele Worte zu. Jeden unnötigen Laut vermeidend, fegt man mit Stöcken den Schnee ab und löst durch kräftige Stöße mit den Füßen das erste der Baumstücke aus seinem Lager. Einer hält das vereiste Ende am Ufer an, und die anderen stellen den Stamm hoch.

Ein gedämpfter Aufprall am jenseitigen Ufer — der erste Brückenbalken liegt. Jeder hält unwillkürlich den Atem an. — Nichts regt sich. Einer rutscht rittlings hinüber, kriecht, nach allen Seiten spähend, an die Straße; kommt ans Ufer zurück, winkt: nachkommen! Unüberlegt drängen einige durcheinander, wollen so schnell wie möglich hinüber, schieben, schimpfen. Vergeblich mahnen Besonnene zur Ruhe. Ein paar Männer haben inzwischen einen zweiten Stamm hochgestemmt und wollen damit die Brücke verbreitern und zum Begehen einrichten. Aber schon sind mehrere drüben, vor allem die Jüngeren. Die älteren Leute werden unschlüssig. Die drüben rufen. Die mit dem zweiten Stamm zögern, weil der Zudrang der Hinüberrutschenden nicht stocken will, da — ein Schrei; ein Bub ist, auf der Notbrücke vorwärtsgeschoben, abgeglitten und in das Wasser gestürzt. — Jammern, Schelten — ein Schlag! Der zweite Stamm liegt. Einige reichen hastig dem Buben Hände, Äste, Stöcke hin, drüben hat einer seinen Pack erfassen können und zieht und zerrt; — fiebernd vor Eile rollen an-

dere den zweiten Stamm an den ersten heran, schlurfen unsicher hinüber; — drüben schlottert der arme Kerl; — weiter, weiter! — Frauen klagen, werden hinübergestoßen. Kinder beginnen zu weinen. — Ein Halbblinder, von seiner Tochter an einem kurzen Strick geleitet, taumelt mehr, als er geht, als letzter in die sich ihm entgegenstreckenden Arme.

Christoph liegt vorn an der Straßenböschung, duckt den Kopf hinter einen Kilometerstein. Keine Zeit verlieren! Los! Er springt auf, reißt das kleine Mädchen mit sich — zieht rasch die Frau nach. — „Schnell, rüber — und rauf — hinter der Grenze — bei der Kiesgrube!" drängt er — hat das letzte Wort kaum heraus, rattert eine Salve aus einer Maschinenpistole über ihre Köpfe; — Lichter an der Mühle — Schreie bei den über den Hang Hinaufkeuchenden — da und dort schlägt einer hin, blutet an den Händen, im Gesicht, von den Steinen zerschunden; — Säcke, Stöcke werden weggeworfen — Wehrufe — fremde Befehle.

„Mein Kind! — Herrgott! — Helft!" Der Richterbauer wirft sich in würgendem, ersticktem Aufklagen über die junge Frau, die im Niedersinken ihren Buben an der Hand mitgezogen hat. Im Bündel, das sie noch immer fest an sich preßt, schrickt der kleine Michael auf und weint, wie nur ein hilfloses Wesen in dumpf empfundener Not aufzuschreien vermag. Es ist das unnennbare Leid einer erschütterten Welt.

Steine mitreißend, rutscht Christoph die wenigen Schritte den Hang wieder hinunter.

Zwei, drei Soldaten kommen angelaufen. Einer feuert den Flüchtenden nach. Die Fäuste drischt der alte Bauer dem nächsten Uniformierten in das Gesicht, verflucht und schmäht in maßlosem Schmerz ihn und sein Volk, sinkt dann wieder wimmernd über der Leiche der jungen Mutter zusammen. Doch zuvor schon hat der Geschlagene sein Gewehr umgekehrt und hebt den Kolben.

„Laß den alten Mann!" fährt ihm Christoph hart an die Brust.

Ein Mädchen kommt mit fliegenden Haaren von der Mühle her, ruft von weitem in der fremden Sprache: „Was ist — was ist?" — Die zwei anderen Soldaten reißen die Ringenden auseinander. — Hohl und fragend ruft einer noch im Hang Christophs Namen.

„Du sein — Vater von Frau?" tritt einer der Soldaten vor. Er ist älter und anscheinend der Führer des Postens. Der Richterbauer antwortet nicht, hört gar nicht in seinem Gram. Die zwei Kinder knien im Schnee beim Gesicht ihrer Mutter und wimmern und flehen mit hilflosen Gebärden.

Christoph zittert vor Erregung: „Ja — und hier!" und deutet auf die Kinder.

Er kniet nieder, löst schweigend das Tragband von der Schulter der toten Frau, will das zuckende Bündel aufheben und das Kind beruhigen. Da nimmt es ihm das femde Mädchen ab und geht mit ein paar Schritten seitwärts. — Unvermittelt beruhigt sich das Kleine, seufzt noch einmal auf.

Schnee rieselt von einem Ast.

Da sagt der Postenführer: „Vater — Du gehen mit Kinder — da — oder da!" Er zeigt über die Grenze — und dann zögernd entgegengesetzt, zurück. — „Du müssen kommen mit!" bedeutet er Christoph — und den zwei Soldaten: „Ihr machen Grube — hier an Straße!" — und wie der eine aufmucken will, besinnt er sich erst wieder seiner Sprache und gibt einen barschen Befehl.

Die zwei trollen sich, um aus dem Dorf Geräte für ihren Auftrag zu holen. Das Mädchen legt ihm die Hand an die Wange.

Heimwärts überm Wald steigt mit fahlem Gleißen der Mond auf.

„Tochter dir bringen Kind — !" stammelt der Postenführer noch. Die Stimme versagt ihm. Sein Mund bebt.

Der Alte ringt die Hände. Verwirrt nickt er — und braucht lange, bis er die zwei Kinder und sich von der schmalen Frau wegbringt und hin an den steilen, steinigen Hang.

An der Mühle vorbei geht es in das Dorf. Die zwei mit dem Grabschaufeln Beauftragten schauen mehrere Male um. Hinter sich hört Christoph Flüstern. Die fremde Sprache ist ihm geläufig, aber er versteht nur Bruchstücke: " . . . Trauen mir nicht . . . Vielleicht Kind etwas Milch . . . Werde sagen: Ich schicke ihn schon, wohin er gehört . . ."

Sie treten in die rauchige, lärmerfüllte Schenkstube des Gasthauses. Das Mädchen löst den Traggurt des Bündels und sagt leichthin: „Ich werde sorgen."

Sie geht mit dem Kind in das Nebenzimmer. Verwundert sehen die Soldaten und Christoph durch die verbindende Glastür, wie sie drinnen das Licht ausdreht, sich zurechtsetzt und das Kind in ihren Schoß legt. Sie schaukelt es behutsam und beginnt wohltuend verhalten eines der so gemütstiefen Wiegenlieder ihres Volkes. Selbst die lautesten Rumorer sind eine Weile still, und einer öffnet die Tür einen Spalt breit.

Bald aber schwillt das laute Durcheinander in der Schenkstube wieder an. Christoph hört das Mädchen noch rufen: „Papa, kannst du nicht etwas Milch holen lassen?" und sieht, wie der Angerufene selbst geht.

Nun, ihren Oberen draußen wissend, macht einer anzügliche Bemerkungen wegen des Kindes, und ein anderer fragt, meist durch Zeichen mit der Hand, ob er denn wisse, daß er erschossen werde.

Einen Augenblick lang steht er wie gelähmt. Er denkt an seine Mutter — an die anderen Lieben — — an das Kind da drinnen auf dem Schoß des fremden Mädchens dann — deutet unbewußt hinaus.

„Singt gut — Freilein — was?" fragt einer. „Spiel mit du, hast ja Geige!" ruft der nächste. „Ja — spiel, spiel!" begehrt ein anderer, „aber nicht Schlaflied! Lustig Lied!" — „Unser Lied!" schreit der danebem, und schon halten sie ihm seine Geige unter das Kinn, drücken ihm den Bogen in die Hand und fordern hämisch und halb trunken, daß er ihr Lied, die Nationalhymne ihres Volkes spiele. Er erstarrt. Die Worte des Liedes überfallen ihn übermächtig.

Da tritt das Mädchen ein. Es sieht ihn aus dunklen Augen voll an — und setzt mit sanfter Stimme an: „Wo ist mein Heim, mein Vaterland? . . ." — und sie singt in seiner Sprache.

„Wo ist mein Heim — ?" wiederholt er tonlos — und schaut mit geschlossenen Lidern die endlosen Züge der leidvoll Fliehenden.

Da bricht sie jäh ab.

Die Soldaten sehen auf den Boden, einige zum Fenster hinaus. Es bleibt still um die zwei in der Mitte während der wenigen Worte: „Ich bin Studentin. — Sprachen. — Aber die Musik liebe ich noch mehr. — Sie ist — die schönste Sprache. — — Spielen Sie Orgel?"

„Ja. — Konservatorium. — Prag. — Ich habe ein paar Noten im Rucksack. — Hier." Er reicht ihr einige Hefte und Bücher hin.

In der kleinen Dorfkirche ist es kalt.

Prüfend gleiten die Finger über die Tasten hin, dann intoniert er das schlichte Motiv und schließlich die ganze holde Weise des böhmischen Wiegenliedes. Wie ein zarter Schleier verschwebt es in das spärlich erhellte Dunkel des Kirchleins.

Da schlägt das Mädchen ein Notenbuch auf, blättert ein wenig und ruft froh: „Das — bitte!"

‚Es ist ein Ros entsprungen . . .' — Sie singt das alte Weihnachtslied wie eine neue Verkündigung.

Der Morgen dämmert.

An der Grenze oben hält der Postenführer ihn kurz zurück: „Du hören, was ich sag: Ich schießen an Straße — aber nicht auf Frau; — in Luft — ja. — Vielleicht ich sein — nicht schuld. — Wie heißt in Buch? — ‚. . . guten Willen . . .' — Mutter tot."

Er kämpft mit der mühsam verhaltenen Erregung, fast scheint es, er wolle ihn weiter begleiten, drückt ihm dann heftig die Hand, winkt, er möge mit dem Kind rasch gehen. — Nicht weit noch ist er gekommen, fragt in sich hinein nach der Unversehrtheit der Bilder: Stubenstille, Mutter — Vaters Barackenwinkel — der Bruder im Lagerzelt — an einem Krankenbett die Schwester. —

Da spürt er das Bündel im Arm — und dann ist das Bild des Mädchens da, das bei den Worten des Vaters entsetzt aufschrak, dann den Kopf tief gesenkt hielt.

Da zerreißt ein Schuß oben an der Grenze scharf die Stille.

Einer nur. — Ein Nahschuß.   Franz Liebl

26.
DEZEMBER

Der heilige Stephan
2. Weihnachtsfeiertag

Pfeffer, Pfeffer, Krone

Stephanus-Legende

D Apostl ham d Händ voll Arbat ghabt: predign, s Heil verkündn, auf de Arma aufpassn, de Krankn tröstn, de ganz Bollischn allweil wieda wos vazähln vom Erlöser, de Zeckatn, de bloß auf a Wunda gwart hän, obwimmln, und wandern! — Alls z Fuaß!
Hams an Stephanus gfundn, der jung und voller Begeisterung de Fürsorg für de Arma übernomma hat. Und predign hat der könna! Jedn Tag hat er am Petrus neue Christn zum Taffa brocht, und alle hamsn megn, weil er's ehrlich gmoant hat.
Aber des is allweil scho gfährlich gwesn: wo Bewunderung blüaht, wachst da Haß. Und weils eahm koa Unrecht nochsogn ham könna, hams bloß a Packl Schreier auf eahm ghetzt. Wia d Wölf hamsn ogfalln, geifert vor Gier, blind und blöd hamsn gjagt, vors Gricht zarrt — und gstoanigt.
Wia lang is des her? Wia leicht kannt des heit sei!
Aber der junge Mo, troffa von de stoanign Herzn, woaß mehr. Er siecht den offna Himml — nimmer sei Bluat — und bet' für de Christn.
Dabei steht da Saulus,
und sei Herz kehrt se um.   E. E.

„Laßt uns das Kindelein wiegen"

Alte Christkindlbräuche — volksliturgisch neu belebt

Auf die Frömmigkeit und Religiosität unserer Generation anspielend, die sich so gerne als eine äußerst tüchtige Leistungsgesellschaft versteht, meinte einmal Eugen Roth, wir würden uns zusehends vom Himmelreich entfernen, je weiter wir mit unseren Raketen ins All vordringen. Und wie recht hatte er damit! Theologen, Philosophen, Soziologen, Psychologen und selbstverständlich auch andere gescheite, reflektierende Menschen wissen dies schon lang und können nur bestätigen, daß wir mit zunehmender Aufklärung und wachsendem Wohlstand innerlich ständig ärmer werden, seelisch ausdorren. Man betrachte nur unser Weihnachtsfest! Wie seelenlos, wie sinnentleert ist es inzwischen für viele Menschen geworden! Ohne Beziehung zur christlichen Heilslehre, ohne Glauben an das Wunder der Menschwerdung Christi in der Hl. Nacht mußte dieses Hochfest der Kirche umfunktioniert werden zum Fest der Freude, einer sehr weltlichen natürlich mit Tanz und Alkohol, zum Fest der Familie, des Friedens und selbstredend des großen Geschäftes.

Von den ehedem überreichen Formen der Volksfrömmigkeit sowie den bildlichen und dramatisierten Darstellungen des Weihnachtsgeschehens ist in der Kirche wie im Haus fast nichts mehr übrig geblieben. Die Aufklärung im 18. Jahrhundert hat damit gründlich aufgeräumt. Was an geistlichem Brauchtum um die Krippe von Bethlehem das 19. Jahrhundert hartnäckig überstand, wurde schließlich ein Opfer der beiden grausamen Weltkriege. Überlebt hat im Grunde lediglich das Aufstellen und Schmücken des Christbaumes, der an sich einen sehr jungen Brauch erst aus dem 19. Jahrhundert darstellt. Da und dort werden in den Familien noch die Hauskrippen aufgebaut, besonders schön bei uns im Oberpfälzer Stiftland. Im alten Glashüttendorf Buchenau spielen die Kinder noch das Weihnachtsspiel, in Ringelai bei Freyung gibt es noch eine Christkindelwallfahrt, die einzige im Bayerischen Wald. Ansonsten kennen wir kaum noch lebendige Christkindlbräuche in Bayern. Sogar die Mettenwürste kommen langsam ab, wird doch schon mancherorts auch auf die mitternächtliche Christmette verzichtet.

Zweifellos ist hier dem Volk, vor allem den einfachen Menschen und Kindern, jene einzigartige Möglichkeit geraubt worden, den biblisch-kirchlichen Bericht von der Geburt des Heilandes mittels verschiedenster Darstellungsformen und religiöser Bräuche als lebendige Bilder oder Handlungen unmittelbar zu erfahren, zu begreifen und aufmerksam geistig-seelisch, ja manchmal fast körperlich mitzuerleben. Die von frommen Priestern, Lehrern und Mesnern, also begabten Menschen aus dem Volk verfaßten Krippenspiele, die sogenannten geistlichen Comedien, sind seit langem aus der Kirche verschwunden. Um 1770 z. B. schon hatte der Kampf gegen diese Spiele im Bistum Regensburg seinen Höhepunkt erreicht. Die innigen Hirtenlieder wurden von den aufgeklärten weltlichen wie geistlichen Instanzen als „elende Landmusik" und „elendes Gewäsch" verpönt, aus dem offiziellen liturgischen Raum verbannt und durch approbierte Kirchenlieder ersetzt. Fromme Volkskunst und frommer Brauch, die ursprünglich von der Krippe ausstrahlten und zu ihr wieder zurückführten, etwa die Krippenlegung und das Kindlwiegen, starben mit ein bis zwei Ausnahmen in Bayern (Niederalteich und Karmelitenkirche St. Joseph in Regensburg) aus. Nicht nur da und dort aufgetretene Mißbräuche waren der Anlaß zu den Verboten, sondern die Überzeugung, diese zugegeben rührend-naive, vorwiegend emotional empfundene Volksfrömmigkeit, mit der man das Christkindl berühren, küssen, wiegen, ihm mit Pauken und Trompeten alle Referenz erweisen wollte, als Unsinn verunglimpfen und sie intellektualisieren zu müssen, was aber im Grunde bis heute nicht gelungen ist. Denn der Hang des Volkes zur Bildhaftigkeit der Glaubensinhalte, zur Vergegenwärtigung des Heiligen besteht ja weiterhin. Nach wie vor wird das Bild dem Wort vorgezogen. Und schließlich dürfen wir nicht vergessen, daß Gott seinen Sohn nicht als Idee oder Philosophie, sondern leibhaftig in diese Welt gesandt hat, damit er ganz konkret und für jedermann sichtbar und greifbar die Heilslehre verkünde und vollziehe. Ich kann nur wiederholen, wir haben unendlich viel Wertvolles an religiösem Brauchtum verloren; Ersatz wurde von keiner Seite geboten.

Nun, ich zitiere nochmals Eugen Roth: „Wir sind heute so aufgeklärt, daß wir schon wieder Sehnsucht nach der Verklärung haben und uns der Worte eben dieses Jesus erinnern: Wenn Ihr nicht werdet wie die Kinder, so werdet Ihr nicht eingehen in das Himmelreich." In der Tat, es sollte uns zu denken geben, daß heutzutage Tausende und Abertausende zu den Adventsingen pilgern, von den einfachen Melodien der Bauern- und Waldlermesse ergriffen werden, überhaupt für alles Volkstümliche sehr aufgeschlossen sind. Diese Erscheinung kann man nicht so einfach und oberflächlich mit dem Schlagwort „Nostalgie" abwerten. Im Gegenteil. Ich interpretiere dieses Phänomen als ausgesprochenen Hunger unserer hektischen, innerlich leergewordenen Leistungsgesellschaft nach seelischer Ruhe und Ausgewogenheit, nach Einfachheit, nach kindlicher Naivität, nach bloßem Hin-Hören und Hin-Schauen auch in der Kirche, nach Meditation. Wenn sich daher in der Geschichte nach dem Abschaffen und Aussterben dieser schönen, ausdrucksstarken Kunst- und Brauchformen bayerischer Volksfrömmigkeit eine Gelegenheit zur Neubelebung geboten hat, dann heute: Hirtenlied, Krippenspiel, Krippenlegung und Kindlwiegen als einfache religiöse Ausdrucksformen sind nach meiner Meinung nicht unaktuell geworden, sie haben auch in unserer modernen Zeit ihre Aussagekraft nicht eingebüßt. Nur meine ich, wir sollten diese religiösen Bräuche nicht museal behandeln, als l'art pour l'art, als Selbstzweck oder als folkloristische Show, sie müssen wieder bzw. endlich in den liturgischen Gesamtzusammenhang gestellt werden, d. h. religiöse Volksbräuche sollten nicht für Eintrittsgeld vorgeführt werden, sondern dieses fromme Tun muß im Sinne der Liturgiereform als integrierter Bestandteil des Wortgottesdienstes verstanden sein, bei dem Priester und Gottesvolk gleichermaßen durch aktive Anteilnahme das Weihnachtsfest feierlich begehen und erleben.

Am Stephanustag, also am 26. Dezember des Jahres 1976, wurde zum erstenmal das Regensburger Christkindlsingen durchgeführt: In den Abendgottesdienst um 18.30 Uhr in der Niedermünsterkirche zu Regensburg wurden solche alte Christkindlbräuche als volksliturgische Mittel wieder eingebaut. Volkssänger und Volksmusikanten sangen und spielten alte Hirtenlieder und Weihnachtsmusik aus der Oberpfalz, dem Egerland und dem Böhmerwald. Das Christkind wurde in einem feierlichen Zug mit Pauken und Trompeten in die Kirche gebracht. Brauchgemäß verbeugten sich nach der Krippenlegung durch die Geistlichkeit und nach der Anbetung des göttlichen Kindes die Ministranten vor dem Christkindl in der Wiege (s. S. 339). Danach spielten ein paar Buben eine Szene aus dem Christkindl-Spiel von Klenowitz (s. S. 517). In das Hirtenspiel war das Kindlwiegen eingebaut, zu dem die Gemeinde das Lied „Laßt uns das Kindelein wiegen" sang, ein Lied, das aus Aufhausen bei Regensburg aus dem Jahre 1724 stammt (s. S. 517). In den tieferen Sinn dieser volkstümlichen Feier führte Herr Generalvikar Fritz Morgenschweis ein, der auch eine Meditation hielt (s. S. 386). Unmittelbar an diese als besondere Form der Predigt zu wertenden brauchtümlichen Handlungen schloß sich der Gottesdienst an. Dabei erklang die neue volkstümliche Christkindl-Meß (s. S. 383), die abwechselnd von Gruppen und von der Gemeinde gesungen wurde.

Der unerwartet große Andrang der Bevölkerung bewies überzeugend, daß eine Rückführung alter, ausgestorbener Christkindl-Bräuche in den kirchlichen Raum und in die Liturgie auch heute sehr sinnvoll ist, daß es auch heute noch viele Menschen gibt, die wie die Hirten mit einfachem, unbeschwertem kindlichem Herzen zur Krippe eilen und ehrlichen, frommen und fröhlichen Gemütes singen können:

Laßt uns das Kindelein wiegen!

A. E.

Herkommen ist heute die Nacht

Kyrie aus der Christkindlmeß

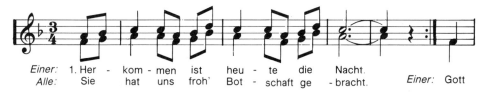

Einer: 1. Her - kom - men ist heu - te die Nacht.
Alle: Sie hat uns froh' Bot - schaft ge - bracht. *Einer:* Gott

gab uns sein Wort auf gar vie - ler - lei Weis', *Alle:* nun

ist es Fleisch wor - den: Christ - Ky - rie - e - leis!

2. Ein Kind ist geboren so fein.
   Das Reich und die Herrschaft sind sein.
   Es singen die Engel ihm Ehre und Preis.
   Wir bitten in Demut: Christkyrie, eleis!

3. Du Kind aus dem himmlischen Reich
   bist Gott und ein Mensch doch zugleich.
   Du bringst uns die Wahrheit, du gibst dich zur Speis'!
   Schenk' uns dein Erbarmen! Christkyrie, eleis!!

Ablauf des ersten Regensburger Christkindl-Singens

1. Der Engl is kumma
2. Prolog
3. Hirtenlanghorn-Stück
4. Einzug des Christkindes:
   Intrade (Schacht)
   Vom Himmel hoch
   Reihenfolge des Zuges:
   Sternträger, Ministranten, Priester, Hirten, Singschulklasse.
   Die Ministranten nehmen Aufstellung vor der Mensa. Hirten und Singschulklasse bleiben hinter den Priestern stehen.
   Der Zelebrans legt das Christkind in die Krippe.
5. Anbetung:
   Alle knien. Die Hirten und die Kinder nehmen ihre Hüte ab. Gebet des Priesters
6. Verehrung des Kindes:
   Die Ministranten verbeugen sich vor dem Kind und ziehen ab. Tännesberger Halbwalzer
7. Aufstellung zum Krippenspiel:
   Die Singschulklasse zieht hinter die Mensa und stellt sich halbkreisförmig auf. Die Priester gehen zu ihren Sitzen.
   Instrumental-Arie
8. Adam, sei froh
9. Meditatio
10. Panflöten-Stück
11. Kaam hom die Engel
12. Christkindl-Spiel
13. Instrumental-Arie
14. Kindlwiegen: Die Hirten und Josef wiegen das Kind.
    Laßt uns das Kindelein wiegen
15. Menuett von Pokorny. Währenddessen entfernt sich die Singschulklasse. Die Priester schreiten zur Mensa für die Messe.
16. Christkindl-Meß
17. Festlicher Auszug: Bläserstück mit Pauken (Schacht)

A. E.

Meditation zur Krippenfeier 1977 in Niedermünster Regensburg

Wir haben uns in Niedermünster zusammengefunden zur Christkindlfeier, und wir wagen den Versuch, Erbe unserer Vorfahren in diese unsere Zeit einzubringen und für uns Heutige lebendig zu machen. Ein Wagnis, gewiß ja; denn wie leicht geraten wir damit in Verdacht, uns ins Gestern hineinzustehlen, weil wir womöglich mit dem Heute nicht fertig werden, und frommes Gefühl zu beschwören, indessen unser Herz ganz anders ausgerichtet ist, und die Wirklichkeit, auch die unserer Kirche, weißgott eher glaubt, in nüchternem Puritanismus ihren Weg gehen zu müssen als auf dem fast verpönten Pfad herzhafter Sorglosigkeit und schier verschämter Innigkeit.

Und wir wagen es wieder und wieder, weil wir glauben, es sei an der Zeit, wenn überhaupt wann und wo, in solchen Tagen der Weihnacht auszubrechen aus aller Gescheitheit des Hirns in die Klugheit des Herzens und aus jeglicher Oberflächlichkeit bloßer Signale in die Beschaulichkeit des Empfangens und der Begegnung mit dem wahrhaft menschlich und leibhaftig gewordenen Gott.

Und das, so glaube ich, tut uns not. Uns, die wir vor lauter Hast des Wahrnehmens das Schauen verlernt haben, in allem Wust täglicher Beschallung fast taub wurden noch wirklich zu hören und beinahe zu neurotisch, um Begegnungen an uns geschehen zu lassen. Oder ist es nicht so: Wir erhaschen in Bildern Menschen und Geschehnisse und bilden uns ein, dies schon zur Kenntnis genommen zu haben. Wir hören Nachrichten und Botschaften und sind so verwegen, uns einzubilden, damit Bescheid zu wissen. Wir gehen aufeinander zu, aneinander vorbei und voneinander weg und registrieren diese Flüchtigkeit als Begegnung.

Aber so läßt sich Gott weder erschauen noch hören, noch gar erfahren. IHN kann man nicht auf diese Art zur Kenntnis nehmen, einen Augenblick nur, eine Heilige Nacht hindurch oder in einer Kurzweil vor einer weihnachtlichen Krippe. Wer IHN kennen lernen will, IHN erlauschen und IHM begegnen, braucht mehr. ER braucht die Geduld der Ausschau, die Kraft der Stille und die, weißgott lange Verweil beieinander. Darum haben unsere Ahnen die Krippe über Tage hin, ja Wochen, aufgestellt, ihre Christweisen immer und immer von neuem gesungen und im stummen Knien vollzogen, was ihnen geschenkt werden sollte.

Ob wir diese Kraft des Herzens, ja diesen Mut noch haben, ich kann es nicht sagen, nur das weiß ich sicher, auch uns kann es geschehen, auch uns ist es möglich, Gott inne zu werden, sobald wir unsere Hast abstreifen, unsere Verkrampfung lösen und unsere Großmannssucht abtun. Hier vor der Krippe, hier in der unbeschwerten Einfachheit der Begegnung mit dem Kind und in dieser Stunde, in der wir das Kind wiegen wollen, als wäre es selbst die Waage, auf der wir gewogen werden.

Doch eben darum geht es; denn das urbayrische Wort vom „Fatschenkindl", das wir unseren Vorfahren gleich in die Mitte unserer Feier einbringen, verbirgt in seinem Urlaut die Wortwurzel, aus der es stammt. Und diese Wurzel ist das lateinische „Fasces", zu deutsch: Bindung und Fessel. Es meint wahrlich nicht nur die Einbindung eines Neugeborenen in die Fessel von Tuch und Faden. Es meint seine und unsere Einbindung in ein Geheimnis ohnegleichen. Fasces — unsere Ahnen haben es in das anmutige Wort Fatschen übersetzt, und wohl geahnt, daß in diesem Wort eher der Ansatz von Faszination beheimatet war als nur ein Faszikel ihrer alltäglichen Gebräuchlichkeit einer Kleinkinderpflege. Das Kind in den Fatschen war ihnen Anruf, sich selber faszinieren, einbinden zu lassen, um in solcher Verbundenheit Religion — und auch dieses Wort meint Bindung! — zu leben.

Wir führen unser Fatschen-Gottkind ein in diese Kirche und in Ihre Gemeinschaft, und möchten Ihnen und uns zumuten, sich wider alle Distanziertheit und Vorsicht der Vernunft faszinieren zu lassen, d. h. es zu wagen, sich einbinden zu lassen in eine nahe Gemeinschaft mit dem gottmenschlichen Kind. Nur so erfahren wir Weihnacht, nur so werden wir inne, daß Unerhörtes unter uns geschehen ist und geschieht: Gott ist Mensch geworden, nicht anders wie Du und ich. Gott ist leibhaftig, Sein Wort ist wahrhaft Fleisch geworden. Unser Fleisch! „Ein Kind ist uns geboren, ein Sohn ist uns geschenkt — und auf Seinen Schultern ruht die Herrschaft."

Auch über unser Leben, über unsere Zweifel, auch über unsere Sehnsucht, auch über unsere Gott-Erbärmlichkeit . . .

Lösen Sie in Freude Ihre Fesseln der Angst und der Reserve, lassen Sie sich einbinden in Seine Freude und Sein Kindsein unter uns!

Faszination heißt in unserer Stunde Mut zur Liebe.

Fritz Morgenschweis

Der Pfeffertag

In vielen Orten unserer oberpfälzischen Heimat, z. B. in der westlichen Oberpfalz, hat sich bis auf den heutigen Tag ein Heischebrauch, das Pfeffern, erhalten. Die Buben und Burschen haben das Recht, am Stephans- oder Steffltag Mädchen und Frauen mit Fichten- oder Tannenzweigen vom Christbaum, Wacholder- oder Barbarazweigen auf Hände, Arme oder Füße zu schlagen, zu pfeffern, manchmal natürlich auch nur liebevoll zu streicheln, wenn es sich um Liebhaber und Geliebte dreht. Als Entlohnung erhalten die Pfefferer, heute meistens Kinder, Plätzchen, Obst, Kletzenbrot oder etwas Geld.

In der Neumarkter Gegend richten die Buben die Frage an die Mädchen und Weiberleut: „Schmeckt da Pfeffa guat?" Manchmal sagen die Kinder dabei auch ein Sprüchlein her, das neben dem Glückwünschen die Bitte um ein Geldgeschenk unüberhörbar erkennen läßt:

> „Pfeffer, Pfeffer, Stengel,
> du bist so schön wie ein Engel,
> bist so schön wie Milch und Blut,
> wennst mir was gibst, dann bin ich Dir gut!"

Das wohl bekannteste Sprüchlein ist weniger aufdringlich und lautet:

> „Pfeffer, Pfeffer, Krone,
> ich pfeffer nicht zum Lohne,
> ich pfeffer nur aus Ehrbarkeit
> dir und mir Gesundheit!"

Andere Sprüche aus der Neumarkter Gegend lauten:

> „Pfeffer, Pfeffer gut,
> der Pfeffer, der ist gut,
> der Pfeffer ist der Ehren wert,
> schöne Mädchen sind 's Pfeffern wert.
> Ist der Pfeffer gut?
> Ist's der Zahler auch?"

> „S' Pfeffern ist guat,
> is g'salzen,
> is gschmalzen,
> is noch niat bald guat?"

In Mockersdorf bei Kemnath-Stadt drohten die Pfefferer:

> Bin ich von weitem hergegangen,
> um das Pfeffern anzufangen.
> Pfeffre hin und pfeffre her,
> kröige viel, so trog i schwer.
> Kröige weng (nix), so is's a Schand,
> trog a de aus im ganzen Land!

Solche und ähnliche Sprüchlein werden während des Schlagens mit den Zweigen aufgesagt. Der tiefere Sinn des „Pfefferns" dürfte heute kaum mehr bekannt sein. Es handelt sich dabei um ein uraltes Brauchtum, bei dem das „Schlagen mit der Lebensrute" die wichtigste Rolle spielt. Mit dieser Handlung sollten Wachstum, Fruchtbarkeit, Gesundheit, Kraft, Segen und Glück auf die geschlagenen Menschen übergehen.

In dem Pfefferzweig können wir die Lebensrute erkennen, die uns zur Adventszeit auch im Barbarazweig und in der Nikolausrute begegnet. Übrigens kennt man das Brauchtum des „Pfefferns" nicht allein in der Oberpfalz, sondern auch im Egerland und in Franken. Hier heißt man den Brauch „Fitzeln", und in der Bamberger Gegend nennt man ihn gar „Kindeln", weil er dort am 28. Dezember, am Tag der Unschuldigen Kinder, üblich war. Wenn diese Bräuche da und dort voneinander abweichen, so liegt doch in allen derselbe tiefe Sinn, der in den Anschauungen unserer Urahnen seine Wurzeln hat.

Die Mädchen dürfen am Neujahrstag die Buben und Burschen pfeffern.

Friedrich W. Engelhardt

In Furth i. Wald nahm man nach Johann Brunner an diesem Tag sogenannte Stephaniknödel mit ins Wirtshaus und wetteiferte darum, wer den größten dabeihabe.

Heute finden am Abend des Stephanstages meist eine Vereinsweihnachtsfeier mit Christbaumversteigerung oder eine Tanzveranstaltung statt, die sich nach der langen Wartezeit seit Kathrein bei den jungen Leuten eines besonderen Zuspruchs erfreut. Der Tanz am Stephanstag eröffnet die neue Tanzsaison, die im Fasching ihren Höhepunkt erreichen soll.

Pferdesegen am St. Stephanstage

Der Eichstätter Generalvikar und Generalvisitator des Bistums, Vitus Priefer, der 1601 und 1602 die ganze Diözese bereiste und eine sehr eingehende Beschreibung der einzelnen Pfarreien an Ort und Stelle vornahm, berichtet über die am 30. Mai 1501 consekrierte und neben der Gottesacker-, der ehemaligen Pfarrkirche von Beilngries auf dem Bühlberg liegende Stephans-, sp. Leonhardikapelle folgende Gepflogenheit: „Die Bauern bringen am Feste des hl. Stephan zur St. Stephanskapelle, links von der Bühlkirche gelegen, ihre Pferde, und weil diese zu enge ist, um in ihr die Pferde (um den Altar) herumzuführen, kommen sie in die größere (d. h. in die Bühlkirche) und tun es nach dem Gottesdienste mit 24, 40, oft 50 Pferden und bringen für jedes ein Opfer. Davon ist das Pflaster ganz zerbrochen und zertreten. Obwohl dieser Brauch schon bei der letzten Visitation abgeschafft wurde, ist er doch bis jetzt geduldet worden, und nachdem man es nicht ganz abschaffen kann, sollte man die Pferde wenigstens außen um die Kapelle führen." Die letztere Übung hat sich ja bei vielen Kapellen in Altbayern und in der Oberpfalz, besonders bei den Leonhardskapellen, bis heute erhalten, und ist die Literatur darüber sehr zahlreich. Aber von dem ursprünglichen Brauche, die Tiere um den Altar zu führen, weiß nicht einmal Andree-Eysen in seinen volkskundlichen Werken ein Beispiel zu berichten.

Buchner-Sulzbürg

Am Stephanstag, dem „großen Pferdetag", wurden früher in den katholischen Kirchen das Stephanssalz und das Stephanswasser geweiht, woraus dann das sog. Gleck (vgl. S. 64) für das Vieh, insbesondere für die Pferde, hergestellt wurde.

Bauernregeln

Bläst der Wind am Stephanitag recht,
so wird der Wein im nächsten Jahr schlecht.

Schneit es am Stephanitag,
so gerät die Gerste gut;
dann heißt's also im Frühjahr
viel Gerste säen.

Der 26. bis 28. Dezember zeigen die Witterung während der drei Erntezeiten an: Heu-, Getreide- und Grummeternte.

Volksmund

27.
DEZEMBER

Der heilige
Evangelist Johannes

I bring dir n
Sankt Johannessegen

Johannes-Legende

Zerst hat er gmoant, da Rabbi von Nazareth is da verhoaßne Messias. — So leicht kann ma se irrn in dem, wos ma glaubt!

Aber dann hat er's gmerkt, der Johannes, wer der Herr is und is mit eahm ganga, wohin n der gführt hat: nach Kanaa zur Hochzeit, nach Jerusalem, nach Samaria.

Aber so richtig brenna vor Liab hat da Johannes erst ogfangt, wiar a den wunderbarn Fischzug erlebt hot.

Unserm Herrn is er da Liabste, er versteht ohne viel Redn, und geht mit eahm mit bis zum Leiden und Tod. Er steht unterm Kreuz, empfangt die schmerzreichste Frau als sei Muatta, is da Erste am Grab und nimmt den Kelch o, den der Herr für eahm hat voller Marter und Plog.

Ma hots eahm net leicht gmacht: Als Tempelschänder verurteilt, schleppt ma n zum Kaiser nach Rom, ma fragt n, ma quält n, und wia ma koan Rat nimmer woaß, stellt man n in an Kessl mit kochendem Öl.

„Da werd eahm sei Gred scho vergeh!"

Doch der Johannes steigt raus, unversehrt!

„I will n nimmer sehgn!" schreit da Kaiser. „Der hetzt ja des Volk gega mi! — Auf Patmos soll er vergeh in da Hitz!"

Der Tiberius woaß net, daß er bloß Handlanger is von dem höchsten, dem göttlichen Plan, wia er dem heiligen Mo d Einsamkeit schenkt.

Wia a Adler, so schwingt se sei Geist auf, und der Herr redt mit eahm, und sei Hand schreibt auf Gottes Befehl, wos koana sonst kennt.

Wia a zruckkommt von Patmos — da Kaiser is tot —, jublt s Volk:

Gesegnet sei, der da kommt im Namen des Herrn!

Er weckt Tote auf im Namen des Herrn, macht Gerten zu Gold und Kiesel zu kostbare Stoa. Er gwinnt aa de Wett um der Diana ihrn Tempel. Alle hams gsehgn, wia des Götznbild gfalln is.

„Jetzt muaß er weg! — Gebts eahm des todsichere Gift, daß endlich a Ruah werd!"

Da Johannes bet über dem giftigen Kelch, da schlupft a Schlang' raus und fallt unter d Leut.

Da kriachts no heit umanand!

Alt ist er worn, der Johannes, und wia eahm s Alter scho d Kraft gnomma hat zum Redn, hat er allaweil no de groß Liab ghabt als Ratschlag für d Leut:

„Kindlein, liebet einander!"

Schreit des Wort heut net lauter denn je?

E. E.

Die Johannesminne in Regensburg

Im deutschen Mittelalter waren es vorzugsweise vier Heilige, denen zu Ehren Minne getrunken wurde: St. Michael, St. Stephan, die heilige Gertrud, deren Minne besonders Reisende und Scheidende tranken, um von ihr unterwegs beschützt zu werden, und vor allem der Evangelist Johannes, der die Gefahr der Vergiftung durch Getränke abwenden sollte. Der Legende nach hat Johannes einen Giftbecher aus der Hand der Heiden ohne Schaden getrunken. Im ausgehenden Mittelalter ist das Trinken der Johannesminne fast zu einer Mode geworden. Auch Luther reichte seinen Freunden beim Abschied den Johannestrunk und -segen. Im Gegensatz zu dem Minnetrinken anderer Tage hat sich der Brauch der Johannesminne am längsten erhalten, da die Kirche diese Sitte offiziell stützte. Seit dem 13. Jahrhundert gilt der 27. Dezember, das Namensfest des Evangelisten, als Tag des Johannes-Minnetrinkens.

Durch eine Nachricht bei Gumpelzhaimer zum Jahre 1513 ist dieser Brauch auch für Regensburg verbürgt. Der Chronist bezeichnet ihn als damals bereits herkömmlich. Am Neujahrstag trafen sich Rat und Gemeinde zu einem Amt in der Emmeramskirche, um Glück und Segen für die Stadt zu erbitten. Nach dem Gottesdienst wurde der dem Evangelisten geweihte Wein gereicht und dabei nach Angabe Gumpelzhaimers „ein Achtel Rheinfall, ein Achtel Frankenwein und ein Achtel Osterwein" verbraucht.

In der Regensburger Dominikanerkirche hat sich ein Kultgegenstand dieses alten Brauches, ein Kelch aus dem 14. Jahrhundert, erhalten. Dieses Sakralgefäß ist nicht nur volkskundlich von großer Bedeutung, sondern nimmt auch in kunstgeschichtlicher Sicht eine Sonderstellung ein. Die Kupa besteht nicht aus Metall oder Glas, sondern aus der polierten Schale einer Kokosnuß. Diese fremdländische Frucht war im Zeitalter der Gotik in unseren Breiten noch eine so große Seltenheit, daß man ihre Schale für würdig befand, sie in vergoldetes Metall zu fassen und zu einem Kultgefäß zu verarbeiten. Den Kelchrand säumt gleich einer Spitzenborte ein Goldband, dessen Inschrift Aufschluß über den Verwendungszweck des Kelches gibt: TRINCHD · SENT · IOHANS · MIN · DAZ · JV BOL · GELING. Wir haben hier einen Johannisweinbecher vor uns, aus dem die unheilabwendende Johannisminne getrunken wurde. Die Buchstaben A K im Schaft des Kelches weisen vermutlich auf den Stifter.

Karl Bauer

Johannesminne in der Oberpfalz

In manchen Orten der Oberpfalz wird heute noch Johanneswein geweiht.

Viele Leute tragen am 27. Dezember nach altem Brauch Wein zur kirchlichen Segnung und trinken zu Hause die „Johannesminne".

In früherer Zeit reichte der Priester den gläubigen Kirchenbesuchern einen Schluck des geweihten Johannesweins dar mit den Worten: „Trinke die Liebe des heiligen Johannes." In vielen Familien wird der gesegnete Johanneswein auch in der heutigen Zeit noch gerne getrunken. Er soll Gift und „bösen Zauber" abwehren und Glück und Gesundheit bringen.

Er bewahrt den Frieden im Haus. Aus diesem Glauben heraus wird er noch manchmal bei Hochzeiten getrunken. Auch in Krankheitsfällen wird der „Khanneswein" gerne genossen, weil er die Sterbenden auf einen guten Tod vorbereiten soll.

So behält die Johannesminne ihre brauchtümliche Bedeutung selbst in unserer nüchternen Gegenwart bei.

Friedrich W. Engelhardt

Früher tranken sich die Burschen und Männer die „Stärke" am Johannestag an. Was an diesem Tag getrunken wurde, sollte Kraft für die harte Jahresarbeit verleihen.

Der Johanniswein

Sankt Johannes, obschon bereits ein Werkeltag, füllt nochmals die bayerische Dorfkirche mit Andächtigen. Sonderbar! Und am Johannestage getrauen sich selbst die Kirchenscheuen, die sonst Jahr ein und aus wie angenagelt im Portale stehen, bis zum Speisegitter heran. An diesem Tage kredenzt nämlich der bayerische Pfarrherr allen seinen Pfarrkindern, Böcklein wie Schäflein, mit eigener Hand den Johanniswein. Dazu kommt selbst das räudigste Schaf, das sonst dem Hirten auf eine Meile weit aus dem Wege geht. Gezogen von der Weinblume faßt er sich einen Mut und spricht: „Wart, jetzt geh i extra a mit hi, ob mi da Pfarrer nöt übergeht?" Und siehe, der Pfarrer kredenzt ihm einen schönen Schluck. Triumphierenden Blicks schreitet er nun die Kirche zurück und lobt und preist hernach: „Schau, er hat mi halt do nöt überganga! A brava Mo is unsa Pfarra, dös sag i!"

Wenn aber der knausernde Kirchenpfleger den sauersten Kruckenberger zur Weihe liefert, dann verzieht der Bayer ohne weiters auch vor dem kredenzenden Pfarrherrn den Mund, schüttelt mißmutig den Kopf und läßt spöttisch den schlechten Johannessegen links und rechts übers Maul zu Boden rinnen. Schmeckt ihm dagegen der Johanniswein, so schnappt er dem weggehenden Pfarrer wie ein Fisch nach; ja im Straubinger Gäu lebte einer, der fuhr seinem Pfarrer keck unter den Ellenbogen und verschaffte sich dadurch regelmäßig den Löwenschluck vom Johannisweine. Am Wirtstische wird hernach der „Kirchenflegel", so nennt der Bayer scherzweise den Kirchenpfleger, mit seinem Essigwein in die Enge genommen: „No du, i glaub, du hast uns dösmal vogebn (= vergiften) wölln mit dein Johannissegn!"

Übrigens läßt jede bayerische Familie am Johannestage noch ihren eigenen Hauswein zur Weihe tragen. Nach der Messe versammelt sich dann die sämtliche Hausbewohnerschaft um den Familientisch. Der Bauer ergreift jetzt das volle Kredenzglas, hebt es gegen die Bäuerin und spricht sie also an: „I bring dir 'n Sankt Johannessegen!" Die Bäuerin ihrerseits ruft ihm zu: „I gsegn dir'n Sankt Johannessegen!" Nun trinkt der Hausherr, und zwar in drei streng gegliederten Schlucken; nach dem ersten spricht er gebetweise „Gott Vater!" nach dem zweiten „Gott Sohn!", nach dem dritten „Gott heiliger Geist!" Hierauf reicht er das Kredenzglas der Hausfrau. Sie ruft nun dem ältesten Sohne zu: „I bring dir'n Sankt Johannessegen!" Er hingegen spricht die Mutter an: „I gsegn dir'n Sankt Johannessegen!" So geht es die ganze ranggeordnete Familie durch, bis der Stallbub es dem Gänsmädchen zugetrunken und diese es ihm gesegnet hat.

Ja selbst der Bayer in der Wiege wird in die schöne Zeremonie und Volkssitte einbegriffen. Man spricht ihn mit dem vollen Segenspruch an und träufelt ihm seinen Johanniswein in den Dutzl.   Joseph Schlicht

Altes Soldatenlied

Sankt Johanns Segen!
Allon, Wirth, Bier herauf!
Bin schon verwegen,
Gilt schon oans drauf!
Gsundheit n' Soldaten, zu Fuß und Pferd!
Sollten brav fetzen drein,
Und allzeit lustig seyn,
Vivat, es werd!

Volksmund

Der heilige Johannes und die zwei Kinder

Einst war eine arme Mutter, die hatte zwey Kinder, einen bösen Buben und ein frommes Mädchen. Eines Morgens sendete die Frau das Mädchen aus in den Wald, Holzäpfel zu sammeln und gab ihm ein Stückchen Brod und ein Säckchen auf den Weg. Wie nun das Kind an den Wald kam, trat ihm U. L. Herr entgegen und frug gar freundlich: „Mein gutes Kind, wo gehst du hin?" — „In den Wald um Holzäpfel." — „Was trägst du in dem Säckchen?" — „Ein Stückchen Brod; wenn dich hungert, will ich es mit dir theilen." — Da sagte U. L. Herr: „Ich danke dir, mein frommes Kind, geh' nur fort auf dem Wege, dann begegnet dir die Muttergottes."

Und das Kind ging weiter, und bald stand U. L. Frau vor ihm und frug es dieselben Fragen wie vordem U. L. Herr und erhielt dieselben Antworten. Und U. L. Frau sagte zuletzt: „Ich danke dir für deinen guten Willen, geh' nur fortan, so wirst du den heil. Johannes auf dem Wege treffen."

Es dauerte auch nicht lange, so kam der hl. Johannes des Weges und frug dieselben Fragen und dankte dem guten Kinde für seinen freundlichen Sinn und sprach: „Du wirst nicht weit gehen, so kommst du zu einem hohen Berg; auf diesem steht ein Schloß, da läute an der rechten Glocke, so wird jemand kommen und dich beschenken, weil du so ein gutes Kind bist."

Das Mädchen kam an den Berg und stieg hinauf an's Schloß und läutete an der Glocke rechts. Da öffnete sich die Thüre, und eine weiße Jungfrau trat heraus und gab dem Mädchen ein weißes Tuch mit einem weißen Schächtelchen; das solle sie zu Hause um Mitternacht aufmachen, aber Niemanden etwas davon sagen.

Als sie nun heimkam, zeigte sie ihr Geschenk der Mutter, und im Bettchen um Mitternacht machte sie das Schächtelchen auf, obgleich es die Mutter ihr verboten hatte. Da flogen viele, viele schöne Engelein heraus und breiteten das weiße Tuch aus, setzten das fromme Kind darauf und trugen es singend zu U. L. Herrn in den Himmel.

Am Morgen fand die Mutter das Kind tot im Bette. Da holte sie das Brüderchen und sagte zu ihm: „Heute Nacht haben die Engel Gottes dein Schwesterchen in den Himmel abgeholt." Der Knabe wollte nun auch in den Wald und zum Schlosse, um Tüchlein und Schächtelchen zu erhalten. Die Mutter wollte ihn zwar nicht fortlassen, denn er sey ja gar böse und werde also nichts bekommen. Der Knabe gab aber nicht nach und weinte so lange, bis die Mutter ihm ein Stückchen Brod in ein Säckchen that und ihn dann fortließ in die Holzäpfel.

Da begegnete ihm U. L. Herr im Walde und frug ihn: „Kleiner, wo gehst du hin?" — „Das brauchst du nicht zu wissen." — „Was hast du in dem Säckchen?" — „Was werde ich haben, ein Stück Brod, aber nicht für dich." Da ließ ihn der Herr des Weges und sagte ihm noch, daß die Muttergottes ihm begegnen werde.

Und als ihm U. L. Frau in den Weg kam und ihn befragen wollte, erhielt sie die gleiche unfreundliche Rede; sie entließ ihn mit den Worten, daß er bald auf den hl. Johannes treffen würde.

Auf die Fragen des hl. Johannes war aber der Knabe noch trotziger, und der Heilige sendete ihn an den Berg mit der Weisung, an der linken Glocke zu ziehen. Das vollzog denn der Knabe: aber diesmal öffnete eine schwarze Jungfrau, und sie gab ihm ein schwarzes Tuch mit einer schwarzen Schachtel, die solle er im Bette um Mitternacht aufmachen. Und er öffnete zu Hause im Bette die Schachtel, und es schwirrten lauter kleine Teufelchen heraus, welche den bösen Buben auf das schwarze Tuch rissen und mit ihm summend und brummend zur Hölle fuhren.

Amberg. Franz X. Schönwerth

28.
DEZEMBER

Unschuldige Kinder

Du schlimmer Herodes,
du grausamer Mann

Die Legende von den Unschuldigen Kindern

Da Herodes Ascalonita war der erste von drei solchane Bluathund mit demselben Nama, für den des Land bloß a Putzlumpn und des Volk bloß a Spüllzeug war.

Seine zwoa ältesten Buam hat er gfürcht — sie warn von a jüdischn Frau und wolltn de Thronerbschaft ham. Aber er wollt ja s Altwern net wahrham, hat d Haar gfärbt und recht lebnslustig do. Und wia de zwoa Buam grad auf d Roas san zum Kaiser in Rom, daß der den Altn in d Zang' nimmt, komman dahoam de drei König von irgenwo her und suachan den König der Juden!

Klar, daß der Herodes jetz gmoant hat, der Schlag kommt aus Rom. Mit an unbandign Zorn suacht er den ogsagtn König — schlagt zua — und trifft mit der mordlustign Hand alle kloan Kinder.

Des Schrein von de zu Unrecht Verfolgtn jagt heut no um d Welt. San net alle gstorbn vom Herodes seim Schwert!

Aber Gott draaht de Mühl — ganz langsam und staad:
„Du, Josef, gehst furt mit meim Sohn und wartst in Ägyptn, bis i de hol. Paß ma auf auf d Muatta min Kind!   ·

Und ihr, Kinderl, gehts her, steigts in mei Seligkeit nei!

Ihr machts koane Nägl und zimmerts koa Kreuz, und auf euern Befehl kämpft net Mensch gegn Mensch. Seids glücklich bei mir!"

Unter de Kindl is an Herodes sei eigener Bua, werd aa mitdraaht in der göttlichen Mühl. Wer woaß, wos aus dem no worn waar!

Da Herodes werd alt. Des Martyrium von de Kinder und die Flüach von de Müatter lastn auf eahm, drucknan nei in sei Bett, platzn als eitrige Gschwüra aus eahm, fressn als Würmer sein Körper schee langsam zamm.

Jetz is er alloa, verlassn vo alle rundum.

Doch sei schlimmste Plag is des Gfühl, daß se de andern recht gfrein, wenn er verendt. Von seim Lager aus gibt er Befehl, daß's alle im Gfängnis daschlogn.

Seine zwoa andan Buam aa.

Des is an Herodes sei Gschicht. Tote rundum, Gift, des se fortpflanzt.

Da nächste Herodes schlagt am Johannes dem Täufer den Kopf ab, und wieder da nächste stäßt an Jacobus in Tod.

2000 Jahr maht da Herodes scho übers Land, is triebn von der Furcht, daß's no an Höhern gibt, und auf seiner Spur grinnt des Bluat.

Und jeder daat se gfrein, wenns endlich verfauln daad, des wandernde Unglück!   E. E.

Der Bethlehemitische Kindermord

Die Soldaten des Herodes stiegen herab von den Bergen,
Sie trugen Schwerter vor sich her.
Viele schämten sich ihres Amtes, schalten sich selber Schergen.
Andre grinsten. Sie liebten die Arbeit sehr.

Die war nicht schwer.
Sie schlugen den Kindern die Köpfe ab. Mit einem Streich
Oft. Manchmal trafen sie nicht gleich,
Brauchten zwei und drei Hiebe und mehr.

Und sagten zur Mutter, wenn sie entsetzlich schrie:
„Na, was! Kannst wieder andre gebären!"
Und hörte das Weib nicht auf zu plärren:
„Schieb ab, du Vieh!

Was willst du? Er wills, Herodes, der Herr!"
Die Mütter fragten: „Wie sieht er aus?"
„Er wohnt in einem goldenen Haus,

Hat Augen aus Glas, einen Bart wie ein Bock,
Einen roten Rock und Hände von Ringen schwer."

„In unseren Tränen soll er ersaufen!
Sie solln ihm versalzen sein Brot!" ·
Sie konnten vor Lachen nicht schnaufen.
„Herodes, der Herr, nur Rebhühner frißt."
Sie warfen die Leichen mit Schwung auf den Mist
Und zogen in lärmenden Haufen
Weiter und schlugen die Kinder tot.

Er hatte Krüge voll Rotwein stehn,
Herodes, betrank sich und lag.
Einen Bart wie ein Bock, die Schenkel fett,
So lag er auf seinem seidenen Bett
Und schnarchte bis tief in den Tag.

Georg Britting

Bischofsspiele der Domschüler

Schon im frühen Mittelalter war es Brauch, bei den Domen und Kathedralkirchen Schulen zur Heranbildung von Klerikern und zur Unterrichtung der Kinder vornehmer Familien zu unterhalten. Eine der Hauptaufgaben dieser Schulen bestand in der Unterweisung der Knaben im Chorgesang. Daneben wurde aber auch allgemeinbildendes Wissen vermittelt. Karl der Große gilt als eifriger Förderer der Domschulen. Auch beim Regensburger Dom fehlte eine solche Schule nicht. Vom hl. Wolfgang († 994) ist bekannt, daß er die Regensburger Domschule des öfteren visitierte. Die Schüler lebten im Bereich des Münsters. Ein Domherr mit dem Titel magister scolarum stand der Schule vor.

Der Chronist Gemeiner und nach ihm Schuegraf berichten von einem Brauch der Regensburger Domschüler, den diese alljährlich am Tag der Unschuldigen Kinder, dem 28. Dezember, übten. Die Knaben wählten aus ihrer Mitte einen sogenannten Bischof, den sie „Ruprecht" nannten. Mit diesem zogen sie vor die Pforten der Klöster, wo sie sich bewirten ließen und Geschenke heischten. Dabei trugen sie „monstra larvarum", waren also maskiert. Vorchristliche Mittwinterfeier und spätere Fastnacht mögen sich in diesem Brauchtum verbunden haben.

Gelegentlich jedoch äußerten die Schüler ihre Wünsche bei den aufgesuchten Klöstern ungebührlich und mit fordernder Gewalt. 1248 verweigerten die Mönche von Prüfening dem Knabenbischof den Zutritt ins Kloster. Die Schüler aber „erzwangen ihrem Ruprecht mit Gewalt einen ehrlichen Empfang" (Schuegraf). Sie erbrachen die Tore, gingen gegen die Mönche tätlich vor und führten sogar Vieh aus den Ställen weg. Beschwerden darüber beim Bischof scheinen erfolglos geblieben zu sein, denn der Abt von Prüfening wandte sich an den Papst mit der Bitte um Abstellung dieser Übergriffe. Tatsächlich erschien 1249 eine Bulle, die den Regensburger Domschülern dieses Spiel untersagte. Aber auch das päpstliche Verbot blieb unbeachtet. Nach einer noch erhaltenen Emmeramer Klosterrechnung von 1325 wurden für den Schülerbischof 60 Pfennige verausgabt, den Schülern wurde Wein in tönernen Bechern im Werte von 10 Pfennigen vorgesetzt. Als die Schüler 1357 wieder mit ihrem Maskenbischof in althergebrachter Weise durch die Straßen zogen, kam es zu einem Streit, in dessen Verlauf der Domherr Konrad von Braunau von dem angesehenen Regensburger Bürger Matthäus Reich erstochen wurde. Daraufhin entbrannte ein heftiger Streit zwischen dem Klerus und der Bürgerschaft. Der Bischof belegte die Stadt mit dem Bann, und der Rat verbot Bürgerkindern den Besuch der Domschule. Sogar der Kaiser (Karl IV.) mußte vermittelnd eingreifen.

Karl Bauer

Die Eintagspriorin

Ein ganz besonderer Tag der Freude und des Frohsinns ist heute noch für unsere Klosterjugend in Heilig Kreuz zu Regensburg alljährlich der 28. Dezember, der Tag der „Unschuldigen Kinder", darf doch die jüngste Novizin das Amt der Priorin bekleiden, also „Eintagspriorin" sein. Aber auch alle übrigen Schwestern sind an diesem Tag anders eingesetzt. Bereits am Vorabend wird bei Tisch verkündet, wer am nächsten Tag welches „Amt" einzunehmen hat. Da kann es schon vorkommen, daß die Köchin als Bibliothekarin oder eine Lehrerin als Schusterin anzutreten haben, natürlich zum großen Gaudium aller. Die Profeßschwestern wetteifern geradezu, diesen Tag den Novizinnen nett zu gestalten. Schon beim Wecken geht es an. Nicht nur die Priorin ist heute außer Dienst, auch die Glocke. Meist wird mit Musik geweckt, oder es rasselt ein Wecker nach dem anderen ab. Mit Ausnahme des Chorgebetes richtet sich heute alles nach der „Eintagspriorin". Sie stellt den Speiseplan zusammen, ihr obliegt es, die Schwestern reihum im Haus aufzusuchen und zu schauen, ob sie ihren Pflichten genügen. Die Schwestern dürfen ihr kleine Bitten vortragen, was meist in origineller Art geschieht. Umgekehrt kann auch die Eintagspriorin ihre „stillen" Wünsche anbringen. Natürlich fehlt es nicht an Schabernack, den die Eintagspriorin über sich ergehen lassen muß, z. B. daß sie bei Tisch statt eines Schöpflöffels einen Seiher vorfindet oder ihr Platz seltsam erhöht ist. Kurz gesagt, der Konvent läßt sich etwas einfallen, und die Novizinnen machen mit, denn es ist ihr Tag, der Tag der Unschuldigen Kinder. Sr. Aquinata Gropper O.P.

Der ominöse Wochentag

Für den Gedächtnistag der Unschuldigen Kinder von Bethlehem, die Herodes befohlen hat zu ermorden, haben sich kaum Bräuche entwickelt. Dagegen befaßten sich Kunst und Volksdichtung weitaus mehr mit dem Thema des Kindermordes.

Während die Oberpfälzer am Stephans- und teilweise am Johannistag bzw. am Neujahrstag zum Pfeffern und Peitschen gingen (s. S. 388), übten die Kinder aus dem Egerland, Österreich und Schwaben diesen Heischebrauch am Unschuldigen-Kindl-Tag. Die Egerländer Burschen schlugen dabei mit Birkenruten, die sie am Barbaratag geschnitten und ins Wasser gestellt hatten. Um die Ruten war ein rotes Seidenband geschlagen.

In der Oberpfalz sollte man am 28. Dezember nicht Wäsche waschen noch Brot backen. Man war gehalten, zu Hause zu bleiben und auf die kleinen Kinder besonders aufzupassen. In der Gegend um Windischeschenbach galt der Unschuldige-Kindl-Tag auch als Lostag: Das ganze Jahr über wurde der Wochentag, auf den dieses Fest jeweils fiel, als ominös betrachtet; er gemahnte zur Vorsicht. An diesem Tag sollte man keine Kälber, Schweine usw. von den Muttertieren absetzen, die Glucke ließ man ihre Brutzeit unterbrechen. Handel und Wandel standen unter dem Einfluß dieses Lostages, und kein Dienstbote wollte an einem solchen Tag einziehen und seinen Dienst aufnehmen.

Von diesen Bräuchen ist heute kaum noch etwas festzustellen. A. E.

31.
DEZEMBER

Der heilige Silvester

Hot zwölfe gschlogn

Silvester-Legende

Fast 22 Jahr war er Papst, und so wia ma de Glockn von seim Namenstag scho ins neue Jahr neiläutn hört, so steht da Silvester an der großn Zeitenwende, wo der Glaubn endlich übern Unglauben gsiegt hat: Wo des große Konzil von Nizäa de Ketzerei vom Arius feierich in Grund und Bodn nei verdammt hat.

Jetz ham se de Christn nimmer fürchtn braucha vor de bluatdurstign Häscher, ham se nimmer verkriecha müaßn oder brenna als lebendige Fackln.

De Hand vom Papst Silvester hat des christliche Schiff mit Jesus am Steuer ganz vorsichtig durch de stürmische See gführt. Zum Traun war dem Kaiser Konstantin net; er hat gern auf zwoa Schultern tragn und hat de christlichen Bischöf gegen de heidnischen Sophistn ausgspielt.

Von so a Kraftprob hat da Silvester sei Zeichn: an Ochsn.

A Magier sagt: „Da schaug her, mei Wort is so stark, daß's den Ochsn da pfeilgrad daschlagt."

„So stark bin i aa!" Und mit an Gebet weckt da Silvester den Ochs wieder auf.

San also net bloß gscheite Leut, de Gottes Barmherzigkeit erfahrn!   E. E.

Bauernregeln und Lostage

Wind in der Silvesternacht
hat nie Brot und Wein gebracht.

Silvesternacht Wind, früh Sonnenschein
bringt nur selten guten Wein.

Wie das Jahr sich auch gestaltet,
bei Jahresschluß die Hände faltet.

Volksmund

Der Dettnacher Silvester

Wenn für den Wahrheitsgehalt einer Geschichte neben dem Förster auch noch der Bürgermeister als Zeuge aufgerufen wird, dann muß sie sich wohl wenigstens in groben Zügen so zugetragen haben und kann nicht schieres „Jägerlatein" gewesen sein. In Dettnach bei Kastl kam vor einiger Zeit, frühmorgens am 31. Dezember, ein Knabe zur Welt. Da er etwas zart bei Leibe schien, blieb dem besorgten Vater nichts anderes übrig, als der strikten Anordnung von Hebamme und Wöchnerin zu folgen, noch am gleichen Silvestertag mit dem Kinde gen Kastl zu ziehen, zur Taufe. Damals aber war es mit Automobil und Straßen-Winterdienst noch nicht so bestellt wie heutzutage. Der Dettnacher Ökonom mußte sich also mühsam zu Fuß durch den tiefen Schnee des eisigen Winters plagen, herunter ins Tal nach Kastl. Die schwarzen Schlehdornbüsche begleiteten ihn links und rechts wie traurige Wächter, die vergeblich darauf warteten, in Dienst genommen zu werden.

Den neugeborenen Knaben hatte der Bauer in den Rucksack gesteckt. Auch war durch dicke Hüllen aller Art der kalten Luft Zutritt verwehrt. So ging alles ohne Zwischenfall vonstatten, und das Kind erhielt den schönen Namen Johannes Evangelist. Daß die beiden ihm voraufgegangenen Brüder (d. h. Söhne der Dettnacher Bauernfamilie), auch dem hl. Johannes Evangelist namentlich anvertraut waren, das störte nicht weiter. Dafür gab es ja unterschiedliche Rufnamen, z. B. Hans für den ersten, Hane für den zweiten und Johann

für den eben getauften dritten Buben. Das war in der Oberpfalz öfter der Brauch. Was gut und bewährt ist, das soll man nicht ohne Not ändern.

Wegen der glücklich verlaufenen und würdig gestalteten Taufe und wegen der Saukälte suchte der Dettnacher Landwirt sofort das Wirtshaus auf, einen zu heben, wie man so sagt. Aus dem „einen" wurden „zwei" und auch „drei". Jedenfalls wurde es spät Nachmittag und dunkel, als der glückliche Kindesvater das Lokal zu verlassen suchte. An der Haustüre erinnerte der beflissene Wirt an den im Rucksack verpackten und auf der Wirtshausbank abgestellten Sohn, und auch sonst hatte der Vater mit dem äußeren Gleichgewicht zu kämpfen, besonders auf dem winterlichen Weg. Es war also gar kein Wunder, daß man ohne den Sohn das heimatliche Dorf Dettnach erreichte. Geschreckt vom herben Vorwurf der untröstlichen Mutter, blieb dem Kindesvater nichts anderes übrig, als noch am Silvesterabend das Dorf zu alarmieren. Ganz Dettnach zog aus mit Stangen und Laternen, das Kindlein zu suchen. Und man fand es, in friedlichem Schlummer, an einem Schlehdornbusch hängend, der es mit dornigen Zweigen treulich davor bewahrte, in den tiefen Schnee zu fallen und zugeschneit zu werden.

Man erzählt sich, daß daraufhin eine ernste Meinungsverschiedenheit entstand, wem der kleine Johann denn nun seine wunderbare Rettung verdanke, dem neugewonnenen Schutzengel oder dem heiligen (Johann Evangelist) Namenspatron? Um aber Zwistigkeiten zwischen himmlischen Personen zu vermeiden, habe sich der findige Dettnacher

Landwirt an den Kastler Pfarrer mit der Bitte gewandt, dieser möge doch so gut sein und den Säugling gleich nochmals auf den Namen des Silvester taufen, denn der habe an dem ihm geheiligten Tage die Rettung wesentlich beeinflußt. Dies aber habe der Pfarrherr abgelehnt, erzählt man. Und trotzdem sei dem Dettnacher dritten Johannes der Beiname Silvester geblieben.   Rudolf Meckl

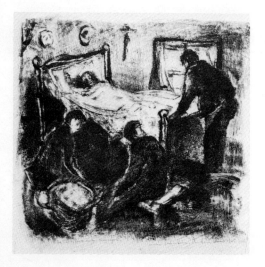

Wenn es zwölf Uhr schlägt

Seit langer Zeit ist in unserem Volk der Glaube verwurzelt, daß man in der Silvesternacht in die Zukunft blicken kann. Deshalb ranken sich gerade um diese Nacht, einer der großen Rauh- und Losnächte, zahlreiche Bräuche, von denen einge noch heute lebendig sind.

Vor allem sind die Menschen darauf bedacht, diese Nacht im engen Familien- oder Freundeskreis zu feiern, zu Hause oder bei den großen Silvesterfeiern im Wirtshaus und Tanzsaal. Die Burschen von Thierlstein haben sich einen eigenen neuen Brauch für ihre Gemeinschaft einfallen lassen, den sie nun seit einigen Jahren ausüben. An Silvester schlachten sie ein Schwein und halten am Abend ein großes Schlachtfest.

Nach der Jahresschlußandacht in der Kirche und nach dem Abfüttern der Tiere nahm man früher ein sehr üppiges Abendessen ein, da man der Überzeugung war, dann habe man auch im kommenden Jahr genügend zu essen und zu trinken.

In früheren Zeiten saßen Bauer, Bäuerin und Gesinde um den Tisch, und bei einer Flasche selbstgebrannten Schnapses wurde ein Jahresrückblick gehalten. Doch schon bald tauchten in den Gesprächen die gefürchteten Rauhnachts- und Geisterwesen auf. Man erzählte sich schaurige Geschichten, und je näher die Uhr auf Mitternacht rückte, um so mehr traten die Orakel in den Mittelpunkt der Unterhaltung. Denn die Neujahrsnacht zählte und zählt auch heute noch zu den Losnächten, an denen man nach altem Brauch durch ein Los die Zukunft voraussehen kann. Besonders bekannt ist das Bleigießen: In einem eisernen Löffel wird ein Stück Blei zum Schmelzen gebracht und danach in ein Gefäß mit kaltem Wasser geschüttet. Aus den neugebildeten Formen der erstarrten Bleimasse versucht man das Schicksal im kommenden Jahr herauszulesen. Kleine Fische bedeuten z. B. viel Geld, derbe Klumpen Reichtum, ringartige Gebilde Verlobung oder Heirat, Blumensträuße viele Verehrer usw. Mit viel Einbildungskraft lassen sich auch manchmal Schiffe als eine bevorstehende, glückbringende Reise, Körbe als verschmähte Liebe, Pantoffeln als Weiberherrschaft u. a. m. erkennen.

Da und dort ist noch der Brauch des Pantoffelwerfens üblich. Ein junges Mädchen wirft einen Pantoffel über seinen Kopf. Wohin die Spitze dieses Pantoffels zeigt, aus der Richtung kommt der Zukünftige. Ein altes Sprüchlein beim Pantoffelwerfen lautet:

Schaut die Pantoffelspitz zur Tür,
nou gäihts aa bal furt von hier.
Liegt awer ganz vurn da Absatz,
nou gäiht ma vorbei da Schatz.

Heiratslustige Mädchen durchschnitten einen Apfel; die Anzahl der Kerne ließ auf Heirat schließen: War die Zahl gerade, so fand bald Hochzeit statt, bei ungerader Zahl verschob sie sich. In der mittleren Oberpfalz schälten die Mädchen Äpfel; die Schale durfte dabei aber nicht abreißen. Sie wurde über den Rükken in die Stube geworfen. Aus dem Gebilde konnte man dann den Anfangsbuchstaben vom Namen des Bräutigams lesen.

Andere Mädchen wiederum schlichen sich kurz vor Mitternacht in den Obstgarten und warfen Knüppel auf einen Baum. Dabei sagten sie:

Liaba Prügel, i wirf di öitza über den Baam.
Hunderl, bell und sag mir, wou is denn ma Schatz dahaam!

Aus welcher Richtung nun ein Hundegebell zu hören war, dorther sollte der Zukünftige kommen.

Das neue Jahr erwarten die Erwachsenen mit Spannung. Den ganzen Abend läßt man es sich auch heute bei festtäglichem Essen, reichlichem Alkoholgenuß und ausgelassener Stimmung gut gehen. Nach dem zwölften Glockenschlag prostet man sich meist mit Punsch oder Sekt zu, umarmt und küßt sich. Dabei wünscht man sich alles erdenklich Gute. Dann tritt man aber rasch aus den Häusern, um Glockengeläute, Feuerwerk und Neujahrsanschießen mitzuerleben. Heute geschieht dies meist durch Leuchtraketen, Knallfrösche und sog. Kracher. Andernorts schießen die Schützen mit Flinten oder Böllern und begrüßen das neue Jahr. Fast niemand mehr aber kennt die ursprüngliche Bedeutung dieses „Heidenlärms" in der Silvesternacht: Mit Schießen, Peitschenknallen und Lärmen auf allen möglichen Geräten sollten in früheren Zeiten die bösen Geister vertrieben werden.

Gustl Motyka

Nachtwächterrufe zum neuen Jahr

Einst trat mit dem Zwölfuhrschlag der Nachtwächter auf, um seinen Glückwunsch zum neuen Jahr zu singen, nicht aus Höflichkeit, sondern aus der Absicht, dafür beschenkt zu werden. Eine ganze Reihe Oberpfälzer Nachtwächterrufe hat sich erhalten:

Neujahrslied des Chamer Nachtwächters

Wir wünschen n Herrn N. und Frau N.
A glückseligs neus Jahr,
A Christkindl mit'n krausten Haar,
A gsunds Lebm, a langs Lebm,
Drum hat uns der liebe Gott
Ein Neujahr gegebm.
Hausmagd steh auf, es is ja scho Zeit,
Die Vögerl singen auf grüner Haid.

Der Fuhrmann fahrt auf der Straßen,
Wir wissen ja nicht, wann der liebe Gott
kimmt,
Daß er uns in Gnaden aufnimmt,
Drum hat uns Gott ein neues Jahr gegeben
Zum ewigen Leben.

Neujahrslied des Vilsecker Nachtwächters

Zum neuen Jahr, das jetzt beginnt,
Weil's alte nun ein Ende nimmt,
Euch allen, groß und klein
Wünsch' ich viel Glück und Freud.
Gott segne uns're Geistlichkeit,
Zu unserer Rettung stets bereit,
Und gib' ihr Gnad' und frohen Sinn,
Daß sie uns für' zum Himmel hin.
Den Königs-Dienern gebe er,
Daß sie regieren zu deiner Ehr',
Und Land und Volk zu Ehr und Glück
Führen mögen mit Geschick.
Erleucht', o Gott, auch unsern Rat,
Daß er stets hilft zur rechten Tat,
Auch mehr den Wohlstand uns'rer Stadt,

Womit Gott sie gesegnet hat.
Allen Beamten und Gerichtsherrn in der
Stadt,
Herrn Bürgermeister und Stadtmagistrat,
Bürgern und Inwohnern,
Jünglingen und Jungfrauen,
Frauen und Witfrauen
Wünsch' ich, daß sie Gott bewahr
Vor allem Übel und Gefahr;
Gott wolle sie segnen und beglücken
Und unsere Stadt vor Feind und Feuergefahr
beschützen!
Nun sieh', o Gott, von oben her
Mit Gnadenaugen dar,
Und vom Greise bis zum kleinsten Kind
Wünsch' ich ein glückseliges neues Jahr.

Neujahrslied des Kallmünzer Nachtwächters

Gott und Herr dich lo-ben wir, dei-ne Kin-der vol-ler
Brin-gen uns-re Her-zen dir an dem er-sten Tag ja

Freu-den für das neu-ge-bor-ne Jahr als ein
heu-te

lie-bes Op-fer dar, als ein lie-bes Op-fer dar.

Neujahrslied des Treffelsteiner Nachtwächters

Wir wün-schen euch al-len ein glück-se-ligs neues Jahr, Fried und

Glück, Fried und Glück, Segn und Ei-nig-keit, ein lan-ges Lebn, ein

gsun-den Leib und auch da-zu das Him-mel-reich!

Neujahrslied des Windischeschenbacher Nachtwächters

Hört ihr Herren und Frauen, laßt euch sag'n,
Daß der Hammer hat zwölf geschlag'n
Zwölf Uhr, ja zwölf Uhr!
Der Wächter tut sprechen.
Pilatus tat das Stäblein zerbrechen.
(Um diese Stunde.)
Kein' Gnad' kann er erlangen,
Weil er die Sünd' hat begangen.
Nur Jesu allein, wird sein.
So danken wir dem lieben Gott,

Daß er uns dieses Jahr behütet ho't.
Ihr lieben Christen seid munter und wach,
Der helle Tag vertreibt die finstere Nacht.
Wir loben Gott den Herrn!
Wir wissen nicht, wann der liebe Gott kimmt
Und unsere Seele zu Gnaden aufnimmt.
Die Stund' ist uns verborgen.
Wir wachen und beten allezeit,
Bei Gott um Gnad' und Barmherzigkeit,
Durch Jesum Christum, Amen!
„So wünschen wir Herr'n und Frauen, Söhnen und Töchtern, Knechten und Mägden, ein glückseliges, freudenreiches, neues Jahr, die ewige Freud' und Seligkeit! Gelobt sei Jesus Christus!"

(Auf den Dörfern wurde dieses Lied schon abends von Haus zu Haus gesungen. Die Stundenangabe wurde entsprechend geändert.)

Neujahrslied des Nittenauer Nachtwächters

So danken wir dem lieben Gott,
Daß er dies Jahr uns b'hütet hot
Vor Feuer, Wasser und Hungersgefahr!
Drum wünsch' euch ein glückselig Jahr.
Ein neues Jahr, ein langes Leben
Woll' uns der himmlisch' Vater geben.
So sagen wir mit Freud
In größter Ehrbarkeit:
Gelobt sei Jesus Christus
In alle Ewigkeit!
Papst Benedikt der Sieb'nte
Hat 'geben diesen Gruß,
Auch hundert Tage Ablaß
Dem Satan zum Verdruß.
So sagen wir mit Freud
In größter Ehrbarkeit:
Gelobt sei Jesus Christus
In alle Ewigkeit!

Neujahrslied des Erbendorfer Nachtwächters

„Ich wünsche dir, mein lieber Christ,
Wessen Standes du auch immer bist,
Ein glückselig neues Jahr,
Fried' und Freude immerdar
Und nach dieser Zeitlichkeit
Einst die ewige Seligkeit."

(Dieser Text wurde ziemlich frei auf die nachfolgende
Nachtwächterweise gesungen, wie sie der 1920 verstorbene Nachtwächter von Erbendorf, der ehemalige Hutma-
chermeister Philipp Reichold vorzutragen pflegte.)

Der Waldmünchener Nachtwächter

Nur in Waldmünchen kommt heute noch der Nachtwächter in der Silvesternacht zu den Häusern der Honoratioren und singt seinen Glückwunsch zum neuen Jahr:

Hört, ihr Leut, und laßt euch sagn,
der Hammer am Turm hat zwölfe gschlagn.
Das alte Jahr ist vergangen,
ein neues wollen wir anfangen.
Und so wünschma Herrn . . . und seiner Ehefrau
(und seinen Jungherrn und Jungfrauen)
ein glückseliges, freudenreiches, neues Jahr:
Lang Leben, gesunden Leib, Fried und Einigkeit
und alles, was ein Nachtwächter wünschen kann.
Rufen wir an den heiligen Florian, daß er uns behüt und bewahr vor aller Feuersgefahr,
rufen wir an den heiligen Sebastian, daß er uns behüt und bewahr vor Pest und Krankheitsgefahr;
rufen wir an den heiligen Johannes-Segen, daß er uns dies Jahr viel Glück und Segen möcht geben.
Das mög Jesus und Maria geben!
Gelobt sei Jesus und Maria!

(Dieser 1919 ausgestorbene Brauch wurde 1950 vom Verein der Trenck-Festspiele wieder aufgenommen und wird seitdem gepflegt.)

A. E.

D'Neijoahrsnoocht

D' Löichtln san oi'brennt,
D'Ast böign se scho',
's alt Joahr is oiche,
's nei birscht se o'.

Z'mittast in dera Noocht.
Draßt af da Stroußn,
Schmeißn s' d'Fresch umanand,
's tout grod schewan und boussn.

Holt d'Uhr zun Zwülfa as,
Woißt, 's is wos lous.
D'Glockn, döi wergln scho',
's Herz kröigt an Stouß.

Maria Schwägerl

Dem alten Jahr ins Stammbuch

Trümmer von Träumen —
Dissonanzen im Ohr;
ein geschrumpfter Mond
am zerstückten Himmel,
— Zeichen der kargen,
der kürzeren Frist.
Hände voll Hoffnung
sind leer.
Fragen,
viel tiefer als Worte.
Welker — auch weiser —
mein Herz?

Willy Mitterhuber

Jauha um Jauha . . .

Wäi a lange Keen,
as ladda Bäidala,
henga d Jauha uman Hoils.

Oa schbirst goar nied —
döi rutschn iwas Gnack
liinan und woich.

Andare wetzn
wöi schoafe Eiszacka
zwischn d Schultablaal,
daß de fröisd.

Wieda andare funkln:
hom a Feia,
a Löicht und a Wirm.

Jauha um Jauha
wöi a lange Keen,
hengt da Lebzeit an Hoils.

Margret Hölle

Circumcisio Domini.

Infra Octavam Nativ. Domini.

Epiphania Domini.

Infra Octavam Epiph.

Dominica II. post Epiphaniam.

Festum Nominis IESU.

Proprium de Tempore. Pars Hiemal. II.
Festa Mobilia, et Dominicæ post
Epiphaniam.

Cum Pr. S. C. M.   J. A. Pfeffel exc. A. V.

1.
JANUAR

Beschneidung des Herrn

Neujahrstag

A glückseligs Neus Jahr

Zum Geleit

In diesen flüchtigen Zeiten
soll doch ein Licht
uns leiten,
das nicht
von Menschen stammt.
Was Menschen sich bereiten,
braucht den Verzicht
zu streiten.
Das Licht
hat Gott entflammt.

Laßt uns auf Liebe sinnen,
auf daß der Welt
Beginnen
nicht fällt
in tiefe Nacht.

Was wäre zu gewinnen,
wenn das nicht hält,
was innen
die Welt
zum Himmel macht?

Anton Schreiegg

Predigt am Neujahrstage

Unter den unzähligen Gaben, welche der Allerhöchste in der Ordnung der Natur die Sterblichen genießen läßt, ist keine kostbarer als die Zeit . . .

Das neue Jahr, meine Christen, muß ein neues Leben seyn. Werdet ihr dasselbe gut anfangen, so werdet ihr einen rechtmäßigen Grund haben, vermittelst der göttlichen Gnade auch ein gutes Ende zu hoffen. Liebet und fürchtet Gott. Die Furcht wird euch zu einem heiligen Zaume dienen, von der Sünde entfernet zu bleiben, in Betrachtung, daß sich Gott durch seine Unermeßlichkeit an allen Orten zugegen befinde: daher stehet ihr immer in seiner Gegenwart, daher höret er alle Worte, sieht alle Geberden, erkennet in dem hellesten Lichte alle verborgensten und geheimsten Gedanken: und eben deshalben würde es die äußerste Thorheit und die abentheuerlichste Vermessenheit seyn ihn unter seinen Augen, der alles sieht, und sich selbst in dem Augenblicke, da wir ihn beleidigen, an uns rächen kann, zu beleidigen. ( )

Unterdessen ist es unumgänglich nothwendig, daß wir den Anfang des Jahrs, welcher der Anfang so vieler unsrer Gedanken, so vieler Worte, so vieler Handlungen seyn soll, dem Herrn heiligen, und ihm zum Opfer darbringen. Als die tapfere Judith im Begriffe stand, dem gottlosen Holofernes das Haupt abzuschlagen, wendete sie sich, ehe sie den Streich führte, mit weinenden Augen und mit ganzem Herzen zu Gott und rief aus: Herr Gott, stärke mich in dieser Stunde. (Judith 13,9.) Und die gottesfürchtigen Christen hatten allzeit im Gebrauche beym Anfange ihrer Handlungen, besonders wenn sie wichtig waren, sich mit dem Zeichen des heiligen Kreuzes zu bewaffnen und den göttlichen Beystand anzurufen. ( )

Und zwar um desto mehr müßen wir uns bestreben, diese wenige Zeit, welche uns der Herr gnädigst verleihen wird, in der Gnade Gottes anzufangen und mit heiligen Werken fortzusetzen, je wahrscheinlicher es ist, daß dieses für nicht wenige aus uns das lezte Jahr unsers Lebens sey. Kurz sind die Tage aller Menschen, und Gott hat nach den Worten Jobs das Ziel der Jahre, der Monate, ja selbst der Augenblicke des Lebens eines jeden Menschen vermittelst eines unumschränkten Rathschlusses, welcher nicht kann überschritten werden, festgesetzt. Allein wenn kein Fürst oder Monarch so groß ist, welcher sein Leben auch nur einen Augenblick verlängern könnte, so giebt es doch deren viele, welche sich dasselbe abkürzen können und in der That abkürzen. Wisset ihr, wer diese seyn? die Sünder; denn da die Beleidigung Gottes ein spitzer Stachel ist, welcher den Tod beschleuniget, so leben diejenigen, welche Sünden mit Sünden häufen, zur Strafe ihrer Laster die Hälfte ihrer Tage nicht. Und dieser Ursache wegen ermahnet uns der heilige Geist, nicht als Thoren den Lastern den freyen Zügel schießen zu lassen, wenn wir nicht vor der Zeit sterben wollen; Handle nicht zu viel gottlos, sey auch nicht ein Narr, damit du nicht sterbest in der Zeit, die nicht dein ist. ( )

Wohlan, wir treten ein neues Jahr an, lasset uns auch ein neues Leben anfangen. Ferne seyn von uns die Laster, ferne die Sünde; die Liebe und Furcht Gottes beherrsche unser Herz.

Jos. Bern. Pollinger

Hoffnung

Hoffnung scheint in ganz besonderer Weise ein Wort unserer Tage zu sein. Freilich nicht deshalb, weil wir sicher wären, geradewegs in bessere Zeiten fortzuschreiten, sondern umgekehrt, weil uns die eigene Zukunft so sehr zum Problem geworden ist. Während man bis vor kurzem noch gerne der Vorstellung unaufhaltsamen Fortschritts folgte, stoßen wir heute vielfach an Grenzen, die den Sinn des Ganzen bedrohen. So kommt es, daß man gegenwärtig mit Hoffnung vor allem den dringenden Wunsch verbindet, es möge gelingen, der krisenträchtigen Tendenzen Herr zu werden und das Eintreten einer Katastrophe zu verhindern.

Ursprünglich aber meint Hoffnung nicht einfach Abwehr dessen, was das Erreichte bedroht. Hoffnung geht nicht so sehr darauf, daß etwas Negatives nicht sein möge. Hoffnung bringt vielmehr den Bezug auf ein in sich Gutes zum Ausdruck — und dies ist etwas anderes als die Abwehr von Negativem, so gut natürlich das Verschontbleiben von Unheil ist.

In der Regel sind wir von sehr vielen Dingen umgeben, die uns in irgendeiner Hinsicht verlockend erscheinen, und so verwenden wir das Wort Hoffnung zunächst recht unterschiedslos für alles Mögliche — für Kleines so gut wie für Großes, für wirklich Bedeutsames ebenso wie für bloß Beiläufiges. So hoffen wir zum Beispiel auf ein gutes Essen, auf gutes Wetter und ein gutes Geschäft, hoffen, im Beruf vorwärts zu kommen, und hoffen, daß uns die Arbeit Freude macht, hoffen auf ein schönes und sinnerfülltes Leben und auf den Frieden in der Welt. Doch hängt an der Hoffnung in bezug auf alles dies für uns keineswegs immer gleichmäßig viel. Dies zeigt sich spätestens mit der Erfüllung oder aber der Enttäuschung solcher Hoffnung. Eigentlich hat es Hoffnung mit den gewichtigeren Dingen zu tun, mit solchem, das mich wirklich angeht, weil es mich betrifft in dem, was ich selbst bin, was ich sein kann und was ich sein will. Ernsthaft von Hoffnung rede ich, wenn ich zum Beispiel auf Wiederherstellung hoffe nach einem Unfall, auf das Sehen- und Gehenkönnen, dem sich die Welt erschließt, oder wenn ich auf das Ja-Wort jenes Menschen hoffe, den ich liebe.

Welcher Art aber ist hier eigentlich das erhoffte Gut? Fragt man so, ist zunächst festzuhalten, daß das, was erhofft wird, jetzt noch nicht ist. Derjenige jedenfalls, der hofft, hat nicht, was er erhofft; das Erhoffte ist für ihn zukünftig. Doch meint Hoffnung auch nicht einfachhin etwas, das später kommen wird. Wenn ich etwas erhoffe, heißt dies vielmehr zugleich, daß es gar nicht von mir abhängt, oder doch zumindest nicht von mir allein, ob das Erhoffte sein wird oder nicht. Denn sowenig wir von Hoffnung reden in bezug auf das, was sich errechnen läßt, weil es nach bekannten Gesetzen abläuft, so wenig reden wir von Hoffnung bei dem, was wir selber machen können, bei dem, worüber wir verfügen. Hoffnung ist ein Aussein auf solches, das noch nicht ist und das wir nicht selbst herbeizuführen vermögen, für das wir vielmehr darauf angewiesen sind, daß es uns von irgendwo anders her zukommt. Ich hoffe auf etwas, dies heißt: Ich hätte es gerne, und ich verlange nach ihm, aber ich kann es nur haben, wenn es mir geschenkt wird.

Sosehr nun aber auch dasjenige, was ich erhoffe, meiner Verfügung entzogen ist, es ist dennoch nichts völlig Unerreichbares, nichts in sich selbst Unmögliches. Unsere Hoffnung ist diesbezüglich von bemerkenswerter Zuversicht. Sie ist kein blindes und illusionäres Verlangen, sondern ein Für-möglich-Halten, das seine eigenen Gründe hat.

Um diesen Gründen auf die Spur zu kommen, muß man sich freimachen von der Vorstellung, Hoffnung entstehe als ein Postulat, als Wunsch und Forderung aus den Ungereimtheiten und Widersprüchen der Welt, in der wir leben, aus ihrem Elend und ihrer Not. Zwar hoffen wir besonders dann, wenn es uns schlecht geht; doch hoffen wir nicht etwa, weil es uns schlecht geht. Wo immer sich Hoffnung regt, geschieht dies vielmehr aus der Erfahrung einer positiven Seite der Wirklichkeit. Elend und Not allein würden wohl nur zur Verzweiflung führen. Was uns hoffen heißt, ist etwas anderes; es ist zum Beispiel Hilfe, die uns einmal zuteil wurde, ist Freude, die uns überkam, und Liebe, die uns bewegt hat. In all dem ist Verheißung, und eben diese Verheißung nehmen wir an, wenn wir hoffen.

Allemal setzt Hoffnung also die Erfahrung voraus, daß die Wirklichkeit nicht nur eine bedrückende Last ist, daß sie vielmehr sehr wohl auch eine gute und hilfreiche Seite hat und daß sie uns mit eben dieser Seite trägt. Durch eine große Zahl von Ereignissen und Begegnungen hindurch ist dieser Sachverhalt zu spüren, und wie immer die Wirklichkeit zunächst aussehen mag, im Blick auf diesen Sachverhalt dürfen wir davon ausgehen, daß uns positiv etwas entgegenkommt, das sich vorweg schon selbst versprochen hat.

Für die rechte Einschätzung der Hoffnung ist dies von großer Bedeutung. Hoffnung meint danach nämlich nicht nur den Bezug auf etwas, das noch nicht ist. Hoffnung geht vielmehr auf solches, das zwar aussteht, das aber dennoch zugleich schon gegenwärtig ist und das gegenwärtig ist als etwas Wirkliches, das mich nach ihm verlangen läßt. Es ist dieser ganz unzweifelhafte Wirklichkeitsbezug, der unsere Hoffnung von all jenen Wunschträumen unterscheidet, mit denen man sich gerne über die Last des Bestehenden erhebt. Wir sollten Hoffnung deshalb gar nicht so sehr nehmen als etwas, das von uns her kommt. Nicht wir setzen hier den Anfang, unsere Hoffnung ist vielmehr Antwort, Antwort auf das Sich-Zeigen von solchem, das uns erfüllen will.

Verstehen wir Hoffnung so, ist auch klar, daß sie nichts mit Vertröstung zu tun hat, selbst da nicht, wo sie Welt und Geschichte insgesamt überschreitet und zuletzt nicht weniger meint als das Heilsein des Menschen überhaupt. Im Gegenteil: in dem Maße wie wir auf diese Hoffnung bauen, wird sie selbst zur Kraft, die bestehenden Verhältnisse in all ihrer Ungereimtheit und Widersprüchlichkeit anzunehmen, und dies heißt nicht zuletzt, sie in jene Richtung zu bewegen, auf die die Hoffnung selbst uns weist.   Ulrich Hommes

Ein Neujahrswunsch aus alter Zeit

Anstelle der heute üblichen Glückwunschkarten hat man in früherer Zeit umfangreiche Gedichte verschenkt. So hat sich im Stadtarchiv Weiden ein Glückwunsch auf das Jahr 1698 erhalten, der einen sechszackigen Glücksstern darstellt.

Aus dem Jahre 1698 stammt dieser Glückwunschstern, der zum Jahreswechsel verschickt wurde. Dieser Druck von 20 cm Höhe befindet sich im Weidner Stadtarchiv.

Der Mittelpunkt des Sterns wird von sechs Namen gebildet: St. Johannes, St. Matthäus, St. Lukas und St. Markus, St. Heinrich und St. Kunigunde. Die Nennung des Kaisers Heinrich und seiner Gemahlin Kunigunde läßt darauf schließen, daß der Glücksstern im Bistum Bamberg gedruckt worden ist. Zwischen den Zacken des Sterns sind sechs Rechtecke eingeschoben, von denen drei die Initialen CMB aufweisen. In ihnen begegnen uns zum Beginn des neuen Jahres die Heiligen Drei Könige Caspar, Melchior und Balthasar.

Unter der Abkürzung IHS, der griechischen Form für Jesus, die der Volksmund als Jesus, Heiland, Seligmacher erklärt, steht folgender Vers: Gelobt sei die allerhochheiligste Dreifaltigkeit und Jesus Christus, der Gekreuzigte im Allerheiligsten Sakrament des Altars. Unter der Abkürzung MRA für Maria ist zu lesen: Gelobt sei das glorwürdigste Geheimnis der unbefleckten Empfängnis Maria, der Mutter Gottes und Heiligen Jungfrau vor — in — und nach der Geburt. Das sechste Rechteck enthält als Abkürzung für Josef die Buchstaben JOS und als Text: Gelobt sei St. Josef der glorwürdige und selige Nährvater unseres Herrn Jesu Christi, keuschester Bräutigam Maria der Jungfrauen.

Der Text des Glückssterns — in der Sprache unserer Zeit wiedergegeben — lautet:

Wohlan! Der Glück-Stern will mit neuer Zierd' jetzt prangen
Nachdem die Sonn' vollend' den jahr-gewohnten Lauf.
Es kommt ein neuer Stern ins blaue Feld gegangen,
Der leget neue Pfeil auf seinen Bogen auf.
Der Jahren Phönix fangt aufs Neue an zu leben,
Und wie der Adler jung, wird wiederum die Zeit,
Darum hat einen Wunsch zum neuen Jahr zu geben
Gesetzet und gedruckt dies meine Schuldigkeit.
So lebet dann beglückt ihr herzlich Wohlgeneigte
Und bringet eure Jahr des Nestors Jahre bei.
Gott, der bishero sich ganz gnädig euch erzeigte,
Mit seiner Hilf und Gnad noch ferner bei euch sei.
Solang ihr Atem holt von Gott erfüllt mit Freuden
Kein Hagel von dem Neid, kein Donner von der Pein,
Kein kalter Reif des Tods, kein Wasser — Gift des Leiden,
Nur lauter heit're Täg zu finden wollen sein.
Es woll' der Gnadenstern von oben eure Sachen bescheinen,
Niemals sei bei euch ein Sternen-Wend'.
Der Fried- und Freudenstern mit seiner Feuer-Kerzen
Wollt glänzend eurem Haupt sich zeigen ohne End'.

Die Verbindung von Buchstaben, Bildzeichen und Text war als Heiltumszeichen in der Volkskunst früherer Jahrhunderte sehr beliebt und geht wahrscheinlich auf das alttestamentarische Salomonssiegel zurück.

Annemarie Krauß

Die Schlafzeit ist jetzt aus

Nachtwächterrufe am Neujahrsmorgen

Der Ruf des Nachtwächters aus Kötzting

Die Schlafzeit ist jetzt aus,
Hausmadl, steh auf!
Kihr schön aus, hoiz gscheid ei,
dann wirst a bravs Hausmadl sei.

Hausmadl, geh zua, weck die andern auf,
dann geht dir der Traum aus.
De kennt se vor Schlaf net aus,
mit dem Hausmadl is's ganz aus.

Ich wünsch euch an guatn Morgen
und Gelobt sei Jesus Christus!

Volksmund

Der Ruf des Nachtwächters aus Cham

Hausmoad, steh af, hoiz ei, kihr aus,
trog s Wossa ens Haus,
moch Feuer und Liacht,
daß uns da liabe Gott behüat!

I wünsch n Herrn und Frau
a glückseligs nuis Johr.

Volksmund

Falkenauer Festwünsche

Wünsch glücksöligh Feiatagh
u an neigeborna Heiland!

Wünsch glücksölighs nei's Gaua!
A alts Türl! A nei's Taua!
An Stoll volla Hörna,
an Bua(d)n volla Körna
u an Beitl volla Göld,
daß ua(b)m asse föllt!

Volksmund

Zum neia Jauha

As oide Jauha is vabei,
vastuinz is ganga as da Diir.
Af da Schwöin stäiht schou as nei,
wos werds bringa, dir und mir?

Haud hald in san Husasackl
niad blous ladda schöine Woar.
Haud fir jen a bsundas Packl,
Graffözeich und schwaare Stoa.

Owa, der wous duide tragt,
wäisn aa grod drucka moch,
finad, ball a niad vazagt:
äiamoi aa höille Dooch.

Margret Hölle

Ein gutes Rezept

Nimm a Quentl gou(t)n Wülln, a Laud Zfrie-
denheit, a tüghtigha Händ voll Lust und fünf
Deka Bscheidnheit und misch in döi Dinga 's
Gottvertraua mit eine, und du haust für alle
Zeit 's Rezept zan Glücklichsa(n).

Volksmund

Neujahrsgruß

Bergaf — talai, ganz gleich wöi's kinnt,
wer's Lebm ban rechtn Schnürpl nimmt,
der lebt, der b'stäiht!
Drüm fräigh niat lang u gäih dein Steigh!
Halt wos af dich u af da Zeigh, —
wirst sea, es gäiht!

Otto Zerlik

„Glückseligs neu's Jahr!"

Der Neujahrsmorgen ist innerhalb des Bayernhauses laut belebt durch das sogenannte „Neujahr abgewinnen"; eine Volkssitte, welche die Häuser mit verworrenem Geschrei und Lachen erfüllt. Nämlich jedes Familienglied beeilt sich, vor allen andern zu rufen: „Glückseligs neu's Jahr!" Die Kinder haben dann noch eine Extrafreude: dem Vater das neue Jahr abzugewinnen. Knaben und Mädchen lauern also, bis der aufgestandene Vater sich niederläßt in seinen Lehnstuhl, sei es um die Bändlein seiner Lederhose zu knüpfen, sei es um in seine Stiefel zu fahren.

Flugs sind nun die Kinder hinter ihm und „drosseln" auf gut bayerisch den lieben Vater, d. h. der Reihe nach umfaßt jedes mit beiden Händen den väterlichen Hals, schüttelt ihn aus Leibeskräften und ruft: „Glückseligs neu's Jahr!" Für diesen kräftigen Segenswunsch, den nur eine bayerische Vaterkehle tapfer aushält, beschenkt der Bauer seine Buben und Mädchen mit funkelnden Neujahrskreuzerln.

Außerhalb des Hauses in Dorf und Land ist der Neujahrstag belebt durch das sogenannte „Neujahr anschreien"; ein Erwerbszweig der armen Gemeindehauskinder. Sie sind hiezu ausgerüstet mit Spruchvers und Melodie, mit Sack und Stecken; sie gehen bei den Honoratioren herum.

> Glückseligs neu's Jahr,
> 's Christkindl im krausten Haar,
> A langs Lebn, a guats Lebn,
> 'n Himmel danebn!

> I wünsch dem Bauern an goldenen Rock,
> Daß er ihm steht wie a Nagerlstock!

> Und i wünsch der Bäuerin a goldene Haubn,
> Daß ihr steht wie a Turteltaubn!

Ein Büberl singt's draußen vor meiner Tür und jeder Reim fällt in der schmucklosen kleinen Terz. Ich trete hinaus: „Aber schau ich bin ja kein Bauer und bin auch keine Bäuerin, wünsch und sing einmal mir auch etwas!" Der kleine Neujahrssänger guckt mich verblüfft an, offenbar ist er mit seinem Vorrat zu Ende. Er sang, was und wie ihn Großmutter gelehrt; darüber hinweg ist ihm die dichterische Ader ausgeronnen.

Der altväterliche Neujahrswunsch, so kindlich er klingt, hat übrigens doch seinen Kern und seine hochpoetischen Reize.

Welcher Griesgram schlüge ein glückseliges Jahr aus? Und keimt nicht aus dem Goldwörtlein „glückselig" alles, was das wünschende Herz begehrt, die Hülle und Fülle hervor? Schon beim bloßen Klange dieser neun Buchstaben wird uns selig ums Herz. Das kernige Volk der Bayern ist nun einmal in die Krausköpfchen verliebt und darum muß das morgenländische Christkindlein, will es oder will es nicht, auch eins tragen. Mag sein, daß diese weihnachtlichen Krausköpfchen gerade nicht immer von Meistern des Schnitzens und Formens herrühren, aber mit ihren freundlichen Gesichtlein und roten Backen sehen sie so küssenswert und allerliebst aus, daß sie sich Augen und Herzen des bayerischen Landvolks im Sturm erobern.

Und wer wünscht nicht ein langes Leben? Und welcher Grillenfänger wäre einem guten Leben feind? Und welcher freidenkerische Unhold möchte nicht doch nach einem langen guten Leben den Himmel daneben? Das

Nelkerl (sprich: Nagerl) ist die eigentliche allgeliebte bayerische Bauernblume. Und wirklich, eine wohlgefüllte Nelke ist ein gar appetitliches Ding: ihr Duft, ihre Farbe, ihr Kelch, das alles ladet mit unwiderstehlichen Reizen ein. Wenn also der kleine Neujahranschreier dem Bauer einen goldenen Rock wünscht, der ihm steht wie ein Nagerlstock, so hat er um Stoff und Form in auserlesene Firmen gegriffen. Und im Grunde hat der kleine Sänger doch nur das schöne Bibelwort „Selbst Salomon in all seiner Pracht ist nicht so herrlich gekleidet wie eine Feldblume" auf den bayerischen Bauer übertragen.

Noch mehr als der Bauer sieht natürlich die Bäuerin auf propere Tracht. Ihr wünscht darum das Neujahrsbüblein mit feinem Takt eine Goldhaube, die ihr steht wie eine Turteltaube. Das Turteltäubchen ist das Lieblingstierlein des bayerischen Landvolks und recht namentlich der Bäuerinnen. Wahrlich nicht umsonst. Hat doch das Turteltäubchen einen so graziösen Gang und macht die reizendsten Komplimentchen und gurren kann es allerliebst und wie einschmeichelnd in Gestalt und Wesen ist es doch! Und noch dazu zieht es von der ganzen Familie den Rotlauf an sich; so glaubt die bayerische Hausfrau unerschütterlich und darum hegt und füttert und liebt sie das Turteltäubchen. Und fühlt sich mit ihm aufs allerfeinste angratuliert!

Doch siehe, ein artiges Mädchen stach den verblüfften Neujahrsänger aus. Das kam und sang:

> I wünsch dem Herrn einen silbernen Tisch,
> An jedem Eck einen gebackenen Fisch,
> Und in der Mitt ein Gläschen Wein,
> Da kann der Herr recht fröhlich sein!

„Topp, du kleine Sängerin!" nickte ich lächelnd; ließ den silbernen Tisch ein für alle Mal den Millionären dieser Welt und nahm nur den Fisch und Wein für mich. Nachmittags pfiff ich meinem Kalmuck und Prinz-Schnudi und ging spazieren; es war so gesund und winterschön, die Bäume flimmerten von Millionen Eisblümchen befiedert. Eben rückte ein Büblein aus und ruderte mit zwei Stecken ins Land hinein. Meine Hündchen, gar nicht bös, aber wegen ihrer Höllenschwärze und feuerroten Halsbänder wie Teuferln aussehend, umsprangen halb freundlich wedelnd, halb feindlich bellend das Büblein. Es hob streitbar seine Stecken und frug mich: „Wöi moinst? Beißn's mi nöt?" Ich beruhigte es und frug nun auch: „Wo gehst denn hin, Bübl?" Es nahm seine wichtigste Miene vor und sprach zu mir: „No schau, auf d'Bruckmühl geh' i abi in's Schrei'!" Bündiger konnte es seinen Erwerbszweig nicht benennen.

Übrigens auch feine Menschenkenntnis spielt im Neujahrswunsch ihre Rolle. Geht ein Größeres ins Anschreien und kommt in ein Haus, in welchem der harte Taler beliebter ist als das Himmelreich, so wird wohlberechnet umgesteckt und gesungen:

> A langs Lebn, a guats Lebn
> Und an Beutl voll Geld danebn!

Die Wiege des kindlichen altväterlichen Neujahrswunsches steht eigentlich in einer Zeit, in welcher das schöne Bayerland noch viel mehr goldene Bauern und goldene Bäuerinnen besaß. Noch jetzt besitzt es, Gott sei Dank! deren eine wohltuende Fülle; möge nichts an ihnen rütteln!

Im Bayerischen Wald, wo, umschirmt von Hochbergen und Forsten, das Volksleben am stärksten treibt, hat man einen besonders kräftig gestalteten Neujahrswunsch in die Bauernfamilie. Er lautet:

Was wünsch ma dem Herrn
Zum neuen Jahr?
Und was mar ihm wünschn,
Dös werd ihm fei wahr!
Wir woll mar ihm wünschn
An golden Tisch
Und auf jedn Eck
An bratna Fisch;
Und drin in da Mitt
A Kandl voll Wein,
Die heilin drei Kini
Die schenka scho ein.

Was wünsch ma der Frau
Zum neuen Jahr?
Und was mar ihr wünschn,
dös werd ihr fei wahr!
Wir woll mar ihr wünschn
A Wiagerl für's Bett,
Damit da die Frau glei
Ihr Kinderl neilegt.

Was wünsch ma dem Kinderl
Zum neuen Jahr?
Und was ma ihm wünschn,
Dös werd ihm fei wahr!
Wir wolln mar ihm wünschn
An golden Wagn,
Damit daß dös Kinderl
In Himmi ko fahrn.

Der kräftigste Neujahrssänger ist also der bayerische Wäldler: Der stempelt rund heraus seinen Glücksspruch zu einem sicher wirkenden Zwangswunsche.

Joseph Schlicht

Bauernregeln und Lostage

Morgenrot am Neujahrstag Unwetter bringt und große Plag.

Die Neujahrsnacht still und klar deutet auf ein gutes Jahr.

Wie das Wetter um Makarius (2. 1.) war, so wirds im September trüb oder klar.

Januar muß krachen, soll der Frühling lachen.

Ein schöner Januar bringt uns ein gutes Jahr.

Gibts im Januar viel Regen, bringts den Früchten keinen Segen.

Bellen die Füchse, so kommt noch größere Kälte.

Wirft der Maulwurf im Januar, dauert der Winter bis zum Mai.

Wenn die Tage langen, kommt erst der Winter gegangen.

Knarrt im Jänner Eis und Schnee, gibt's zur Ernt viel Korn und Klee.

Kommt der Frost im Jänner nicht, zeigt im März er sein Gesicht.

Im Januar Reif ohne Schnee tut Bäumen und Saaten weh.

Ist der Jänner naß, bleibet leer das Faß.

Tanzen im Jänner die Mucken, muß der Bauer nach dem Futter gucken.

Volksmund

426

Was ein Hauß-Vater im Januario in der Haußhaltung zu tun habe

1. Im Neuen Jahrs-Tag opffere all dein Thun und Lassen im gantzen Jahr, dem Neu-geboohrnen JEsulein, und unterlasse nit, in all deinen Wercken GOtt stets vor Augen zu haben.

2. Die Bienen-Stöck, wo es nötig, versetze von einem Ort zu dem andern, und verwahre dieselbe wohl, damit die Blumen-Koster nit ausfliegen.

3. Die Hüner, damit sie bald legen, füttere mit Maltz oder gerösteten Haber und Erbsen, auch gerösteten Brod; aber sparsam, sonst legen sie nit wohl.

4. Weil sich jetzt die Pferde hären, so sollest du sie desto besser warten.

5. Wanns sehr kalt ist, so mische den trächtigen Stutten und kleinsten Füllen das kalt Wasser mit warmen.

6. Wann ein warmer Tag ist lasse das Viehe bißweilen aus den Ställen.

7. Die Zucht Kälber laß im letzten Viertl schneiden.

8. Den Schaafen lege Erlenes Laub für, die es übermaulen, und nit anbeissen, thue als schadhaffte an Lung und Leber von andern Schaafen weg.

9. Die junge Peltzer und Bäum, damit sie von den Geißen und Hasen nit benagt werden, bestreiche mit Geiß-Koth, Kühe-Mist, so mit Ochsengall oder mit Wermuth-Safft vermischt ist.

10. Den Graß-Garten, ehe der Schnee gefallen, bestreue mit Aschen, Hüner- und Tauben Mist, so kriegt er schönes Graß und Klee.

11. An den Mandel- Pfirsing- Rosen- Kirschen- und Pflaumen-Bäumen sollest du anjetzo die dürre Äste abnehmen, beschneiden und reinigen.

12. Das Bauholtz haue anjetzo im abnehmenden Mond, so wird es nit Wurmstichig.

P. Odilo Schreyer OSB

Neujahr in der Oberpfalz

(um 1800)

In Roding bläst der Türmer mit seinen Musikanten vor dem Hause des Pfarrers, des Gutsherrn und der reicheren Bürger und Bauern gegen ein Geschenk das Neujahr an. Auch vom Turme herab kann man in der Neujahrsnacht ihre Weisen hören. In Bärnau treten sie früh 4 Uhr in Tätigkeit. (Ähnlich wird es wohl in allen Landstädtchen und Marktflecken gewesen sein, wo Türmer angestellt waren, die stets auch eine Musikkapelle leiteten. In manchen Orten herrscht dieser Brauch jetzt noch. D. H.)

In Neustadt W.-N. wird das Neujahr morgens zwischen 5 und 6 Uhr angeschossen. Vor jedem Haus werden ein oder zwei Schuß abgefeuert, damit der Flachs gerät. Ohne dieses Anschießen wird auch keine gute Witterung.

In Waldmünchen gehen am Neujahrstage Scharen von Kindern mitsammen vor die Häuser und rufen:

> I wünsch a glückseligs neus Jahr,
> a Christkindl mit an krausten Haar,
> daß s' g'sund bleib'n und lang leb'n,
> und an goldnen Tisch,
> af jedes Eck an bachnen Fisch
> und mitten drein
> a goldne Kandl voll Wein.
> Dann wird der Herr und die Frau
> brav lustig sein.

(Die Kinder werden dann beschenkt.)

Auch in Roding singen die Kinder das Neujahr an.

In Falkenstein gehen die Kinder am (Vor)-Abend in die Häuser und sagen folgenden Spruch:

> Glückselig neus Jahr,
> a lang's Leben,
> a g'sund's Leben,
> 's Himmelreich
> und an Beutel voll Geld daneben.

Früher war es, und zum Teil ist es jetzt noch Brauch, daß die Kinder, welche die Schule besuchten, ihre Eltern, vor allem aber dem Herrn Döden und der Frau Dod (Pate und Patin) ihren Neujahrswunsch mit Danksagung für empfangene Liebe und Wohltat in schön geschriebenen Briefen überreichten.

Dazu kam noch ein Spruch als Gedächtnisübung. Ein freundliches altes Mütterlein zu Velburg wußte noch recht gut, was es als Kind bei solcher Gelegenheit sagte. — Sein Spruch war:

> Ich wünsch ein neues Jahr
> und viel der guten Zeit,
> ein reines Gemüt,
> ein frisches Geblüt,
> Glück her von aller Seit,
> und was i hab
> in meiner Gab,
> Das ist in dem Brief beisammen.
> Ich weiß nichts mehr,
> was ich euch verehr;
> nehmt es an in Gottes Namen.

Ein anderer Velburger Spruch, den sich gute Freunde im Scherze sagen, lautet:

I wünsch a glückseligs neus Jahr,
nix hint, nix voarn,
koan Irbl (Ärmel) dran,
noa is 's a Summakload.

Zu heiratsfähigen Mädchen wird in Tirschenreuth nachstehender Spruch gesagt:

Viel Glück, Gesundheit, langes Leben,
das soll ihnen Gott der Ewige geben
und was ich ihnen noch wünschen kann,
ist ein lieber, guter Mann.

Wenn ein Knabe einem Mädchen am Neujahrstag diesen Wunsch zuerst anbringt, so wird diese im neuen Jahr noch Braut.

In Tiefenbach gehen in der Neujahrsnacht die beiden Nachtwächter von Haus zu Haus und singen:

So wünsch ma halt an Herrn
a glückseligs neus Jahr,
Fried' und Einigkeit,
an g'sunden Leib
und die ewige Glückseligkeit.

So singen sie jedem im ganzen Hause, auch der Frau, den Jungherrn und Jungfraun. Drei Tage darnach erhalten sie Getreide und Geld.

In Rötz singen die Nachtwächter:

I wünsch a glückseligs neus Jahr,
an golden Tisch,
af jeden Eck an bachen Fisch,
in der Mitt a Glaserl Wein,
Da können die Herrn Bürger recht lustig sein.

Die Familien und die Gäste in den Wirtshäusern bleiben zu Roding im traulichen Kreise beisammen bis die Mitternachtsstunde schlägt und das neue Jahr beginnt. Unter guten Wünschen trinken sie sich dann gegenseitig zu. (Tanzvergnügen waren an Neujahr zu jener Zeit noch nicht üblich. D. H.) Am Tage selbst gehen die Freunde zueinander auf das Neujahrswünschen. Auch die Geringeren gehen zu Höheren, um sich zugleich zu empfehlen.

Die Armen kommen in Schwärmen und erhalten für ihre Wünsche eine Gabe; ebenso die Hirten und Nachtwächter. Auch die Dienstboten werden von ihrer Herrschaft, die Kinder von ihren Eltern beschenkt. (Jetzt finden diese Bescherungen nicht mehr an Neujahr, sondern zu Weihnachten statt.)

In Riggau werden an Neujahr die Mädchen von den Buben gepfeffert, wofür sie diesen Tabak kaufen müssen.

In Stadt Kemnath gehen jedoch die Mädchen aufs Pfeffern. Sie hauen Männer und Buben und erhalten dafür Geschenke. Diese bringen sie etliche Tage später in die Rockenstuben mit, wo sie bei frohen Tänzen verzehrt werden.

Auch in Ebnath gehen die Mädchen in die Häuser und wünschen das Neujahr an, indem sie sagen: „Ist das Neujahr gut?" Dabei haben sie einen Barbarazweig in der Hand und peitschen damit die männlichen Personen, bis sie ein Geschenk erhalten.

In Bärnau gehen am Neujahrstag etwa sechs Burschen vor Tagesanbruch gen 4 Uhr zum „Moidl-Aufpeitschen". Jene, welche noch ganz frei sind, verstecken sich. Abends werden die Burschen von den Mädchen zum Bier geführt. Es wird die Schön (Schönheit) getrunken, daß sie schön werden und auch schön bleiben. Am Schlusse werden die Mädchen von den Burschen nach Hause geleitet. Vor dem Auseinandergehen werden diese im Hause der Mädchen mit Kücheln bewirtet.

Die Schön und Stärk wird in Neustadt auch von den verheirateten Männern und Frauen getrunken. Das Pfeffern findet aber hier nicht statt.

Um das Schicksal zu erkunden, kauft man in Amberg vor Aufgang der Sonne einen Borsdorfer Apfel ums gleiche Geld d. h. man frägt nicht nach dem Preis und läßt sich nichts herausgeben. Dann stellt man sich unter die Haustüre und ißt ihn. Während des Essens kommt derjenige, welcher während des Jahres Bräutigam wird. — Um die 12. Stunde geht auch die Dirne an ein laufendes Wasser und trinkt davon. Dabei sieht sie ihren Gegenstand (Bräutigam) oder was ihr im Jahr passiert.

In Lixendöfering stellt man sich in der Neujahrsnacht unter den „Trammen", d. i. der Durchzug (Balken), der die Bretterdecke zu tragen hat. Hier sieht und hört man alles, was das neue Jahr mit sich bringen wird!

In Falkenstein macht man auf den Kreuztrammen der Stubendecke also auf den Querbalken über der Stube einen Kreis von einjährigen Haselrütchen und stellt sich um Mitternacht zum „Lusen" hinein. Man hört dann alles, was im neuen Jahre geschehen wird.

In der Neujahrsnacht schneiden sich in Tiefenbach und Fronau die Mädchen 12 Zettelchen, wovon die Hälfte mit den Namen von heiratsfähigen Männern beschrieben, die andere Hälfte leer gelassen wird. Die Zettelchen kommen dann unter das Kopfkissen, und in der zwölften Nacht langt man rückwärts hinunter und zieht ein Zettelchen. Was auf ihm geschrieben steht, geht dann in diesem Jahr in Erfüllung.

In Amberg merken die Mädchen beim Aufstehen auf, ob eine Henne oder ein Hahn zuerst gackert.

Gackert der Hahn,
krieg ich an Mann;
gackert die Henn,
krieg ich kenn!

Wenn man am Neujahrstag morgens eine Henne krähen hört, so bedeutet es Unglück; abends jedoch Glück. (Velburg)

Man beachte auch, ob im neuen Jahre ein Mann oder ein Weib zuerst stirbt, darnach richtet sich die Sterblichkeit des Geschlechtes. (Ebenda)

Am Neujahrstag früh vorm Gebetläuten muß man ungeweckt aufstehen und eine Haarwurzelstaude aufsuchen, an welcher noch Haarwurzeln (Hagebutten) hängen. Wenn man auf drei Schritt hinkommt, muß man verkehrt zu ihr treten, und drei Früchte pflücken und einem Frauenwesen zu essen geben, welche mit dem Rotlauf behaftet ist — so vergeht dieser. (Tiefenbach)

In Neuenhammer bricht man um Mitternacht drei Hagebutten und verschluckt sie; sie helfen gegen die Gicht.

Sogar Schnee und Sturm haben am Neujahrstag eine besondere Bedeutung.

Wenn es am Neujahrstage schneit, so schneit es Soldaten, d. h. es wird Krieg (Prünst); haust der Sturmwind am Neujahrsmorgen, sterben viel große Herren. (Falkenstein)

Was man an Neujahr gut tut, geschieht das ganze Jahr recht, und was man gern tut, macht das ganze Jahr keinen Widerwillen. (Velburg)

Wie man an Neujahr ist, so ist man das ganze Jahr über; hat man an ihm Freud oder Leid, so das ganze Jahr. (Amberg)

Am Tage nach Neujahr verkauft jedermann etwas, damit er Geld einnimmt. Davon wird ein Stück krumm gebogen. Es wird ein Geldbeutel während des ganzen Jahres verwahrt, damit das Geld nicht ausgeht. (Neustadt)

Auch demjenigen, der am Neujahrstage Schweinefleisch ißt, geht das Geld nicht aus. (Amberg)   Johann Baptist Laßleben

Bauernkalender

Das Bauernjahr kannte früher kein Datum. Dafür gab es die hohen Kirchenfeste, die das Jahr in bestimmte Abschnitte teilten. Sie waren die großen Halte- und Ruhestationen des bäuerlichen Menschen. Weitere Marken bildeten die Lostage, die ausschließlich an Namen von Heiligen gebunden waren und für die er sich aufgrund jahrhundertelanger Erfahrung mit dem Wetter selbst einen umfangreichen Spruchkalender geschaffen hat. Mit Hilfe der Heiligenfeste begrenzte der Bauer die Epochen seiner Jahresarbeit. Selbst die Gerichts-, Markt- und Schrannentage bezeichnete er nicht mit dem Datum, sondern mit dem betreffenden Eigennamen. Nach den Lostagen und Kirchenfeiertagen richtete sich auch sein Festkalender.

Die Alten schenken auch heute noch den Wettervoraussagen des Hundertjährigen Kalenders" mehr Vertrauen als denen der Meteorologen. Und selbst aufgeklärteste Mitmenschen behaupten: „Etwas ist schon dran!" Als auch die Mehrheit der bäuerlichen Bevölkerung lesen konnte, erlangten die als Hausbuch angelegten Kalender, etwa der „Sulzbacher Kalender für katholische Christen" oder der „Regensburger Marienkalender" und der bis in unsere unmittelbare Gegenwart reichende „Regensburger Volkskalender" große Bedeutung für das Volksleben, nicht weil sie häufig den einzigen Lesestoff neben dem Goffine darstellten, sondern weil sie als Ratgeber für alle Belange des Lebens hoch geschätzt waren. Außerdem boten sie Information, Belehrung, religiöse Erbauung und darüber hinaus kurzweilige Unterhaltung.   A. E.

Neujahrswunsch

Was wünschen wir dem Herrn für ein Neues Jahr?
Und was wir ihm wünschen, das wird ihm g'wiß wahr.
Wir wünschen ihm einen roten Tisch,
Auf jedes Eck einen bachen Fisch.
Was wünschen wir ihm in die Mitte hinein?
Eine silberne Kandl voll roten Wein,
Da schenken die Heiligen Drei Könige ein.

Was wünschen wir der Frau für ein Neues Jahr?
Und was wir ihr wünschen, das wird ihr g'wiß wahr.
Wir wünschen ihr einen roten Rock,
Darinnen sie steht wie ein Nagerlstock.
Und was wünschen wir ihr denn noch dazu?
Einen Beutel voll Geld und ein neues Paar Schuh.

Was wünschen wir dem Sohne für ein Neues Jahr?
Und was wir ihm wünschen, das wird ihm g'wiß wahr.
Wir wünschen ihm ein grünes Kleid
Und übers Jahr ein junges Weib.

Was wünschen wir der Tochter für ein Neues Jahr?
Uns was wir ihr wünschen, das wird ihr g'wiß wahr.
Wir wünschen ihr einen goldenen Kamm
Und übers Jahr einen jungen Mann.

Was wünschen wir dem Kindl für ein Neues Jahr?
Und was wir ihm wünschen, das wird ihm g'wiß wahr.
Wir wünschen ihm einen goldenen Wagen,
Der es kann über den Himmel tragen.

Ihr habt uns eine Verehrung gegeben
Und sollt das Jahr in Freuden erleben,
Mit Freuden verleben immerdar,
Dies wünschen wir zum Neuen Jahr!

Volksmund

Neujahrsanwünschen

Wer keine Gelegenheit findet, seinen Verwandten, Freunden und Bekannten ein „glückseligs" oder „gutes neues Jahr" zu wünschen, tut dies heute auf schriftichem Wege mit vorgedruckten Glückwunschkarten, die meist schon mit Weihnachtswünschen gekoppelt sind und nur unterschrieben zu werden brauchen, oder gar telefonisch. Während des ganzen Neujahrstages und an den nächstfolgenden wünscht man sich gegenseitig Glück, Gesundheit und langes Leben, wenn man sich begegnet. Manchmal überreicht man als kleine Geschenke Glückssymbole wie Marzipanschweinchen, — Hufeisen, Kaminkehrer, Vierblattklee, Geldsack —, in der Chamer Gegend das dort traditionelle Neujahrsgebäck, den Chamer Kampl (s. S. 438). Ansonsten erhalten alle „Fremden", die zum Neujahrsanwünschen kommen, Geld. Der Brauch, an Neujahr den Gratulanten Geld, die sog. Neujahrs-Verehrungen, zu geben, ist in der Oberpfalz im 17. und 18. Jahrhundert häufig belegt. Holten sich früher auch die Gemeindediener, Gemeindehirten, Postboten und Kaminkehrer am Neujahrstag oder in der darauffolgnden Woche ihr Trinkgeld bei den Bauern, so erwarten sich nun in der Stadt auch die Mülltonnen-Männer eine kleine Geldspende. Daneben erhoffen sich Kinder und sozial Schwächere ein zusätzliches Einkommen.

Als einträglicher Heischebrauch gelten auch Neujahrsansingen und Neujahrsanblasen. Die Sternsinger sind von Neujahr an unterwegs. Ihr Aussehen gleicht dem der Dreikönigssinger, oft sind auch ihre Lieder gleichen Inhalts. Da die Sternsinger meist wilde Gruppen, d. h. nicht organisiert sind, dürfen sie in ihre eigene Tasche wirtschaften, im Gegensatz zu den heutigen Dreikönigssingern, die als Ministranten im Auftrag der Pfarreien in Erscheinung treten und für die Mission sammeln.

In manchen Dörfern zieht die örtliche Blaskapelle reihum und spielt vor jedem Haus ein Ständchen zum neuen Jahr. Nach dem sich anschließenden Glückwunsch erhalten die Musikanten oft Schnaps zum Aufwärmen und Geld. In welchem Zustand sich die Bläser am Abend nach einer solch strapaziösen Tour befinden, kann man sich vorstellen. Oft besteht nach einigen Stunden die ganze Kapelle nur noch aus den Trinkfestesten.

In manchen Märkten und Städten der Oberpfalz, etwa in Burglengenfeld, Cham, Kemnath, Regensburg, Weiden usw. ist das Turmblasen, das Neujahrsanblasen vom Kirchturm aus, auch heute noch üblich.

Zu Neujahr haben die Mädchen und Weiberleute ihren Peitschtag, ihren Pfeffertag (s. S. 388). Im Gegensatz zu den Burschen, die am Stephans- oder Johannistag möglichst viele Mädchen und Frauen pfeffern, peitscht das Mädchen mit Auswahl, am liebsten seinen Liebhaber; wo keiner vorhanden ist, den Bruder, Nebenknecht oder auch Vater. Der Gepeitschte hat dafür kein Geschenk zu geben, sondern ist verpflichtet, das Mädchen am Abend zu Bier oder Wein auszuführen. Denn an diesem Tag wird die „Schön" (Schönheit) getrunken. A. E.

Wir setzen uns net nieder

Wir set-zen uns net nie-der, wir blei-ben ja net da; wir wün-schen nur zu-sam-men ein glück-lichs neu-es Jahr. Was wün-schen wir dem Haus-herrn zu ei-nem neu-en Jahr? Wir wün-schen ihm ein' gold-nen Tisch, auf je-dem Eck ein bak-ke-nen Fisch, zu ei-nem neu-en Jahr! Ver-leih uns Gott der Va-ter das e-wi-ge Him-mel-reich!

Was wünschen wir

1. Was wünschen wir an Herrn ins Haus, zu ei - nem neu - en Jahr? Wir wünschen ihm an deck - t'n Tisch, dou koa - ra es - s'n ba - chna Fisch. Von Sil - ber und von ro - ten Gold, zu ei - nem neu - en Jahr.

2. Wos wünschen wir der Frau ins Haus zu einem neuen Jahr?
   Wir wünschen ihr ein Wiegelein,
   Da kann sie wiegen 's Jesulein.
   Von Silber und von roten Gold, zu einem neuen Jahr.

3. Wos wünschen wir an Knecht ins Haus zu einem neuen Jahr?
   Wir wünschen ihm an Striegl in d' Hand,
   Dou koa ra striegln an Ochsenschwanz.
   Von Silber und von roten Gold, zu einem neuen Jahr.

4. Wos wünschen wir der Moad ins Haus zu einem neuen Jahr?
   Wir wünschen ihr a Poar nai Schouh,
   Dou laft sie damit af's Wirtshaus zou.
   Von Silber und von roten Gold, zu einem neuen Jahr.

Das alte Jahr verflossen ist

1. Das alte Jahr verflossen ist, das neue Jahr begonnen hat; drum wünschen wir Ihnen ein neues Jahr, drum wünschen wir Ihnen ein neues Jahr!

2. Zu Betlehem in einem Stall,
   Ein Kindlein soll geboren sein.
   Des freuen sich die Engelein,
   Zu diesem neuen, neuen Jahr.

3. Als Josef in die Stallung trat,
   Ein Kindlein in der Wiege lag.
   Des freuen sich die Engelein,
   Zu diesem neuen, neuen Jahr.

4. Maria und Josef betrachten es froh,
   Wie es da lag auf Heu und Stroh.
   Des freuen sich die Engelein,
   Zu diesem neuen, neuen Jahr.

5. Habt Dank, habt Dank für eure Gabm,
   Die wir von euch empfangen habm.
   Drum wünschen wir Ihnen ein gesundes Jahr,
   Drum wünschen wir Ihnen ein neues Jahr!

A gsunds neis Joahr

1. A gsunds neis Joahr, a schö - ners wia des al - te woar, a gsunds neis

Joahr, a schö - ners wias scho woar! Gsundheit, Glück und lan - ges Lebn

soll der lia - be Gott eich gebn! A gsunds neis Joahr, a schö - ners wias scho woar!

2. A gsunds neis Joahr, . . .
Wachts fei ghörig übers Liacht,
daß uns ja koa Unglück gschiacht!
A gsunds neis Joahr, . . .

3. A gsunds neis Joahr, . . .
Herr, vertreib mit deiner Weich
Räuber, Dieb und Loudrazeich!
A gsunds neis Joahr, . . .

4. A gsunds neis Joahr, . . .
Herr, erhalt auf jeden Fall
Haus und Hof und Hennastall!
A gsunds neis Joahr, . . .

5. A gsunds neis Joahr, . . .
Suppn, Fleisch und Schnupftawok,
an Haufa Geld no drin im Sock!
A gsunds neis Joahr, . . .

6. A gsunds neis Joahr, . . .
Laß net ausgeh Wein und Bier,
sonst, o Herr, verdurstn mir!
A gsunds neis Joahr, . . .

7. A gsunds neis Joahr, . . .
Jetzt wünsch ma enk a glücklichs Lebn,
werds uns eppa do wos gebn!
A gsunds neis Joahr, . . .

Der Chamer Kampl

Wohl nirgends auf der Welt hat ein Stadtwappen eine so süße Popularität errungen wie der Chamer Kampl, der Kamm, das Symbol des Chamer Siegels. Zu dieser Volkstümlichkeit haben ihm die Lebzelter der Stadt verholfen. Denn bis kurz vor 1922 bestand hier der Brauch, am Neujahrstag zum Lebzelter zu gehen, Met zu trinken und Honigkuchen in der Form von Kämmen dazuzuessen.

Außerdem wurden alle jene mit solchen Kampln beschenkt, die anderen im Neujahrwünschen zuvorkamen. Deswegen bemühten sich vor allem die Kinder und die Dienstboten, ihren Eltern bzw. ihren Herrschaften in aller Frühe die Glückwünsche zu überbringen.

Der Chamer Kampl als Lebkuchen spielte schon im Mittelalter eine bedeutende Rolle. Alljährlich zum neuen Jahr schickte nämlich der Magistrat von Cham als Verehrung einen Riesen-Lebkuchen-Kampl auf einem von vier Pferden gezogenen Wagen nebst den besten Glückwünschen an die Stadt Nürnberg, mit der Cham seit 1319 in gegenseitiger Zollfreiheit stand.

Wie gesagt, diese Bräuche waren längst ausgestorben, bis sich der Chamer Bürgermeister Michael Zimmermann des süßen Kampls erinnerte und 1972 1000 Lebkuchen in Kammform wieder backen ließ. Seitdem werden diese Chamer Kampl von hübschen Hostessen am Neujahrstag an durchfahrende Autotouristen als Gruß und Glückwunsch der Chamer Bevölkerung verschenkt. Auch in der Stadt weilende Ausländer und Altenheim-Insassen erhalten dieses eßbare Neujahrswahrzeichen der Stadt. Dieser wirklich originellen Umfunktionierung zur Fremdenverkehrswerbung verdankt der Chamer Kampl seine Wiedererweckung. A. E.

Neujahrsmorgen

365 Tage, wie Masken,
aus Schwärze geschnitzt.
365 Fragen
und nichts als der Urschrei
des Schweigens.

Kannst du lesen
in Chiffren und Schwärze?
Willst du tasten
nach Hoffnung
mit mir?

Willy Mitterhuber

Wunsch für alle

Ich wollte, jeder hätte so viel Raum,
daß, wenn die Sonne sein Bereich erhellte,
er keinen andern in den Schatten stellte,
und pflanzen könnte einen großen Traum
und einen eignen kleinen Brotfruchtbaum.

Ich wollte, jeder hätte so viel Zeit,
sich manchmal eine Frage vorzulegen:
Wer bin ich wohl? Wie lange noch? Und weswegen?
Und hätte für Besinnung oder Leid
ein kleines Eigentum an Einsamkeit.

Gertrud von den Brincken

6.
JANUAR

Die Heiligen Drei Könige
Der selige Erminold

Hascha, Hascha,
de heiling Drei Kini han do

Predigt auf das Fest der Erscheinung des Herrn.

Was muß es wohl heute in Jerusalem geben? Die ganze Stadt ist in Bewegung! Alles wimmelt von Kameelen und Dromedaren, von Läufern und Dienerschaft. Fremde Männer, heißt es, sind auf einmal weit her vom fernen Morgen gekommen, von königlichem Geschlechte, in königlicher Pracht. Alles läuft zusammen und staunt die seltsamen Fremdlinge an. Wie ein Lauffeuer verbreitet es sich durch die große, volkreiche Stadt: Weise Könige mit großer Dienerschaft und vielem Glanze sind angekommen. Aber was werden sie wollen? Was wird wohl der Zweck ihrer weiten Reise sein?

Wo ist der neugeborne König der Juden? ist ihre Frage. Herodes erschrickt und ganz Jerusalem mit ihm. Kein Mensch weiß etwas von ihm. In Jerusalem, heißt es, ist er einmal nicht; vielleicht in Bethlehem; denn so steht es in alten Büchern geschrieben, daß er in Bethlehem zur Welt kommen soll. Nun wird aufgebrochen und die Reise nach Bethlehem angetreten. Sie sehen ihren Wegweiser, den wunderbaren Stern wieder; auf einmal bleibt er über einem Stalle stehen; die fremden Könige gehen hinein, finden da ein Kind in Windeln eingewickelt; sie langen sogleich ihre Schätze hervor, opfern Gold, Weihrauch und Myrrhen, fallen nieder und beten das Kind an, und dann gehen sie wieder fort.

Aber, Geliebte, da gehört ein großer Glaube dazu, auf das Erscheinen eines Sternes und auf ungewisse, dunkle, alte Sagen hin eine weite Reise anzutreten. Der Stern konnte nicht reden, sie konnten nur in Folge ihrer Sternkunde schließen, daß er etwas Außerordentliches bedeuten werde; aber sie hätten sich ja auch irren können; der Stern hätte ein Irrlicht sein und sie verführen, die alten Sagen hätten ja Mährchen und eitel Lügen und Erdichtungen sein können, und doch brechen sie auf und verlassen die Heimath.

Auf dieser Reise mußten sie durch eine große Wüste und durch unwegsame Gegenden ziehen; zwei oder drei durften es wegen der reißenden Bestien und Unsicherheit des Weges schon gar nicht wagen, mit einander weit fortzureisen, man mußte da immer in großen Zügen, die man Karavanen nennt, eine große Reise antreten. Nun denkt euch die Beschwerden einer fünfmonatlichen Reise; kein Gasthaus, das sie aufnahm, immer unter freiem Himmel übernachten, denkt euch die Beschwerden einer solchen Reise in einem solchen Lande und wozu denn?

Doch ihr Glaube sollte noch auf eine härtere Probe gestellt werden! Unter unsäglichen Schwierigkeiten waren sie endlich in Jerusalem angekommen. Sie waren also in der Hauptstadt, im Herzen des Judenlandes; nun sind sie wahrscheinlich am Ziel ihrer Reise. Ganz Jerusalem wird wahrscheinlich schon wimmeln von Gesandten fremder Potentaten; ohne Zweifel wird man die neuen königlichen Gäste sogleich in die Residenz liefern, der Audienzsaal wird sie empfangen, eine Anzahl prächtig gekleideter Diener wird den neuen König umgeben, Alles schimmern von Glanz und Herrlichkeit! — Doch, staunet, kein Mensch in Jerusalem weiß etwas von dem neuen Könige. Alles erschrickt vielmehr, als sie fragen: Wo ist der neugeborne König der Juden? In Jerusalem ist er nicht. Also ist der weite Weg umsonst gemacht! Der Stern hat sie also angeführt, die alte Überlieferung war erlogen; ja, der Stern ist sogar verschwunden, sie sehen ihn gar nicht mehr. Fünf Monate sind sie also in der Welt herumgegangen auf Abenteuer, jetzt können sie wieder fünf Monate lang gehen, bis sie nach Hause kommen. Zwar sagen die Priester: In alten Büchern steht es, in Bethlehem muß der Messias geboren werden, also müßt ihr noch zwei Stunden weit gehen, ihr königlichen Wanderer! Doch nein, kehret um! Was werdet ihr in Bethlehem finden? Ist der neue König nicht in Jerusalem, wie soll er in Bethlehem sein? Ist er nicht in der Hauptstadt, wo soll er denn sonst sein? Der Stern hat gelogen, die alte Sage hat gelogen, die alten Bücher können auch lügen, darum kehret um und laßt euch nicht weiter mehr in der Welt am Narrenseile herumführen! — Und doch kehren sie nicht um! Sie gehen unverzüglich nach Bethlehem! — Was sagt ihr zu solch einem Glauben? Wäret ihr auch noch weiter gegangen, meine Lieben?

Wie sie zur Stadt Jerusalem hinauskommen, sehen sie zu ihrer unbeschreiblichen Freude den Stern wieder. Sie schöpfen also neue Hoffnung und gehen dem Sterne nach. Auf einmal bleibt er stehen. Wo aber bleibt er stehen? Über einem Pallaste? Ach nein, über einem Stalle! Und was ist in dem Stalle? Ein kleines Kind mit einer Weibsperson, die seine Mutter zu sein scheint, mit einem Manne, der ohne Zweifel sein Vater ist. Jetzt wisset ihr es deutlich und mit Händen könnt ihr jetzt greifen, daß ihr angeführt seid, ihr gutmütigen Könige! Ihr Weise, ihr seid betrogen worden, ihr sehet jetzt Narren gleich! Kehret jetzt um, schleicht euch davon, daß euch die Leute nicht auslachen! — Sie gehen nicht, sie las-

sen sich nicht schrecken, sie gehen hinein in den Stall. Aber warum kehrt ihr denn nicht um? Nein, wir kehren nicht um, wir sind gekommen, um anzubeten. Aber was treibt euch denn um's Himmels willen aus dem Morgenlande zu diesem Stalle her? — Wir sind gekommen, um anzubeten. — Aber ihr seht ja nichts in diesem äußersten Elende, was man ehren, geschweige erst, was man anbeten könnte! — Wir sind gekommen, um anzubeten. — Aber ihr sucht ja den König der Juden, wie kommt ihr denn zu diesem allerärmsten Kinde im ganzen Lande? — Wir sind gekommen, um anzubeten. — Aber seht ihr denn nicht diese elende, verächtliche Höhle, da werdet ihr ja ohne weiters zurückspringen und nicht hineingehen? Sagt ihr jetzt auch noch vom Anbeten? — Wir sind gekommen, um anzubeten. — Aber schaut doch noch nur das armselige Bettlein dieses Kindes an; da sehet ihr keine elfenbeinerne Wiege, keine goldgestickte Decke, nur eine armselige Krippe mit Stoppeln und Heu beherbergt dieß Kind. — Wir sind gekommen, um anzubeten. — Doch, haltet zu gut, ihr königlichen Fremdlinge! ich glaube, ihr irret in einem Königreiche, das nicht euer ist, ihr sucht ja einen König! Da ist nichts Königliches! Da findet sich nicht Purpur und Gold, nicht Seide und Scharlach, da bemerkt ihr keinen einzigen Diener und Lakeien und Läufer! Hier ist Niemand, als ein kleines, weinendes Kind mit seiner Mutter und einem Manne! Der Glaube, felsenfester Glaube war es, der die drei Könige zur Krippe zog; dieser Glaube allein ist es auch, der euch zur Kirche ziehen und dieselbe euch angenehm machen kann. Solange ihr diesen Glauben nicht habt, habt ihr Langeweile; solange ihr aber Langeweile

444

habt, werdet ihr auch nie wahre Andacht in der Kirche haben, wie sie die drei Weisen an der Krippe gehabt haben.

Glaubst du an das Kind in den Windeln, so kannst du nicht anders; du mußt deine Andacht auch äußerlich zeigen wie die drei Weisen; darum fall nieder und bete an. Laß dich nicht irre machen durch das ärgerliche Betragen, das man oft vom vornehmen und gemeinen Pöbel in unseren Kirchen sieht.

Da steht Einer und wichst sich den Schnurrbart, ein Anderer wühlt mit der Hand in den Haaren und richtet sich seine Locken zurecht, ein Dritter plaudert mit seinem Nachbar über Frankreich und Spanien, ein Vierter steht da mit verschränkten Armen, oder guckt durch Lorgnetten nach Weibsbildern, ein Anderer gafft herum wie in einem Schauspielhause, wieder Einer wendet dem Altare den Rücken, mit dem Gesichte gegen das Musikchor gerichtet, noch Andere stehen, lehnen, aber von Keinem kannst du sagen und merken und denken: Sie sind gekommen, um anzubeten. Nein, sie sind gekommen zu lachen, zu schwätzen, zu gaffen, mit Einem Worte, zu — ärgern.

O sei du froh, lieber Bauersmann, daß du hier auf dem Lande bist; da kommt man denn doch noch in die Kirche, um niederzufallen und anzubeten. Man sagt, der Bauer ist roh und grob und versteht sich nicht auf feine Manieren und Komplimente; mag sein, ja, daß er seinen Rücken nicht so zu krümmen und mit den Füßen nicht so artig sich zu drehen versteht wie der geschniegelte Stutzer und der speichelleckende Hofschranze; aber der Bauer beugt doch noch sein Knie und fällt nieder in der Kirche, um anzubeten, während diese modernen Drahtfiguren, wo es etwas zu erhaschen gibt, sich schmiegen, winden und drehen können, wie ein Aal, aber in der Kirche so steif sind, wie ein ausgedienter Lohnkutschergaul.

Freilich gibt es auch auf dem Lande manche Unehrerbietigkeit in der Kirche, und es thäte oft Noth, daß man früge: Seid ihr gekommen, um anzubeten, oder aus andern Ursachen? An manchen Orten liegen die Leute während des Gottesdienstes draußen am Gottesacker herum und lachen und schwätzen. Gott Lob! Das ist bei uns nicht; an manchen Orten ist auf der Emporkirche oft großer Unfug; anderwärts hocken Mehrere in einem Winkel der Kirche beieinander und vertreiben sich die Zeit. Aber du magst knien, stehen oder sitzen, deine Haltung sei immer eine erbauliche und andächtige, Nicht als wärest du auf der Bierbank oder zu Hause im Lehnsessel! Bedenkt, daß es heißt: Sie fielen nieder und beteten an. Und so nun, Geliebte! wenn wir unsern Glauben am Glauben der heiligen drei Könige stärken, unsere Andacht an der Gluth ihrer Andacht entzünden, dürfen wir hoffen, daß wir jenen, an den wir hier als das göttliche Kind in den Windeln demüthig glauben, jenseits freudig schauen, und daß wir ihn, vor dem wir hier niederfallen und anbeten, jenseits mit allen Heiligen, besonders den heiligen drei Königen, ewig loben und preisen werden. Amen.   Anton Westermayer

Der heil. Dreykönigzettel oder Gebeth so zu Cölln am Rhein in der Dom-Kirche mit goldenen Buchstaben geschrieben und aufbewahret wird.

Gebeth.

Im Namen JESU stehe ich heute auf, und neige mich dem Tag, in dem Namen, den ich in der heil. Taufe empfangen, der erste ist Gott Va † ter, der andere Gott So † hn, und der dritte Gott heil. Ge † ist. Dieser Name behüthe mein Fleisch, Blut, Seele, Leib und Leben, welches mir Je † sus, der Sohn Got † tes gegeben. Also will ich gesegnet seyn, wie der heilige Kelch und Wein, so der Priester auf dem Altar verwandelt, und wie das wahre Himmels-Brod, so Jesus seinen zwölf Jüngern hat gegeben. Ich trete über das Thür-Geschwell: Jesus † Maria † Joseph † die drey heiligen Könige, Kaspar † Melchior † Balthasar † seyen meine Weggesellen: der Himmel ist mein Hut, die Erde meine Schuh, der Stern der drey Könige führe mich auf die rechte wahre Buß-Straßen. Diese sechs heil. Personen sind meine Gefährten im Hin- und Hergehen, welche mir begegnen, die haben mich lieb und werth, dazu helfe mir Gott Vater †, der mich erschaffen, Gott Sohn †, der mich erlöset, Gott der heil. Geist †, der mich geheiliget hat. Je † sus, Ma † ria, Jo † seph, Ca † spar, Mel † chior, Bal † thasar, steht mir bey in allen meinem Thun und Lassen, Handel und Wandel, Gehen und Stehen, es sey auf dem Wasser oder Land, die wollen mich vor Kugel, Feuer, Wasser und alles, was dem Leib u. der Seele schädlich ist, allzeit behüten u. bewahren, im Leben und Sterben, mit ihrer starken u. mächtigen Gnad. Gott dem Va † ter ergeb ich mich, Gott dem So † n empfehle ich mich, Gott dem hl. Ge † ist versenke ich mich, die H. H. Dreyfaltigkeit † sey ober mir; Je † sus, Ma † ria, Jo † seph vor mir; Caspar † Melchior † Balthasar † hinter mir; diese bewahren mich (mein Haus u. alles, was ich hab'), jetzt und allzeit bis ich komm zu der ewigen Glückseligkeit. Im Namen Gottes des Vaters †, Sohns † und des heil. Geistes. † Amen.

C + M + B + Heiligen 3 Könige, Caspar †, Melchior †, Balthasar †, bittet für uns jetzt und in der Stunde unsers Absterbens.

(Einer der weitverbreiteten Dreikönigszettel des 18. Jahrhunderts. In Regensburger Privatbesitz)

Gebeth.

Im Namen JESU stehe ich heute auf, und neige mich dem Tag, in dem Namen, den ich in der heil. Taufe empfangen, der erste ist Gott Vatter, der andere Gott Sohn, und der dritte Gott heil. Geist. Dieser Name behüthe mein Fleisch, Blut, Seele, Leib und Leben, welches mir Jesus, der Sohn Gottes gegeben. Also will ich gesegnet seyn, wie der heilige Kelch und Wein, so der Priester auf dem Altar verwandelt, und wie das wahre Himmels-Brod, so Jesus seinen zwölf Jüngern hat gegeben. Ich trete über das Thür-Geschwell: Jesus † Maria † Joseph † die drey heiligen Könige, Kaspar † Melchior † Balthasar † seyen meine Weggesellen: der Himmel ist mein Hut, die Erde meine Schuh, der Stern der drey Könige führe mich auf die rechte

C † M † B †

Heiligen 3 Könige, Caspar †, Melchior †, Balthasar †, bittet für uns jetzt und in der Stunde unsers Absterbens.

wahre Buß-Strassen. Diese sechs heil. Personen sind meine Gefährten im Hin- und Hergehen, welche mir begegnen, die haben mich lieb und werth, dazu helfe mir Gott Vater †, der mich erschaffen, Gott Sohn †

der mich erlöset, und der heil. Geist †, der mich geheiliget hat. Jesus, Maria, Joseph, Caspar, Melchior, Balthasar, steht mir bey in allen meinem Thun und Lassen, Handel und Wandel, Gehen u. Stehen, es sey auf dem Wasser oder Land, die wollen mich vor Kugel, Feuer, Wasser, und alles, was dem Leid u. der Seele schädlich ist, allzeit behüten u. bewahren, im Leben und Sterben, mit ihrer starken u. mächtigen Gnad. Gott dem Vatter ergeb ich mich, Gott dem Sohn empfehle ich mich, Gott dem h. Geist versenke ich mich, die H. H. Dreyfaltigkeit † sey ober mir; Jesus, Maria, Joseph vor mir; Caspar † Melchior † Balthasar † hinter mir; diese bewahren mich, (mein Haus u. alles, was ich hab) jetzt und allzeit bis ich komm zu der ewigen Glückseligkeit. Im Namen Gott des Vaters †, Sohns †, und das heil. Geistes. † Amen.

*Anbetung der Heiligen Drei Könige
Holzrelief eines fränkischen Meisters, um
1515; Stadtpfarrkirche Vilseck, Landkreis
Amberg-Sulzbach*

Heilige Drei Könige
Krippenfiguren, Holz, Bärnau, Ende
19. Jahrhundert; Privatbesitz Waldsassen,
Landkreis Tirschenreuth

Sternsinger
Ölbild von Winfried Tonner, Regensburg,
1970; Sammlung des Bezirks Oberpfalz

Anbetung der Heiligen Drei Könige
Schreinkrippe mit Waldsassener
Klosterarbeit; Figuren von Andreas Burgl
aus Eger, Mitte 18. Jahrhundert; ehemalige
Zisterzienserklosterkirche, jetzt Basilika
Waldsassen, Landkreis Tirschenreuth

451

Seliger Erminold
Detail vom Grabmal des Abtes, sog.
Erminold-Meister, Sandstein, bemalt, um
1283; ehemalige Benediktinerklosterkirche
St. Georg Prüfening bei Regensburg

Christkindlbaam
Christbaumschmuck; Waldthurn 1977,
Landkreis Neustadt a. d. Waldnaab

Jesulein mit Leidenswerkzeugen
und Granatapfel
Hinterglasbild aus Raimundsreuth?, Anfang
19. Jahrhundert; Privatbesitz Waldsassen,
Landkreis Tirschenreuth

Jesusknabe mit Blumen und Vögeln
Spickelbild, Pergament und Stoff auf Tüll. 1 Hälfte des
18. Jahrhunderts; Privatbesitz Finkenhammer bei Pleystein,
Landkreis Neustadt an der Waldnaab

Titelbild:
Rokokoschäferin
Weibliche Krippenfigur um 1770;
Wallfahrtskirche Kreuzberg Schwandorf

Die Heiligen Drei König hochgeborn

Mit dem Festtag der Heiligen Drei Könige endete die Zeit der Rauhnächte, an die sich viele Bräuche und auch viel Aberglauben binden. Eine handgeschriebene Chronik von Rittsteig aus dem Jahr 1864 berichtet z. B., daß der Hausvater Wasser, Kreide und Weihrauch, die am Tag vor Dreikönig geweiht wurden, das ganze Jahr über aufbewahrt und hoch in Ehren hält als Mittel gegen alle Hexerei und böse Leute. Am Abend bei der Ausräucherung beschreibt der Bauer nicht nur die Türen mit den Initialen der Dreikönige, sondern versieht auch sonst jeden Gegenstand mit drei Kreuzchen. An die Bettstätten malt er einen sogenannten Drudenhaxen in

einem Zug als Schutz gegen die aufhockende Drud. Währenddessen schreit draußen im Freien eine Person: „Kaspar, Melchior und Blathasar, die Heiligen Drei Könige sind da!" So weit der Hall dieses Rufes dringt, schaden weder Blitz noch Hagel. Zuletzt wird allen Haustieren „Geweihtes" eingegeben, damit ihnen der „Böse" nichts anhabe.

Als segensreichster Wind galt jener, der in der heiligen Dreikönigsnacht wehte. Damit er Glück und Heil ins Haus bringe, öffnete man ihm Türen und Fenster.

Von all diesen Bräuchen hat sich noch am stärksten bis in unsere Tage das Ausräuchern erhalten. Der kirchlichen Weihe des Wassers, der Weihe des Weihrauchs und der Kreide schließt sich dann eine Feier im Hause an. Die Kinder, die meist von den Eltern zum Holen des Drei-Königs-Wassers geschickt werden, führen zum Teil auch heute noch vor der Kirche an den Wasserfässern die reinsten Raufereien auf. Nach einem naiven Glauben ist das zuerst geschöpfte Wasser am weihkräftigsten und stellt eine besonders starke Abwehr gegen die teuflischen Angriffe auf Haus und Hof dar.

Daheim wird dann der Weihrauch in die Räucherpfanne gegeben, mit der Glut zusammengebracht und das Drei-Königs-Wasser in ein Gefäß getan, aus dem man es leicht versprengen kann. Die ganze Familie geht am Abend durch alle Räume des Hauses. Mit der geweihten Kreide werden die Initialen der Heiligen Drei Könige an alle Türstöcke geschrieben. Dies sieht dann so aus: „19 K + M + B 78". Diese Buchstabengruppe wurde schon im christlichen Altertum zur Abwendung der verschiedensten Krankheiten vom Kinderfieber bis zur Altersgicht überliefert. Warum die Buchstaben ausgerechnet am Türstock oben geschrieben werden, hat folgenden Sinn: Sie sollen kein Übel über die Schwelle lassen.

Im Böhmerwald schreibt man die drei Buchstaben auch an den Kamin und ruft sie gleichzeitig als Schutz vor Feuer- und Wassergefahr an. Die Pilger im Mittelalter führten den sogenannten Dreikönigszettel mit sich. Außer den Zeichen C + M + B erhielt er noch viele andere Beschwörungs- und Wunschformeln. Die große Verehrung der Heiligen Drei Könige als Reisepatrone spiegelt sich noch heute im Namen vieler alter Gasthäuser an den Zugstraßen des Verkehrs wider, wie zum Beispiel

„Zum Mohren", „Zum Stern" und gar „Zu den drei Königen".

Mit dem Dreikönigstag ist auch die alte Sitte verbunden, daß als Heilig Drei Könige verkleidete Kinder mit einem an einem Stab befestigten Stern von Haus zu Haus ziehen, in den Sternliedern die Geschichte von den Weisen aus dem Morgenland besingen und zum Dank für gute Wünsche Gebäck, Nüsse oder Geld erhalten. Kulturgeschichtlich läßt sich das Sternsingen auf die Dreikönigsumzüge mit ihren oft bunt und sehr reich ausgestatteten szenischen Darstellungen zurückführen, wie sie schon aus dem elften Jahrhundert überliefert sind. Dieser zunächst ernsthaft geübte Brauch des Sternsingens drohte vielerorts ins Komische abzugleiten, vielfach artete er beinahe zu einer Art Bettelei aus. Deshalb heißt es auch in Goethes Epiphanias-Gedicht „Die Heiligen Drei Könige mit ihrem Stern, sie essen, sie trinken und bezahlen nicht gern". Ende des 19. Jahrhunderts kam das Sternsingen nahezu in Vergessenheit. Im 20. Jahrhundert hat man in vielen Gegenden versucht, es im alten ernsten Sinn wieder aufleben zu lassen.

Es heißt immer Heilige Drei Könige, dabei weiß die Bibel von diesen Heiligen noch nicht, daß sie Könige sind. Nur in Psalmenstellen wird von Königen, aber nie von drei Königen gesprochen, die Geschenke bringen werden. Später sah man diese Könige in den Weisen aus dem Morgenland. Auch ihre Zahl wurde verschieden angegeben. Vom fünften Jahrhundert an erzählte man sich dann allgemein von den Drei Königen, hauptsächlich wohl, weil man sie als Überbringer der drei Gaben Weihrauch, Myrrhe und Gold darstellte. In diesem Zusammenhang ist auch der Hinweis bedeutsam, daß die Zahl Drei gerade dem Christentum als heilige Zahl gilt.

In späterer Zeit erläuterte man die Zahl so, daß die Könige stellvertretend für alle Weltteile und Völker zur Krippe gekommen waren. So machte der Volksglaube seit dem 15. Jahrhundert den dritten König zum Mohren. Auch die Namen der Könige waren in früheren Zeiten verschieden angegeben worden. Erst seit dem achten Jahrhundert nannte man sie Kaspar, das heißt Schatzträger, Melchior, König des Lichts, und Balthasar, was soviel wie Gottesschutz bedeutet. Über ihre Leichname berichtet die Legende, sie seien in der Sophienkirche in Konstantinopel begraben gewesen, von dort habe man sie nach Mailand und 1163 schließlich in den Dom von Köln gebracht, wo ihr berühmter Schrein noch heute verehrt wird.

Autor unbekannt

Dreikönigstag

Der Neujahrstag ging vorüber.

Am Seitenaltar des Gotteshauses zu Hohenbrunn war eine winzige, bauernbunte Heilandswiege aufgestellt worden, und die Kinder stießen und drängten sich davor, und jedes wollte das gelbkrause Kind, das mit seinem Strahlenkrönlein darin ruhte, wiegen, und der Mesner fuhr fauchend zwischen die raufenden Buben, den Kirchenfrieden wieder herzustellen.

Die Heiligen Drei Könige stapften durch die blauen Schneewehen, mit Leintüchern bemäntelt, papiergekrönt und den Stern an der Stange, ein bettelndes Kleeblatt, und sangen die Eiszapfen an den Dächern an.

Hans Watzlik

Der hl. Dreikönigstag in der Oberpfalz

Dreikönigsrufen und Sternsinger

Der hl. Dreikönigstag hieß früher der große Neujahrtag. Am Vorabende wurden in Biberbach die Namen der hl. Dreikönige auf einer Anhöhe vor der Ortschaft dreimal ausgerufen. Nach dem letzten Rufe aber mußte der Mann, der diese Aufgabe besorgte, eilen, wieder in den Ort hinabzukommen, da ihn gewöhnlich ein polterndes Ungetüm mit Steinwürfen verfolgte. Zu Neukirchen-Balbini besorgten Weiber dies Geschäft. Sie riefen:

Die hl. Dreikönig sind hier:
Kaspar, Melchior und Balthauser.
Behüt uns Gott dieses Jahr
Vor Feuer- und Wassergefahr.
Die hl. Dreikönig sind hier.

Diese Verse wurden dreimal gerufen. So weit der Hall dringt, brennt es nicht. Man nannte diesen Spruch: „Die hl. Dreikönig ausrufen." Im Orte selber liefen die Weiber und Kinder durch die Gassen und riefen den Spruch aus. In Rötz gingen zwei alte arme Männer verkleidet mit Spitzkappen von Goldpapier auf dem Kopfe von Haus zu Haus. Der eine trug einen Stern auf einem Stabe, der andere ein Rad an einer Kurbel, die er immer drehte. Ihr Spruch, den sie beim Betreten der Häuser sagten, lautete:

Die hl. Dreikönig mit ihrem Stern,
sie fressen und saufen und zahlen net gern.

Nach Empfang eines Geschenkes sangen sie noch:

Soll i neunmal umigain
oder soll i stain?
rumpadi bumbum!

Hierauf entfernten sie sich.

Zu Vohenstrauß hatten sonst die Kinder am Vorabend einen Umzug. Voran ging ein Knabe mit dem Stern auf einer Stange. Darnach kamen die 3 Könige in zerrissenem Anzuge mit Krone und Scepter von Goldpapier, hintendrein die ganze Jugend hüpfend und obigen Vers singend.

Um Tiefenbach gingen sonst an diesem Tage drei alte Männer herum, der eine an der Spitze mit dem Stern, die beiden anderen ein Kistchen tragend, in welchen 3 Krippenmannerln die hl. Dreikönig vorstellten. Die Männer sangen vor jeder Türe:

Die hl. Dreikönig . . . usw.
Gebt uns was heraus,
wir gehen gleich zu einem andern Haus.

So durchzogen sie den ganzen Ort. In Roding gingen die Kinder in die Häuser und sangen die hl. Dreikönige an. In den Wirtshäusern aber spielten sie Sommer und Winter, wobei es immer zum Raufen kam und der Winter zur Tür hinausgeworfen wurde. Im Westen der Oberpfalz gingen die Sternsinger von Weihnachten bis Lichtmeß. Sie drehten dabei einen Haspel, woran ein Stern angebracht war. In Velburg verbanden sie auch das Sommer- und Winterspiel damit. Sie zogen auch auswärts bis Altdorf hin, natürlich in der Hoffnung eines Lohnes. Um Pfatter gingen die Sternsinger als hl. Dreikönig verkleidet; ebenso in Taimering. Sie bekamen viele Geschenke.

Johann Baptist Laßleben

Echte und wilde Könige

Seit Jahrhunderten gehört das Dreikönigssingen, früher von armen Erwachsenen, erst viel später von Kindern ausgeführt, zu den beliebtesten und verbreitetsten Heischeumzügen, in der Oberpfalz wie anderswo. „Echte" Könige, heute meist Ministranten, die im offiziellen Auftrag der Pfarreien für die Missionen sammeln, und sog. wilde Könige, die in die eigene Tasche wirtschaften und somit in starke Konkurrenz zu den „echten" treten, ziehen in den Dörfern wie in den Städten von Haus zu Haus und singen ihre Lieder. Wesentliche Kennzeichen sind neben den mehr oder minder reichen, farbigen Umhängen bzw. den Ministrantenröcken die häufig aus Goldpapier bestehenden Königskronen und ein Stern auf einer Stange. Ein Junge verkörpert jeweils den Mohren, weswegen sein Gesicht geschwärzt sein muß.

Ehedem trugen im Bayerischen Wald Männer drei Krippenfiguren, die die drei Könige darstellten, auf ihrem Rundgang mit.

In Furth i. W. zogen drei Buben am 6. Januar zum „Haschan" aus und sagten ihren Spruch auf:

Hascha, hascha, de heiling drei Kini han do:
Kini Kaschba, Melcha, Boldhauser.
Pfüat uns God vor Schinda und Schiargn,
Daß uns s Jahr ned ganz vaziern.

In Furth und Umgebung sangen sie folgendes Lied (die dazupassenden Melodien s. S. 470 und 471).

Die heiligen drei König mit eahnan Stern,
Sie loben Gott und preisen den Herrn.
Sie ritten hin in schneller Eil,
In 13 Tagen 400 Meil.

Sie ritten vor Herodes sein Haus,
Herodes schaute fürs Fenster heraus.
Herodes sprach mit trotziger Sprach,
Warum der hintere gar so schwarz.

Der hintere ist aus Mohrenland
Und ist in aller Welt bekannt.
Herodes sprach in Übermut:
Bleibt über Nacht, ich halt euch gut!
Ich will euch geben Stroh und Heu
Und will euch halten zehrungsfrei.
Die hl. drei König, die woll'n sich besinnen
Und wollen die Reise noch weiter beginnen.

Sie ritten auf den Berg hinaus
Und sahen den Stern schon über dem Haus.
Sie gingen in den Stall hinein,
Da lag das Kind im Krippelein.
Sie fielen gleich nieder auf ihre Knie
Und opfern dem Kindlein Gold, Weihrauch und Myrrh.

Der Joseph war ein gescheider Mann,
Er schüret sogleich ein Feuer an
Und kochet dem Kinde ein Muselein,
Er kocht es so gut, er kocht es so fein,
Und streicht es dem Kinde ins Malerl hinein.

Mit diesen zwei Zeilen bedankten sich die Knaben in Döfering und anderen Orten:

Und weil die Bauern so guat und brav,
kemman se z häichst in den Himmel hinauf.

Das wohl originellste Oberpfälzer Dreikönigslied stammt aus der Gegend um Kallmünz. Hier sangen die Buben folgendes Lied:

Die heilinga Dreiküni mit ehnan Stern,
die ess'n und trinka und zohl'n niat gern.
Silba und Gold und Perla fei(n),
mir sucha das heilinge Christkin(d)elein.

Gengas vürs Herodes Haus,
Herodes schaut zum Fensta raus.
 Silba und Gold . . .

Herodes sprach:
Warum is' denn der Hintere so schwarz?
 Silba und Gold . . .

Der is' uns gar wohlbekannt,
dös is' ja der Küni von Mohrenland.
 Silba und Gold . . .

Joseph schürt a Feuerl o(n),
daß ma den Kin(d)erl kocha ko(nn).
 Silba und Gold . . .

Das Kin(d)erl wollt' niat ess'n,
hot Himmel und Erd'n b'sess'n.
 Silba und Gold . . .

Bäuerin hot a(n) an routen Rock,
der steht ihr a(n) wie a Nagerlstock.
 Silba und Gold . . .

Wou is' denn dös Moidl, der Flederwisch?
In da Stu(b)'m is' d'rin, kehrt o an Tisch.
 Silba und Gold . . .

Wou is' denn der Knecht, der Diadaradei?
Am Bo(d)'n is' a o(b)'m und schneid't a Heu.
 Silba und Gold . . .

Wou is' denn die Dirn, der Doudaradou?

In Stall is' hint' und melkt die Kouh.
 Silba und Gold . . .

(Die dazupassenden Melodien s. S. 436
und 470)   A. E.

Sternsingerlied aus Hohenburg

aus der Zeit um 1780

Wir haben seinen Stern gesehen
im Orient aufgehen!
Derohalben haben wir dies Land betreten
und sind gekommen, ihn anzubeten.

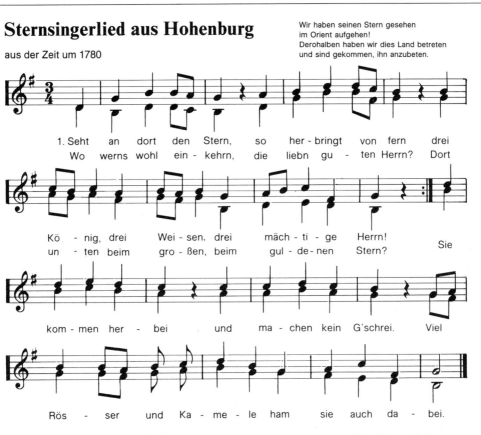

1. Seht an dort den Stern, so her - bringt von fern drei
Wo werns wohl ein - kehrn, die liebn gu - ten Herrn? Dort

Kö - nig, drei Wei - sen, drei mäch - ti - ge Herrn! Sie
un - ten beim gro - ßen, beim gul - de - nen Stern?

kom - men her - bei und ma - chen kein G'schrei. Viel

Rös - ser und Ka - me - le ham sie auch da - bei.

2. Sie fragen fei gschwind: Wo ist wohl das Kind,
so man als den König der Juden jetzt findt?
Sein Stern ruft uns her, von weitem, vom Meer,
um ihn anzubeten, erzeugen all Ehr.
Wir bringen ihm Gaben, so wir mitbracht haben,
Gold, Weihrauch und Myrrhen, anbei ihn zu laben.

3. Wir haben gesehn sein Stern dort aufgehn
in unserem Lande. Drum wolln wir gern sehn
dasjenige Kind, so wegnimmt die Sünd,

so Adam im Paradies dort schon anzündt,
durch welche wir all sind kommen zum Fall
und der uns zur Zeit auch erlösen will all.

4. O, siehe, wie wir in diesem Stall hier,
o großer Gott, fallen zu Füßen nun dir
und beten alsdann als Schöpfer dich an!
Von nun an verbleibn wir dir stets untertan!
O Herzerl adi! Vergißt nit auf mi,
wennst einstmals wirst fahren im Himmel auffi!

Der Dämonenzug in der Rauhnacht

In der Rauhnacht oder in der Nacht der Drei Heiligen Könige zogen mehrere Männer auf einen Kreuzweg. Mit heiliger Dreikönigskreide zogen sie ein Magisches Kreuz mitten auf die Kreuzung und stellten sich hinein. Einer von ihnen sprach eine Zauberformel, und dann haben sie gewartet, was sich um Mitternacht ereignen würde.

Als eine ferne Turmuhr zwölf Uhr schlug, kamen zuerst die Hexen und Truden des Dorfes auf Besen vorbeigeritten. Manche Verwandte oder Bekannte war deutlich zu erkennen. Alle schauten mit wilden, unheimlichen Gesichtern zu ihnen herüber. Die Männer zitterten vor Furcht und schwutzten in die Hosen. Dann kamen Mäuse, die zogen einen schwerbeladenen Heuwagen. Danach kamen feurige Männer, die wurden von Teufeln mit feurigen Hörnern mit Heugabeln vorangetrieben. Zuletzt kam der Oberteufel selber. Er bot ihnen einen Sack mit Geld an. Aber die Männer hielten einander fest, denn sie wußten, was geschehen würde, wenn einer den Arm aus dem Kreis recken würde. Der Teufel hätte alle zerrissen. Als es ein Uhr schlug, gingen die Männer erleichtert nach Hause. Sie haben nie wieder die Beschwörung wiederholt.

Ulrich Benzel

Die Heiligen Drei Könige

In Eslarn predigte der Pfarrer am Dreikönigstag in der Kirche und begann seine Predigt mit dem Satz: „Ihr drei weisen Männer, wo kommt ihr her, wo geht ihr hin?" Damit meinte er die Heiligen Drei Könige. In diesem Augenblick stapften drei weißgeschneite Männer in die Kirche, die hatten des Pfarrers Worte gerade noch vernommen. Und von den dreien stieß einer den anderen an: „Sagst du's? Sagst du's?" Da ermannte sich einer von ihnen und rief laut in die Kirche hinein: „Wir san drei Zwirnmocher as Böhmen, genger ins Boiern einer um a Gspinst."

Ulrich Benzel

Die Truden und Hexen in den Rauhnächten

Bevor die Rauhnächte nahten, wurde in vielen Dörfern der Oberpfalz das Werkzeug in die Ställe und Scheunen gebracht. Bis zum Gebetläuten mußte diese Arbeit beendet sein. Sonst stürzten sich die Truden und Hexen auf das Werkzeug, das ist ihnen ein Genuß. Wenn sie Werkzeug ausborgen oder stehlen, tragen sie den Nutzen vom Vieh aus dem Haus. In den Rauhnächten zerstören sie auch gern das Arbeitsgerät. Das Vieh bekommt in dieser Zeit geweihtes Salz und geweihte Kräuter in das Futter, weil es in den Rauhnächten besonders gefährdet ist.

Ulrich Benzel

465

Die haalinga drei Könich

Mir hom seinerzeit alle drei koa Arwet ghat. Daou draas seahts scha, daaß zimli lang her saa mou, wosi enks daziahln will. Mir drei, dös war da Laouaz, an Matznhani saa gräißter, naou da Schreiners Girch und ich, da Deas.

Wöin die Weihnachtn immi warn und vo jedn vo uns dahoim bal all Toch Gräißtisuppm und ganze Erdepfl aafm Tisch kumma sen, waals in dera naoutinga Zeit hint und vorn niat glangt haout, sagt amal da Girch: „Wißts wos?" sagta. „Mir drei genga aaf die haalinga drei Könich in d'Pfalz üwi! Mir zöiha si schäi oa, singa vor jedn Haisla a Löidl, song a Sprüchl und, wirst seah, brenga allerhand mit hoim!"

Nu, mir hom niat naa gsagt. Da Laouaz haout oanaran huln Steckn a Taschnlampl oigricht und an gelm Stern aas Papier immibaut, ich ho drei Kraouna aas Papadeckl gschnien, und da Girch haout si as Gsicht gschwerzt. Schäi warn ma alle drei!

Und gout is ganga! In Kannerschraath, in Rousabüal, in Stoamühl: üwerall homa wos kröigt. Woima aaf Woldsachsn zougänga, is scha stuackfinzer. „Dös mecht nix", sagt da Girch. „Mir schaua, daaß ma waou schlaoufm kinna und genga naouchert moing aaf Woldsachsn; daou kröing ma aa scha nu wos." Mit dean seahn ma scha a Löichtl, genga draaf zou und stenga voaran kloin Bauernzeich.

„Gehts nea eina!" haout die Baiari gsagt, haout uns a Trumm Pressock aaf d'Nacht gebm, haout uns a Schiet Straouh in d'Kammern newa da Stum gschmissn und haout gsagt: „So, daou kinnts schlaoufm! Ower moing fröih", haouts gsagt, „möits bal assa. Maa Moa derf nix wissn. Der tiat wöi a Häimoa! Öitza is er scha wieder im Wirtshaus in Woldsachsn und saaft. Ach, is dös a Kreiz, wenn ma suaran Süffl haout!"

Mir genga also in d'Kammern und legn uns, wöi ma warn, aafs Straouh.

Gecha Mitternacht werdn ma munter voaran Saukrach in da Stum draaß. Da Bauer, der Süffl, war hoimkumma und haout aafdummalitzt, daaß d'Wänd zietert hom. Aaf oamal häiiamas klatschn und d'Frau wäamert. Naou klatschts nu ercha und d'Frau schreit: „Enks haalinga drei Könich, helfts ma!" Mir drei, dös häiern und aassi in d'Stum, war oins. Dean Schreck vo dean bsoffma Bauern häits seah sölln! Da Girch mit sein gschwerztn Gsicht haout nan als äjerschter packt. Und naou homan gschlong, daaß er kaam mäiher kröichn haout kinna. Zletzt haout nan da Laouaz packt, haout nan in d'Schlaoufstum gschmissn, daaß kracht haout, und haout gschriah, daaß die Tipfla am Kannlhulz gwacklt hom: „Wennst noch einmal saufst, Hundskrüppl", haouta gschriah, „dann derschlagen wir dich!"

Wöi ma an annern Toch vo Woldsachsn wieder zruckkumma, welln ma hinter dean Bauernhiafla vobeischleichn, daaß uns da Bauer niat siaht. Ower daou stäiht die Baieri scha in Grosgartn und winkt. Mir genga zouhi und seahn, daaß sie lacht. „Nie mäiher will er ins Wirtshaus", sagt sie. „Im Bett liegt er und gräi und blaou is er!"

Und naou git sie an jedn vo uns a Mark und hebt an Tuapf schweiners Fett üwern Zau, sua graouß, daaß nan da Girch bal niat in sein Rucksock eibracht häit. „Und sinst haout er nix gsagt?" fräigt da Girch. „Jojo!" sagt die Baieri. „Is nea gout, daaßt gestern nacht niat naoun vierzeah Naouthelfern gschriah haoust, Frau, sinst lewat i heint nimmer!"

Otto Schemm

Kaum ist das Kinderl in d' Krippen einzogn

1. Kaum ist das Kin - derl in d' Krip - pen ein - zogn, Habn
sind auch schon d' Vö - gerl zum Stall ei - ni - gflogn.

d' Fe - derln aus - gris - sen wohl zu an schön Kis - sen,

und weils kein Knie habn, habns d' Schwanzeln ab - bogn.

2. Kaum habn die Engel ihr Lied gsungen ghabt,
sind auch schon d' Schaferl zum Kripperl hintrabt.
Und d' Weißen und d' Schecken habn zu an schön Decken
selber die Woll von ihrm Pelz ausserzupft.

3. Kaum daß sich d' Mutter vom Schauen erholt,
habn auch schon d' Hirten zum Stall einigwollt.
Die habn kaum ein Gwandel, drum spielns grad ein Standel
und tun sich schämen, daß sonst nix mehr habn.

4. Erst gegen d' Nacht sind die König antrabt,
freilich — die habn auch ein weiten Weg gehabt.
So sind halt am ersten beim Kindl dort gwesen
Vögerl und Schaferl und blutarme Leut.   Hans Baumann

Ihr heilign drei König

1. Ihr hei - lign drei Kö - nig, ihr habt ein Stern, ein

sol - chen hät - ten wir auch recht gern.

2. Ihr heilign drei König,
   der Weg is weit,
   verweht is ja alles,
   verweht und verschneit.

3. Und is er auch eisig,
   so gehts ihn doch gern.
   Ihr müßt ja hinfinden,
   ihr habt ja ein Stern.

Hans Baumann

Wir kommen daher

1. Wir kom - men da - her in schnel - ler

Eil, in drei - zehn Tagn fünf - hun - dert Meil'n.

2. Wir zogen wohl über den Berg hinauf,
Herodes schaute zum Fenster hinaus.

3. Herodes sprach mit trotzigem Sinn:
Ihr heilig'n drei Männer, wo wollet ihr hin?

4. Nach Bethlehem steht unser Sinn,
Nach Bethlehem, da wollen wir ziehn.

5. Wir gingen über den Berg hinauf,
Da stand der Stern hoch über dem Haus.

6. Wir gingen dann in das Haus hinein
Und fanden Herrn Jesu im Krippelein.

7. Wir fielen hernieder auf unsre Knie
Und brachten unsere Opfer hie.

8. Weihrauch und Myrrhe und rötliches Gold,
Das meiner und deiner gedenken sollt.

Gesprochen:

9. Ich bin der Schwarze vom Morgenland
Und habe den Beutel in meiner Hand.

10. Wenns mir was gebn wollts, so gebts mas glei,
Wir möin in grünen Wald noch weit.

Gesungen:

11. Habt Dank, habt Dank für eure Gaben,
Die wir von euch empfangen haben.

12. Wenn wir afs Goua wiedrum singa,
Dann wölln ma enk in Frieden finna.

Die heilign drei König

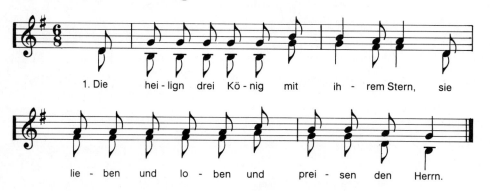

1. Die hei - lign drei Kö - nig mit ih - rem Stern, sie lie - ben und lo - ben und prei - sen den Herrn.

2. Wir zogen wohl über den Berg hinaus,
   Herodes der schaute zum Fenster heraus.

3. Herodes sprach mit trotzigem Sinn:
   Ihr lieben drei Weisen, wo wollet ihr hin?

4. Nach Bethlehem steht unser Sinn,
   Da wollen wir heute noch hin.

5. Herodes sprach: Ei bleibt bei mir,
   Ich will euch geben Wein und Bier.

6. Ich will euch geben Heu und Streu,
   Ich will euch halten zehrungsfrei.

7. Wir zogen wohl über den Berg hinaus
   Der Stern, der Stern stand über dem Haus.

8. Wir gingen wohl in den Stall hinein
   Und fanden Herrn Jesus im Krippelein.

9. Wir fallen darnieder auf unsre Knie
   Und bringen dem Kindlein das Opfer hie.

10. Weihrauch, Myrrhe und rotes Gold,
    Das wir dem Kindlein schenken wolln.

Gesprochen:
11. Ich bin der Kaschpa aus Mohrenland
    Und habe die Büchse in meiner Hand.

12. Gebt mir was in die Büchse hinein,
    Damit wir können zufrieden sein.

Gesungen:
13. Habt Dank! Habt Dank für eure Gaben,
    Die wir von euch empfangen haben.

14. In Frieden und in Wohlergehn,
    Wird euch der liebe Gott 's Himmelreich ge(b)m.

Wenn nichts gegeben wurde:
11. Habt Dank, habt Dank für eure Gaben,
    Die wir nicht empfangen haben.

12. Wenn wir afs Goua wiedrum singa,
    Dann wer(d)n ma enk in Scheißhaisl finna.

Wir kommen daher in schneller Eil

1. Wir kom - men da - her in schnel - ler Eil, in drei - zehn Ta - gen vier - hun - dert Meil', berg - auf, berg - ab durch Reif und Schnee, wohl ü - ber Land und See. - 2. Gott füh - re uns zu die - sem Kind und mach aus uns ein Hof - ge - sind! All - da ent - weicht uns der Stern. All - hier wol - len wir ein - kehrn.

Die Heiligen Drei Könige in Friedersried

Daß die Weisen aus dem Morgenland auf ihrem Rückweg aus Bethlehem auch durch die Oberpfalz gereist sind, ist fast niemandem bekannt. In Friedersried jedenfalls, einem Dorf in der Nähe von Stamsried, kennt jedermann diese Geschichte: Vom Schwärzenberg herkommend haben am 6. Januar um die Mittagszeit die Könige hier gerastet. Und weil sie so müde und hungrig waren, gaben ihnen die gastfreundlichen Friedersrieder Knödel als Wegzehrung mit. Welche Knödel an die Drei Heiligen Könige verschenkt wurden, konnte bei einer kürzlichen Befragung nicht mehr eindeutig geklärt werden. So glaubten die jüngeren Hausfrauen, es habe sich bei diesen Knödeln um Reiberknödel (Kartoffelknödel) gehandelt, während die älteren Leute Hefeknödeln bzw. die sog. Thomaxln für die richtigen hielten. Diese Hefeknödeln ißt man heute noch zu eingemachtem Obst, insbesondere am Dreikönigstag, an dem angeblich von damals bis heute in Friedersried der „Knödelkirta" gefeiert wird, übrigens wie jede andere Kirchweih auch mit feierlichem Gottesdienst, Festtagsschmaus und Tanz.

Dies kommt nicht von ungefähr, da die Ortskirche den Heiligen Drei Königen geweiht ist. Die schöne romanische Kirche, die sich bis 1109 im Besitz des Adelsgeschlechtes der Friedrichsreuther befand, dann an das Kloster Prüfening fiel, zeigt auch auf dem barocken Hauptaltarbild von 1697 die Anbetung der Heiligen Drei Könige. Auf dem Dach der Kirche steht anstelle der Wetterfahne ein mehrzackiger Stern, der den Kometen über der Krippe darstellen soll. Bis heute ungelöst ist das Schriftzeichen über dem Kirchenportal.

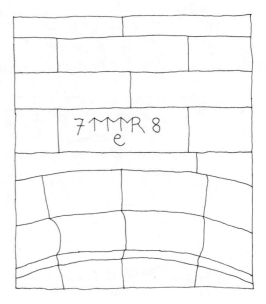

In dieser vermutlichen Jahreszahl erblicken die Friedersrieder die Kronen der drei Heiligen. Obwohl die jüngere Generation nicht mehr so recht an den Wahrheitsgehalt dieser rührend-naiven, jedoch historisch wie geographisch verwegenen Sage glauben will, feiert sie dennoch mit Begeisterung den Knödlkirta. Und daran wird sich auch in den nächsten Jahren mit Sicherheit nichts ändern.

A. E.

472

Wie die Maus in große Verlegenheit kam

Die Tiere im Stall bemerkten rasch, daß dem Kind in der Krippe vieles fehlte. Ochs und Esel konnten da weiter nichts tun, weil sie dableiben mußten, um das Kind zu wärmen. Doch die Vögel im Dachgebälk und auch ein Igel machten sich voll Eifer auf den Weg. „Nicht einmal das Nötigste hat dieses Kind", sagte ein Tier dem andern weiter. Da raubte der Wolf einem Hirten ein Schaffell, der Fuchs eine Gans, und auch beim Sperber gab es kein Halten: Er stieß auf eine Taube herab und brachte sie zur Krippe. Der Hamster kam mit vollen Backentaschen. Er packte umständlich aus. Das Eichhörnchen schleppte Bucheckern an, und der Nußhäher gab sich besondere Mühe: Er hatte eine Haselnuß so geknackt, daß eine Schalenhälfte am Kern blieb. Dazu meinte der Hamster: „Was heißt hier vornehm — Hauptsache viel!" So trug jeder etwas bei, um die Not zu lindern. Nur der Mäusin ging es daneben. Dabei hatte sie alles gebracht, was sie hatte: ein Korn. Und ihr Mitbringsel lag auch schon neben den Gaben des Hamsters — da merkte sie, daß es sich nicht länger mit ihr aufschieben ließ. Aufgeregt fing sie an, etwas Weiches zu suchen. Zu Hause hatte sie das Nest längst bereitet. Aber nun fand sie nichts, das geeignet für ein Mäusenest war. Das Schaffell roch nach dem Wolf und war auch viel zu groß. Sie rannte umher und entdeckte schließlich, daß eine von den drei Königskronen in einen dunklen Winkel gerollt war. Der Hamster war beim Auspacken daran gestoßen. Und das Rote in der Krone war warm und voll Falten. So leise, daß niemand etwas bemerkte, machte sich die Mäusin darin mausig. Wenig später kam alles auf. Die Mäusin hatte nicht genug Milch, um den Hunger ihrer Kinder zu stillen, und als das Piepsen kein Ende nahm, holte sie sich das Korn. Dem Hamster, der auf alles ein Auge warf, entging es nicht. Kaum war die Maus mit dem Korn in ihrem Winkel, sagte er mit dem tiefsten ihm möglichen Ton: „Hab einer Worte! Da bringt sie ein lumpiges Korn, legt es vorn hin und schämt sich nicht, es wieder wegzuholen. Glücklicherweise haben andre auch was gebracht." Auffällig musterte er den Gabenhügel, der vor ihm lag, und warf dann den übrigen Blicke zu, damit sie in seine Verachtung einstimmen sollten. Doch das Eichhörnchen meinte: „Man kennt doch die Maus! Hat selber nichts und ist doch gekommen. Warum denn gleich Geschrei?" Als der Hamster sich nicht beruhigen konnte, nahm ihn Maria überraschend am Ohr und zeigte ihm das Mäusenest in der Krone.

Hans Baumann

Erscheinung am Dreiykönigs-Abend

Ein armer Bauer hatte am Dreykönigs-Abende vor offenem Kreise in seinem Zimmer den Bösen beschworen, aber darauf vergessen, daß man der Erscheinung erst auf die dritte Frage antworten und sie um Wechselgeld bitten dürfe, damit das Geld nicht mehr ausgehe. Es erschien ihm nun seine längst verstorbene Gevatterin, welcher er vorlaut auf die Frage, ob er ihr keinen Kronenthaler einwechseln wolle, mit den Worten erwiderte: „Ich habe keinen." Doch schnell besonnen sprang er in sein Bett und legte sein neugeborenes Kind sich auf die Brust. Der Teufel — die Gevatterin — war zwar ebenso schnell hinter ihm her, mußte aber abziehen, da er der Unschuld nichts anhaben durfte. (Neunburg)   Franz X. Schönwerth

Dreikönigsnacht

Ein Schuster in Friedberg hatte gar ein winziges Anwesen, der Pfannenstiel stand ihm zur Haustür hinaus, wenn er kochte. Er wäre gern recht reich geworden, drum arbeitete er auch zu gewissen Zeiten, wo es nicht hätte sein dürfen. So knotzte er auch einmal spät in der Rauhnacht bei der Ölfunzel und nagelte und flickte und hämmerte und sohlte und scherte sich den Kuckuck um die späte Stunde und um die verrufene Zeit. Auf einmal wird es draußen vor der Gasse unruhig, der Fensterladen springt auf, und aus dem Finstern hält einer einen Roßfuß herein und murrt: „Gelt, Meister, mir flickst du auch den Schuh!" Da überflog den Schuster ein Schauderlein, er ließ Schuh und Nadel fallen, kroch ins Bett und zog die Tuchent übers Ohr.

Hans Watzlik

Bauernregeln und Lostage

Die Heiligen Drei Könige bauen eine Brücke oder brechen eine.

Wenn die Sterne vor Heiligen Drei König glänzen, geraten die weißen Lämmer.

Ist Dreikönig hell und klar, gibt's viel Korn in diesem Jahr.

An Heiligdreikönig wachst der Tag a wenig.

Volksmund

Dreikönigsbotschaft

Drei Könige kamen aus Morgenland,
die Weisen, einander kaum erst bekannt,
verband sie der leuchtende Stern.

Sie wanderten durch die frostige Welt
und hatten das eigene Reich nicht bestellt,
verließen alles und folgten dem Ruf,
der ihnen Frieden und Seligkeit schuf
in dieser friedlosen Welt.

Sie sahen den Stern und folgten ihm nach
und fanden unter dem irdischen Dach,
o Wunder, das göttliche Kind.

Da ist kein Denken und Wissen genug;
ob Bettelstab oder Purpur es trug —
Geheimnis des Glaubens strahlt in die Zeit,
weist über Länder und Meere weit,
die guten Willens da sind.

Wer findet sich weise und königlich gar,
zu folgen selbander für Tag und Jahr
im Herzen dem Zeichen, dem Licht?

Die frohe Botschaft hören wir wohl
und wissen, was sie bedeuten soll.
Vom Denken zum Handeln — ein sternweiter Zug!
Der Könige Wandeln ist nicht genug.
Du suche das Kind und sein Licht!

Anton Schreiegg

Der selige Erminold

Über das Leben des seligen Erminold ist recht wenig bekannt. Er wurde im August 1114 von dem Bamberger Bischof Otto I., der im Jahre 1109 das Benediktinerkloster Prüfening gegründet hatte, als erster Abt an dieses Kloster berufen. Vorher hatte Erminold, der aus einem schwäbischen Rittergeschlecht stammte und in das Reformkloster Hirsau eingetreten war, schon für kurze Zeit das Kloster Lorch geleitet. Am 20. Mai 1117 wurde er zum Abt geweiht. Er starb am 6. Januar 1121, nach dem Mordanschlag eines aufsässigen Mönches:

„Als B. Erminoldus, Abbt zu Prunfenning, seinen Closter nutzlich vorstunde, vor allen aber neben eyfferigen Gottes-Dienst eine gute Disciplin unter denen Seinigen hielte, hat einer, Aaron mit Nahmen, den Rigorem Monasticum nicht erdulten mögen, und da der heilige Vatter im Closter seinen Geschäften nachgieng, ihme mit einen starken Prügl vorgewartet, zu Boden geschlagen, und also zugericht, daß er bald hierauf am Heil. Drey König-Fest sein Geist aufgeben Anno 1121. Hartwicus Bischoff allhie, hat ihne mitten in der Kirchen begraben. Er thäte viel Wunder-Zeichen im Leben, und nach dem Tod."

Die nach dem Tode des Abtes einsetzende Verehrung seiner Grabstätte scheint dann durch Abt Ulrich von Prüfening (1281-1306) besonders gefördert worden zu sein. Sofort nach seinem Amtsantritt beauftragte er einen Prüfeninger Mönch mit der Erstellung einer Vita des Erminold und erreichte auch, daß die Gebeine des Erminold durch den Regensburger Bischof feierlich erhoben wurden, was seine offizielle Seligsprechung bedeutete.

Achim Hubel

476

Das Christkönigs-Eselchen

Als es im Stall endlich ruhig geworden, die Menschen von Bethlehem nach Hause gegangen waren, legte sich auch Joseph abseits der Krippe ins Stroh, um ein wenig zu ruhen. Müde wie er war, schlief er auch gleich ein.

Er träumte aber sehr schwer: Herodes stand vor ihm, sah ihn mit funkelnden Augen an, ballte die Fäuste und sagte: „Ich suche Jesus von Nazareth, deinen merkwürdigen Sohn; er ist ein Todgeweihter. Ich werde ihn ermorden lassen!"

Joseph schrak auf. Er sah nach dem Kind und nach Maria. Doch die beiden schlummerten friedlich.

Von schwerer Sorge bedrängt, stützte Joseph das Haupt in die Hände. Er überlegte, was denn zu tun sei, wenn dies wirklich geschehen sollte. Wie sollte er mit Maria, die doch ruhebedürftig war, und mit dem neugeborenen Christkönig fliehen? Der Weg nach Nazareth war für sie noch viel zu weit. Zu Fuß schafften sie das unmöglich.

Joseph faltete die Hände und betete: „Herr und Gott, laß diesen Traum nie wahr werden!."

Indessen rappelte sich der Esel auf, der neben St. Joseph seinen Stand und seine Futterraufe hatte. Er beugte seinen Graukopf an Josephs Ohr herüber. Der war nicht wenig verwundert, als der Esel mit menschlicher Stimme zu reden anfing, vielmehr, er flüsterte nur:

„Brauchst nicht zu erschrecken, St. Joseph. Heute, in der Heiligen Nacht, können alle Tiere reden. Nur dieses eine Mal im Jahr, auf den Tag wiederkehrend, wird es so sein. Dafür aber danken wir Tiere Gott, dem Herrn.

Du sorgst dich um eure Flucht, nicht wahr? Doch bange nicht! Ich stelle mich zur Verfügung. Ich bringe Maria, das heilige Kind und alles, was ihr von Menschen an Gaben empfangen habt, sicher und schnell weg von hier. Du darfst mir vertrauen. Ich habe schon viele Lasten getragen. Achitius, mein Herr, hat mich gelehrt, auch unter den schwersten Bürden nicht zusammenzubrechen. Ja, ich habe in Bethlehem noch keine rosigen Zeiten gehabt.

Darum wäre ich dir dankbar, wenn du mich ankaufen wolltest für immer. Viel wird Achitius, der Wirt, wohl nicht für mich verlangen. Schlau wie er ist, denkt er sicher, daß ich allmählich alt werde und bald nicht mehr viel schaffen kann. So aber kann er immerhin noch ein gutes Geschäft mit mir machen.

Er täuscht sich natürlich. Ich fühle mich rüstig, habe noch all meine Kraft und werde dir noch lange ohne Mühsal dienen können.

Und weißt du, heiliger Joseph, ich würde ohne weiteres mit dir durchbrennen. Es wäre mir ja viel lieber, du müßtest kein Geld für mich ausgeben. Aber die Würde deiner heiligen Familie nähme halt doch Schaden dadurch. Du weißt ja, wie schnell die Menschen von Diebesgesindel reden. Nimm es mir deshalb nicht übel, daß ich mich zum Kauf anbiete! Es gibt sonst keine sichere Flucht für euch."

Joseph kraulte dem Eselchen die Mähne.

„Wie könnte ich dir böse sein. Im Gegenteil. Ich bin dir dankbar. Und verlaß dich darauf, gleich bei Tagesanbruch verhandele ich mit deinem Wirt. Dann wollen wir nicht länger säumen und aufbrechen."

„Heiliger Joseph, so glücklich wie heute war ich in meinem ganzen Eselsleben noch nicht. Immer hat es geheißen: du dummer, alter Esel! Nun bin ich auserwählt, den Christkönig und seine heilige Mutter in Sicherheit zu bringen. Ach, lieber Joseph, sei so gütig und halte mir jetzt die Nüstern zu! Es könnte sonst geschehen, daß ich vor lauter Glück zu wiehern anfange und das Jesuskind und Maria aus dem Schlaf schrecke."

Nun mußte Joseph doch lachen. Gleichzeitig war ihm auch in der Sorge und Verantwortung um die Seinen ein Stein vom Herzen gefallen.

So kam es, daß ein Esel zum Retter der Heiligen Familie wurde, und daß auch später noch einige Male in der Lebensgeschichte Jesu der Esel ein bedeutende Rolle gespielt hat.

Margareta Pschorn

Könige und Hirten

Im finstern Stall,
Auf Stroh, das welk,
Unterm Wagen
Schläft das Kind.

Stimmen singen im Gebälk
Mit süßem Schall.
So süßen Schall singt nicht der Wind.

Kühe mit den
Schwänzen schlagen,
Muhen brusttief lind.

Eilig reiten,
Lang schon ritten,
Feine Leute,
Ungeduldig, heilig zornig,
Mit Gesinde
Hinter sich und
Goldbehängten
Sattels, silberspornig,
Im gedrängten
Truppe zu dem Kind.

Hirten gingen
Nicht von ihrem Platze vorn
Beim bleichen Klingen
Von dem Silbersporn.

Und die Feinen
Leiden es,
Daß die Gemeinen
Schulterbreit vor ihnen sind.

Heben sich nur auf den Zehen,
Sagen ein Bescheidenes,
Daß ihre Gastgeschenke gehen
Still von Hand zu Hand nach vorn,
Zu dem Kind,
Das sie nicht sehen.

So die dunklen Hirten hoben
Königsgold und fremd Gewürz,
Gelber Schalen Lichtgestürz
Vor den weißen Schläfer hin.

Einstimmig loben
Ritter und
Gesind
Und Hirtenmund
Das Kind.

Süß singts mit vom Balken oben.

Georg Britting

Ruhe auf der Flucht

Als das heilige Paar Bethlehem verließ

Bergauf und talab reisen die drei. Voran der Alte im rostigen Fuchsmantel, sein langer Stab steht hoch über ihn hinaus. Er leitet den trabenden Saumesel am Ohr. Das Tier schnuppert am beschneiten Dorn. Im Korb, der ihm an den Sattel geschnallt ist, schläft das Kind. Die Frau im blauen Mantel geht so schwer wie damals, da sie übers Gebirge gestiegen zu ihrer Muhme. Weit und breit ist kein Pilgrimshaus, und vielleicht müssen sie sich wieder in der Einöde schlafen legen.

Von einem Traum gewarnt, haben sie das Dorf Bethlehem verlassen. Nun irren sie durch die Berge. Der Steig ist in den Felsen gewühlt, von überhangenden Blöcken drohen Eiszapfen, fast so lang wie Landsknechtspieße. Die Luft ist rauh. Rehe kauern eng in ihren Lagern beieinander, sich zu wärmen; bereifte Hirsche starren die Fremdlinge an. Maria ist traurig. Nicht darum, weil sie müde ist und in der Düsterung dieser wildbewachsenen Berge wandern muß, wo sich nur Raben und Geier freuen. Sie trauert und ist doch ihre Fahrt von freundlichen Wundern begleitet: wo sie schreiten, biegt ihnen der Wind die Äste aus dem Weg und öffnet die Wildnis, daß sie ungefährdet reisen können und ihre Kleider an keinem Dorn zerreißen; die steifen Fichten biegen sich und legen sich über die reißenden Bäche und schlagen den drei irrsäligen Leuten eine Brücke. Maria fühlt die schützenden Mächte über ihrem Kind, und doch ist ihr das Herz betrübt und in Ungewißheit befangen.

Mitten im Wald stoßen die Wanderer auf eine Lichtung, die dünkt sie gut zur Rast. Die Frau ruht unter einer Hasel nahe einem vereisten Brunnen, den Korb mit dem schlafenden Knaben neben sich. Josef holt die Axt aus dem Mantelsack, hackt dürres Gezweig von der Kienföhre und macht ein Feuerlein. Er hält den gefrorenen greisen Bart darüber, daß er auftaue. Der Esel röchelt leise und reibt sich an dem Kienbaum. Alles rings ist weiß und winterstill.

Da tut das Kind die Augen auf und lächelt. Und augenblicklich wandelt sich die Erde und liegt würzig grün, eine holde Sommerinsel mitten im Schneegebirge. Lustig stößt und quirlt der Quell zu Füßen Mariä, die Hasel über ihr stäubt in Wind und Immenflug. Die Bäume atmen wieder und schlagen ihr Laub aus und sind von allen Frühsommervögeln durchhuscht. Der geckische Kuckuck kündet sich. Bunt fließt die Wiese die Lichtung herab, lustsame Veiglein, schwankende Dreifaltigkeitsglöckel, goldene Himmelsschlüsseln und zarte Zeitlose blühen den Wanderern zu Trost und zu Ehren. Die Tiere treten hervor aus ihren steinernen Höhlen und Erdlöchern, der Fuchs in roter Kutte, der samtene Maulwurf. Eine weiße Natter sonnt sich auf warmem Fels. Und Josef steckt die Pfeife in Brand und raucht behaglich seinen groben Allermannknaster.

Da wird auch Maria an der frohen Sonne fröhlich. Sie flicht einen Kranz aus Hasellaub und drückt ihn dem Knaben ins Haar. „Ei, was bist du für ein feines Kind!" ruft sie, ergriffen von seiner Schönheit. Sie schaut zum Himmel hinauf, sie sieht am lichten Tag oben die Sterne. So heilig ist diese Frau.

Ach, nur eins sollte anders sein! So verständig auch die Augen des Kindes blicken, so

480

klug und gefällig sein Gebaren ist und so lieblich der kleine Leib: sein Mund hat noch nie ein Wort gesprochen! Drei Jahre schon zählt Jesus, und er schweigt noch immer! Nicht einmal den Namen „Mutter" können diese hübschen Lippen hier formen! O Gott, laß seine Zunge nicht gelähmt sein! Gib ihm Lieder und freudige Worte, auf daß er die Menschen gewinne! Gib, daß sich bald die träumerische Seele stammelnd der Welt offenbare und dem ungeduldigen Herzen der Mutter!

Schnelle Hufe pochen näher. Der junge Ritter Pilatus reitet den Steig vorbei, mit Erz verhüllt. Kristalle baumeln an der Roßdecke. Er reitet gewiß zu einem Spießbrechen. Gleichgültig sieht er über die armen Leute am Wegrand hinweg.

Dann schleicht der Räuber Barrabas herbei. „Was tausend treibt ihr da im Wald?" flucht er. Maria schlägt hastig den Mantel über ihren Jesus und flüstert: „O du mein Angstkind." Ein glühender Regenbogen umzäunt plötzlich die drei Leute. Der Räuber reißt die Augen auf wie ein verstörter Felsenuhu, er wagt den siebenfachen Ring nicht zu brechen. Dunkel berührt weicht er zurück ins Gestrüpp.

Hernach schlendert ein Bettelmusikant daher, überseits des Gebirges will er vor den Türen spielen. Er nimmt das graue Tier wahr, das da im Gras äst, und dann den großväterlichen Mann und die Frau mit dem fremdschönen Kind, und ein linder, wohliger Schauer faßt ihn, und flugs greift er nach der buchsbaumenen Schalmei und bläst einen Tanz, das Büblein zu ergötzen. Zwar sagt Sankt Josef grämlich: „Spielmann, ich will kurz deutsch mit dir reden. Ich bin ein alter, unvermögender Mensch und kann dir deine Kunst nicht lohnen." Der Schalmeier aber pfeift hurtig weiter, und Maria dreht das Söhnlein auf dem Schoß und singt:

„O Tann, du bist ein edler Zweig,
du laubest Winter und die liebe Sommerzeit.
Wenn alle Bäume dürre sein,
so grünst du, edles Tannenbäumelein."

Und die blühenden Stauden wiegten sich nach dem Flötentakt, und die eben belobten Tannen drehen sich fröhlich um sich selbst, und die Sonne schwingt am Himmel leise hin und her. Und der Spielmann lupft den Hut. In der Ferne noch dreht er sich staunend um.

Mariens Gemüt ist voller Lust. Alle Leute wundern sich über ihr Liebkind. Alle Gnade der Schönheit ist seinem kleinen Leib verliehen. Oh, daß er nun auch reden könnte. Wie lustig müßte es zwitschern!

Und wie die Frau also zwischen Glück und Kümmernis schwebt, lechzt es aus dem Dornicht, und ein Reh schnellt heraus, im Nacken einen Pfeil, die Brust blutig aufgerissen, und hinter sich die Spur seines lebendigen Schweißes. In Todesqual bricht es an der Quelle nieder, seine Läufe zucken, ein letzter Wehlaut entringt sich seinem Hals. Dann sinkt ihm das sanfte Haupt zur Erde.

Jesus aber löst sich aus dem Arm der Mutter. Er stößt sie, die ihn erschrocken halten will, von sich. Er neigt sich über das gemordete Geschöpf und lauscht zu ihm hinab. Dann hebt er den Blick zu den Eltern, und dieser Blick ist dunkel und voll unkindlichen, furchtbaren Ernstes, und aller Schmerz der Schöpfung ist darin. Und sein Mund formt sich herb, und mit fremder, wie aus unsäglich fernem Traum kommender Stimme spricht er sein erstes Wort.

„Es ist vollbracht!"

Hans Watzlik

Dismas-Legende

Für die Heilige Familie war die Flucht nach Ägypten des gleiche Elend wia für de Leut, de ma Jahrhundert um Jahrhundert später aus ihrer Hoamat verjagt hat.

Hinter sich de blitzenden Messer vom Herodes seine Häscher, vor sich de endlose Weitn vom ägyptischen Sand und koa Aussicht auf a Wohnung oder a Arbat.

„Maria, halt durch, glei san ma da an der Grenz!" sagt da Josef, wenn er aa selber scho bald nimmer ko. Stockfinstre Nacht war's. Da auf oamal stellt sich a Räuber in Weg und möcht Geld oder Lebn. — Geld? Kannst suacha, was d magst, mir san arm.

Und Lebn? Bloß des von dem Kind is was wert, des unser kannst ham!

War's der Schein um des Kind oder der Maria ihr Blick, der Räuber laßt nach und ladts sogar ei in sei Höhln.

Warm is' da wenigstens! Doch da im Eck liegt a wimmerndes Kind, über und über voll mit de Fleckn vom Aussatz.

De Räubermuatter is machtlos.

Da bittet Maria um a Wanndl voll Wasser, um a Bad für ihr neugeborns Kind. Danach taucht sie den todkranken Räuberbuam — Dismas hat a ghoaßn — in des Waschwasser nei.

Auf oamal lacht der und strampelt und spritzt — und is gsund! Friedlich und müad liegns na alle zwoa im Stroh nebnanand: Jesus und Dismas.

Am nächstn Tag gehn de Weg wieder ausanand, doch sie treffn se wieder nach dreiunddreißg Jahr am Kalvarienberg.

Jesus, unschuldig am Kreuz als der Retter der Menscheit, Dismas, zum Kreuztod verurteilt, weil er a Räuber war, wia scho sei Vater.

„Denk an mi, wennst in Himml neigehst!." flüstert im Todeskampf Dismas; sei Kreuz steht hoch und grausam rechts von seim Herrn. „Das Zeichen vom Kreuz laßt dich ein ins Paradies", klingts tröstlich von drübn, „heut noch kommst rein und sitzt neben mir!"

Jetzt nimmt er sei Leiden mit Dankbarkeit o, als Brückn in d Seligkeit nei.   E. E.

Drei am Kreuz

Das Kind in der hölzernen Krippe,
Mit den weißen Fingern, den goldenen Zehn,
Trug auf der geschwungenen Lippe
Ein Lachen ungesehn.

Die Mutter neigte sich, froh war ihr Herz,
Und sah das Lachen nicht.
Josef war blind, und beim Kerzenlicht
Glänzte sein Bart von Erz.

Die Könige sahen es alle drei nicht,
Kaspar, Melchior, Balthasar,
Mit dem gelben, dem weißen, dem schwarzen Gesicht
Unterm Zopf und gescheiteltem Haar.
Ein Schafbock mit Krauswoll, mit krummer,
Ein Esel mit grauem Schwanz
Stampften durch seinen Schlummer,
Das dröhnte wie Sternentanz.

Das Lachen sah keiner. Und es verging
Das dreiunddreißigste Jahr.
Es kam, daß er krumm am Kreuze hing
Unter dem Himmel klar.

Landstreicher zur Linken, Strauchritter zur Rechten,
Sie fuhren zu dritt in den Tod.
Die Strolche, die bösen, die schlechten,
Sie soffen sein Lachen wie echten
Taufwein und fraßens wie Hostienbrot.

Mit dem weißen, dem gelben, dem Negergesicht,
Die drei Könige ritten heran.
Sie sahen die Drei tot und hochaufgericht,
Und Kaspar, Melchior, Balthasar spricht:
Warum lacht der mittlere Mann?

Georg Britting

ALLELUJA!

A Kind is geborn,
und d'Wöid is vadorm.
Menschn san blind
und schindn des Kind —
Alleluja!

Sie vabrenna sa Strouh
und lacha recht rouh,
vajongs asm Stoi,
vüi, vüi, tausadmoi —
Alleluja!

Siahs heind nu umgäih,
wäis soucht vulla Mäih
an Plotz fir sa Kind.
Owa d'Menschn san blind —
Alleluja!

Margret Hölle

483

ZUM
NOOCHMACHA

Praktischer Anhang

Spiele für die Winterabende

Das Schuhriegeln

An der Stubendecke wird an einer Schnur ein Schuh, Holzschuh oder Stiefel aufgehängt, so daß er bis Kopfhöhe der im Kreise sitzenden Mitspieler reicht und beim Schwingen die Köpfe treffen kann. Einer zieht nun den Schuh zu sich und stößt ihn mit festem Schwung gegen einen im Kreise Sitzenden ab. Da dies mit sehr viel Tricks und Täuschung geschieht, muß sehr aufgepaßt werden. Der Fänger des Schuhes stößt ihn wieder einem anderen zu, und je schneller der Schuh hin und her fliegt, desto lustiger wird es und desto öfter bekommen ihn die Ungeschickten an den Kopf. Je mehr Burschen und Mädchen daran teilnehmen, um so heiterer wird es, weil man den Schuh sogar seinem Nebenmann zustoßen kann.

Gickerlfangen

Der Gickerlfänger sitzt auf einem Stuhl, hat die gefalteten Hände zwischen die Knie gelegt, während vor ihm der Gickerl kniet. Nun nimmt der Fänger Knie und Hände auseinander, so daß der Kniende mit seinem Kopf von oben nach unten und umgekehrt durchfahren kann. Gackernd und krähend fährt der Gickerl nun mit dem Kopf hin und her, den Fänger täuschend, denn dieser muß zusehen, wie er durch rasches Zusammenschlagen der Hände und Knie den Kopf des Gickerl einklemmen kann. Gelingt es ihm, werden die Rollen vertauscht.

Schwarz Ahnl

Mit verbundenen Augen und auf den Knien sind sich die zwei Spielenden gegenüber, halten in der Linken je ein Ende eines Handtuches, das sie nicht loslassen dürfen und in der Rechten ein Handtuch mit einem dicken Knoten, mit dem sie zuschlagen. Nun ruft der eine: „Schwarz Ahnl, wo bist?" Der andere antwortet: „Da!" Dann wieder der Erste: „I gib dir aan Drisch!" Und der andere: „Ja!" Nun schlägt der erste Rufer in die Richtung, wo er den andern vermutet. Dieser aber wechselt ständig seine Stellung. Nach jedem Schlag wird die Wechselrede und das Schlagen vertauscht. Wenn einer das Spiel noch nicht kennt, kann er damit rechnen, daß der andere die Binde von den Augen nimmt und dann jeden Schlag auf den Kopf des andern anbringt.

Bauer, a Diab!

Zwei Spieler oder Spielerinnen, der Bauer und der Dieb, stehen sich etwa einen Meter entfernt gegenüber. Zwischen ihnen liegt das Diebesgut, ein Apfel oder irgend ein kleiner Gegenstand. Durch Reden und Gesten versucht der Dieb den Bauern zu täuschen und abzulenken, greift nach dem Gegenstand ohne ihn aufzuheben und wartet auf einen günstigen Augenblick, um ihn zu nehmen. Der Bauer darf erst nach der Hand des Diebes fassen, wenn dieser den Gegenstand bereits in der Hand hat, dieser aber läuft, sobald er gestohlen hat, weg, worauf die Rollen vertauscht werden. Der Bauer darf wohl das Diebesgut schützen, indem er vor dem Zugriff des Diebes die Hand darauf hält, darf ihn aber nicht aufnehmen und muß auch sofort wieder aufrecht stehen, sobald sich der Dieb aufrichtet.

Der Birndieb

In einer Ecke der Bauernstube warten Äpfel oder Birnen auf den, der sie mit verbundenen Augen findet. Dem Birndieb macht man es aber nicht leicht. Erst wird er mit verbundenen Augen in der Stube herumgeführt, damit er die Orientierung verliert, und sobald er dann losgelassen wird und auf die Suche geht, stellt man ihm heimlicherweise noch allerhand Hindernisse in den Weg. Bei einer anderen Form dieses Spiels hängt man an der Stubendecke eine Kuhglocke auf und spannt einige Schnüre, die mit der Glocke verbunden sind, kreuz und quer durch die Stube. Durch vorsichtiges Tasten und Bücken muß der Birndieb diese Hindernisse überwinden, um zu den Birnen zu gelangen. Sobald die Kuhglocke anschlägt, ist der Dieb erwischt, und es kann sich ein anderer an dieser Geschicklichkeitsübung versuchen.

Federn blasen

Auf den Tisch, um den die Burschen und Mädel dicht gedrängt sitzen, wird eine Feder gelegt. Auf Kommando blasen sie alle und versuchen die Feder so zu blasen, daß sie nicht am Kleid oder am Kopf eines Mitspielenden hängenbleibt. Geschieht das dennoch, so hat der Betroffene die Hand flach auf den Tisch zu legen, und alle andern dürfen einmal auf diese Hand schlagen, worauf das Spiel von neuem beginnt. Ein lustiges Blasen und Pusten. Wer die Feder aus der Tischrunde hinausbläst, bekommt ebenfalls den Handklaps.

Die störrischen Ochsen

oder das Kopfziehen, heißt ein anderes Kräftespiel. Dabei knien sich zwei Burschen, die Köpfe aneinander, gegenüber. Sie werden mit einem zusammengeknüpften Tuch oder einem Strick miteinander verbunden und rücken auf Kommando auseinander, wobei der Spieler mit dem stärksten Genick und der meisten Kraft den andern über eine festgesetzte Marke zu ziehen hat.

Drängeln

Auch eine Kraftprobe für zwei Burschen oder Männer. Die Kämpfer stehen, Rücken an Rücken, in einem Kreidekreis von etwa zwei Meter Durchmesser. Sie haken die Arme ineinander und versuchen einander, nach gegebenem Kommando aus dem Kreis zu drängen. Oft glückt es durch Überrumpelung, meist ist es aber ein zähes Schieben, an dem sich die Zuschauer belustigen. Paul Friedl

Wir kommen aus dem Morgenland

Einer der Mitspieler macht den Meister, und die übrigen fünf oder sechs bitten den Meister um Arbeit. Dabei sagen sie folgenden Spruch: Wir kommen aus dem Morgenland, die Sonne hat uns schwarz gebrannt, schwarz wie die Mohren, kohlschwarze Ohren. Meister können wir Arbeit kriegen?
Darauf fragt der Meister: Was habt ihr denn gelernt?
Nun machen die Buben oder die Mädchen die zuvor ausgemachten Körper- und Handbewegungen. Errät der Meister, was sie werden wollen, so muß er es ihnen sofort zurufen. Stimmt sein Zuruf, so laufen die Lehrlinge auseinander, und der Meister ist Fänger. Wer gefangen wird, hat dem Meister beim weiteren Fangen zu helfen. Eugen Hierold

Wettn, daß . . .

Wettn, daß du de Stricknadl net haltn kannst, wenn i's durchs Schlüsslloch steck! I brauch bloß zwoa Finger breit zum Haltn, du kannst des andere nehma!
Lösung:
Man hält mit einer Zange die Stricknadel zuerst ins Feuer, dann steckt man sie von außen durchs Schlüsselloch. Klar, daß der innen Haltende schnell wieder ausläßt!

Wettn, daß du mir koa Schelln (Ohrfeige) gebn kannst, wenn ma alle zwoa auf dem Handtüachl da stehn!
Lösung:
Man legt das Handtuch auf die Türschwelle, zur Hälfte rein, zur Hälfte raus, stellt den andern draußen drauf und macht die Tür zu.

Wettn, daß du net oa Minutn aufm Boden sitznbleibn kannst!
Lösung:
Man setzt ihn an die Stubentür und schüttet von draußen Wasser auf die Schwelle.

Wettn, du kannst koane vier Schläg auf de Tischplatten aushaltn, wennst drunter sitzt!
Lösung:
Man setzt ihn drunter, schlägt dreimal fest auf die Platte, wartet eine Weile und sagt dann, der letzte Schlag kommt morgen früh.

Wettn, daß du des Glas Bier net in den Kreis da (ca. 30 cm) am Boden schütten kannst, ohne daß was naß wird!
Lösung:
Man stellt sich in den Kreis und trinkt das Bier aus.

Wettn, daß i aus der ganz leern Flaschn no a paar hundert Tropfn rausbring!
Lösung:
Man legt unbedrucktes Papier auf und schleudert die vorher ausgeleerte Flasche ganz fest darauf aus. Etwa 300 Tropfenspuren werden sichtbar.

Wettn, du kannst de Kerzn da mit verbundene Augn net ausblasn!
Lösung:
Man läßt ihn zuerst das Ausblasen ausprobieren, dann verbindet man ihm die Augen und hält ihm ein Haferl voll Mehl vor.

Man malt an die Stubentür in Augenhöhe mit Kreide einen Kreis und stellt den Spieler in die Mitte der Stube:
Wettn, daß du den Kreis da mit ausgstrecktem Finger net triffst, wenn i dir d Augn verbind!
Lösung:
Wenn der Spieler mit den verbundenen Augen und mit ausgestrecktem Finger zur Tür kommt, steht schon einer dort und beißt kräftig hinein.   E.E.

Abführn

Ein „Verbrecher" wird von einem „Polizisten" an Handschellen abgeführt. Dazu wird jedem eine Schnur von etwa 1 Meter Länge mit den Enden an jedes Handgelenk geknotet, aber so, daß die beiden Schnüre ineinanderhängen.

Der Verbrecher soll versuchen, aus dieser Verschlingung herauszusteigen oder sich anders zu befreien.

Schön wird's, wenn die Zuschauer immer neue Vorschläge zur Befreiung machen, Wetten abschließen usw.

Lösung:

Man steckt eine Schlaufe von der Schnur des anderen durch die eigene Handschlinge, zieht sie über die Hand und wieder heraus. Frei.

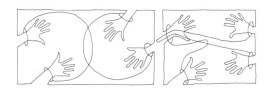

Mach's nach!

Der Spieler und der Mitspieler nehmen je einen Teller in die Hand mit der Telleröffnung nach oben. Der Spieler fordert nun seinen ahnungslosen Partner auf, ihm alle Bewegungen nachzumachen. Er fährt mit dem Finger auf oder unter dem Teller herum, dann wieder ins Gesicht usw. Der andere tut dasselbe, weiß aber nicht, daß die Unterseite seines Tellers berußt ist.

Apfelessen

Man legt in ein paar große Schüsseln mit Wasser je einen Apfel und läßt ihn von den Spielern ohne Zuhilfenahme der Hände, nur mit dem Mund, um die Wette essen. .

Kaiwlziagn

Einer (das Kalb) kniet am Boden und stützt die Hände auf. Der andere (die Kuh) setzt sich — mit dem Gesicht zur anderen Seite — auf dessen Hinterteil, beugt sich vor und hält die Füße des ersten. Darüber wird eine große Decke gebreitet, damit „die Kuh" nicht friert.

Alle sind in großer Sorge um die Kuh; es scheint eine schwere Geburt zu werden. Am Ende wird der Tierarzt gerufen. Er kommt mit der großen Tasche, untersucht die Kuh und das Kalb, dann geht er hinaus, um sich die Hände zu waschen. Dabei macht er sich aber die Hände voll Ruß oder Schuhcreme! Dann zieht er das Kalb am Kopf unter der Kuh hervor.

Was für ein schönes Kalb!

Hinüber — herüber

Man hat einen Pack von 8 Karten verdeckt in der Hand, davon sind je vier von einer anderen Farbe, z. B. vier Herz, vier Eichel. Von dem Pack nimmt man jeweils die oberste Karte ab und legt sie einmal offen auf den Tisch, einmal verdeckt unter den Kartenpack. Das wiederholt man, bis man keine Karte mehr in der Hand hat. Beim Ablegen sagt man: Hinüber — herüber — hinüber — herüber. Am Ende liegen die zwei Farben im Wechsel nebeneinander. Mach's nach!

Lösung:

Die Karten müssen folgendermaßen aufeinandergelegt werden: 2 Eichel — 1 Herz — 2 Eichel — 3 Herz. Dann umdrehen und ablegen.

Pfennigfuchsn

Man kann es im Haus wie im Freien spielen; notwendig sind dazu nur eine freie Wand und ein paar Schritt Platz davor.

Die Spieler werfen einer nach dem andern aus einer bestimmten Entfernung einen Pfennig an die Wand. Der, dessen Geldstück am nächsten an der Mauer liegenbleibt, ist Sieger dieser Runde, der zweitnächste der zweite Gewinner usf.

Der 1. Gewinner sammelt nun alle liegenden Münzen ein, und während er sie alle zusammen auf den Boden wirft, sagt er „Baum" oder „Zahl". Ihm gehören die Pfennige mit dem aufgerufenen Zeichen. Der zweite Gewinner macht dasselbe, mit den liegengebliebenen Münzen, der dritte auch, bloß hat jeder weniger Chancen, „reich" zu werden.

Spinnen

Einer sitzt auf einem Stuhl mit einem aufgestellten Besen zwischen den Beinen. Mit den Händen fährt er ganz schnell von oben nach unten an dem Stiel herunter, immer wieder, dabei macht er ganz laut das Spinngeräusch: rrrrrrr rrrrrrr. Neben ihm sitzen zwei andere ganz nah, mit Kochlöffeln in der Hand. Der Spinner schlägt nun während des Spinnens ganz schnell mit einer Hand nach rechts oder links und versucht, den Schenkel des Nachbarn zu erwischen. Der darf mit dem Kochlöffel abwehren.

Wer bekommt die Prügel?

Schinkenpatschen oder Schinkenbleschn

Einer sitzt da, der andere steht gebeugt vor ihm und muß sein Gesicht in den Händen des Gegenübers verstecken. Jemand aus der Runde schlägt ihm aufs Hinterteil, und der Geschlagene muß erraten, wer es war. Erst wenn er richtig geraten hat, kann er in die Runde zurück und der Erratene tritt an seine Stelle. Täuschung macht dieses Spiel erst lustig!

Blinde Katzn fangen (Blinde Kuh)

Einem Spieler werden die Augen verbunden, dann muß er einen aus der Runde fangen und erkennen. Auch hier kann man sich so schön verändern, daß einen die blinde Katz gewiß nicht erkennt. Er muß weitersuchen, bis er den richtigen hat, sonst ist der Erkannte die blinde Katz.

Suppn eirührn

Man legt die Faust auf den Tisch mit dem Daumen nach oben und macht die Bewegung des Suppenumrührens; dabei werden immer mehr Hände jeweils auf den Daumen gesetzt, bis ein Turm entsteht, der aber immer noch fleißig rührt. Wenn er hoch genug ist, reißt irgendeiner seine Hand heraus und haut oben fürchterlich drauf.

Dieses Spiel geht auch umgekehrt: Viele Hände werden aufeinandergesetzt mit Hilfe des Daumens, und dieser „Kochlöffel" rührt: Butter, Butter stampfa, eine Hand muß weg. Sie wird oben weggenommen und flach unter den „Kochlöffel" gelegt. Je mehr Hände am Tisch liegen, desto mehr wird gestampft, bis keiner mehr standhalten kann.

Kraft druckn

Das ist ein alter Sport so wie Fingerhackln oder Boahackln.

Die zwei Kraftmesser sitzen sich am Tisch gegenüber, und mit aufgestütztem Ellenbogen (gleicher Winkel!) geben sie sich die Hände. Jeder versucht nun, die Hand des anderen zur Seite zu drücken, ohne aber den Ellbogen zu verrücken.

Wer die Hand des andern zuerst auf den Tisch bringt, ist Sieger.

> Zwölfe is'!
> Um zwölfe geht d Waiz um!
> Guate Nacht!
>
> E.E.

Zum Schnellsprechen

1. Di söl Oiahülschn, di söl Oiahülschn . . .
2. Hinta 's Höitas Hanslas Hundshüttn hänka hunart Hundshait hintn.
3. Sechs gung Hunt unta da Bonstöich, wenn oina houst, wiad dar anda schöich.
4. Zea Boa Bandoffl stenga — r — unta da Bonstöich.
5. Kellnari hot's Bschteck z'schbat bschtöllt.
6. Unta da Bruck musta ma di.
7. Zwoa drizwigschlitzte Zwäschbmkean.
8. Sim mal simasibazg Pfund Zwäschbm.
9. Wos zwischbat a ma denn?
10. Drai brinrout Lais — drai bloutrout Lais.

Josef Lutz

491

Bastel-Vorschläge

Adventskalender

Natürlich kann man sie in allen möglichen Ausführungen für billiges oder teures Geld kaufen. Doch wieviel persönlicher ist ein Kalender, der auf die Eigenart des Kindes zugeschnitten ist, weil er selbst gemacht wurde. Ein trüber Novembernachmittag ist sehr geeignet, mit den Kindern zusammen zu basteln — bis auf den Inhalt der 24 Kästchen.

Hier sind einige Vorschläge:

1. Vorschlag:

Eine Kette aus Holzkugeln (auch Watte oder Styropor) wird einfach bunt oder mit Mustern bemalt, an einem Lederband aufgereiht mit Halteknoten zwischen den Kugeln.

Jeden Tag wird so eine Warte-Kugel abgeschnitten. Mit einem Tannenzweig an die Wand dekoriert, ist die Kette gleichzeitig ein hübscher Weihnachtsschmuck.

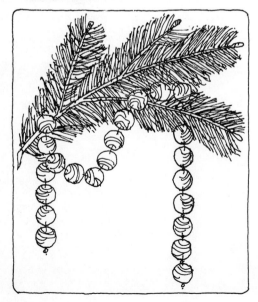

2. Vorschlag:

Mehr Geschick erfordert eine Kette mit Faltsternen aus mehrfarbigem Glanzpapier. Der 1. Dezember bekommt den winzigsten Stern, der 24. den größten (12 bis 14 cm Durchmesser), auf den man noch einen Scherenschnitt mit einer Weihnachtsdarstellung kleben kann.

Alle 24 Sterne werden der Größe nach auf ein zartes Band geklebt und an einem Tannenzweig aufgehängt. Jeden Tag wird ein Stern abgeschnitten und ins Fenster geklebt.

3. Vorschlag:

Man kann mit den Sternen von Vorschlag 2 auch umgekehrt verfahren und an ein leeres Band im Fenster oder an der Wand jeden Tag einen neuen Faltstern kleben.

Wenn man beim Schneiden in der Mitte des Sterns eine geschlossene Fläche läßt, kann man in dieses Feld jeweils eine besondere Leistung des Kindes, ein adventliches Opfer o. ä. schreiben.

4. Vorschlag:

Süße Überraschungen müssen nicht sein, doch auch dafür gibt es eine nette Möglichkeit:

Man näht auf ein etwa 50 × 70 cm großes Stoffrechteck (oben Überschlag für ein Bambusstäbchen zum Aufhängen!) verschieden große Taschen entweder einzeln aus bunten Fleckchen (Abb. 1) oder aus Bändern gelegte (Abb. 2), malt oder klebt Nummern drauf, füllt sie mit verschiedenartigen Süßigkeiten und heftet sie zu.

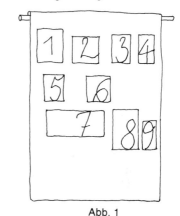

Abb. 1

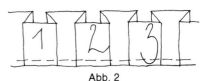

Abb. 2

Statt der Süßigkeiten kann man auch Zettelchen einlegen, z. B.: schau unter den Hut deines Püppchens! Oder: im Keller – in der untersten Schublade – links hinten unten – da ist was für dich! Oder der Zettel ist zugeklebt. Außen steht: wenn du die Hausaufgabe fertig hast, darfst du aufmachen! Warum sollte für so eine harte Probe nicht einmal ein hübsches Buch die Belohnung sein? E. E.

5. Vorschlag:

In einer Papierkommode verbergen sich kleine Christbaumanstecker aus Papier (Abb. 1), von denen jeden Tag einer an den Baum gesteckt wird, der auf der Kommode steht.

Man braucht dazu einen helleren und einen dunkleren Aktendeckel (Farbe nach eigenem Geschmack), grünes Bastelpapier, etwas Pappe, Schere und Klebstoff.

Auf den helleren Aktendeckel klebt man einen Faltschnittbaum aus dem Bastelpapier (Abb. 2) und schneidet an den Zweiglein 24 Schlitze von 1 cm Breite. In sie werden später die Figürchen gesteckt.

Die Kommode wird vorgezeichnet (Abb. 3) und jedes Kästchen mit dem Federmesser an den oberen drei Seiten so eingeschnitten, daß sich eine Art Schublade ergibt. Ein Stückchen eingeknoteter Faden in der Mitte erleichtert das Öffnen.

Jetzt wird die dunklere Rückwand aufgeklebt.

Die Figürchen (Abb. 1) sind nur Vorschläge, sie können auch nach eigenen Entwürfen hergestellt werden, doch dürfen sie nicht größer sein als die Schubladenöffnungen. Die Vorzeichnungen werden auf dünne Pappe aufgeklebt und zusammen ausgeschnitten. Der Fuß an jeder Figur soll etwas weniger als 1 cm breit sein, damit er sich durch die Schlitze am Baum durchschieben läßt.

Nachdem die Figuren bemalt sind, werden sie in die Schübe eingelegt, und damit ist der Adventskalender fertig.

Abb. 2

Abb. 1

Abb. 3

Abb. 1

Filigran-Strohsterne

Nicht zu dünne Strohhalme werden der Länge nach aufgeschlitzt, eingeweicht und breitgebügelt. Durch leichtes Sengen erzielt man verschiedene Braun-Töne.

Die auf etwa 13 bis 15 cm gekürzten Strohbänder beklebt man auf der Rückseite mit Klebefilm, sonst splittert das Stroh bei der späteren feinen Verarbeitung.

Jetzt werden die Teile in der bekannten Flechtweise mit Garn zu Sternen geflochten:

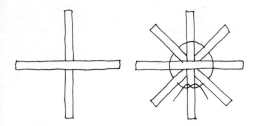

Grundbalken doppelt umschlingen

Nach dem Verknoten der Enden die Schlinge zum Aufhängen nicht vergessen! Nun schneidet man mit dem Federmesser die Strohstrahlen zu Sternspitzen, wobei man auch gut Innenflächen ausheben kann. Der Klebefilm wird dabei mitgeschnitten.

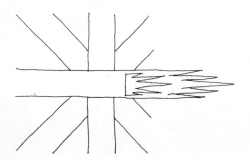

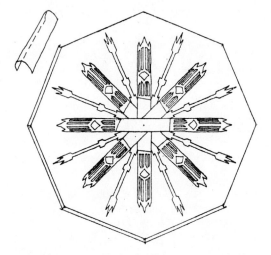

Diese Sterne ergeben in der Vielzahl einen sehr dekorativen Christbaumschmuck, doch können sie auch als Weihnachtsgeschenke Verwendung finden, wenn man sie auf ein achteckig zugeschnittenes Sperrholzbrettchen aufklebt, das vorher bündig mit farbigem Plakatkarton überzogen worden ist. Die Ränder davon kann man mit runden Strohhalmen, von denen man etwa $1/4$ der Rundung herausgeschnitten hat, überwölben.

E. E.

499

Papierketten

Ein alter und sehr dekorativer Christbaumschmuck
ist auch eine Kette aus doppelseitigem Goldpapier,
das man in Streifen von etwa 1 x 10 cm schneidet
und diese kettenartig verbindet.

Auch aus folgenden Einzelteilen läßt sich leicht
eine hübsche Kette fügen.

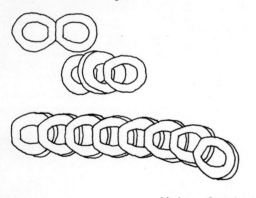

Marianne Grzesina

Papierrosen als Festtagsschmuck

Aus rotem, weißem oder blauem Krepp-Papier
schneidet man Streifen, 62 cm lang, 7 cm breit, die
in Teile von 3 x 5 cm und 7 x 6 cm eingeteilt werden. An diesen Markierungen schneidet man 4 cm
tief ein.

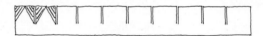

Nun rollt man die Ecken der einzelnen Blatt-Teile
mit einer Stricknadel fest nach oben hin auf
(schraffierte Teile) und schiebt das Eingerollte auf
der Nadel noch zusammen, damit der gerollte Rand
erhalten bleibt.
So wird jedes Blatt behandelt, bis jedes eine Spitze
hat.
In der Mitte werden die Blätter von unten her etwas
ausgebeult, damit sie eine bessere Form erhalten.

Nun wird der Streifen umgedreht, so daß die Nr. 1
auf der rechten Seite liegt und somit die eingerollte
Seite wie auch das Ausgebeulte nach unten. Mit
Teil 1 beginnen wir die Blüte zu legen, wobei der
nichtaufgeschnittene Teil des Papiers beim Rollen
leicht gefaltet wird, so daß die Blätter immer auf
Lücke zu stehen kommen. Am Schluß umwickelt
man das Blütenende fest mit Blumendraht, verwendet den Draht weiter als Stiel und umwickelt ihn mit
grünem Krepp-Papier.

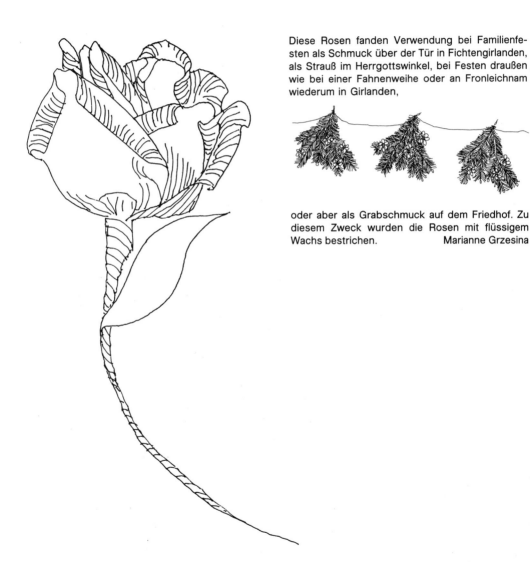

Diese Rosen fanden Verwendung bei Familienfesten als Schmuck über der Tür in Fichtengirlanden, als Strauß im Herrgottswinkel, bei Festen draußen wie bei einer Fahnenweihe oder an Fronleichnam wiederum in Girlanden,

oder aber als Grabschmuck auf dem Friedhof. Zu diesem Zweck wurden die Rosen mit flüssigem Wachs bestrichen.   Marianne Grzesina

Das Chamer Buchsbäuml

Das Buchsbäuml bringt der Niglo. Es ist außerordentlich hübsch und wird auf folgende Weise hergestellt. Sechs runde Holzstäbe; ca. 30 cm lang, kleinfingerdick, werden mit farbigen Papierstreifen umklebt und an beiden Enden zugespitzt, drei davon werden in Form eines Dreiecks aufgelegt und an jeder Ecke in einen großen Apfel gedrückt. Die drei anderen Stäbe werden so in diese drei Äpfel gesteckt, daß sie nach oben pyramidenförmig in eine Spitze zusammenlaufen. Auch diese wird mit einem großen Apfel versehen. Jeder der vier Äpfel erhält als Zier Zuckerstückchen, Buchssträußlein und je ein Wachskerzchen, der oberste als Abschluß außerdem eine kleine Fahne an einem Stäbchen.   Johann Brunner

Marionetten

Material:

Wellpappe, 4 Quadrate von etwa 15 cm Seitenlänge
1 flacher Stab ca. 80 × 1,5 × 0,3 cm
1 Querstab ca. 20 × 1,5 × 1,5 cm
dunkler Zwirn oder Angelschnur
farbige Stoffreste, nicht zu klein
Material für Haare, Schmuck, etc.

Herstellung:

Die Wellpappe wird in Kopfform mit Halsansatz
zweimal zugeschnitten, einmal längs und einmal
quer gewellt. Zwischen diese beiden Flächen klebt
man den Flachstab so, daß er über dem Kopf
30 – 35 cm herausschaut (je nach Größe des Kindes, das die Puppe führt) und nach unten ebenso
weit, d. i. die Sitzhöhe der Puppe (Abb. 1). Die
Puppe soll bequem mit aufrechter Körperhaltung
des Spielers geführt werden.

Das Kleid ist entweder ein halbiertes Stück Stoff
mit einer Halsöffnung (Abb 2), oder man bindet
oder klebt um den Halsansatz lose Tücher, von denen zwei tütenförmig genäht sind als Arme.
(Abb. 3) Aus den restlichen Wellpapierstücken
schneidet man Hände aus, die im Verhältnis ziemlich groß sein können (die Hände des Spielers!)

Nachdem Kopf und Hände fertig und bemalt sind,
durchbohrt man das Querholz in der Mitte so, daß
der Führungsstab eingeleimt werden kann. Eine
dünne, saubere Bohrung an beiden Enden ergibt
die Fadenführung für die Hände.

Ein Stück Angelschnur (oder auch Zwirn o. ä.) wird
an einer Hand oben verknotet, dann einmal von unten, dann von oben durch die beiden Bohrungen im
Querholz geführt und an der anderen Hand festge-
macht. (Abb. 4) Die Schnur soll so lang sein, daß
sie bei herunterhängenden Händen leicht gespannt
ist.

Jetzt kann man noch die restliche Dekoration anbringen (Haare, Schleier, Schmuck), dann ist die
Marionette fertig.

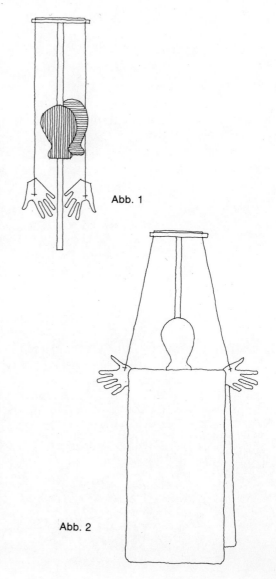

Abb. 1

Abb. 2

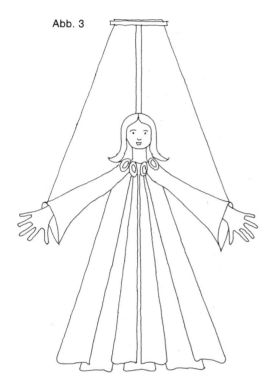

Abb. 3

einfachen Methode eine erstaunliche Subtilität der Figuren zu erreichen.

Man muß nicht die ausgearbeiteten szenischen Stücke als Grundlage wählen; psychologisch viel interessanter und wertvoller ist es, gegebene Grundthemen wie Märchen oder Sagen selbst zu dramatisieren mit den Kindern (wozu ein Umdenken auf die jeweilige Puppenart notwendig ist), diese selbst in Sprache setzen zu lassen und intuitiv zu sprechen.

So wird Theater nicht zur Schablone, es wird zum tatsächlichen Agieren unter Einsatz aller schöpferischen Kräfte der Kinder.   E. E.

Abb. 4

Sie wird beim Spielen mit einer Hand am Querholz gehalten, die andere bewegt die Hände einzeln an der Schnur oder aber auch beide durch Ziehen an der Fadenverbindung auf dem Querholz.

Die vorgeschlagene Art des Puppenspiels hat den Vorzug, daß sich die Spieler einerseits hinter dem Medium der Marionette selbst unbeobachtet glauben und freier spielen können.

Andererseits aber hat der Zuschauer ein doppeltes Spiel vor Augen: dadurch daß der Führende immer hinter der Puppe bleibt, ist er ständig sichtbar, wenn auch vielleicht weniger ausgeleuchtet. Die Spieltechnik verlangt wenig Geschick, da nur zwei Fäden zu bedienen sind, doch ist auch mit dieser

Ein Krippenstall einmal anders

Die vielverbreitete Vorstellung des Krippenstalles ist eine an der Vorderseite offene Hütte mit strohgedecktem Satteldach und einer roten Stallaterne im Inneren. Sicher kann so ein Stall alle Anforderungen des Betrachters erfüllen, aber warum sollten wir uns nicht einmal an eine andere Gestaltung heranwagen?

Ein ruinöses Mauerwerk mit einer kleinen Nische und einem morschen Bretterdach, davor ein Baum geben den Rahmen für die Figuren der Hl. Familie.

Dieser Stall ist nicht allzu schwer zu bauen. Die Höhe richtet sich nach der Größe der Figuren. Der höchste Teil muß mindestens die doppelte Größe einer stehenden Krippenfigur ausmachen.

Auf ein Grundbrettchen leimen wir zwei im rechten Winkel zusammenlaufende Mauerteile, die auf der Oberseite verwittert und abgebröckelt sind. Solche Mauerteile sägen wir am besten aus dicken Weichholzbrettchen (mindestens 3 cm stark) und schnitzen mit einem Hohleisen oder Taschenmesser einzelne Steine heraus oder kleben flache Holzstückchen als Steine zusätzlich auf. Manche Kanten runden wir mit einer Raspel oder Feile ab.

Um dem entstandenen Mauereck das Gepräge eines Stalles zu geben, bringen wir mit Hilfe von zwei entsprechenden Holzleisten als Balken in passender Höhe ein Bretterdach an. Die Bretter dazu fertigen wir entweder aus starkem Furnier oder aus Holz von Obstkistchen.

Das Ganze bestreichen wir mit einer breiigen Grundierung aus Leimwasser, Schlämmkreide und einer Prise Sägemehl und bemalen es nach dem Trocknen je nach Geschicklichkeit recht alt und verwittert.

Die ebenfalls bemalte Bodenplatte lockern wir mit aufgeklebten Moosfetzen auf. Sehr dekorativ wirkt natürlich ein Baum, den wir am besten aus umgedrehten Baumwurzeln gestalten. Tannen- oder Fichtenbäumchen lassen sich sehr gut aus Zweigen des Koniferenstrauches bilden.

So eine Krippe paßt gut in eine Zimmerecke, auf eine Kommode, notfalls auch auf den Fernsehapparat.

Raimund Pöllmann

Drehbarer Dreikönigsstern

Material:

 1 Rundstab, ca. 1 m lang, 3 cm Durchmesser
 1 Halbrundstab, 85 cm lang, 3 cm Durchmesser
 1 Rundstab (evtl. gerändelt) 70 cm lang, 15 mm Durchmesser,
 1 Klotz aus Massivholz 80 × 80 × 65 cm
12 Streifen aus dünnem Sperrholz oder fester Pappe, 2 cm breit, etwa 50 cm lang
   Ölpapier (Papier mit eingebügeltem Wachs) oder
   festes Transparentpapier
 1 Taschenlampenbatterie, Lampe, Schalter, Draht, Befestigung.

Herstellung:

Die Trägerstange:

Aus dem dicken Rundstab wird 1 cm tief und 25 cm lang eine Vertiefung ausgesägt, in die der Halbrundstab später eingesetzt und verschraubt wird (Abb. 1).

In die verbleibende Fläche oben am Rundstab bohrt man nun ein Loch von 17 mm Durchmesser 20 mm tief. Das wird das untere Lager für die Drehstange (Abb. 2). Die zweite Halterung für diese Welle besteht aus einem Klötzchen 2 × 4 × 3 cm, das auch mit 17 mm ganz durchbohrt und oben an den Halbrundstab angeleimt wird (Abb. 3).

Nun bohrt man in den Massivholzklotz in der Mitte oben ein Loch von 15 mm bis etwa zur Mitte, reißt an der Vorderseite einen Winkel von 60 Grad an und schneidet die Winkel ab (Abb. 4). Die Welle (der dünne Rundstab) kann jetzt in dem Block verleimt werden.

Die elektrische Anlage:

Oben auf den Dreiecksklotz baut man die Batterie, das Lämpchen und einen Schalter, den man von außen bedienen kann (Abb. 5).

Der Stern:

Aus den Sperrholz- oder Pappstreifen fertigt man 2 übereinanderliegende Dreiecke, den sog. Davidsstern, überzieht sie mit dem Ölpapier und leimt sie vorne und hinten mit der Spitze auf den Dreiecksblock. Kleine Kanthölzchen von 65 mm Länge verstreben die Stern-Zacken miteinander (Abb. 6 und 7).

Der Außenrand des Sterns wird nun auch noch mit dem Tranparentpapier überzogen, doch muß eine Öffnung bleiben zum Auswechseln von Batterie und Lämpchen.

In das untere Ende des Drehstabes muß ein Kopfnagel mit Rundkuppe (Polsternagel) eingeschlagen werden; der Boden des Lager-Loches soll mit einer Glasscherbe belegt sein, beides, um die Reibung gering zu halten (Abb. 2).

Der eingesetzte Stern läßt sich an der Rändelstange leicht drehen.

Das Bemalen oder Verzieren mit Kerbschnitt o. ä. bleibt jedem selbst überlassen.   Tibor Ehlers

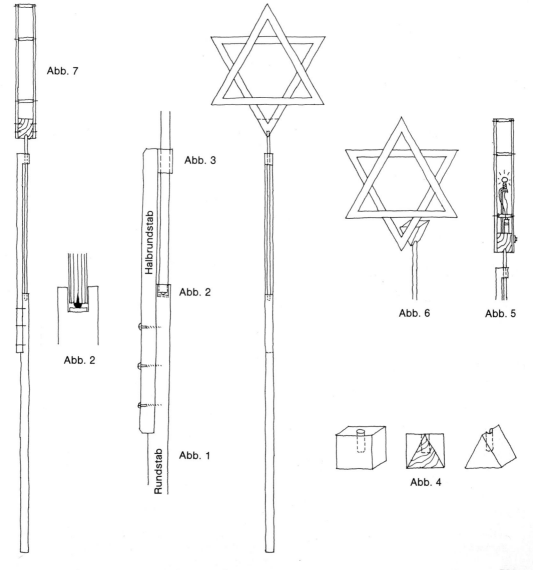

Abb. 7

Abb. 3

Halbrundstab

Abb. 2

Abb. 2

Rundstab

Abb. 1

Abb. 6

Abb. 5

Abb. 4

Vorschläge zur Feiergestaltung

Nikolausabend ohne Schrecken

Nur Übergriffe können Angst vor dem Nikolaus in einem Kind erzeugen und wirklichen Schaden anrichten. Andererseits soll aber doch der Brauch in seiner guten Form erhalten bleiben und der Nikolaus als Kinderfreund und nicht als Kinderschreck dargestellt werden. Als Erziehungsmittel hat er ohnedies meist nur Eintags-Funktion. Wenn keine geeignete Person, die die Kinder kennt oder gut mit Kindern umgehen kann, zur Verfügung steht, oder wenn keine würdige Kleidung aufzutreiben ist, erscheint es besser, lieber gar keinen Nikolaus kommen zu lassen; eine hübsche Gestaltung des Abends ist ein voller Ersatz dafür.

Vorschläge zur Gestaltung des Nikolausabends:

1. Man läßt einen Henkelkorb, den man am Rand und am Henkel ganz dicht mit brennenden Kerzen besteckt hat, mit einem Strick von einem Fenster im Obergeschoß herunter, bis er draußen vor dem Wohnzimmerfester hängt.
   Als Füllung des Korbes eignen sich neben „Äpfel, Nüß und Mandelkern" auch verzierte Lebkuchen (s. S. 536) oder Kleinigkeiten für den Alltag wie Schreibgerät, Handschuhe oder Socken, deren Kauf man einfach auf diesen Tag verschoben hat, vor allem aber ein Familienspiel, das die ganze Familie an den Tisch bringt.

2. Wenn Sie ein Treppenhaus haben, legen oder schütten Sie die kleinen Geschenke so, wie vom Nikolaus verloren, auf die ganze Treppe und stellen Sie möglichst viele brennende Kerzen auf die Stufen. Das geht natürlich auch in einem Wohngang oder im Zimmer.

3. Im verschneiten Garten sieht eine Lichterspur (Reihe aus Talglichtern) sehr hübsch aus; die Geschenke liegen auf einem geschmückten Schlitten. Man kann auch einen Brief schön gestalten und darin einige Erziehungshinweise unterbringen.

Doch allgemein gilt: Der Nikolausabend ist kein Weihnachtsabend mit Bescherung. Die Geschenke sollen deshalb so klein und unscheinbar wie möglich sein; wichtig ist der festliche Glanz der Feier und das Zusammensein der Familie.
Nehmen Sie sich Zeit und flüchten Sie nicht außer Haus oder ins Fernsehen! E. E.

Zwei Skizzen für szenische Weihnachtsspiele

Diese Skizzen sollen nur eine Anleitung sein für den Handlungsablauf des Spiels. Sowohl die gedankliche, sprachliche wie auch die szenische Ausgestaltung soll den Mitwirkenden überlassen sein. Das ist erprobtermaßen gut durchführbar und wirkt im Ergebnis viel frischer und echter als eingelernte Rollentexte. Das Stück bleibt so spontan, doch müssen natürliche bestimmte inhaltliche Marken gesetzt werden, damit es den gleichen Verlauf nimmt wie vorgesehen.

1. Straße ohne Kinder
(für Vorschule und Grundschule geeignet)

Vorbemerkung:
Dieses Spiel soll die Kinderfeindlichkeit mancher Stadtviertel erkennbar machen. Verantwortlich dafür sind nicht nur die Hausbewohner, sondern vor allem der mangelnde Spielraum der Kinder und die städtebauliche Konzeption der Wohngegend. Der weihnachtliche Gedanke: „Es war kein Platz für sie in der Herberge" wird bis zum „Stall" unterlegt, dann aber wendet sich das Geschehen zum Besseren, und das Schlußbild sagt: „Und sie haben sie doch aufgenommen!"

Handlung:
Beliebig viele Kinder sind als Häuser verkleidet, (Schulterklappen aus Pappe, bodenlange Rupfensäcke mit aufgeklebten oder gemalten Fenstern und Türen), und sie stehen sich als enge Straße gegenüber.

Ein Gespräch der „Häuser" untereinander läßt erkennen, wie lästig ihnen die Kinder sind, wie störend und laut sie in der Straße herumtollen, wie schmutzig sie alles machen und wie sehr die Autos aufgehalten und gefährdet werden durch sie.

Eine Gruppe spielender, lachender Kinder kommt herein in die Straße, wird aber von den schimpfenden und drohenden Häusern immer weiter nach der anderen Seite getrieben.

Als letztes Kind kommt eine Puppenmutter, die im Wägelchen eine Puppe fährt, freundlich mit ihrem Kind spricht, singt. Auch sie wird vertrieben. (Kein Platz in der Herberge!)

Am Ende der Straße aber bauen sich die Kinder eine eigene Welt auf (bei Mülltonnen-Überdachungen, einem Indianerzelt vom Spielplatz o.ä.). Hier läßt sich die Mutter mit dem Kind nieder, mitten in der Armut, und die anderen Kinder bringen herumliegende Dinge als Geschenk (der Hirten): etwas Holzwolle, ein altes Körbchen, eine Rassel aus einer Bierdose, eine Taschenlampe. Wenn die Lampe angeschaltet wird, richtet sich ein Scheinwerferspot in die so entstandene „Krippe" mit Maria und dem Kind.

Die „Straße" hat ganz steif dem Geschehen zugeschaut. Bei der Stall-Illusion aber wird sie sich bewußt, wie leer und verlassen alles ohne die Kinder ist, daß Kinder Leben bedeuten, daß sie Platz brauchen und Zuneigung.

Jetzt holt sie die Kinder zurück.

Singend kommt die Gruppe mit der Puppenmutter in der Mitte, im vollen Licht, wieder in die Straße herein.

Vor Ehrfurcht weichen die Häuser zurück, so daß ein Platz entsteht anstelle der schmalen Gasse, und sie knien sich hin, damit sie nicht mehr so hoch und drohend erscheinen.

Mit der Krippenszene in der verwandelten Umwelt schließt das Stück: Und sie haben sie doch aufgenommen!   E. E.

2. Dreierlei Weihnachten
(für Schulkinder verschiedener Altersstufen)

Vorbemerkung:
Bei diesem Spiel soll der Kontrast herauskommen zwischen zwei falschen Anschauungen von Weihnachten. Die Suche nach dem Sinn des echten Weihnachtsfestes steht im Vordergrund. Was ist heute noch davon gültig?

Bühne:
Die Bühne ist dreigeteilt: links eine Gruppe Jugendlicher, rechts eine Gruppe von Kindern und deren Eltern, in der Mitte die Gruppe, die nach dem Sinn fragt.

Linke Gruppe:
steht oder sitzt im Kreis, diskutiert über Weihnachten, Zwecklosigkeit, Hetze, materialistische Einstellung usw. (Hier kann jeweils ein aktueller Stoff eingesetzt werden!)
Feststellung: Man muß sozial sein, human sein.
Aber wie? Einem Bettler etwas geben? — Wer kennt einen?
Einen Alkoholiker von der Straße holen? — Gewiß. Doch wer weiß einen?
Einen Süchtigen? Ja! — Ob er kommt? — Ob es ihm hilft?
(Dieses Gespräch kann beliebig geformt oder erweitert werden.)

Rechte Gruppe:
Kinder am Tisch. Sie basteln und handarbeiten, singen (Wunschtraum des Weihnachtsgeschehens). Ihre Eltern rennen mit Paketen vorbei, Gesprächsfetzen über Geld, Zeitnot, ungeliebte Verwandte . . .
Das hörbare Gespräch wechselt nach und nach auf die rechte Gruppe über, links sitzen sie weiter da und diskutieren, gestikulieren, tun nichts.

Mittlere Gruppe:
Sie nimmt, vorne auf der Bühne hockend, Anteil an beiden Gesprächen, gibt Kommentare, knapp, aber hörbar.

Sie stellt fest, daß beide Arten falsch sind, stellt fest, daß der Sinn von Weihnachten beiden Gruppen verlorengegangen ist,
stellt fest, daß Weihnachten kein Fest
der Geschenke,
der Ferien,
des Weihnachtsgeldes,
der sozialen Gesinnung,
der Humanität ist.

Jede Religion hat ihre spezifischen Feste. (Beispiele!)
Warum soll Weihnachten nicht mehr christlich sein dürfen?
Frage nach den Symbolen:
Tannenbaum, Kind, Stall, Hirten, Geschenke, Stern.

Die Seitengruppen werden in die Fragen mit einbezogen, doch sie ziehen sich noch mehr zur Seite zurück, um die Bühnenmitte für die mittlere Gruppe freizugeben.

1. Der Tannenbaum:
Grün bedeutet Leben. Die Tanne verliert die Nadeln nicht. (Ein grüner Baum wird hereingetragen, evtl. auch ein entlaubter, um den Kontrast zu verdeutlichen. Er bleibt stehen.)

2. Das Kind:
Kinder können nicht beleidigen, schießen, hassen; vor Kindern braucht man keine Angst zu haben. (Ein echter Säugling oder eine Puppe wird von einem Mädchen hereingetragen, dabei mehr Licht auf diese zentralen Personen!)

3. Der Stall:
Überall kann Weihnachten sein, in der Häuslerwohnung wie in der Luxusvilla, aber auch auf der Straße. (Die Mutter mit dem Kind setzt sich in der Bühnenmitte nieder. Vielleicht auf einem leeren Flaschenträger?) Licht!

4. Die Hirten:
Alle sind gemeint: die Kinder und die Erwachsenen (kommen aus der rechten Bühnenseite zum Kind, knien sich hin), andere Leute erscheinen und tun dasselbe, bloß die Jugendlichen bleiben noch hartnäckig in ihrer Ecke stehen und nehmen kaum Anteil. Inzwischen ist aber auf der Bühne eine Krippenszene entstanden.

5. Die Geschenke:
Die Könige aus dem Morgenland brachten sie. (Wenig verkleidete Könige bringen verdeckt Teller mit selbstgemachten Plätzchen o. ä.) Sie huldigen dem Kind.

6. Der Stern:
Er leuchtet auf dem Weg voll Dunkelheit. (Bühnenbeleuchtung aus bis auf den Spot). Ein großer, leuchtender Stern (Herstellung siehe Anleitung S. 508) wird hereingetragen, langsam über die Bühne geführt bis zu den trotzenden Jugendlichen. Sie erschrecken und kehren innerlich um. Der Stern wird von der Bühne herunter ins Publikum getragen, alle Mitspieler, auch die Jugendlichen, ziehen mit. Ein Weihnachtslied wird angestimmt, während der Zug auf Umwegen zum Ausgang geht. Dabei verteilen die Könige ihre Gaben an die Gäste.
E. E.

Der Heilige Abend in der Familie

Weihnachten feiern fast alle Menschen am liebsten zu Hause. Trotzdem ist die Einsamkeit für viele gerade in dieser Zeit am schrecklichsten. Kennen wir jemand, der am Heiligen Abend einsam und allein ist?

Die Geschenke:
Die richtigen Geschenke zu finden, ist manchmal sehr schwer. Schenken ist ein Zeichen der Liebe. Wir wollen einander Freude machen, weil Gott uns durch den Erlöser beschenkt hat. Jedes Geschenk sollte an diese schenkende Liebe Gottes erinnern. Darum sollen wir an Weihnachten über unseren Familien- und Verwandtenkreis hinaus an die Armen, Notleidenden und Unterdrückten denken. An jene also, die nicht auf der Sonnenseite stehen. (Eine Weihnachtskarte an jemanden in einer Strafvollzugsanstalt kann wichtiger sein als Grüße an den Vorgesetzten.)
Schenken macht nicht arm — Schenken macht reich!

Die Feier:
Wir sollten uns wirklich Mühe geben. Wofür haben wir Phantasie? Stellen wir gemeinsam ein kleines Programm zusammen. Überlegen wir, welche Lieder gesungen werden könnten? Ob ein Mitglied der Familie ein Instrument spielt? Wo ein kleines Gedicht zu finden ist? Wer das Jesuskind in die Krippe legen darf? Jeder sollte seinen Teil zur Gestaltung beitragen. Erst nachher sollten die Geschenke verteilt werden.

1. Vorschlag
(Wir stehen um den Christbaum)

1. Lied: Stille Nacht
2. Gedicht
3. Weihnachtsevangelium
4. Engel des Herrn
5. Lied: Zu Bethlehem geboren
6. Wir wünschen uns ein gesegnetes Weihnachtsfest und verteilen die Geschenke.

2. Vorschlag

1. Lied: Es ist ein Ros' entsprungen
2. Worte der Besinnung
3. Weihnachtsevangelium
4. Einige „Gegrüßet seist du Maria" mit „Jesus, den du, o Jungfrau, geboren hast"
5. Lied: O du fröhliche
6. Wir wünschen uns ein gesegnetes Weihnachtsfest und verteilen die Geschenke. Hans Schraml

3. Vorschlag

(Die Kerzen am Adventskranz brennen oder ein paar Kerzen am Christbaum. Die Geschenke sind zugedeckt. Manche Eltern halten den adventlichen Teil in einem eigenen Raum)

Adventlied: Macht hoch die Tür

Wir beten
V = Vorbeter
A = Alle

V: Der Engel des Herrn brachte Maria die Botschaft.
A: Und sie empfing vom Heiligen Geiste.
Gegrüßet seist du, Maria . . .
V: Maria sprach: Siehe ich bin eine Magd des Herrn.
A: Mir geschehe nach deinem Wort.
Gegrüßet seist du, Maria . . .
V: Und das Wort ist Fleisch geworden.
A: Und hat unter uns gewohnt.
Gegrüßet seist du Maria . . .

Alle Kerzen am Christbaum werden angezündet.

Die Weihnachtsbotschaft:

„In jener Zeit erging von Kaiser Augustus der Befehl . . .
. . . weil in der Herberge kein Platz für sie war."

(Hier kann man eine kurze Pause machen und das Lied „Zu Bethlehem geboren" singen).

„In jener Gegend aber waren Hirten auf dem Felde . . .
. . . Ehre sei Gott in der Höhe und Friede den Menschen auf Erden, die guten Willens sind."

(Nach dem Verkünden der Weihnachtsbotschaft wäre es schön, wenn Vater oder Mutter mit den Kindern über das Gehörte sprechen würden).

Lied: O du fröhliche, so du selige, gnadenbringende Weihnachtszeit . . .

Wir beten für alle Menschen

V: Unser Vater im Himmel.
Dein Sohn Jesus Christus kam
auf die Erde, um unser Bruder zu werden.
Wir bitten dich heute
an seinem Geburtstag:

K: Viele Menschen sind traurig.
Mach sie froh durch die Botschaft
von der Heiligen Nacht.

K: Auch heute abend sind viele Menschen
auf der Welt einsam, verlassen,
krank und hungrig.
Laß sie Freunde finden, die ihnen helfen.

K: Wir denken auch an unsere
lieben Verstorbenen, besonders an . . .
Laß sie bei dir ganz glücklich sein.

K: Unsere Familie feiert heute
so schön das Weihnachtsfest.
Segne uns alle Tage.

V: Denn du, unser himmlischer Vater willst,
daß wir einander die Liebe weitergeben,
die dein Sohn uns geschenkt hat.
Hilf uns dazu durch Christus unsern Herrn.

Lied: Stille Nacht, heilige Nacht . . .

Wir beschenken uns.

Vater oder Mutter:
„Die Gaben, die wir einander schenken, sollen uns an das größte Geschenk erinnern: Gott schenkt uns seine Liebe in Jesus Christus."

Seelsorgeamt Regensburg

Sternsingen

(Vorschlag für den Hausbesuch

gesungen

Vorsänger:
Vom Himme, da zoigt se a hellichter Stern.

Alle:
Die Heilign Drei König, die suachan den Herrn,
sie suachan des Kindl in Wind'ln und Stroh
und die Heilig'n Drei König san froh!

Vorsänger:
Sie reit'n auf Rösselein und dem Kamel.

Alle:
Der Stern, der macht d'Nacht wia'n Tog so schön
hell!
Sie kenna koa Rast und sie kenna koa Ruah,
denn sie roasn auf Bethlehem zua.

Vorsänger:
Da bleibt der Stern steh' und sie steig'n schnell
vom Pferd,

Alle:
geh'n eine in Stall und fall'n nieder auf d'Erd.
Sie grüaßn des Kindl in Wind'ln und Stroh
und die Heilig'n Drei König san froh.

Vorsänger:
Sie schenka dem Kindl so allerhand,

Alle:
Gold, Weihrauch und Myrrhen vom fernen Land.
Der Kaspar, der Melchior, der Balthasar
wünschen Euch alle a recht a guats Jahr!

(Das Lied entstammt dem Liederbuch von Ferdinand Neumair „Sing mar a weng", München 1958, S. 100).

gesprochen

Balthasar:
Die Weisen aus Morgenland sahen den Stern,
sie suchten und fanden Christus, den Herrn.

Melchior:
Wir finden ihn heut' in den Kranken und Armen,
so bitten wir euch um euer Erbarmen.

Kaspar:
Gebt reichlich, die ihr Geld habt und Brot,
so viele Menschen leiden noch Not!

Alle:
Gedenket auch derer, die Gott noch nicht kennen;
helft, daß sie bald seinen Namen nennen!

Balthasar:
Zuletzt, so ist es Brauch und Sitte,
tret' ich hervor mit einer Bitte,
wie es mein Amt von mir verlangt.
Für's Zuhörn seid vielmals bedankt.
Wir bitten auch, ihr wißt es schon,
um Gaben für die Mission.
Drum öffnet willig eure Hände
und gebt uns eine gute Spende!

(Nach der Spende)

Alle:
Die Gabe vergelte der gütige Gott
mit langem Leben und gnädigem Tod.

Kath. Pfarramt Vilzing

Das Christkindlspiel von Klenowitz

Ein Ausschnitt

Einleitung

Die Herkunft des Spieles ist unbekannt. Johann Kneifl, der Gewährsmann und letzte Spielleiter erzählte, daß für das Spiel keinerlei Unterlagen und Noten vorhanden waren. Es wurde mündlich durch die Generationen überliefert. Vielleicht war dafür die abgeschiedene Lage von Klenowitz (Böhmerwald), fern von Durchgangsstraßen und hart an der Sprachgrenze, von Bedeutung.

Der Aufführungsort war immer eine größere Bauernstube, nie ein Saal. Die Darsteller und Sänger befanden sich inmitten der Stube, die Zuschauer und -hörer rundherum.

Die mittelalterlichen Weisen des Spieles lassen ein hohes Alter vermuten. Erst im Laufe von Jahrhunderten wurden manche Weisen durch jüngere ersetzt oder es kamen neue hinzu.

Im Jahre 1925 fand die letzte Aufführung des Klenowitzer Christkindlspieles statt.

Im Sommer des Jahres 1937 wanderte ich über Rohn, Schlag und Frauenthal nach Klenowitz, um dort nach den Weisen des Christkindlspiels zu forschen.

Bei der Familie Feirer, die bei dem Spiel noch mitwirkte, konnte ich die Lieder:

<blockquote>

Josef, liebster Josef mein
und Laßt uns das Kindelein wiegen

</blockquote>

aufzeichnen.

Jetzt nach dreieinhalb Jahrzehnten, bekam ich durch Vermittlung des Oberlehrers Meisinger, früher Frauenthal, jetzt in Augsburg, eine Niederschrift des Spieles, verfaßt vom letzten Spielleiter:

<blockquote>

Johann Kneifl
(Hausname Veidei)
geboren am 12. 8. 1888 in Klenowitz.

</blockquote>

Im Sommer des Jahres 1972 am 14. Mai besuchte ich Johann Kneifl, der nach der Vertreibung in Jetzendorf lebte, und ließ mir das Spiel, soweit es noch in Erinnerung war und zum Vergleich der Niederschrift vorsprechen und die Weisen vorsingen. Die Aufzeichnung der Weisen war wegen der durch das hohe Alter bedingten gebrechlichen Stimme teilweise schwierig. Es war mir klar, daß zur Sichtung und Ordnung sowie Ergänzung und Neufassung ganzer Teile viel Arbeit nötig sein würde.

Am 13. Mai, fast genau ein Jahr nach meinem Besuch bei ihm, ist Johann Kneifl gestorben.

Am 4. Oktober d. J. kam mein lieber Freund und Wandervogelkamerad

<blockquote>

Herbert Wessely
(geboren in Znaim, Südmähren,
jetzt in Karlsruhe)

</blockquote>

auf einen dreitägigen Besuch zu mir. Bis in die tiefe Nacht hinein nahm er sich mit mir des Spieles an, ordnete, ergänzte und schrieb ganze Teile neu.

Auch die Weisen wurden — wenn vonnöten — geordnet, ergänzt und neu geschrieben, so auch die Instrumental- und Vokalsätze.

Abensberg, im Dezember 1973   Karl Josef Pimmer

Szenen

1. Begrüßung
2. Verkündigung
3. Herbergspiel
4. Hirtenspiel
5. Verkündigung der Hirten
6. Anbetung der Hirten

(Auf die Szenen „Dreikönigsspiel", „Herodesspiel", „Anbetung der Könige" und „Schluß" mußte aus Platzgründen leider verzichtet werden!)

Personen

1. Gabriel
2. Maria
3. Josef
4. Erster Wirt
5. Zweiter Wirt
6. Maxl 1. Hirt
7. Sedo 2. Hirt
8. Lomo
9. Verkündigungsengel
10. Engel
11. Sprecher
12. Chor

Spiel

1. Begrüßung

Sprecher:

Liebe Freunde insgemein,
die allhier versammelt sind,
ich bitt euch alle, groß und klein,
hört unsre Kund vom Gotteskind!
Ich hoff', ihr werdet stille schweigen,
ein geistig Spiel wolln wir euch zeigen:
Von Mutter Maria, Sankt Josef dabei,
die Herzeleid litten alle zwei;
sie fanden kein Herberg, Gaß aus und Gaß ein
zu Bethlehem damals, kein Mensch ließ sie ein.
Sie haben an allen Türen gefragt,
man ließ sie in Not, Gott sei es geklagt.
Was hat man den Armen angetan?
Ihr Freunde, nun hebet zu singen an!
Doch achtet allsamt auf klaren Ton
zur Ehre Gottes und seinen Sohn!

2. Verkündigung

(Weise Nr. 1)

Gabriel:
(singt)
1. Singt Ave Maria jungfräuliche Zier,
du bist voll der Gnaden, der Herr ist mit dir.
Eine ganz neue Botschaft, ein wunderwerts Ding,
von der himmlischen Hofstatt Engel Gabriel bringt.

Maria:
2. Was sind das für Reden, was soll dieses sein,
wer tut zu mir treten ins Zimmer herein?
Die Tür ist verschlossen, die Fenster sind zu,
wer ist's, der mich störet in der göttlichen Ruh?

Gabriel:
3. Erschrick nicht, Maria, es g'schieht dir kein Leid,
ich bin doch ein Engel, verkünd dir groß Freud.
Daß du sollst empfangen und tragen ein Sohn,
war Gottes Verlangen viel tausend Jahr schon.

Maria:
4. Wie soll dies geschehen, fremd Männer mir sind?
Will lieber vergehen, als tragen ein Kind.
Ich hab mich versprochen als Jungfrau für Gott,
das ist mein Verlangen hin bis in den Tod.

Gabriel:
5. Gegrüßet Maria, sei gebenedeit,
erkoren von Gott für die Ewigkeit.
Die Gnade ist groß, die er dir erweist.
Empfange dein Los vom heiligen Geist!

Weise Nr. 1

Gabriel: 1. Singt A - ve Ma - ri - a jung-fräu.-li-che Zier, Ei-ne
du bist voll der Gna-den, der Herr ist mit dir.

ganz neu - e Bot-schaft, ein wun-der-werts Ding, von der

himm - li - schen Hof-statt En-gel Ga - bri - el bringt.

Weise Nr. 2

Maria: 1. O Jo - sef mein, schau um ein klei - nes Or - te -

lein. Es wird nicht lang mehr wäh - ren, ein Kind soll

ich ge - bä - ren. O Jo - sef mein, o Jo - sef mein.

Chor:

6. Singt Ave Maria, jungfräuliche Zier,
du bist voll der Gnaden, der Herr ist mit dir.
Eine ganz neue Botschaft, ein wunderwerts Ding,
von der himmlischen Hofstatt Engel Gabriel bringt.

3. Herbergspiel

Josef:
(spricht)
Maria, Maria, mein trautes Weib,
hör auf mein Wort, merk auf mit Fleiß!
Ein Gebot ist ausgangen über Länder und Straßen,
daß jeder sich soll schreiben und schätzen lassen.
So wolln auch wir nach Bethlehem wandern,
uns schätzen zu lassen wie alle die andern.

Maria:
O Josef mein,
nach deinem Willen kanns schon sein.

Josef:
Maria, Maria, du trautes Weib,
wirst reisen müssen mit schwerem Leib.

(Weise Nr. 2)

Maria:
(singt)
1. O Josef mein, schau um ein kleines Örtelein.
Es wird nicht lang mehr währen,
ein Kind soll ich gebären.
O Josef mein, o Josef mein.

Josef:
(spricht)
So will ich schaun und gehen herum,
ob ich in Bethlehem eine Herberg bekomm
für heut über Nacht, ich fange gleich an!

Josef:
(Er klopft an.)

1. Wirt:
Wer klopft an meiner Tür?

Josef:
Arme Leut sein hier!

Wirt:
Was wollt ihr von mir?

Josef:
Ich bitt euch lieber, guter Mann,
nehmt uns als Herbergsleute an!
Wir machen euch gar kein Beschwer.
Bedenkt, wir kommen von weitem her.
Mein Weib ist müd, schickt uns nicht fort,
wir ruhen auch an schlechtem Ort!
O laßt uns ein um Gotteslohn,
er schenk euch Gnad vom Himmelsthron.

Wirt:
Was hab ich denn mit euch zu schaffen?
Wer weiß, wo ihr seid hergeloffen?
Ich bot mein Haus schon andern an,
die ich auch nicht fortschicken kann.
Von euch hab ich nur schlechten G'winn.
Sucht anderswo und geht dahin!

Josef:
Jetzt geh ich schon seit früh und spat,
find Herberg nicht in dieser Stadt.
O Gott, mögst unser dich erbarmen.
Wie arg trifft es die Fremden und Armen!

(Weise Nr. 2)

Josef:
(singt)
2. O Jungfrau rein,
nach dei'm Begehren kanns nicht sein.
Zu spät sind wir gekommen,
wir werd'n nicht aufgenommen,
o Jungfrau rein, o Jungfrau rein.

(Weise Nr. 2)

Maria:
(singt)
3. O Josef mein,
wo werden wir denn kehren ein?
Läßt man uns auf der Straßen,
so frierts uns über die Maßen,
o Josef mein, o Josef mein.

Maria:
(spricht)
O Josef mein,
versuch dein Glück, es muß ja sein!
Wo sollen wir hin?

Josef:
Er hat mich granti angeschrien!
So will ich es doch wieder wagen
und noch einmal bei andern fragen.
(klopft an der Tür)

Weise Nr. 3

Chor:
1. In ei - nen Stall gin - gen sie hin - ein, das
dar - in - nen war ein Ochs und E - se - lein,

Heu vom Krip - pe - lein sie fra - ßen. O Sün - der mein, komm

auch her - bei, wo Jo - sef und Ma - ri - a sa - ßen.

Weise Nr. 4

Chor:
1. Gott grüaß enk bei - nan - der, ver - zeiht uns dö Frag, Ja
ma konns net da - key - ner, is Nocht o - der Tog.

daß ma heint gar kei - nen Hir - ten neyt siacht, da -

bei is dö Wei - den sou hell und sou liacht.

2. Wirt:
Wer klopft an meiner Tür?

Josef:
Arme Leut sein hier!

2. Wirt:
Was wollt ihr von mir?

Josef:
Ich bitt euch, wollet hilfreich sein
und laßt uns über Nacht heut ein.
Weist uns nicht fort, wir sind in Not.
O helft uns, zahle es euch Gott!

2. Wirt:
(Stampft mit dem Fuß und schreit)
Ich glaube, Mann, ihr seid nicht g'scheit,
umsonst bei mir zu wohnen heut!
Ihr klopfet an wie Bettelg'sind.

Maria:
Wo wird geboren heut mein Kind?

2. Wirt:
(mitleidig)
Ein Stall ist mir übrigblieben
darinnen seid ihr unvertrieben.
Wenn ihr euch könnt im Heu erwarmen,
so will ich mich euer erbarmen.
Kommt mir jetzt nach, ich will euch zeigen,
wo ihr könnt diese Nacht verbleiben.

(Weise Nr. 2)

Josef: (singt)
4. O Jungfrau rein,
die Not muß eine Tugend sein.
Ein Stall ist übrigblieben,
drin sind wir unvertrieben,
o Jungfrau rein, o Jungfrau rein.

(Weise Nr. 3)

Chor: (singt)
1. In einen Stall gingen sie hinein,
darinnen waren ein Ochs und Eselein,
das Heu vom Krippelein sie fraßen.
O Sünder mein, komm auch herbei,
wo Josef und Maria saßen.

2. Beim Krippelein kniet ein alter Mann,
er betet das kleine Kindlein an
und küßt ihm seine Füße.
O Sünder mein . . .

3. Geboren ist uns ein Kindelein,
von einer Jungfrau keusch und rein,
o fallet ihm zu Füßen.
O Sünder mein . . .

4. Hirtenspiel

Sprecher:
I komm herein, seid all gegrüßt,
zu künden die Geburt des Herrn Jesu Christ.
So wollet vernehmen mit rechtem Verstand
die gute Botschaft, die Gott gesandt.
Der alte Mann, Josef genannt,
der niemals hat ein Weib erkannt,
er ist hier allein
mit Maria, der Jungfrau keusch und rein.
So laßt uns gehn nach Engels Rat
nach Bethlehem in die Davidsstadt:
Drei Engel wurden ausgesandt,
das Wunder groß aus Gottes Hand
den armen Hirten auf der Heid
zu künden zu der Weihnachtszeit.

(Weise Nr. 4)

Chor:
(singt)
1. Gott grüaß enk beinander, verzeiht uns dö Frog,
ma konns net dakeyner, is Nocht oder Tog.
Ja daß ma heunt gar keinen Hirten neyt siacht,
dabei ist dös Weiden sou hell und sou liacht.

2. Sie liegn no tramhappert im Schlof bei der Herd,
derwal steigen d'Engel vom Himmel af d'Erd.
Sie singen und sagen die fröhliche Kund,
die der Herrgott hot geben mit göttlichem Mund.

3. Ihr Menschen auf Erden erkennt seine Gnad,
erwacht aus dem Dunkeln, denn Gott, der Herr, naht.
Erhebt euch aus Banden und schaut in das Licht
und hört auf den Engel und lusts, wos er spricht!

Sedo:
(spricht)
Husch, Maxl, husch! (Bläst sich in die Hände.)
Is's heut net grausam grimme kolt?
I und mei Wabl, husch, husch,
derfrern hintern Ofen schou bold.
Mir san dö ollerärmsten Leut,
dies' gibt in derer koltn Zeit,
daß wir in lauter Elend und Not
uns suachen müass'n dös tägliche Brot.

Weise Nr. 5

Chor: 1. Es kam ein En - gel hell und klar, Sie wa - ren ja von
von Gott ge - sandt zur Hir - ten - schar.

Her - zen froh, drum sprach der En - gel al - so:

Weise Nr. 6

Chor: 1. Auf ihr Hir - ten von dem Schlaf, bei so schö - nen Zei - ten,
sam - melt die zer - streu - ten Schaf, tut sie fröh - lich wei - den!

Seht vom ho - hen Him - mels - tor, wie ein gan - zer En - gel - chor

sich in De - mut hat ge - beugt, tau - send Freu - den uns be - zeugt.

Ja, Tog und Nocht hob i koa Ruah,
des Raubzeug lauft den Schofen zua,
aa der wilde Bär.
Do fürcht i um die Schofe sehr.
Wenn i net wochsam olle Zeit,
so gibts koa Schäflein auf der Heid.

Drum will i blosen zum erstenmol,
das soll mir schollen über Berg und Tol.
(Stößt dreimal ins Hirtenhorn und wendet sich an
Maxl.)
Lieber Gspon, probier dös Horn
und blos zum ondernmol,
so bleibt kein Wolf in Gsträuch und Dorn
von seinen Zauberholl.

Maxl:
So will ich blosen wie ein Jagersmonn,
wie wohl ichs niemals gelernet hon.
Drei Bloser und an Pfiff no drauf,
dos weckt den gonzen Wold glei auf.

(Stößt dreimal ins Horn und macht einen grellen
Pfiff.)

Weicht Wölfe von meiner Herd,
schaut auf, daß keiner gfangen werd!
Laßt mit den Schafen mich in Fried,
dann muß mein Horn euch bannen nit.

(Wendet sich an Lomo.)

Lieber Gspon,
probier du fein dös Horn
und blos zum drittenmol nei,
so san ma für d'Nocht olle sorgenfrei.
Sonst bringen die Wölf uns Unheil gor
in dieser Nocht wie im letzten Johr.

Lomo:
Sorgenfrei, sorgenfrei, mein lieber Gspon,
wos fongst denn glei zan Jommern on?
Hör auf mit dein' Klogn.
Die Kältn möcht mi schier verjogn.
Ich zittre arg mit diesem Horn,
dö Lippen san ma gounz verfrorn.

(Bläst an der verkehrten Seite ins Horn und bringt
keinen Ton heraus.)

(Zu sich selbst): Waar schon bold gounga.

Sedo:
Laß schauren, laß schauren!
Kein kältere Nocht
i wirkli jo niamols derlebt no hob,
so long i hüat auf diesem Lound.
Die Himmelsröt zeigt uns wos Neues an,
wer ist's, der uns dös deuten kann?

Maxl:
So ist's holt um die kälteste Zeit.

Sedo:
Wos sogst, mei Maxl, dös is' gscheit.

Lomo:
Gewaltige Nocht mocht helle Nocht.

Sedo:
Schauts, wia der grouße Stern durt wocht!

(Die Hirten stecken im Dreieck die Köpfe zusammen.)

5. Verkündigung der Hirten
(Der Engel umkreist die Hirten.)

(Weise Nr. 5)

Chor: (singt)
1. Es kam ein Engel hell und klar,
von Gott gesandt zur Hirtenschar.
Sie waren ja von Herzen froh,
drum sprach der Engel also:

Engel:
(singt)
2. Vom Himmel hoch, da komm ich her,
verkünd euch viel der neuen Mär.
Der neuen Mär künd ich so viel,
wovon ich singen und sagen will.

Maxl:
I glaub, ich hör die Engel singa,
gor a sou süaß hör i es klinga!

Sedo:
A wou, a wou!

Maxl:
Im hohen Himmel droubn,
moanst net, daß die den Herrgout lobn?

Sedo:
Du bist ma gor a dummer Mou,
moanst, d'Engel singa bei der Nocht,
nea wal vor Frost mir san derwocht?
Das steht in Gottes Heimlichkeit.
Du moanst, du konnst uns norren heut!
I wer da gebn, du dummer Troupf,
i hau di af dein hölzern Koupf!

(Schlägt dem Maxl auf den Kopf.)

Lomo:

Hörst du net auf mit dein Seckiern?
I kannt vor Kältn bold derfriern.
Mi fruist in meine Händ und Gliader,
kummts Brüader, legn ma uns niader!

Sedo:

Nun guat, so folgn ma deiner Lehr
und legn uns alle drei wieder her.
Gott wird schou für uns olle wochn,
so brauch ma uns koa Sorg net mochn.
(Alle drei legen sich der Länge nach hin.)

(Weise Nr. 5)

Engel:

(singt)

3. Der Herrgott in dem höchsten Thron
hat euch gesandt sein liebsten Sohn,
der euch heut ist als Mensch geborn
von einer Jungfrau auserkorn.

4. Zu Bethlehem, der Davidstadt,
wie es die Schrift hat längst gesagt:
Das ist der Heiland Jesu Christ,
drum fürcht euch nicht zu dieser Frist!

Maxl:

(Richtet sich auf einen Ellbogen auf und schlägt mit
dem Ringstock über, alle springen auf.)

Jo, hörts ös net die Engel singa?
Mir tuat mei Herz vor Freud zerspringa!

Sedo:

Wos tuast mit uns, du grouba Mou,
daß oans gor nimmer schloffa kou?
Kannst oan in guatn neyd afweycka,
tuast oan in Schlof sou groub daschreycka.
Was du do reydst, is olls umsunst.

Lomo:

(verschlafen)

I glaub, es is a Feuersbrunst.

Maxl:

I hobs jo gsegn dös Himmelsliacht,
i moa, daß heint a Wunder gschiacht.
(Alle drei legen sich wieder nieder.)

(Weise Nr. 6)

Chor: (singt)

1. Auf ihr Hirten von dem Schlaf,
bei so schönen Zeiten,
sammelt die zerstreuten Schaf,
tut sie fröhlich weiden!
Seht vom hohen Himmelstor,
wie ein ganzer Engelchor
sich in Demut hat gebaut,
tausend Freuden uns bezeugt.

2. Wenn ihr in dem Königssaal
's Kindlein werd' nicht finden,
schauet nur im alten Stall,
schauet nur ganz hinten!
Tuet nähertreten
um es anzubeten!
Bei dem Esel und dem Rind
liegt das ganze Hofgesind.

3. In ei'm alten Krippelein
liegts anstatt der Wiegen.
Heißt mit Namen Jesulein,
wird die Not besiegen.
Alle hier auf Erden
solln erlöset werden.
Stieg vom hohen Himmelsthron
Gottes eingeborner Sohn.

Engel:

(Berührt Maxl mit dem Szepter und spricht.)

Auf, auf ihr Hirten auf der Heid,
(Wartet, bis Maxl sich aufrichtet, und spricht weiter.)
ich verkünd euch große Freud.
Gott vom allerhöchsten Thron
hat gesandt euch seinen Sohn,
der ist heut als Mensch geborn
von einer Jungfrau auserkorn:
Zu Bethlehem, in der Davidstadt,
wie es die Schrift geweissagt hat.
Das ist der Heiland Jesu Christ,
der euch von Gott gegeben ist.
(Der Engel entfernt sich.)

Maxl:

Dös muaß i mein Sedo und Lomo sogn,
bin gsponnt, wos dö werdn dazua sogn.
(Nimmt seinen Ringstock, haut ihn einem jeden
über den Buckel und sagt.)
Sedo, Lomo, stehts auf!
Es is a Engel zu uns keyma,
wos er hot gsogt, sullts jetzt vernehma:
Es ist heut Nocht ein Kind geborn,
von einer Jungfrau auserkorn!
Das ist der Heiland Jesu Christ,
der uns von Gott gegeben ist!

Sedo:

Nou Wunder über Wunder, hör,
wos du uns sogst für neue Mär
Sullt i dös glaubn olls für wohr,
hots ma net längst schou tramt davor?

Maxl:

Drum hob i enk gweyckt, daß ihr sullts versteyh,
wir können net wortn, wir müaßn geyh.
Neyhmts engre sieben Sochen gschwind,
wir eilen zu dem Jesukind.

(Weise Nr. 7)

Maxl: (singt)

1. Auf, auf und herob, es wird schou bold Tog,
tua flugs die aufmoucha, geh mit mir in d'Stodt
nach Bethlehem gschwind zum göttlichen Kind,
das uns erlöst von der Adamsünd.

Sedo:
(singt)

2. Ei, bsinn di net long und wog nur den Gong,
sog deinem Erlöser für Gnaden Dank;
tua net drauf vergeyssa, dem Kind bring wos z'essa,
von Milch und Mehl, wenn du host kein Geld.

Lomo:
(singt)

3. I hobs schou bei mir drei Äypfel, a vier,
a Glaserl voll Brandwein, a Lackerl vom Bier.
Das will ich verehren
mein Gott und Herren,
das ist mei Gob,
wal i sonst nichts hob.

Sprecher:

Ihr Leut insgemein,
wollt aufmerksam sein!
Gibt das nicht zu denken,
wie Gott es so lenken
gewollt, daß auf Erden
die Frohbotschaft hörten
die Hirten im Feld,
nicht die Herren der Welt?
Denn Demut alleine
vermag noch das reine
Wort Gottes verstehn.
Nun lasset uns gehn mit den Hirten zum Kind,
daß jeder es findt!

(Weise Nr. 8)

Chor: (singt)

1. Laufet ihr Hirten und eilet geschwind,
suchet Maria, begrüßet das Kind!
Laufet nach Bethlehem, in den Stall,
begrüßet das Kindlein vieltausendmal!

2. Laufet, ihr Hirten, von weitem zugleich,
nehmet Trompeten und Pfeifen mit euch!
Nehmet ein Lämmlein von der Weid,
daß sich das Kind in der Krippe recht freut!
Ihr Hirten, ihr Hirten.

3. Laufet, ihr Hirten, bedenkt euch nur schnell,
wo es da brennet so wunderlich hell.
Dort bei der Krippe, da findet ihr all:
Maria und Josef im ärmlichen Stall.
Ihr Hirten, ihr Hirten!

6. Anbetung der Hirten

(Weise Nr. 9)

Chor:
(singt)

1. Laßt uns das Kindelein wiegen,
das Herz zum Krippelein biegen,
laßt uns im Geist erfreuen,
das Kindelein benedeien!
O Jesulein süß, o Jesulein süß.

2. Laßt uns dem Kindelein singen,
ihm unser Opfer bringen!
Laßt uns ihm Ehr erweisen
mit Loben und mit Preisen!
O Jesulein süß, o Jesulein süß!

3. Laßt uns sein Diener werden,
solang wir leben auf Erden!
Er wird uns wohl belohnen
mit seiner himmlischen Kronen.
O Jesulein süß, o Jesulein süß!

Josef:
(Beruhigt die ungestüm Einlaß begehrenden Hirten
und sagt:)

Gemach, gemach, ihr groben Leut!
Ihr schreckt mir 's Kind mitsamt dem Weib.

Sedo:
Sieh nur auf uns, du lieber Herr,
wir kommen halt vom Feld daher,
ich und meine zwei Mitgespon
wir suchen Maria und ihren Sohn.

Josef:
Ihr lieben guten Hirten mein,
kommt zu uns in den Stall herein!
Da sehet ihr das Kindlein bloß,
wie's lieget in Marie Schoß.
Zu Bethlehem im Stall geboren,
von einer Jungfrau auserkoren;
doch nicht nach aller Menschen Weis,
wohl nach dem göttlichen Geheiß:
Das ist der Heiland Jesu Christ,
der unser Retter und Mittler ist!

Maxl:
O sehet an das schöne Kind,
geboren ist es ohne Sünd!
Wie uns der Engel prophezeit,
als wir gestanden auf der Weid.

Weise Nr. 7

Maxl: 1. Auf, auf und her-ob, es wird schou bold Tog, tua flugs di aufmoucha, geh mit mir in d' Stodt, nach Beth-le-hem gschwind zum
gött-li-chen Kind, das uns er-löst von der A-dam-sünd.

Weise Nr. 8

Chor: 1. Lau-fet ihr Hir-ten und ei-let ge-schwind,
su-chet Ma-ri-a, be-grü-ßet das Kind. Lau-fet nach
Beth-le-hem, in den Stall, be-grü-ßet das Kind-lein viel-
tau-send-mal. Ihr Hir-ten, ihr Hir-ten!

(Weise Nr. 10)

Sedo:
(singt)

1. Liabes Kind, do host mei Soch,
hätt da jo vül mehra brocht.
Waar der Tog in Summa keyma,
hätt i gwißt, wos mitzuneyhma;
Müllers Antn af der Wies
hätt eahm oane bracht,
jo dos waar gwiß.
Triduli triduli triduli duli duli o,
triduli triduli tridulidididuli o.

Maxl:
(singt)

2. Schauts enk nea dos Kindlein on,
wia es so schöi lächeln konn,
's hot zwei Äuglein wie Kristallen,
daß mans kann net schöiner malen.
Weil dos Kind ist so gescheit,
lächelt es auf olle Leut.
Triduli . . .

Lomo:
(singt)

3. Ein guts Zeichen ist beim Kind,
daß ma sou wos nimmer findt:
Daß es tuat im Stoll einkehren,
schert sie net um houhe Herren.
Das ist für uns alle gut,
daß es uns nicht verschmähen tut.
Triduli . . .

Josef: (spricht)
Schaut an das Kindlein, es liegt dort,
wie kundgetan euch Gottes Wort.
Es trägt allein dies kleine Kind
der Erde Missetat und Sünd.

Sedo:
Grüß dich Gott, Maria rein
samt deinem lieben Kindelein!
Wie liegt es da auf grünem Gras,
wovon der Ochs und Esel fraß?
Wos soll i denn dem Kind verehren?
Nudln und Stärz ißt's aa net gern.
So werd i mi net long bedenka
und werd ihm holt a Lamperl schenka.
Das Fleisch kunnst sauba siadn und koucha,
und aus dem Fell a Polsterl moucha,
damit es net sou hort mehr friert.

Maxl:
Grüß dich Gott, Maria rein
samt deinem kleinen Kindelein!

Wos soll i denn dem Kind verehren?
Kas und Butter ißt's aa net gern.
So schenk i eahm an roten Hahn
und zwoa Oar dazua,
daß man es füttern kann.
Dos Fleisch kounnst siadn und koucha
und aus den Federn a Polsterl moucha,
damit es net sou hort mehr friert.

Lomo:
Sei mir willkommen, du edler Gast,
der du uns Sünder nicht verschmähet hast.
I bin a ormer lediger Bua,
hob weder Haus noch Houf dazua.
I wer mas gar net long bedenka
und dir mei Bettstattl schenka.
Du sullst amol meina gedenka.

Josef:
Habt Dank, habt Dank ihr Hirten gut,
was ihr dem Kind verehren tut.
Gott wird euch geben seinen Lohn,
weil ihr geholfen habt sein' Sohn.

Maxl:
Erlaubt, weil wir voll Freude sind,
daß feiern wir das Jesukind!
Nun laßt uns eins dem Kindlein singen
und tanzen und gar lustig springen:

Hirten:
(Tanzen bei jeder Strophe einmal um die Krippe
und stoßen bei jedem Takt mit dem Kettenstock
auf den Boden und singen:)

(Weise Nr. 11)

1. Ein Kind geboren zu Bethlehem,
es freuet sich Jerusalem.
Drum jubelt laut in großer Freud
zu dieser hochheiligen Weihnachtszeit!

2. Hier liegt es in dem Krippelein,
ohn End soll seine Herrschaft sein.
Drum jubelt laut in großer Freud,
zu dieser hochheiligen Weihnachtszeit!

3. Das Öchslein und das Eselein
erwärmen Gott, den Herrn, so fein.
Drum jubelt laut mit großer Freud,
zu dieser hochheiligen Weihnachtszeit!

Weise Nr. 9

Chor: 1. Laßt uns das Kin - de - lein wie - gen, laßt uns im Geist er -
das Herz zum Krip - pe - lein bie - gen, das Kin - de - lein be - ne -

freu - en,
dei - en!
O Je - su - lein süß, o Je - su - lein süß!

Weise Nr.10

Sedo: 1. Lia - bes Kind, do host mei Soch, hätt da jo vül meh - ra brocht.

Waar der Tog in Sum - ma key - ma, hätt i gwißt, wos mit - zu - neyh - ma;

Mül - lers An - tn af der Wies, hätt eahm oane bracht, jo dos waar gwiß. Tri -

du - li tri - du - li tri - du - li - du - li - du - li - o, tri -

du - li tri - du - li tri - du - li du - li du - li - o.

Maxl:
Wal ma do hom nix mehr z'toan,
so keymts zu unsere Herden hoam;
denn der Wolf is gor sou gschwind,
daß er uns koa Lamperl nimmt!

Sedo:
Ober nea koa Kuiberade* net.

Lomo:
Koa Hörnade (= gehörnte) homa eh gor net.

Maxl:
Liabe Leitln, seids fei still,
wal dos Kinderl schloffa will.

* geschlechtsreifes Tier

(Weise Nr. 12)

Maria:
(singt)
1. Jesulein, schöns Kindelein,
wie bist du so verlassen,
du liegst im kalten Krippelein,
die Äuglein hast du offen.
Kann denn ein so großer Gott
kommen in so tiefe Not.

2. Jesulein, schöns Kindelein,
ach möcht es dich nicht frieren!
Du liegst im kalten Krippelein
so bei den wilden Tieren.
Zwischen Ochs und Eselein
muß deine erste Wohnung sein.

3. Josef, liebster Josef mein,
das Kindlein will nicht schlafen.
Es friert an seinen Füßelein,
die Äuglein hat es offen.
O, du liebes Jesulein,
schlaf im kalten Krippelein!

Weise Nr.11

Chor: 1. Ein Kind ge-boren zu Beth-le-hem, es freu-et sich Je - ru-sa-lem. Drum

ju-belt laut in gro-ßer Freud zu die-ser hoch-hei - li-gen Weihnachtszeit!

Weise Nr. 12

Maria: 1. Je - su - lein, schöns Kin - de - lein, wie bist du so ver - las - sen, du
liegst im kal - ten Krip - pe - lein, die Äug - lein hast du

of - fen. Kann denn ein so gro - ßer Gott kom - men in so tie - fe Not?

Rezepte

Bayerisches Kletzenbrot

Fülle: 250 g Kletzen (Dörrbirnen), 250 g Dörrzwetschgen, 375 g Feigen, 250 g Datteln, 125 g Dörraprikosen, 500 g verschiedene Nüsse, grob gehackt, davon etwa 100 g geschälte, ganze Mandeln, 125 g Orangeat und Zitronat, gehackt, 125 g Zucker, zwei Päckchen Vanillinzucker, ein Beutel Lebkuchengewürz, je ein halber Kaffeelöffel gestoßener Fenchel, Anis und Koriander, ein paar Gläschen Rum, Salz.

Kletzen und Zwetschgen vorweichen, entsteinen und kurz aufkochen, damit sie sich schneiden lassen. Alle übrigen Zutaten werden mit dem Einweichwasser zu einem geschmeidigen Teig verarbeitet und über Nacht kühl gestellt.

Teig:
750 g fertigen Brotteig vom Bäcker oder ein ziemlich fester Hefeteig aus 750 g Mehl, 40 g Hefe, Salz und etwas Kochwasser von den Früchten.

Man teilt den Teig in zwei Hälften, vermischt die eine Hälfte mit den Früchten und stellt ihn zum Gehen warm. Dann formt man zwei oder mehrere Laibe daraus und umhüllt sie mit einem ausgewellten Teigstück aus der zweiten Hälfte des Teiges. Die Laibe werden länglich flach gedrückt, oben mehrmals eingeschnitten und nach dem Gehen mit Honigwasser bestrichen. Dann bäckt man sie bei mäßiger Hitze 70 bis 80 Minuten langsam aus. Man kann sie beliebig mit geschälten Mandeln garnieren. Das Kletzenbrot soll erst nach einigen Tagen angeschnitten werden.   Erna Horn

Stollen

750 g Mehl, 1/8 l Milch, ca. 100 g Hefe, 300 g Butter, 50 g Rindertalg und 50 g Biskin, 150 g Zucker, 1 Vanill-Zucker, ger. Schale 1 Zitrone, 50 g Orangeat, 100 g Zitronat, 150 g Haselnüsse, 150 g Mandeln, 150 g Sultaninen, 1 Teelöffel Salz, einige Tropfen Backöl Bittermandel, 1 Messerspitze Zimt, 1 Eßlöffel Rum.

Nüsse und Mandeln werden grob gehackt, das Orangeat und Zitronat klein geschnitten und die Rosinen gereinigt. Dann setzt man die Hefe mit etwas lauwarmer Milch und Zucker an und gibt sie unter das erwärmte Mehl. Man fügt die weiche Butter und die Milch hinzu und schlägt den Hefeteig so lange ab, bis er sich von der Schüssel löst. Die Zutaten werden erst dann unter den Hefeteig geknetet. Den Teig ca. ein- bis eineinhalb Stunden an einem warmen Ort gehen lassen. Der Hefeteig wird flachgedrückt und wie eine Tasche übereinandergeschlagen, noch einmal eine halbe Stunde gehen lassen. Bevor der Stollen in den Ofen kommt, mit einem dicken Mehlbrei (mit Milch oder Sahne anrühren) bestreichen. Damit der Stollen nicht auseinanderläuft, auf ein ungefettetes Pergamentpapier setzen. Bei Themostatstellung 3 den Stollen ca. 60 Minuten backen. Am Schluß wird er mit Butter bestrichen und sofort mit Puderzucker bestreut.   Bayer. Hausfrauenvereinigung

Lebkuchen-Figuren

500 g Bienenhonig, 250 g Zucker, 250 g Kokosfett, 1 kg Mehl, 50 g Kakao, 10 g Zimt, 10 g Kardamom, 5 g Nelkenpulver, 2 große Eier, 2 EL Rosenwasser (in der Apotheke erhältlich), 10 g Pottasche, Backwachs für das Blech.

Teig:

Man kocht Honig, Zucker und Fett miteinander in einem Topf auf und läßt die Masse unter mehrmaligem Umrühren gut auskühlen. Dazu gibt man die Eier und die mit dem Mehl gemischten Gewürze und den Kakao. Zuletzt rührt man die in Rosenwasser aufgelöste Pottasche ein und verknetet die Masse zu einem glatten Teig, den man mindestens 24 Stunden ruhen lassen muß. Er darf nicht zu trocken sein, sonst bekommt er bei der Verarbeitung Risse.

Belegen:

Der Teig wird einen halben Zentimeter dick ausgerollt und nach Belieben ausgestochen. Vorsicht: Abstehende Formen brechen leicht!
Für besonders schöne Lebkuchen werden jetzt die Schmuckteile aufgelegt, dazu eignen sich: Belegkirschen, Zitronat-Scheiben, verschiedenartige Nüsse, Pinien, Pistazien, Korinthen, Liebesperlen usw. Alle diese Teile werden an der Unterseite mit Eiklar bestrichen, dann bleiben sie haften. Glänzende Lebkuchen bekommt man, wenn man sie vor dem Backen mit Honigwasser bestreicht.

Backen:

Die so vorbereiteten Lebkuchen werden in genügendem Abstand auf ein gewachstes Blech gesetzt (auch auf Oblaten) und im vorgeheizten Ofen bei 170 bis 180 Grad ca. 20 Minuten gebacken.

Spritzglasur:

1 frisches Eiweiß, 300 g Puderzucker, 1 TL Zitronensaft gesiebt, 1 bis 2 TL Sahnefestiger.

Das Eiweiß wird zu sehr steifem Schnee geschlagen, dazu rührt man langsam den gesiebten Puderzucker, Zitronensaft und den Festiger. Der Guß ist fertig, wenn er in großen Zacken am Kochlöffel hängenbleibt. Er wird in einen Spritzbeutel mit sehr dünner Tülle gefüllt und vorsichtig auf die Lebkuchen gespritzt. (Abb. nächste Seite)

Tips:

Nicht aufgebrauchter Guß kann im Spritzbeutel bleiben und in einem verschlossenen Gefäß über Nacht aufbewahrt werden.
Verformte Teile können noch heiß zugeschnitten werden.
Abgefallene Verzierungsstücke werden mit Zuckerguß wieder festgeklebt.
Belegkirschen behalten die Farbe und kleben nicht mehr, wenn man sie vor dem Backen mit Salatöl betupft.
Zum Verschicken werden die fertigen Lebkuchen am besten mit Zuckerguß auf entsprechend zugeschnittene Pappe geklebt und mit Folie überzogen.

Hertha Beck

Feine Lebkuchen

500 g Haselnüsse, 300 g ungeschälte Mandeln, 125 g Zitronat, 125 g Orangeat, 500 g Zucker, 5 Eier, 2 Teelöffel Zimt, 1 Teelöffel Nelken, Oblaten, aufgelöste Couvertüre zum Bestreichen.

Haselnüsse und Mandeln mit einem Tuch abreiben, zusammen mit Zitronat und Orangeat durch die Mandelmühle geben. Eier und Zucker eine halbe Stunde schaumig rühren, Zimt, Nelken und zuletzt die gemahlenen Nüsse mit Zitronat und Orangeat zugeben. Man streicht die Masse dreiviertel Zentimeter dick auf Oblaten und bäckt sie bei schwacher Hitze langsam braun. Nach dem Backen mit Schokoladenguß oder aufgelöster Couvertüre überziehen. Bayer. Hausfrauenvereinigung

Schokolade-Honiglebkuchen

200 g Honig, 200 g Zucker, 80 g Kakao, 8 g Zimt, 375 g Mehl, 1 TL Hirschhornsalz, 2 EL Wasser (eventl. Rosenwasser), 100 g halbierte Haselnüsse. Punschglasur: 200 g Puderzucker, 1 TL Zitronensaft, 1 EL Arrak, 1 bis 2 EL Wasser.

Alle Zutaten für den Teig auf dem Nudelbrett mischen, dann das in 2 EL Wasser aufgelöste Hirschhornsalz dazugeben. (Man kann dazu Rosenwasser verwenden, in der Apotheke erhältlich — gibt dem Gebäck einen besonders feinen Duft). Den Teig kneten und zuletzt die halbierten Haselnüsse untermischen, eineinhalb Zentimeter dick ausrollen, auf gewachstem Blech bei Mittelhitze backen. Noch heiß in Stücke schneiden, mit Punschglasur überziehen. Bayer. Hausfrauenvereinigung

Weiße Lebkuchen

5 Eier, 350 g Zucker, 170 g abgezogene, gehackte und leicht geröstete Mandeln, 85 g Zitronat, 60 g Orangeat, 4 g Zimt, 1 g Nelken, 1 g Cardamom, 1 g Muskatblüte, 350 g Mehl gesiebt, 1 g Natron.

Aus obigen Zutaten feinen Lebkuchenteig bereiten. Auf eckige Oblaten aufstreichen, mit Mandeln verzieren. Über Nacht trocknen lassen und dann bei geringer Hitze goldgelb backen.

Bayer. Hausfrauenvereinigung.

Winklarner Schniedln

4 Eier, 4 EL warmes Wasser, 1 Pfund Farinzucker, 4 EL Honig, 1 EL Kakao, 2 Msp Nelken, gemahlen, 1 gut gehäufter EL Zimt, 1 Tafel geriebene Schokolade, 1 Pfund Mehl, ¹/₂ Päckchen Backpulver, ¹/₂ Pfund grob gehackte Mandeln, 70 g Zitronat, gewürfelt.
Guß: ¹/₂ Pfund Puderzucker, 3 — 4 EL heißes Wasser oder Zitronensaft.

Eier mit Wasser und Farinzucker gut schaumig schlagen, dann die übrigen Zutaten untermengen und auf ein gefettetes, mit etwas Gries bestreutes Backblech streichen.
Vorsicht beim Backen!
15 — 20 Minuten bei guter Mittelhitze (EH 200 Grad) backen, auskühlen lassen und mit Zuckerguß bestreichen. Dann schneidet man Schniedl, das sind Rechtecke von etwa 3 × 5 cm Größe.

Anneliese Baumann

Magenbrot

750 g Mehl, 80 g Butter, 375 g Zucker, 1 Ei, 80 g dunkler Kakao, 1 TL Piment, 1 EL Zimt, je ¹/₂ TL Kardamom und Nelken, 1 Tasse starker Kaffee, 1¹/₂ Päckchen Backpulver.
Zur Glasur:
250 g Puderzucker, 90 g Kakao, 1 EL Butter, ¹/₈ l Wasser. Puderzucker, Kakao zusammen sieben, mit ¹/₈ l Wasser aufkochen bis zum Fadenspinnen, Butter unterrühren und gleich verwenden.

Butter zimmerwarm, Ei und Zucker sehr schaumig rühren, Kakao, Piment, Zimt, Kardamom, Nelken und Kaffee zufügen. Mehl mit dem Backpulver sieben, portionsweise in die Schaummasse rühren. Auf dem Nudelbrett fest verkneten, bis der Teig glänzt. Abgeflachte Rollen, 3 cm Durchmesser formen, auf bebuttertem Blech nicht zu stark durchbacken. Noch heiß in schräge Scheibchen schneiden. Ausgekühlt in Kakaoglasur tauchen.

Backzeit: 20 — 30 Min., EH 200 Grad, Gas: 2. Aufbewahren: Blechdose   Olli Leeb

Mandelspekulatius

500 g Mehl, 250 g Butter, 250 g Farinzucker, 2 ganze Eier, 150 g Mandeln, 2 EL Zimt, je ¹/₂ TL Nelken, Ingwer, Kardamom, Macisblüte, Salz, 1 TL Kakao, Schale einer Naturzitrone.

Butter zimmerwarm glattrühren, Farinzucker beigeben und mit den ganzen Eiern zu einer lockeren Schaummasse rühren. Mandeln ungeschält gerieben zufügen und Gewürze beigeben. Mehl gesiebt, erst tassenweise einrühren, den Rest rasch unterrühren. Teig mindestens 1 Stunde kühl ruhen lassen. 3 mm dick ausrollen, mit etwas Stärkemehl besieben, leicht verreiben, in Spekulatiusformen drücken. Mit Draht oder einem dünnen Messer den Teig direkt am Model abschneiden. Die tieferliegenden Figuren ausklopfen, auf ein bebuttertes, mit gehobelten Mandeln bestreutes Blech oder Backtrennpapier legen, kurz kaltstellen. Mit Milch bepinseln und recht knusprig backen. Halten sich wochenlang frisch.

EH: 180 Grad, Gas: 2, Backzeit: 10 Min. Aufbewahren: Blechdose   Olli Leeb

Kokosmakronen

4 Eiweiß, 200 g Zucker, 250 g Kokosflocken, 1 EL feines Mehl, Oblaten.

Eiweiß und Zucker auf Dampf schaumig schlagen, bis die Masse in Spitzen stehenbleibt, wenn man den Schneebesen herauszieht. Kokosflocken dazugeben und Mehl leicht unterheben. Auf Oblaten mit Teelöffel kleine Häufchen setzen oder spritzen. Bei 100 Grad mehr trocknen als backen.   Olli Leeb

Springerle

500 g Puderzucker, 4 ganze Eier, 500 g Mehl, 1 Msp Hirschhornsalz, 1 Päckchen Vanillezucker, 1 EL Kirschwasser.

Eier und Zucker weiß-schaumig rühren. Gewärmtes und gesiebtes Mehl untermischen. Hirschhornsalz in einem Eßlöffel Wasser auflösen, zufügen. Teig gut verkneten, Portionsweise 1 cm dick ausrollen. Holzmodel mit Mehl ausstäuben. Teig in die Model drücken, Ränder abschneiden, überschüssiges Mehl abpinseln. Über Nacht trocknen lassen, auf gewachstem Blech bei schwacher Hitze (100 bis 150 Grad) ca. 20 Minuten backen. Springerle müssen oben weiß bleiben und sollen Füßchen haben. Probeplätzchen backen; wenn es keine Füßchen bekommt, Unterseite mit etwas Wasser benetzen. Als Christbaum-Schmuck können die Springerle mit Lebensmittelfarben bemalt werden.

Olli Leeb

Anislaiberl

250 g Zucker, 4 Eier, 250 g bis 300 g Mehl, 1 TL Anis.

Eier und Zucker schaumig schlagen, vorgewärmtes und gesiebtes Mehl sowie gewiegten Anis zugeben, auf bebuttertes und bemehltes Blech mit Löffel kleine Häufchen setzen, über Nacht in warmem Raum trocknen lassen. Am nächsten Tag bei schwacher Hitze (130 – 150 Grad) langsam backen, sollen Füßchen bekommen.

Olli Leeb

Schaumgebäck und Schaumringerl

5 Eiweiß, 300 g Zucker, 1 Päckchen Vanillezucker.

Eiweiß und Zucker im Wasserbad schaumig schlagen und Vanillezucker zugeben. Masse darf nur lauwarm werden. Auf bebuttertes und bemehltes Blech kleine Ringel spritzen oder mit Teelöffel kleine Häufchen auf Oblaten setzen. Bei schwacher Hitze (100 – 110 Grad) mehr trocknen als backen.

Olli Leeb

Butterblumen

(Ein Rezept aus der Kramgasse in Regensburg)

200 g Butter, 50 g Butterschmalz, 150 g Zucker, 2 Eigelb, 1 Päckchen Vanillezucker, 500 g Mehl. Zum Bestreichen: 2 Eigelb, 2 EL gehackte Mandeln.

Mehl auf ein Brett sieben, Fett in Flöckchen darauf verteilen, mit Zucker und Eigelb zu Mürbteig verarbeiten. 1 Stunde kaltstellen. 3 mm dünn auswellen, mit Dotter bestreichen und mit Mandeln bestreuen. Auf bemehltes Blech legen und bei 180 – 200 Grad hellbraun backen. In Blechdosen aufbewahren.

Olli Leeb

Spitzbuben

(Altes Rezept aus der Schulküche der Engl. Fräulein in Regensburg)

300 g Mehl, 150 g Butter, 120 g Zucker, 1 ganzes Ei. Zum Füllen: 4 EL Gelee oder Marmelade, Puderzucker zum Bestreuen.

Die Butter erbsengroß unter das mit Zucker gemischte Mehl schneiden, das Ei dazugeben und durchkneten. Kaltstellen, 3 mm dick auswellen. 3 – 4 verschiedengroße Förmchen ausstechen, bei mittlerer Hitze goldgelb backen. Heiß mit Marmelade oder Gelee füllen, zusammensetzen. Das kleinste Plätzchen nach oben setzen. Dick mit Puderzucker bestreuen. Beim Aufbewahren Pergamentpapier dazwischenlegen.

Olli Leeb

Quittenwürstchen

5 Pfund nicht zu reife Quitten; auf 1 Pfund Mark 1 Pfund Zucker.

Geschmackszutaten: gemahlener Zimt oder Saft und Schale einer Zitrone. Zum Färben: Johannisbeer- oder Kirschsaft ergibt stärkeres Rot, roh ausgepreßter Spinatsaft ergibt Grün.

Die gewaschenen Quitten werden mit einem Tuch abgerieben, von Stiel und Blüte befreit, in Stücke geschnitten und mit wenig Wasser weich gekocht (etwa 15 Minuten) Dann läßt man sie abtropfen, streicht sie durch ein Sieb oder püriert sie mit dem Mixstab.

Das gewonnene Mus wird mit dem gleichen Gewicht Zucker vermischt und so lange langsam gekocht, bis sich die Masse etwa auf die Hälfte verringert hat. Sie muß klumpig vom Löffel fallen.

Dann streicht man sie 1-2 cm dick auf eine Glasplatte (oder Folie) oder füllt sie in Förmchen und läßt sie an einem nicht zu warmen Ort trocknen. Dann schneidet man die Fruchtmasse mit einem scharfen, in Wasser getauchten Messer in beliebig geformte Stücke, wendet sie evtl. in Kristallzucker und verpackt sie luftdicht in Dosen oder Gläsern.

Sehr hübsch ist dieses rote oder grüne Gelee, wenn man es in kleinfingergroße Streifen schneidet, in Cellophanpapier wickelt und wie Würstchen abbindet. Das ergibt auch einen süß duftenden Christbaumschmuck. Hertha Beck

Feine Nußstangen

4 Eiweiß, 250 g feiner Zucker, 250 g feingeriebene Mandeln oder Haselnüsse, 100 g Mehl, 50 g Zitronat, 50 g Orangeat, 50 g kandierter Ingwer, alles gehackt, 1 gestr. Teelöffel Zimt, Saft und Schale von 1/2 Zitrone.

Die Eiweiß werden sehr steif geschlagen. Unter weiterem Schlagen gibt man den Zucker hinzu und stellt von der fertigen Masse 1/2 Tasse beiseite. Dann gibt man die Mandeln oder Haselnüsse, Mehl, das feingehackte Zitronat, das Orangeat und den Ingwer, Zimt, Zitronensaft und -schale dazu. Diese zarte, leicht bröckelige Masse wird 1 cm dick auf ein Brett gestrichen, so daß ein Rechteck entsteht. Man bestreicht den Teig mit der übrigbehaltenen Schaummasse und schneidet kleine Stangen ab, die vorsichtig auf ein gefettetes Blech gelegt werden. Dann bäckt man sie etwa 15 Minuten bei guter Hitze aus und läßt sie einige Tage liegen, damit sie mürb werden. Erna Horn

Oberpfälzer Nußtaler

(Altes Rezept von einer Chamer Familie)

150 g Butter, 50 g Zucker, 1 EL Vanillezucker, 1 EL Kakao, 1 EL gehackte Nüsse, 1 EL Vanillezucker, 1 Prise Salz, 240 g Mehl. Zum Bestreichen: 1 Eiweiß, zum Bestreuen: 3 EL gehackte Nüsse.

Butter, Zucker, Vanillezucker und Salz recht schön schaumig rühren. Kakao und Mehl gesiebt untermischen, die Nüsse beifügen. Rasch zusammenkneten und eine Rolle von ca. 5 cm Durchmesser formen. Kaltstellen, dann läßt sich der Teig gut in 5 mm dicke Scheibchen schneiden. Diese auf ein bebuttertes Backblech legen, mit dem leichtverschlagenen Eiweiß bepinseln und mit den gehackten Nüssen bestreuen. Wenn man die Taler vor dem Backen noch einmal kühlstellt, behalten sie die Form besser. Backzeit 10 — 15 Minuten bei 180 — 200 Grad. Olli Leeb

Walnuß-Zimt-Sterne

5 Eiweiß, 250 g Zucker, 250 g feingeriebene Walnüsse, Mandelöl, Vanillinzucker.

Die Eiweiß werden steif geschlagen. Unter weiterem Schlagen gibt man den Zucker dazu, dann den Zimt und die Walnüsse, etwas Mandelöl und Vanillinzucker. Die sehr zarte Masse wird auf Puderzucker dick ausgewellt und zu Sternen ausgestochen. Man bäckt sie bei mäßiger Hitze etwa 15 Minuten und überzieht sie dann an der Oberfläche mit einer dicken Glasur aus Puderzucker, etwas heißem Kokosfett und Rosenwasser (aus der Apotheke), sowie zwei darin aufgelösten Päckchen Vanillinzucker.

Erna Horn

Waldsassener Zwieflzuckerla

(gegen Husten und Bronchitis)

Zutaten: ¹/₂ Pfund Zucker, ¹/₂ Pfund Zwiebel.

Zubereitung: Die geschnittenen Zwiebeln werden in ¹/₂ Liter Wasser 5 Minuten gekocht und dann abgeseiht. Dann gibt man den Zucker zu dem Sud dazu und läßt alles so lang kochen, bis es braun ist. Man gießt dann den Brei auf eine Steinplatte und schneidet ihn noch warm in bonbongroße Stücke.

Äbtissin Immaculata Baumann Cisr.

Pleysteiner Hutzlbröih

1 Pfund Dörrzwetschgen, 1 Pfund Hutzl (Dörrbirnen), wenig Rosinen, Zimtrinde, Nelken, Zucker nach Belieben. Alle Zutaten nicht zu weich kochen lassen, auskühlen.

Dazu „a bachans Gnidl": Hefeteig in große Teile teilen und wie Rohrnudeln in der Reine herausbakken.

Das wird am Hl. Abend nach den Bratwürsten mit Kraut (etwa um 17.30 Uhr) und einer neugebackenen Semmel gegessen.

Maria Helm

Braunes Marzipan

500 g brauner Zucker, 5 Eier, je 1 Kaffeelöffel Zimt und Nelken, Salz, Vanillinzucker, Mandelöl, 100 g feingeriebene Mandeln, 500 g Mehl, 1 Kaffeelöffel Backpulver.

Man verrührt Zucker, Eier und Gewürze sehr gut und gibt dann Mehl und Backpulver hinzu.

Dieser zarte Teig wird gut verknetet und dann ausgewalkt. Man legt geschnitze Marzipanformen drauf, radelt den Umriß aus, preßt den Teig in die Form, stürzt das Marzipan und läßt es über Nacht kühl stehen.

Bei geringer Hitze wird es langsam gebacken. Es braucht eine Weile, bis das Marzipan schön weich wird.

Erna Horn

541

Märkte in der Oberpfalz
zwischen Kathrein und Dreikönig

Kathreinmarkt:

Breitenbrunn	Sonntag vor dem 1. Advent
Falkenstein	25. November
Hohenfels	letzter Sonntag im November
Kallmünz	1. Sonntag nach Martini
Weiden	Sonntag vor Advent

Andreasmarkt:

Parsberg	1. Sonntag im Dezember

Nikolausmarkt:

Neukirchen b. Hl. Blut	3. Adventsamstag

Christkindlmarkt:

Beratzhausen	2. Adventsonntag
Breitenbrunn	3. Adventsonntag
Cham	3. Samstag im Dezember
Kötzting	Samstag vor dem 2. Advent
Pressath	3. Sonntag im Dezember
Regensburg	1. 12. — 24. 12.

Weihnachtsmarkt:

Dietfurt	3. Adventsonntag
Ebnath	letzter Sonntag vor Weihnachten
Freystadt	24. 12.
Hemau	21. 12.
Hirschau	9. 12.
Kemnath-Stadt	1. Sonntag nach Andreas
Tännesberg	2. Sonntag im Dezember
Tirschenreuth	3. Sonntag im Dezember
Waldsassen	4. Sonntag im November

Autoren- und Quellenverzeichnis

Altrichter, Anton
Seite 19: Die Saat im Schnee (gekürzt). Eine Sage aus der Iglauer Sprachinsel. In: Winkler, Karl: Literaturgeschichte des oberpfälzisch-egerländischen Stammes. 2. Bd. Nordgaulesebuch. Kallmünz, Verlag Laßleben, 1939, S. 350.

Autor anonym
Seite 364: Telefonseelsorge, OB

Autor unbekannt
Seite 16: Warum der Wind vom Meere herweht. In: Der Zwiebelturm, 1. Jg. (1946) S. 52.
Seite 184: Der sprachkundige Vater. In: Jahrbuch der Egerländer, 25. Jg. (1978) S. 139 f.
Seite 254: Das das getraid voll gerate. Aus einem Egerer Gerichtsprotokoll im Jahr 1697. In: Jahrbuch der Egerländer, 9. Jg. (1962) S. 100.
Seite 257: Auswahl Heiliger Segen zum Gebrauche frommer Christen, um in allen Gefahren, worein sowohl Menschen als Vieh oft gerathen, gesichert zu sein. o. O., o. Verlag, 1840, o. S.
Seite 348: Die Schreinkrippen von Waldsassen. In: Unser Heimatland. Beilage zum „Tagesanzeiger", Nr. 11 (1957) o. S.
Seite 355: Beytrag zur Kirchengeschichte. In: Münchener Intelligenzblatt vom 22. Februar 1783. o. S.
Seite 446: Der heil. Dreykönigszettel. o. O., o. J. Privatbesitz, Regensburg.
Seite 457: Die heiligen drei König hochgeborn (neuer Titel).
In: Bayerwald-Echo, 5./6. 1. 1973, o. S.

Bacher-Tonger, C.
Seite 350: Das gestohlene Jesulein. In: Regensburger Bistumsblatt, Nr. 52 (1966) S. 16.

Balsamer, Aloys
Seite 102: Der Niklas. In: Ein Grantler sagt . . . Selbstgespräche eines Bayern. Regensburg, Walhalla und Praetoria Verlag, 1975, S. 78 ff.

Bauer, Karl
Seite 334: Regensburger Weihnacht (neuer Titel): Weihnachtsspiele; Weihnachtsmusik; das Umsingen; die Weihnachtskrippe; die Weihnachtssemmel (S. 477 ff.)
Seite 393: Die Johannes-Minne in Regensburg (S. 480 f.)
Seite 400: Bischofsspiele der Domschüler (S. 481 f.).
In: Regensburg. Aus Kunst-, Kultur- und Sittengeschichte. Regensburg, Mittelbayerische Druckerei- und Verlagsgesellschaft mbH, 1970.

Baumann, Hans
Seite 75: Barbarazweig, OB

Seite 168: Neamd hat gwacht (S. 63)
Seite 467: Kaum ist das Kinderl in d'Krippen einzogn (S. 69).
Seite 468: Ihr heilig drei König (S. 64)
In: Die helle Flöte. Lieder. Wolfenbüttel, Möseler Verlag 1951.
Seite 289: Der Wolf, der zum Hirtenjungen kam (S. 9 ff.)
Seite 473: Wie die Maus in große Verlegenheit kam (S. 21 ff.).
In: Ein Stern für alle. Geschichten und Lieder zu Weihnachten. Bayreuth, Loewes Verlag Ferdinand Karl KG, 1971.

Benzel, Ulrich
Seite 127: Das verschwundene Kind (Die Lucia) (S. 36 f.)
Seite 264: Der Hexenstuhl (S. 58 f.)
Seite 264: Von den Hexen verfolgt (S. 59).
In: Volkserzählungen aus dem oberpfälzisch-böhmischen Grenzgebiet. Münster, Verlag Aschendorff, 1965.
Seite 67: Das feurige Männchen in der Petergasse (S. 13)
Seite 264: Die Kohlenbrenner in der Christnacht (S. 5 f.).
In: Volkserzählungen aus dem nördlichen Böhmerwald. Marburg, N. G. Elwert Verlag, 1957.
Seite 464: Der Dämonenzug in der Rauhnacht (S. 58 f.)
Seite 464: Die Heiligen Drei Könige (S. 96)
Seite 464: Die Truden und Hexen in den Rauhnächten (S. 43).
In: Märchen, Legenden und Sagen aus der Oberpfalz. Kallmünz, Verlag Laßleben, 1977.

Bergler, Franz
Seite 346: Das Prager Jesukindl in der nördlichen Oberpfalz, OB

Berlinger, Josef:
Seite 322: s Christkindl, OB

Biberger, Erich Ludwig
Seite 22: Erfrierende Sonne.
In: Denn im Allsein der Welt. Kallmünz, Verlag Laßleben, o. J., S. 31.

Biersack, Franz Johann
S. 182: Christkindlheu (Ausschnitt; neuer Titel). In: Die Hochzeiterin im Himmel. Regensburg, Verlagsanstalt Manz, 1930, S. 7—9.
Seite 184: Die Christbaumkugel. In: Regensburger Bistumsblatt, Nr. 51/52 (1964) o. S.

Blau, Josef
Seite 266: Die arme Seele. In: Die Oberpfalz, 41. Jg. (1953) S. 64.

Seite 188: Evangelium zum Heiligen Abend (S. 37 f.)
Seite 332: Evangelium zum Christtag (S. 43).
In: Der große Sonntags-Schott für die Lesjahre A-B-C
hg. von den Benediktinern der Erzabtei Beuron. Frei-
burg, Verlag Herder, 1975.
Färber, Sigfrid
Seite 88: Der Nikolaus bei den Hartl-Kindern.
In: Frohe Einkehr. München, Don Bosco-Verlag, 1949,
S. 111 ff.
In: Weg und Ziel. 1. Bd. Lesebuch für Mittelschulen.
München, Franz Ehrenwirth-Verlag, o. J., S. 65 ff.
Fendl, Josef
Seite 320: Gestohlene Engel. In: Regensburger Bis-
tumsblatt, Nr. 51 (1953) S. 2.
Fentsch, Eduard
Seite 254: Alter Volksglaube in der Christnacht (neuer
Titel). In: Bavaria. Landes- und Volkskunde des Königs-
reichs Bayern. 2. Bd. Oberpfalz und Regensburg. Mün-
chen, Cotta'sche Buchhandlung, 1863, S. 297.
Friedl, Paul
S. 256: Altes Gebet bei schwerer Schwangerschaft
(S. 130). In: Haus- und Sympathiemittel. Rosenheim, Ro-
senheimer Verlagshaus, o. J.
Fuchs, Gustav
Seite 255: Der Besuch des Christkindl, OB
Gick, Georg Johannes
Seite 150: Herbergssuche, OB
Seite 231: Vor der Krippe, OB
Seite 242: Fast ein Wiegenlied, OB
Seite 321: Das Schönste vom Heiligen Abend.
In: Zammglaabt (Hg. Adolf J. Eichenseer). Regensburg,
Verlag Pustet, 1977, S. 42.
Glaßl, Silvia
Seite 234: Bethlehem, du kloina Stood (gekürzt), OB
Golinski, Edith
Seite 169: Das Krippenspiel, OB
Seite 278: Mein Weihnachtswunsch, OB
Seite 280: König Babasa und der Schäfer.
In: Die Sternseele und andere Märchen für Erwachsene.
Hamburg, Dammtor-Verlag, 1969, S. 35.
Grill, Harald
Seite 101: erkennungsdienst, OB
Seite 101: arbatstalung, OB
Seite 322: auspacka, OB
Seite 361: weihnachtsplatzln, OB
Gropper, Sr. Aquinata O. P.
Seite 45: Die Advents-Ämter der Dominikanerinnen, OB
Seite 132: Herbergsuche im Dominikanerinnenkloster,
OB

Seite 243: Christnacht im Kloster, OB
Seite 401: Die Eintagspriorin, OB
Gsellhofer, Franz Xaver
Seite 158: Die Irrlichter am Galgenberg. In: Waldheimat,
12. Jg. (1971) S. 11.
Hauschka, Ernst R.
Seite 164: Jetzt ist die Zeit. Texte für den Advent, OB
Heger, Eberhard
Seite 312: Sein letztes Lebenszeichen stammt vom
1. 1. 1943. In: Waldheimat, 4. Jg. (1963) Nr. 2, o. S.
Hemrich, Hans
Seite 100: Einmal Nikolaus und nie wieder, OB
Hermann, Nikolaus (gest. 1563, Joachimstal)
Seite 332: Abendreihen. In: Ringendes Volkstum. Karls-
bad, Adam Kraft-Verlag, 1931, S. 53.
Hierold, Eugen
Seite 249: Weihnachten 1957 in Vilseck. In: Gedenkbuch
der Stadt Vilseck 1900—1959 (Ms.), S. 72 ff.
Hölle, Margret
Seite 15: Lus wäi da Wind gäiht (S. 55)
Seite 66: In de Rauhnächt (S. 54)
Seite 423: Zum neia Jauha (S. 39).
In: A weng wos is aa vüi. Mainburg, Pinsker-Verlag,
1976.
Seite 413: Jauha um Jauha, OB
Seite 483: Alleluja! OB
Höllerer, Walter
Seite 24: Hopfengarten im Winter, OB
Hoerburger, Felix
Seite 18: kauderig II (S. 44)
Seite 358: festessen (S. 18 ff.).
In: Schnubiglbaierisches Poeticum. Feldafing, Verlag
Friedl Brehm, 1975.
Seite 150: wann drobn am himmi (S. 148)
In: neueste nachrichten aus der schnubiglputanischen
provinz. Regensburg, Verlag Friedrich Pustet, 1977.
Hommes, Ulrich
Seite 190: Freude (S. 15 ff.)
Seite 418: Hoffnung (S. 21 ff.).
In: Erinnerung an die Freude. Herderbücherei Bd. 543,
Freiburg i. Br., Verlag Herder, 1978.
Hubel, Achim
Seite 476: Der selige Erminold. In: Der Erminoldmeister
und die deutsche Skulptur des 13. Jahrhunderts. Bei-
träge zur Geschichte des Bistums Regensburg Bd. 8.
Regensburg, Verlag des Vereins für Regensburger Bis-
tumsgeschichte, 1974, S. 193 f.

Hübl, Karl
S. 159: Wurstpudern und Spießrecken (Ausschnitt aus: Bräuche der Oberpfalz im Vergleich zu jenen des Egerlandes). In: Jahrbuch der Egerländer, 9. Jg. (1962) S. 99 f.

Judenmann, Franz Xaver
Seite 90: Versöhnung am Nikolausabend, OB

Junghans, Marianne
Seite 43: Advent, OB
Seite 305: Der neue Anfang. In: Der Dom, Nr. 52, 26. 12. 1976, o. S.

Käb, Wilhelm
Seite 291: Die ungewöhnliche Himmelfahrt, OB

Kapfhammer, Ursula und Günther (Hg.)
Seite 265: Totenkopfkochen in Loitzendorf (S. 387)
Seite 366: Gespräch mit dem Jesuskind (S. 412).
In: Oberpfälzisches Lesebuch. Regensburg, Verlag Friedrich Pustet, 1977.

Knauer, A.
Seite 265: Die Schrazln auf dem Eicherberg. In: Die Oberpfalz, 6. Jg. (1912) S. 239.

Köck, Inge
Seite 210: Engelverkündigung. In: Der Zwiebelturm, 2. Jg. (1947) S. 331 ff.

Kölwel, Gottfried
Seite 84: Die Augen des Nikolaus (S. 239)
Seite 161: Die ungeladenen Gäste (S. 37)
Seite 275: Der Wunderbaum (S. 259 ff.).
In: Das glückselige Jahr. Wien, Gallus Verlag, 1942.
Seite 286: Friede auch der Kreatur. In: Der Zwiebelturm, 18. Jg. (1963) S. 272.

Krauß, Annemarie
Seite 420: Ein Neujahrswunsch aus alter Zeit. In: Der Neue Tag, 30. 12. 1967, o. S.

Laer, I. v.
Seite 284: Tränen in der Heiligen Nacht. In: Regensburger Bistumsblatt, Nr. 22 (1967) S. 52.

Landgraf, Ludwig
Seite 300: Der Binnerl Gober, OB

Laßleben, Johann Baptist
Seite 428: Neujahr in der Oberpfalz. In: Die Oberpfalz, 17. Jg. (1923) S. 3 ff.
Seite 460: Der hl. Dreikönigstag in der Oberpfalz. In: Die Oberpfalz, 19. Jg. (1925) S. 16 f.

Laufer, Cläre
Seite 299: Heimat im Kinderheim (neuer Titel). In: Mittelbayerische Zeitung, Weihnachtsbeilage, 25./26. 12. 1975, o. S.
Seite 319: Das Kind in der Heiligen Nacht, OB

Liebl, Franz
Seite 308: An der Krippe. In: Jahrbuch der Egerländer, 25. Jg. (1978) S. 68 f.
Seite 370: In jener Nacht. In: Das böhmische Dorf. München, Delp'sche Verlagsbuchhandlung, 1963, S. 31.

Linder, P. Mauritius
Seite 12: Der Dudelsackpfeifer von Waldershof (S. 92 f.)
Seite 67: Das Horchengehen in der Rauhnacht (S. 41)
Seite 84: Die Nikolauskirche (S. 40)
Seite 99: Das Nikolausgehen (S. 37)
Seite 158: Die Rockenmusik (S. 80 f.)
Seite 267: Die verhauene Rüstung (S. 88)
Seite 271: Die sprechenden Ochsen in der Hl. Nacht (S. 56 f.).
In: Stiftländische Märchen, Sagen und Legenden. Heimatliche Geschichtsbilder. (Hg. Robert Kuhnke) Waldsassen, 1930.

Linke, Joachim
Seite 15: Da Windda. In: Zammglaabt (Hg. Adolf J. Eichenseer). Verlag Friedrich Pustet, 1977, S. 104.
Seite 362: Zwetschgnmanndl, OB

Margaretha, Bäuerin aus Egglasgrinn
Seite 333: Verschiedene Gebetter auf alle Festäg des Jahres: Am Heil. Christ-Tag. In: Handgeschriebenes Gebetbuch von 1705 (Bischöfliches Zentral-Archiv Regensburg).

Meckl, Rudolf
Seite 405: Der Dettnacher Silvester. In: Amberger Information, Nr. 2 (1978) S. 11 f.

Menath, Josef
Seite 43: Adventliche Bilder, OB
Seite 108: Die „Unbefleckte Empfängnis" von Schorndorf, OB

Menschick, Rosemarie
Seite 86: Im Sack des Nikolaus, OB
Seit 134: Aber du Bethlehem . . ., OB
Seite 204: Kleines Hirtenspiel, OB
Seite 368: Die Geschichte von der Hanni, OB

Mitterhuber, Willi
Seite 181: Ein Weihnachtsbrief. In: Beglänzte Spur. Buxheim, Verlag Walter Berger, 1975, S. 61.
Seite 367: Weihnacht, OB
Seite 413: Dem alten Jahr ins Stammbuch, OB
Seite 439: Neujahrsmorgen, OB

Morgenschweis, Fritz
Seite 152: Gaudete — wöis mir sogn, OB
Seite 201: Aber die Seinen . . . (2. Szene).
In: Aber die Seinen . . . München, Buchner Verlag, 1958, S. 11 ff.

haltung zu tun habe. In: Die Oberpfalz, 34. Jg. (1940) S. 20.

Schützbach, Rupert
Seite 23: Dezember (S. 33)
Seite 237: Krippenandacht (S. 7)
In: Nach Judas kräht kein Hahn. Hamburg, Herbert Reich-Verlag, 1973.
Seite 189: Zeitenwende, OB
Seite 192: Christi Geburt, OB

Schuster, Raimund
S. 252: Zwei Weihnachtsmotive im Hinterglasbild, OB

Schwägerl, Maria
Seite 226: Kripp'ngang (S. 78 ff.)
Seite 240: In da halingna Noocht (S. 72 f.)
Seite 242: Christmättn (S. 75)
Seite 413: D' Neijoahrsnoocht (S. 52).
In: Dalust und daspächt (Hg. Adolf J. Eichenseer). Nabburg, Verlag Leingärtner, 1972².

Seidl, Florian
Seite 44: Dämmerung. In: Unser Heimatland, Nr. 12 (1952) o. S.

Semmet, Otto Heinrich
Seite 173: Der Weihnachtsmuffel, OB

Seufferlein, Max
Seite 42: Der Mensch im Advent, OB

Seyboth, Hermann
Seite 294: Zwischenfall an Weihnachten, OB

Siebzehnriebl, Xaver
Seite 244: Grenzlandweihnacht. In: Unser Heimatland, Nr. 10 (1958) o. S.
Seite 258: Mettennächte und Rauhnächte im Grenzwald (gekürzt). In: Unser Heimatland, Nr. 9 (1959) o. S.

Sieghart, August
Seite 79: Nikolausverehrung im Bistum Regensburg (neuer Titel). In: Heimaterzähler, 12. Jg. (1961) Nr. 22, S. 87 f.

Springenschmid, Karl
Seite 303: Wunderliche Weihnacht. In: Regensburger Bistumsblatt, Nr. 51/52 (1974) S. 12.

Staimer, Andreas
Seite 146: Christnacht: Im Gebirg — In Bethlehem — Im Stall von Bethlehem — Die stille, heilige Nacht. In: Die Oberpfalz, 44. Jg. (1955) S. 277 f.
Seite 238: Die erste Heilige Nacht, OB
Seite 240: Wiegenlied. Aus: Advent (Ms.)

Staudigl, Franz Xaver
Seite 23: Winterimpressionen. In: Die Oberpfalz, 66. Jg. (1978) S. 1.

Seite 296: Der Nachtwächter. In: Mittelbayerische Zeitung, Weihnachten 1974, o. S.

Straßer, Willi
Seite 160: Wurstfahrersprüche aus der Chamer Gegend, OB
Seite 347: Die Krippe von Heilbrünnl bei Roding, OB

Strobl, Karl Hans
Seite 178: Der alte Schwelch baut seine Weihnachtskrippe (gekürzt). In: Ringendes Volkstum, Karlsbad, Adam Kraft Verlag, 1931, S. 184 ff.

Vögerl, Otmar
Seite 176: Schnäispur, OB
Seite 323: s andane Grisskindl, OB
Seite 323: Kindagred, OB

Volkslied
Seite 30: Heut gehn ma aaf d' Höh. In: Fanderl, Wastl (Hg.) Liedblatt 10, o. O., o. J., o. S.
Seite 59: O heiliger Andree. In: Jungbauer Gustav (Hg.): Volkslieder aus dem Böhmerwalde, Praha, Nákladem státního ústavu pro lidovou píseň ČSR, 1930, S. 339.
Seite 82: Nikolo bumbum. In: Neumaier, Ferdinand (Hg.): Sing mer a weng. München, Bayer. Schulbuchverlag, 1958, S. 87.
Seite 83: Es is die Liachtazeit gar nimma weit. In: Fanderl, Wastl / Gulden, Erika / Kling, Waldemar / Lang, Hans u. a. (Hg.): Singendes Land, München, Bayer. Landwirtschaftsverlag, 1958, S. 82.
Seite 129: Legendenlied von der hl. Ottilia (Fragment)
Seite 162: Reinste Jungfrau, o betrachte. Aufgezeichnet von Josef Ortner in Michelfeld, Januar 1971. OVA.
Seite 214: Da Engl is kumma (S. 22)
Seite 216: Auf auf und ihr Hirtlein (S. 21)
Seite 217: Als ich bei meinen Schafen wacht (S. 33)
Seite 218: Potztausend, dös is a Getümmel (S. 23)
Seite 222: Brouder Wenz, gäih her za mir (S. 24)
Seite 223: Päita, stäih af fei gschwind (S. 20 f.)
Seite 224: Kumm, Brouda Mirtl, gäih mit mir (S. 26 f.)
Seite 225: Gäih Äiva, soghs da Kathl (S. 31)
Seite 435: Was wünschen wir (S. 2)
Seite 436: Das alte Jahr verflossen ist (S. 1)
Seite 469: Wir kommen daher (S. 3)
Seite 470: Die heilign drei König (S. 4).
In: Bergmann, Alois: Liederbuch der Egerländer, Geislingen/Steige, Bund der Egerländer Gmoin, 1952.
Seite 133: O Joseph mein (S. 476 f.). Herbergsuche-Lied aus dem Röhrnbacher Weihnachtsspiel.
Seite 219: Lusti, Buam! Stehts in Gottsnam auf (S. 518 f.)
Seite 220: Inmitten der Nacht (S. 461). Weihnachtslied

aus „Oberpfälzisches Weihnachtsspiel". Text in: Die Oberpfalz 4. Jg. (1910) S. 57.

Seite 241: Joseph, du liebster Joseph mein (S. 508 f.)

Seite 471: Wir kommen daher in schneller Eil (S. 497 f.).

In: Hartmann, August / Abele, Hyacinth: Volksschauspiele. In Bayern und Österreich-Ungarn gesammelt, Leipzig, 1880.

Seite 215: Ei, Manna schauts no her! In: Heidler, Franz: Das Falkenauer Mettenlied. In: Heimaterzähler. Heimatbeilage des Schwandorfer Tagbl., 22. Jg. (1971) Nr. 24.

Seite 221: Kommt wir gehn nach Bethlehem. In: Pimmer, Karl Josef: Volkslieder und Volksmusik aus dem Böhmerwald. Abensberg, Selbstverlag, 1976, S. 66 f.

Seite 383: Herkommen ist heute die Nacht. In: Eichenseer, Adolf J. / Morgenschweis, Fritz: Christkindlmeß, Bairisch-Egerländische Weihnachtsmesse. München, Musikverlag Josef Preißler, 1977, S. 4.

Seite 434: Wir setzen uns net nieder. In: Laßleben, Johann Baptist: Heimatzauber. Kallmünz, Verlag Laßleben, 1923, S. 9.

Seite 437: A gsunds neis Joahr. Text: 1. Strophe fragmentarisch aufgezeichnet von A. J. Eichenseer in Waldsassen 1975. Weitere Strophen von Erika Eichenseer 1976. OVA. Melodie: In ganz Bayern verbreitet als „Hans bleib do, du woaßt ja net, wia's Weda wird".

Seite 463: Seht an dort den Stern. Sternsingerlied aus Hohenburg. Text: Laßleben, Johann Baptist: Einige Sternsingerlieder in: Die Oberpfalz, 1. Jg. (1907) S. 62. Melodie: Franz Heidler. OVA.

Volksmund, Bauernregeln und Lostage:

Seite 10: Kathrein

Seite 17: Ende November

Seite 56: Andreas

Seite 75: Barbara

Seite 81: Nikolaus

Seite 127: Lucia

Seite 254: Christnacht

Seite 363: Christtag

Seite 390: Stephan

Seite 404: Silvester

Seite 426: Neujahrstag

Seite 474: Dreikönig

In: verschiedene Jahrgänge, Sulzbacher Kalender für katholische Christen

Jahrbuch der Egerländer, Regensburger Volkskalender, Regensburger Marienkalender

Seite 56: Redensart: Andreas. In: Winkler, Karl: Heimatsprachkunde des Altbayerisch-Oberpfälzischen. Kallmünz, Verlag Laßleben, 1936, S. 183.

Seite 73: Heilige Barbara, du edle Braut. Gebet um 1780. In: Zs. f. Vk., 53. Jg. (1956/57) S. 22.

Seite 395: Altes Soldatenlied. In: Die Oberpfalz, 28. Jg. (1934) S. 108.

Seite 422: Falkenauer Festtagswunsch. In: Heimaterzähler, 22. Jg. (1971) 24. Dez.

Seite 422: Der Ruf des Nachtwächters aus Kötzting. In: Deutsche Gaue XIII (1912) S. 168.

Seite 423: Ein gutes Rezept. In: Jahrbuch der Egerländer, 25. Jg. (1978) S. 141.

Seite 432: Neujahrswunsch. In: Das gute Jahr im Bayerischen Wald. München, G. Lange Verlag, 1956, S. 9.

Walbrun, P. Wilfried OCD

Seite 151: Christkindl-Andachten, Prager Jesulein, OB

Wald, Johanna

Seite 18: A weißa Schwana, OB

Wartbigler, Johann

Seite 268: Sankt Ulrich bei Pleystein. In: Die Oberpfalz, 7. Jg. (1913) S. 231 ff.

Watzlik, Hans

Seite 267: Gebannte Räuber (S. 19 f.)

Seite 474: Dreikönigsnacht (S. 39 f.).

In: Böhmerwaldsagen, Heft 7. Budweis, Verlag R. Oldenbourg, 1921.

Seite 458: Dreikönigstag. In: Die Leturner Hütte. Karlsbad und Leipzig, Adam Kraft Verlag, 1942.

Seite 479: Ruhe auf der Flucht. In: Regensburger Volkskalender, 64. Jg. (1958) S. 88.

Westermayer, Anton (Domprediger 1846)

Seite 442: Predigt auf das Fest der Erscheinung des Herrn (gekürzt). In: Bauernpredigten. Regensburg, Verlag Joseph Manz, 1847, S. 148 ff.

Widmann, Werner A.

Seite 352: Kindermord komplett für 5 Mark 10, OB

Winkler, Karl

Seite 66: Schlimme Folgen des Orakels (Orig. Titel: Das Liebesorakel) (S. 290 f.)

Seite 68: Die wilde Jagd (S. 73)

Seite 84: Neun Eier für den Nikolaus (S. 166)

Seite 156: Der mit dem Geißfuß (S. 112)

Seite 157: Die Schrecken einer Thomasnacht (S. 111)

Seite 157: Die Stunde ist da (S. 111)

Seite 262: Der Holzfrevler (S. 113 f.)

Seite 262: Auf dem Kreuzweg (S. 112 f.)

Seite 262: Die Stimme aus dem Kruge (S. 113)

Seite 263: Das Orakel (S. 113)

Seite 274: Redende Tiere (S. 114).

In: Winkler, Karl (Hg.): Oberpfälzische Sagen, Legen-

Nachweis der Schwarzweiß-Abbildungen

Seite 444
Anbetung der Heiligen Drei Könige. Steinrelief am Hause Schwarze-Bären-Str. 1, Regensburg, 1468

Seite 456
Heilige Drei Könige. Holzfiguren, Gliedpuppen aus der Krippe von Heilbrünnl, 2. Hälfte 18. Jahrhundert; jetzt Stadtpfarrkirche Roding, Landkreis Cham

Seite 459
Anbetung der Heiligen Drei Könige. Holzrelief, Ende 15. Jahrhundert; jetzt südliche Nebenkapelle der Pfarrkirche Treffelstein, Landkreis Cham

Seite 465
Sternsinger im Schneesturm. Monotypie von Fr. X. Gebhard-Westerbuchberg, Übersee/Chiemsee, 1966; in: Anton Schreiegg: Die Sternsinger aus dem Böhmerwald, ebd. o. S.

Seite 480
Die Hl. Familie auf der Flucht. Terrakottarelief, 2. Hälfte 15. Jahrhundert; Dominikanerinnenkloster Hl. Kreuz, Regensburg

Seite 541
Marzipanmodel, um 1850; Privatbesitz Waldsassen, Landkreis Tirschenreuth

Abkürzungsverzeichnis

Abb.	Abbildung
A. E.	Adolf J. Eichenseer
Anm.	Anmerkung
A. u.	Autor unbekannt
E. E.	Erika Eichenseer
Hg.	Herausgeber
Ms.	Manuskript
OB	Originalbeitrag
o. J.	ohne Jahresangabe
o. O.	ohne Ortsangabe
o. S.	ohne Seitenangabe
OVA	Oberpfälzer Volksliedarchiv

Verzeichnis der Bild-Autoren

Alle Fotos von Wilkin Spitta, Regensburg, mit Ausnahme:

Abb. Seite 36, 160
von Othmar Perras, Parsberg

Abb. Seite 116, 154, 393
vom Dominikanerinnenkloster Hl. Kreuz, Regensburg

Abb. Seite 119, 385
von Erika Eichenseer, Regensburg

Abb. Seite 253
von Raimund Schuster, Zwiesel

Abb. Seite 412
von Peter Eggert, Waldmünchen-Herzogau

Abb. Seite 447
von Walter Zacharias, Regensburg

Abb. Seite 454
von Heiner Wittmann, Amberg

Alle Zeichnungen von Alois Schaller, Regensburg, mit Ausnahme:

Abb. Seite 67
von Reinhard Benzel, Lauterbach

Alle Vignetten von Peter Loeffler, Regensburg.

Inhaltsverzeichnis

554

25. DEZEMBER
Christfest
Ei Manna, schauts nur her

26. DEZEMBER
Der heilige Stephan
Pfeffer, Pfeffer, Krone

REGISTER

Erika Eichenseer, geb. 1934 in München. Gymnasium und Abitur in Erding. Institut für Lehrerbildung in Freising. Vier Jahre Volksschuldienst, anschließend Weiterstudium in München. Seit 1959 Studienrätin für Deutsch und Englisch an einer Regensburger Realschule.

Adolf J. Eichenseer, geb. 1934 in Schmidmühlen/ Oberpfalz. Abitur Regensburg. Studium der Pädagogik, Musikwissenschaft und Volkskunde (Dr. phil.) in München. Realschulkonrektor in München. Seit 1969 Bezirksheimatpfleger der Oberpfalz.

Adresse: Schützenheimweg 25, 8400 Regensburg.